洪汉鼎 主编

伽达默尔著作集
第3卷

新近哲学 I
黑格尔 胡塞尔 海德格尔

张荣 谢晓川 张柯 等译

Gadamer, Hans-Georg
Gesammelte Werke
Bd. 3 Neuere Philosophie Ⅰ
Hegel · Husserl · Heidegger
© 1987 J. C. B. Mohr(Paul Siebeck), Tübingen.
本书根据德国蒂宾根莫尔·西贝克出版社1987年版译出

国家社会科学基金重大项目成果
（项目编号：15ZDB026）

目 录

前言 ·· 1

Ⅰ 黑格尔

1. 黑格尔与古代辩证法 ·································· 9
2. 颠倒的世界 ·· 48
3. 自我意识的辩证法 ·································· 74
4. 黑格尔逻辑学的理念 ······························· 101
5. 黑格尔与海德格尔 ································· 132

Ⅱ 胡塞尔

6. 现象学运动 ······································· 155
7. 生活世界的科学 ··································· 213
8. 论胡塞尔现象学的现实意义 ························· 230

Ⅲ 海德格尔

a) 海德格尔之路 ······································ 249
9. 存在主义与生存哲学 ······························· 249
10. 马丁·海德格尔 75 岁寿辰 ························· 265
11. 马堡神学 ·· 281
12. 什么是形而上学 ·································· 298

13. 康德与诠释学转向 …………………………………… 303
14. 思者马丁·海德格尔 …………………………………… 316
15. 形而上学的语言 ………………………………………… 324
16. 柏拉图 …………………………………………………… 337
17. 艺术作品的真理 ………………………………………… 353
18. 马丁·海德格尔85岁寿辰 …………………………… 372
19. 转向之路 ………………………………………………… 386
20. 希腊人 …………………………………………………… 406
21. 哲学的历史 ……………………………………………… 424
22. 宗教维度 ………………………………………………… 440
23. 存在，精神，上帝 ……………………………………… 457

b) 海德格尔与伦理学 ……………………………………… 475

24. 大地上有尺度吗？（维尔纳·马克思） ……………… 475
25. 伦理与伦理学（麦金泰尔及其他人） ………………… 503

c) 海德格尔的开端 ………………………………………… 544

26. 论思想之开端 …………………………………………… 544
27. 返回开端 ………………………………………………… 581
28. 马丁·海德格尔的这一条道路 ………………………… 623

本书论文版源 …………………………………………………… 644
名词索引 ………………………………………………………… 651
人名索引 ………………………………………………………… 660
文献索引 ………………………………………………………… 667

译者后记 ………………………………………………………… 669

前　言

尽管我的哲学研究重点相当一部分集中在希腊哲学，但我依然在近代思想中发现了三个伟大导师：黑格尔、胡塞尔和海德格尔。他们的思想和语言对我自己的思想尝试产生了决定性影响。我对这三个伟大思想家重新加以检视和强化的研究，一并收集在本卷之中。

（一）

我的黑格尔小手册*（1980年第2版）有过如下的前言："黑格尔的辩证法有一种持续的魅力。逻辑上的激怒和思辨的兴奋的混合，甚至是亲历了柏拉图《巴门尼德篇》那逻辑之狂喜的人也未能幸免。"我曾经就是这样的人。因此，我很早就给自己定下一个任务：把古典的辩证法和黑格尔的辩证法彼此关联起来并阐明二者的关系。但对我而言，并不是对这种思想的方法或者非方法进行反思并达到一个超越它的判断，而是让这种由概念而来的神奇认

---

* 指伽达默尔的《黑格尔的辩证法——五篇诠释学研究论文》，1971年，蒂宾根。——译者

识所获得和传达的丰富直观性得以充分展现。不管人们对辩证逻辑的可疑性可能说什么,也不论人们如何强调"研究逻辑"优于"概念逻辑",哲学都不简单地等于研究。哲学必须肩负起对整体(Ganze)的预判之责,并在思想上对此做出解释。对整体的预判鼓动我们的求知欲并被嵌入我们对世界的语言性理解之总体性中。这即便在科学的时代以及从各个方向看业已专门化的研究时代,也是人类理性不可规避的要求。这样,哲学将不可轻易鄙弃辩证思维的馈赠。

我曾受过现象学这一纯正思想技艺的训练,先是通过尼古拉·哈特曼,后是通过马丁·海德格尔而与黑格尔的逻辑学相遇,人们在黑格尔的呼吁——重建哲学证明的观念——面前感到的那种无助感深深激发了我。于是,在长达数十年间,在我自己的思考和创作尝试中一直有一个任务:学会澄清辩证法思想在创造性方面的晦涩不明,并在实质性的内容中证明出来。尽管我努力了数十载,但成效甚微。要在自以为在逻辑方面比别人高明的斯库拉(Scylla)和无法控制地献身于辩证法游戏的卡律布狄斯(Charybdis)之间斡旋并保持中道是非常困难的。但尤其困难的是,将我成功理解的东西表达清楚,不至于重新陷入迷雾之中。假若没有黑格尔思想中的希腊根基提供的帮助,我的失败可能会更大。因此,这里呈现给读者一些研究成果,我期望它们可以帮助人们逐字逐句地学会理解黑格尔。①

---

① 在特别的出版物《黑格尔的辩证法》里也还收录了文章"黑格尔与海德堡浪漫派",这篇文章现收入我的著作集第 4 卷。

（二）

胡塞尔现象学这章源于我曾给《哲学评论》杂志写的一组文章。该组文章讨论的问题是：胡塞尔对他晚年著作中出现的"生活世界"的强调，是否表明他对笛卡尔主义的一种拒斥和与海德格尔诠释学转向相关联的立场？该章的另外两篇论文继续讨论了胡塞尔思想中的笛卡尔主义。与此同时，和整个章节可以相提并论的首先是海德格尔1925年的马堡讲座《时间概念史导论》(《海德格尔全集》，第20卷)。海德格尔在《存在与时间》中所言胡塞尔研究的"自由运用"，事实上就以胡塞尔揭示的方式显示出一种积极接受的写作风格，但目标是对胡塞尔现象学的一种内在批评和存在论意义上的彻底推进。

（三）

第三部分是献给海德格尔的。这里首先重印了题为《海德格尔之路：晚期著作研究》这个小册子。它有如下的前言：

"我在这里结集呈现的这部《海德格尔研究》，一部分是文章，一部分是演讲，一部分是访谈，都是在最近25年成文，绝大部分已经出版。这些研究工作是新近完成的，这并不意味着：我似乎并非从一开始就在我力所能及的限度内和我赞同的范围内试图遵循海德格尔的思想倡议。通过我在年轻时从海德格尔那里接受的思想倡议，我就被设定了一个我必须学会满足的标准。它需要一个距离，作为赢得一个自己立场的前提，直至我往往有能力通过自为地展示海德格尔的思想道路，从而以我自己对道路和小径的探求，接替与海德格尔道路的同行。

这是以海德格尔的要求为出发点的。我想给他的艺术作品论文（《起源》）的雷克拉姆（Reclam）版写一个导言。说到底，我在这里集结的所有文章中继续的工作，都是我在1960年的这个导言中从事的。与此同时，这也涉及我个人的工作。因为，当海德格尔在（20世纪）30年代把艺术作品带入他的思想中来的时候，对我来说，这就意味着对我自己种种努力的一种证实和鼓励。于是，对1960年的艺术作品论文（《起源》）的单行本的小小导论就不像是受人委托而写，而是在海德格尔的思想之路中重新认出我的问题，恰如我在《真理与方法》中所表述的那些问题。对我而言，这也涉及在我所有较晚期的论海德格尔的文章中的一个问题：从我自己的前提和能力出发，让海德格尔曾经给自己提出来的思之使命变得清晰可见，并且指明，尤其是《存在与时间》之后经历了其'转向'的那位海德格尔，当他在形而上学之后反问并着手预先思入一个未知的将来之际，事实上继续行走在一条已经选好的道路上。

因此，在此编辑起来的论文，说到底遵循同样的目标：帮助人们进入那种执拗的并拒斥所有迄今为止的思维习惯和语言习惯的海德格尔思想。这首先意味着，避免读者那种自以为在海德格尔对习惯东西的拒斥中存在着神话学或者诗化的诺斯替派(灵知派)的错误。这样，我的研究便把自己限制在一个独一无二的任务上。这包括，我的研究保持了一个随机性的因素。这就是这个唯一课题的诸变体，这个课题是给这样的见证人提出来的，无论何时他都试图对马丁·海德格尔的思想做出解释。我必须容忍不可避免的重复。

第一篇文章帮助人们了解海德格尔进入的那个情境。接下来的论文被编入一个编年史的形成框架，但在个别情况下也遵循了内容方面的观点。"

在这部分内容之后，是在"海德格尔与伦理学"这一标题下对出自《哲学评论》的一个更大文集的重印。它讨论(存在主义者)让·博弗雷(Beaufret)给海德格尔提出的问题：您什么时候写伦理学？海德格尔在他的《关于人道主义的书信》里首次给出了答复。与此同时，一种哲学伦理学的实质问题在海德格尔的视角被加以多方面解释。在本卷中我把我自己的论文"论一种哲学伦理学的可能性"(1961年)——现在收入我的著作集第4卷(第11篇文章)——在这些讨论的澄清中加以重新检视。

关于海德格尔最后部分的标题是"海德格尔的开端"，整理了最近的论文，这些论文首先在与海德格尔思想开端的相关意义上考虑了新的原始资料状况。海德格尔走过的思想道路的内在一贯性，同时也是其大胆性和冒险性，随着时间的不断推移，正在越来越清晰地展现在我面前。

汉斯-格奥尔格·伽达默尔

I

黑格尔

I

黒 林 公

1. 黑格尔与古代辩证法

（1961年）

众所周知，通过康德的纯粹理性之先验辩证法，古人所发展的那种把相互对立的假设展示在其结论中的方法——尽管如亚里士多德所言①，人们并不知道"其所是为何"——在18世纪重又获得声名，其原因是康德认识到了理性会陷入自相矛盾的必然性。康德的后继者，费希特、谢林、施莱尔马赫和黑格尔，都继承了对此种辩证法之必然性的证明，而摆脱了对其的消极评价，且在其中认识到了理性本身就有的那种超越知性思维之界限的可能性。他们也都很清楚辩证法的古代起源，比如施莱尔马赫就直接继承了柏拉图的引导对话的艺术。然而，与其同时代人对辩证法的使用相比，黑格尔的辩证法却占据着一个十分特殊的地位。

黑格尔自己甚至觉得，在同时代人对辩证法的使用中，此方法所特有的后续结果都付诸阙如。然而事实上，他的辩证方法与之全然不同，自成一格：它是由一个规定向另一个规定的内在发展，这一发展完全遵循概念的自身运动，它要求完全不做任何教条置入，也完全不借助任何外在展示的进程，来表达思维在连贯的发展

---

① 《形而上学》，第13卷，第4章，1078b25。

中的内在结论。黑格尔自己就清楚地提醒过：导论、章节的划分、大标题等等，都并不属于科学发展的主干，而仅仅服务于外在的需要。与之相应，他也批判同时代的（赖因霍尔德、费希特等人的）哲学，说他们在进行哲学阐述时，是以命题的形式，甚或是以原理的形式开始的。与此相反，他将他自己的运思方法看作是对哲学证明的真正的再发现，这种方法的逻辑形式不可能是那种由于欧几里得对几何学的系统表达而为人所熟知并被亚里士多德在其《工具论》中分析过的形式。

当黑格尔在《精神现象学》序言中写道，"但是，在把辩证法和证明分开之后，'哲学证明'的概念实际上已经失去了"（《精神现象学》，第53页）②*，这里很可能就是在说分析法与辩证法之别。

事实上，此处的文字或许还说到了对唯理论的独断形而上学及其数学式证明方法的摧毁，黑格尔将这种摧毁工作算作康德和雅可比的贡献（第15卷，第543页以下，尤其参见第608页）。于是，"哲学证明"的概念似乎因为康德对上帝证明的批判而一去不返了，取而代之的则是浪漫派的"预感和灵机的'非方法之方法'（Unmethode）"。毫无疑问的是，此处文字的上下文语境告诉我们，黑格尔认为，在人们一味模仿数学证明方法之处，"哲学证明"的概念就是根本未被正确理解的。也就是说，这完完全全是将辩

---

② 对于黑格尔的文本引用我使用以下缩写：Phän.=《精神现象学》，霍夫迈斯特（Hoffmeister）编，第6版，汉堡，1952年；Enz.=《哲学科学百科全书》（按节码引用，以下简称《哲学全书》）。单纯标出卷数和页码的地方参考"友人版"，柏林，1832年及其后。

* 这里以及下文出现的《精神现象学》引文的翻译，参考了贺麟和先刚的中译本：黑格尔：《精神现象学》（上、下卷），贺麟、王玖兴译，商务印书馆1979年版；黑格尔：《精神现象学》，先刚译，人民出版社2013年版。——译者

证法降格为某种单纯预备性的辅助工具的流俗观点，正如亚里士多德对柏拉图辩证法所做的逻辑批判就是对辩证法降格一样。当然，人们也不应因下面这个事实而感到迷惑，即黑格尔在亚里士多德思想之中同样也重新发现了那些最深刻的思辨真理。黑格尔确曾明确强调，亚里士多德用以进行科学证明的逻辑分析方法，即三段论（Apodeiktik），绝非亚里士多德自己的哲思方式。然而，黑格尔自己的"哲学证明"概念的典范，无论如何不是在亚里士多德哲学中发现的，他是在埃利亚学派与柏拉图的辩证法之中发现了它。黑格尔想要以其独特的辩证方法，让柏拉图关于阐释（Rechenschaftsgeben）的想法——即对一切假设进行辩证检验的想法——重获令名。这可不单纯是做保证。毋宁说，黑格尔是第一个理解柏拉图辩证法的深刻之处的人。他是那些真正具有思辨性的柏拉图对话的发现者：《智者篇》《巴门尼德篇》以及《斐莱布篇》，这些对话根本就没被 18 世纪的哲学意识到，然而正是通过黑格尔，在其后的哲学史中，甚至在 19 世纪中叶——在人们徒劳地尝试证明这些著作是伪作的那个时期，它们才都被当作柏拉图哲学的真正核心部分。

但是，即使是柏拉图的辩证法，甚至是《巴门尼德篇》中的辩证法，只要它以一些假定的命题为出发点，而这些命题本身没有在其必然性中相互推导出来，那么，对于黑格尔来说，它也就还不是"纯粹"的辩证法。事实上，黑格尔很少将《巴门尼德篇》这一"古代辩证法最伟大的作品"（《精神现象学》，第 57 页），或者其他柏拉图的晚期对话当作他哲学证明的方法性典范，毋宁说他所需要的只是苏格拉底式对话进程的一般风格，需要的是它的内在塑形过程，也就是思维的自身持续成型的过程，这一过程使他对苏格拉底对话进程赞誉有加。他无疑正确地认识到，正是苏格拉底的对话伙伴们所扮演的那些平淡无奇的角色，令思维进程的内在一贯性受益匪浅。黑格尔称赞苏格拉底的伙伴是真正可塑的青年，他们准备好放弃自负与专断的自我见解，而这些见解可能阻碍思维的进程③。但同时，一种黑格尔所独有的、辩证的哲思的令人惊讶的独白风格，也充斥于其思维内在自身展开的进程之中，而这却是源于一种完全异于苏格拉底的方法论意识，这种方法论意识更多地接续了笛卡尔方法论的传统，还继承了来自基督教教义问答手册和《圣经》之教益。如此一来，对古代的赞叹，以及对近代由基督教及其改革所确定下来的真理的优越性的意识，在黑格尔哲学中就以一种独特的方式交织在一起。

"古今之争"（querelle des anciens et des modernes）：这是现代的一般主题，它在黑格尔哲学处获得了标志性解决。因此，在检验黑格尔与其希腊典范之间的具体联系之前，应该先来讨论他自己对于古今之间陈旧争辩之状况的认识。黑格尔在《精神现象学》的序言中写道："古代人的研究方式跟近代的研究很不相同，古代人的研究是真正的自然意识的教养和形成。古代的研究者通过对其定在的每一细节都作详尽的考察，对呈现于其面前的一切事物

---

③ 时至今日，我仍然相信我在"柏拉图的辩证法伦理学"一文（1931年）[参见《伽达默尔著作集》，第5卷，第3—163页]中所指出的事情，即苏格拉底-柏拉图式对话进行方式对于"科学"理念的预备性功能比三段论的雏形更重要，这一雏形是 F. 索尔姆森（F. Solmsen）在柏拉图著作之中，作为亚里士多德三段论的历史起源而发现的（《亚里士多德逻辑学与修辞学的发展》，柏林，1929年，尤其是第255页以下）。

都作哲学的思考，才给自己创造出了一种渗透于事物之中的普遍性。但现代人则不同，他能找到现成的抽象形式，他掌握和吸取这种形式，可以说只是不假中介地将内在的东西外化出来并隔离地将普遍的东西制造出来，而不是从具体事物中和现实存在的形形色色之中把内在和普遍的东西产生出来。因此，现在的工作与其说在于使个体脱离直接的感性方式使之成为被思维的和能思维的实体，不如说情形相反，在于扬弃那些固定的思想从而使普遍的东西成为现实的有生气的东西。但要使固定的思想取得流动性却比将感性存在变成流动的要困难得多。"（《精神现象学》，第 30 页＊）这段文字告诉我们：古代哲学的思辨性以及它在黑格尔意义上的创造性在于，使个体从认识的直接感性方式中得以纯化，并将之提升到思维的普遍性层次。显然，黑格尔在这里考虑的，主要是柏拉图和亚里士多德。柏拉图的伟大成就，就是揭示出，感性确定性和建基于其上的意见是假象，并且柏拉图以如下方式将思想置于自身之上，即力求以不掺杂任何感性直观的方式，在思想的纯粹普遍性之中认识存在的真理。

　　黑格尔在柏拉图那里看到了思辨辩证法的雏形，因为柏拉图超越了以下这种做法，它仅仅只是把特殊者模糊化——诡辩论者就是这样做的，并借此间接地使普遍者呈现出来：柏拉图毋宁致力于纯粹地为其自身来考察普遍者自身，而这一普遍者自身"应当被看作起着规定作用的东西"，但据黑格尔的观点来看，这意味着，要在它与其自身对立面的统一性中去证明它。同样，对于黑格尔来

＊ 贺麟中译本第 24—25 页。——译者

说，亚里士多德也正因此才是真正的人类导师，因为他是将一些最为不同的规定性联结到一个概念之中的大师：将表象的一切环节都接纳下来——正如他所发现的那样，这些环节之间没有联系——而没有去除掉任何规定性，并且他也不是首先抓住其中一个规定性，之后再抓另一个，而是将它们同时确立在一之中。在做了全方位的分析后，黑格尔也在亚里士多德思想之中发现了思辨之处。

与此相反，黑格尔认为，他自身所处时代的哲学任务在于，通过扬弃僵死固化的思维而将普遍性实现出来，并且"为它赋予精神"。这件事意味着什么，我们将稍后讨论。眼下，我们可以在《精神现象学》序言中所言的这种意义深刻的对立中获得如下提示，即与黑格尔所处时代的哲学相比，古代哲学可能离思辨的流动性更近，因为它的概念还没有从这些概念所应当把握的具体杂多之土壤中脱落出来；这些概念是向自我意识的普遍性提升着的规定性，在这些规定性之下，一切于自然意识、语言意识中的"先行呈显者"（Vorkommende）才得以思考。因此，对于黑格尔来说，古代辩证法有一个一般的称谓，即它始终是客观的（objektive）辩证法。如果古代辩证法根据其自身含义必须被称作否定的，那么这个否定不是近代意义上的否定；不是我们的思维，而是世界作为显现者自身是否定性的东西（参见第 8 卷，第 327 页）。然而，通过与近代哲学的对比可以得知，单纯提升到思维的普遍性可能还不够。还有这样一个任务，在这个直接实现的普遍性之中发现"它自身的纯粹确定性"，也就是要发现自我意识。黑格尔认为，这就是古代哲学意识所缺乏的东西：精神还完全沉陷在实体之中——用黑格尔的话说:实体还只是在"自在"意义上是概念——它还根本不知道作为主体性的自身之自为存在,并因此也没有意识到,要在把握先行显现出来的存在者的过程中发现自身。

因此,如果对于黑格尔来说,古代辩证法是根据以上这两个环节呈现出来的,则它们——从肯定的与否定的意义上来说——对于黑格尔辩证法的意义也是决定性的,也就是说,这一辩证法渴望成为"客观的":它不是仅存在于我们思维之中的辩证法,而是所思之物的辩证法,即概念自身的辩证法。而且作为这样一种概念辩证法,它必须要完成向着概念的概念、向着精神自身的概念的发展历程。

如果人们坚持这种双重要求的统一性,则以下这一点就很明确了,人们将因为如下观点而错失黑格尔辩证法的含义,即在此辩证法中,人们只能看到一部单纯主观的思维机器,用黑格尔的话来说,认为它只是"一部来回摇摆之推理的主观性的秋千架,在那里缺乏任何内容"(《哲学全书》,第81节)。如果人们从18世纪以及20世纪学院派形而上学所提出的任务——在一种范畴体系之中把握世界整体性——出发来评判黑格尔的辩证法,那么这也是对黑格尔的一个相当大的误解。倘若如此的话,黑格尔的辩证法就变成了一种无方向、无远见的尝试,即尝试构建出一个作为无所不包的概念关联系统的世界体系。

自从特伦德伦堡(Trendelenburg)对黑格尔逻辑学的开端提出批评以来,这种误解就已经广泛地散播开了。特伦德伦堡质疑将辩证矛盾扬弃在一个更高的统一性中的内在推论合理性。当他指出,在由存在与无进展到变的辩证过程中,已经动用了对运动的直观的时候,特伦德伦堡相信自己已经道出了某种批判性的东西：就好像这个运动不是在一切思维规定之中——也在存在的思维规定之中——思考自身的自我意识的运动似的。狄尔泰也认为,特伦德伦堡的批判是具有说服力的,这最终阻碍了他认识黑格尔辩证法中有价值的、永恒的东西。狄尔泰也将黑格尔的逻辑学理解为这样一种尝试,即在一个范畴的关系体系中把握世界整体,而且他批判称黑格尔的如下想法是严重的幻想,即妄图在世界整体中发展出它所包含的各种逻辑关联的一个体系,但却不借助于任何一种——就如费希特曾经在自我的自身直观中拥有的那种基础一样的——基础④。这样说好像黑格尔不曾在耶拿时代——如罗森克兰茨(Rosenkranz)报道的那样——就已经明确表明过似的：绝对者"为了在它的知识对象中始终回忆它自身,不必一开始就赋予概念以自我意识的形式,并且用诸如'自我'之类的词称呼它……。而是对于作为普遍与个别自我意识之统一的知识来说,正是这样一个环节与本质本身就是它的科学的对象与内容,并且因此必须以对象性的方式表达出来。而这样一来它就是存在。在作为简单的、绝对的概念的存在之中,它将自己直接地认作自我意识,以至于在这个存在之中它没有注意这个自我意识,因此表达出某种与自我意识对立的东西……"⑤谁若没有认识到这一点,那么对他来说,辩证的概念发展的线性过程当然就只是"一条僵死的、无穷尽的线条",而且下面这种反驳——狄尔泰以及其他人(赫尔曼·柯

---

④ 参见《狄尔泰全集》,第 4 卷,莱比锡/柏林,1921 年,第 226 页以下。
⑤ 《黑格尔思想发展文献》,J. 霍夫迈斯特编,斯图加特,1936 年,第 350 页以下。

亨、尼古拉·哈特曼)在尝试着积极利用黑格尔辩证法的时候也都碰到了这个反驳——显得似乎也可以提出来了,即据说逻辑概念的关联体系是多方面的,包含多个维度的,而黑格尔却经常暴力性地将它塞进他的辩证进程的单一线条之中。

这种反驳从某种意义上说是正确的,只不过它根本不是什么反驳。黑格尔无须否认它,而且他自己也知道,他的表达并不总能抵达事情的必然性。因此,黑格尔并不畏惧,在诸种反复出现且彼此相连的辩证展开的过程中,用不同的方式接近那些事情真正的环节。尽管如此,这个过程却并非任意的构造,而是有一条将之串联起来的线索,虽然这条线索根本不具备任何真正的序列。因为,规定辩证过程的,不是诸如概念之间的关系这样的东西,而是如下事实,即人们在这些思维规定之中的任何一个那里,都要思考自我意识的"自身"(Selbst),这些规定中的每一个都要求将之陈述出来,而它的完整的逻辑表达只有到最后,在"绝对理念"之中才出场。因此,黑格尔在他的《逻辑学》中所追寻的概念的自身运动,是完全以意识与对象的绝对中介化为基础的,黑格尔将此中介化当作《精神现象学》的明确主题。它提供了纯粹知识的要素,而这种知识绝非世界整体性的知识。因为它根本不是存在者的知识,而是作为对已知者的知(Wissen des Gewussten),它始终是关于知识的知识。这就是黑格尔所明确坚持的先验哲学的含义。只有当被认知的对象与进行认知的主体全然未分时,也就是说,只有当处于在其真理之中的绝对知识的自我意识那里时,才有概念的自身运动。

《精神现象学》的辩证法的情况也与此类似。它的运动本身就是知识与真理之差别的扬弃运动,在这个运动的终点,才出现对这种差别的完全中介,也就是绝对知识形态。但这种辩证法也仍然假定了纯粹知识的环节,即假定了存在于一切规定性思维之中的自己思维自己(Sich-selbst-denken)这个环节。众所周知,黑格尔坚决反对以下误解,即认为《精神现象学》只是一个入门性的导论,它还不具有科学的属性。毋宁说,将日常意识提升为哲学意识的道路,以及扬弃意识的差别,也即扬弃意识与对象的分立,这些就是现象学科学的对象。它自身已经处于科学的立场,而上述差别在这个立场之上得以克服。不可能存在先于科学的导论。思想始于自己自身,即始于决心去思维。

无论是处理《逻辑学》还是《精神现象学》,或是思辨科学的任何部分,这种辩证法的运动规律的根据总是存在于近代哲学的真理之中,即存在于自我意识的真理之中。但同时,黑格尔的辩证法仍然表现为对古代辩证法的一种恢复,而且此种恢复还非常彻底。在黑格尔之前,无论是在中世纪还是在近代,从没有任何人哪怕有过这样的打算。黑格尔体系之最早规划,即所谓《耶拿逻辑》就已经能够证明这一点。尽管在那里,辩证结构还相当松散。传统的哲学分科还以相对松散的方式呈现在整体的章节之中。黑格尔辩证法的高超技能,在这里更多地表现在分析的细节上,将传统重新融进统一的辩证过程的事业还没有完成。但是,正是这种整体上的未完成状态,使得被加工过的材料的历史源头在一些细节上能被特别清晰地辨认出来。海德格尔在《存在与时间》中已经指出《耶拿逻辑》中的时间分析与亚里士多德的《物理学》之间的关联⑥。而另一个观察更有力地证实了古代辩证法对黑格尔的助益。有关同一律与矛盾律的章节⑦，从正面暴露出了此书与柏拉图的《巴门尼德篇》在术语上是如何紧密关联在一起的，而这在《逻辑学》的相应章节中是无法辨认出来的。在《耶拿逻辑》中，差别仍然直截了当地称之为"多"(das Viele)。

事实上，黑格尔的逻辑学理念是将希腊哲学之整体性汲入思辨科学中的一种方式。尽管对黑格尔来说，近代哲学的出发点，即认为绝对者是生命、活动、精神的观点，是确定无疑的，但这里的绝对者却并非自我意识的主体性——黑格尔在其中看到一切知识的基础，而是一切现实存在者的合理性，也就是作为真正现实存在者的精神概念。这个概念将黑格尔完全带入了以巴门尼德为起点的希腊努斯哲学传统之中。这一点最明显的体现在黑格尔所使用的"存在""无"和"变"等最抽象的概念之中，这些概念是在哲学的世界历史中第一批出现的概念。然而除此之外，这一点同样也体现在由定在(Dasein)到定在者(Daseienden)的过渡之中，这是一个与思维的规定进程同质的过程。显而易见，这种思维规定进程的规律就是：思想的上述最简单、最古老的概念已经"自在地"表达出了绝对者之定义，这个绝对者是精神，并因此在自我认知着的知识概念中达到圆满。这就是认识的运动，它首先在运动的辩证法中被重新辨认出来，而希腊哲学就以此为出发点。

---

⑥ 海德格尔：《存在与时间》，第 432 页以下。
⑦ 黑格尔：《耶拿逻辑——形而上学与自然哲学》，G. 拉松编，汉堡，1923 年，第 132 页以下。

黑格尔的以下表述证实了这一点,这是他为解释芝诺的辩证法而做的:"辩证法首先落实在运动之上,正因如此,辩证法自身就是这种运动,或者运动自身就是一切存在者的辩证法。"(第8卷,第313页)黑格尔认为,芝诺在运动概念中所指出的矛盾只能算作这样一种矛盾:仅仅依据它,运动并不会被反对,相反倒是由此证明了矛盾之定在。"某物运动,不是因为它在这一个现在在这里,而在另一个现在在那里(在那里——它当时所处的地点——它就不是在运动之中,而是处于静止),而是因为它在同一个现在既在这里又不在这里,在同一个这里既存在又不存在。"在运动现象中,精神的自身性第一次以一种直接的清晰性得到了确认,而此种确认的方式就是指:欲将运动当作某种存在之物来谈论的尝试会陷入矛盾之中。对于运动之物而言,其存在的谓词既不是"在这里存在",也不是"在那里存在"。运动本身根本不是运动之物的谓词,不是一个存在者所处的某种状态,而是一个最本己的存在规定:运动是"真正的世界灵魂的概念;我们习惯于将它当作谓词、状态[——因为我们的理解和谈论本身是谓词化的,并因此是固化的],但是事实上它是自我(das Selbst)、作为主词的主词、正消逝着的持留"(第7卷,第64页以下)。

在黑格尔给予特别关注的晚期柏拉图辩证法中,同样包含着运动问题。僵化静止的理念世界不可能是最终真理。因为诸理念的"灵魂"是运动,而且思考诸理念相互关系的逻各斯也必然是一种思想的运动,这也就是说,逻各斯是所思之物的运动。即使始终不可能无矛盾地思考清楚:在何种意义上,运动应当就是存在,那么这种运动的辩证法,即尝试将运动思考为存在所导致的矛盾,也不会对运动与存在之必然共在(Mitsein)构成阻碍。这就是《智者篇》清楚明白的结论,而且也只有由此出发,才能理解所谓"瞬间的骤变"(Umschlag im Nu),它就是《巴门尼德篇》所讨论的"突然之事"(Plötzlichen)的最奇妙的本性,这一本性最终只能在肯定的意义上被理解。

但运动与思想的相互关系主要是亚里士多德哲学的核心动机⑧。这里只需回顾一下,亚里士多德的最高思辨概念"实现"(Energeia),表达的就是这种相互关系。对于亚里士多德而言,实现与潜能(Dynamis)是相对的。但是,因为对他来说,潜能具有一种纯粹存在论的含义,即它绝不再仅指运动的可能性,而是指存在的可能性,并因此它就刻画着质料(Hyle)——即材质——的存在方式,甚或从存在论的观点来看,它就正是质料的存在方式,所以这样一来,与之相应的实现概念也就获得了一种纯粹存在论的功能。⑨ 实现概念意指纯粹的在场性本身,后者因其纯粹性应被归于不动的推动者、努斯、理性,即最根本和最高意义上的存在者。但是,被亚里士多德思考为纯粹在场性的实现概念,无疑原本是一种运动概念,它表示那种与单纯可能性或能力相对的、现实的发生活动。即使最高存在者完全不含潜能,并因此它就是"纯粹实现",也就是说,在它那里不可能有运动的存在,因为一切运动都包含着潜能,但是,就算在表达存在的实现概念中,也还是很明显地有某

---

⑧ W. 布勒克(W. Bröcker):《亚里士多德》,第 2 版,法兰克福,1957 年。这本书追踪了这种相互关系。

⑨ 这主要是在《形而上学》第 8 卷和第 9 卷中,亚里士多德突出了潜能概念的存在论意义。

种出于运动性(Bewegtheit)的本质的东西在持续发出声音。"纯粹实现"还超越了循环运动所代表的真正的持存性,并被认为是高于循环运动的⑩。唯有如此,亚里士多德才能公开主张,当他以"作为可能之可能的现实"来定义运动的本质的时候,他就超越了运动规定中存在与非存在的单纯辩证对立,并且超越了柏拉图。

笼罩在柏拉图和亚里士多德哲思中的运动的辩证法,唤起了黑格尔何其大的兴趣!他从绝对者被规定为精神这一事实中,看出了"一切教化和哲学的绝对趋势"。而通过更细致地考察黑格尔自觉地建立起来的与希腊哲学的关系,这一点将会更清楚地呈现出来。运动向思想所提出的问题,就是连续性的问题,即 συνεχές 的问题。而黑格尔自己的工作目标与这个问题正相关,这件事可以通过其辩证方法之纯正性(Gediegenheit)概念来证明,在这种方法中,思想与运动的相互关联得到了反思。但是,即使在人们想要摆脱黑格尔式辩证法之绝对中介化的地方,这个问题本身也以典型化的方式持续发生着,比如在特伦德伦堡的逻辑研究中,在赫尔曼·柯亨的原初概念中,在狄尔泰对黑格尔日益升高的认可之中,但也在胡塞尔的意向性与意识流理论之中——尤其在它向视域意向性与"匿名"意向性理论的发展之中,最后也在海德格尔对时间的存在论奠基的发现之中。

鉴于运动辩证法和精神辩证法之间这样的连续性,黑格尔对古代哲学的自觉接续就合乎实情地得到了论证。然而以下问题马

---

⑩ 人们必须看到,纯粹现实这个理论与《法律篇》第 10 卷(893b—899)中运动方式理论的背景是相冲突的,尤其参见 898a。[参见"论早期希腊思想中的神性东西",载我的著作集,第 6 卷,第 154—170 页。]

上就被提了出来,即黑格尔是如何运用他对古代辩证法的方法论借鉴,以仿照古代辩证法的方式,来表达他自己意识到的古代与近代之间的对立,以及思想在古代和近代所面临的任务之间的对立的呢?黑格尔的任务的确是:借助辩证法使僵化的知性诸范畴流动起来,而在这些范畴间的对立中,近代思想被禁锢了起来。辩证法应该可以成功扬弃主体与实体之间的差别,并且将沉浸于实体内的自我意识,与其纯粹的、作为各种不真实形态而自为存在着的内在性,把握为精神的同一个运动。为了使存在论层面的传统知性范畴流动起来,黑格尔使用了一个独特的表达:"自身赋予精神"(Sich-begeisten)。知性诸范畴不应再被理解为与自我意识对立的存在,而应被理解为近代哲学之本来真理的精神。根据其古希腊的起源,知性诸范畴就是这样一些概念,这些概念应当表达自然的存在,也就是现成存在的东西,而在自然事物的运动性问题上,这些概念就被引入到了辩证法之中。相比之下,对这些范畴的否定,也就是激化它们自身中的矛盾,使得精神的更高真理显现了出来。因为精神的本质在于:抓住矛盾,并在其中保持自身为这些对立面的思辨统一,所以对于现代哲学而言,矛盾就成了某种肯定性的东西,而古代思想却认为,矛盾意味着虚无。单纯现成存在者的虚无化,也就是那些被表述为存在(Sein)的东西的虚无化,使它们的更高真理显露了出来,这就是"主体或概念"。古代辩证法对此根本什么也没说。甚至柏拉图的《巴门尼德篇》,也只是一次徒劳无功的尝试而已。在这种情况下,如何才能解释,黑格尔居然认为自己使古代辩证法重新复活了呢?能说明运动辩证法也有与精神辩证法真正的相似之处吗?而黑格尔又如何能够认为,由芝诺发展出来，并由柏拉图在更高的反思层次上复述了的那种运动的否定性辩证法，就是他自己辩证方法的一个方法论典范？上述那种徒劳的努力，如何居然能证成正确的结果，即绝对者就是精神？

为了弄清这个问题，我们必须回顾一下黑格尔自己对辩证方法的表述。对于哲学的思辨本质而言，命题形式是成问题的，而此处必须要走出这种成问题的局面。所有对思辨哲学的逻辑学的思索，在其开端都会存在这样一个问题，即命题（以及判断）的形式对于表达思辨真理而言是不够灵活的（参见《哲学全书》，第 31 节）。哲学的要求是进行把握（begreifen）。但命题和通常的知性判断的结构无法满足这个要求。在通常的判断中，主词是基础（ὑποκείμενον＝subjectum），而内容，也就是谓词，是作为其偶性与之发生关联的。

进行规定的运动在这个被设定为存在着的东西，即主词之上往复运行着，就好像这个主词就是一个稳固的基础似的。它可以被规定为这个，也可以被规定为那个；在这个视角之下被规定为如此，在那个视角之下又被规定为另一种样子。在这些视角下主词被置入判断，但对主词来说，这些不同视角是外在的。这意味着，它每每也可基于其他视角而被摆置。因此，规定活动对于事情本身来说是外在的，且缺乏过程的一切必然性，这是因为，所有这些规定的主词的稳固基础，都会超出被给予主词的任意一种内容，并延及另一种内容，而这又是因为，其他的谓词也是完全能够被给予主词的。换言之，所有这些规定都是由外部接受而来的，且它们只是被外在地相互并置在一起了而已。甚至例如数学这种因其封闭的演绎体系而似乎满足了推理证明之理想的学科，黑格尔（在《精神现象学》序言中)也总能从中看出这样的外在性。因为,辅助作图虽然使一个几何证明成为可能,但它却不是由事情自身出发、以必然性的方式演绎出来的。这些辅助作图必须突然插入一个证明,即使它们的正确性最终通过这个证明才成为可理解的。

黑格尔用怀有敌意的尖锐措辞,称知性判断的所有这些形式为"推理"(Raisonnement)。推理曾具有一种否定的形式,即使在今天"臆知"(raisonnieren)这个词的词义中,仍然可以听出这层意思。从这种否定性的看法——"就情况来说,按说并非如此"——出发,不能进入认识事情的真实进程,它导致"肯定之物"不能成为考察的内容,而这种"肯定之物"是任何否定都包含着的。毋宁说,推理就滞留于这种空洞的否定性之中,且在自身中反思自身。它乐于逗留在判断活动中,因此根本不就事论事,而总是于事情处扬长而去。"这种知识不是停留并沉浸于事情之中,而是始终抓向另一种东西,倒不如说它是停留于自己自身,而不是在探讨事情并为其献身"(《精神现象学》,第 11 页)。但是更重要的是,所谓肯定的认识在如下意义上也是推理,即把主词当作基础,并从一个表象进展到另一个表象,这些表象是由这种认识活动与主词关联起来的。对推理的以上两种形式而言,其特点就是:这种思维着的理解运动迷失在那些被当作不动的、静止的事物那里,并且对理解活动自身来说,这些事物就是外在的。

与此相反,思辨的思维是进行概念性把握的思维。规定活动的那种超出命题主词并朝向他者的自然铺展过程——通过这个过程,事物将自身规定为"这个"或"那个"——受到了阻碍:"可以这样来设想,它遭到了一种反作用力。它从主体出发,仿佛主体始终可以作为基础,可是因为谓词其实就是实体〔=subjectum(主体)〕,所以它发现主体过渡到了谓词并因此得到了扬弃;而且,既然看似是谓词的东西已经变成了完整而独立的整体,思想就不可能自由地四处游荡,而是因这个整体的重压停顿下来"(《精神现象学》,第50页)。黑格尔自己在这里,以及在运用其他类似比喻图景的地方,就把他所描述的这种进行概念性把握的思维运动,称之为某种"不寻常之事"(Ungewohntes)。这种思维运动给表象行为提出了严苛的要求。人们想要经由一事去经验某种新的东西,并为此超出主词的基础去抓取他者,这一他者又作为谓词被给予主词。与此相反,哲学命题却全然不同。在那里,不存在主词的确定基础,人们也根本无须打探此基础。在那里,人们在思维中不是趋向一个会进而意指他者的谓词,而是被那同一个东西逼迫着返回主词自身。人们也不是把某种新东西、某种他者当作谓词来加以接受,因为通过思考谓词,人们事实上是不断深入主词自身之所是。这就是说,"主词"(subjectum)失去了它作为稳固基础的地位,这恰恰是因为:思维在谓词之中思考的不是他者,而是重新发现了主词自身。因此,从通常表象思维的观点来看,哲学命题总是类似于同语反复的东西。哲学命题是同一性命题。在哲学命题中,主词与谓词间假想的差别得以扬弃。它根本不再是真正意义上的命题。在那里,没有被设定为应恃留不变的东西。因为在那里,命题的系动词"是"具有完全不同的功能。它不再陈述某物与他物的关联存在,而是描述这样一种运动:在此运动中,主体的思维过渡到谓词,以便在其中重新寻回失去了的稳固基础。

　　黑格尔通过下面这个例子:"现实的东西是普遍的东西",大致说明了这个道理。这句话不仅是说，现实的东西是普遍的，而且还表明，普遍的东西应表达出现实东西的本质。现实的东西，其概念在此命题中得到了进一步规定，就此而言，思想并未超出此现实的东西的概念。现实的东西确未被规定为他者，而只被规定为它自身之所是。通过表明自身是普遍的东西，普遍的东西就成了思想的真正主词，这也就是说，思想返回了自己自身。这种思想的反思是在自身中的反思，因为它不是关于某物的反思，它没有超出自身的内容，去引入其他的反思规定，而是专注于其自身的内容，即专注于主词自身之所是。黑格尔认为，这显然就是辩证思辨的本质：除自身性外，不去思考别的，并因此只思考自身存在本身，而作为这样的自身存在，自我意识的自我始终已经在认识着自己。就此而言，自我意识的主体性是一切命题的主词，而它们的谓词则是单纯的抽象，是那些思维的纯粹自为地得到思考的规定性。

因此，哲学的思辨始于"想要进行纯粹思维的决心"（《哲学全书》，第78节）。"进行纯粹思维"是说，只思考所思者本身，而不思考任何别的东西。黑格尔曾表达过这样一种观点，即思辨是对"什么应当作为规定来发挥效用"这个问题的纯粹考察。思考一个规定意味着，不去思考规定被归其所有的某种他者，不去思考那并非规定自身的他者。毋宁说，规定应在其自身中得到思考，这就是说，它应被规定为其自身之所是。然而这样一来，它在自身之中就既是被规定者，也是进行规定者。因为规定活动就是自己与自己相关联，所以被规定者同时是它自身的他者。但是，它因此已然是它自身所包含矛盾的尖锐化，并处于自身的扬弃运动之中，这就是说，它建立起了一种"简单统一"，即作为它自身的否定的同一与非同一之间对立的统一。"进行纯粹思维",无非就是在一种规定中思考自己自身,而非在其中还一并去思考那些表象思维习惯于去一并表象的东西;"进行纯粹思维",就是要在自身中发现要去进一步规定的东西。只有在一切规定的圆满中介化得到思考的地方,即在同一与非同一的同一得到思考的地方,也就是在概念的概念以及精神的概念得到思考的地方,在自身之中不断进展着的运动才归于安宁。因此,黑格尔称思辨的运动是内在塑形的,这就是说,它是由自身出发进行自我教化的。它的反面则是偶发的想法(Einfall),是表象所带入的内容,而这些表象并不是思维自己设定于一个规定之中的,而是由某一个人在其中偶然想到的,且正因如此,这些表象就是阻碍概念自我教化的内在过程的偶然发想。正如当主观思维突然想到什么东西的时候,这种偶发的想法就会打断它一贯的思维方向一样,在黑格尔看来,外在表象的突然进入,也会干扰自我进展的概念不断深化的过程。也就是说,在哲学里没有任何堪称良好的偶然发想。因为任何偶然发想都是一种非必然地、无关联地和不可理解地向某个他者的过渡。而黑格尔认为,哲学运思(Philosophieren)应当是概念的必然的、可理解的、"纯正的"发展进程。

思想在自身中持续进行规定活动的这个形式特征,并不必然做出如下要求,即首先必须证明,那些自行显现出来的矛盾自己就在一新处境下,也就是说,在一新的简单自身中,合成了一个简单的整体。新内容并非真是被演绎出来的,而是始终已经被证明为这样一种东西:它承受住了矛盾之顽固性,并在其中保持为一,而这就是思想的自身。

如果我们总结一下，则根据黑格尔，构成辩证法本质的有三个环节。第一，思维是对其自身中的某物的思维，这就是说，它是自为的。第二，作为这样一种思维，它是对相互矛盾的诸种规定的必然的"共思"（Zusammendenken）。第三，存在着通过扬弃相互矛盾的诸种规定而达成的统一，此统一就是真正的自身。黑格尔相信，所有这三个环节都可以在古代辩证法中被重新辨认出来。

如果我们首先转向上述第一个环节，那么在最古老的希腊辩证法中，这种对诸规定的自为思考就已经清楚地显露了出来。只有想要进行纯粹思维并远离表象的决心，才能使思维具有非凡的独创性：正是这一点使埃利亚哲学与众不同。事实上，我们在芝诺那里——例如在第尔斯编的《辛普里丘著作残篇》的前三篇中——就已经能发现对此思想的极具自觉的运用。芝诺在那里表明，如果"多"存在，那么它必定是无限小的，因为它是由无大小的最小部分组成的；但同时它又必定是无限大的，因为它是由无限多这样的部分组成的。芝诺此处的论证基于以下一点：部分的"小"和"多"这两个规定，每每都是自为地得到思考的，并且每每都是自为地引向"多"这一规定。上述辩证法的第二个环节，也就是相互矛盾的诸种规定之间的"共思"，也可以在这个论证当中找到，这是因为它的确应被视作是对"多"这一假设的间接反驳。但是，只有当"小"和"大"不是出于不同的视角而应被完全归于"多"时，此论证才如此"共思着"。假如区分"多"和"小"的乃是不同视角，就恰恰会阻碍矛盾的出现。而这一论证形式，就相应于古人归给"埃利亚的巴门尼德"的东西，即任何命题都可以找出其对立面，且两者可自为地发展出各自的推论。但是,对诸种规定的自为思考和"共思"的意义,在芝诺这里是更显否定-辩证的。通过这种矛盾得到规定的东西,作为充满矛盾的东西,自身恰恰什么都不是,是虚无的。因此,我们上面所强调的黑格尔辩证法的第三个环节,即矛盾的肯定方面,在这里是没有的。

但黑格尔相信,甚至是这第三个环节,也能够在古代辩证法中被揭示出来,且首先是在柏拉图思想之中被揭示出来。不过,在黑格尔看来,在柏拉图思想之中,辩证法经常只是一项消极的举措,它使得各种表象变得模糊不清。辩证法作为诸如此类的东西,只是芝诺辩证法的一个主观变种,它借助外在表象来反驳一切断言,但又得不出积极的结论,它就是这样一种技艺,此技艺曾主要被智者所发展。但除此之外,黑格尔在柏拉图的思想之中也发现了肯定的-思辨的辩证法,这样一种辩证法导出客观的矛盾,而这样做并非只是为了扬弃它们的前提,而是为了将存在与非存在、差别与无差别间的对设放在它们共属一体的层面上来加以理解,即放在更高的统一性层面上来加以理解。黑格尔对柏拉图辩证法的这种解释,主要是受《巴门尼德篇》的影响,新柏拉图主义对此篇对话所做的存在论神学的解释使他记忆犹新。在那里,完全在极端化了的芝诺辩证法的含义上,某一设定向其对立面的转变,被展现得淋漓尽致——并且甚至就是通过一种中介化进程,它抽象而自为地去思考了诸规定中的每一个。(但正如我们已提到过的,黑格尔指出了《巴门尼德篇》中辩证法的局限,即它还不是纯粹的辩证法,因为它是从一个被给予的表象出发的,比如这个命题:"'一'存在。"但是,一旦人们接受了这个非必然的开端,那么——黑格尔就认为——此辩证法是"完全正确的"。）

然而,《巴门尼德篇》在柏拉图思想之中完全是自成一体的。以下说法其实是成问题的,即"指出矛盾"这件事在《巴门尼德篇》中具有积极的论证意义,此篇并非只是一种预备性练习——练习解决理念假说的呆板性问题,并消解作为其根基的、呆板的埃利亚式的存在概念,而黑格尔读《智者篇》时也确实带着一种先入之见——认为那里的辩证法和《巴门尼德篇》中的相同,正是由于这种先入之见,他在《智者篇》中实际上很轻易就找到了绝对矛盾的肯定性。关键在于,黑格尔认为柏拉图持有如下观点,即在某种且在同一种考虑（Rücksicht）中,同一者必须同时被认作是有差别者。但正如早已被证实的那样[⑪],黑格尔之所以得出这种结论,是因为他完全误解了《智者篇》259b。他是这样翻译这一段的:"困难的和真确的是,他者之所是,与自身之所是,是同一的。并且这甚至是在某种且在同一种考虑中,就同一方面而言"（第14卷,第233页）。但事实上,这里说的却是:困难的和真确的是,如果有人说,相同的东西以某种方式同时也是有差别的,那么就要去探究,在何种意义上,以及在何种视角下是如此。相反,不明确指出看问题的这个视角,闪烁其词地将同一者理解为有差别者,并据此引入矛盾的做法,很显然要被叫作是做无用功的做法,而那是新手才会做的事。

黑格尔所做的奇特的引证的不合理性是毋庸置疑的,尤其是

---

⑪ K.L.W.海德尔:《亚里士多德与黑格尔辩证法的批判性阐述》,爱尔兰根,1845年。[从那时起黑格尔研究者就认定,黑格尔使用的是老的比邦廷（Bipontin）版的柏拉图著作,它提供的是错误的文本,而黑格尔正是翻译出了这个文本。]

将《智者篇》当作"埃利亚的",但却是"肯定的"辩证法之例证的做法的不合理性更是毋庸置疑的。柏拉图从存在与非存在的抽象对立出发,达到了它们之间在同一性与差别性这两个反思规定共属一体层面上的、无矛盾的统一性,这一点被柏拉图看作是其逻各斯理论的本质,而且正是他与埃利亚哲学的根本差别之所在。由这一洞见出发,他成功地为辩证论者的工作——即区分、分类、定义等工作——做出了辩护;要规定某一事物,就要面对它既是一又是多这样一种表面上的矛盾。但是,这里并不存在要去激化矛盾的倾向,更别提要去突出以下那种更高的自我的倾向了,在这一自身中,各种抽象地、自为地得到思考的规定,也就是那些要求扬弃其矛盾的规定,被汇合在一种合题性的简单统一性之中。毋宁说,同一性与差别性是以如下方式作为对立面被建立起来的,即存在者处于与其他存在者的关系之中,而且只是就每每不同的视角来看,它才会同时是同一者与差别者。因此,《智者篇》的意义与黑格尔的意向路径是南辕北辙的,后者的意向路径是要去赢获一种矛盾辩证法,这种方法就是超出所谓形式逻辑的思辨逻辑的方法,但在《智者篇》(230b)中,反倒是能够发现矛盾律公式的最重要雏形,而在其《形而上学》第 4 卷中,亚里士多德正式提出了这个著名的定律。

显然,柏拉图想要做的事情是,使真正的分类活动和规定活动摆脱那种由制造矛盾的技艺所造成的假象辩证法。也许,它在自身中确实包含着一与多自相矛盾的窘境,但《智者篇》的目的,正是要消除被运用于言谈和论证之上的那种虚幻魔力,如果人们"没有标明看问题的视角",而直接说某物既是同一的又是具有差别的,那么这种魔力就会发生作用。

我们首先要问,黑格尔对我们此处所谈的柏拉图文本的曲解意味着什么,这就是要问,出于何种积极且合乎实情的立场,他居然完全弄反这段并不太晦涩的柏拉图文本的意思。熟悉黑格尔的人就会知道,为什么他不愿意倾听这段文本所发出的如下吁请,即每每都要指出,究竟是在哪个视角下,某物是同一的或有差别的。因为这一吁请与黑格尔自己的辩证方法完全相左。黑格尔的方法在于,让一个规定性在自身之中自为地得到思考,且正在这个过程中,它的片面性就突显了出来,而这又迫使人们去思考它的对立面。矛盾之所以变得尖锐,正是因为相互对立的诸规定在其抽象性中自为地得到了思考。黑格尔在这里发现了反思的思辨本质:矛盾的两端被降格为环节,而唯有它们的统一才是真理。与此相反,知性则致力于避免矛盾。如果它在某处碰到了对立,那么它所能做的,就只是将它当作单纯差别的无关紧要的东西。尽管差别也具有一个普遍层面,它具有非等同性的层面(它总是同时包含着等同性层面),但区分活动本身对此却没有反思。对于它来说,事情本身恰恰具有不同的方面,它在某些方面显现出等同性,在另一些方面显现出非等同性。在此处境下,黑格尔认为,知性就尝试着将思想固定下来。它将等同性与非等同性的统一由物中迁移到了思想自身之中,而思想在其活动性之中思考着这二者[12]。

在以上两种情况下,知性使用的手段是一样的,而运用此手段

---

[12] 众所周知,黑格尔对康德先验辩证法的批判也是说,康德出于"对物的温情",而将矛盾判给了知性(参见《黑格尔全集》,第15卷,第582页)。

去思考的那些规定,并不是在其自身作为其纯粹概念性内容的规定,也就是说,知性思考的并不是作为主词的内容,而是作为能被归给主词的谓词的内容,这些谓词是在各种不同的考虑中被归给主词的。因此,各抽象规定以漠不相关的"又"的方式并列在一起,因为它们并不被思考为自身,而是被思考为某种从属于他者的东西。本来应该将各种规定自身"加以结合,从而把它们加以扬弃,然而知性却拒绝这样做,它求助于'就……而言'(insofern)和不同角度的看法,或将一个思维归于自己,为了将另一个思维分离出来当作真实的思维"(《精神现象学》,第102页)。黑格尔称这种做法为表象的诡辩术,而柏拉图所呼吁的,恰恰是要反对把诡辩术当作是哲学思维的要求。由此,莫非人们不该得出如下结论:为了使诸规定之间的矛盾尖锐化,而将讨论问题的具体视角模糊化——黑格尔以上的这种独特做法,似乎恰会被柏拉图和亚里士多德称之为诡辩术般的?

　　黑格尔虽然在细节上对柏拉图有所曲解,但尽管如此,莫非他没有在整体上正确地理解了柏拉图吗?当黑格尔从柏拉图的《智者篇》重新认出同一性与差别性这两个反思规定的辩证法时,莫非他不是正确的吗?事实上,柏拉图伟大的功绩莫不就是:将存在与非存在这两个抽象的埃利亚式对立,提升为存在与无的思辨关系,而这种关系则通过同一性与差别性这两个反思规定得到了充实?除此之外,黑格尔所设定的任务——使诸多固定的思维规定流动起来,这一任务与柏拉图的如下洞见是接近的,即一切言说都带有不可避免的混乱性,而他在这一点上不也是正确的吗?柏拉图谈到过,作为思想的一种对冲状态,那种不可取消的对于逻各斯的热情会陷入矛盾之中。柏拉图也看到了,一切确定概念与直观间的混乱并非只具有消极一面,而这种混乱是由希腊启蒙运动所带来的,此一运动又是雄辩术与论证技艺的魔幻之力所引发的。在苏格拉底身上,柏拉图反而看到一种新的可能性,即言说的混乱力量具有一种真正的哲学功能,它可以在表象的混乱中,让对准物的真实关系的目光获得解放。柏拉图在关于哲学认识的《第七封信》中给出的[13]自我描述表明,逻各斯的肯定与否定的功能有着在事情本身中的共同的根据。存在着各种认识"工具":词语、概念、直观或图像、意见或观点,没有这些,逻各斯的使用就是不可能的,但这些认识工具自身带有歧义性,它们中的每一方都可能只突出自己,从而它们显示出的就不是它们所意指的事物,而是它们自身。陈述不能由自己来掌控对自身的恰当理解,它始终有可能在一个错误的语词状况中得到理解,这是由陈述的本质所决定的。而这同样也意味着,那种有能力洞察事物的东西,同时也能够遮蔽事物。如果人们只关注被陈述出来的东西本身,那么他们就无法分辨哲学和诡辩推理[14]。只有在对话的鲜活现实中——在那里,"拥有良好处境且真正是与事情打交道的人们"相互联合在了一起——才能达到对真理的认识。就此而言,一切哲学都是辩证法。因为一切陈述,即使是那种,是的,就是那种真正表示出事情的内在划分

---

[13] 《第七封信》,341—343。[参考我的"柏拉图《第七封信》中的辩证法和诡辩术",现收入我的著作集,第 6 卷,第 90—115 页。]

[14] 《智者篇》的任务是去进行争辩,尽管它证明了诡辩派的可能性,也就是说,假象,也即非存在的存在,得到了存在论上的承认。但是,假象的他者性本质——柏拉图由之出发来理解智者派——也包含哲学的真理。真的逻各斯与假的逻各斯如何相区别,这一点显然无法在逻各斯自身之中被认识到。

以及即诸理念之间相互关系的陈述,都包含着一与多的矛盾,而其结果则是,带着争辩(eristisch)的目的去玩弄这一矛盾就总是可能的。

诚然,就如《巴门尼德篇》所表现出来的那样,柏拉图自己也能做类似的事情。那作为苏格拉底辩证法的唯一真理而显现出来的东西,即那唯一理念的不可动摇性——看上去就是它保证了被意谓的东西之统一,并使其根本上成为可理解的——并不具有绝对的真理性。在柏拉图这部作品意味深长的对峙场面中,老年巴门尼德让年轻的苏格拉底充分明确地认识到,他过早地尝试去定义理念,而他必须学习让理念的自为存在重新解体⑮。任何陈述在本质上都同时是一与多,因为存在在自身中区分着自身。存在自身就是逻各斯。

人们或许还想更清楚地知道,谓词事实上是什么,并且能由此一劳永逸地摒弃智者派在言语中制造混乱的技艺,但在与本质表达有关的真正哲学领域,例如在给事物下定义的情况下,我们就不是与谓词打交道,而是与本质之思辨性的自身区分打交道。就其结构而言,本体的逻各斯(λόγος οὐσίας)是一个思辨命题,而所谓的谓词在这里实际上是主词。柏拉图称争辩的技艺是幼稚的,它为了论证的目的滥用了一与多的矛盾,与这种技艺不同,在思辨性的表达中存在着一种严肃的疑难,一种不可消除的一与多的矛盾,它同时也涵盖了认识的合乎实情的得到发展的全部领域⑯。与

---

⑮ 《巴门尼德篇》,135c。

⑯ 《斐莱布篇》,15bc。

《斐莱布篇》的暗示相呼应，《智者篇》中对类的辩证法的解释其实也是"辩证的"，这就是说，如果差别性本身与自身性本身、非存在与存在的辩证的共属一体性得到了表达，那么就不可能有使某物具有差别的某个方面简单地凸现出来。试图通过"理念"的划分，来规定对物的本质所进行的哲学陈述，事实上正包含了对立事物之统一的思辨关系。就此而言，黑格尔援引柏拉图并非完全没有道理。

相应于此，黑格尔就强调指出了那种数学性的必然性的至关重要性，这种必然性是柏拉图的理念辩证法自为地要求的。这种数学性的必然性不需要任何几何图形，就是说，它不需要任何由外部提供的几何作图——若要给出一个几何作图，就要为它提供一个证明，而这个证明又是一个外在的东西——而是像柏拉图《国家》篇第 6 卷所写的那样，是思维自身之道路，完全从理念到理念，绝没有任何从外部掺入的东西。众所周知，这就是分类（Dihairesis）程序，就是对被意谓的东西，根据其所包含的差别所进行的恰如其分的划分，在这种划分程序中，柏拉图看出了就其对思想的要求来说所能得到的充分满足。而当亚里士多德以逻辑合理性为标准，对这种概念划分法进行批判[17]，并因此"将辩证法与哲学证明区分开来"的时候，黑格尔却非常明确地拒绝跟进这种批判。逻辑推论的合理性的理想远远地落在哲学证明的理想之后，也远远地落在思维之内在进展的理想之后，这是进行着划分与定义的柏拉图式对话的逻辑连贯性，但是柏拉图式对话不是进行演绎的，而是通过

---

[17] 亚里士多德：《前分析篇》，Ⅰ, 31.

交替地一问一答达到合乎实情的相互一致。

实际上,柏拉图式对话的思辨运动不会被这样一种亚里士多德的逻辑批判所击倒。只不过在某些地方,柏拉图自己也在用巴门尼德和芝诺的独白方式推进"辩证法",黑格尔认为,在这些地方,辩证法缺乏内在的发展与"扩张"(Verpilzung)的统一性。

如果我们现在转向黑格尔对亚里士多德哲学的主动继承,就会发现存在着类似的理解与误解的混合情况。上文已经提到,辩证法程序的真正逻辑根本不可能奠基于亚里士多德。然而,下述这点却造成了一种极为矛盾的翻转,通过这种翻转,黑格尔赋予了亚里士多德哲学那无所不包的经验以真正的思辨声望。另一方面,黑格尔还在《哲学全书》的结尾引用了一段亚里士多德的文字,来作为其体系表达的终点,这段文字告诉我们,从内容来看,黑格尔在亚里士多德哲学中如何实质性地重新认识了自己。

在其《哲学史讲演录》中,黑格尔对亚里士多德这段文字做出了解释,而眼下对这种解释做一更详尽的考察,将是非常富有启发性的。这种解释分别出现于以下两处:第 14 卷第 330 页及以下,以及——此处涉及《论灵魂》第 3 卷第 4 章——第 390 页及以下。根据黑格尔的解释,亚里士多德表明了:主观与客观的思辨同一性是其形而上学的顶峰,这一点是毋庸置疑的。尽管如此,黑格尔也清楚,亚里士多德并没有赋予这种同一性以原则上的体系性功能,但这种功能对于思辨观念论而言却是至关重要的。"思想在亚里士多德哲学中和其他一切对象一样也是一个对象——一种状态。他不是说,只有思想是真理,一切都是思想之物;而是说思想是第一性的东西、最强大的东西、最值得尊敬的东西。我们说,思维作为自己与自己相关联的行为存在着,它是真理。我们进一步说,思维是一切真理;亚里士多德并没有这样说……亚里士多德没有表达出哲学现在所显示出来的东西,但无论如何这种观点是根本性的东西。"

让我们来仔细考察一番,看以上这种见解是否真的站得住脚。这里无疑涉及对亚里士多德文中一处细节的理解。但是,此处的关键问题并不是文本版本的不同。毋宁说,即使人们从黑格尔自己所读的版本出发,也能发现他对亚里士多德的思想所做的细微的含义移位。黑格尔完全正确地描述出,亚里士多德是如何从努斯之所思出发来刻画最高努斯的。努斯思考自身,即"通过将它所思之物当作它的对象接受下来,因此它是接受性的。但是,它是思维对象,只是因为它发动并思维,以至于思维和所思之物是同一个东西。"黑格尔这样解释这段话:"对象转化为活动性,转化为能动力。"毫无疑问,亚里士多德的原文并不是这个意思,相反这里是说:思想变成了对象,变成了所思之物。而且,当黑格尔在亚里士多德那里读到以下文字的时候:"因为所思之物和本质的接受者是思维",他更加相信亚里士多德自己就证实了这种向着能动力的转化。第390页说得更加清楚:"对它的接受就是活动性,此活动性产生出那种显得像是被接受下来的东西——只要接受行为拥有此活动性,它就会发生作用。"⑬而黑格尔已然将接受行为思考为活

---

⑬ 文本中存在着版本或印刷错误:"er wird"(它变为)。参考第 331 页:"Es wirkt, sofern es hat"(它所具有的,就是起作用的),此外在第 390 页:"das Ganze des Wirkens..."(活动整体),"das Wirkendste"(最有活力的东西),这些都证明"er wird"为版本或印刷错误。

动性。但这也是误导性的。毫无疑问，亚里士多德认为，能够被接受的东西，尽管它也已经具有思想的特性，但这种思想只有当它被接受了之后，才具有其现实性；而他由此推出，是"起作用的接受行为"（Wirken）而非"能够发生的接受行为"（Können），才是思想之中神性的东西。尽管这种推论实际上在黑格尔的意译之中也能找得到，但它却不是作为推论被找到的；毋宁说，黑格尔将"起作用的存在"的优先地位设置成了理所当然的前提，以至于他不再把"思维的接受能力"与"思维的实际所有"（Haben）之间的全部交互关系当作论证性思维的过程。如此一来，尽管他的结论是正确的："努斯只是思维自身，因为它是最卓越的东西。"（第391页）但是，这个命题对于黑格尔而言意味着：最高存在理所当然地就是思想的自我，即自由的活动性，而不是某个被思维的东西。与此相反，对于亚里士多德而言，为了规定最高存在，首先且只有从被思维的东西出发，因为一切思想都是因被思维的东西的缘故才存在的。黑格尔却由此进而推论出：如果努斯应是最高存在者——如已经确定的那样，那么它所思维的东西，即被思维的东西，无非就是它自己。因此，努斯思维自身。⑲

这一系列事情的顺序与柏拉图《智者篇》中的思路相适配。在

---

⑲ 瓦尔特·克恩（Walter Kern）围绕黑格尔对亚里士多德"《论灵魂》第3卷第4—5章"的翻译进行了细心的分析，他的这个成果发表在《黑格尔研究》第1卷（第49页以下）中，这篇文章非常漂亮的证实了黑格尔对亚里士多德的理解活动于其上的方向，并以此补足了我上面的解释。当然，我不相信，黑格尔对亚里士多德的理解只有到了其晚期阶段，其绝对观念论的体系性结论才在其中显露出来，因此我不喜欢说这是误解，倒不如说这是一种超前的理解，这始终并且必然——不只是在黑格尔这里——意味着将所理解的东西化入自身的思想之中。

那里,首先被归给存在的是被认识以及被思维的运动,然后才是对生命的规定以及对思想之运动性的规定[20]。这就是说,在那里极为明显的也是:从被思维者出发,而不是将对自身的思考当作第一性的。而这就意味着:"自身思考自身"作为与灵魂、生命、运动同一级别的概念,不被认作是"活动"。实现(Energeia)作为"在作品中的存在"(das Am-Werk-Sein),所表达的不该是自我的主动性源泉,而该是不受限制的、完满的创造过程之存在,这个过程是在被创造物那里、在作品(Ergon)那里实现的。因此可以说,黑格尔是从错误的结论出发来表达了"在自身中反思"的希腊形式的,也就是从被他称赞为近代哲学的真正发现的东西出发的,这一发现也即绝对者就是活动性、生命、精神。

在这里,对希腊文本的重新解读并不像在上文提到的对柏拉图的解读那么容易把握。其根本原因在于,希腊人由之出发去思考存在的生命概念,对于黑格尔对近代主体性哲学的批判性分析而言,也具有主导作用。当然,此处也存在着一种不可消除的不同之处,即黑格尔已经是从精神出发、从在他者存在中认识自身的角度出发,将生命规定为"在自身中的反思",相形之下,希腊人反倒是将自身运动的东西,甚或是在自身具有运动开端的东西思考为第一性的东西,并由此出发,即从在世界中遭遇到的存在者出发,希腊人将自身关联的结构归给了努斯。

特别具有启发性的并且很能够体现这种差别的文本,是亚里

---

[20] 《智者篇》,248d 及以下。[参考我的"论早期希腊思想中的神性东西",载我的著作集,第 6 卷,第 154—170 页。]

士多德《论灵魂》第3卷第6章430b20以下。在那里,亚里士多德直接从"缺失"(Steresis)与"形式"(Eidos)的对立关系中,推出了认识者与被认识者的关系。在"缺失"的对立面缺席的地方,思想就开始思考自身,也就是说,在那里存在着"形式"的纯粹自我当下化。由此可见,赋予思维以能够对自身进行思考的属性的,是存在的自身关联,而不是某种思想的自身关联,就好似它本身即是最高存在似的。也正是在这里,黑格尔颠转了对事物本身的解释。亚里士多德的思路条理在此是非常清楚的:事物的自我区分是第一性的。然后才是思想所实施的区分,它是第二性的。而思想对自身进行区分,以至于使得它能够"思考自身",这个区分则是第三性的,这是思维的一贯性所要求的。因此,黑格尔与亚里士多德只相会在这个最后的结果中,即相会在自身关联的结构中。

如果我们从黑格尔与希腊哲学之间所表现出来的内容上的一致与不一致返回到真正逻辑性的东西,返回到这样一个问题,即黑格尔如何将辩证法提升为哲学证明的形式,那么,尽管在黑格尔与埃利亚以及柏拉图的辩证法之间存在着继承关系,但希腊人的榜样在这里被弃之不顾。在希腊思想中,黑格尔完全有理由看出他在一切哲学中都能看到的东西:思辨的东西。哲学命题不能被理解为谓词逻辑意义上的判断。这不仅对于非常"辩证的"思想家是适用的,如赫拉克利特或柏拉图,而且对于亚里士多德来说,这也完全适用,就像黑格尔完全准确地看出来的那样。尽管在亚里士多德那里情况是这样的:对谓词结构的解释既依据其逻辑形式,又依据其存在论根据,但由此,智者派所发展出来的那套说辞就被去魅了。

是什么使得黑格尔能够如此肯定地在亚里士多德思想之中辨认出思辨的东西？这一切之所以可能，是因为黑格尔借助他思想的力量，穿透了哲学的僵化的学院派语言，并在理解亚里士多德的过程中，跟随着总已显露出的思辨的痕迹。我们现在能更清楚地知道，黑格尔借此获得了何种成就，因为我们今天正热衷于，从其思想所追随的那种语言本能的作用出发，去解释亚里士多德的概念构造[21]。

这样一来，我们考察过程的圆圈就闭合了。但这闭合点只不过是这样一个点，在那里，当黑格尔发现了古人的哲学所致力的方向的时候，他看到了这也是他本身哲学所致力的方向，他的哲学运思在方式上受限于近代哲学的处境，但却提出了与近代哲学背道而驰的任务。现在要做的是：让一切僵化的知性设定"流动起来，并赋予它们以精神性"。一切肯定的东西、一切异化的东西、一切他者，都消融在精神之依自身而存在的自家王国中，这也激发出黑格尔去"恢复"哲学证明的想法。

黑格尔可以通过以下两方面的努力来完成这一任务：一方面是激化矛盾的辩证方法，另一方面是唤醒隐藏在语言的逻辑本能之中的思辨内容。古代哲学在这两方面对他都有助益。他的辩证方法是通过深化与改造古代辩证法而获得的，即矛盾总在一个更高的综合之中得到扬弃。我们已经看到，这种引证只具有一半的合理性，即只是在内容方面，而不是在方法方面具有合理性。与此

---

[21] 参考恩斯特·卡普(Ernst Kapp)、布鲁诺·斯内尔(Bruno Snell)、京特·帕齐希(Günter Patzig)、沃尔夫冈·维兰德(Wolfgang Wieland)的工作。

相反,对于任务的另一半而言,即以思辨的方式帮助将语言的逻辑本能导入思想的这一方面而言,古代哲学则是无与伦比的典范。黑格尔力求克服哲学的异化的学院式语言——这并非任何纯语主义对外来语的排斥——把日常思维的概念渗透进哲学语言那陌异词汇与造作表达中,以此方式他使其母语在哲学运思的思辨运动之中具有了思辨精神,这种思辨运动曾是由希腊人开端的哲学的自然嫁妆。因此,黑格尔的方法论理想就是这样一种理想,它是对一个内在发展进程的要求,即要求概念在此过程中越来越差异化、具体化,这种理想在这里本身就依赖于语言的逻辑本能的支撑与引导。因此黑格尔也认为,哲学表达从来不能完全摆脱命题形式,也不能摆脱与此形式一道被给予的谓词结构的假象。

在我看来,这里甚至必须超出黑格尔独有的自我理解,并承认:思维的辩证进程与倾听本真语言的那种思辨精神,最终本质相同,它们本身表现为一种辩证统一,即表现为它们不可分离的共属一体性。因为无论是在明确的表述形式之中,即在矛盾以及对矛盾的扬弃之中,还是在起作用的语言精神那被遮蔽了的张力之中——思辨的东西之所以是现实的,当且仅当它并非只是被保留于单纯意见的内在性之中,而是被表达出来时才如此。黑格尔《精神现象学》序言中对思辨命题的分析,清楚地说明了:通过激化矛盾的方式所进行的表达与明确表述,对于哲学证明的理念起到了什么样的作用。在其自身之中揭示出思辨真理,并由此充实这个真理,这绝不仅仅只是自然意识的要求。倒不如说,这体现了黑格尔反对近代主观主义及其对内在性表示赞扬的基本态度,如果他是这样来考虑知性的要求的,即"知性的东西是已知的常识,是非科学的意识与科学的混合体"。黑格尔不仅只在某些凋敝的形态中——如在优美灵魂与善良意志中——看到了单纯内在性的非真理性。他也在一切迄今为止的哲学思辨形式之中发现了这种非真理性,只要它们没有明确地在哲学概念的思辨统一中扬弃诸种矛盾。

表述(Darstellung)的概念与表达(Ausdruck)的概念构成了辩证法的真正本质,构成了思辨之现实性的真正本质,就像斯宾诺莎的"描述"(exprimere)概念一样,它们在这里显然必须被理解为存在的进程。表述、表达、被道出(Ausgesprochensein),这些概念标明了一处概念的场域,在其背后有着伟大的新柏拉图主义传统。"表达"并不是出于主观喜好的事后添加,以便让内心所想的东西付诸言谈,而是精神自身达致定在的活动(Zum-Dasein-Kommen),是对精神的表述。此种概念源于新柏拉图主义,这并非偶然。就像黑格尔所强调的那样,思想自身在其中运动着的诸思维规定,并不是一些外在的形式,我们可以将它们像工具一样运用于预先给定的东西之上,毋宁说,我们总是已经被它们所吸引,并且我们的思想就在于跟随它们的运动。古典时期的希腊人痴迷于逻各斯,柏拉图以苏格拉底的名义使它成为理念的真理,这种对逻各斯的痴迷,在柏拉图主义两千年历史的终点处,与黑格尔辩证法所发展出的、思维的思辨的自我运动比邻而居。

黑格尔自己主动与希腊人建立了联系,而我们对此的考察表明,还有另一种黑格尔与希腊人之间的一致性在这里起着作用,那是一种存在于思辨的东西本身之中的亲和性,这种亲合性一半是黑格尔由文本中猜想出来的,一半是他通过暴力性的解释所激发出来的，而他正是在这里与希腊思想之语言运动性相遇。这次相遇源自他最本己的东西，源自其向着母语的核心深处的扎根，源自此种语言的俗语以及双关语的深刻含义，此外还源自路德精神、神秘主义精神以及他的斯瓦本故乡虔信派遗留的精神之表现力。尽管黑格尔认为，在哲学科学的真正主干中，命题形式并不拥有哲学的正当权利。但是，命题这个外壳，就像语词的活生生的指称力量这个外壳一样，不仅不是一个空的外壳，而且还有着丰富内蕴的。它在自身中蕴藏着应通向辩证的居有和展开过程的东西。正如我们在文章一开始就业已强调过的那样，因为对黑格尔来说，对真理的适当表述是一项无尽的事业，它只能通过不断地接近，以及频繁往复的尝试才能够向前推进，所以逻辑本能在语词、句式以及命题这样的外壳之内的产物，就是思辨内容的载体，并且此载体实际上从属于一种"表达"，在这种表达中，精神的真理得到了表述。只有当人们从这样一个方面认识到黑格尔辩证法与古希腊哲学间的亲近性的时候，才能在黑格尔对古代辩证法的引证中，充分明见到二者间的亲密性，而黑格尔自己却并没有明确地对这一亲密性进行过充分的反思，在黑格尔的文本中，它只是非常偶然地在引论性的文字处被暗示出来。这种亲密性保持为真理，它超出了近代的方法论理想所表现出的、黑格尔与希腊人之间的差别，也超出了黑格尔在古代传统中为突出这种方法理想所做的暴力性解释。在此人们可以回顾黑格尔与他的朋友荷尔德林间的相似之处，后者作为诗人，在"古今之争"中持有完全相似的立场：荷尔德林力求更新古代的艺术鉴赏力，是为了给现代人过于急切的态度留出保持克制和保持距离的余地，与此相同，古代意识的辩证法那毫无顾忌的勇敢所表达出来的世界性,也为思想描绘出了一个典范。然而,在黑格尔和希腊人思想之中都起作用的,是语言的同一种逻辑本能,只是因为如此,古希腊辩证法这个被有意识地选取的榜样——黑格尔尝试着超越它,去实现自我意识的精神的更为优越的真理——才是对思维真正有所助益的。而正如我们已经看到的那样,黑格尔自己并没有完全意识到,他对形而上学的"完成",为什么包含一个向着其伟大开端的折返。

(姜勇君 译,余玥 校)

2. 颠倒的世界

(1966年)

"颠倒的世界"在黑格尔意识经验史的整体关系中是最困难的段落之一。我想做一个尝试，将"力与知性"这一章中的这个颠倒的世界理论刻画为对整个《精神现象学》结构具有中心意义的学说。在这个过程中，我可以从赖纳·维尔(R. Wiehl)①已经解释过的如下观点出发：如果不直接了解康德哲学本身，人们就无法理解现象学的开端。只要人们看一下意识现象学*的主要章节划分，就非常清楚，黑格尔给自己提出的任务是：指出不同的认识方式，即直观、知性与统觉统一或自我意识，它们之间究竟是怎样内在关联的？康德的批判所探讨的就是它们之间的共同作用。

意识现象学这一部分，归根结底，受如下问题主导：意识如何成为自我意识，或者意识如何意识到，自己是自我意识？意识是自我意识，这个论断是自笛卡尔以来近代哲学的核心学说。就此而言，黑格尔的现象学观念坚持笛卡尔的路线。这在多大程度上是

---

① 赖纳·维尔："论黑格尔《精神现象学》中感性确定性的含义"，载《黑格尔研究》，增刊第3卷(1966年)，第103—134页。

* 这里的"意识现象学"指《精神现象学》的前三章，即"意识"篇。此外，本文出现的"现象学"均指黑格尔的《精神现象学》。——译者

真实的情况,这一点由同时代的类似情况证明了,尤其是辛克莱尔(Sinclair)(荷尔德林和黑格尔的朋友,《莱茵颂》中的"封印"〔Sphragis*〕就暗指辛克莱尔)在很大程度上不为人知的著作,冠名为《真理与确定性》。这部著作,肯定在同样的、由费希特规定的意义上,几乎与黑格尔同时,非常明确地从笛卡尔的"我思故我在"(cogito me cogitare)概念出发,尝试阐明一条从确定性通往真理的道路。

现在,当黑格尔在其《精神现象学》中描述意识现象时,他一开始就确定,知识在其中完成自身、确定性与真理只能在其中才能达到完全一致的东西,就不可能是单纯的、正在意识到其自身的关于对象性世界的意识,而是必须统握个别主体性的存在方式,进而必须是精神。在通往这个结果的道路上,黑格尔的第一命题就是:"意识"是"自我意识"。《精神现象学》第一部分的科学任务,就是以简明易懂的方式为这个命题辩护。黑格尔的辩护方法是:"证明"意识向其自身意识的转变,即意识向自我意识的必然进展。在这一点上,康德的概念性系统(Begrifflichkeit):直观、知性、自我意识,被黑格尔有意识地当作对这个进程进行划分的基础,而 R. 维尔的文章表明,回过头来看,人们必须怎样将感性确定性理解为起点,即理解为对自己的本质乃是自我意识这一点完全没有意识

---

* Sphragis(拉丁语),来自希腊语 σφραγίδα,意为"封印"或"图章",是文学理论和古典语文学中的一个现代术语,用于描述一种主要在古典世界中使用的文学手法。作者往往在诗歌或诗集的开头或结尾处通过这种手法进行署名或以其他方式表明自己的身份。从广义上来讲,Sphragis 亦可以表示任何一种当作者想要以某种加密的方式隐藏自己的姓名或身份时所采用的技术(比如离合诗)。——译者

的意识。

总的来说,对黑格尔的逐字精读(Buchstabieren)(这是我们努力的目标,如果还允许我做这种方法上的开场白)关键在于:人们要核实,是否只能达到黑格尔自己所要求的那么远,当他说"重要的是进程的必然性"的时候。我们在此作为观察的意识——这是现象学的立场——必须理解,有哪些精神形态出现,而且它们以何种顺序相继登场。

只要人们准确地阅读了黑格尔的文本,就会发现这种对辩证进程的必然性的要求,总是一再地实现自身和证明自身。因为,准确地阅读在黑格尔这里——而且不仅在他这里——总有这样一个引人注目的后果,即人们在费力解释已读段落的过程中刚刚获得的东西,正好在下一段文本里清楚地写着,这是每个黑格尔的读者都会获得的经验。他对思想进程的内容阐述得越多,他就越能够确定,这种阐释本身会在黑格尔文本的下一个段落中出现。这意味着(并且这对哲学的本质具有中心意义,但也许没有任何一个地方像在黑格尔这里如此明显),我们其实谈论的总是同一个东西,这同一个东西在解释的不同层次显现,并且证实自身为真正的、唯一的对象或者内容。

这同一个东西,在现象学的开端具有这样一个形态,即意识是自我意识;它是应该呈现为知识之真正对象的意识自身。我们必须从一开始就这样理解黑格尔在现象学中给自己提出的任务:不要把自我意识,即康德的统觉综合当作某种事先被给予的东西来讨论,而是当作某种自身有待证明的东西来讨论,亦即,证明自我意识就是一切意识中的真理。一切意识都是自我意识。如果我们

2. 颠倒的世界　51

认识到,这就是主题,那么,我想简短介绍的关于颠倒的世界这一章,在体系中所占的位置就很清楚了。它处于"力与知性"这一章中,在这里,人们可以发现颠倒的世界这一引人深思、令人震惊的用语。黑格尔是一个施瓦本人,让人震惊的是他的热情(Leidenschaft),就像所有施瓦本人的热情一样。但是,黑格尔在这里所意指的东西,以及他如何使用这一用语,是特别难以说明白的。我将尝试指出,怎样才能借助历史学的解释内容,理解黑格尔的"颠倒的世界",并尝试指出,在什么意义上,隐藏在现象背后的真实世界,被叫作"颠倒的"。

这里涉及的文本从第 110 页开始②。"颠倒的世界"这一决定性用语在第 121 页出现。黑格尔在第 111 页谈到的真实世界,是这样一个世界,它向"颠倒的世界"颠倒,是在第 121 页被阐述的。在这里(第 111 页),它还没有被当作颠倒的世界来认识,而是要成为真实世界,要成为真理。

这里的思想进路是这样的:黑格尔首先认识到力的概念是知觉的真理。知觉意识——哲学意识注视这个意识——经验到,不是物及其属性,而是力与力的交互作用(Spiel),才是曾经指称物及其属性的真理。如我认为的那样,这是黑格尔为了哲学意识要求理解的一个步骤。人们应该认识到,将物分解为多个物,即原子论的观点(例如,当人们用现代化学分析的手段着手探讨物是什么,或者物的属性是什么的时候,这种观点就产生了)不足以理解,

---

② 根据下面这个版本:G. W. F. 黑格尔:《精神现象学》,J. 霍夫迈斯特编,第 6 版,汉堡,1952 年。

物及其属性在其中现实地存在的现实性(Wirklichkeit)究竟是什么。知觉仍旧太肤浅了。他认为,属性和具有属性的物是真的,即认之为真理。但是,这样被知觉到的东西,物的化学结构就是它们全部的和真正的现实性吗?人们必须认识到,实际上,在这些属性背后还存在一些彼此发生相互作用的力。化学家的结构分子式表达的是一种物质结构。但是,这个物质实际上是什么呢?正如化学的现代发展及其向物理学的转变刚刚证实的那样,物质乃是力与力之间的一种相互作用后的结果。

我因此到达这样一个地方,即更仔细的分析必须由此开始的地方。"力的辩证法"属于黑格尔本人评论最充分的内容,因为这些内容不仅出现在《精神现象学》中,而且更加详细地出现在《逻辑学》中,更确切地说,出现在《哲学全书》中。"力的辩证法"具有某些如此让人信服和清楚明白的东西,以至于每个人都看到,黑格尔在这里与一切诡辩保持着足够远的距离,正如他本人所认为的那样。

显而易见,下面这种理解是错误的:认为这里存在一个力,它想表现出来,并且,当它受诱导表现时,它就表现出来。这里存在的东西的现实性据说就在于此。可是,毋庸置疑,并且每个人都应该明白,诱导一个力表现出来的东西,事实上本身必须就是力。因此,这里存在的东西,始终只是力与力的一个交互作用;在这个意义上,诱导与被诱导就是同一个过程。同样适用的是——这是力与表现的辩证法——力绝不是封闭的力,即停留于自身之中的力,而总是只作为它自身的作用存在。这是一种表面性的理解,即认为保持自身同一、不变的(identisch-sich-gleichbleibendem)、实体性的物与物身上正在变化的、偶然属性之间的关系是现实的东西。物的内在现实性之所是,正如我们知道的,就是力。但是,认为存在自为的力,它脱离其表现、脱离一切力之间的关联而"实存",这种观点又是一个错误的抽象。实存的是力及其交互作用。相应地,如果人们把与对象性经验的这些形式相对应的意识形态进行对比,就可以发现,知觉意识是一个表面化的态度,它意欲知觉保持自身等同且本身又是变化着的东西。与知觉相比,科学——在此意味着知性——对现实性的真理理解要好很多,因为它退回到这种外在表现背后,试图搞清楚并探询支配各种力的诸规律。

事实上,这就是黑格尔在这里(由第 110 页开始)走出的奠基性的一步。容我就此先做一个一般性说明。只要人们研究黑格尔的《精神现象学》,就总是观察到,每一个新的意识形态都是被分为两种形式解释的。首先,在一个为我们而存在的辩证法或决疑论(Aporetik)中,黑格尔指出,在臆想(vermeintlich)的对象本身中存在何种概念性矛盾,并且同样指出,对这个对象的意识如何自相矛盾地向我们展示出来。然后,他描述了被观察的意识自己经验到这种矛盾的整个过程。如果被观察的意识形成自相矛盾的经验,那么,它必须放弃自己的立场,即必须改变它关于对象的看法。对象绝不是它所显现的那个样子。但是,这对我们的观察而言具有如下后果,即它认识到现在要前进到另一个意识形态的必然性,人们可以对这种形态怀抱期待:它所意谓的东西实际上真实存在。现象学的过程已经向我们证明:感性确定性、知觉、知性这种意识,并不正确。它不是真正的知识。因此,我们必须超越以这些形态显现的意识。因为这种意识陷入自相矛盾之中，这些矛盾使意识在其臆想的真理处驻留成为不可能，从而向我们证明了这种臆想的真理的非真理性。但是，作为意识，比如，物理学家的意识，它无疑固守在自己本身中，拒绝超越自己。对于这种意识，黑格尔有如下表述：它总是一再地遗忘它所获得的洞见，存在并保持着的总是意识的同一个形态；我们，作为哲学的意识，必须具有一个更好的记忆力，必须理解，这样一种知识并不是全部的知识，而且它所理解的世界并不是整个世界。因此，哲学理解超越这种固执的意识之必然性。我们必须考察，这是如何发生的。

首先发展出来的是矛盾，正如它向我们展示出来的那样。真正来说，这不是现象学的辩证法。因为，黑格尔首先讨论的是存在于对象的观念中、对象的本质中的诸矛盾；这样一来，本质与非本质、物与属性、力与表现的辩证法就存在于概念中，因此真正来说属于逻辑学。现象学的洞见——黑格尔借助上述辩证法获得的洞见，并且完全是为了这一洞见发展出上述辩证法——是一个关于上述辩证法的知识的一个洞见，那就是意识必须超越知觉——如果它希望能够胜任知性的真正任务的话，这个任务就是：搞清楚真正存在的是什么。我们现在思考内核。相较于持存的物和变化着的属性之区分的浅显性，内核目前是完全质朴地被意指的。如果我们这样深入内核去了解，就会产生这样一个问题：在这个内核之中我们究竟能够看到什么？什么是外在现象的内在本质？这里有一点是清楚的：深入内核，是知性的事，而不再是感性知觉的事。这是柏拉图用 νοεῖν（思想）这一概念所表达的东西，与 αἴσθησις（知觉）相对照。显然，"纯粹思想"（νοεῖν）的对象具有这样的特征：它不是感性地被给予的。

就此而言,以下这一点是令人信服的,黑格尔(第 111 页)将"内在的真相"称作"绝对的普遍者,就是说不只是感性普遍者,它现在成为知性的对象"——为了表达我的想法,暂且用柏拉图式的表达:这是可知的形式(νοητὸν εἶδος)。在柏拉图那里,"现在,在作为现象世界的感官世界之上,超感官世界,作为一个真实世界展现出来"。这是柏拉图的做法。③ 普遍者不是一个浮现于意识面前的感性现象的集合——它是"真实的存在(ὄντως ὄν)"、形式(εἶδος)、知性的普遍者,而不是在其显现着的他在性中的感性普遍者。黑格尔的进一步阐述现在得到了一个非常引人注意的声音:"超越消逝着的此岸,到达常驻着的彼岸"。柏拉图与基督教在此紧密相连——并且,既然这个立场肯定不是最后的真理,那么,人们在这里几乎听到了尼采及其表达——基督教是民众的柏拉图主义。事实上,黑格尔在这里所描述的结构,是极端概念化的抽象结构,正如它自己所表明的那样,它不仅涵括了柏拉图学派和基督教的立场,而且也涵括了现代自然科学的立场。

据说,这个超感官世界就是真实的世界。它是消逝中的持留(das Bleiben im Verschwinden),这是在黑格尔那里频繁出现的一个表达。在需要理解颠倒的世界时,我们肯定还会碰到这个表达。因为——为了预先指明方向——在那里将认识到:持存不变的东西(das Bleibende)是现实存在的东西,它恰恰是这样一个东

---

③ 参考黑格尔讲演中对柏拉图的描述:《黑格尔全集》,第 14 卷,柏林,1833 年,第 169 页以下。

西,在其中一切都是不断地消逝的。现实世界正是这样一个世界,其持存就在于不断的变化(Anderswerden)、永恒的变化。这样一来,持存性就不再是消逝的单纯对立面,相反,它自身就是消逝的真理。这就是颠倒的世界这一论题。

黑格尔是如何达到这一点的?我不想对之进行太多逻辑化的重构,倒不如将黑格尔在这里所谈到的诸现象本身如此具体地摆到眼前,以至于成功地看出,在意识自以为拥有的真理中,意识每次臆想(Vermeintlichkeit)的东西是什么。赖纳·维尔正确地强调了:意识始终是作为推动着揭露意识形态的整个进程的臆想在此。所以,黑格尔现在就提出了这样一个问题:意识在这里究竟意谓的是什么。知性现在深入其中看到的这个内核到底是什么?什么叫彼岸意识?如果它指的是一个空的彼岸,那么,它是苦恼意识的前形式(Vorform)吗?

黑格尔却说,这不是真的。这个彼岸并不是空的,因为"它来自于现象",它是现象的真理。一个什么样的真理?黑格尔为此找到了一个卓越的措辞:这个彼岸是作为现象的现象。这就是说:现象不是一个他物的现象,它不再与一个处于其彼岸的真正存在相区别,而无非只是现象。因此,现象不是与现实世界对立的假象,而是作为现实世界自身的现象。现象是假象的整体,第110页就这样表述。这意味着,现象不是一个力的单纯的表现,力随着自身的"衰退"而扬弃自己本身及其作用——倒不如说,现象就是现实性整体。现象不仅具有(hat)现实性的根据,而且作为本质的现象而存在(ist)。与那种关于一个"具有"属性的物的言说的表面假象相对,甚至与探究自身表现或积聚的力的洞见相对,力与力的交互作用的"绝对更替"(absolute Wechsel)向深入事物内在本质的目光中呈现出来,相比于知觉的表面性目光,现实性在这种目光中更好地得到把握。只要力与力的交互作用表明自身是一个规律性之物,那么,藉此"被拯救"的,正是"现象"(τὰφαινόμενα)。"力本身的交互作用包含着的简单东西,以及力的交互作用的真相就是力的规律"(第114页)。与此相应,在逻辑学的反思规定部分写着:"它们的(也就是形式规定)假象得到完备,成为现象。"④"假象的整体"这一用语,以这种方式通向规律概念。显然,与相互作用的力的更替着的交互作用相比,规律是一个简单东西:它作为简单的规律,规定着现象整体。诸力之间的臆想的差别——构成力的作用——诱导、被诱导、积聚与自我表现,普遍者的这种差别,事实上是简单的。这是非常黑格尔化的表达,但是,我们可以对之进行现象学的直观的验证:这种差别,事实上绝不是相互分离的力的差别,它们自为的出现,人们事后才使它们彼此关涉。这种差别就是简单而同一的规律的现象。

因此,接下来作为对象之真理出现的,就是自然规律,这是一个最终支配力学的现实性,即充分阐明现象的规律。这是一个非常重要的节点。这里我们可以回忆一下那种对柏拉图的解读,即将柏拉图的理念解释为自然规律。这是不自觉的黑格尔主义。实际上,这种等同化的行动,在黑格尔那里已经完成。然而,黑格尔

---

④ G. W. F. 黑格尔:《逻辑学》,G. 拉松编,莱比锡,1951年,第二部分,第101页。

为什么没止步于这种等同化的原因也将呈现出来。⑤ 首先，无论如何，黑格尔能够说：这种普遍的差别"与其说是在变动不居的现象之不变的图像中被表达，不如说是在规律中被表达"。规律是消逝的持留(das bleiben des verschwindens)。现实性被看作规律的世界，它超越消逝而持留。"因此超感官世界是一个静态的规律王国。"知觉世界的彼岸，但是作为"它的直接的、静止的模本"，仍然在此岸在场。这是在第114—115页所说的。黑格尔直截了当地将它称之为"持续变化之静止的模本"。

毫无疑问，这个短语听上去不仅像柏拉图式的，而且也像伽利略式的。伽利略就在下文那里出现，或者更恰当的说法是牛顿。因为这里借助间接提到作为物体普遍定义的重力所暗指的，正是完成了的伽利略力学体系。黑格尔现在表明，通向超感官的、真实的世界的、知性的这一步只是第一步。关于这一步，人们必须明白，它并没有达到整个真理。认为现实性的真理就是自然规律(例如，纳托普曾经大概就把柏拉图解释为持这种观点的人)，这种观点不可能是正确的。因为黑格尔表明，在诸如一个"规律的王国"这样的表述中总是已经同时说出了以下意思：这个表述并不包括整个现象。意识必然陷入规律与案例的辩证法中，或者更确切地说，会发生规律的数量成倍增加这种情况。具体而言(in concreto)，

---

⑤ 然而，马堡学派也没有止步于这种通过规律构造对象的做法，就像纳托普的后期概念原初具体物(Urkonkreten)所表明的那样——甚至连通过后期纳托普对后期柏拉图辩证法的接受也是如此，它是如此明显地接近于黑格尔。最近赖纳·维尔即将出版的关于柏拉图和黑格尔辩证法的研究追踪了这种关联。[赖纳·维尔："黑格尔存在逻辑中的柏拉图本体论"，载《黑格尔研究》，第3卷(1965年)，第157—180页。]

人们应该想到如下情况,例如伽利略的自由落体定律在他那个时代就遭到亚里士多德主义者的反对,因为它并没有覆盖全部现象。在这种情况下,完整的现象当然同时包含阻力因素,即摩擦力。在此,必须给自由落体——不存在绝对的自由落体——的定律增加另一个规律,即阻力媒介的摩擦规律。这原则上是说:任何现象都不是一个规律的"纯粹"案例。

因此,如果我们真的想要达到以规律的静止的图像来描述真实的现象这一结果,那么,我们在我们所举的这个案例中,就拥有两个规律。以这种方式改善力学,以便力学成功处理它的"不纯粹的"案例,这个尝试,虽然首先导致了规律的成倍增加,但是,只要人们通过这种方式把诸运动现象的本性"理解"为整体,那么,这就打开了诸现象的规律性统一这一视角,这种统一性就在地球物理学与天体力学的联合中得到最后的实现。按照黑格尔的观点,万有引力所表达的东西无非是如下思想:"任何事物与他物之间都有一个恒常的差异"——而且,这要表达的是:一切差异建基于其上的规定性并非偶然的规定性(以一物相对他物的"感性自主性形式"),而是形成一个力场的每个物体的本质规定性。这是一个新的立场,由此出发,力的本质并非显示在力与力的差异中,而是呈现为一种力的规律本身中的差异,例如,电总是正电和负电——作为一种"张力",我们称这种张力为电力。

当然,这种差别作为一种符号差别,只存在于知性中。如果力的交互作用被理解为规律,譬如正电和负电,那么它无非就是指张力。事实上,这张力就是电能,而绝非两个不同的力。由此可见,这就是力的交互作用的真理：它是现实性的规律性，是现象的规律⑥。"存在不同的力"这种说法是错误的，在意识方面，存在与此类似的情形。规律只有在知性中才和规定规律的现实性是有差异的，这构成解释的辩证法。例如，在语音变化规律这一例子中，解释的同义反复就可以被演示：在这里，人们谈论语音移位规律，这些规律"解释"了一种语言的语音转换。但是，这些规律显然只是规律所解释的东西，它们没有任何别的要求。任何语法规则都有一样的同义反复特征。这里根本什么都没有阐明，仅仅把语言的生命实际上之所是当作支配语言的规律来表达。

我上面有意说及语言的"生命"。这就是思想的主旨所在，以此我来到了黑格尔的颠倒的世界理论。因为：在这个让规律规定现象的更替的地方，到处都找不到的东西究竟是什么？为什么这还不是真正的现实性？关于规律的静止王国或者一个统一的规律性的这种柏拉图-伽利略式的表象中，所缺乏的正是现实性自身，即变化本身(das Sichverändern als solches)。黑格尔称之为更替的绝对性，也就是变化原则。亚里士多德已经这样批判过柏拉图了，理念(εἴδη)更多地是"静止的而非运动的原因"(αἴτια ἀκινησίας ἤ κινήσεως)：理念与其说是对"什么是自然？"这一问题的回答，不如说是对"在自然中什么不发生改变？"这一问题的回答。因为，如亚里士多德所言，自然完全是"在自身中有运动本源的东西"(ἀρχὴ τῆς κινήσεως ἐν ἑαυτῷ ἔχει)，亦即从自身出发自己变化的东西。

在第一次提及颠倒的世界的这个段落的末尾，黑格尔这样写

---

⑥ 《逻辑学》，第二部分，第124页以下。

道(第 121 页):"因为第一个超感官世界只是对知觉世界向普遍性环节的直接提升,——我们解释:＝柏拉图洞穴比喻的上升(ascensus),向持存的理念这一观念世界的攀升——第一个超感官世界在知觉世界中有其必然的映像。"与(作为非存在的)知觉世界对立,这是理念世界的弱点。亚里士多德的批判性用语也有同样的意味:柏拉图将世界双重化了:为什么需要知觉世界的这样一个映象,即观念世界?这样一个以数学方式筹划的世界不正是缺少了那最为关键的东西吗?观念世界不仅对这个更替运动的知觉世界而言是真实的世界,而且,其中还缺少更替与变化的原则。但这个原则却构成知觉的现实性存在⑦?黑格尔的结论是:"第一个规律王国缺少了这一原则,但作为颠倒的世界,它获得了这个原则。"一个世界,它在自身中包含着"运动本原"(ἀρχή κινήσεως),作为这样一个世界是真实的世界,它是柏拉图式世界的颠倒,对于后者而言,运动和变化是无意义的。这个世界现在也是一个超感官的世界,亦即在这里变化不是单纯的"他物",即非存在,而是被理解为运动。这个世界不是单纯静止的规律王国,在其中一切变化都必须遵从规律,而是这样一个世界:其中一切都是运动的,因为它在自身中包含更替的根源。这似乎是一个完完全全的倒转,而现代研究完全从自身出发,达到了这种"倒转"的景象,即亚里士多德

---

⑦ 这里应该指出这样一个矛盾,它规定着黑格尔对柏拉图的理解。一方面,黑格尔用亚里士多德式的眼光看待柏拉图,他说:"柏拉图将本质更多的表达为普遍者,因此在他那里似乎缺乏现实性环节。"另一方面,他又肯定柏拉图辩证法中的"否定原则"(即实在性的原则),他说:"它是这里的本质性东西,如果它是对立物的统一"。参见《黑格尔全集》,第 14 卷,第 322 页。

对柏拉图理念学说的倒转。并非最高的"理念"(Eidos),而是"这一个"(τόδε τι),才是"第一实体"(J. 斯坦策尔[J. Stenzel])。

但是,通过本体论符号的翻转,真实的世界在多大程度上可以被称为一个颠倒的世界?这第二个超感官世界是什么样子呢?为了使这一切变得清晰,我必须再次进行回溯。作为力自身差别的一个例子,黑格尔给出了电的例子,并且将它形式化为自身同一者(Gleichnamige)与非自身同一者(Ungleichnamige)的辩证法,后者在电的例子中显现为正电与负电的差别。但黑格尔的例子无须限制人们。黑格尔总是用例子说明的东西,也经常被他从不同的"领域"进行证明。这里,"自身同一的"这个术语引导人们继续前行。希腊语中自身同一者就是 ὁμώνυμον,或者拉丁语称之为 univocum。自身同一者是——从经院哲学的视角看——类(Gattung)。规律与类被当作同一个东西来把握。两者都在其自身中具有如下特征:它们其实只是作为不同的案例而存在。人们可以意识到这一点并且说:自身同一者寻求非自身同一者,即指向非自身同一者。比如说,有蹄类哺乳动物,指向马、驴、骡、骆驼等;类指向非自身同一者,这就是它的真理。并且现在各个种,同样指向不同的个体。如果我们现在进一步思考,就可以发现,这里最终存在一种思想:差别、有差别的东西,这个在自身同一者中没有被述说或把握的东西,恰恰是现实的东西。我们在其中再次认识到古代的主题。因为,这基本上适用于亚里士多德对柏拉图理念的批判,并且适用于亚里士多德自己所教导的:形式(εἶδος)只是"这一个"(τόδε τι)的一个环节,或者,如黑格尔在第124页所表明的,这个颠倒的超感官世界将它所颠倒的世界包含在自身中。它包含形式(Eidos)。

2. 颠倒的世界　63

形式是构成这个-此(Dies-da)的东西,是这一个(τόδε τι)之所是,而且,是对"什么是"(τί ἐστι)这个知性问题的唯一可能的回答,亚里士多德在《范畴篇》中就如此说。亚里士多德也不能给出与柏拉图不同的答案。如果我具有这一个-这里(Dieses-Hier),并且被问道:这是什么? 我只能回答:理念(Eidos)。在这个意义上,知性的立场是全面的。但是,这并不是说,现实性只是理念。相反,现实存在的东西是具有这种方式并且可以对它进行以下述谓的个别者,它具有这种方式。但是,为什么黑格尔可以说,现象的存在者在自身中具有完全相反的情况,即颠倒状态呢? 为什么说,真实的现实性就是颠倒的世界?

我要发展出一条思路,使颠倒的世界概念成为可理解的:作为现象被给予的东西,绝不是"纯粹的"理念——尽管理念一般只有在作为现象的东西中以及诸如此类的东西中才存在。没有哪个蛋是与别的蛋相同的(莱布尼茨)。没有哪一种情况是一个规律的纯粹例子。现实的世界,正如它与规律的"真理"相对,是作为现象被给予的,因此在一个确切的意义上也是颠倒的;这个世界上发生的事,不会按照一个抽象的数学家或道德学家的理想发生。当然,世界的活生生的现实性正在于这种它的颠倒性。而在现象学的辩证论证过程中,颠倒性的作用在于,表明在自身中颠倒的存在(In-sich-verkehrt-sein)意味着:自己转向自己本身(Sich-gegen-sich-selber-kehren),自己与自己本身相关,而这就是:活生生的存在(Lebendig-sein)。

然而,在黑格尔看来,颠倒性的含义说到底是不正确吗? 他不是始终只意指辩证的翻转,而且这里也想说:真实的世界不是那个静止的规律的超感官世界,而是这个超感官世界的翻转。相同者的不同,正在更替的东西就是真相(das Wahre)。在这个意义上,颠倒——第123页以下——构成超感官世界一方的本质。但是,黑格尔明确提醒人们,不可以感性地设想这个事情,好像这里论及一个被设定的东西、自为存在者的颠倒(翻转),因而好像存在第一个超感官世界,然后还有第二个超感官世界、颠倒的世界似的。如在第123页所说,毋宁说,颠倒是自身反思,而不是与一个他者的对立。这种自身反思的辩证意义显然在于:如果我把对立面(颠倒的世界)看作真相——自在自为的——那么,真相必然是它自身的对立面。因为现象的现实性虽然在自在自为地存在的东西中表明自身不是规律的单纯的纯粹案例,但是,这包含了以下含义:现象的现实性也是现象的规律。因此,它就是规律及其颠倒二者。现象的现实性就是其自身的对立面。如果我们通过黑格尔对只是应当存在的东西、各种假设,以及一切其他"不断循环的应当背后的隐秘事物"的批判[8]来说明上述观点,那么,事实上,对于现实性的理性观点就具有如下性质:它拒绝那些假设和规律的空洞的普遍性,即便现实性也包括了这些东西。理性物和具体物是由更替原则规定的现实性。各种抽象一再破灭,因为总是发生不同的事。

众所周知,《逻辑学》包含存在的思维规定的展开了的全体,因而部分地表现了对对象性存在观点的自然的评论,这些观点与意识的显现形态相符,并且在《精神现象学》中得到发展。颠倒的世界不仅出现在《精神现象学》中,而且也出现在《逻辑学》中,确切地

---

[8] 《精神现象学》,第190页。

说,是以这样一种形式出现,即自在自为存在的世界是正在显现的世界之颠倒的世界。在此,这个表达显然以翻转的含义为根据,并且,什么也无法引导人们在一个内容的意义上,去如此思考这个世界的颠倒状态。毕竟需要注意的是:《哲学全书》(即使是海德堡那一稿)根本就不知道有颠倒的世界这一概念,而且《逻辑学》对这个概念的辩证发展不完全与《精神现象学》一致。

这给人一种直观印象,似乎黑格尔认为,把规律与现象抽象地对设起来——例如这种对设在《精神现象学》中作为超感官世界与感官世界的对设出现——这种做法,对规律本身的意义而言,是不恰当的。在《精神现象学》中,当黑格尔说到规律的静态王国时指出,它虽然在知觉世界的彼岸存在,但同样在知觉世界中在场,并且对于它是直接存在着的,是它的静止的模本。在《逻辑学》的相关位置⑨他这样说:"规律因而并非⑩现象的彼岸存在,而是在其中直接在场。"与此相应,规律的王国本身不再显现为一个世界(即一个超感官世界)。"实存着的世界,本身就是规律的王国。"

当然,规律概念在这里也经历了与在《精神现象学》的发展中出现的相同发展阶段。它首先是现象的单纯根据,而且构成更替中的持留者——现象变化的内容继续伴随它存在。当规律给自己设定了构成其内容的诸差异时,这就是第二步,而且规律的含义发生了变化。事实上,这与《精神现象学》中的第一个和第二个超感官世界相符合。但是,这里值得注意的是,只有深入现象的总体性

---

⑨ 《逻辑学》,第二部分,第127页。
⑩ 我的强调。

中自我反思的规律,才被赋予总体性特征,即世界存在(Weltsein)。因为在《逻辑学》中,规律的静态王国本身没有被称作超感官世界⑪,而只有颠倒的世界,即完全在自身反思的、自在自为存在的"世界"才被称作世界(它在《精神现象学》中被称作"第二个超感官世界")。关于这个世界,黑格尔首先明确写道:"如此一来,在自身中反思的现象现在是一个世界,它将自身展开为自在自为地存在于正在显现的世界之上的世界。"它也叫"超感官世界"⑫,并且最终表明自身是颠倒的世界。在这里,和在《精神现象学》中一样,有些黑格尔用来解释颠倒状态,即超感官世界的翻转的例子,对澄清颠倒状态的意义一般不再有用。北极和南极、正电和负电的例子⑬只是说明了这些情况的可翻转性,亦即它们的辩证特征。

下面这个问题仍然不能回避,即颠倒的世界这一用语,即便它本身包含翻转的辩证意义,但对黑格尔而言,是否还无法让人听出某种与颠倒状态的双重意义相符合的东西?我在《精神现象学》第122页找到了与此相关的第一个提示。那里有这样一个用语,"一个世界的规律——这个世界有一个颠倒的、超感官的世界与自身相对而立,在那个世界受人唾弃的东西,在这个世界被人尊重,在那个世界受人尊重的东西,在这个世界被人唾弃。"因此,颠倒的世界是这样一个世界,在其中一切都与在正确的世界里的情况截然相反。这不就是人们所熟悉的文学原则,即人们称作讽刺文学的原则吗?人们大概想到柏拉图的神话,尤其是《政治家篇》中的神

---

⑪ 我的强调。
⑫ 《逻辑学》,第二部分,第131页以下。
⑬ 《精神现象学》,第122页;《逻辑学》,第二部分,第134页。

话,大概想到英国讽刺文学大师斯威夫特(Swift)。在习惯用语"这一定是颠倒的世界"——比如说,当仆人扮演着主人,主人扮演着仆人时——中也包含一个暗示,这样的翻转有某种揭示性的东西。颠倒的世界所包含的不是简单的对立,与持存世界的单纯抽象的对立,毋宁说,其中的一切都是另一种样子的这个翻转,恰恰使我们这个世界隐秘的颠倒状态,通过哈哈镜的方式变得清晰可见。据此,颠倒的世界应该是颠倒状态的颠倒。"颠倒的世界"成为世界的颠倒状态,这意味着,从对立出发(e contrario)展示这个世界的颠倒状态,无疑是一切讽刺的含义。

通过相反的可能性(Gegenmöglichkeit)这种表达,让持存世界的一个真实的、尽管是不现实的可能性闪现了出来。的确,讽刺性表达的含义正好包含着这层意思。作为表达,正是世界的讽刺性翻转相信能够认识到自己在世界那里是颠倒的,并且因此也能够在世界的诸种真实可能性之中认识自己。因而,正是现实的世界自身,将自身分裂并抛入这种可能性和相反的可能性之中。颠倒的世界将自身呈现为颠倒的,以此方式表达出持存世界的颠倒性。因此,关于这个世界,黑格尔有理由说,它是"自为地颠倒的,也就是它自身的颠倒",因为它不是单纯对立。真实的世界不如说是这两者,作为理想筹划的真理和它自身的颠倒。让我们进一步考虑这样一个问题,讽刺文学的根本任务之一是揭露道德性的虚伪,也就是应当存在的世界的非真理性。这一点才赋予颠倒的世界以真正的尖锐性含义。讽刺性表达在任何情况下都是"自在的对立",无论是作为夸张,还是作为无辜的对照或其他常见手法,通过这种方式,真正的实在性在错误的假象背后,在它的颠倒性中成为可见的⑭。

在这个意义上,颠倒的世界不是现象的单纯直接的对立。黑格尔明确将这(第122页)称作肤浅的认识,在其中,"一边是现象,而另一边是自在"。这是一个表面性的知性对立。事实上,这里并不涉及两个世界的对立,毋宁说,正是这个"真实的、超感性的"世界,自在地就具有这两个方面,它把自己分裂为对立,进而使自己与自己相关联。

现在,在黑格尔钟爱的从青年时代就一直伴随他的一个主题中,存在一个出色的证明。这就是惩罚问题,或者说得更确切些,是罪的宽恕问题,这个问题迫使这个年轻的神学家超越康德-费希特哲学的道德世界观。事实上,就我的观察而言,颠倒性概念第一次出现是在关于惩罚问题的分析⑮中。如果人们认为,惩罚只是在现象中才是惩罚,而自在地或者在另一个世界中,惩罚对于罪犯是好事,那么,这就是一种肤浅的理解,就像在《精神现象学》(第122页)中明确说到的那样。只有在抽象的知性思维中,才有这种两个世界的说法。这不是思辨意义上的翻转。对罪行的惩罚所表示

---

⑭ 对"颠倒的世界"这个概念在晚期中世纪讽刺作品中的文学性使用的详细讨论,可以在卡尔·罗森克兰茨的著作《中世纪德国诗歌史》(哈勒,1830年,第586—594页)中找到。也可以参考克劳斯·拉扎罗威茨(Klaus Lazarowicz)的著作《颠倒的世界——德国讽刺文学史初探》(蒂宾根,1963年),但是这本书没有探究造词史。更多的东西可以在阿尔弗雷德·里德(Alfred Liede)的《作为游戏的文学创作——在语言边界的无意义诗歌》(柏林,1963年,第2卷,第40页以下)中找到,另外让·卢塞特(Jean Rousset)的《巴洛克时代的文学》(巴黎,1963年,第26—28页,尤其是第27页)提供了一些17世纪的证例。据此看来,向荒唐之事的倒转(Umkehrung ins Absurde)这个通俗主题到了17世纪才逐渐获得了讽刺文学意义上的真理陈述特性。

⑮ 黑格尔:《早期神学著作》,H. 瑙尔(H. Nohl)编,蒂宾根,1907年,第280页。

的翻转,甚至不是对一种实际的反作用的翻转,因为罪犯试图与这个翻转对抗。这根本还不是法(Recht)的观点,进而不是惩罚的观点,而是报复的观点。确实存在这样一个直接的报复(Vergeltung)法则。可是惩罚具有一个完全相反的含义,而且就这点而言,它在黑格尔那里可以称作报复的"颠倒"。当报复者表明,自己是与施害者对立的本质,并且试图通过消灭罪犯重建他被伤害的定在之际,惩罚涉及的却是完全不同的东西,即被侵犯的法。惩罚这一反作用不是施害的单纯后果,而属于罪行自身的本质。犯罪行为强烈要求惩罚,这就是说,它不具有一个单纯行动的直接性,而是作为犯罪本身以普遍性形态存在着。因此,黑格尔能够说:"犯罪的这种颠倒状态,即犯罪成了它之前所是的反面,就是惩罚。"惩罚即颠倒,这显然要说的是:惩罚与罪行之间具有一个内在的本质关联。惩罚是理性的。罪犯作为有理性的人——他要成为有理性的人——必须转向自己本身。黑格尔在《伦理体系》⑮中让人印象极为深刻地说明了,这种翻转,作为一个抽象的、思想的翻转,是如何在恶的良心这一现象中实行的。罪犯的自我分裂(Entzweiung)可能通过对惩罚的恐惧,因而通过对惩罚的实在性的抗拒,被一再抑制——但在良心的观念性中又一再地产生,这就是说:只要惩罚被"要求",颠倒状态就一再发生。

现在,不是必然要将惩罚的这种含义转变放在颠倒状态的完整的双重含义中去理解吗?惩罚作为被强烈要求和必然的惩罚,"是"罪行的颠倒,可这意味着,惩罚本身得到承认。因此,在惩罚

---

⑮ 黑格尔:《政治与法哲学著作》,G. 拉松编,莱比锡,1913 年,第 453 页。

中,法律在罪行中和反对它的现实性之间达成和解。但是,如果这个惩罚被接受和实施,并且因此是现实的惩罚,那么,它就自己扬弃自己——而同样地,罪犯的自我毁灭因此也消除了,他重新与自己达到统一。在对惩罚的恐惧和良心的折磨中紧紧纠缠着罪犯的这种生命分裂,在与命运的和解中被克服了。同样,在此,人们也可以说:这样一个颠倒的世界,即惩罚不是"玷污人和毁灭人的惩罚,而是保持人的本质的赦免",不只是罪行与惩罚的对立这一抽象世界的翻转,而且,同时揭露了这个抽象世界的颠倒状态,并将它提升到命运以及与命运的和解这一"更高阶段"。[17]

《精神现象学》中知识形态序列的进程也非常清楚地表明,颠倒和颠倒性所把握的,恰恰主要是善(das Gute)与恶(das Schlechte)的问题,以至于颠倒性的含义既是形式的,也是内容的。在"教化及其现实性王国"一节中,那个在《逻辑学》中用来说明颠倒的世界的例子:"在显现着的定在中是恶、不幸等等,自在自为地来看却是善和幸福"[18],成为了明确的主题。那里[19]有这样一段话:"如果……诚实意识以在这里唯一可能的方式为善和高贵,即其外表保持自身同一的东西辩护——也就是说善和高贵不会因为与恶相关或与恶混合在一起而失去其价值——那么,当这个意识自以为在反驳什么的时候,其实只是以一种平庸的方式说出……被称为高贵的和善的东西就其本质而言是其自身的颠倒,正如恶的东西反而是优越的东西。"

---

[17] 《早期神学著作》,第 279 页。
[18] 《逻辑学》,第二部分,第 134 页。
[19] 《精神现象学》,第 373 页以下。

善即是恶。人们根本无法在字面上充分地理解黑格尔。"*summum ius-summa iniuria*"(最严格的法就是非法),这意味着:抽象的法(Rechtlichkeit)是颠倒性,这就是说,它不仅会导致非法(Ungerechtigkeit),而且它自身就是最高程度的非法。我们已经过于习惯地读一些思辨的句子,好像这里就以一个有另一种特性的主体为基础[20]。

现在我们从对颠倒的世界的辩证含义的研究,返回到它在《精神现象学》思想进程中的作用上来。我通过惩罚与命运的和解的例子表明的东西,尽管出于——黑格尔自己说明过的[21]——"另一领域",但是辩证过程的普遍结构和内在必然性借此得到了证实。我们必须承认,普遍者的非感性、超感官的世界只是表达出了现实存在的一个环节:真正的现实性是"生命"的现实性,它在自身中是运动的。柏拉图将它思考为"自动"(αὐτοκινοῦν),亚里士多德将它思考为自然(Physis)本身的本质。在《精神现象学》经历的知识形态的进程中,现在思考生命体的存在,意味着一个巨大进步。生命体不再是规律或规律的相互作用的结果的单纯案例,而是转向自己本身,或如我们所说:"它是自身相关"。它是一个自身(Selbst)。

---

[20] 参考我的文章"黑格尔和古代辩证法",第 3 页以下。此外,我们的语言习惯也在"错误的"(falsch)和"颠倒的"(verkehrt)之间做出了恰当而准确无误的区分。一个颠倒的回答尽管并不正确,但是可以在其中辨认出真相的要素,只需对其进行"修正";而一个错误的回答本身并没有指明一条纠正的道路。因此,比如说一个答复可以称为是错误的,即使它是出于有意的欺骗——但是不能称为颠倒的。因为,颠倒的回答或答复总是希望自身是正确的,只是不幸遭遇了错误。因此,malum(罪恶)也是 conversio boni(善的颠倒)。

[21] 《精神现象学》,第 122 页。

这是一个持续性(dauerhaft)的真理。尽管现代生理学也许在很大程度上向我们揭示了有机生命的奥秘,我们却绝不会停止在对生命体的认识中实施一个翻转,而是相反地,把有机生物(Wesen)的诸变化过程当作力与力的交互作用进行合乎规律地调节的东西,思考为有机体的一个行为(Verhalten),并且把有机体"理解"为有生命的。即便有一天,会出现一个研究草茎的牛顿,但在一个更深刻的意义上,记住康德总是对的。我们对世界的理解从未停止做"目的论"判断。不只对黑格尔,对我们来说这也是一个必然的过渡,一个向着知识以及所知之物的其他更高级方式的推进。人们视为生命体的东西,事实上必须在一个明确的意义上看作一个自我。但"自我"意味着:在任何无差异性上与自身同一,与自己相区别。生命体的存在方式在此与领会它的知识自身的存在方式相符。因为,自身存在(Selbstsein)的意识也有一个不是差别的差别的同样结构。这样,向着自我意识的过渡基本完成。如果我们认识到,在观念论者和数学-物理学家眼中非纯粹的,即颠倒的世界(因为其中存在的并不仅仅是规律的抽象普遍性和它的纯粹案例),是真正的(richtig)世界,而这意味着:生命在其中存在,而且自我存在的统一性得以在无限的更替、自己与自己的永恒差别中保持自身,那么,黑格尔在意识辩证法中作为任务提出的中介,就基本解决了。如此一来,就证明了意识是自我意识。对这一真理,意识在其知识中,比在一切得到感官和知性中介的、对存在者的理解中,都更本真地确定了。这个确定性胜过一切其他理解。如果意识把一个存在者思考为自身,亦即思考为与自己本身相关的东西,那么,这个如此被思考为存在者的东西,就意指某种本身具有同样确定性的东西,而这个确定性具有自己的自我意识。这才是真正地深入自然的内部,只有它才能领悟(erfassen)自然的自然性、自然的生命:生命体感受着生命体,即它从内部而来将对方理解为与自身相同的东西,亦即将对方理解为自身。自动(αὐτοκινοῦν),就其抽象的本质而言,是生命体的自己关涉自己自身(Sich-auf-sich-selbst-Beziehen),作为知识,它就是观念论的公式:我等于我,亦即自我意识。

如此一来,《精神现象学》的第一部分就解决这样一个任务,即向意识揭示其自身中的观念论立场。引导黑格尔超越这种观念论立场的东西,即超越自我的主观性并作为精神实现出来的理性概念,在第一部分中找到了其奠基。对于这个理性概念的详细解释,我们在今天也还无法达到。

(姜勇君 译,张荣 校)

3. 自我意识的辩证法

(1973年)

我们以下将要讨论的,是黑格尔哲学最著名的篇章之一。在我看来,人们还未曾在黑格尔对自由本质及现实性的真正证明意义上正确理解此章节,其原因要归咎于那种对自由的强烈激情,这激情曾充斥于大革命时代中,而且也曾是黑格尔的激情。现在是时候对自由口号的这种过激反应做一次批判性的澄清了。在这方面,人们有一点已做得不错,那就是他们准确地注意到了这一章在黑格尔关于精神现象的科学中所占据的证明环节上的重要地位。基于此,我就从如下一点来着手进行讨论,即表明:黑格尔非常清楚地知道,如果他要以不同于费希特的方式引入先验观念论——费希特要求彻底地去思考康德,则他自己究竟想要什么。

"不仅只有对于自我意识来说,对物的意识才是可能的,而且只有自我意识才是对物的意识的一切形态的真理"[1],这句话是什么意思呢?在此处,一项迥异于康德通过纯粹知性概念的先验演

---

[1] 《精神现象学》,J.霍夫迈斯特编,汉堡,1952年,第128页(文中标注的页码为这个版本的页码)。

绎提出并解决的任务被提了出来。虽然统觉的先验综合是自我意识的功能，但恰恰只有当它使一种对他物的意识、一种对象意识根本上成为可能的时候才是如此。而即使是费希特知识学那种理性进行自我规定的意识——此意识是费希特基于实践理性的优先性所发展出来的——也发挥着先验功能，并服务于对"非我"的知识的奠基工作。反之，黑格尔着重强调，在自我意识中达到了精神概念，并因此，达到了如下的转折点：在此转折点上，意识"从感性的此岸世界之五彩缤纷的假象里，并且从超感官的彼岸世界之空洞黑夜里走出来，进入到当今世界的精神的光天化日之中"（第140页）。我们可以从黑格尔这种巴洛克式的措辞中听出，在精神概念中，达到的是那样一种现实性，它就像白昼一样，环抱着一切可见之物，并包容着一切存在的东西。这使得"自我意识"篇在现象学道路整体中占据着一处核心位置。尽管自我意识是一种直接确定性，而且自我意识的这一确定性同时又是一切确定性的真理，但是这一点却又并不现成地存在于它的此一直接确定性之中。黑格尔明确指出，即使那种自称先验哲学、并确信自身是一切实在性的观念论，实际上也承认其他的确定性，康德将之叫作"自在之物"，费希特则称之为"抗阻力"（Anstoß）。就此而言，黑格尔可以说："以这种断言开始的唯心主义是纯粹的许诺，它对自己没有概念上的把握，也无法让别人理解自己"（第177页）。我想讲明白的是：如果人们跟随黑格尔，将从意识通往自我意识的道路理解为真正的观念论之路，那么这与上述观念论究竟有何区别。意识的这个确定性——确信自身是一切实在性——为什么要经历这样一种证明之路？而且这种证明居然不仅超越了康德的先验演绎，且也超越了费希特的自由的绝对观念论？

人们应该记得：谢林也认为，观念论立场需要某种实在的证明，并将理智直观的自我及自我意识的自我理解为更高的能力，理解为实现出来了的、自然的主-客体。虽然在《精神现象学》中，黑格尔所要批判的恰恰是谢林的绝对者概念——批判谢林绝对性概念的所谓无中介性，但是，黑格尔在这里导出理性观念论的方式，以及他对观念论形式概念的拒绝方式，却受到了来自谢林的启发，这种接受不仅停留在"差别论文"阶段，在这篇文章中，他曾尝试调和并超越费希特和谢林体系。而且在哲学科学的后期体系中，黑格尔也是将自然作为自身实现着的精神的实在根据来加以展开的。在后期的体系编排中，"精神现象学"属于实在哲学的一部分，这是因为"精神现象学"就是精神现象的科学，并且因此就是实在精神的科学。从而在实在精神的科学中，作为形式原则的观念论原则其实根本没有位置。或者更恰当地说，因为自我意识不单纯是意识自身确定性的点，而是理性，这也就是说，思想确定要将世界"作为它自身的真理与现在性"来加以体验，所以，恰恰只有在实在的精神中，观念论原则才能发现其实在化进程。借助以上方式，黑格尔就翻转了康德通过知性概念的先验演绎所提出的任务，并通过自我意识的确定性之路来"证明"理性观念论。

黑格尔将理性规定为"思想"与"存在"的统一，这是因为理性不仅仅在思想之中。在理性概念中，包含着如下内容："存在"并非"思想"的他者，现象与知性的对立也并非真正的对立。而所有这一切在理性中都是确定无疑的:"当它(自我意识)这样来理解自己,世界仿佛直到现在才成为它的世界,而在此之前它并不理解这个世界,它欲求并改造世界,从世界中抽身而出,退回到自身……"[49](第176页)黑格尔就是这样来描述这条道路的,通过它,"空洞的"观念论自我提升为理性的观念论。一切都是"属于我的",一切都作为我的意识的内容,但这还并非此种意识的真理。就此阶段的状况,黑格尔做了如下表述:"但是自我意识才刚刚达到自为存在,它还不是与一般意识的统一。"(第128页)我们也可以说:在对其自身具有确信的自我的这个起点上,真正本质还未作为精神与理性被认识到。

只要自我意识还仅仅是自身确定性的单纯起点,那么它就尚未置身于其真理之中;只有在与意识的统一中,自我意识才是一切实在性。这一点将规定精神现象的后续阶段。但对于如何进入此后续阶段,我们首先还要做更详尽的分析。在处理"颠倒的世界"的时候,我们已经看到[②],力的规律世界的颠倒性迫使人们"远离下面这种感性表象,即将差别的各端固化为持存的不同环节"。这就是说:与通过"数学原理"(*principia mathematica*)来解释自然的要求必须被扬弃一样,"两个世界的区分"(Chorismos)以及柏拉图的理念假说也都必须被扬弃。从存在论的角度看,理念与现象的区分,同知性与它所解释的东西之间的区分一样,都是无意义的。如果人们认为,"颠倒的世界"理论是对科学的批判甚或讽刺,那么这将是一种严重的误解。声称在任何"解释活动"之中,意识

---

② 参见上文第29页以下。

都是"自己在与自己直接进行对话"(第 127 页),这绝非是不正确的。毋宁说,当实证主义用描述概念取代了解释概念的时候——如基尔霍夫(Kirchhoff)的著名表述③所表现出来的那样,上述断言恰恰道出了实证主义的真理。黑格尔合乎实情地理解了这一点。将"存在"二分为普遍与个别、理念与现象、规律及其例证的做法,与将意识二分为意识与其对象的做法一样,都必须被扬弃。如此得到思考的东西,就被黑格尔称为"内在差别"或无限性。这也就是说:自身包含差别的东西,只要它不是通过一个外在地起限制作用的他者的限定而差异化自身的,那么这种自身包含差别的东西在其自身中就是无限的。而我曾指出,无限性所具有的,正是自我概念;同样地,生命作为那种"自相关联"(Sich-verhalten)着的有机生命的存在所拥有的,也是这种自我概念;而作为"自身同一者自己排斥自己"的自我意识所拥有的,或者说那种理解着自身的自我所拥有的,还是这种自我概念。

换言之,"对我们"而言成立的是:有差别者并不是真被差别化了的。"自我,即自身同一者,将我从我自身中排斥出去"(第 128 页)。然而,自身同一者的彼此排斥与自身不同一者的彼此吸引,不仅指自我意识的结构,而且也指电磁现象中的物理张力,它同样还指柏拉图的理念与现象间的差别,后者有着作为自身同一者的理念。黑格尔在此抽象地使用"自身同一者"这个概念,它既囊括了柏拉图的理念论(ὁμώνυμον),也包含了近代的规律概念以及电磁方程。也就是说,自我意识所特有的那种自相关性,对于知性来

---

③ 参考 G. R. 基尔霍夫:《数学物理与力学讲义》,1874—1894 年,前言。

说也是真理,然而此真理只是在生成之中的,即知性在此中并未认识到自己。而意识一旦获得了这种无限性的概念,它就不再只是单纯的知性,而是进入到自我意识这一更高的形态中去了。以上阶段是随着生命以及关于生命的知识一同出现的。谁若理解了生命体的自相关联,就是说:谁若将它把握为无差别的差别,那么他就不仅总已认识着自身,即他已有自我意识,而且他最终也将学会把握如下事实:将一个物、一个不同于它自身的他者当作真相的意识的那些特殊形态,实际上根本不能与它的他者,即与意识区分开来,而是与之形成了无差别的统一。这就是说:这些形态就是自我意识。真相并不像知性所猜想的那样,是"躲在后面",存在于超感官领域,存在于"内核"——而是,意识自身就是这一"内核",也就是说,意识就是自我意识。

在那里,下面这一点曾是清楚的:作为无差别者的差别出现的东西,具有生命的结构,即具有一分为二而又自身同一(Sich-selbst-gleich-Werden)的结构。生命是同一与非同一的同一;在幸赖得存的黑格尔法兰克福时期手稿中,对这一点有过详细的解释。每一生命体都与它的"他者"、它的环境处于同化与排斥的代谢交换过程中,不唯如此,作为个别生命体,它也不是孤立存在的,而是以类的方式持存着。因此,在黑格尔《精神现象学》中,下面这种安排也绝非不清不楚或肆意妄为的:作为内在差别或无限性的生命的普遍结构,既是知性思维的推论结果,并且在"生命规定"这个名目下,它也勾勒出了自我意识的结构轮廓。因此,对于它的讨论既出现在"意识"篇的结尾,也出现在"自我意识"篇的开头。生命的自身关联只能从意识着自身的自我出发去思考。这并非某种拟人论意义上的假象——此假象被现代动物生态学当成是某种对人的贬损,而是方法论上绝对必要的事实情况。如果自我意识所涉及的归根到底是那种思考自身关联的能力,那么自我意识就必定被导向上述境遇之中。但是反过来说,有生命者的生命运动与自我意识的结构一致性表明,自我意识事实上根本不是"我=我"这样一个点,而是如黑格尔所说,"我是我们,我们是我",这也就是精神。诚然,黑格尔首先是在自我意识辩证法的引论部分中表达出这一点的。因为,只有"对于我们而言",也就是对于进行反思或观察的意识而言,以下这一点才是清楚的,即差别者的统一就是生命,它也被证明就是自我意识的真理,此真理也即:它就是一切实在性,而这就是理性。黑格尔由此发展出了一种调和"古代"与"现代"的方式:一方面是存在着的理性、存在着的精神、逻各斯(λόγος)、努斯(νοῦς)以及普纽玛(πνεῦμα);另一方面是我思(cogito),即自我意识的真理,这两方面并不是对立的。而精神的显现之路就是这样一条道路,在这条道路上,黑格尔教导人们在"现代"立场之中,自行去发现"古代"的立场。

如果黑格尔称自我意识为真理自家的王国,而我们已然进入其中,那么他想说的就是,真相不再是那块意识试图闯入其中的、由他者所构成的陌生领域——这曾是"意识"篇的立场,而是意识作为自我意识,真理的王国就是它的故乡,它在真理的领域就像在家里一样;它发现一切真理都在自身之中。而且它知道,它在自身之中还包含着生命的全部扩展过程。

3. 自我意识的辩证法 81

对个别存在与类之间生命辩证法的环节,也就是对个别生命与生命循环整体之间生命辩证法的环节,现在已经不再需要详细分析了——此辩证法的结果,即"得到了反思的统一",就已经足够了。那种既是"它的本质的直接连续性与纯正性"("普遍的血脉"),也是"持存着的形态与自为存在着的个别物",还是"它的纯粹演进过程"的东西,简而言之,就是"在这个运动中单纯保持着的整体",具有如下规定,即它是单纯的类(第138页)。生命体是类,而非个体,这就是说,它作为生命是一种"得到了反思"的统一,对于它来说,个体间的差别不是差别。

显而易见,这也是自我所具有的结构。对于自我来说,差别也并非差别:一切都只是自我的表象。但是,在这里得以确切证明的,不唯此结构同一性,且下面一点也是必然的,即自我意识之所是,就是生命。因此,黑格尔直截了当地说,自我意识是"这另一个的生命"。显然,这另一个生命作为自我意识是一个特殊的生命,它具有意识,并因此"被赋予"了生命体的类特征。根据其结构,它不仅自身就是类——就是说:它不仅事实上作为"自我"是将一切差别统一于自身的单纯普遍者,而且"对于它来说"情况是这样的,它知道生命体一般而言只是属于类,而相形之下,只有它"自为的本身就是类"。表现出此点的直接首要现象就是:它只认识自己。它是"他者的虚无性",此虚无性彻底充满了它——就好像作为生命,它只认得它自己、只保存它自己一样,而它是这样来做的:它将一切其他无机实体消溶于自身中,它作为"类"肆意地挥霍和牺牲个体。作为自我意识,它意识到他物只是虚无,并通过消灭它们来证明这一点。这是第一次中介化进程,通过它,自我意识把自己当作"真的"确定性、当作欲望"生产出来"——黑格尔有时也将此种自我意识称为"纯粹的自身感觉"(第148页)。因为实际上,它在其直接性中就是生命力(Lebendigkeit)的鲜活确定性,就是对自身的确证,这种确证通过欲望的满足而被获得。

然而,这里有一"但是",它限制着这种自我意识的"真理"。非常清楚的是:作为欲望及其满足的自我意识,并不能给出持续性的确定性,因为"在享受中,我受尽了欲望的煎熬"。浮士德不幸的世界漫游就没能给他带来满足。只要欲望无非只是欲望,那么它所寻求的那种能令它满足的东西,必然就是必被消灭的东西,也就是虚无的东西——因此,以此方式,自我意识找不到它能够在其中感觉到自己得到证实的东西。它必将体会到对象的独立性(第135页)。而以上情况"对我们来说"是完全清楚的。因为,"我们"——这个"我们"一直跟随《精神现象学》之路至此——的确知道:对生命力的自我意识不是真正的、具有持续性的自我意识;此自我意识"知道"它拥有着其作为"生命体"的同一性,但它只是在他物的不断消解的过程中,以及在它自己不断地消解于他物的过程中才拥有这个同一性,后面说的那个过程就是指:融入无限性之中,即参与到生命循环之中。

因此,欲望的对象自身就是"生命",这正是因为对欲望的意识而言,此对象就是"一切他者"——而所有这些外在于意识的他者,却又就是意识自身。在黑格尔的辩证法中,这一点是这样表达出来的:黑格尔提问到,欲望的自我意识是如何经验到其对象的独立性的？这一提问不仅意味着，欲望所要消灭的他者有一不依赖于它的独立存在，以至于欲望的对象一再地被炙热燃烧的欲望所生产出来。这一提问更告诉我们，不仅对于我们而言，而且对于欲望自身而言，欲望对象本身都是属于生命结构的。上述内容必须在其准确的含义上得以理解。显然，这里是要表明：每每作为欲望对象的东西，以及每每通过满足欲望而给予一个自我意识以自身确定性的东西，不是这个或那个得到确切规定的东西，而是某种相当随意的东西。欲望几乎从不在乎不同对象可能自在具有的差别，就像类几乎从不在乎个别生命一样，或者就像有机物几乎从不在乎它所同化的个别质料一样。谁若饿了，他就想"吃东西"，不管吃什么都行。尽管如此，欲望的自我意识还是依赖于他者："要扬弃他者，先必须有他者的存在"（第 139 页）。就此而言，对象是具有独立性的："事实上，欲望的本质是异于自我意识的东西。"人们必须充分意识到这句话的重要性。这句话是说：不断燃起熄灭的欲望的自我感觉，其本身根本不是自我意识的真理，而只是假象。毋宁说，欲望的自我意识知道自己依赖于作为他者的欲望对象。"通过欲望的满足所获得的自身确定性"是被它的对象所限制的——它实际上是一他者……，欲望追逐此他者。只有当这个他者存在的时候，自我意识才能通过否定它来寻求自身的满足。当然，这一被消灭了的、欲望的特定对象并不具有独立性——它的确已然丧失了独立性。我们用来充饥和解渴的，是一单纯的他者，而我们就是对此他者的否定。但是正因如此，这种感性层面的自我感觉就并非真正的自我意识。在原始欲望状态下，如在极度的饿或渴的时候，欲望除了自己什么都不认。我们常说"像狼或熊般饥肠辘辘"，这种说法绝非偶然：饥饿是如此这般地全然掌控着我们，以至于除了充斥在动物中的东西外，在我们之中就别无其他了，而这东西就是展现为清楚的动物本能特征的那种东西，并且正因如此，动物并非真正具有自身"意识"。以上这一点可以在下文中明显地被看出来：那得到了满足的欲望，自行扬弃了作为自我意识的欲望自己。而尽管一切"他者都是虚无的"，但为了让欲望成为真正的自我意识，欲望的对象却不能停止其存在。在"其被排除出去的本己性"中，对象必然就是活生生的自我意识（第140页）。即使寻求着真正自我意识的欲望——作为欲望——只知道它自己，且在他者之中也无非只是在寻找自己而已，但只有当对象虽然独立却并不就其自身来坚持自身的时候，只有当它放弃自己去"为他者存在"（第139页）的时候，欲望才能在他者中找到自己。但是，唯有意识才能成为自己的他者，并且扬弃自身，而在这个过程中它又没有停止其存在。在这个意义上，自我意识"必须"得到满足，而对象"必须自己否定自己"。这个"必须"就是古代亚里士多德的"出自命题的必然"（ἐξ ὑποθέσεως ἀναγκαῖον）；如果自我意识应该成为真正的自我意识，那么它就必须坚持自身——且它还必须找出另一个自我意识，后者已然准备"为它"而存在。因此，必然的结果就是自我意识的双重化：自我意识只有作为双重化了的自我意识才是可能的。自我意识自己的经验也向它表明了这一点。某物尽管是被否定了的存在，但仍然存在在那里，也就是说，某物以自身否定着自身的方式存在着，唯有这样的"某物"，才能通过其实存向"自我"证

3. 自我意识的辩证法   85

明,它所渴望寻求的究竟是什么——那就是:除了"自我"自己以外,它别的什么也不需要认识。然而,有所欲求的自我意识必定会经验到,那种通过自身否定使得它获得自我意识的东西,自己也必然就是自我意识。但这就意味着,这个作为对象的自我意识,既有可能自愿地让意识确证自身的自我意识,也有可能拒绝承认它。④

人们已经可以猜想到下面会讲的内容了:自我意识所要求的那种承认,其本身还需要得到确认,因此而发生的事情就是,一个自我意识会迫切地指向另一个自我意识,并寻求自身的独立性。而实际上,下面的内容也确实就是这样,而且如此一来,意识的新经验就开始于主人的自我意识——但这恰恰是为了进展到奴隶意识的经验,后者是自我意识的自由的更高形态。与以往一样,以"自我意识的独立性与非独立性;主人与奴隶"为题的这个著名段落也是从一段引论开始的,在这一引论中,黑格尔分析了自我意识的概念,说明它是如何达到现在这一阶段的,并且说明它就是这样

---

④ 科耶夫(费切尔的德语版,第12页及以下)及其追随者伊波利特(《马克思与黑格尔研究》,第181页以下)在解释自我意识从欲望到承认的过渡时,仍然借助于欲望概念。他们认为,真正的欲望是对他者的欲望的欲望,这就是爱。但是,黑格尔自己不再将之称为欲望,而且实际上,对于自我意识从欲望到承认的过渡的这种法语的描述,听上去是错误的,就好像黑格尔用的至少是"Verlangen"(要求、需要、渴望)这个德文词(而非"Begierde"似的)。然而,科耶夫这种解释中所包含的实质性的关联,还是能够从我们德语的一些词之中听出来的,比如说"Ehrbegierde"(对于荣誉的渴望)这个词。désir(欲望)这个法语词包含 Ehrbegierde 的含义,但是这个法语词不包含"Liebesbegierde"(对于爱的渴望)这个词的含义,因为这个德语词说的恰恰不再是那种被欲望所占据的人类感觉。因此在这里,科耶夫对人类欲望本质所做的漂亮解释显得有些操之过急,他指出:即使一个对象自在地没有价值,但仅仅因为有其他人欲求它,它也仍然可能是可欲的。此种解释是超前的,它在黑格尔文本随后的进程中,尤其是在关于"异化了的精神世界"的部分,才会显露出其真正的价值。

一个自我意识,即有且必须有另一个自我意识为它而存在。而通过在其辩证法中对"承认"概念的逐步开展,上述自我意识的概念也逐渐展开了——当然,这种展开只是对我们而言的,是对于我们针对此概念所做的哲学分析而言的。

对于我们而言,下面一点是很清楚的:如果自我意识只能作为得到承认的自我意识而存在,那么它就必然会被卷入到那种位于承认的本质之内的辩证法之中去——黑格尔将这种辩证法描述为"精神性统一"的辩证法,它存在于自我意识的"双重化"之中。黑格尔使用"精神性"这个词是经过深思熟虑的。因为我们已经知道,存在着这样的"精神",它不是点状的自我意识,而是一个"世界",而此世界作为社会性的世界,是依靠相互承认才存在的。对这样一种作为承认活动的自我意识的辩证法,黑格尔首先加以了反思,反思它是如何向我们呈现出来的,这就是说,作为在自身中的反思,它不是意识的反思,而是概念的反思。很明显,此处所要处理的内容,不仅限于自我意识的双重化,即对于自我意识来说,有另一个自我意识存在着——这就是自我意识在自身中的双重化:作为对自己说出"我"的自我意识,已经在自身中一分为二、并又合二为一,因此它已经就是内在的差别或无限性,它作为自我意识与生命一起分享着此无限性。而且现在要处理的,毋宁说是这种无限性的实在化("在自我意识中进行自身实在化的无限性"概念)。原来在自我意识之中的"我"和"我"的内在差别,现在形诸于现象,变成了"我们"这样一种现实的差别,也就是"我"和"你"的差别,亦即一个实在的我与另一个实在的我的差别。上述变化发生于承认的运动中,而承认的运动是一种复杂的运动。光是靠以下说法,还不足以揭露此运动的本质,即说自我意识已然迷失于他者之中,也就是说,它在他者面前消失了,它只在他者中才具有自我意识。这是因为,在以上说法中,假若意识只是以获得荣誉为目的,就是说它在他者中寻求着它自己的自我意识,那么这种意识就根本没有把他者看作其自身,而只是在他者中看到了"自己自身"。因此,它所看到的,根本就不是他者的存在,而只是"它的他在"——也就是它自己的他在,而自我意识却误以为它在其中获得了自我确证——这种观点不可能是充分的。尽管为了获得对自身的确信,自我意识必须扬弃"另一个独立的本质"——像在欲望中那样,然而正是因为他者的缘故,它同时也必须克制自己,因为他者就是它自身,他者的存在对于它自身而言是本质性的。它自己的自我意识依赖于他者,这不是像欲望依赖于那种必须被扬弃的欲望对象那样,而是在一个更具精神性的意义上依赖于作为其自身的他者。只有当他者不再单纯只是"它的他者",而是"自由的"他者——即恰恰也是面对一个自我——的时候,自我意识才可获得对其自身的确证。人们要求他者的承认,尽管这意味着对他者的扬弃——但此种苛求同样也意味着,人们承认他者是自由的,这样一来,他者也就同样返回到了自身,返回到了它的自由的存在,而不仅仅只有自我意识自己返回了自身而已。这就不仅只是对它自己的自我的确证,而且也是对他者的确证。

现在已经很清楚了,上述一切只有在完全的交互性中才是可能的。人们在此可以联想到承认的一种流俗形式:问候。"每个人都看到其他人做着和自己一样的事情;每个人都自发地做别人所要求的事情,而且他这样做也只是因为别人也这样做;单方面的行动是徒劳的……"(第142页)。事实上,单方面的行动不仅是徒劳的,而且对于它自己的自我意识而言,它还是致命的。我们可以考虑一下屈辱感的情况,如果我问候某人,而他没有还礼,则无论他是不想和我打交道——这是我自己的自我意识的巨大挫败,还是他确实不认识我,是我糊涂认错了人——这也不是美妙的感觉,我都会有一种屈辱感。交互关系就是这么样地具有本质性。"他们以相互承认的方式承认了自己",实际上,这就是"一个多方面的、具有多种意义的交叉重叠"。

通过分析问候礼仪,我们提出了对"承认辩证法"的说明,它不仅就其自身而言是具有说服力的,而且它也以有说服力的方式预先说明了真实的社会背景因素,而黑格尔正是由此出发,来描述自我意识的经验的,他也由此为死亡在体系中的决定性位置提出了根据。黑格尔所援引的,乃是一种非常具体的经验:承认的辩证法是通过生死斗争这一过程被经验到的,在这一过程中,自我意识决意要证明它的真理,即证明它是得到了承认的,即使它这样做要冒生命危险。在"承认"与"生死斗争"之间存在着某种真实关联,而向我们证实这一点的那种机制,就是决斗,也即两人之间为了恢复受损的名誉而进行的斗争。谁若受他人的挑战,他因尊重挑战者而应战,那么这行为就说明,他不想贬低挑战者——或者反过来说,谁若向他人提出挑战,就表明他不能忍受他所经受的侮辱,他无论如何要通过提出挑战来取消这种侮辱。众所周知,在"处理名誉问题"时,其他的解决办法都是不充分的,名誉受损者可以拒绝任何调解。这就是生死斗争的彻底交互性,而名誉体制许可此种斗争方式。只有通过这种方式,相互承认才得到恢复,在这种相互承认中,自我意识具有它的社会性的确证。"为名誉付出他的所有"——这句话准确无误地表达出名誉的意义。黑格尔进而表明:对于一个意识来说,通过成为主人而确证的自我意识,不可能是真正的自我意识,而进行劳动的奴隶所具有的自我意识,是对其能力(Können)的自我意识,这种自我意识比单纯享受着的主人所具有的那种自我意识更高。黑格尔的这种说法也绝不乏有力的证明,此证明来自如下社会经验:通过自己的劳动向上爬的资产阶级,虽然接受了贵族社会的名誉体制,但就在这一时刻,他不再理解这种体制,且也是在这一时刻,他的新的意识——即他是属于统治阶级的意识——也走向了终结。如此一来,资产阶级模仿贵族名誉体制的举动——比如说在大学生以及所谓"学院派"里模仿"统治阶级"进行决斗的行径——就都丧失了其意义。就此而言,说这些名誉体制的存在就是生死斗争结果的象征性表现,而主人和奴隶就是通过此斗争才分化出来的,这说法也有其历史合理性。然而黑格尔所给出的,乃是主奴关系的"理想型"建构过程,而通过产生主人统治权的历史背景,只是对此做出了解释而已⑤。

当黑格尔从自由的无条件性与死亡的无条件性之间的相互关系出发,推导出自由的自我意识的时候,他所给出的不是一部"主人"产生的史前史,也不是一部摆脱主人而获得自由的历史,而是

---

⑤ 因此,主人统治权如何产生这样的历史问题——比如今日民族学在研究"农耕民族是如何被闯人的骑士民族所征服"的时候,就会碰到这个问题——在这里可以被放在一边。当然,(黑格尔的)这种理论也想要说明,国家的主人统治权是如何形成的。这个问题在这里还不是讨论的主题,我们在这里还完全只是在自我意识的领域内活动。

主奴关系的一种理想的系谱学⑥。

自我意识作为活生生的自我意识,只能与其他自我意识共同存在,"一些独立的形态,沉浸在生命存在之中的意识"(第143页),这样的自我意识还并不拥有真理——它必须表明自身是"纯粹自为存在,也就是自我意识",且必须要经受住生死斗争的考验。而上文所述的那种名誉体制的交互性,对于认识下面这一点也是完全适用的,即"要表明自身是纯粹自为存在",不仅在于自我意识要把其他定在消灭掉,而且也在于自我意识要把自己提升到超越它自己的特定定在的层次上去,在于它要把自己提升到超越其"与生命联系在一起的存在"(第144页)的层次上去。也就是说,自我意识要冒生命危险,不是因为不消灭他者——因而,不是因为没有与他者的斗争——就不能获得对自己的确信,而是因为只有超越其"与生命联系在一起的存在",即只有消灭作为单纯"生命"的自己,才能达到真正的自为存在。只有这样,它才能获得对自身的确信。然而,等待着它的,却是这样一种与之相矛盾的洞见,即交互地去冒生命危险,并不就能带来它所想要的东西,也就是自身确定性。此辩证法含义的独特性在于,斗争中的幸存者与失败者一样,没能达到它的目的:能够给予自我意识以自身确定性的东西,作为

⑥ 科耶夫在他划时代的黑格尔思想导论中清楚地发现,他的通往黑格尔的道路——这条道路是被俄国十月革命的流血牺牲,以及由此激发出的理解马克思的要求所刻画的——引导他去做历史方面的应用,但这种应用是并不太具有说服力的。在这种处境下,即使事实上任何革命都是血腥的——就像任何战争也都是血腥的那样,但人们也既不能反驳海德格尔,也不能反驳马克思主义者。不过,科耶夫的工作在今天也仍然具有其价值,因为从"死亡"在黑格尔哲学中的意义方面入手,他第一次以哲学的方式解释了耶拿手稿。

对他者的否定,必然是对自我意识的再一次扬弃。这也就是说,"生命与纯粹自我意识一样是本质性的",这绝不只是对被征服的那个自我意识来说是如此,对于另一个自我意识来说也是如此:它需要另一个意识的生命,当然,这个意识不是纯粹自为存在着的,而是为另一个意识而存在着的。这另一个意识,因为它不是真正的自为存在,所以它就像古希腊的奴隶一样,只是"物性"、一件物品、物(res)。这样一来,从为承认而斗争的经验中,实际上就得出了以下结论:当且仅当一自我意识在另一自我意识之中寻找对自身的确证的时候,自我意识才是可能的,这就是说,它是被双重化了的,是被二分为主人与奴隶了的。

主奴辩证法现在(第148页)分两条进路进行,首先由主人立场出发,之后由奴隶立场出发⑦。在处理主人的立场时,此进路并没有给理解带来特别的困难。直接就很清楚的是:主人利用为其服务的奴隶获得其欲望的满足。欲望的自我意识曾无法摆脱物的独立性,但现在此独立性被扬弃了。奴隶为主人奉上加工好的物,供其"纯粹"享用。他为主人摆好了餐具(科耶夫)。既然如此,主人意识为什么仍然只是一种颠倒了的自我意识?人们可能会猜想,现在起作用的似乎是主人对奴隶的依赖性。这种依赖性是众所周知的,这不仅可以从马克思主义的总罢工口号中听出来,而且同样可以从尼采所发展出来的权力意志的辩证法中看出来。而关于侍仆的日常经验也印证着这一点:主人确实依赖服侍他的人。这种经验证明了主人自我意识的虚妄性,甚至证明了主人事实上

---

⑦ 参见第148页:"之前我们只是讨论了处于与主人的关系之中的奴隶……"。

的奴性。这无疑是一个客观的真理:主人依赖于仆人,因此成为主人的意识看出自己是受了限制的。但是,黑格尔的辩证分析要比以上所说的严肃得多:这种分析寻求的是主人自我意识的辩证反转,它并不满足于主人存在所被迫受到的限制。有鉴于主人单就事实而言的依赖性,人们可以问:在主人的眼里,显得日渐糟糕的莫不就是这一事实吗,即对他来说,事实不再允许他的主人身份的存在了?知道自己依赖于其奴隶的主人,恰恰不再具有真正的主人自我意识,而是具有奴隶的自我意识——甚至在出于极度畏惧而服服帖帖的这种荒谬的形式中,这种奴隶意识也显然可见。对于我们来说清楚的是:他不是主人。但对主人来说,这一点也能变得清楚吗?莫非荒谬性不正是这样产生的吗,即他虽然觉得自己是主人,但实际上却感到恐惧?我们认识到了主人的依赖性,我们同时也知道:他的依赖性实际上就是欲望的依赖性,而不是那陷入失败的承认运动的依赖性。这似乎才是颠倒的新阶段,主人自我意识在此阶段似乎遭到了失败,它作为自我意识不懂得将自己置于另一个自我意识之下。黑格尔的论证目的正在于此,他拒绝依赖性的想当然的辩证法,在我看来,这就是黑格尔的独到之处。他的论证指向这样一个主人意识:主人存在着,并且保持为主人。主人已经达到了一切,恰恰也达到了这样一点:另一个自我意识自行扬弃掉作为自为存在的自己,由此,他自己就做主人对他做的事情:侍仆不仅事实上被当作物品来对待,而且他自己就把自己当作物品,他完全献身于服务,他自己的"自我意识"只在主人身上。主人的忠仆在做一切事情的时候,所想的都不是自己,而是主人。侍仆所操心的事情是:对主人来说,物什么也不是,主人是纯粹的自

3. 自我意识的辩证法　93

为存在,他感觉到享受服务的时候他的自为存在得到了确证。就此而言,"承认"在这里似乎就被获得了。

但是,对于主人,对于他的自我意识来说,这样的存在到底有什么价值呢?这就是黑格尔的论点。侍仆不能令一个始终具有统治性的主人丝毫地感觉到,他是依赖于侍仆的——正是这样一个"就只是主人"(Nur-Herr)必须认识到:通过这种方式,他并没有达到对他的作为真理的自为存在的确信。他在侍仆身上所确证的,恰恰就是奴隶意识的非独立性与非本质性。只有这才是他的"真理"——而这是一种"颠倒了的真理"。因此,黑格尔能够在自我意识自身之中——在它的要求之中,而不是在它的实际弱点之中——发现一种辩证的反转:必须要到奴隶意识中,而不是在主人意识中,去寻找自我意识的真理(即使奴隶"首先"是"外在于自身的",也就是说,他认为他的本质就存在于主人之中,且并不认为他就是自我意识的真理,换言之,他不知道,主人根本不是"独立的意识",反而他自己才是)。

因此,这里出现了一个翻转,通过这个翻转,作为被迫返回自身的意识,即作为从外在于自身的存在状态返回到自身之中的意识,奴隶意识进入了反省,就像某个进行反省的人那样,开始以另一种方式进行思维,这就是指:他开始以"自我意识的"方式进行思维。奴隶自在的就是真正自我意识的最外在对立:"首先对于奴隶来说,主人才是本质。"在服务意识中,奴隶完全献身于主人及其需求。这意味着:他自己的一切需求完全从属于"服务"这唯一紧要之事,也即从属于"主人"这个唯一紧要性。因此,对于奴隶来说,"独立的自为存在着的意识就是……真理",但是显然,他并没有完

60 全认识到这一点。这种意识还不具有自己的自我意识或自为存在：这是由于奴隶完全是"为他者而存在的"，对于他而言，下面这种认识还没有被达到，即在独立的意识之中，他也有其真理，这就是说，他自己就是独立的意识。

而现在，黑格尔再一次地返回到了对自我意识之生死斗争的作用的讨论上。他称死亡为绝对的主人。这是要说：还存在着一个主人，他比奴隶曾为其服务过的、并依赖于奴隶的那个主人更强大。在奴隶完全献身于服务的过程中，主人已经让奴隶"消解"了，即让他放弃了对自己的自然定在以及需求的依赖。这一点体现在那种彻底的从属关系中：对于服务的意识来说，没有什么东西比满足主人更重要。然而还有更重要的，那就是在死亡的恐惧中所要面对的"消解"，面对这种彻底的消解，人们宁愿放弃一切外在之物，只想确保自身，这是一种"单纯的自我意识，纯粹的自为存在"。死亡，绝对的主人，要求绝对的臣服，它把颤栗着的人们完全抛回其自身之中。在"死亡的恐惧"中，再没有任何人们似乎还可以依靠的东西站得住脚，正因为如此，纯粹的自为存在才被"意识到"了，这就是说，对它而言真正重要的事情，已经变成"为它"的事情了——而这就是为什么奴隶现在获得了一种关于服务的自我意识的原因：侍仆用一种新的方式证明他自己的自为存在，这种方式还不同于服务那种自我放弃："在这里，它[奴隶意识]在一切个别环节[不仅仅在死亡的恐惧的普遍消解这一点]上都扬弃了它对于自然定在的依赖性，并通过劳动消除了自然定在。""通过劳动消除自然定在"——这就是关键词，它告诉我们，对于纯粹自为存在的认识、对于服务的意识而言，这一自为存在已经变成"为它自身"

的——是如何出现的:即通过劳动。劳动是"受阻的欲望"。意识不是直接地满足欲望,而是克制自己,它不消灭对象("被阻滞的消逝"),而是通过"塑造"对象,给它印上自己的形式,让它成为一个持存者。因为进行劳动的意识制造出了自己的对象,所以它"直观到自己是独立的存在"。这里显然是说:它就是对于能力的自我意识,在它正"塑造着"的,以及已经塑造出来的东西之中,它感觉到自己持续不断地得到证实。通过劳动,自为存在着的自我意识迁移到了"持存的要素"之中。实际上,塑形活动的积极意义就在于:它提供了一种奴隶也可以具有的自我意识。斯多葛意识的 ἐφ ἡμῖν(达乎我们自己)已得以建基。

黑格尔用另一条思路来补充以上这条思路,这样做并非没有道理。因为通过承担克服恐惧的任务⑧,"塑形活动"的否定性就起到了更深层的作用。现在才变得彻底明白的是:这里所处理的是一个关键阶段,的确,它就是自由谱系学中的那个关键阶段。自我意识的自由不仅在于,在存在者之中证实自身,而且还在于摆脱对存在者的依赖。通过生产劳动产品,自我意识并非变成了一个存在者,而是变成了一个"就其自身而言的自为存在者"。由此,黑格尔重新赋予了"在陌异本质前的颤栗"以对自我意识而言的决定性意义。事实上,奴隶本质的恐惧本身,并非就是迈入自由的那一步。由于恐惧,某人在斗争中会将生命看得比名誉更重要,但这肯

---

⑧ 只是鉴于通行的误解(H. 波皮兹:《异化的人》,巴塞尔,1953 年,第 131 页以下)才被强调的是:无论如何,在做评价的意义上,黑格尔的否定性的"劳动"概念其实是肯定性的。在大多数情况下,黑格尔习惯于依照黑格尔自己的意思去使用那些黑格尔式的概念,比如说这里的"否定性的"一词。

定尚不意味着上述颤栗已渗入他的最后一根毫毛,以至于能够让他仅仅确信他自己的纯粹"自为存在"。谁若不在乎名誉受损,也就是说:谁若不在乎被拒绝的承认,而只一味依赖于其定在,谁就是真正的奴隶,他就被束缚于自然存在的枷锁之中。黑格尔甚至说,某人能够"被承认为是具有人格的,即使他自己并没有达到这种被承认的存在之真理,即没有达到一个独立自我意识的真理"——这段话相当值得注意。显然,黑格尔在这里暗示着这样一种法权秩序,它要求不把任何人当作物(res),而是要求始终要承认他具有人格,而这正是因为它"不看人"权,也就是说,它承认所有人的"人格"都是平等的,但这种法权秩序也还不是对真正自我意识的保障。对奴隶身份的扬弃尚非为奴隶式思想方式的终结。不再是为主人而服务的劳动,本身还并不意味着那种向着真正自我意识的解放——真正的自我意识根本不是那种"自由的"、自我确证着的"技艺",这种劳动所能表达的自由,还是一种处于奴役状态下的自由。在它还不是真正的能力、不是一个独立的意识、不是一个对"职业"的自我意识的情况下,这种自由有各种各样的表现形式,比方说,只是以想象的方式证实自己的自由的那份固执,而这份固执只是某种进行反抗的依赖性的形式而已。

为了让劳动给真正的自我意识奠基,劳动就毋宁必须依靠下面这种意识,我在上文中将此种意识称之为"对于能力的意识","它的力量超越了普遍的权力及对象性的全部本质"(第150页)。黑格尔通过以下方式来展开这种能力的自由,即他强调塑形活动具有扬弃对立存在形式的作用。"但是,这种对象性的否定性正是那种它曾在其面前颤栗的陌生本质。"这是一个有独创性的论点,

3. 自我意识的辩证法　97

我们需要对它进行一番解释。死亡无疑是对定在的最终依赖性的经验，而自为存在则是对这种依赖性的直接反抗。这个超越一切的陌生主人，它代表一切陌生事物，奴隶的自我意识对这些陌生事物具有依赖性。在此意义上，任何对诸如此类陌生者的扬弃——即使只是对物的存在形式所做的技术性的扬弃——都是自身自我意识的一种解放。真正的确证在这里才出现，这是由能力的自我意识所带来的，自为存在成为"它自己所固有的自为存在"——自我意识不仅在它所生产出来的个别物那里认识着自己，而且它还在自身能力的自为存在中认识着自己："他设定自身"——他将自身确立为处于"持存的要素"之中的自为存在，他不再只是自然性定在的纯然消解，在对恐惧和服务的自我感知中，此定在通过劳动消除了它的颤栗状态。尽管在为主人劳动的时候，似乎存在着某种（在服务时也曾有过的）陌生感，但是通过献身于作为劳动的劳动——而不只是献身于主人，"服务意识"意识到了其自身。它将对象的形式作为它自己的形式"设定出来"，也就是说将之生产出来，通过这样做，它就在其中认识到了自己，并且正是在劳动中，它就有了自主感："我能做这个"。然而这肯定还不是那种充分的自我发现（Selbstbegegnung），就如艺术作品向我们提供的那种充分的自我发现一样，艺术作品使得我们能够重新认出自己："这就是你"。黑格尔在这里所谈论的，不是那种特定的、由进行劳动的意识所赋予物的形式，这种"物的形式"好似如此这般地存在着，以至于上述意识在这种"物的形式"中仿佛就认识着自身一样——这里根本没有谈论"物"，而仅仅是谈论"形式"。这是意识由自身赋予事物的形式，此形式始终就是同一个东西，而只有在其中意识才感觉到自己得到了确证。因此,绝非在对任一特定的一般存在者的直观中,而是只在它自己的形式之中,意识才获得对自身的确证,正是通过这种方式,在意识的能力的自由之中,此形式向意识表达出了它的纯粹自为存在。严格来讲,这种能力根本不是泛泛而言的能力,抑或那种"机巧智慧",而是对自身能力的意识,它承受住了普遍的消解作用,也即承受住了来自他在性之虚无的否定力量,并为真正的自我意识奠定了基础。

自由的历史肯定并没有因此而终结。但在自由意识的历史中,关键一步已经由此迈出。进一步的工作是这样被展示出来的:这种自为存在作为自我意识的"普遍消解","成为自我意识的一个新形态,即这样一种意识,它进行思维,或者说它是自由的自我意识"(第151页)——而这就是真正的普遍者,在其中,"我"与"你"是同一的。它将自身展开为理性的自我意识。所谓"具有理性或表现出理性",实际上就是说:能够放下自己,并认可"没有一个个别的自我可以认为,自己在某些方面就比别的自我优越"。就像二乘以二等于四一样确凿的是,此处所需要的真理不是我的真理,也不是你的真理,也不是交互承认中的任何一方的真理,而是确信自身就是一切实在性的理性。"他者"并非是理性的"他者";这一点为经验、为观察的理性的立场提供了其牢靠的基础。而且,对象性的现实世界"失去了所有的陌生感"(第314页),这一点直到现在才对自我意识的全部实现活动真正起效,也就是说,这一点直到现在才对一切活动着的理性真正起效。这就是精神,这就是从真正普遍性角度来说的精神,它就像伦理与伦常一样,自然而然地统一着一切。在其中,自我意识并非消失了,而是将会真正找到自身,它将清楚地知道,它自己的个别性不是真理。

卡尔·马克思在完全不同的上下文背景中运用了主奴辩证法,这对于理解此章来说曾是一种不幸。尽管如此,正如我们在上文所表明的那样,这种解读并不单纯就是对黑格尔的误解和滥用。毋宁说,通过劳动,奴隶达到了比享受着的主人更高的自我意识,这是下面这件事的先决条件,即在社会性实存这一外在意义上,奴隶把自身从奴役状态中解放出来,就好像马克思之前的资产阶级将自身解放出来一样。

黑格尔在他的奴隶辩证法之中,所描写的并非是雇佣劳动者,而是更无人身自由的农奴及手工业者。城市的解放运动,以及随后农奴的解放运动——这一点体现在第三等级革命性的具有了政治责任感——与作为资本主义薪奴的劳动者的解放运动只具有结构上的亲缘性。劳动对自我意识的真正作用恰恰是在非异化的劳动世界中实现出来的。但是,在黑格尔所描述的精神现象学之中,由主奴辩证法导出的自我意识的内在自由,无论如何还不是最后的结果。如果人们想要寻找,但却没找到的辩证法的结果是"薪奴从资本家那里获得了解放"的话,那么就此所做的批判完全是一种肤浅的批判。对于那个教导人们去认识"现实"与"理性"之间所具有的统一性的人——而这无疑并不意味着对一切现存事物的颂扬,人们不应该把以下这些反对他的说法当成是一种新的批判性的智慧,即说自我意识作为自由的自我意识必须通过劳动渗透进整个对象性本质之中去;伦理精神的一致性,以及伦常的共同性,这些作为理所当然的真理必须被获得;作为人类社会性使命的理性的实现必须被彻底地进行下去。尽管马克思并不是从这里引入他对黑格尔的批判性异议的,而是——这样说显得更合适一些——从"法哲学"着手来做这件事的。但是,他与他的同时代人所共同分享的那种关于意识及观念论的教条式的理解,妨碍了他去认识到以下这个事实,即黑格尔从不曾幻想过,劳动似乎只是思想的劳动,且理性的东西仿佛只会通过思想来实现一样。因此,这里所说的劳动,也是物质性劳动,而意识在这里所造就的经验,就是一切手工劳动的精神性经验。现代工业的生产方式以及工业社会的运转形式不允许劳动者在劳动中寻找自身意义,而只有这种意义才能使自由的自我意识成为可能,倘若如此,那么鉴于这种劳动方式包罗万象的特性,就必定会产生如下问题:在今天这样一个具有压倒一切的物质强迫和消费强迫的工业社会中,究竟谁才是真正自由的?在我看来,恰恰是有鉴于这个问题,黑格尔的主奴辩证法刻画出了一种有效真理的轮廓。如果自由应该存在,那首先就必须打破物的枷锁。人类进入普遍富裕的道路本身并不已然就是一条通向所有人的自由之路——它很有可能也是通向所有人的不自由之路。

(姜勇君 译,余玥 校)

4. 黑格尔逻辑学的理念

(1971年)

黑格尔哲学在我们这个世纪经历了一个惊人的反弹,之前数十年它一直扮演着替罪羊的角色,被经验科学的立场当作可耻思辨的典型代表。对黑格尔的这种评价在盎格鲁-撒克逊国家直到今天还占据着统治地位。到了新康德主义时期,人们才逐渐地重新唤起了对黑格尔哲学的兴趣。世纪之交,在意大利、荷兰、英格兰及法国,都曾有过令人印象深刻的思辨观念论的代表。这里只需要回忆起克罗齐(Croce)、博兰德(Bolland)以及布拉德利(Bradley)。在那个时代出现了隐秘的黑格尔主义,它不仅影响了新康德主义哲学自身,在德国也对哲学意识产生了特别的影响,主要是影响了威廉·文德尔班(Wilhelm Windelband)的海德堡学派,如尤里乌斯·艾宾浩斯(Julius Ebbinghaus)、理查德·克罗纳(Richard Kroner)、保罗·亨泽尔(Paul Hensel)、格奥尔格·卢卡奇(Georg Lukács)、恩斯特·布洛赫(Ernst Bloch)等人,以及马堡学派(尼古拉·哈特曼〔Nicolai Hartmann〕、恩斯特·卡西尔〔Ernst Cassirer〕)的后续发展。然而,只要这个所谓的新黑格尔主义只是重复了黑格尔对康德的批判,那么这还算不上是真正在哲学上让黑格尔获得现实意义。

不过,它在德国由于马丁·海德格尔开始的推动和此后社会科学对黑格尔的兴趣而得到改变,这个兴趣来自法国,主要是由亚历山大·科耶夫(Alexander Kojève)的讲座唤起的。这两种推动都以一种明显的片面性将哲学的兴趣引向黑格尔的第一部重要著作《精神现象学》。相反,《逻辑学》直到今天进展还是相当缓慢。然而,《精神现象学》实际上并不是统治了19世纪数十年之久的黑格尔哲学的体系性代表作。倒不如说《精神现象学》是一种预演,在其中黑格尔尝试着以一种独特的视角概述他的思想整体。与三大批判的作者不同——他还就其著作与他的后继者们展开了争论,对于黑格尔而言如下事实毫无疑问是确定的,他的体系的这个现象学式的导论绝不是哲学科学体系本身。与此不同,《逻辑学》不仅是通往哲学科学体系构造的第一步,如在后期所谓《哲学全书》中所表达的那样,也是它的第一部分和奠基性的部分。本来《哲学科学百科全书》其实只是黑格尔的讲课稿。黑格尔对19世纪的巨大影响并非来自于他的著作的神秘的深奥内容,而是源于他的讲演卓越的鲜明生动的特点。但是,黑格尔的著作归根到底只有《精神现象学》以及这本《逻辑学》,也只有哲学科学体系的这个部分他是真正完成了的。甚至黑格尔最著名的出版物——19世纪的兴趣主要集中于其中的《法哲学》,真正来说也无非就是学院课程的演讲稿,而不是对体系的一个部分的真正的详细论述。所有这些事实似乎都表明,我们现在应当比以往更坚定地将《逻辑学》置于黑格尔研究的中心。因此,对于黑格尔逻辑科学理念的理解,可以为我们今天的哲学兴趣所呈现的一种讨论做准备。

首先,我将对黑格尔逻辑学的理念做一般的讨论;其次,探讨这种逻辑学的方法；第三，我想对逻辑学的开端做一个稍微详细一点的研究，这是黑格尔哲学中被讨论得最多的问题之一；最后，第四部分从黑格尔逻辑学对待语言问题的态度出发探索它的现实意义，语言问题在今天的哲学中占据着一个如此核心的位置。

（一）

　　黑格尔想要通过他的逻辑学使康德建立起来的先验哲学达到完满。根据黑格尔，费希特是认识到康德的先验哲学式思考方式的全部体系性后果的第一人。但与此同时他又认为，费希特自己的"知识学"并没有能够圆满完成下面这个重要的任务，即由自我意识出发展开人类知识的整体。而费希特的"知识学"正是表现出这种要求。费希特在自我意识的自发性之中发现了真正的原初行动，他称之为"事实行动"。将自己规定为自己自身——自我意识的这种自律行动，被康德借助自律概念表述为实践理性的本质，现在它应当成为人类知识一切真理的源泉：自我是"这种直接的自我意识"（《逻辑学》，第1卷，哲学图书馆丛书*，第61页）。针对这一点，黑格尔发现，作为自我意识的纯粹自我的理念在这里只是"直接的要求"。只有这样一个主观假设并不能保证对何为先验意义上的自身，即自我的可靠理解。

　　现在人们必须避免简单地接受黑格尔的模式，即认为费希特

---

　　* "哲学图书馆丛书"为德国菲利克斯·迈纳出版社（Felix Meiner Verlag）的哲学系列丛书。——译者

教导的是单纯主观的观念论,黑格尔自己才将这种主观观念论与谢林自然哲学的客观观念论统一为绝对观念论的重要而有效的综合。事实上,费希特的知识学无论如何是建立在绝对观念论理念之上的,即建立在这样一种展开过程之上:知识的全部内容展开为自我意识的完满整体。然而,人们必须承认黑格尔在以下这一点上是正确的:费希特在引入"知识学"的绝对立场方面,也就是在将经验自我提升和纯化为先验自我这件事情上,他所要求的要比他所达到的更多。这正是黑格尔自己现在想要通过《精神现象学》所达到的。就此,人们也可以这样表达:黑格尔指出,纯粹自我是精神。这是显现着的精神所穿行之道路的结果,它将作为意识与自我意识(同样作为"我们"的"得到承认的"自我意识)的自身现象抛在身后,同样将仍然包含意识的对立的理性和精神的一切形态抛在身后。自我的真理是纯粹知识。因此,在"绝对知识"这个《精神现象学》最后一章的结尾出现了"哲学科学"的理念,它的各环节不再被表达为意识的特定形态,而是被表达为得到规定的概念。而这首先是逻辑学。也就是说,科学的开端以意识经验的结果为基础,意识从感性确定性开始,在黑格尔称之为"绝对知识"的精神诸形态中结束:艺术、宗教和哲学。它们是绝对的,因为在它们之中不存在某种意谓着的意识,能超越在它们之中得到完全肯定而显现出来的东西。科学在这里才开始,因为在这里首先得到思考的无非就是思想本身,即纯粹概念在其纯粹规定性之中得到思考(《精神现象学》,第562页)。绝对知识因此是一个纯化的结果,因为它是作为费希特先验自我概念的真理而出现的,它不是单纯主体,而是理性、精神和一切现实之物。这是黑格尔最独特的奠基行为,借此他将绝对知识恢复为形而上学的真理,像亚里士多德的努斯(Nous)或托马斯·阿奎那的主动理智(*Intellectus agens*),并且因此使一个普遍的逻辑学(它将上帝创世的计划详细展开)成为可能。黑格尔超越了自我意识的一切主观形式的精神概念,因此返回到了柏拉图-亚里士多德传统的逻各斯-努斯-形而上学,它是一切有关自我意识的疑难问题都要面对的传统。因此,黑格尔为自己解决了下面这个任务:在现代进行着自我认知的精神的基础之上,重新为古希腊逻各斯进行奠基。从意识对自己自身的自我启蒙中升起了一道光,一切真理都在其照耀之下,此外无须任何其他的存在论-神学的根据。

如果人们想要在这种观点之下刻画黑格尔逻辑学理念的特性,那么将柏拉图的辩证法引入进来进行比较是个很好的选择。因为它是黑格尔经常想起的典范。他在希腊哲学中看到了逻各斯哲学,也就是"审视纯粹思维自身"的勇气。其结果是理念世界的展开。为此黑格尔使用了一个独特的新表达,直到现在我还不能证明在他之前有人用过这个表达。它就是"逻辑的东西"(das Logische)这个表达。黑格尔用这个词刻画的是理念的整个领域的特性,柏拉图哲学以其辩证法展开了这个领域。它在柏拉图的思想中是对一切思维给予解释的运动性的推动。柏拉图想要通过其理念学说兑现柏拉图式苏格拉底的伟大要求,即给予解释(Rechenschaftsgabe;λόγον διδόναι)。现在黑格尔逻辑学的辩证法要求的是,通过对一切思维的系统展开,来满足要清楚地解释每一个思想观念的合法性的要求。当然,黑格尔的这个要求不再能够在生动的苏格拉底式对话中得到满足,这种通过逐步地一问一答方式所达到的赞同,只是以一种想象的知识表象取代另一种同样是想象的知识表象;并且柏拉图通过理念学说为这种方法所进行的奠基行为,也不能满足黑格尔的要求;这只有在"科学"的方法上前后一致的基础之上才能实现,这种科学的最终根据是笛卡尔式的方法理念,而且是在先验哲学视角之下由自我意识原则出发展开的。于是,《逻辑学》中——在其中精神获得了"它的定在的纯粹环节,即概念"——纯粹概念的系统推导规定了作为整体的科学体系。这种系统推导将思维的一切可能性的整体表达为必然性,这个必然性使得规定性总是不断地向前发展——在某种意义上,柏拉图的灵魂与自身的无限对话在这里只是一种形式上的典范。

(二)

也只有通过回溯到古希腊哲学才能理解这个方法理念,通过这个方法理念,黑格尔尝试着将流行的逻辑学提升为一门真正的哲学科学;这个方法就是辩证法。辩证法产生于埃利亚哲学伟大的冒险精神,他们超越感性经验的显而易见性,坚定而义无反顾地坚守思想所要求的东西,并且仅仅只坚守思想所要求的东西。黑格尔有一个著名的表达,这些古希腊思想家作为第一批思想家,将坚固的陆地抛在身后,冒险仅仅借助于思维投身到思想的茫茫大海之中。他们是要求和贯彻"纯粹"思想的第一批哲学家,我们在康德代表作的书名"'纯粹'理性批判"中还能听出它的余音。"纯粹思想"这个表达在这里显然指向毕达哥拉斯-柏拉图起源。它是纯化、净化,思想借此摆脱感性的一切模糊不清。

柏拉图通过对苏格拉底式对话的描述来刻画这种纯粹思想的艺术,这种对话坚定不移地与思维保持一致。现在黑格尔有确切的理由说,柏拉图辩证法的缺点在于它只是否定的,而并没有实现肯定的科学认识。事实上,柏拉图的辩证法并不真正是一种方法,至少不是费希特或黑格尔的先验方法。它没有绝对的开端,也没有奠基于绝对知识理念,这种绝对知识摆脱认识和被认识者之间的一切对立,并将一切知识包含在自身之内,以至于知识的全部内容作为概念向着自身的进展得到圆满完成。柏拉图哲学中可以找到并且被黑格尔思想看作典范的,是另一种东西:各理念的串联。我们可以在《巴门尼德篇》中发现,在这里发展出了一个基本信念,即不存在个别理念的真理,以至于将一个理念隔离出来的做法始终是对真理的错误认识。诸理念的"定在"是相互串联、混合或交织在一起的,如在谈话或灵魂与自身的对话中那样。人类思想没有原初无限的进行直观的精神状态,而是始终只是通过其思维的推理式的发展来理解存在。通过将概念的合法性与可能经验绑在一起的方式,康德哲学尤其再三提醒这一点。无论如何,柏拉图《巴门尼德篇》背后的显而易见的真理是:逻各斯总是理念的混合,即各个理念之间的相互关联。就此而言,黑格尔逻辑学的第一个真理是一个柏拉图式的真理,它已经在《美诺篇》中以如下形式显露出来,即整个自然是相互同源的,因此回忆其中之一的道路就是通向整体的道路。不存在个别的理念,辩证法的任务是消除自为存在的非真理性。

这一点在所谓反思规定之中最容易看出。任何人都知道,如果同一性没有同时包含差别性在自身之内,那么同一就没有独立的含义。无差别的同一是无意义的。因此，反思规定是诸理念之间内在的相互串联的最令人信服的论据。事实上，它是柏拉图《智者篇》论证的根据，因为只有它才让人有可能一般地去谈论任何"理念交织成整体"这样的事情。但是现在人们想必已经从柏拉图的理念辩证法中注意到，柏拉图没有将属于一般逻各斯的纯粹反思概念，足够清晰地从"世界概念"之中分离出来。因此，人们发现，在《智者篇》中与《蒂迈欧篇》中一样，像"运动"和"静止"这样的"宇宙论的"概念与"差别性"和"同一性"这对反思概念，以一种独特的方式融合在一起。这种融合正是下面这个要求的根据：辩证法有能力思考理念整体。在这里，"范畴"（它相当于可将一切事物关联在一起的"存在词汇"，《智者篇》有对这些词汇的讨论）与事物性（sachhaltig）概念（它总是只表达有限制的存在领域）之间的基本差别是没有争议的。然而，黑格尔的要求正是与此处相关。对于他而言，对象概念与反思概念只是同一个展开过程的不同阶段：存在概念与本质概念在"概念论"中得到完成。他想要将我们思想的一切基本规定，系统地相互发展出来，因为它们全部都是概念的规定，也就是绝对者的表达，只是需要系统的方法将一切概念的关联相互展开。在"概念"论中得到完成的，因此是思想与存在的统一，它既符合亚里士多德的"范畴"概念，也符合康德的范畴概念。新的逻辑学理念以这个统一为根据，黑格尔以这个理念明确反对逻辑学的传统形态。自从康德达到了先验视角，即教导人们思考对象性的逻各斯，也就是对象性的范畴结构，逻辑学不能再停留于形式逻辑，后者只限于概念、判断和推理的单纯形式关联。

黑格尔想要为逻辑学创获的新的科学性在于，在传统康德理论的结论之上,将知性概念的普遍体系发展为"科学"整体。如果这个范畴体系也是由思维在自身之上的反思获得的,则范畴本身却恰恰不是单纯的反思规定。康德可是将反思规定直截了当地称为"模棱两可的",并将它排除出范畴表,因为它不具有明确的规定对象的功能。范畴也不是陈述或思想的单纯形式规定,而是要求在陈述形式之中把握存在秩序。这就是范畴理论在亚里士多德思想中的情况,康德的先天综合判断也是想要从他的角度出发为以下这一点辩护,即纯粹知性概念如何能够在时空中被给予的世界经验之上找到其合法的应用。黑格尔的逻辑学理念现在想要将范畴理论的这个传统,即构造经验对象的存在之基本概念理论,与作为思想的单纯形式规定的纯粹反思概念,在一个统一的关联之中进行把握。换句话说,他尝试着为起源于亚里士多德形而上学的"形式"概念寻回其原初的对象性规定。如此一来,他的逻辑学的结构就不难理解了,"存在"论和"本质"论在"概念"论中得到统一。追随康德的范畴表,存在论包含质和量的讨论,而本质论和概念论是对关系范畴和模态范畴的展开。在不断自身扬弃的否定性的动荡中,一切这种可能的规定性都应该达到体系性的推导。

一个这样圆满的逻辑学理念,现在并不意味着,这种圆满在一个主体意义上终有一天能够充分实现。黑格尔自己无论如何承认,他的逻辑学是一个尝试并且需要完善。显然这是说,人们可以对其进行更精细的区分,他只是勾画出了总的线条,他自己在授课时,显然尝试过多种推导路线。就此而言,这个方法的必然性并不表示主体意义上的必然性,根据概念自身的辩证法建立起来的诸概念之间的内在关联,正是通过这种方法的必然性得到发展。事实上,人们能够注意到,黑格尔在他出版的著作中也做了自我修正,这不仅体现在《逻辑学》第1卷的第2版和第1版之间的差别中,而且在同一个文本内部也有体现。例如,他会说,同一个东西他想要从不同的观点出发来说明,同一个结论人们也可以通过不同的方法达到,等等。因此,黑格尔不仅认为他并没有完成《逻辑学》所设定的伟大任务,更有甚者,他还认为在一个绝对的意义上它根本上是不可完成的。

与此相应,思想的有效概念与其主题化表达之间存在着差别。因此,下面这个事实是清楚的:人们必然总是已经使用了本质范畴,如反思规定,尤其是在人们做出陈述的时候。如果不是同一性与差别性范畴已经在其中发挥着作用,那么人们不可能说出任何句子。但黑格尔仍然没有把同一与差别范畴作为他的《逻辑学》开端。这么做对他当然也不可能有任何帮助。即使他想要将这些反思范畴同时解释为开端,在这里必须已经假定了同一以及差别。总而言之,谁说出句子,谁就要使用不同的词,就要理解这个词指的是这个东西,而不是那个。如此一来,这里已经包含同一与差别这两个范畴。因此,黑格尔的体系意图为自己指定了一个不同的结构。如果他想要将一切范畴的关联相互推导出来,则他要有通过规定性本身给予的准则。一切范畴都是知识"内容"的规定性,也就是概念的规定性。如果内容应当发展为它的规定性的多样性,那么为了获得概念的真理,科学则必须以最小的规定性为开端。这就是逻辑学构造的准则:由最一般的东西开始,即由最少被规定的东西开始,可以说在其中几乎还没有任何东西得到把握,由此不断地向着概念的完整内容前进,并且以此展开思想的全部内容。

为了进一步规定逻辑学理念,还要意识到,黑格尔的《精神现象学》中科学与"逻辑"科学之间的方法性差别。黑格尔自己在他的《逻辑学》导论中,将现象学的辩证法引证为他的辩证方法的第一个范例。就此而言,《精神现象学》的辩证法与《逻辑学》的辩证法肯定不是完全不同的。因此,黑格尔在《哲学全书》中提到的早期观点是站不住脚的,即认为现象学的辩证法"还不"是纯粹的辩证方法。单是下面这个事实就已经证实了这一点,《精神现象学》序言中所给出的作为科学性方法的辩证方法的特征,它使用了源于《逻辑学》的例子——事实上,这个序言是被当作原先计划的、由《精神现象学》和《逻辑学与形而上学》这两个部分构成的体系的导论来写的。尽管如此,如果人们应当认识到,在何种程度上《精神现象学》也是科学,即要求意识形态序列的发展具有必然性,那么人们必须意识到这里存在着差别。无论如何,辩证方法必须保证思维进程的展开不是任意的,不是通过进行思维的人的主观介入实现的;这样一种主观的介入,它由一个点跳跃到另一个点,而且它是外在的,因为人们是由自身出发"选择"不同的观察角度。更确切地说,这个进展必须内在必然地发生,由一个思维到另一思维,由一种知识形态到另一种知识形态。在《精神现象学》中这是一个非常复杂的游戏。

《精神现象学》中的辩证法章节是这样构造起来的,通常首先从各个主题概念,比如说感性确定性或知觉,发展出其中的辩证矛盾,即首先说明它们如何向对其进行反思的我们呈现——之后才描述意识自身所经历的辩证法,通过这个辩证法,意识不得不改变它自己对对象的观点。举例说,感性确定性意识到,它所思考的无非就是"普遍的这一个",因此它必须接受这个事实,即它所意谓的是一个"普遍的东西",这个普遍者作为"物"是知觉的对象。那么以下这一点是正确的:作为旧知识的真理出现的东西,似乎是一个新的知识,并且指向一个新的对象。但是,这种过渡并非是显而易见的,其中还是有一些使人诧异的东西,比如说,为什么"一般的这一个"是"物"的具体化,为什么这个确定性是"知觉"的确定性。意识随后陷入其中的物与其属性的辩证法,似乎是一个新的内容丰富的设定(但不是作为一个必然的结论)。然而在我看来,这里存在着一种错误的要求。新知识的辩证法,比如"物"与其知觉的辩证法——这个辩证法将物与知觉之中所包含的矛盾发展出来——无疑具有主题特性。但是,并不是这个辩证法构成了《精神现象学》的科学性。这种我们在自己的反思中发展出来的辩证法,不如说仅仅只是表达了不断深入的、对意识之自然的前意见的中介。相反,意识自身所具有的、我们对之进行观察和把握的"经验"才是科学的对象,而且只有它才是科学的对象。在这个经验之中,概念的内在否定性得到展开,即自己扬弃自己和自己规定自己。这是"科学"的必然性,它在《精神现象学》和《逻辑学》中是相同的。

在《精神现象学》中,科学的这个进程是我们的意识所意谓的东西和它所真正包含的东西之间的来回往复。因此,我们想要说出的东西和我们实际上说出的东西之间始终存在着矛盾,我们必须不断超越有缺陷的观点,必须不断做出新的尝试,尝试说出我们所意谓的东西。这就是《精神现象学》借以达到它的目的的方法性进程,即达到这样一种洞见:知识存在于我们所意谓的东西和存在的东西不再有差别的地方。

与此相反,在黑格尔的《逻辑学》中则根本没有为意谓留有位置。知识与它的内容在这里不再有差别。这曾是《精神现象学》的结果,知识的最高形态是这样一种知识,在其中意谓和所意谓的东西之间不再有差别。自我和物是同一个东西,这在艺术作品中有其最初的有说服力的证明。艺术作品不再是物,它不是人们可以以任意一种理解方式与其发生关联的东西,而是如我们所说,它是一种"陈述",它自己规定理解它的方式。作为哲学的科学也假定了相同的"绝对"知识的立场。因此,我们在科学的奠基性的第一部分,也就是作为存在之可能性的科学的《逻辑学》之中,是与思维的纯粹内容打交道,这个思维是与思维者的一切主观意谓彻底隔绝的。这里所说的绝不是某种神秘的东西。艺术、宗教和哲学的知识其实就是这样一种知识,它在一切思想者之间是如此普遍,以至于区分不同的个体意识根本没有意义。主体确定性的这些形态,存在于不再让任何意见得到保留的陈述之中,这些形态因此是精神的最高形态。因为,理性的普遍性就是摆脱一切主观条件。

如果主观的东西根本不再有位置,那么人们可能会注意到,对《逻辑学》辩证法的理解会遇到这样一个问题,为什么在不再能够经验到思想的运动的地方,却应当产生概念的运动?为什么概念体系并非单纯只是思想运动沿着其发展的线索,而是自身就是一个运动者和自身运动着的东西?

在《精神现象学》中,思想运动的路线与目标是清楚的。这是人类意识的经验,就像这种经验向进行观察的思想者呈现出来的那样,这种人类意识无法停留在它最初的那些臆想那里,例如自称是真理的感性确定性；它从一个形态被推进到另一个形态，从意识出发一直被推进到最高的客观精神的形态，直至绝对精神的形态，在绝对精神中，我和你是同一个灵魂。但是，《逻辑学》仅仅关涉思维的内容，而不关涉思想运动，那么运动应该如何在其中产生，并且还穿过一条漫长的道路？这是《逻辑学》真正的问题，而且事实上也是关于黑格尔的整个体系筹划讨论得最多的一个问题。在黑格尔还在世的时候，他的反对者们——谢林是其中第一个并且也是最重要的反对者——就提出了这个问题，在《逻辑学》中理念的运动如何能够开始，并且还能向前进展。我想要表明，之所以产生这种表面上的困难，只是因为人们没有充分坚持黑格尔建立其先验逻辑理念的反思立场。

在这里回忆一下柏拉图的《巴门尼德篇》是有益的。在那里，我们也被牵扯进一种思想运动之中，但是这个运动似乎并不是朝向一个目标的过分体系化的运动，而是更接近于热情或逻辑醉态的运动。某种程度上可以说，思想在那里也确实遇到了下面这种状况，任何概念都是由相邻的概念唤起的，不是仅仅坚持自身，而是与其他概念联系在一起，并且最终产生出对立的概念。以这种方式，《巴门尼德篇》达到了它的论证目的：自为地思考一个理念是不可能的，只有从诸理念之间的关联本身出发，才能思考某种有规定之物，但是，当然也确实能够以相同的合法性来思考它的对立物。这里肯定与黑格尔的方法无关。只要没有任何理念能够单独有效，而且思想相互矛盾的结论又要求新的假设，那么这就更接近于一种持续的动荡。不过这里也包含某种程度的"体系"，因为作为存在的一展开为多，多在一中得到思考，整体的进程像一个辩证游戏,发展出理念的完全关联和完全分离这两个极端,就此而言划出了认识的可能规定性的领域。

但是,黑格尔的要求与完全不同的方法上的严格有关。这里不存在这样一些假设的序列,这些假设是被直接提出的假设,它们在理念网络中形成尖锐的矛盾。这里首先确保稳固的起点,之后着手于方法的发展,主体不再介入这种发展。但是,在这样一种逻辑思维的结构之中,逻辑思维的运动和发展究竟是如何开始的?这一点必须在《逻辑学》的开头得到说明。

但是为此必须回忆起,人们真正能够称为黑格尔文本的东西,是某种类似于中世纪哲学引证集的东西。黑格尔一再强调,导论、说明、批判的按语等,并不具有与作为思维发展过程自身的正文同等的合法性。他将自己的导论——就《逻辑学》而言,我们通常读它的第2版,它有不少于四个导论,它们都在开头——看作与事情本身还没有关系的东西。这种导论只涉及外在反思的需要,即调整读者事前具有的观念,黑格尔的解释应当有助于这些读者。《逻辑学》真正的开端,其文本仅由几行字构成,但它们提出了黑格尔《逻辑学》的根本问题:开端是存在理念、存在与无的同一以及存在与无这两个对立理念的综合,也就是变。根据黑格尔,这就是科学必须以之为开端的内容规定。

关于逻辑学中如何能够出现运动这个问题,必须由这个开端出发来回答。下面这一点是清楚的,而且黑格尔将它当作一种解释来使用,即"开端"本身的本质包含辩证的含义,也就是说不允许有任何预设包含其中,它表明自身是第一个直接的东西;然而只要它构成一个前进过程的开端,也就是说,只要开端是由前进过程出发来规定的,即它通过前进过程得到了"中介",那么它就确实还是开端。但是,如果现在存在作为无规定的、直接的东西应当成为逻辑学的开端,则一个抽象的存在"是无",这或许不难理解,但是应该如何理解由存在与无出发而达到变的过程?辩证运动究竟是如何由存在产生出来的?即使下面这一点是有说服力的,即如果人们不同时思考存在与无,那么就不可能思考变,但是反过来却绝不是显而易见的,即如果人们思考存在,它是无,那么必须思考变。这里主张有一种过渡,而它显然缺乏能够被承认为辩证必然性的可理解性。例如,人们一定能够看出,变这个思维必须进展到定在这个思维。一切变都是某物的变,这样变是通过它的变成某物(Gewordensein)而"成为定在"(da ist)。这是一个古老的真理,柏拉图在《斐莱布篇》中已经用"被生成的本体"(γεγεννημένη οὐσία),或者说得更确切些,用"导向本体的生成"(γένεσις εἰς οὐσίαν)表达出了这个真理。变自身的含义之中包含这样一层意思,它的规定性要在它最终变成的东西之中寻找。"变"因此引导到"定在"。但是,由存在与无到变的过渡却完全是另一种情况。这个过渡究竟是否在相同的含义上是这样一个辩证过渡?当黑格尔强调存在与无"只是在意谓之中才有差别"时,他自己似乎将这个情况标识为一个特殊情况。然而这就是说,如果自为地考虑,则这两者每一个都无法与另一个区分开。因此,"存在"这个纯粹观念与"无"这个纯粹观念没有什么不同,以至于它们的综合根本不可能是思维的一个新的内容更丰富的真理。关于此,黑格尔有这样一个表达:"无""直接地突然出现"(第 85 页)于存在之旁。"突然出现"(hervorbrechen)这个词显然是精心挑选的,这是为了与中介和过渡这样的表象保持距离。在第 79 页他写道,关于这样一种过渡的谈论,包含自为存在的错误假象。关于由存在与无到变的过渡,黑格尔特别提到:"这个过渡还不是关系。"(第 90 页)无在存在之旁突然出现,这是想说,尽管在我们的意谓之中存在与无的差别是一种最外在的对立,但是思维不能坚持这种差别。

总而言之,这里谈论的是意谓,这一点是引人注目的。因为,意谓与实际包含于陈述中的东西之间的差别,事实上不再属于"纯粹思想"的逻辑学主题(第 78 页:"不在这个表达序列之中")。

逻辑学与思想之中作为"内容"而定在(da ist)的东西相关,它是对这个"定"(Da)的思维规定的展开。这里不再存在意谓与被意谓者之间的现象学对立。正是在现象学辩证法的结论之上,建立起了逻辑学的纯粹思想。因此,意谓是实实在在被排除出逻辑学之外的。这当然不是说,存在着一种思想,其中没有意谓。这应当是说,在所意谓的东西与实际上被思考和被说出来的东西之间完全不再有差别。我是意谓某物,还是说出某物或其他什么,都是无关紧要的。在思想之中得到思考的是共相,它将意谓的一切私人性都排除出自身。"自我净化了自身"(第 60 页)。

尽管如此,如果现在在这个逻辑学的开端仍然要回溯到意谓,那么这是因为我们在这里还只是处于思想的开端。换句话说:只要我们还逗留于作为无规定之物的存在与无,那么规定行动,即思想,就还没有开始。存在与无的差别因此仅限于意谓。

而这意味着,向变的进展的含义不可能是辩证的进一步规定的含义。如果根据思维规定性,存在与无的差别同时就是它们的完全无差别性,那么如何从存在与无产生变,这个问题是无意义的。因为,这个问题本身包含一个矛盾,即有一个思想,可以说它还没有开始思想。存在与无作为对于思想的思维,具有如此少的思想规定,以至于黑格尔能够明确地说,存在是空的直观,或者说是空的思想自身(第 67 页),而这就是无。"空"并不是说,某物不存在,而是说那里存在某物,但是这个某物不包含那里本来应该存在的东西,这个某物被抽去一切其中可能的存在,就像黑格尔所说(第 79 页),光明和黑暗是两种空,只要充满世界的内容是物,这些物处于光照之下,并且是在光照之下彼此共存。空的思想因此是一种根本还不是思想的思想。因此,存在与无一同熔进变之中,这一点能够很清楚地作为思想的真正真理得到贯彻。"存在过渡到无,无过渡到存在",这个说法因此是一种完全站不住脚的表达,因为这里假定了一个与无有差别的已经现存的存在。人们必须准确地阅读黑格尔,这样将会发现,关于这个过渡他什么也没说。他毋宁是这么说的:"真理既不是存在,也不是无,而是存在已经——而不是正在——过渡到无,无已经——而不是正在——过渡到存在。"也就是说,过渡始终已经是过去时:这个过渡总是已经"完成了的"。只有在过渡本身,即变存在的地方,存在与无才同时存在。下面这一点我觉得非常独特,即黑格尔能够将存在描述为无,无论是从直观出发,还是从思维出发("就这点而言,可以提及直观或者思维")。直观或者思维的差别本身是一个空的差别,只要它还没有某种有规定的东西作为它的内容。

因此,倒不如说,存在与无是被当作变概念之中的分析环节来处理的。尽管不是在外在反思意义上,即将思维的统一划分为不同的思想关联,但也不是在如下意义上,即从每个综合出发通过分析它们的环节能够重新赢得内在的对立，而它们的综合恰恰就是起点的那个综合；这样一种对立将有差别的东西假定为前提条件。但是，存在与无只有借助于它们的无差别性，才在"变"这个概念的纯粹而完整的内容之中本身具有差别。

黑格尔这里的意图是完全清楚的，如果我们现在看到他如何在"变"之上探讨发生与消逝的诸环节。显然，如果变就是变-成-存在（Zum-Sein-Werden）或变-成-无（Zu-Nichts-Werden），也就是变被规定为过渡到某物，那么变概念借此获得了规定性。下面这种理解是错误的语义学诱导，变的这第一个规定是在假定存在与无有差别的情况下得到思考的，这就是说，是由有规定的存在，即黑格尔所谓的"定在"出发思考的，消逝意味着走出这个定在，产生意味着进入这个定在。因为，正是这个变化运动由之走出或进入其中的存在，只有通过这个过程本身才根本上得到规定。因为存在与无只有在变之中才获得其实在性，所以在作为单纯的"从-到"过渡的变之中，得到规定的并不是彼此相对的两者中的任何一个。真正的思维的第一真理是：作为产生与消逝的变，并不是由事先给定的存在与无的差别出发规定自身，而是在作为过渡的变之规定的思想之中，这种区别才会随之出现。在过渡之中，"变为"存在或者无。因此，产生与消逝是变的自我规定着的真理，并且它们似乎保持着平衡，只要其中除了"从-到"这个已有的一般方向性没有其他规定性，这个方向性只是通过方向的差别得到进一步的规定。黑格尔所说的产生与消逝之间的这个平衡，只是下面这个观点的另一种表达，即存在与无其实是没有差别的。事实上，有一点在这里被准确地注意到了，那就是在"变"之中下面这一点是尚未解决的,即人们要将某物看作是产生还是消逝。一切产生,站到定在角度上来看,同样是消逝,反过来也是一样(就像荷尔德林在他著名的关于《在消逝中生成》的论文中完全准确地假设的那样)。

因此,如果我们想要弄清由变到定在的进展,那么我们必须抛弃流行的想当然的解释,这样来说明黑格尔辩证推导的含义:因为存在与无的差别是空无内容的,所以变的"从"和"到"这两个规定性也是空洞的。无论如何,有一个"从-到"存在,并且这个"从-到"可以思考为一个"从-来"或"到-去",只有这是确定的。也就是说,有某种东西存在,它就是过渡的纯粹结构自身。这就是变的卓越之处,它以此将自身作为它的内容摆置出来,即一个存在,它不是无。就此而言,现在思维自己已经有了一个进一步的规定,它成为了不是无的存在。关于此,黑格尔还有这样一种表达:不是在产生与消逝之间保持一种摇摆不定的平衡,而是产生出"定在"这个静态的统一。

黑格尔式推导的辩证描绘,是想要让下面这一点成为可理解的,即为什么不能问运动是如何进入到存在之中的。运动并没有进入到存在之中。不应该将存在与无理解成像存在者那样已经在思想之外定在的东西,而是应该将它们理解为纯粹思维,在这里除了它们自身不应该想象任何其他东西。归根到底,它们只是存在于思想的运动之中。谁若问:存在是如何进入到运动之中的?则他就应该承认,他以此脱离了思想的运动,他是以发问的方式处于其中的。是的,他将这种反思驱逐出去,作为"外在的反思"。在存在与无之中,无疑没有任何有规定的东西得到思考。这里存在着的,只是空的直观或思维,但是这是说:没有现实的直观或思维。

然而，即使这里除了空的直观或思维没有任何东西存在，事实上，自身规定活动的运动，也就是变，仍然在这里存在着。"人们认识到，存在与非存在是没有真理性的抽象，只有变才是第一个真相，这是一个伟大的洞见"（友人版，第13卷，第306页）。

（三）

对逻辑学开端的研究让我们认识到，流行的对以存在和无为逻辑学开端的做法的批判，实际上，并没有切中黑格尔对思维的辩证进程的内在必然性的要求。如果人们一直关注着黑格尔逻辑学所提出的任务，那么黑格尔辩证法的科学要求，证明自身无论如何都是前后一致的。另一个问题是，如果黑格尔自己仍然援引他在语言的逻辑本能中发现的所谓自然逻辑，那么他是否为将逻辑学设定为先验逻辑这个任务进行了令人信服的奠基。黑格尔这里所用的"本能"这个表达，指的显然是无意识的、但坚定不移地朝向一个目标的趋势，动物的行为经常完全被迫地表现这种趋势。因为这是这样一种本能：它以一种无意识的方式、但也正因如此坚定不移地做着一切人们为达到一个目的而有意识的要做的事情。因此，语言的逻辑本能指的是思想趋向"逻辑的东西"的这个方向，以及这种趋势的对象。这首先具有一个非常广泛的含义。事实上，理性的客体化趋势在语言当中——更确切地说，不仅在它的语法-句法形式之中，而且同样在它的名词之中——表现出来，这种趋势构成古希腊逻各斯的本质。被思考的东西和被说出来的东西是公开出来的，以至于人们似乎可以指出它；甚至即使人们对所说出来的东西的真理没有发表自己的意见,在这种搁置之中理性的客体化趋势其实也在得到实现,这赋予思想和语言一个突出特点,那就是以一切可能的方式进行着对象化。因此,亚里士多德已经将"理解并传达的逻各斯"(λόγος ἀποφαντικός)当作比其他任何讲话方式更突出的东西强调出来,因为在亚里士多德的逻辑学中,没有什么比"公开化"(δηλοῦν)更重要的东西,而且他据此建立了陈述–逻辑学,它的统治地位直到最近的时代,比如通过汉斯·利普斯(Hans Lipps)的《诠释学的逻辑学》以及奥斯汀(Austin)的《如何以言行事》才得到限制。但是,黑格尔不只是借助于辩证法将亚里士多德的这个传统推向极端,而更重要的是通过如下方式,即他在自己的《逻辑学》之中将辩证法的逻辑结构本身概念化。作为思维对象之相互关联的那些真正的"逻辑"规定,比如同一性、差别性、关系和比例等,柏拉图(《智者篇》,253a 以下)曾将它们比喻为元音,它们的作用在语言之中始终只是被遮蔽着的。这就是说,逻辑结构在语法之中得到反思。然而,语言的逻辑本能显然指涉更多。它意味着,语言朝向逻辑运动,因为在言说之中自然起作用的范畴,在逻辑学本身之中得到特别地思考。与此相应,语言在逻辑学理念之中得到完成,因为思想贯穿于一切在自身中显露出来并在语言的自然逻辑中起作用的思维规定,并将它们凝结成概念思维。

然而问题是,语言是否真的只是还没有达到自身的思想性渗透的本能逻辑。黑格尔发现了逻辑学和语法之间的一种相似,并且比较了,在一种语言的现实使用中"死的"语法所获得的生命与在具体充实肯定的科学过程中逻辑应用的死的形式存在所获得的生命,尽管语言和它的语法结构之间存在着差别。但是,语法和逻辑学在如下一点上是如此相似，即它们两者都在其具体的使用中才成为其所是，然而任何一种语言的语法中都存在的自然逻辑，其含义显然不限于哲学逻辑的功能和前形态。逻辑学的传统形态无疑是一种纯粹形式科学，因此它在一切应用中——在科学以及其他经常的应用中——都是相同的。因为被认识者所使用而获得的生命，就是这种逻辑学自身的生命。与此相反，黑格尔追随康德的先验分析所发展出来的逻辑学理念，并非在这个意义上是形式的。但是，在我看来，这里似乎出现了一个黑格尔所不希望看到的结果。这种逻辑学的具体化，绝非仅仅来自于它在科学中的使用——这样垄断科学的功能曾是新康德主义的片面性。不如说，在"人类语言结构的差别"中，已经存在着一个逻辑的先期行为的非常不同的游戏空间，它在语言的世界入口的极端差别的模式之中表现出来。因此，无疑在语言本身中存在着的"逻辑本能"，不能通过将自身提高为概念逻辑，而将在多种多样的语言之中预先设定的东西充分体现出来。

如果人们还记得我们在上面谈到过的概念的有效使用和对它的主题化表达之间的关系，并且承认它们之间的不可逾越性，那么人们不能对这里所设置的任务置之不理。我们曾谈到，逻辑学在其自身的构造过程之中，必须已经使用和假定反思范畴，尽管这个范畴它是想要通过辩证的推导之后才得来的；现在这一点不仅适用于逻辑学的构造，而且基本上也适用于词与概念的一切关系。对于词而言，也不存在原点形式的开端，而且如果没有词的共同参与，即对它的一切含义多样性的使用，则概念就无法被规定为概念。我认为似乎并非偶然的是，黑格尔对范畴的敏锐分析和辩证推导，总是在他附加历史性的词源推导的时候最有说服力。概念正是通过其功能才是其所是，而且这种功能是语言的自然逻辑所恒常具有的。当我们说话的时候，严格地说，并不涉及"开始使用词语"(Ingebrauchnahme von Worten)这件事。如果我们使用词语，那么这并不是说，我们随意地使用一个被给予的工具。词语自己规定，人们如何才能使用它。人们称之为"语言惯用法"，它不依赖于我们，而是我们依赖于它，因为不允许我们违背它。

当黑格尔谈到"自然逻辑"的时候，或许他现在也意识到了这个事实。概念也不是我们思想的一个工具，而是我们的思想跟随它，而且它在语言的自然逻辑中发现了它的前身。

正因如此，将"一个思维对象"从自身出发"以纯粹思维的方式"主题化，这样一个逻辑学的任务表达出一种无法破解的窘境。黑格尔认识到这种窘境，并将它把握为辩证过程的躁动。尽管这个过程应当在作为整体性思想的绝对知识中得到扬弃。但是成问题的是，这个"应当"是否摆脱了永远无法克服自身之不真实性的应当的非道德性。

事实上，我们人类的本质是如此决定性地被有限性所规定，以至于语言现象以及试图获取语言的思想，总是必须在人类有限性规律之下得到考察。就这一方面而言，语言不是进行思维的理性的一种通道形式，这个理性在被思维的对象达到充分的明晰性之时得以圆满完成。语言不是思维的一个消逝着的暂时的媒介，或是思维的单纯"包裹物"。语言的本质绝不仅限于单纯只是让被思维的对象变得明晰。倒不如说，思维自身只有当它在语词形式之中得到把握时，才能获得其特定的定在。因此，语言的运动表现出两个向度：它一方面是旨在思维的客观性，但是另一方面它也从思维走出，作为对一切客体化的撤销，进入到语词进行遮蔽的力量之中。如果黑格尔想要揭示出"逻辑的东西"是语言的最内在的东西，并在其整体的辩证划分之中将它表达出来，那么就他将此看作思索上帝创世之前的思维而言——存在之前的存在，他是有道理的。但是，存在——它处于这种思索的开端，其内容的完全客体化的终点在概念之中——本身已经将语言假定为先决条件，思想在语言之中具有其本己的处所。黑格尔所实施的向纯粹思维之开端的方法性引导，即他的《精神现象学》，并没有能够提供这种先决条件，反而不断地假设一切它所具有和伴随它而来的成就。这个向开端的引导，就这样独自关涉于自我的完全客体化的理念，并且作为绝对知识达到圆满完成，而它不可消除的界限在语言经验中变得非常明显。语言通过言说使之存在的东西，不是作为自己规定自己的概念的抽象直接性的存在——倒不如说，它是一个人们必须从海德格尔所谓的"澄明"（Lichtung）出发来说明的存在。但是，澄明同时包含去蔽与遮蔽。

想要思考语言的成就——即在去蔽与客体化的过程中同时是进行遮蔽的——的思想，在黑格尔的逻辑学尝试之中，只能被承认为真理的一个方面，即概念的圆满规定性的真理。然而，这种论断不是全部。如果这就是全部，那么就忽略了在黑格尔与海德格尔之间起作用的一个本质性问题的内在关联。因为，只要黑格尔所喜欢用的"逻辑的东西"这个说法，事实上承认"概念"无法达到完满，那么他的逻辑学理念间接地指向自身之外。"逻辑的东西"不是一切思维规定的总数或全体，而是这样一个尺度，它先行于思维规定的一切设定,就像几何学的连续统先行于一切点的设定。黑格尔也将逻辑的东西称之为"思辨的东西",并且说,"思辨的命题"对一切陈述命题——即赋予一个主体以一个谓词的命题——提出了一个过高的要求,那就是要求它成为思想之走进自身(Insichgehen des Denkens)。"思辨的命题"是同语反复与在对自身含义的无休止规定之中自我扬弃这两个极端之间的中点,黑格尔的最高现实意义就在其中。思辨的命题不太像作为语言的命题。在思辨的命题中,不仅提出了将辩证阐明客体化的使命,而且它还在自身中建立起了辩证运动。思想认识到自己通过思辨命题得到了传送。就像在语言的表达形式——不是判断命题的表达形式,但是如判决或咒骂这样的表达形式——中存在着的是被说出来的东西本身,而不只是它所说明的东西那样,思辨的命题之中存在着的也是思想本身。向思想提出挑战并推动着它的"思辨的命题",因此显而易见地具有永恒性,就像一般抒情诗的语言和艺术作品的存在那样。诗歌语言以及艺术作品的永恒性中存在着一种陈述,它是"竖立"于自身之中的(in sich "steht"),而且就像思辨命题要求辩证的"表述"那样,"艺术作品"也要求解释,即使可能没有任何解释是足够充分的。

因此我认为,就像一个无关联的个别词汇,或一个脱离其关系的交际性表态,在自身中表达出一个完整的含义统一性那样,思辨的命题也几乎不是一个能够根据其陈述内容进行界定的判断。就像一个人所说出的一个词,它与人际间相互理解的连续统相关联,它是如此决定性地被这种相互理解所规定,以至于甚至撤销它也不影响理解;思辨的命题也指向真理的某种整体,不过,它自己不是这个整体,也没有说出这种整体。这个整体不是存在者,黑格尔将这个整体思考为在自身中的反思,通过这个反思,它被证明为概念的真理。因为思辨的命题迫使思想走上概念把握的道路,思想将"逻辑的东西"作为它自身内容的内在运动展开出来。

尽管如此,如果在对"逻辑的东西"的这种趋向中,概念被思考为无规定之物的圆满规定,而在其中只是语言的一个方面得到充分的发展,即趋向逻辑的东西的方面,则反思之在自身中存在(Insichsein),仍然还是一个不断产生混乱的、语词以及艺术作品之立于自身(Insichstehen)的相似物,真理则"蕴藏"于这后者之中——而且它以此指向这样一个真理概念,海德格尔试图将它思考为"存在之本有"(Ereignis),而且只有有了这个真理概念,一切认识与一切反思运动的活动空间才得以敞开。

海德格尔自己总是不断地表达这种指向以及思辨的东西所表现出来的诱惑,这不仅仅是由于激发他去解释与界定黑格尔辩证法的持久的吸引力。除此之外,还存在着能够说明与黑格尔的关联的偶然表态,这是我们在这里需要解释的。这主要是在《尼采》第 2 卷第 464 页的一处笔记:

"反思,存在历史性的、此-在性地被把握为:

回照(Rückschein)进 ἀλήθεια(真理)之中,而无须 ἀλήθεια

自己本身被经验和被建立

以及无须 ἀλήθεια 达到它的'本质'。

自身显现者的回-照(Rück-schein)之异乡性(Das

Unheimische)。

人移居于其某一本质处所。

反思——确定性,确定性——自我意识。"

海德格尔在这里称"反思"为"回照进 Aletheia(无蔽/真理)之中,而这个 Aletheia 本身……没有达到它的'本质'"。以此,海德格尔自己把反思关联到他在 Aletheia 概念中所思考的东西之上,并且在这里称之为 Aletheia 的本现着的(wesende)存在。但是,这种关系是一个区分,"逻辑的东西"的维度不是 Aletheia 的空间,这个空间是被语言所照亮的。因为,我们居住于其中的语言是一个与反思完全不同意义上的环节。它将我们完全拥抱,就像故乡的声音,充满着一种自远古以来的熟悉。海德格尔因此将语言称作舒适的"存在之家"。尽管,在其中也有在场者的去蔽发生,而且恰恰就是在场者的去蔽,直至对象化的陈述。但是,在语言之中有其根本处所的存在本身,并没有在其中得到去蔽,而是隐藏于在语言之中所发生的一切去蔽之中,如此隐蔽,就像在言谈之中语言本身是最根本的隐藏者。因此,海德格尔也并没有说,反思搅浑了这个原初的"澄明",而是将它称作自身显现者的回照,因为它无休止地尝试着将回照者带到自身面前。在这个意义上,反思作为逻辑运动是"异乡性的",它不能停留于任何地方①。自身显现是作

---

① 在 1971 年 12 月 2 日的一封信中——在作为"黑格尔的遗产"的注释的摘录里面(现收入我的著作集,第 4 卷,第 480 页),海德格尔坚持认为,不是我们的思想是"异乡性的",而是真理本身。"反思"从存在历史的角度看,不能思考为意识的行动,而是要思考为回照进真理。

为思想和规定活动的对象而遭遇的,它在本质上具有"对象"的遭遇方式。这对于思想来说,是未得到许可而进入的无法扬弃的"超验性",我们在其中就是在故乡之中。尽管如此,概念把握活动仍然尝试着扬弃这个超验性,黑格尔将概念把握展开为,在他在中自我认识的基本运动,因此它总是向自身回退,而且相应地,具有自我意识之自我确证的特性。这也是一种占为己有的方式,是"入住"(Einhausung),它给西方文明的本质打上了烙印。将他物变成自己所有,就是通过劳动克服和征服自然。海德格尔极力避免在这里发出某种文化批判的声音。在我们上面已经提到的那个笔记里,他倒是将此明确地称之为"人移居其某一本质处所"。因为它将存在者当作对象,尽管在一个本质意义上,它是对存在者的"剥夺"(Ent-eignung)。存在者不属于它自己,因为它已经被完全送交给我们。黑格尔似乎在这样一个视角之下,作为一个从远处而来的思想道路的前后一贯的完成,勾画出了一个终点的轮廓,在其中描绘出了哲学的后续诸形态,如马克思或逻辑实证主义。

然而,思想的这种视角所没有注意到的东西,由谢林首先意识到,并被海德格尔发展为存在——这个存在不是存在者的存在——问题的东西,因此也显露出来了。自身显现者的回照——顺便提一下,这是对反思概念的一个字面上的翻译——无疑与原初的"澄明"对立,在澄明之中存在者一般地才走向自我显现。事实上,这是另一种原初的熟悉,它不同于通过占为己有而获得与形成的熟悉,它存在于一切词与语言起作用的地方。

尽管如此,黑格尔将"在自身中反思"思考为一切对象化活动都具有的"回照",这绝非不重要,它是对本质性的人的思想道路的充分测定。在作为逻辑运动得到展开的黑格尔的"在自身中反思"这个概念中,有一个真理被发觉,它不是意识及其"对立面"的真理,就是说,恰恰不想将自身显现者"占为己有",而是相反地,要将这种反思作为"外在的"与思维在自身中的反思相对立的反思拿掉。这一点在黑格尔《逻辑学》中凸现出来。如果人们像黑格尔在他的《精神现象学》中所做的那样,以下面这种方式追踪意识的经验,即教导人们要将一切陌生的东西认识为自身的东西,则可以看到,意识所受到的真正教训无非就是思想对其"纯粹"思维的经验。但是,这样一来事情就不止于《精神现象学》指向《逻辑学》。难道自身展开着的概念之逻辑学,在其自身方面不是必然要指向自身之外,也就是回指到语言的"自然逻辑"?纯粹思想在其中把握自身的概念的自我,最终本身绝非是自身显现者,而是在一切存在之中同样起着像语言那样的作用。根据黑格尔,逻辑学的各种规定并非没有语言的"外壳",思想被这个外壳所包裹。但是,逻辑学的进程运行于其中的反思这个媒介,就它那方面而言,并没有被包裹进语言之中(如各自的概念规定),而是作为整体、作为"逻辑的东西",以回照的方式与语言的明亮(Helligkeit)发生关联。这在海德格尔的笔记之中是直接看得见的。

如果黑格尔的逻辑学理念完全承认它与自然逻辑——它在黑格尔的逻辑学理念中达到反思的意识——的关系,则它就必然重新接近它的古典起源,即柏拉图的辩证法和亚里士多德对智者派逻辑的克服。正如这一理念所呈现出来的那样,它出色地完成了下面这个任务,即将逻辑的东西思考为普遍客体化的根据。以此,黑格尔完成了费希特的《知识学》业已开始的任务,即把传统逻辑扩展到一个先验的"对象性逻辑"。但是,在一切思想的语言性之中,思想被要求走向相反的方向,概念被变回相关的词语。进行着对象化的思想对自身的思索越彻底,以及辩证经验的展开越彻底,则这种思想就越明确地指向它所不是的东西。辩证法必须回退到诠释学之中。

(姜勇君 译,谢晓川 校)

5. 黑格尔与海德格尔
（1971年）

马丁·海德格尔可能不是第一个说出下面这句话的人，"黑格尔表达出了西方形而上学的完成"。很显然，通过这句话可以确定一个历史事实，随着黑格尔体系以及它在19世纪中叶的迅速崩溃，一个两千年的传统来到了终点，它曾给西方哲学打上形而上学的烙印。上述断言尤其体现在如下事实之中，黑格尔之后哲学成为了一个纯粹的学院事务，或者说得更确切些，只有学院外的著述家，如叔本华和克尔凯郭尔、马克思和尼采——以及19世纪和20世纪的一大批小说家——才达到了时代意识，才能够满足其世界观的需要。当海德格尔说西方形而上学通过黑格尔得到完成，这并不是指一个单纯的历史事实，而是同时表达出了一项使命，他称之为形而上学的"克服"。这里的形而上学不仅指随着黑格尔的绝对观念论体系而产生和瓦解的它的最后一个形态，而且还包含它在柏拉图和亚里士多德思想中的第一次奠基，以及它的一切变体，直到贯穿整个近代的基本形态，后者同时也构成近代科学的根据。但是，正因为如此，形而上学的克服，并不意味着形而上学思想的古老传统的单纯完成（Hintersichbringen）和告别（Sichscheiden）。毋宁说，克服（Überwindung）意味着——正如海德格尔以他自身思想的独一无二的语言所表达的那样——总是同时经受住(Verwindung)形而上学。人们经受住某事,并不是简单地将它抛在身后。如果人们学会经受住一个失败,那么这并非单纯的渐渐遗忘和克服痛苦,或者更恰当地说:克服痛苦并不是说痛苦渐渐消退,而是指通过所遭受之事获得的有意识的成果,以至于痛苦并非毫无痕迹地成为过去,而是经久不变和不可收回地规定了自身的存在。人们似乎"停留在""其上",即使人们已经熬过了它。但是,现在这一点尤其适用于黑格尔,人们以一种奇特的方式停留在他的思想之中。

黑格尔是形而上学的完成,这个表述自身有其特有的歧义性,88 事实上,这决定了黑格尔在西方思想史上的特殊地位。是终结?抑或完成?这种完成或终结是基督教思想在哲学概念中的完成,还是它在近代思想中的终结和解体?黑格尔哲学的要求在自身之中包含一个内在的歧义性,这是他的历史形象也具有双重性的原因。历史哲学——在这种历史哲学中,自由作为人类本质应达到其自身的自我意识——在这种自由的自我意识之中,看到了历史的终结吗?或者说,历史在最后恰恰表现出其真正的本质,只要一切历史只有通过自由意识,即基督教的或革命的意识,才成为为自由的斗争?绝对知识的哲学——黑格尔哲学的立场刻画为这种绝对知识,思想现在已经达到这个立场——是思想漫长的历史性过去的结果吗,以至于终于将一切错误都抛在我们身后?或者说,它是与我们的历史之整体的第一次遭遇,以至于从此以后我们不再能够摆脱历史性意识?当黑格尔由绝对概念的哲学出发谈到艺术的过时特征时,这种令人惊异的、挑衅性的观点,本身似乎又会引起最严重的歧义性。这是说艺术在今天已不再肩负着使命,也不再发表自己的见解了吗?或者黑格尔只是想说,相对于绝对概念的立场而言,艺术是一个已经过时的东西,因为它在与思维着的概念的关系中始终是一个已经过去的东西,并且以后也将是这样一个东西?若如此,艺术的过时性只是对说明其特性的同时性的思辨的表达:它并不是以如下方式听命于发展的规律,只有以这种方式思辨思维才在哲学的历史之路上达到自身。如此一来,海德格尔关于形而上学之完成的歧义性表达形式,就止于一个黑格尔和海德格尔共同的歧义性,这种歧义性集中于这样一个问题,即黑格尔对思维的一切想得到的道路的无所不包的辩证中介,是否能够证明,任何想要从这种思想自己、思考自己的反思圆圈中逃脱出来的尝试必然都是谎言。海德格尔尝试着寻找的能够对抗黑格尔的立场,最终是否也被反思的内在无限性的魔力所捕获?

(一)

事实上,尽管19世纪后半叶黑格尔的思想在德国几乎被遗忘,但是,就其形象始终是无法超越的而言,它仍然隐秘地出场。这一点不仅体现在明确地向黑格尔思想的回复之中,这主要是在意大利、荷兰和英格兰;此外也在20世纪的德国,以学院式的黑格尔主义的形式,或者另一方面通过将哲学转化为政治,或者通过新马克思主义的意识形态批判。哲学在黑格尔之后无疑具有了一个新形象,但是,它始终是对形而上学的批判,这种批判作为实证主义、认识论、科学哲学、现象学或语言分析给出了其本己的自我意识。在最根本的形而上学领域,黑格尔不再能够找到后继者。这一任务只有留待海德格尔来完成,他在逐渐消退的新康德主义内部立即觉察到黑格尔主义化的思想,通过海德格尔,新康德主义最后的且最有力的形式,即胡塞尔的现象学才成为哲学;或者,如果人们想要用另一种尺度来衡量这一事件,那么我们可以说,正是海德格尔的出现,才使得胡塞尔作为严格科学的哲学这个梦醒悟过来。因此,海德格尔的思想成为黑格尔哲学的近邻。半个世纪——海德格尔的思想已经影响了我们半个世纪——无疑不足以永久地确定一个思想家在世界历史上的地位。但是,如果人们将海德格尔的哲学著作列入思想的伟大经典行列,并将他向黑格尔移近,那么这并非是一个完全错误的评价;关于这一点,存在着某种消极的证明:正如黑格尔曾在德国,以及由此出发在整个欧洲完全统治了一个时代,并在19世纪中叶完全瓦解,海德格尔作为一个思想家在德国也长时间地统治了他的时代,并且在今天对于他的离弃也同样是彻底的。今天人们在等待一个卡尔·马克思的出现,作为黑格尔的对手,他反对人们将这位伟大的思想家当作一条死狗。

以下是一个非常严肃的问题:海德格尔的思想是否同样必须移居到黑格尔思想王国的边界,就像所有青年黑格尔派和新康德主义的黑格尔批判者那样,即从费尔巴哈和克尔凯郭尔到胡塞尔和雅斯贝斯;或者海德格尔思想与黑格尔思想诸多明显的相似性,最终证明了相反的情况:即海德格尔的问题是如此彻底和全面,以至于他没有遗漏任何黑格尔所关心的问题,而且还探寻了黑格尔哲学背后的根源?如果这是正确的,那么我们的哲学史图景,即黑格尔在观念论运动中的地位,也将重新得到规定:一方面费希特将获得一个更加独立的地位,另一方面谢林的预感将得到证实,并且真理将从尼采绝望的冒险行为中产生。

如此一来,则下面这个事实也就不足为奇了,即世界文学史上最令人惊异的事件之一,也即20世纪人们对德国最伟大的诗人之一荷尔德林的发现,是通过海德格尔的思想才受人瞩目的。众所周知,荷尔德林(这个不幸的人、不幸的诗人)与黑格尔从他们的青年时代起就是最亲密的朋友,尽管浪漫派,以及尼采、狄尔泰曾向他倾注过某种赞赏的偏爱——但是,直到我们这个世纪,他才永久性的占据了最伟大的德国诗人这个位置。他也在海德格尔的思想之中获得了一个真正关键性的位置,这一事实以一种意外的方式证实了下面这种不多见的延迟,即荷尔德林成为了我们这个世纪的同时代人,这也从另一方面说明了海德格尔思想同黑格尔哲学的对峙绝非任何武断和任意。

海德格尔的思想坚定不移地围绕着黑格尔打转,这一点是毋庸置疑的,直到今天它都在不断地尝试着界定自身与黑格尔之间的界限。在这里,无疑也显露出了黑格尔辩证法的生命力,它总是战胜胡塞尔和海德格尔的现象学方法,是的,后者总是受到排挤,以至于熟练扎实的现象学功底过于迅速地被时代意识所遗忘和荒废。不仅如此,这里还涉及很多人向后期海德格尔所提出的一个问题,那就是他如何还要坚持,他对意识观念论的有说服力的批判——这是《存在与时间》划时代的功绩——与黑格尔《精神哲学》的对立。尤其是当他自己通过思想"转向",在他那方面就放弃了先验的自我理解以及通过此在的存在领会来为存在问题的立场奠基的做法,那么上面那个问题就更显得可疑了。难道他不是因此必然更加接近于黑格尔了吗？黑格尔曾明确地提出，精神辩证法超越主观精神形态、超越意识与自我意识。尤其是在所有尝试着反驳海德格尔的思想要求的人眼中，都存在着这样一个点，在这个点上，海德格尔的思想再次与黑格尔的思辨观念论汇合，而这一点被历史地包含在哲学的基本问题之中。

这显然并非意外或偶然。19世纪的哲学意识似乎有一个基本特征，那就是没有历史意识它就不再是可理解的。显而易见，这里存在着与欧洲基督教国家的传统的巨大断裂，这是随着法国大革命出现的。法国大革命试图通过启蒙运动的理性信仰来为宗教、国家和社会奠基的激进做法，反而抬高了历史的权力，而且使人们认识到普遍意识自身的历史局限性，这是对宣布一个绝对全新开端的狂妄自大的强有力的反驳。历史意识——它是因上述原因而突然出现的——的升起现在也向哲学的认识要求提出了一个挑战，那就是要求后者向其证明它自身的合法性。自从一种独特的——尽管还是如此新的——思想被注入希腊-基督教思想的伟大传统中，任何哲学尝试都要具有历史性的自我奠基，哪里缺乏这种奠基或是不充分，则哪里就必然缺乏达到普遍意识的说服力。历史主义思想家威廉·狄尔泰尤其痛苦地意识到了这一点。

就此而言，黑格尔为哲学进行历史性自我奠基的彻底而全面的方式，相对于一切后来的尝试具有一个无法逾越的优势。他将自然与历史统一在无所不包的逻各斯概念的统治之下，而以前的希腊人就将逻各斯概念发展为第一哲学的根据。如果说，还在启蒙时代，古老的神正论面对上帝创造的世界，试图去把握自然事件的数学合理性，那么黑格尔将这种使命延伸到了世界历史的领域。

正如自从希腊人以来,就不顾地上世界的一切无序与无规则,而将世界的本质根据思考为逻各斯或"努斯"一样,黑格尔同样不顾人类历史与命运的混乱所表现出来的可怕矛盾,而教导人们在历史之中认识理性,并且将从前因超出了人类认识与理解,而只能听任对于命运的信仰与信赖的事情,纳入到这个思想王国之中。

黑格尔在人类历史不安定的喧闹之中,认识到一种必然性,这是一种与古代以及新自然科学时代自然的秩序与规律性所表现出来的必然性一样令人信服和理性的必然性,而他为达到这一切所施行的魔法就是辩证法。黑格尔的辩证法以古代的辩证法概念为出发点,因此,辩证法的本质在于推动矛盾的尖锐化。但是,古代辩证法通过这种矛盾的制造,只是要求充当认识的准备性工作的角色,而黑格尔则将辩证法的这种预备性的,或者更确切地说,是消极的任务转变为一个积极的任务。对于黑格尔来说,辩证法的意义现在完全在于,通过矛盾的尖锐化迈出通向更高真理的一步,也就是使矛盾的各方达到统一。精神的力量在于,作为一切矛盾之中介的综合。

黑格尔以此揭示出来的东西,在他对扬弃(Aufhebung)这个概念的重新解释之中得到了很好的表达。扬弃,首先具有一个否定的含义。尤其是通过矛盾性的指明,取消了某物的有效性,也就是否定了它。然而,对于黑格尔来说,扬弃的含义转变为对一切在矛盾之中起作用的真理环节的保留,甚至是将它们提升为包含和统一一切真相的真理。由此,辩证法成为了反对知性抽象的一切片面性的具体者的辩护人。包含于理性之中的、进行联合的普遍力量,不仅知道要对对象的一切对立进行中介,而且也知道要扬弃现实性的一切对立。最陌生的东西、最不可信赖的东西以及最敌对的东西,这些降临到我们头上的历史的力量,被理性的调和作用所克服,正是这一事实,证实了在历史之中存在着上述进行联合的普遍力量。理性是与毁灭的和解。

黑格尔的历史辩证法,生长于给过去的18世纪社会意识打下深刻烙印的独特的问题意识,尤其是满脑子被法国大革命的印象充斥的大学生所具有的独特问题意识。在德国,法国大革命所带来的第三等级解放的后果,刺痛了德意志帝国尤其不幸的处境,它的宪法面对这样一个时代环境,被证明为早已是过时的。因此,黑格尔还在蒂宾根学习的时候,年轻一代就已经提出这样一种要求,在一切领域——基督教信仰以及社会政治现实领域——与普遍者一种新的统一必须是可能的。

青年黑格尔表达与普遍者的统一的基本雏形,是关于一个异化的极端例子,即犯罪者与法制之间的分裂。对于被追究法律责任的犯罪者来说,进行惩罚的法制是与他敌对的对立面,这似乎是贯穿陈旧的、急需年轻化的时代的完全分裂的原型。黑格尔现在从另一个视角出发思考惩罚的本质,他将惩罚看作是对于法制的重新恢复。他认识到,惩罚的强制力的敌对性即使对于被它所触及的犯罪者,也并不构成惩罚的真正现实性和法律上的含义。不如说,只有犯罪者接受了惩罚,惩罚的法律含义才达到完满。但是,犯罪者通过接受惩罚重新回到了法治共同体生活当中。惩罚由它曾经所代表的敌对性,转变为对统一的恢复。正如黑格尔以一种卓越的概括方式所表达的那样,这就是与毁灭的和解。

尽管黑格尔关于惩罚的思维进程起源于特殊的神学问题,即罪恶的宽恕如何与神的正义统一起来，并且重点是信仰与恩典的内在关系问题。然而，在这里得到阐明的由敌对性向友好性的翻转或转变现象具有普遍的意义。这就是自我异化与对它的克服问题，弗里德里希·席勒在《美学书简》中首先发展了这个问题，黑格尔赋予这个问题以中心地位，卡尔·马克思后来将它运用到实践之中。黑格尔在统一一切矛盾的理性中，发现了存在的普遍结构。精神的本质是将处于对立面的东西转变成自己的东西，或者用黑格尔喜欢的表达方式来说，在他者存在中实现自我认识并以此扬弃异化。在精神的力量之中有辩证法的结构在起作用，它既统治着存在的普遍状态，也统治着人的历史性本质，黑格尔在他的《逻辑学》中对其进行了系统的阐明。

（二）

黑格尔的《逻辑学》结构划分为"存在""本质"和"概念"这样三个发展阶段，通过这三个阶段，他遍历了精神走向自己自身的形式性概念结构，这样一种结构以一种令人信服的方式表明，海德格尔早年就对黑格尔说过的一句话是正确的：黑格尔是最彻底的希腊人。不仅通过《逻辑学》的一些最根本的部分可以看到希腊痕迹，尤其是通过"本质逻辑"可以看到柏拉图-亚里士多德的痕迹，通过"存在逻辑"可以看到前苏格拉底-毕达哥拉斯的痕迹——而且它的整体构造原则直至概念用词，都透露出埃利亚-柏拉图辩证法的遗产。这种遗产就是对立的特殊地位，作为运动的原则，这种对立的特殊地位在思维的自身运动中得到表明。这种运动的完成，也就是理念的彻底透明性——在精神的终点——似乎表达出,理性战胜了对象性的一切反抗。因此,海德格尔指出的这个特征也包含一个极端的歧义性:它可以是对希腊形而上的世界思考的一个彻底化,如果黑格尔认为理性不仅在自然之中,而且也在人类历史世界领域中同样有效并大获成功的话。但是,在海德格尔的意义上,这种对逻各斯的极端贯彻可能也是对存在之遗忘的表达,这是作为认识着自身的认识(sich selber wissenden Wissen)与意愿着自身的意愿(sich selber wollenden Wollen)的现代本质,从其在希腊的开端以来就一直不断努力的方向。

在这种背景之下,海德格尔的历史性自我意识表现为,对抗绝对知识和以黑格尔哲学为根据的自由的圆满的自我意识之筹划的对立筹划(Gegenwurf)。但是,正是这一点触发了我们的问题。众所周知,海德格尔把统一的形而上学史——它给从柏拉图到黑格尔的西方思想打上了烙印——思考为不断上升的存在之遗忘的历史。当存在者的存在成为形而上学问题的对象时,存在除了作为存在者的存在不再允许有其他的思考方式,存在者构成我们的知识和思想内容的对象。海德格尔要求退回到这种形而上学思想的开端之前,根据这种思想的自身之目的,他走出的这一步本身不能再被理解为形而上学。退回到柏拉图与亚里士多德之前,就像黑格尔在《逻辑学》的第 1 卷"存在逻辑"中所做的那样,这仍然可以被解释为一种形而上学的预备阶段。但是,尼采针对柏拉图主义与基督教激烈的论战,以及他对"希腊悲剧时代"的哲学的发现,已经预感到了对思想的一个不同的史前世界的回忆。海德格尔通过对存在问题的重新筹备所要获得的,正是能够将这种预感具体化的概念性方法。

众所周知,海德格尔在这里受到了基督教虔敬历史中反希腊因素的支配:从路德对基督徒的明确要求,即人们必须发誓放弃亚里士多德,到加布里埃尔·比尔(Gabriel Biel)和埃克哈特大师(Meister Eckhart),直至奥古斯丁以哲学方式施展三位一体之奥秘的深奥基督教理论变体,在所有这些理论之中有一种反希腊的动机在起作用,那就是在"旧约中的上帝传说"中起主导作用的言辞与听闻。希腊的"逻各斯"(Logos)与"艾多斯"(Eidos)原则,即对物的可见轮廓的道说与保存,从上述传统来看,似乎是信仰的奥秘所遭受的一种陌生化的力量。所有这一切在海德格尔重新激起存在问题的过程中起了作用,并且也解释了他的名言"希腊人的肤浅"的含义。但是,在前苏格拉底早期的黎明,另一种深刻的思想之光穿透逻各斯外壳照射出来,它直到现在,在形而上学传统的终点,以及在正来临的实证主义与虚无主义的开端,才被思想所意识到——这是偶然吗?阿那克西曼德的箴言,在叔本华看来,它是印度悲观主义的希腊式表达形式,而且不管怎样是他自身思想的先驱,现在开始它听起来有点像海德格尔思考为"片刻"(Weile)的存在之时间特性的先驱。这是偶然吗?在我看来,面对海德格尔的历史性自我辩护以及向存在问题的返回,不可避免地将产生这样一种反思:那就是这样一种向开端的返回本身不是开端,而是通过一个终点得到了中介。难道人们没有认识到,欧洲虚无主义的逼近,实证主义的鸡鸣以及随之而来的"真实世界"——它现在终于"成为了寓言"——的终结,这些事件已经对海德格尔退回到形而上学之前的发问行动进行了中介?而且归根到底这不就是一种跳跃吗,即从与"返回步伐"相关的形而上学思想的中介关联中跳出来?历史不是始终具有连续性吗?一切不是从消逝中产生吗①?

有一点是确定无疑的,那就是海德格尔从来没有提及历史必然性,这在黑格尔作为历史中的理性的世界历史体系中可是具有支配地位的。对于海德格尔来说,历史并非是已经完成了的过去,在这里,现在在其过去之整体之中与自己相遇。海德格尔在其晚期思想中非常谨慎地避免使用"历史"(Geschichte)和"历史性"(Geschichtlichkeit)这两个表达,这两个概念支配着从黑格尔以来的关于形而上学之终结的思考,并且作为历史相对主义问题为我们所熟知。作为替代,他使用"天命"(Geschick)与"天命性"(Geschicklichkeit)这两个词,这是为了做出如下区分,即这里所涉及的并非人的此在的自我把握的可能性,并非历史性意识与自我意识,而是涉及被派送(zuschicken)给人的东西,它如此决定性地规定着人,以至于一切自我规定与一切自我意识都只是它的遗留。

海德格尔没有要求从哲学思想出发去把握历史进程的必然性。但是,如果海德格尔将形而上学思想思考为存在之遗忘的历史之统一性,并且看到它在技术时代的极端尖锐化,那么正因如此,他仍然赋予了历史过程以一种内在逻辑性。是啊,甚至更多:如果形而上学被理解为存在之遗忘,形而上学史直至它的瓦解被理解为不断加剧的存在之遗忘,那么对于这样一种思想来说,必然

---

① "跳跃"的说法是不恰当的,海德格尔在上面提到的书信中立即承认了这一点(我的著作集,第4卷,第480页)。

会遭遇这样一种状况，那就是我们要重复已经被遗忘的东西。而且不断上升的存在之遗忘与对这种重复的期待之间甚至有一种关联，这种关联与一种辩证的翻转关联相似，这在海德格尔自己的某些措辞（jäh vermutlich〔突然可能的〕）中得到了明确的印证。

因为未来的开放性——一切人类的筹划都保持这种开放性——存在着一种历史性的自我辩护的方式：从存在之遗忘的极端尖锐化——就像在技术时代所发生的那样——出发为思想建立对于一种折返的末世论式期待，让人们折返回一切制造与再制造出来的东西背后，看到真正存在的东西。

人们必须承认，这样一种历史性自我意识与黑格尔的绝对哲学一样包罗万象。

（三）

但是，与此同时又产生一个新的问题：是否真的必须把黑格尔的辩证法原则，如此与理念的自身明晰性，或者精神的自我意识的极端后果联系起来呢？如果"存在"作为无规定的直接的东西而构成逻辑的起点，那么尽管存在的含义无疑被确定为"绝对的规定性"，但哲学思维的辩证的自身关联性不正是体现在如下一点吗？即真相并不是可以与自身的形成过程相分离的结果，而是它的形成过程和它所走过的道路的整体，此外无他。有一点无疑不难理解，那就是人们想要摆脱黑格尔真理理念中思想的自我神化倾向，他们明确地反对这种自我神化，并且追随海德格尔以人的此在的时间性与有限性来对抗它，或者追随阿多尔诺提出一个相反的观点：整体不是真相，而是假象。然而我们不禁要问，人们这样对待黑格尔对他是否公正？黑格尔理论的歧义性已经充分显露出来，这一点我们在讨论的开始举例说明过，这些歧义性最终具有一种积极的意义。这些歧义性不允许我们从完全确定的规定出发思考整体概念以及最终结论中的存在概念。

黑格尔的思辨观念论所要求的包罗万象的综合，其实包含一种永不消解的张力。这一点反映在黑格尔"辩证法"这个词所表现出来的摇摆不定的含义上。一方面，辩证法意指这样一种理性观点，即它能够在一切对立和矛盾中看到整体的统一和统一的整体。但是，另一方面，辩证法也与其古代含义相应，恰恰也是将一切对立尖锐化为矛盾的"固化"，或者换句话说，强调那些将思想推入无稽之谈之深渊的矛盾，尽管这些矛盾在理性观点看来可以共同存在于充满张力的统一之中。为了强调这种差别，黑格尔有时也将理性观点称作思辨的东西（在肯定的-理性之物这个意义上），并且将辩证法理解为哲学证明之实行特征：使得在肯定的-理性之物之中所包含并得到克服的对立变得明确。在这里，显然是以双重方向为根据：一方面是对象化思维的方法理想，这种思维通过笛卡尔最终被提高为对于"方法"的自觉意识，并且在黑格尔逻辑的泛方法主义中达到顶峰。但是，另一方面，具体的理性经验要先行于这种哲学证明的方法理想，前者向后者透露出其使命与可能性。这种理性经验作为"与毁灭和解"的力量已经为我们所熟悉。在黑格尔《逻辑学》的执行过程中，也有关于这种先行的理性经验的证明：思维的尺度自身已经先行于思维诸规定的全体，即诸范畴的辩证整体，黑格尔以一神论的单数"逻辑的东西"来说明这种思维的尺度。海德格尔曾说过,一个思想家始终只是思考同一个东西,这种观点显然适用于黑格尔,他在一切事物中都注意到思辨的东西与理性的东西的统一,而且众所周知,关于赫拉克利特谜一般的语言——它使这种思辨的统一原则变得多样化——他曾讲到,没有哪个赫拉克利特的句子不曾被吸收进他的《逻辑学》之中。黑格尔在研究哲学的历史传统的过程中,到处都能发现那同一个东西,他的这种高超能力与专制的法官形成了明显的卓有成效的对比,黑格尔指出过去的一切思想尝试的界限就在于,它们都显得是一个专制的法官,他要求在哲学的历史——思维的艰险征程——中认识必然性。因此,似乎只需要稍微挪动黑格尔对哲学史的解释,就可以以令人信服的方式,使得哲学史上各种思想之中所包含的思辨的东西以及肯定的-理性之物变得清晰可见。

海德格尔的情况看起来也并没有显得多么不同。显然,在他的思想之中形而上学史被表达为规定着当下与未来的"存在天命",并且这种存在之遗忘的历史,合乎逻辑地走向其极端的尖锐化——但是,海德格尔也看到已经离我们远去的开端之力量仍然发生着作用——在亚里士多德的"自然"(physis)中,在"实体类比"(analogia entis)之谜中,在莱布尼茨的"实存欲求"中,在康德的"有限形而上学"中,在谢林的"上帝之中的根据"中,以及最后也在黑格尔思辨的东西与理性的东西的统一中。

有一个外在的证据证明,黑格尔知道面对他自己的方法要保持一种自由,而且黑格尔与海德格尔之间是近邻关系,正是这一点使得海德格尔尽管批判希腊人,却一步一步陷入黑格尔,而这个证据就是他们与德意志语言的思辨精神的关系。黑格尔为了哲学的概念性目的而对德意志语言的使用，经过一个半世纪现在已经为我们所信赖。具有历史性思维的受过哲学教育的读者会发现，在黑格尔生前以及在他死后其思想持续施加影响的数十年间，他的语言的传染力也步步紧随。不是正题、反题与合题，或者主观的、客观的和绝对的精神这样一些艰难行进的概念，或者甚至于它们在一些最为不同的研究领域中的程式化的运用，这在19世纪上半叶并不少见，不是这些构成了黑格尔在他同时代语言中的真正在场。毋宁说，这种在场体现在德意志语言的真正力量，而不在于为黑格尔哲学注入生命气息的上述人为概念构造的程式化的精密。只有到了我们这个世纪，黑格尔才第一次被翻译为大量的文化语言，这并不是没有理由的，这些翻译无须退回到德意志原型，能够在半途中传授黑格尔的思维进程。这些其他语言的语言能力，恰恰不允许直接复制含义的多样性，例如存在与定在、本质与现实性、概念与规定等这些抽象名词所具有的含义多样性。因此，思想被翻译为可能的翻译概念，这意味着，不可避免地诱导人们倒退到经院哲学的概念视角及其更新的概念历史。思辨的力量无法穿透这些异国的词语外壳，这种力量在相应的德语词语以及它们广泛延展的语义场中是可以观察到的。

人们可以选择一个命题，例如黑格尔《逻辑学》第2卷的第一个命题，大概十年前年迈的海德格尔为了庆祝弗莱堡大学的周年纪念，在他的不再年轻的学生圈子里讨论过这个命题："存在的真理是本质"。这个命题人们可以理解为，直接的存在走进了自身，而且踏入了本质的形而上学——这甚至在黑格尔意义上也是正确的。遵循逻各斯的柏拉图和亚里士多德哲学，走出巴门尼德式"存在"的悬而未决,走进对于本质与形式、实体与实存的反思阶段,而黑格尔的古代哲学史表达出了由前苏格拉底思想过渡到柏拉图-亚里士多德思想的一种方式。然而,这个命题中没有一个概念——既不是"真理",也不是"存在"或者"本质"——是被限制在形而上学的概念视角之上的,正是这样一种形而上学的概念视角,通过一些拉丁语概念及其经院哲学化的润色与区分,为将黑格尔翻译为意大利语或西班牙语、法语或英语提供了语言基础。"*Veritas existentiae est essentia*"(存在的真理是本质),这个翻译是完全无意义的。它缺乏一切思辨的运动,而这种运动在生动的德语词语以及词语关联之中是很明确的。如果我们听到"Wahrheit des Seins"(存在的真理)这样一个表达,则我们可以从"Wahrheit"(真理)这个词中听出很多"*veritas*"(真理)这个词所不具有的东西:本真性、无遮蔽性、真实性以及可靠,等等。同样地,"Sein"(存在)无疑不是指实存,而且也不是定在或某物-存在,而恰恰就是"Wesen"(本质),但这是因为"Sein"(存在)与"Wesen"(本质)一样具有动词特性,是名词化的动词,它们共同诱发海德格尔称之为"在场"的运动。海德格尔讨论这个命题并不是没有理由的,他这样做是有明显目的的,那就是要看看黑格尔是否由于只是专注于辩证过程的方法性结论,而错过了下面这个更本质性的东西,即语言作为更深刻的真理与认识,已经向他迎面而来。如果人们让这种语言自己道说,并倾听它所说的东西,则人们不仅可以从中听出与黑格尔下面这种观点完全不同的东西,即他认为在《逻辑学》辩证法的整体之中达到了概念,而且人们还会直接意识到,上述命题关于本质所说的东西无非就是本质的语言自身所道出的东西②。

听到这样一种解释,有人会说这是"正在海德格尔化的"(heideggere),或者就像20世纪20年代早期在德国就已经有人提出的,说这"已经海德格尔化了"(verheideggert)。但是,谁若真正扎根于德语,他就有同样的理由来援引埃克哈特大师、雅各布·波墨(Jakob Böhme)、莱布尼茨或者弗朗茨·冯·巴德尔(Franz von Baader)。

让我们来看一看海德格尔与黑格尔相反的例子:"此在的'本质'在于它的生存"。众所周知,萨特尝试着让这个听起来有点传统的命题,在传统意义上为法国存在主义服务——而这引来了海德格尔批判性的拒绝。海德格尔可以援引这样一个事实,在《存在与时间》这个文本中"Wesen"(本质)这个词是打着引号的,这是要提醒敏锐的读者,"Wesen"(本质)在这里并不是指传统意义上的"*essentia*"(本质)。"essentia hominis in existentia sua consistit"(人的本质在于他的实存),这不是海德格尔,最多只是萨特。今天没有人怀疑,海德格尔在当时就已经用"Wesen"(本质)这个词来意指存在动词,而且存在与本质一样意指"在场"的时间性。上面关于黑格尔所说的东西,对于海德格尔也同样适用:构成海德格尔的语言性在场的,并非他的一些特殊的术语印记。这些术语中有一些要将它们转变为思想可重复并经常使用的语言财富,这无疑是对思维提出的暂时的苛求。但是,就像黑格尔从德意志语言最

---

② 参见上文援引的海德格尔的书信。他完全以近代笛卡尔主义风格表述黑格尔。[我的著作集,第4卷,"黑格尔的遗产",第478页以下。]

简单的措辞，如"an sich"(自在)、"für sich"(自为)、"an und für sich"(自在自为)，或者从"Wahr-nehmung"(知觉)或"Bestimmung"(规定)这样的词语像变魔术般变出思辨的真理那样，海德格尔也经常倾听语言对思想的隐秘赞许——两人都被赫拉克利特的卓越典范所吸引。的确，海德格尔在他思想发展的决定性时期，也就是在"转向"时期，曾冒险将荷尔德林的诗意语言引入自己思想着的语言意识。对于海德格尔来说，能够以这样一种方式表达的，是他对于形而上学背后的牢固基础与根基的追问，正是在这样一种根基之上，他对于形而上学语言的批判以及他对于流传下来的概念性的一切明确的摧毁才能积极地实现。但也正因为如此，他必须不断地提出下面这个任务，即确定自己的思想尝试与黑格尔之间的界限，因为黑格尔的概念艺术产生于德意志语言同样的思辨根基③。

但是，海德格尔专门思考了"什么是语言？"这个问题。他的这种思考产生出对希腊逻各斯-哲学的对抗思维，黑格尔的方法性自我意识正是献身于这样一种逻各斯-哲学的。海德格尔对辩证法的批判针对的是下面这一点，如果思辨的东西、肯定的-理性之物被思考为在场性，则它就与一种绝对知觉者(ein absolut Vernehmendes)相关，后者可以称作努斯(Nous)、主动理智(intellectus agens)或

---

③ [在1971年12月2日的一封信中，海德格尔就此写道："我自己还并不是足够清楚地知道，应该如何规定我对黑格尔的'立场'——'对立的立场'似乎太少；规定'立场'的问题与探寻'开端'的秘密联系在一起；这种探寻要困难得多，因为它比黑格尔在他的《逻辑学》'运动'开始之前对这个开端做出的解释更根本。我总是一再反对用'黑格尔体系的瓦解'这种说法。瓦解，就是说紧随而来的东西已经降临——尼采也包括在内。"]

者理性。这种在场性应当被道说出来，就是说它被以谓词化的方式组织起来的陈述带入不停地自我扬弃的过程之中：这就是辩证法。海德格尔考虑的不是作为陈述的语言，而是归我们所有的在场本身的时间性，对于他而言，言说始终更多是完全遵循被言说者，并且在未被言说者面前守住自身。

对于希腊形而上学思想而言，无蔽性是从遮蔽中争取来的，就是说 Aletheia（无蔽/真理）被规定为假象（Pseudos）的克服。在海德格尔看来，这意味着对语言的本质的贬损。现在人们可以肯定地说，对于这样一种形势的某种程度的意识，自从维柯（Vico）和赫尔德（Herder）时代就一直伴随着现代科学的开端时期。但是，直到现代科学的交流方式通过信息论达到了它的顶点，我们的思想对语言的依赖性（以及对语言的相对独立性）问题才反而显露出来。遮蔽不仅本质上与去蔽联系在一起，而且也是去蔽的真正成果，尽管是隐蔽的成果，这是因为语言隐藏着"存在"。

思想依赖于语言的根据，只要语言不是信息交际传达的单纯符号系统。在做出任何标记之前就已经对能够被标记的事物事先知晓，这并非语言的状况。毋宁说，在语言的世界关联之中，被谈论的东西本身只有通过我们在世界中存在的语言建构才得到表达。语言活动与语言整体以及交谈的诠释学的潜在可能性相关联，通过这种可能性，被说出的东西不断地被超出。

但是，正因为如此，语言活动也不断地超出支配着我们的语言建构性。例如，与陌生语言的遭遇，甚至完全是与另一种历史文化的语言遭遇，在这种情况下，有一种我们所缺乏的世界经验被带进来了，我们难以用语言来形容这种世界经验。但是，它同样是语言。最终，这也同样适用于我们的周围世界运送给我们的世界经验，尽管它也被改造成由技术控制的世界。尽管语言可能还如此深陷于这种技术功能，但它作为语言，仍然拘留着我们的自然属性的常数，这些常数在语言之中总是不断重新得到谈论。哲学的语言只要还是语言，那么它就始终保持着与这种语言的对话。

（姜勇君 译，张柯 校）

Ⅱ

胡塞尔

II

水害民

6. 现象学运动
(1963年)

(一)

在20世纪的哲学领域内,第一次世界大战前在德国产生的现象学运动占有一个非常重要的地位。现象学的奠基人埃德蒙德·胡塞尔认为,由他本人发展起来的现象学方法是唯一能把哲学提升为一门严格科学的方法。胡塞尔激情地投入这一任务,最终导致一个伟大的学派影响。尽管胡塞尔本人是犹太人,自1933年后他被迫从公众的意识中消失,但这种影响仍然存在,并在第二次世界大战后出现了一种真正的复兴。胡塞尔死于1938年。当时为了免遭销毁,胡塞尔的大量文献遗著从弗莱堡转到卢汶。现在人们正在对它们进行编辑,这些卷帙浩繁的著作使人们对胡塞尔思想仍然发生哲学兴趣。

要向公众的意识说明什么是现象学运动,这绝不是一件容易的事情。因为作为不想惹人们注意的学院派哲学的一个思想流派,它不可能像后来的存在主义哲学那样获得公众的注意。然而,现象学也有它自己的时刻，使得现象学在精神方面与其他运动紧密地联系起来。例如，我们可以想一下19世纪传记研究是怎样恰恰在这一时代改变其面貌：像弗里德里希·贡多尔夫（Friedrich Gundolf）的《歌德传》或恩斯特·康特洛维茨（Ernst Kantorowicz）的《弗里德里希二世》等著作与19世纪同样主题的作品之间就很少相似。作为19世纪开始的文学历史作品特色的个人传记研究，即对来源和影响的追溯，在这个时期得到根本的克服。它的对象不是使某个人及其事业得以形成的那些传记的和历史的状况的偶然性，而是这些伟大人物的本质特征，这种本质特征只有当我们把注意力放在伟人的创造力和精神生命力上的时候，才在我们面前展现出来。

现象学对当代哲学的思想习惯也持同样的批判态度。现象学欲使现象得以语言显示（die Phänomene zur Sprache bringen），这就是说，它试图避免任何一种没有根据的（理论）构造并批判地检验以往哲学理论所具有的理所当然的统治地位。因此，如果人们试图从独一无二的原则——例如最大效用原则或快乐原则——推导出人类社会生活的一切现象，那么现象学就认为它是一种充满偏见的（理论）构造。与这些理论相反，现象学认为，诸如正义和惩罚、友谊和爱的观念这些现象本身就具有意义，不必从效用或快乐出发来加以把握。但现象学首先所针对的目标，是那些统治当时哲学基础的学科，即认识论的（理论）构造。如果认识论的探究是试图对那个充满其自己想法的主体如何认识外在世界从而能肯定外在世界的实在性的问题找到一个答案，那么现象学批判则指明这样的探究是多么的空洞。现象学的基本看法是，意识绝不是一个自身封闭的领域,它的表象封锁在此领域,有如封锁在一个特别的内在世界一样,情况正相反,按照意识自身的本质结构,意识总已经包含在事物那里(bei den Sachen)。认识论所主张的是一种虚假的自我意识的优先权。意识内并没有对象的表象图像,要保证表象与事物本身的相符乃是认识论的真正问题。毋宁说,我们关于事物所具有的图像,绝大部分都是我们得以意识到事物本身的方式。只有在确实性受到干扰,或对某个意见的正确性产生怀疑的特殊情况下,才必须把我们对事物的图像同事物本身区别开来。知识现象学必须考虑这一事实。它的典型事例就是知觉。在这里,我们的知觉是以"切身"(Leibhafter)把握事物本身。这里既没有从确定的感官刺激到根本的刺激原因的推论,也没有把各种刺激结果事后归结到某个统一的原始-原因(我们称之为事物的东西)的综合——所有这些都是对现象没有根据的(理论)构造。认识乃是直观,这就是说,在直接知觉的事例中:被认识之物在知觉中的切身(Leibhafter)。知觉本身具有其特有的自明性,凡在知觉领域之外能获得真正洞识的地方,那里就没有别的意思,只是说明被意指的东西在直观的所与性中表现自身。存在有"范畴的直观"。胡塞尔说,它是作为意指活动的意向的实现而呈现的。这就是著名的"本质直观"的简明描述性的意义,这种直观被许多虚假的洞察力加以反对。现象学不是某个特有的步骤,也不是某个学派的神秘方法,而是针对所有(理论)构造重新确立一个简单事实,即认识乃是直观。1913年,胡塞尔出版了他的《纯粹现象学和现象学哲学的观念》一书,并开始与马克斯·舍勒、亚历山大·普凡德尔(Alexander Pfänder),后来还有海德格尔一起编辑出版《现象学年鉴》一系列丛书,关于编辑们共同具有的研究倾向,胡塞尔这样写道:"我们共同确信,只有返回到直观的最初来源和由直观而产生的本质洞察,我们才能在我们的概念和问题中充分利用伟大的哲学传统。我们深信,只有在这条道路上,才能直观地澄清概念,并在直观的基础上重新提出问题,从而在原则上解决问题。"

这些话带有一点传教的口吻。事实上,胡塞尔具有一种真正的传教意识。他把自己看作是一位耐心地从事细节描述性工作的大师和教师,他厌恶一切轻率的联结和乖巧的构造。每当他在教学过程中遇到初出茅庐的哲学家们所特有的那些自负的断言和论证时,他总是爱说:"不要总是谈大钞票,我的先生们,小零钱,小零钱!"由这样的工作产生了一种特有的魅力。它起了一种类似净化和返璞归真的作用,使人们摆脱遍传见解、空洞口号和战斗呼喊的捉摸不透。

此外,这种质朴的工作方式所涉及的内容和领域本身也是非常质朴的。胡塞尔的经典论题之一就是知觉事物的现象学。例如在这里,胡塞尔以一种真正熟练的直线精确性揭示了这一事实,即对任何事物我们总是只看到它朝向我们的这一面,并且绕着事物走而产生的视角改变,也绝不能改变这一本质关系,即我们所看到的总是事物的正面,而不是反面。许多现象学的分析都同样琐屑。甚至有人说,胡塞尔最有才华的学生之一、死于第一次世界大战的哥廷根大学编外教师阿道夫·莱纳赫(Adolf Reinach)用了整整一个学期时间没做别的事,只是去研究信箱为何物这一问题。事实上,胡塞尔从不以能够满足前来向他寻求世界观的年轻人的需要的方式讨论伟大的哲学经典主题。然而,魅力就在这里。1919

年是德意志意识混乱并进行重建的时期,存在着大大小小不同级别的辩论俱乐部,记得当时我作为一个瞠目好奇的学生,参加过一次青年学术团体的讨论,为了拯救当代的病态和危机,人们提出了一切可能的方法。有一个人赞成社会主义社会,另一个人把诗人斯特凡·格奥尔格(Stefan George)看作人类新社会的奠基者,第三个人想在古代和人道主义的基础上建立新的建筑,第四个人在基尔克(Gierke)的公社法中发现了建设新国家的思想,然后第五个人站起来并满怀激情地说:摆脱我们困境的唯一方法就是"现象学"。我想,现在回过头来看,我可能对当时我还不理解的东西说得稍微准确一些。随着德意志威廉帝国的倒台而出现的文化意识的崩溃传播了一种普遍的困惑,在这种混乱局面中出现了最狂妄的论调并提出了最荒谬的设想,一些经过现象学描述艺术严格训练的人们事实上由此被引诱到主张,只有耐心而谨慎地打下新基础的严格的细致工作,而不是这些毫无根据的荒诞设想,才能开创一个新秩序。

胡塞尔极其认真而深入提出的首要问题是:我如何才能成为一位真诚的哲学家?他的意思是说:我怎样才能这样进行我思维的每一步骤,以使每一个继后的步骤都能在牢固的地基上发生?我如何才能避免一切没有得到证实的假定,从而最终在哲学里实现了严格科学的理想?第一次世界大战的冲击——在此次大战中他失去了一个儿子——一再使他从自己的现象学研究取得的进展返回到基础问题,对此基础问题,他试图以不断更新的疑惑加以检验和证明。总的来说,他自己出版的著作不多,而且几乎都是一些纲要。由于毕生方法论的反思,他那种在其著作中唯独他才具有的谨慎小心的细微工作以后再没有出现。关于现象学是什么样的工作,他在第一次世界大战前写就的《内时间意识现象学讲座》首次给出一个观念——由于纳粹主义的兴起,他的哲学工作经受了第二次沉重的打击,纳粹主义使他失去了对公众的影响。他认为纳粹主义以及 20 世纪 20 年代以雅斯贝斯和海德格尔名字规定的哲学发展乃是非理性主义倾向的泛滥,它们威胁着人类文化的合理性和哲学的科学思想的严格性。

事实上,这种应当更新哲学工作道德性的本质认识(Wesenserkenntnis)的观念,这种应当走在一切科学认识前面并应当包含它们先天前提的对"意识"的无法量度的领域的描述性分析(deskriptive Analyse),也许有一种现象学本身也可能无法超越的界限。甚至一门有关一切本质(包括道德领域和"价值"领域)的完美的现象学知识也不能达到现实的实在性,不管是思想意识的实在性,还是实在-经验。虽然事实和本质之间的区分可以正确地界定现象学相对于个别科学的巨大的研究领域并可能为方法上自我意识的工作进行挖掘工作,但事实的事实性(Tätsächlichkeit der Tätsächlichen)、实际性(Faktizität)、实存(Existenz)也绝不只是可从本质理解得以内容上规定并按其完全规定性进行把握的最后的、最终的偶然因素。它还是一个自身承载一切本质理解的原初的、基本的和不可加以思考的因素。这里是一个困境,一个根本的难题,即实际的人类此在在现象学研究中只可能按照其"理型"(Eidos)或本质加以阐明,但在人类此在的一次性、有限性和历史性中,其实它又不想被认为是理型的一个事例,而是自身想被承认为万有中最真实物(das Allerrealste)。在这个困境上,胡塞尔和现象学研究都将经验到它自己的界限、有限性和历史性。

在现象学学者中，马克斯·舍勒认识到这种情况，他熟悉所有实在性和每一门科学，他以极大的热情深入探讨了现代人的生活问题、个人问题、社会问题、国家问题和宗教问题。他是一位与胡塞尔并驾齐驱的完全独立的和天才的人物，尽管正是那种体现了胡塞尔现象学工作的手工伦理（Handwerks-Ethos）造就了他那"多才多艺的"精神。由于他的质料价值伦理学，他首次确立了一个把天主教道德哲学与最先进现代哲学立场融合起来的现象学研究方向，并且至今还发生影响。胡塞尔的"本质直观"学说对他相当适合，因为他具有一种透彻的直观力，这种力使他有可能涉及相当广泛的科学领域，诸如生理学和心理学、人类学和社会学，并在历史科学中有可能对人类生活的本质规律性获得真知灼见。哲学人类学被他提升为一个核心的哲学学科，其影响甚至涉及上帝的学说，他的那种永无休止的思辨精神最终打碎了天主教教会的锁链。

在第一次世界大战结束后的那个令人兴奋的年代里，这位曾遭到粗暴驱逐的杰出人物的思想冒险有着不亚于弗莱堡现象学派的学院式研究所产生的影响。他用一门形而上学的实在性科学来补充现象学，用作为一切存在的自然基础的冲动的实在性来补充精神世界及其发展了的本质观看，从而致力于从最新的科学知识进行一种内容广泛的综合。舍勒的著作，尤其是那些关于知识社会学和哲学人类学的著作，有意识地以鲜明的论点表达了本质与实在性的联系。然而，仅用一门关于实在的哲学科学来补充现象学，最终不能满足哲学意识。真理与实在性、精神与冲动、精神的软弱无力与实在的对抗力的二元论,与其说解决了问题,毋宁说提出了问题。这样,更为彻底的哲学探讨的时机成熟了,这种探讨是由海德格尔和雅斯贝斯的"存在哲学"带来的。

(二)

尽管现象学运动在宁静而封闭的学术大厅中奠定了一种所谓接近实事(Sachnähe)的新关系,引起了对前科学的"生活世界"的新兴趣——但它的"作为严格科学的哲学"的口号却并不能满足公众对世界观的要求。所以,正是所谓的存在哲学才给两次世界大战之间的这一时期打上了最强烈的哲学印记。存在哲学的出发点是科学事实的定向所引起的不满,这种定向是当代新康德主义哲学的基础。先验论唯心主义的烦琐形式不再能满足被第一次世界大战的屠杀所震惊的一代人。自由主义文化意识的界限在许多领域——如神学、精神病学和社会学中——显露出来。最为重要的是对丹麦哲学家克尔凯郭尔的反思,克尔凯郭尔在后黑格尔时代曾作为宗教作家和思辨唯心论批判家而起作用,思辨唯心论曾引起新康德主义的哲学批判。克尔凯郭尔曾辛辣地讽刺黑格尔说,这位主张绝对的教授忘记了存在。"中介"(Mediation),即彼此截然对立的思想之间的辩证和解,降低了人类存在中的绝对决定的尖锐性,降低了唯一适合于它的有限性和暂时性的那个选择的无条件性和不容改变性。在由卡尔·巴特(Karl Barth)的著名的《罗马书释义》和弗里德里希·戈加滕(Friedrich Gogarten)所发动的对19世纪自由神学的神学批判——这种批判首先用"你"的直接性和"你"对

"我"的人类要求反抗自由的文化世界及其自我意识——之外,出现了那种吸收了克尔凯郭尔存在-辩证法的哲学反思。

与哲学思维的所有教育形式相反,卡尔·雅斯贝斯在其《世界观的心理学》中第一次赋予了存在概念以新的特征。对于雅斯贝斯来说,自由时代的科学观念可以在马克斯·韦伯的伟大研究个性上直观见到。雅斯贝斯用以从科学学说中消除一切世界观因素和价值判断的严格性,使他同时也认识到一切科学甚至有选择其上帝的必然界限,因而这种严格性也规定了雅斯贝斯特有的哲学任务。这个任务就是以哲学的要求去调和科学的自身界限,这个界限是如此典型地几乎是以堂吉诃德式的方式呈现在此,不仅是根据非理性的决定,而且也根据思想的力量去做出人们想跟随哪些上帝的选择,这就是说,在明亮的理性之光下并同时在生存的联系中,在提供给生存着的人进行选择的诸可能性中进行选择。这就是雅斯贝斯为了让哲学思维牢记新的约束性而提出的界限状况(Grenzsituation)这一概念,这个概念满足了这一要求:界限状况是人类生活中这样一些状况,在这些状况中,个人必须在没有科学提供可靠知识指导的情况下进行选择和决定。人类在自己的生存中必面临这些极端的决定和选择的情况,并且人类如何面对这样的界限状况的方式,例如当面临死亡的到来时,人们如何行动,就显示出,即 ex-istere(绽出)他自身究竟是什么。根据这种与存在相联系的思想,很多东西都成为无关紧要,但是也有很多东西,尤其是从哲学、艺术和宗教返回到自身此在的东西,便获得了与存在相联系的真理的严肃性。因此,雅斯贝斯的"哲学"是以三本书构成,这三本书分别是灵魂的三个阶段:世界定向(Weltorientierung),

112 这由科学提供;存在显露(Existenzerhellung),这表现在处于边缘状况的个人身上;形而上学,在形而上学中,超越性的密码以存在上相联系的方式为个人所解读。

但是,在雅斯贝斯著作出版之前——尽管雅斯贝斯与德国西南学派新康德主义在海德堡对年轻学者发生日益增长的影响——马丁·海德格尔作为埃德蒙德·胡塞尔的学生,继承他的老师的伟大现象学艺术遗产,同时又具有极高程度的革命热情,一举扭转了当代哲学意识,发动了一场广泛的对文化唯心主义的批判,对当时占统治地位的哲学传统予以解构,以及开启了彻底追问的转向。海德格尔的第一部巨著《存在与时间》第1卷(第2卷从未出版)虽然保持了与他老师的先验论现象学外在形式的联系,但事实上,那种几代以来第一次使整个当代大学哲学遭到攻击的力量,绝不是那种逐渐消失在教学楼走廊中的教授激情。这里学院派之间的分界突然不再是界限了。这里是一位蒙田、帕斯卡尔、克尔凯郭尔、叔本华和尼采那样的大道德家的后继者,但同时又是一位有所建树和成绩斐然的学院教师;这里最终于19世纪展开的学院哲学与世俗哲学间的分歧似乎弥合了,而《存在与时间》的天才提纲实际上意味着一种学术风气的总体转变,这种转变几乎对所有科学都发生持久的影响,特别是在学术范围中重复和深化了弗里德里希·尼采所描述的那种欧洲事件,这种事件与叔本华的嘲讽语"讲坛哲学"(Kathederphilosophie)概念是完全不能相比的。

凡是在那个年代亲眼目睹早期海德格尔在弗莱堡和马堡教学所具有的影响的人,都知道那时他对科学研究各个方面都产生了最强烈的推动。在他那里——因为更直接,从而比雅斯贝斯的文学形式更为强烈表现出来——有着一种关于存在的激情,理智集中的发散,这种激情与发散使得以前的一切相形见绌。我们可以想起凡·高的绘画激情,他当时发表的书信对青年海德格尔产生了深刻的影响,并事实上典型地讲出了那个时代的生命感受。正如在公元前 5 世纪的雅典时代,年轻人在智者派和苏格拉底派的新辩证法的旗帜下,用一些全新的问题战胜了一切传统的权威、法律和习俗,同样,海德格尔哲学探索的彻底性在德国大学领域产生了一种令人兴奋的影响,此影响让人把一切尺度都置于脑后。

几十年之后的今天,海德格尔所呈现的那种哲学冲动不再有同样令人陶醉入迷的现实性——尽管这种冲动已经渗透到各个方面,并在深层起着作用,虽然常常不被人注意,并且常常只会引起抵抗,但离开了它,今天的一切都不可思议。《存在与时间》所发展的哲学立场,我们可以很容易地用克尔凯郭尔的存在概念来解释,事实上人们已经这样做了。因此,这是很自然的,即在 20 世纪 20 年代和 30 年代初,海德格尔和雅斯贝斯成为德国存在主义哲学的两位突出代表。在《存在与时间》中,尤其在海德格尔的讲演中,出现了某种雅斯贝斯称之为呼吁的思想(das appellierende Denken)——一种对自身存在的召唤,呼吁人们选择本真性,抛弃那种向"常人"、好奇和闲谈的沉沦——的东西。在"畏的决心"中,在"先行向死"的途中,此在被置于自己面前,并把一切隐蔽形式的社会活动、资产阶级生活的教养自豪以及新闻界与党派活动的喧闹活跃抛在身后。

尽管海德格尔的哲学思维与胡塞尔的现象学在方法论上有某种联系,但从根本上说,海德格尔哲学所包含的东西并非真是现象学研究纲领的继续和详尽推论。实际上，在海德格尔的思想中，正是实用主义、尼采对自我意识论断的批判与陀思妥耶夫斯基的宗教激进主义（在那个时代，每张书桌上都能找到有陀思妥耶夫斯基签名的派克版红封面著作）的动机被推到它们的哲学结论。

判断和判断基础的学说，知觉的经典分析，表达与意义的逻辑区分，但首要的是对内时间意识的无比精确和深刻的描述（一切持续和永恒的有效性的意义必须建立在这种内时间意识中），所有这些都是胡塞尔现象学的论题，这些论题产生于一种纯理论的基本目的，并且本体论的断裂把这些论题从海德格尔的出发点，即实用主义的生活经验、现成在手的实践意义所指导的知觉，以及把自身作存在运动把握的此在的暂时性中分离出来。对这些新观点的阐释开始于《存在与时间》。如果说胡塞尔的特殊功绩在于从概念上分析那种出现在有关世界的自然意识中的真理而并非仅分析那些在科学中存放的真理，那么海德格尔以一种完全不同的方式对日常生活所作的先验论分析则是公正地对待了现实生活的经验和每一个人生活中主导的内在决定性。海德格尔摧毁学院派哲学思维的排他性并具有那种能在哲学经典作家的高度上从概念上去分析危机时代所关注的问题的思辨力量，这不仅在德国，而且在全世界都产生了巨大的影响。

今天，如果从海德格尔的后期著作来看，我们不难看到，甚至《存在与时间》也不代表一种存在哲学，而仅仅是使用存在哲学的词汇来进行这样一个提问，这个提问使海德格尔站在从柏拉图到尼采这些伟大哲学经典作家的行列，同时使他有必要对这一传统提出质询。今天非常清楚，海德格尔探究的真正向度乃是此在的本真性和非本真性、无蔽和遮蔽，以及真理和谬误之间的内在联系性（不可分开性）。但在那个时候，由于海德格尔讲课时的严峻风格和他进行的尖锐抨击，当他以辛辣刻薄的口吻描绘"常人"和"闲谈"的世界然后补充说"这里不带任何蔑视的意义"时，人们似乎无法相信这一点。那种使海德格尔在讲坛上发光发热的存在主义的严肃性使人们认为，拒斥非本真性、接受本真性乃是他的学说的意义。所以与他的意愿相反，他成为一个存在主义哲学家，正如后来当纳粹世界观的混乱的非理性主义开始搅乱思想的时候，雅斯贝斯不得不首先强调理性概念而不是存在概念，甚至最好还可收回"存在"这一语词。通过萨特、加缪、梅洛-庞蒂，通过法国道德主义传统来接受海德格尔思想，还强化了这一影响，虽然胡塞尔和黑格尔也被熔化在海德格尔对法国思想的这一影响中。今天，这种"决定性年月"的风格虽然已经失去了其魅力，但其任务还是依然存在，即在技术日益增长的年代及其反历史的理想倾向中保存西方思想的伟大遗产，而现象学与存在主义曾以新的激情接受了这一遗产。

（三）

现在似乎到了描述现象学运动的历史的时候了。一方面，我们感到与这种哲学思潮的明显距离，在20世纪最初几十年里这股思潮在德国成功地占据着统治地位。另一方面，埃德蒙德·胡塞尔著作全集版已经包含了这样一些重要的资料，这些资料在很大程度上规定了当前的问题讨论。尤其是卢汶胡塞尔档案馆所进行的这一伟大任务，不断地促进了人们讨论胡塞尔哲学的当代意义，以及它与当代哲学意识重要人物的关系,如果我们不考虑盎格鲁-撒克逊的形而上学批判的话,这些重要人物首先包括的就是海德格尔和黑格尔。在今天,这种讨论不仅在德国,而且在法国和意大利都相当活跃。与此同时,还举行了一系列的学术讨论,收到了大量的论文。因此我们不能说,现象学只涉及历史的兴趣。虽然如此,我们也有理由进行历史回顾和历史评价。因为在当时被人们看作是最不相同的学者共同具有的修养,乃是培养直观描述和直观显示一切思想步骤的能力,而在今天已很少能找到有如著名法国作家①那样的求助于现象学的人。

确实,并不存在一个现象学学派,而只有处于相当松散关系之中的不同研究者团体。② 然而,这种联系却是一种不可动摇的现实并日趋牢固,以致从这些人的共同研究思考中产生了一个特有的口号:"面向事情本身",这个口号书面出现在现象学年鉴里。第二次世界大战前后,许多人的目标就是学习现象学的方法和符合它的准则。甚至在当时独立于现象学团体之外的研究者中,有些最有才华的人也努力按照现象学的方式进行工作。例如,我们可以想到尼古拉·哈特曼。人们想学的东西简直就像是一种哲学的

---

① 参见 O.贝克尔(O. Becker)关于这种现象学思考的描述:《生动的实在主义》(蒂森〔Thyssen〕纪念文集,1962年)。

② 赫伯特·施皮格伯格(Herbert Spiegelberg)在其现象学历史导论《现象学运动》(现象学丛书,第5卷和第6卷,1960年)中正确地看到这一点。总的来说,由于作者艰深而严谨的工作,我们应当承认这两卷本的描述是有关现象学运动资料的可靠凭证。作者接近慕尼黑学派,特别是亚历山大·普凡德尔,所以自然而然,他的描述是受到这方面的影响。所以我对他的许多观点有明显的异议,但在我发表于《哲学评论》第11卷(1963年)第1—45页的文章中,有几处(例如关于"面向事情本身"口号和"现象学还原")我由于疏忽而把他的批评意见看作他本人的意见,这是不公正的。

工艺秘方。例如,有人就会说,他曾在"胡塞尔那里"或"在普凡德尔那里"工作过,这就像一个开业者由于以前曾在一位实验科学大师或名医手下当过学徒而具有某种特殊证书一样。尽管如此,"现象学是什么?"这个问题几乎仍被每一个可以划分到现象学运动中去的研究者所提出,并且被他们以不同的方式加以回答。

人们自身的哲学观点总是通过他们对现象学方法的基本意义的描述而被透露出来。所以在哲学中根本不可能把自己从这种方法技能中分离出来,因为这种方法技能人们可能是不依赖其应用及其哲学推论而学会的。每位现象学者对于现象学究竟是什么都有自己的看法。只有一件事是肯定的,即我们不可能从书本上学到现象学的方法。"*vox viva*"(生动活泼的声音)在这里获得一种新的意义。所以现象学见诸文字的东西基本上是相当少的:20 年只出了 11 本年鉴,在其他杂志上则几乎没有任何现象学文章。这些杂志在当时非常不景气——特别是在一种精致的思想技巧的新研究态度的影响下——它们不关心现实的需要,而是只热衷于完成一种真正科学哲学的世俗目标。

唯一因其独特地位而能要求真实可靠性的人是现象学的创始人埃德蒙德·胡塞尔,并且他也曾这样宣称过。施皮格伯格叙述着,在本世纪 20 年代初,胡塞尔常这样说:"现象学,那就是我和海德格尔,再没有别人"。所以,就胡塞尔误识了那个时期他这位追随者的最初意图而言,他这句话是错误的。不过,这样一个断言也并非像它看上去那样完全是异想天开的。毋宁说,它指明这一情况,即大多数现象学学者对胡塞尔先验论现象学的发展及其被称之为胡塞尔构成研究(Konstitutionsforschung)的任务范围是有所保留的。对于许多人来说，这种先验论现象学的发展似乎只是一种莫名其妙的向新康德主义唯心论的倒退。

甚至在最狭隘的哥廷根圈子里，人们对胡塞尔这种继续发展的反应也是相当消极的，以至于胡塞尔不得不在弗莱堡完全从头开始③。尼古拉·哈特曼在很大程度上追随的马克斯·舍勒和莫里茨·盖格尔（Moritz Geiger）在胡塞尔对主观论题的偏爱中完全看到一种危险的片面性。所以莫里茨·盖格尔在1914年要求一种"对象现象学"（Gegenstandsphänomenologie）作为对胡塞尔所谓行为现象学（Aktphänomenogie）的补充。实际情况就是，几乎没有一个从老的现象学学者圈子里出来的人还追随胡塞尔之路。当胡塞尔用这种方式讲话时，他并没有说错。

除此之外，当时弗朗茨·布伦塔诺的其他那些以哲学教师身份进行积极活动的学生们，比如格拉茨的"对象理论"的创造者 A. 冯·麦农（A. von Meinong），布拉格的奥斯卡·克劳斯（Oskar Kraus）④以及其他一些人，至少有一段时间也与胡塞尔关系恶化。1953年出版的保罗·费迪南德·林克（Paul Ferdinand Linke）遗

---

③ 可参见英伽登对这个由范·布雷达（van Breda）在鲁尤蒙会上表达的过分概括的看法的激烈抗议（《鲁尤蒙文集》，第329页）。

④ 例如，可参见奥斯卡·克劳斯为布伦塔诺的《经验论立场的心理学》（哲学丛书，菲利克斯·迈纳出版社1955年版）所写的导言，今天看来，此导言有严重的编年错误。

著《当代哲学衰退的征兆》与布伦塔诺的观点很接近,虽然布伦塔诺肯定胡塞尔的《逻辑研究》有价值,但他认为胡塞尔从描述心理学到"本质的"(eidetische)现象学的进展——甚至到先验论现象学的进展——乃是一条错误的道路。单就"面向事情本身"这一口号——海德格尔在《存在与时间》中曾重复这一口号——自身而言,它可以被认为是所有现象学研究者的共同战斗口号。但是,就连这一口号也可以从现象学"实在论"的意义上加以解释,而这一解释可能对胡塞尔不公。把这一口号解释为转向客体,把胡塞尔与此相反的后期思想的发展说成是转向主体,这是荒谬的。根据这种观点,人们将怎样理解《逻辑研究》呢?在此书的研究中,虽然反驳了心理主义——在弗雷格对胡塞尔《算术哲学》(《哲学与哲学批判杂志》,1894年)的批评的意义上——并把逻辑对象的存在样式证明为一种理想的自在存在,但是,这是通过对意识生活意向行为的分析而在向主体性返回的过程中发生的。只是以这种方式,《逻辑研究》才成功地揭露了把意向的东西同实在的心理体验相混淆的错误。就此而言,胡塞尔的中心论点,即现象学的研究原则上超越了主客体之间的对立并把揭示行为与对象的相互关系作为自己研究的广阔领域,在根本上对《逻辑研究》也完全适用,虽然这一研究方式在那里还未得到正确的方法上的自我意识。如果人们从主客体的对立来解释"面向事情本身"这一口号时,马克斯·舍勒和亚历山大·普凡德尔同样也被错误地理解了。对于他们来说,这一口号也并不是同唯心主义的"实在论"脱离,而是相反,它首先并且唯一是由那种与所有那样一些理论建构的对立来规定的,这些理论建构是服务于一种不通过现象而兑现的哲学解释需要。这种建构学派的例子是关于感官表象要素的机械理论,或所谓的认识的反映论,这种反映论,为了解释认识之谜,讲到被感知事物在意识中的摹写。或者把一切高级的精神活动,诸如同情和爱,都归结为原始的功利主义或享乐主义。在"面向事情本身"这一口号下,普凡德尔和舍勒对这一切所做的毁灭性的批判,完全就像胡塞尔所做的一样。

他们全都清楚,只有返回到意向活动才能在直观的明见性(anschauliche Evidenz)中产生那种"自身给予"(Selbstgebung),而这种直观的明见性构成现象学的本质。没有"意指"(Meinen)就没有被意指物的"实现"。"事情本身"在先验论的存在设定中不是"客观对象",而是在意向活动的实现过程中被经验的那些臆指物(Vermeintheiten),这些臆指物是直接被看到的,而不是由记号或符号所代表的。舍勒和普凡德尔,还有盖格尔、莱纳赫(Reinanch)等人认为胡塞尔把现象学唯心论地依赖于新康德主义的做法乃是错误的。这虽然是对的,但自身给予相对于所有仅是推论或假定的东西的优先性对于他们来说则是共同肯定的。

与现象学开始时的这种正面主张相联系,在布伦塔诺的学生M. 斯通普夫(Stumpf)和胡塞尔看来,威廉·詹姆斯几乎是一个同道伙伴。他对当时心理学基础概念的批判,在某种程度上和现象学有同样一些对手。例如,他也反对认识的反映论(Abbildtheorie)——虽说他也坚持有关大脑的神话。显然,现象学的出发点首先是针对源于休谟的当代"实证主义",其次是针对新康德主义内的独断主义立场。与阿芬那留斯(Avenanius)和马赫的独断主义的感觉论(Sensualismus)相反,胡塞尔的现象学观念提出要成为真正的实证主义的要求。⑤正是在这里"还原"概念产生了。胡塞尔以此表示那种抛弃一切理论和形而上学建构而向现象学被给予性的回归。就此而言,现象学的还原与悬置(Epoche)——对一切存在设定的悬置,以便研究"纯粹"现象——十分紧密地联系在一起。但是,我们必须要消除来自英语国家关于还原语词用法的联系,我们也不可过分简单地把现象还原到一种唯一的原则,无论是以片面的自然主义或心理主义方式,还是以奥卡姆剃刀的方式,即公理:*Entia propter necessitatem non sunt multiplicanda*(若无必要,切勿增加实体)。

现象学还原完全是另一回事。现象学还原的目的实际上并不在于还原到某个原则的统一,而是相反,它是以一种不带任何偏见的方式揭示整个自身被给予现象的宝藏。在海德格尔那里变得重要的"同源性"(Gleichursprünglichkeit)概念乃是一个宝贵的旧现象学的遗产。对意识的意向性的研究最终都追溯到作为一切意义给予之最终来源的经验主观性,并因此在胡塞尔构成性研究的观念下起了接近于新康德主义唯心论的作用,这都与那种追溯到个别原则的还原无关。我们不需要把胡塞尔"我怎样成为一个真诚的哲学家?"的问题作为我们自己的问题,但是我们必须承认,胡塞尔的先验论还原学说绝不是从当代理论中任意借来的东西,而是由那种系统连贯地构筑一个自明等级的尝试所驱使。事实上我们不需要肯定胡塞尔导向先验论本我(das transzendentale Ego)的

---

⑤ 参见 H. 吕贝(Lübbe)的论文"胡塞尔与马赫",载《科学和哲学——W. 斯基拉齐(Szilasi)70 岁寿辰纪念文集》,1960 年,第 161—184 页。

这种系统连贯性，但是我们必须承认它的内在必然性。

因此，胡塞尔的先验论转向根本不是那种片面性，那种至多由于被"实在的"特征所软化而为人们合理地承认的片面性。如果在这一标题下强调"原始材料"的"被动的"构成，这倒是相当幽默的。如果人们已经在寻找实在的特征：它们怎样存在于"原始材料"的构成分析中？那么这只有当我们使用完全过时的"形而上学"的唯心主义概念时才会理解，因为康德把这种概念称之为谬误，而这种概念与胡塞尔完全无关。同样奇怪的是，胡塞尔关于主体间性问题那种经常令人厌烦的讨论，却被人们相当认真地从下述问题来考虑，即胡塞尔在多大程度上"成功地"避免了唯心主义观点（例如莱布尼茨的单子论）中存在的唯我论。甚至对于"生活世界"概念——这一概念是胡塞尔后期最有影响的创新概念——如果我们不是从先验论还原观念的联系去理解的话，如果我们看不到生活世界的"新现象学"无非只是贯彻到底的不带任何"天真的"期望的无错误的，即不带任何偏见的先验论现象学本身的话，我们也无法找到正确理解的道路。由于胡塞尔经常不断地求助于康德以及他自己想让先验论哲学真正趋于完成的要求，上述这一点才变得相当清楚。就强调的彻底性和普遍性而言，在调和实在论和唯心论之间的对立上，胡塞尔甚至比康德走得更远，因此，再像过去一直所做的那样谈论他的唯心主义中的实在论因素也就没有任何意义了。

在我看来，以下这一点似乎是富有意义的，甚至阿多尔诺（《关于知识论的元批判》，1956年）对胡塞尔进行的尖锐的知识社会学批判也是以这种方式来对待他的对手的。《逻辑研究》的"僵化的柏拉图主义"当然可能轻而易举地被直接性的辩证法所熔化——胡塞尔本人只是在1907年后才根本注意到这一点。也正是因为这一点,才出现了一种现象学哲学。如果阿多诺注意到这一点,那么他就不会因胡塞尔后来几乎抛弃了物化(Verdinglichung)而感到大为吃惊了(同上书,第209页)。

当菲利普·默兰(Philipp Merlan,参见《鲁尤蒙笔记》,第384页以下)发现胡塞尔的现象学与其说超出实在论与唯心论的对立,毋宁说处于这种对立之中,他显然是完全正确的。在消除这种传统的对立问题上,胡塞尔的现象学既不能也不想做些什么。这一点难道最终不也是适合于思辨唯心论吗?当默兰把现象学与唯心论加以对立,并在现象学(不同于思辨唯心论)对唯心论与实在论的问题没有做出任何贡献里看到它的可能我们不让自己受其限制的局限,我是不可能跟随他的。在我看来,正是在这里不存在与思辨唯心论的差别。诚然,唯心主义是由意识的分析来推导它的全部内容,它并不需要任何外在的东西,但这对胡塞尔的现象学纲领不也适用吗?胡塞尔肯定不认识这种推导理想。在他那里,这种推导称为"构成"(Konstitution)。但他不是以同样大的决心拒绝了那种以唯心论和实在论的对立为基础的认识论的提问(探究)吗?难道他不是明确地强调这一事实,即向先验论反思的转向已预先假定反思意识的"对世界的占有"(Welthabe),并为其寻找认识论的正当理由乃是对这种先验论态度的抛弃?我认为,思辨唯心论在这一点上并没有超过胡塞尔。海德格尔对胡塞尔的批判也与"实在论的"软化无关,而是相反,预先假定了胡塞尔现象学中先验论思想有始终如一的贯彻,当然,这是为了使它成为一个完全不同指向的本体论思考和批判的对象。海德格尔的本体论反思以及他关于存在与存在者之间"存在论差异"的学说并不意指——这一点必须反复强调——那种被形而上学所设想的 *ens qua ens*（作为存在的存在）和 *ens qua accidens*（作为偶性的存在）之间的差别，而是意指那种先于形而上学、存在于形而上学基础上的存在显示过程（Offenbarwerden des Seins）的完全不同的起源向度。就像胡塞尔对意向活动（Noesis）和意向对象（Noema）相互关系的研究超出了实在论和唯心论的对立那样，海德格尔也超越了这一对立。如果此在是在-世-存-在，那么人类的此在就不能从人类学来定义，而是相反，正如海德格尔不久（《康德与形而上学问题》，第41节）所指出的，它涉及一个完全不同的迫切问题，即从本体论上去规定"人的此在"。海德格尔完全倒转了反思定向使之指向"存在"，即所谓的"转向"（Kehre），与其说是他的观点的一种改变，毋宁说是批判胡塞尔先验论反思概念的间接后果，虽然在《存在与时间》中这种批判还没有充分起作用。情况好像是批判胡塞尔先验论转向⑥的这位老手没有充分注意到这一事实，即胡塞尔本人在原则上也完全承认在先验论的构成性研究"之旁"还有一种本质的本体论（eidetische Ontologie）观念，即一种本质心理学或一种本质的生活世界本体论的观念。当然，在他的眼里，这个"在旁"没有绝对严格的有效性。如果这样一种本质的本体论也是一种合法的研究任务，那么它就在先验论还原的贯彻过程中为自己获得了

---

⑥ 参见海德薇·康拉德-马蒂乌斯（Hedwig Conrad-Martius）在胡塞尔诞辰100周年出版的纪念文集（《现象学》，第4卷，1959年）重要的论文。

最终的哲学辩护，从而仍然隶属于先验论现象学之列。但这并不改变胡塞尔经常强调的先验论现象学向宇宙科学的本质学说的转向可能性。我们不可以把本来不属于一个层次的东西对立起来。

我们应当怎样想象一种在先验论现象学探究"之旁"的"本体论的"探究，可以在 R. 英伽登的《文学艺术作品》（1931 年，1960 年）这一值得赞扬的著作中看到。如果我们在这里不是探讨这部在某种意义上堪称为'经典性"的著作的特殊意义，而是探讨它关于"系统问题"（这些问题是随着胡塞尔的先验论自我观点而给出的）的立场，那么这种探讨完全符合英伽登早在该著作第 1 版前言里已经表达过的更为深刻的系统的旨趣。英伽登的观点在德语里首先是通过他为 1929 年《胡塞尔纪念文集》撰写的论文而知晓的，之后他在 1956 年克雷费尔德学术研讨会上的文章对他的观点作了补充。对英伽登来说，文学艺术作品具有如此哲学价值，即在它们中无疑会找到"纯粹的意向对象"，即那种绝不要求与实在直接相符的对象。它们的存在方式既不能看作心理的实在存在（psychisches Realsein），也不能看作观念的自在存在（ideales Ansichsein）。毋宁说，它们的命题特征是在作品实在（Werkesrealität）与纯粹拟实在（blosse Quasirealität）——英伽登称之为"存在的无自主状态"（Seinsheteronomie）——的同一性及主体间性之间保持一种特殊的悬置状态。

当英伽登按照文学作品的构造（笔调、含义、整体观、所表现的对象性）去分析文学作品的多层次特性时，他在很大程度上追随着胡塞尔。但是，他的整个意图显然是想对胡塞尔先验论唯心论进行提问，特别是对胡塞尔后期思想进行提问。就像实在的外在世界有其存在的自主性(seinautonom)一样,逻辑构造也有其存在的自主性,尽管所有的现象方面是它作为意向对象提供的。只是文学艺术作品不仅是现象学地而且也是本体论地以这样一种方式构成的,即在它们中存在有"纯粹意向的对象性"。因此英伽登想针对胡塞尔——胡塞尔的《形式的和先验论的逻辑》与《文学艺术作品》第1版是同时出版的——通过对艺术的拟实在的探究实际要求一种实在-本体论的任务,有如康拉德-马蒂乌斯(Conrad-Martius)曾提出这个任务一样。虽然这一任务——英伽登后来在1947—1948年用波兰文⑦写的大部头著作《关于世界存在的争论》目的就在于解决这一任务——就其本身而言与后期胡塞尔所设想的那种先验论还原的始终如一的贯彻过程并不矛盾(参见上书,第136页,注18),但英伽登关于"纯粹意向的对象"——显然有一个实在的对象与之相应——的讲话却暴露了他的在"现象学内在性"之外的立场,因为对于胡塞尔来说,只有从先验论现象学探究转到本体论探究才是合法的。所以英伽登在克雷费尔德研讨会的论文中揭露的问题直接针对胡塞尔"解决"唯心主义问题的办法。当胡塞尔(《观念Ⅰ》)写道:"实在……在绝对意义上是无……,它具有某物的本质性,这原则上只是意向性的"(英伽登在第99页引了这段话),英伽登是在那种存在的自主性意义上理解这段话的,他正确地把这种存在的自主性看作是文学所表现物的特殊存在方式。因此他不是把胡塞尔的唯心主义理解为一种先验论的唯心主义,

---

⑦ 现在有德文版本:《关于世界存在的争论》,1964—1974年。在此书中,英伽登明确地把自己的探究作为一种形而上学的探究以区别于胡塞尔的先验论-构成论的探究。

而是不顾一切反对,把它理解为形而上学的唯心主义(参见上书,第 197 页)——在我看来,这是错误的。

(四)

今天所引导的关于胡塞尔的讨论实际涉及另一层次的问题,即胡塞尔现象学的后期发展,尤其是《欧洲科学的危机和先验论现象学》(以下简称《危机》)的工作。在此,L. 兰德格雷贝(按照 A. 古尔维奇的档案)已经强调了"生活世界"的学说(冠以引起争论的标题:"告别笛卡尔主义"[8]),这引起了关于胡塞尔现象学问题的新讨论。[9]

"生活世界"这一词在当代意识中产生了令人震惊的反响。一个词往往就是一个答案。生活世界这一新词要回答的是什么问题呢?这个词为某个问题提供了一种已为一般语言意识所接受的答案,那么这个问题是什么呢?

如果我们是这样提出问题,那么很显然,这里的争论点就不是这一易于想到的问题,即海德格尔发表在《存在与时间》中的对此在的分析在多大程度上影响了胡塞尔的思想,或反过来,海德格尔对此在的分析在多大程度上来自于胡塞尔思想中存在的提问或探

---

[8] 参见 L. 兰德格雷贝(L. Landgrebe):"胡塞尔告别笛卡尔主义",载《哲学评论》,第 9 卷(1961 年),第 133—177 页,以及 A. 古尔维奇(Gurwisch)的论文:"E. 胡塞尔的最后工作",载《哲学和现象学研究》,第 16 卷(1956 年),第 380 页以下。

[9] 下述关于"生活世界"问题的解释在 1960 年 11 月于科隆和 1961 年 6 月于柏林曾演讲过。[参见"生活世界的科学",载我的著作集,第 3 卷,第 147 页以下。]

究。虽然这是毋庸置疑的,即胡塞尔后期的论文,一位60多岁老人的文章,经常涉及海德格尔的工作,有如涉及胡塞尔内心流亡间迫于面对的当代事件。但是,不管一个新词在什么地方出现,它所涉及的东西总是多于有意识地表现出来的东西。一个还未能表达出来但长期以来一直找寻正确表达的、并为许多人所持久追踪的客观关注(sachliches Anliegen),是唯一使个人的任意思想用语成为一个词的东西。所以长期以来,尤其是在胡塞尔思想里被寻求和探问的东西,实际上都概括在"生活世界"这一语词里。

与"生活世界"相反的概念,即最先唤起这新概念铸造的概念,无疑是"科学世界"。实际上,胡塞尔现象学研究的第一个具有特征的观点——通过这种使用,胡塞尔使自己的问题与占统治地位的新康德主义相对立——就是,为知识合理性进行辩护的任务,与其说指科学知识,毋宁说指我们自然而然的关于世界的整个经验。新康德主义根本上从未对这种自然的世界经验有过兴趣,因为对新康德主义来说,科学是一切知识的模型。按照认识的对象是一个无限任务的观念,对于不确定的东西逐步加以确定就为一切所认识的东西指引道路,所以正是"科学的事实"以及对其先验论的辩护才是新康德主义唯一所关注的。

与这种观点相反,胡塞尔的现象学研究从一开始就意味着提出一个新的任务。对于胡塞尔来说,认识的理想是直观,是感知物的具体所与存在,而不是对实在的构造性的把握,尽管这种把握在自然科学的数学形式主义中有其理想。因此对于胡塞尔来说,"直接生活"意识的"自然态度"有着与数学演绎一样的令人信服的自明性。使胡塞尔对处于"自然态度"中的世界认识感兴趣的,当然既不是实际遇到的事实,也不是使该事实为人所感知的实际过程,而是唯一在其本质状态中的"现象"和意识活动对它相应的本质观察。胡塞尔所唯一关注的只是作为存在着的被意指物的存在有效性的合法化问题,而他的方法中的先验论因素就是这种合法性只能在对意识的构成性成果的"反自然的"反思中被找到。对纯粹现象的限制,即这种本质的还原(eidetische Reduktion),首先开启了现象学问题的向度。因为对知识的需要肯定不会满足于仅仅对本质与事实做出区分,也不会停止在求助于本质直观中具体出现的给予物的自明性。求助于自明性,正如在实际情况中所自然采取的,在根本上只是奇迹信仰的合法化,有如胡塞尔自己所承认的(《危机》,第192页)。为了获得较可靠的知识,显然需要一种进一层的还原,这种还原在自明直观所给予物中展现出那些不存在绝对是无意义和无可能的东西。在这种意义上,只有一种确然的明见性(Evidenz)才能满足于更可靠的知识的需要,并且只有从这种确然的明证性中才能抽取出那种保证哲学作为严格科学这一要求的自明证据。与康德和新康德主义相联系,胡塞尔把这种进一层的还原称之为先验论还原(transzendentale Reduktion),先验论还原在 ego cogito(我思)中有其最终基础并从这里使那种合理地推断任一切事物的存在有效性的构成有可能。

  胡塞尔与这种先验论还原观念一起都跟随笛卡尔的模式,这无须更多解释。所以,正如笛卡尔为了在我思的不可动摇的基础中(in dem *fundamentum inconcussum des ego cogito*)达到最终的确实性,借助普遍的怀疑观把一切作为有效的内容悬置起来,胡塞尔现象学对实在的一般论题的摒弃以及进行先验论还原运动则以同样的方式导致作为一切意义给予(Sinngebung)和意义有效(Sinngeltung)之源泉的先验论的原始自我(transzendentale Ur-Ich)。

这样，胡塞尔所批判的并非普遍怀疑观的观念，而只是笛卡尔式的那种关于普遍怀疑观的贯彻实施过程。胡塞尔在笛卡尔的普遍怀疑思想里发现它缺少真正的彻底性，因为使一切东西经受怀疑的这个先验论自我，在笛卡尔那里仍然被认为是一个"小世界"(Endchen Welt)、一个实体，并相应地把从一切知识的这一基础到一切世界知识的证明的这条道路不理解为先验论的意义推导。众所周知，这就是关于上帝证明的迂回之路，但也就是关于自我意识的卓越想象能力的迂回之路，这条迂回之路在笛卡尔那里原是证明借助数学中介的世界认识的自明性。胡塞尔认为这种方法是独断的。胡塞尔以后以类似的方式对康德先验论的统觉综合的基本立场进行了批判，并指责先验论的知性概念演绎缺少彻底性。

正是这种背景使胡塞尔1913年的《纯粹现象学的观念》纲领性地发展了一种笛卡尔式的先验论还原和先验论自我的构成成果的普遍研究的道路，因为他从下面拓宽了马堡新康德主义的理论基础。

贯彻这种现象学纲领的关键问题在于，所进行的还原是否真的够彻底。这就是说，在由先验论原始自我构造意识的意义成果过程中，一切具有有效性的东西是否真的达到其先验论的合法证明，或者那还隐蔽的信仰论点是否不被觉察地处于这种过程中并因而使人怀疑它的合法性证明和确实性。胡塞尔不久认识到，他在反对科学的定位意识时所要求的对实在的存在设定进行普遍废除虽然在"先验论的本我"(das transzendentale Ego)中得到最终的牢固基础,但这最终自我根本上乃是某种空洞的东西,人们不知道对它怎么办。特别是胡塞尔认识到,在这彻底的开端中至少包含了两个不被觉察的前提:首先,先验论自我(das transzendentale Ich)包含了人类共同体的"我们大家",并且现象学的先验论自我观点绝不会明确地提出关于你和我们的存在怎样通过超出自我性的先验论本我而真正被构成的问题(主体间性的问题)。其次,他认识到,对于实在论题的普遍悬置是不够的,因为这种设定的悬置仅涉及意向意指活动的明确对象,而不涉及共同意指的东西和每一个这样的意指活动所共同提供的匿名的含义。但这种含义对于先验论还原的彻底性是至关重要的,因为对科学的客观主义的批判预先假定了生活世界的有效性而无须合法性和构成性证明(第6卷,第136页)。这样,胡塞尔达到对视域(Horizonten)学说的阐发,这一学说最终把一切都并入一个普遍的世界视域,这视域包括了我们全部的意向生活。

大约在20世纪初,胡塞尔就已经在两个方向上准备修改在《观念》一书中所采纳的笛卡尔还原立场,并着手借用另一种能摆脱这种缺陷的自我还原方式。所以,他通过整个 nos cogitamus (我们在思)领域进入逐步的还原,也就是先验论心理学道路,以便从这里到达先验论本我。但是结果又一次指明,逐步的"悬置"(epochē)是不够的,"心灵的自我"(seelische Ich)本身还得承担一个普遍的"悬置",通过这种悬置,一切心理学客观主义的偏见都不会造成任何危害。但是首先他认识到,在所有迄今为止的先验论反思的还原运动以及对朴素存在信念的客观主义的批判中,甚至在休谟的怀疑论批判和康德对独断论的批判摧毁中(有如笛卡尔的怀疑观中),都没有怀疑到对世界本身所持的这种普遍信念。它总是指对这样或那样断定存在的观点的怀疑,但这种怀疑本身却已经预先假定了相信世界存在这一信念的普遍经验基础。

这样,胡塞尔描述了生活世界的特征,生活世界总是作为有效的,即作为预先给予的世界起作用。生活世界的构造是先验论自我至今一直未认识的任务。他知道以历史的思考去证明它,即信念这一前提必然总是被隐蔽的,因为这样的前提本身从未这样明确地作为主题,而总是作为一种普遍的视域意识以一种匿名的方式伴随着一切进行意指的意识。

现象学运动的实际历史必须完全表现出这种问题的复杂关系。显然,现象学运动应当从弗朗茨·布伦塔诺开始。正是在那里——此外还合法地援引了亚里士多德(《论灵魂》,425b12以下,和《形而上学》,第12卷,第9章:ἐν ηαρέργω〔在旁边〕)——提出了"内部知觉"(innere Wahrnehmung)和"内部观察"(innere Beobachtung)之间的影响极大的区别。换言之,并非所有意识都是对象意识(Gegenstandsbewusstsein),即对象化的意识(vergegenständliches Bewusstsein)。例如,当我们听到一个声音,这声音就是对象化地被意识到的("最初对象"),而我们对于声音的听则不是作为对象被观察到的,而是被意识到的。胡塞尔通过对意识的视域结构的证明,特别是记忆视域学说,取消了记忆在布伦塔诺学说中所具有的方法论上的关键地位,从而在本质上精炼了内意识的共同给定性学说。意识的意向性概念,意识流的构成概念,甚至生活世界的概念,都有助于展开意识的这种视域结构。

海德格尔自己的观点已经预先假定了这种对意识和对象的僵

化对立的现象学克服,当他有一次——我相信,那是在1924年于马堡——援引了经院哲学关于 *actus signatus*(意指行为)与 *actus exercitus*(履行行为)的区别时,这在我们听起来就好像一个新口号。这与我们自己对新康德主义的不满是一致的,因为与意识的客观主义态度及其在科学中的完成相反,在人类的行为和人类的世界经验中存在一种更深的层次,而哲学正是与此层次相关。但因此提出一个思考"存在"(这不是"客体"-存在)的本体论任务,乃是通过海德格尔在《存在与时间》里对现成在手(Vorhandenheit)概念的批判而被提升到一般哲学意识中。

同样的一个复杂性问题就是胡塞尔的"生活世界"学说[此概念首先见于《观念Ⅱ》(1920年)⑪]与《存在与时间》的世界分析两者聚合的基础。我谈这个问题是从客观的角度而不是历史发生的角度:谁是创始人?谁是追随者?是胡塞尔,还是海德格尔?这个问题仍然是悬而未决的。⑪

在《存在与时间》中海德格尔指出,世界本身的世界性在此在对于世界的一切经验中仍未被承认并必须被说成是此在自身的根本特征、此在的生存性结构因素。从这个观点来看,海德格尔对于日常生活的先验论分析,似乎继续贯彻了胡塞尔现象学提问的方向。它的结果,即对此在的本真性的证明以及此在生存性的时间

---

⑩ 归根到底,此问题是被错误地提出来。海德格尔在《存在与时间》(第38页)的注释中证明在胡塞尔那里允许他"自由地"查阅手稿。如果胡塞尔本人在当时还没有发现,要清理出属于他本人的观点,以及一般地说,要区分出他自己和海德格尔在交换意见中各自的贡献并不适当的话,那么胡塞尔这种态度就不可思议了。

⑪ 《胡塞尔全集》,第4卷,第372页以下(增补第8卷)。

性和历史性结构,事实上可以被解释为先验论现象学纲领的贯彻直到具体视域,而这种视域是随着此在的有限性而给予的。所以奥斯卡·贝克尔在1929年《胡塞尔纪念文集》第39页中写道：

> "诠释学现象学的倾向致力于(虽然不是唯一的)进一步具体化《观念》的先验论-唯心主义基本立场,因为许多在那里还未规定的视域在此得到较可靠的确定,首先是由于这一事实,即不仅"心理学的"主体的有限性,而且每一个在基础-存在论方面有关的主体性,都随着其一系列的后果(死亡、历史性,有罪等)而被确定。"

按照贝克尔的观点,就海德格尔把胡塞尔对隐蔽的意向性——这种意向性对一种真正充分的先验论还原是必不可少的——的揭示应用于对"存在问题"的遮蔽性时,《存在与时间》就是从事于这种存在问题的说明,海德格尔就是在方法上依赖于胡塞尔现象学本身的提问方向。

同时,当我们在研究胡塞尔晚年的名著《欧洲科学的危机和先验论现象学》时,我们也不能隐瞒这一事实,即胡塞尔已经确信,海德格尔的重要工作已不再是按照他所制定的方向继续前进。而且情况还不止这一点,海德格尔哲学探讨在当时所引起的反响,对于胡塞尔似乎是一种令人怀疑的征兆。这使他意识到,什么样的危机潜伏在当代意识中,以及他自己的哲学工作是怎样容易被人误解。外在的事实已经意味深长。胡塞尔多年来对他那部只用法文发表的演讲《笛卡尔沉思》的现象学基础作持久阐明的努力此时停了下来。《存在与时间》的成功迫使胡塞尔作新的思考,于是《危机》这部著作发表了。但由于当时的环境,该书不是在德国而是在贝尔格莱德出版!发生了什么事情呢?什么是生活世界明确的主题?把先验论现象学与以往哲学总体上的客观主义加以对立,这种大规模的尝试究竟意味着什么?就我所知道的材料来说,在这一点上,我不能同意某些人的意见,这些人想在胡塞尔这部后期著作中看到他对先验论本我奠基的"克服",并在一定程度上接近海德格尔的哲学观点。人们一般依据《危机》印于1935年夏的残篇第73节附录28。完全正确,这段文字是作者自述撰写《危机》的动机。但这动机看上去是怎样的呢?

它以这一命题开始:"作为科学的哲学,作为严肃的、严格的,甚至是无可置疑地严格的科学的哲学——这个梦想已不可实现了"。接下去:"哲学曾认为自己是有关存在者全体的科学"。"但这个时代已经过去了,这就是现在普遍流行的信念。一股强大的并不断增长的放弃科学性的哲学潮流,有如宗教怀疑的潮流一样,正在淹没欧洲人"。

如果我们认为这些说法是胡塞尔本人的意见,那么我们就误解了胡塞尔的话⑫。事实上,这并非他的观点,而是被他认为是一

---

⑫ 最近有兰德格雷贝,参见《哲学评论》,第9卷(1962年),第157页。可是我们必须强调,H.施皮格伯格(第77页注2)正确地理解了有问题的原文:"他尖刻地谈论他的时代,而不是他自己"。[兰德格雷贝和以前的芬克,以及直到最后博尔诺夫(后者1986年给我的一封私人信件!)都迟迟不愿承认原文的明确的自明性,从下面这一点来看,这是非常清楚的,即他们都试图过多地超出胡塞尔本人思考胡塞尔,不管是被海德格尔、狄尔泰,还是被胡塞尔本人后期的其他论文所促进。参见"论胡塞尔现象学的现实意义",载我的著作集,第3卷,第161页以下。]

种致命的堕落要加以斗争的观点。他一生为使哲学成为严格科学而奋斗,在早期他与历史主义划清明确界限(1910年),而现在他的生活又进入一种新的研究。这使他重新面临一种危险,即一切事情都成为"世界观"的问题,以及人们认为一种科学的绝对真理是不可能的,这种危险唤醒他重新思考。"哲学处于危险之中,这就是说,它的未来受到威胁——在这样一个时代,当代哲学任务的探究难道不应有一种特殊的意义吗?"因此,历史的思考是需要的——这是胡塞尔从他对危险的认识而得出的结论。但这一结论绝不意味着,他认为哲学的伟大任务真是一个已经结束的纯粹梦想。完全相反。他必须在历史相对主义渗透到一般意识从而哲学的背景发生变化的情况下扪心自问:"对于一个在哲学上进行独立思考的人来说,这具有以及必然具有怎样的意义?他的工作是徒劳无益的吗?⋯⋯"但完全确实的是,这个问题将被否定地回答。胡塞尔并没有抛弃科学的哲学的观念,而是漫不经心无所谓地——这免去了详尽的历史证明的麻烦——继续探讨这一问题。所以,《危机》一书反映了胡塞尔持续至今的这一信念——即要以一种直截了当的方式为作为无可置疑的严格科学的哲学进行奠基——的某种变化,并且对生活世界的系统强调无论如何确实与这种变化有关。但是这种变化真的能实现它的目标吗?

> 胡塞尔写道:"这里的情况同危急时代的人的情况完全一样。为了使已被承担的生活使命成为可能,在危急的年代,人们首先必须暂时放下这一任务,而去做将来有可能重过正常生活的事情。结果一般是这样,即整个生

活环境以及原初的生活使命发生了变化,即使它最终完全没有成为多余的。"

这一般的命题将怎样应用于胡塞尔自己的特殊境况呢?我们是否有理由认为,胡塞尔生活环境的变化也使他把建立作为无可置疑地严格的科学的哲学这一原初的生命任务看作是没有目标的呢?《危机》一书对这个问题提供了什么答案?

当我们从整体上来看这本书时,其构成原则是不难认清的。它涉及对一个真正可靠的先验论还原的贯彻执行。对客观主义历史的详尽考察首先将明确地历史地呈现胡塞尔自己的现象学纲领。这是一个通过现象学取得的"知识任务的改变"。对于现象学来说,不再有预先假定的经验基础。甚至那种普遍的世界信念——作为人类天生的思维生活,它在对经验内容的一切怀疑中承担一切经验的基础——也必须被抛弃,并在先验论的自我中找到其构成。就此而言,现象学方法与一切科学方法相反,乃是一种无基础的方法,一种并非经验归纳的"先验论的经验"(transzendentale Erfahrung)的道路。因为它必须每次为自己创造一个基础。胡塞尔进行的历史的自我思考使他认识到,这样一种彻底的先验论思考开端如何总是被占统治地位的客观主义弄得偏离其正确轨道。这不仅适用于笛卡尔、休谟、康德和德国唯心主义走在最前面的思想家(费希特),在胡塞尔的眼里,它也显然适合于海德格尔著作中那种世界观动机过分泛滥的潮流。《危机》一书的构成原则十分清楚地表明了这一点。在为先验论本我建立彻底基础的试图中,"严重的自相矛盾"总是一再出现,而这种自相矛盾必不可免要加以解决。

"在这里引向自我误解的诱惑力有多么大,最后甚至先验论哲学的真正成功在多大程度上取决于自我思考直到最终的清晰性,所有这些,将在以下的考察中指明。"胡塞尔在第42节的结尾处这样写道,并且事实上在进一步思考过程中之所以会"出现自相矛盾的费解性",就在于坚持还原到本我这种纯粹先验论意义的困难。因此胡塞尔回答说:归根到底,这只是一个假问题,即作为一切存在和意义有效性来源而起作用的自我,本身就是这个最初在自我中构成的世界的一个部分。在这里起作用的是自然的客观态度的理所当然的力量(第183页),这种自然的客观态度使先验论的态度"不断地受到误解的威胁"。先验论的本我不是一个世界中的自我。要认识这一点并真正坚持这一点,乃是一个巨大的难点。

这种情况当涉及主体间性问题时再次出现了。看来有必要再提出这一问题:你们和我们,这两者本身就是多个我,怎么能由一个先验论本我构成?这个难题给胡塞尔造成了麻烦,并使他立即不再坚持先验论本我在方法论上的优先地位。在我看来,毫无疑问,在胡塞尔眼里,这涉及一个他很早之前在现象学的自我指涉上觉察到的难题,即为一切具有确然自明性的哲学奠定现象学基础必须在这种奠基本身上找到应用。他深信,这一难题已在海德格尔的"实际性诠释学"中造成了致命的错误。《危机》一书所提供的历史自我思考的广阔背景将揭露这种误解的基础。在此期间,整个生活环境和原初的生活使命对于胡塞尔来说已经发生了变化:历史的自我思考已成为必不可少。它属于批判的批判,正是在这种批判的批判中,先验论的还原才唯一可实现。《危机》一书试图给《存在与时间》一个隐含的回答。

我们要问,生活世界概念以及在此赋予它的客观意义究竟要解决什么问题。如果它是《观念Ⅰ》的元批判的老问题,这问题在此是这样说,即 epochē(悬置)向以前给予的世界的普遍经验视域的必然扩张——以及每一种这样的先验论还原都包含一个构成的任务,因此必定存在"一种关于生活世界纯粹本质学说",那么,毫无疑问,现在对生活世界的这种本质结构的分析则使它得到决定性的应用:它使历史问题的澄清成为可能。⑬ 这种生活世界概念本身所具有的相对性同样也表现在历史世界的多样性中,这些历史世界在历史知识里也以同样的方式给予了我们,即与一切历史的个别认识相反,它们有如我们当代世界经验中的普遍世界视域一样,乃是先天的。因此,先验论本我的出路包括全部可能的"世界图画",其类型(Typik,指一种不定的属本质)就是构成研究的对象。⑭

现在,如果我们认识了这种"生活世界"观念及其变化范围,那么所有这些相对的东西,以及我们自己在历史所形成的生活世界里的束缚性,就失去了它们令人困惑的意义。对生活世界分析的结果清楚地表明:"显然,以往哲学所设想的一切有意义的问题,一切可以设想的存在问题,无不都是由先验论现象学才达到它们的道路"。

---

⑬ [这里我忽略的东西是,作为不变之物(Invariante)的"生活世界"理念贯彻在所有"相对的"生活世界中,并且也为经验的自然科学划出本质的范围。这就是作为"科学世界"对立面的"生活世界"的原始意义。参见上文第123页以下。]

⑭ 参见胡塞尔给列维-布吕尔(Levy-Brühl)的信(载施皮格伯格:《现象学运动》,第161页以下)。但如果因为这封信而认为上述的理论只涉及神话-魔力的"世界"而不是涉及一切"异己的"领域——首先是历史世界——的话,那么这将是一个错误。

现在人们当然可以再问：标志着后期胡塞尔著作特征的那种渗透着历史自我规定的先验论还原，难道不必须在对自我时态(Selbstzeitigkeit)的基本分析（胡塞尔以前曾以这种自我时态分析揭示他的先验论现象学的基础）中发挥作用吗？甚至有人期待着：那种使胡塞尔的历史自我渗透与黑格尔的绝对知识的辩证法得以区分的本质的有限性，会清楚地显露出来。事实上，由胡塞尔长期以来对思辨唯心论的坚决拒绝所产生的直接结果是，生活世界的普遍性只被认为是一种普遍的视域，以致一种充分无可置疑的自明性观念在这里从一开始就被否定。把一切过去都集合在某个"绝对知识"的"绝对"当下中去的观念表明自身是荒谬的。正如消失在不确定的远方之中的未来只是作为一个无限的视域被包含在流动着的本我之中一样，同样的情况也适合于逐渐消失在远方的过去。胡塞尔坚决地从这样一种绝对的历史性中做出推论。

他写道："世界历史在无限观念的意义上意指这样一种世界观念，它仿佛被投射在无限之中，并被无限的事实上有效的诸世界表象所继续而被认为是修正过的世界"。"这属于一种无限的历史的过去的观念，这观念从作为总体上被规定的现在出发，在一切过去了的现在中被修正。……那么处于无限中的将来意指什么呢？我们将真正遇到了这样一个问题——如此被假定的世界本身是否可能具有意义，以及何种意义"。

这段话告诉我们，胡塞尔在继续他的思想时怎样被迫要去否定那种作为一个无限意识的投射的世界本身观念,以及为了将来的无限性而必须强调彻底的有限性。

我们必须要问,胡塞尔的这种见解以及他那种在《危机》一书中占主导地位的历史自我辩护的倾向是否对先验论现象学的方法论基础即还原到先验论本我提出异议。为了引起对此问题的重视,我们可以考虑一下生活概念在后期胡塞尔那里所起的作用。看上去,"生活"这一概念好像要取代先验论本我的我性(Ichheit)。然而,"意识生活"(Bewusstseinsleben)——胡塞尔很可能取之于纳托普的术语⑮,其中听起来带有一种古老的神秘的语言层——在胡塞尔那里绝不是一个独立于先验论本我的层次。不管是在胡塞尔关于生活世界问题的说明中,还是在主体间性的说明中,我都看不出有任何理由认为,胡塞尔半途要修正他的先验论的-笛卡尔式的出发点。正如《危机》广泛的推论所证明的,这两个问题只是提供了特别吸引人的出发点,不断地重新产生"矛盾"或困难,这种出发点引诱人们抛弃先验论证明的态度。

舒茨(Schütz)曾假设,面对主体间性问题,先验论本我的界限最终会消失⑯,芬克(Fink)也赞同这一假设(《鲁尤蒙文集》,第268

---

⑮ 引自《心理学引论》1886年第1版。

⑯ 参见 A.舒茨:"胡塞尔的先验论主体间性的问题",载《哲学评论》,第5卷(1957年),第81—107页,这里指第105页以下,以及1957年4月在鲁尤蒙举办的第3届现象学国际研讨会上的诸多论文,这些论文我在本文中均以简称《鲁尤蒙文集》指明。在此期间,M.托伊尼森以一种广泛的系统的分析从所有方面探讨了这一问题(《他人》,柏林,1965年)。他的分析大体上是从先验论现象学的"孤独"直到哲学在"他人"上的失败——一种关于先验论-现象学的内在性的争论,这场争论涉及一些原则并且不是胡塞尔自己的解释。

134 页),但在我看来,这种假设是完全站不住脚的。它恰恰表现了胡塞尔竭力想防止的那种倒退。如果有人认为,他在《笛卡尔沉思》中提出的主体间性理论和《危机》一书中的有关部分之间看到了胡塞尔的一种发展,按照这种发展,胡塞尔超越了那种认为他我(alter Ego)是由先验论移情作用而构成的学说,那么在我看来,这是一种十足的假象。唯一可说的是,胡塞尔已经突出了他我——即你的经验——在方法论上的优先性,即对存在物本身的超越性的原始经验。与你的经验相比,所谓外在世界的一切事物经验都是将第二位的超越经验。但是这并未改变这一事实,即自明性的等级构造,构成成果的分层,在先验论本我中具有其不可动摇的基础。在《危机》一书中虽然讲到灵魂共同体的原始性,以及导致这一点的先验论心理学道路作为 *nos cogitamus*(我们在思)的展开有其本身的正当性,但按照胡塞尔的看法,这种问题层次却再次无条件地要求在原自我(Ur-Ich)中建立其先验论基础,以致先验论心理学的还原道路最终仍走到"我自己的"生活世界。

如果我们与芬克一样(《鲁尤蒙文集》,第 113 页),因为自我与他我的复数在主体间性里有其起源,因而过度使用那种先验论原自我在主体间性问题上所表现的新向度——这一向度在某种意义上确实让《笛卡尔沉思》的问题域再一次置于脑后,那么这只是一种借口。其实,通过《笛卡尔沉思》所论述的那种先验论移情作用来构造主体间性的学说是完全与这种新向度一致的。它明确地被称之为先于客观世界和单子共同体构成的第一步(第 50 节)。因此,当人们说——例如让·瓦尔(Jean Wahl)在其鲁尤蒙学术研讨会成果概述中所说那样,在胡塞尔那里有两种相互有力对峙的倾向在起作用,一种倾向朝向先验论本我,另一种倾向指向生活世界,我认为这种说法并不完全符合胡塞尔思想成果的一致性。事实上并不存在这种对峙。

因此,胡塞尔现象学所存在的真正公开的问题,正如《危机》所告诉我们的,并不在于坚持先验论还原步骤时所遇到的难题。胡塞尔认为自己可以解决这些难题。"生活世界"的学说旨在使先验论还原没有缺点。造成问题和争论的关键在于,根本的构成问题层次,原自我本身的层次,即时间性的自我构成的层次。

我们怎样解释在"构成"问题的意义上仍然有那么多争论这一事实?我们不能认为芬克或兰德格雷贝——他们两人都积极参与了胡塞尔的后期哲学——会让自己固执地纠缠于某种不正确的观点上,即预先假定实在论与唯心论之间古老的前批判的和前先验论的对立。如果有人问及胡塞尔现象学的实在论方面问题,或涉及胡塞尔对原始材料(der hyletische Daten)的承认,那么他显然是徒劳的。因为谁会怀疑胡塞尔不是一个贝克莱意义上的唯心主义者呢?

这完全适合于构成概念。谁会争论这一事实,即关于感知物(Wahrnemungsding)的产生(Erzeugung)概念只能意指它的有效意义的产生?当我们认真考虑了胡塞尔先验论的目的,这同样也适用于生活世界和其他自我的构成。"构成"(Konstitution)无非只是在还原完成之后所进行的"重建运动"(Wiederaufbaubewegung)。就像还原是先验论的,即它并非打算作真正的否定,而只是对存在有效性进行悬置一样,来自主体性成果的构造也绝不是任何某种东西的真正产生,而是对一切应当有效作为意义的东西进行理解的道路。⑰

芬克在鲁尤蒙所做的一个非常有趣的关于胡塞尔的讲演中强调说,构成概念是胡塞尔许多"有效的"概念中的一个,这些概念都有一个这样的本质,即它们本身从未成为主题的。这种看法确实是正确的。但在《鲁尤蒙文集》中,我已经试图把这一看法同时承认为先验语言的问题。所谓有效的,其实就是指以非主题的方式起作用。这恰恰就是语言性东西的作用方式。当一个语词来自"世间",那么它的概念意义无论如何就绝不会是模棱两可。正如胡塞尔许多其他概念一样,如果构成概念是由众所周知的("生产")行为被用于先验论的,那么它就不意指生产(Produktion)。

这里有什么要争论吗？罗曼·英伽登在其对《笛卡尔沉思》的注释中虽然特别谨慎并几乎是猜测地注意到,这种先验论还原问题并不导向形而上学问题,并且还反对说我们能完全否认老的哥廷根学派对胡塞尔先验论转向的理解⑱,但他本人仍然在逻辑构成方面对胡塞尔的生产概念提出了值得注意的反对意见。问题的

---

⑰ 在《鲁尤蒙文集》中我曾经指出,"构成"(Konstitution)这个语词的意义已经指明这一方向。构成并不意味着"生产",而是指带到一种状态,造成状态(zustande bringen),正像在康德那里有构成的(konstitutiv)和调节的(regulativ)区别一样。当然,这样一种限定是从一种完全朴素的、超现象学的立场来表述的。存在与有效意义之间的区分严格来说——正如芬克正确地所说——在现象学内在性的领域是根本没有意义的。但当有人因此而把构成这个有争论的概念称为模棱两可,因为它也包含真实创造的意义,有如芬克总是一再强调的,那么他本身就把一个这样朴素-实在论的概念作为它的基础,这在我看来,必须按照胡塞尔原文经受检验。

⑱ 参见上文注③。对逻辑构成物"产生"的思考——换言之,区别于像"文学艺术品"(参见上文第122页)这样的"存在上依他"(seinsheteronome)的构成物而坚持它们的"理想的自在-存在"——肯定暴露这一事实,即胡塞尔先验论唯心主义与英伽登的观点并不相同。因此,他(《文学艺术品》,第8卷)并不认为胡塞尔在《形式的和先验论的逻辑》(第230页)中提出的"伤脑筋的问题"已经由于胡塞尔始终如一地贯彻先验论还原而得到解决(这在《克雷菲尔德会议论文集》中很清楚,参见该书第190页以下)。

核心唯一在于时间性在当下原始源泉的自我构成——也就是处于构成问题的那种最深的层次上，对于这种层次，甚至先验论本我和意识流（这是一切构成成果的最终源泉）也在下述意义上被超越，即活生生的当下之流作为真正的原始现象还根基于意识流的构成。事实上只有在涉及"自我-构成"的地方，我们才可以问构成是否意指创造（Kreation）。

编辑整理存放在卢汶档案馆的胡塞尔的手稿显然是一个长期的任务。不仅在确定手稿的时间上，而且在其内容的编排顺序上，目前只能采取一种暂时的权宜之计〔现在伯姆（R. Böhm）的版本《胡塞尔文集》，第 16 卷对此有所帮助〕。

（五）

在这种情况下，假如我身边没有科隆胡塞尔档案馆的一份重要手稿的复印本 C21（为此要感谢兰德格雷贝和福尔克曼-施卢赫）的话，我几乎就不敢对"原始现象的当下"（urphänomenale Gegenwart）的自我构成这些有争论的问题发表任何看法。按照手稿的指示，我们可以说明那种超出胡塞尔先验论现象学的思辨-辩证法解释的方向和界限，有如芬克以最令人印象深刻的方式所演讲的。

这似乎是原始层次的特别之处，即在此谈论一种能使其存在意义作为有效统一性实现的活动性是无意义的。存在的东西乃是先验论的意识流本身，这种意识流在所有这样的活动性中，在所有完成着的行动中就是自我。但它本身也是被构成的，虽然是以被动的方式。这种关于流和自我的讲法显然包含着不合理的预期。由此方法上必然推出：即使这种先验论本我的存在也必须用括弧括起来并带到构成。只有这样，我们才能来到"原初的"当下（urtümliche Gegenwart）。这原初现象是怎样被经验的？显然通过反思，反思知道自身与被反思的东西是同一的东西，并以不断的重复的方式与此同一。所以，反思本身不是时间，但具有时间存在形式的连续的意识流在它里面构成自身。

这就是问题所在。这种自我的原初现象性真的意味着一种单纯的先验论反思的最终结果？这种先验论反思不是由于那种原初现象性而产生（以致在这种意义上出现了"创造"）吗？实际上，胡塞尔在问：原初的现象性，时间产生的原始基础，原自我，一般具有时间的形式吗？胡塞尔把它称之为当下（Gegenwart），但是在一种原初的意义上——按照这种意义，当下与先验论本我相区别——具有一种充分的自身给予性。他问自己，这种讲法是否背理。所有被给予的东西难道不是被给予某人而使后者成为接受者而不是给予者吗？但是很显然，在时间性的自我构成的最深层次上——这里涉及"流动着的当下的原初来源——必须假定一种自我相关性，这种自我相关性不包含给予物与被给予物（即被接受物）之间的差别，而是一种相互包含，有如它在结构上适合于生活，即柏拉图的 αὐτοκινοῦν（自身运动）。但是，关于 νόησις νοήοεως（思想之思想）的经典学说和 *intellectus agens*（主动理智）的学说在这里也得到证实。这个不断流动的原始当下（Urgegenwart）同时也是一个 *nunc stans*（永恒的此刻），此永恒的时刻作为任何流经它的东西的形式而起作用，以这样的方式共同构成它的时间视域。

存在的东西就是原始的变化(Urwandlung)。但原始的变化并不存于时间中,因为时间首先是在它之中出现的,这是由于原始的变化是在反思的无限重复中作为形式连续体而构造自身的。我认为这是毫无疑义的,即胡塞尔在这种重复结构中完全没有看到现象学工作方式的失败,并且把"思辨的"继续进行(带有如霍尔的工作格式[19])作为非现象学的东西加以拒绝。相反,对于胡塞尔来说,在重复反思中的原始变化的给定性乃是"先验论还原"的一种实际结果。我不理解,先验论现象学的方法论基础怎么会成为模棱两可的。原始生活(Urleben)总是一种原自我(Ur-Ich)。对于伊波利特(Hyppolite)在《鲁尤蒙文集》中提出的那个非常尖锐的问题,即在胡塞尔那里是否存在一个无自我的基本层次,范·布雷达(van Breda)正确地作了回答:"对于胡塞尔来说,这种解决办法是不可想象的"(第323、333页)。

可是,当代关于胡塞尔的讨论本质上是由下述事实规定的,即关于胡塞尔向先验论唯心主义的发展的两种反对意见,即朴素的实在论的反对意见与基础存在论的反对意见,它们之间在本质上的差别并没有足够明显地表现出来[20]。尤其是兰德格雷贝似乎加剧了关于基础-存在论的实在论的严重误解(泽博姆,第151页),所以他在其批判中也跟随海德格尔关于先验论意识的本体论的不

---

[19] H.霍尔:《生活世界和历史——E.胡塞尔后期哲学的基本特征》,弗莱堡,1962年。

[20] 在某种程度上,这也适合于胡塞尔用以贯彻他的先验论现象学观念的那种对逻辑一贯性的杰出辩护,正如托马斯·泽博姆在其《先验论哲学的可能性条件——埃德蒙德·胡塞尔的先验论-现象学的开端》(波恩,1962年)所说。

足规定的批判。不管怎样,我们必须记住,某种"实在论的批判"——"这种批判试图达到某种原则上独立于意识的存在"(泽博姆,第155页)——完全忽视了这种问题的现状。胡塞尔的《危机》一书对此作了完全清晰的说明,即绝对没有什么东西可以逃避先验论反思的普遍性——当然除了我们的理智本身(*nisi intellectus ipse*)。

如果我们不落在胡塞尔先验论哲学一致性的严格性之后,那么我们就能公正地对待这种事情。但是当我们在质料(Hyle)、主体间性或任何别的问题上强调"实在论的"动机时,我们恰恰缺少这种严格性。因此,胡塞尔毕生工作的伟大意义被人所忽视。

所以,与芬克一起超出自身去追随胡塞尔那种最终达到先验论还原的不懈努力,以及从那种认为这种还原本质上是不可完成的见解出发,这两桩事具有不一样的一致性。

芬克把先验论本我在"原始当下"(Urgegenwart)自我构成的学说作为从根本上批判胡塞尔的先验论反思道路的出发点。为此他援引了黑格尔,求助于黑格尔对外在反思的批判,并好像用与现象学敌对的同胞即辩证法来补充现象学。但是对于他这位海德格尔的追随者来说,绝对知识概念中的这种"存在的绝对可理解性"仍是不可假定的。所以他同样跟随海德格尔,他把真与非真、揭蔽与遮蔽的内在相关性(Gegenwendigkeit)应用于胡塞尔。这种与一切主题化有密切关系的本质性的"掩蔽"(Verschattung)使胡塞尔"构成现象学"的尝试最终不可能成功。在胡塞尔那里,构成概念的完全非清晰性本身就是这种掩蔽的一个例子。

但是,胡塞尔在先验论奠基的极限问题上的"失败"真的提供了新的刺激吗？海德格尔的"实际性诠释学"（这是对这种刺激的一个回答）真的只是对这个先验论极限问题的一种回答吗？以致我们可以采用黑格尔的同一哲学、他对外在反思的批判和他对"存在"在"本质"中的辩证法扬弃作为另一种回答吗？

事实上，内容上根本的差异早就显示出来，而且证明了海德格尔自己的观点。首先关于感知本质的始终不渝的斗争。海德格尔关于使用上手状态的优先性所教导的东西（以及舍勒接受实用主义动机类似要表达的东西）是与胡塞尔构成性现象学中所建立的意向性理论的整个构造秩序（Aufbausordnung）和建基秩序（Fundierungsordnung）相矛盾的。胡塞尔在前谓词经验（vorprädikative Erfahrung）的回归似乎并没有摆脱谓词结构（Prädikationsstruktur）(《经验与判断》，第62页和第15节，胡塞尔与海德格尔相反，坚定地固守着这种"纯粹"感知作为基础具有的建基秩序）。如果海德格尔在胡塞尔的作用结构中看到一种存在论的偏见——这种偏见最终会影响构成性现象学的整个观念——在起作用，难道海德格尔看得不对吗？的确，胡塞尔可以坚定地声称，存在的每一种意义本身必须在构成性的分析中是可证明的。好比讲到"此在"时，也只能关涉到"艾多斯"（Eidos，理型）此在。所有构成性的问题都来自时间性的自我构成，来自"原始现象的当下"（urphänomenale Gegenwart）的那种最终极限层次，按照胡塞尔的看法，这种原始现象的当下并不是在所有被构成为存在的东西那种同一意义上是"存在"。但是海德格尔意味着更多的东西："此在的'本质'在它的存在之中"(《存在与时间》，第42节）——海德格尔的这个命题不仅强调生存的绽出本质（Ekstatik），而且强调了"本质"意义的转变，这种转变是与此在的存在方式问题一起给出的。求助于此在的艾多斯特性是不够的。

此外,在原始现象当下概念中所包含的完全的自身在场(Selbstpräsenz)已经确定了存在的每一种意义,甚至确定了"历史性"所指的意义:历史性的本质虽然是有限的人类在向具有无限任务的人类的发展过程中的生成的历史(Geschichte des Entwerdens des endlichen Menschentums im Werden zum Menschentum unendlicher Aufgaben)(第6卷,第325页),但对于胡塞尔的现象学概念来说,这种历史性显然具有目的,关于这种目的的认识就构成现象学自身思考的意义。即使胡塞尔认识这一任务的"无限性"并因而抛弃黑格尔的绝对知识,目的论仍然是起决定作用的(由这里我们可以指出胡塞尔那里存在的哲学的神学的因素:上帝作为"本身具有存在论唯一性"㉑的逻各斯)。这就是形而上学史上众所周知的结果。它证明,支配胡塞尔整个探究的存在概念是形而上学概念,即使最终的层次,即时间性的自我构成层次仍处于这种视域中,有如αὐτοκινοῦν(自身运动)或 νόησις νοήσεως(思想之思想)。

我认为在这里求助海德格尔关于揭蔽与遮蔽的相互包含的学说是不可能的。因为海德格尔关于"真理的 Gegenwendigkeit(相关性)"的学说根本不在先验论哲学反思的方向之内。因此在作为先验论本我基础的原始当下的自身构成的荒谬中,它绝对没有自身的证明。其实,形而上学的本质,即把真理看作为揭蔽(Entborgenheit)和把存在看作为在场物的在场状态(die Anwesenheit des Anwesenden),仍然是规定胡塞尔先验论提问的东西。相反,海德

㉑ H.霍尔,前引书,第85页。

格尔认识到,与这种把存在思为存在者的经验必然联系在一起的是怎样一种掩蔽(Verdeckung),即对使所有将存在物作为存在物的揭蔽存在(Entborgensein)成为可能的东西的掩蔽,因而也就是对海德格尔称之为"存在论差异"的东西的掩蔽。从而海德格尔把揭蔽(Entbergung)与遮蔽(Verbergung)的相互包含看作为真理的原始意义。正如存在并非单纯的在场,而是"开显"(Lichtung)本身,所以在"存在问题"的原始向度里,真理就是一种发生(Geschehen),而在形而上学里,存在问题已经一直是这样加以解释,以致它不能再被提出。

我不认为这种试图会有效果,即把胡塞尔的时间性的自我构成的问题与海德格尔对辩证法道路的提问方向结合起来。但是,当我们(与芬克一起)把"有限性"看作只意味着整体对象化(Vergegenständlichung)的界限——这种界限(与同一哲学一起)预先假定了无对象的整体——时,我们就是这样做了。因此从本体论来看,我们正是坚持这种对象化目的。辩证法的本质只在于能使稳固的东西成为流动易变的、能打破固定的东西。辩证法是埃利亚学派的发明。海德格尔力图思考的揭蔽与遮蔽、在场与不在场的相互包含,并不是在这种意义上是"辩证的",也不是被认为是"原初当下"(urtümliche Gegenwart)和"绝对"真理的极限经验,毋宁说,它本身就是作为存在和真理。存在遗忘(Seinsvergessenheit)不是世界遗忘(Weltvergessenheit)。

如果这种解释是正确的,那么面对胡塞尔先验论现象学的哲学任务就不是对"现象学的内在性"作某种辩证的克服,而是不断地与现象学的研究思考进行对质。海德格尔的提问方向同样不允许辩证的发挥,而是要求经常地返回到现象学证明的理想——即使"终极论证"(Letztbegründung)的理想和系统的构成研究的理想在其本体论的偏见上失败。基础存在论(Fundamentalontologie)这一概念——它已经被引进我们的语言用法里——拙劣地规定了海德格尔道路的特征及其后果。这使我们立刻想到与胡塞尔追求的"先验论还原"处于竞争地位的另一种哲学建立基础或建立最终基础的形式。好像不是"充足理由律"和建立基础的观念本身引起人们的争论,而似乎是海德格尔对《存在与时间》的先验自我理解在由时间建立存在这一任务上证明了自己的不足(《关于人道主义的书信》,第17页)。

在我看来,要认真地把有限性看作一切存在经验的基础,关键在于要拒绝一切辩证法的补充。确实,下面这一点是"显而易见的",有限性是对思想的一种消极规定,并且因此而预先假定了无限性,有如"现象学的内在性"(phänomenologische Immanenz)预先假定了它的对立面"超越性"(Transzendenz),或者历史(以另一种方式)预先假定了自然。谁会否认这一点呢?但是我认为,我们已经一劳永逸地从康德那里懂得,这种"显而易见的"思想方式不能对我们这些有限存在物传达可能的知识。依赖于可能的经验和通过可能的经验的论证仍然是一切相关思想的可靠基础。

但这种论证的基础具有真正的普遍性,如果我们可以这样说的话,是在某种有限中的无限。这正是语言,我们的一切思维方式都依赖于语言的普遍性。

因此,语言的问题最终成为中心。对于胡塞尔(正如对古希腊本体论和英国经验论)来说,语言就是一种思想的诱惑,柏格森把它看作遮没生命之流的"语词之冰"(Eis der Worte),甚至对于黑格尔来说,语言与其说表现逻各斯的尽善尽美,毋宁说是逻各斯的前构(Präformation)。令人震惊的是,在现象学那里,语言问题非常少地为胡塞尔和舍勒所思考。

这不是说,胡塞尔没有认识到这个领域的问题。我们必须要承认这一事实,即语言的形成(Formung)是我们关于世界的经验的图式化(Schematisierung)。在现象学精致的描述工作中,对日常的讲话方式和话语种类的研究理所当然地起到了一个相当实际的作用——这是一个聚集点,现象学与当前盎格鲁-撒克逊的分析哲学发生了联系,我们以后还会讲到这个聚集点。当然,胡塞尔的意向性实现的构造秩序包括语言,特别是在发现了建立"生活世界"的隐匿的意向性以后。对于胡塞尔来说,语言就是一种"高层次的"成就。但可惜,πρότερον ἦρος ημᾶσ(对于我们而言的优先性),这种成就似乎只是被偏执地描述了。[22]

我认为,这指明了胡塞尔现象学研究任务草案的一个界限。认识到这一点,就已经意味着超越它而继续向前走了。

所以,从现象学的传统中,首先是海德格尔(虽然最初没有全力以赴),随后是汉斯·利普斯[23]赋予语言以现代哲学问题的核心

---

[22] 罗曼·英伽登在《文学艺术品》中给出的很有价值的分析,虽然彻底地论述文学艺术作品的语言构造,但是从"理想的、存在自主的生存着的概念"出发,只作为它的意义的纯粹(部分的)现实化(《文学艺术品》,第 16 节和第 66 节)。英伽登的真正兴趣集中在"理想概念的生存"上。只有这样他才相信——在文学艺术作品与在科学的作品中一样(第 60 节)——从完全主体化中拯救出来是有可能的。因此语言性仍是第二位的现象。

[23] [参见我所推动并作序的汉斯·利普斯 5 卷本著作集,法兰克福,1976 年。]

地位——不仅在先验论哲学、现象学的后继者中,或者说在海德格尔那里,而且在盎格鲁-撒克逊的实用主义和实证主义的传统领域中。

这是一个值得注意的聚集点,它是由像先验论现象学和盎格鲁-撒克逊逻辑分析这样的对立的哲学传统进行联系而开创出来的。作为结束,我们要对此说些话。㉔ 威廉·詹姆斯对意指和言说之间的关系("语词的元音重叠")早就有了一个积极的看法,正如林斯霍腾(Linschoten)已经说过的那样。㉕ 但是,只有通过路德维希·维特根斯坦的毕生工作——这通过苏尔坎普出版社的版本越来越多得以了解,语言——首先在英格兰——才具有其真正影响。在维特根斯坦那里,语言问题从一开始就是中心问题。不过,即使在维特根斯坦那里,也只是在他思想成熟的过程中,语言问题才获得完全的哲学普遍性。

维特根斯坦最初的出发点是试图进行一种"逻辑的"语言批判,这种批判把哲学问题作为语言中邪加以消除。维特根斯坦在1921 的《逻辑哲学论》里做出了这一试图,他力图通过一种前后一贯的逻辑记号系统(《逻辑哲学论》,第 5 章,第 475 页)把新实证主义的基本命题学说发展成一种"包罗万象的、反映世界的逻辑"(第 5 章,第 511 页)。一种"防止各种逻辑错误"(第 5 章,第 473 页)的语言似乎有可能成为一种按照约定规则建立起来的符号语

───────────

㉔ 参见 H. 吕贝:"'语言游戏'和'历史'——新实证主义和后期现象学",载《康德研究》,第 52 卷(1960/1961 年),第 220—243 页[这种关系现在被许多方面所注意到]。

㉕ [约翰尼斯·林斯霍腾:"现象学心理学之路",载《威廉·詹姆斯的心理学》,柏林,1961 年,第 92 页以下。]

言——尽管如此，维特根斯坦在下述意义上肯定不是实证主义者，即他试图以这种方式解决"我们的生活问题"。"的确存在着不可言说的东西。它们显示自身，它们就是神秘的事项"（第 6 章，第 522 页）。但这只是他极端唯名论的神秘的反面——今天在我们看来，胡塞尔和维也纳学派之间关于真正的实证主义的争论似乎已经走到不利于双方的局面。维特根斯坦在维也纳学派语言批判中的自我批判已经走到了与海德格尔在现象学中的本体论批判同一的方向。维特根斯坦独特的论述方式——他很少提到人名，在《逻辑哲学论》里只提到弗雷格和罗素，在《哲学研究》里，偶尔提到W. 詹姆斯（第 414、431、470、531 页）——很难直接被应用于现象学问题。不过，胡塞尔的心理主义批判通过维特根斯坦的语言批判而被兑现了（"意向活动不是体验"，第 529 页），"一个语词的意义不是人们在听或说这个语词时的体验"（第 492 页），这种看法与下面这一事实都是同样明确的，即维特根斯坦对胡塞尔的先验论还原不感兴趣，并且还明确地批评了胡塞尔的意义的"理想统一"学说，尽管他没有提到胡塞尔的名字。但真正令人震惊的是，维特根斯坦的自我批判所指引的方向类似于我们在现象学的发展中所认识到的方向。

在《逻辑哲学论》中（以及在保存下来的日记中，这些日记最初是用德文出版），进行表象的主体（das vorstellende Subjekt）被揭露为一种迷信，但只是有利于行动着的主体（das handelnde Subjekt）。"主体不属于世界，而是世界的一种界限"（第 5 卷，第 632、641 页），或者是世界的先决条件。所有这些都是非常不清楚的，听起来像叔本华。维特根斯坦怎样想从唯心论经过唯我论达到实在论,同样也是不清楚的(参见 1916 年 10 月 15 日笔记条目)。

这种过时而夸张的言词在维特根斯坦的后期著作中是找不到的。在那里,语言以其本质的有限性占据中心位置。当海德格尔以前牢记着"真理不是命题-真理",当海德格尔把理解的"生存性"(和它的对象)转移到一个与逻辑和客观科学的基础完全不同的基础之上时,维特根斯坦的《哲学研究》——这是在他逝世(1956 年)前不久准备出版的书——也同样以其自己的方式从根本上批判了"逻辑语言"的理想并因此实际上破坏了唯名论的语言批判的整个前提。尽管到现在,语言批判还是想借助语言把我们从思想的符咒中解放出来。但是,维特根斯坦在此期间已经认识到,他的《逻辑哲学论》所追求的语言的逻辑理想化与语言的本质相矛盾。现在他认识到,我们语言的每一个命题都处于"它所是的井然有序之中,也就是说,我们并不追求一个理想……"(第 339 页)。概念的模糊和不确定对概念的使用并没有多大影响,以致我们可以反过来问,语言是否靠单义性而成功,语言是否能由单义性概念而构成。

语言的"本质"并非存在于外观上,好像语言能从图式上取得一种"命题的逻辑"。维特根斯坦问:语言是什么?(第 338 页)这就是问:在实际上,在其现实的生活中,语言是什么?现在维特根斯坦的主导概念是"语言游戏"(Sprachspiel)。在玩游戏时,也就是使用语词时,一切都是井然有序,就像在日常交往中所发生的那样。把所有命题都还原到一个"命题本身"或还原到判断形式,都会使当下进行的语言游戏产生一种错误的实体化,有如在命令和服从或喊叫和对它的理解中(第 302 页),简言之,就像在语言的生活形式中所发生的那样。关键在于可理解地接受所说的东西。即使孩子们的游戏也具有这样的性质,我们都无法以任何更好的知识去探究它们的既定规则。语言游戏正如孩子们的游戏一样有着不精确的或已在变化的规则(第333页)。使某物在看或说中得以显示出来的每一具体方面,我们以一种特殊的意义来"听"一个语词的方式,是直接存在于那里的,这与一件东西在儿童游戏中形成的游戏功能是一样的。

关键在于不断地使我们置身于活生生的语言使用中并且避免由语言中邪所造成的问题。就此而言,旧的语言批判倾向要坚持到底。但这种批判不再针对每次具体在游戏的语言,而是针对语言的无所事事,即错误的转换,这种错误的转换是在从一种语言游戏转到另一种语言游戏的过程中,如从物理学转到心理学的过程中而发生的。㉖ 特别是那种在心理学思想习惯里所出现的"内在过程"的错误实体化,这在《哲学研究》中有无数的变化事例。在这里我们可以认识到一种与现象学批判的一致性并且想到了维也纳的弗朗茨·布伦塔诺的遗产或许也影响了维特根斯坦。在布伦塔诺那里,我们早已发现对对象化的观察的批判,正如我们前面所强调的。

与此同时,维特根斯坦新的探讨范围远远超出了消除经验心理学的独断论上。

在《哲学研究》的结尾,维特根斯坦自己就这方面指

㉖ 亚里士多德已经认识到,许多哲学错误是由错误的转换(传递)造成的。参见《论题篇》,139b32以下。

出,"对于数学来说,有可能有一种完全与我们心理学研究相类似的研究"(第544页)——即一种不是数理逻辑(Logistik)的研究[㉗]!这种研究显然研讨"数学的基础问题"——"好像医治一种疾病"(第393页),例如它将研讨"数学事实的客观性和现实性"的问题,有如哲学思维的数学家所考虑这些问题那样。同样的东西也可以从现象学立场出发来表达——当然不是那种治疗和净化的方式。参见奥斯卡·贝克尔关于"数学存在"存在的分析(《现象学年鉴》,第8卷)。还有什么会比下述命题更接近后期胡塞尔及其对生活世界的兴趣或海德格尔关于日常此在的分析:"事物的那些对我们而言最重要的方面由于它们的简单和平常而被隐藏起来(人们不能注意某物,因为它总是在眼前)。人们进行探究的真正基础根本没被人发现。"(第346页)

当然,这只是他们在批判的对象方面的一种聚集,而不是在他们各自确定的意图上。对于维特根斯坦来说,一种"确定的意向"本身就是一个相当可疑的概念。在后期维特根斯坦那里,问题总是在单纯破除语法的神秘化——在此我们想起尼采。因此一种逻辑的理想语言不再是他的目标,只是因为这样的理想语言本身表明是由一种神秘的假定所支配的。是否存在有对象,随后我们考

[㉗] 亚历山大·伊斯雷尔·维滕堡(Alexander Israel Wittenberg)在《概念中的思考》(1937年)中描述了这方面的一种试图。

虑如何称呼它——一种"神秘的过程"(第309页)?"唯名论者犯了一个错误,即他们把所有语词都解释名称(Namen),而且没有真正描述它们的应用"。在《逻辑哲学论》里,维特根斯坦的确定的任务是指出原初的要素,但现在他却引证柏拉图的《泰阿泰德篇》中的一段典型的话,按照这段文字,话语的两个真正原子,即字母和声音,是不可定义的。可是现在维特根斯坦用一个大写的"但是"作连接,而奥古斯丁的唯名论语言理论则直接成为他自我批判的批判出发点。我们面临的问题是,他能否从柏拉图对那个由《泰阿泰德篇》引出的理论的批判——这就是说从柏拉图的辩证法——中学到某些东西。

然而,维特根斯坦想通过他的语言游戏达到这样一个在语言使用上完全清晰的结论,即"哲学的问题应当完全地消失"(第347页)。因此目标仍然是相同的:消除"无意义的"语词或记号(《逻辑哲学论》,第6章,第53页)。只是当维特根斯坦要求我们接受语言的"使用"并澄清语言在其休息、"无所事事"(第347页)或"度假"(第309页)时所产生的错误时,维特根斯坦现在是不带唯名论偏见地追求这一目标。一个例子:"我能知道别人所想的东西,但不知道我想的东西。'我知道你在想什么',这是正确的,而'我知道我在想什么',这是错误的。"(第534页)

因此,作为一种语言批判,一种语言的学说,哲学是对哲学的语言批判,我们甚至可以说:哲学是对自己造成的伤害的自我治疗,有如《逻辑哲学论》(第6章,第53、54页)所颁布的自我扬弃。这难道不应当是必然的吗?也就是说很少用消极的方式去规定哲学的事业,即语言学说事业。对语词,也就是对作为"活动"或"生活形式"的语言的"使用"或"应用"这些概念本身最终难道不需要进行维特根斯坦所说的治疗吗？在维特根斯坦那里，有时也有类似的话，参见第 389 页："属于经由语言而达到理解的东西不仅有定义上的某种一致性，而且也有判断上的某种一致性（尽管这听起来或那样奇特）"。也许语言的基础对于一切哲学的愚昧来说不仅是还原的场所，而且本身也是一个现实主义具体的解释整体，这个解释整体从柏拉图和亚里士多德的时代到今天，不仅总是要重新加以接受，而且最终要被思考。在这一点上，我认为，胡塞尔的先验论现象学还原——尽管有其一切反思唯心主义——比起维特根斯坦的自我还原来较少偏见。与他们两人相反，我们必须承认，我们一直并且还仍然走在"通向语言的途中"。

（洪汉鼎 译，马小虎 校）

7. 生活世界的科学
(1972年)

虽然"生活世界"(Lebenswelt)①这一题目涉及的是胡塞尔后期学说里讨论得最多的部分,但似乎我们仍有必要再次检查这一学说能开辟什么新的道路,以及在多大程度上它只是涉及一个一般现象学所具有纲领性意向的说明。胡塞尔式思维富有特征的风格是,自我纠正和自我重复彼此是不能相互区分的。因此"生活世界"概念的引入,或是对胡塞尔原始的现象学观点的纯粹描述,或是一种更明确的新的自我批判,如果这种自我批判没有达到胡塞尔毕生追求的"哲学作为严格的科学"这一目标,那么至少也要让它成为看上去可达到的。因此胡塞尔的自我解释根本不是一条可以依赖的主线。因为这种自我解释也是在不断更新的自我批判和目的论的自我解释这两者之间摇摆着,这种目的论的自我解释使他甚至把《算术哲学》②也称为现象学构造研究的前期形式。甚至对于舍勒和海德格尔对他提出的批评异议,他也无非只是坚持认为他们没有理解他的"先验论还原"。这是他的自我理解中唯一固

---
① [参见《现象学运动》中的许多资料,上文第105页以下。]
② [参见胡塞尔的《算术哲学》以及补充的论文(1890—1901年),载《胡塞尔全集》,第12卷,L.埃雷(L. Eley)编,海牙,1970年。]

定不变的东西。因此在我看来,从方法论上说,要求我们说明生活世界的学说时,我们要考虑到胡塞尔为反对他的哲学同时代人而提出的普遍抗议的背景。

另一方面,我们必须承认,"生活世界"这一新词从一开始就在一个非常广泛的意义上讲出了胡塞尔思想相对于占统治地位的新康德主义和实证主义所具有的特征,它不是从科学出发,而且把哲学的任务也不限制在作为科学基础的经验。从而我们不难理解,"生活世界"这一概念在胡塞尔后期著作中的扩张为什么被许多学者理解和接受,尽管这些学者本不打算遵循胡塞尔的先验论还原之路。这些学者正是在"生活世界"这一口号下看到了与笛卡尔主义的背离,并至少在现象学人类学的意义下,使一种关于社会和历史世界的独立分析成为合法化。③

这一点不是不合理的,因为胡塞尔就承认"生活世界本体论"这一任务完全合法——尽管是作为第二位的研究任务,它相对于胡塞尔自己先验论还原之路具有客观的优先性。事实上,胡塞尔现象学的主题不仅在于从科学经验世界背后去追溯简单的现象所

---

③ [由于兰德格雷贝的文章("胡塞尔与笛卡尔主义的告别",载《哲学评论》,第9卷,1961年)和我对兰德格雷贝这篇文章的探讨,"生活世界"这个论题登堂入室了,有关生活世界的讨论在最近几十年得到了生动活泼的延续。参见《真理与方法》,第233页,也即我的著作集第1卷第251页的评论。这里涉及存在论上的某种抉择。要么"纯粹感知"给出自然科学最终得以建立的定位点(事实上,自然科学首先通过实验和测量生产出其定位点)。这是现成性的存在论。然后,莫基就有意义了。要么人们由此识别出某种非现象学的建构,它使在世界中存在的某种派生样式具有了优先地位。我并不想列举出生活世界的两种类型,而是由此看到了两种彼此不同的存在论:一种是希腊形而上学的存在论;另一种是借助对希腊形而上学的批判性追问开启出的存在论立场,即在时间视域下追问存在的立场。]

与,如"知觉"等,并把它们相对于科学的有效性的要求合法化,而且还在于要根本证明这种"生活世界"本身就作为它自己的现象合法性起作用。因为这一论题领域实际上描述了一种所与方式,即一种原始所与方式的整个领域,并且无视这种所与方式,显然是不合理的,因为我们被引向一种置于"后面的"整个科学世界知识,一种真实的客观世界的本体论,客观的自然的科学包括一切可认知的东西。胡塞尔在其《算术哲学》中以符号数字为例给出了一个最重要的洞见,即对于"现象学学者"来说,根本不存在独断的所与性前概念——例如按其概念是绝不能实际产生的无穷数,应当能有一个数学上不能由定义而来的意义吗?所以,生活世界的所与性自身必须成为意向性分析的对象,必须在其现象特征中证明是"结构性的",而无须返回到"物理"世界。

这样一种分析曾遵循意向对象和意向行为之间的相关性并由意向去规定被意向者的"意义",这必然蕴含如下意思,即"意识生活",意向体验之流,也会为生活世界的所与性——绝不只是为科学经验的客观性——提供一种进入和证明的通道。就此而言,胡塞尔的第一步就立即超出了新康德主义在"科学事实"意义上把握经验对象构造的任务。

确实,相关性研究甚至还能发现作为数学自然科学客观主义基础的世界本体论是怎样的幼稚可笑。这样一种世界本体论没有看到在其自身中所包含的理想化这一重要问题,而且正如胡塞尔所说的,还飘浮在空中。但是,生活世界的效用意见(Geltungsmeinungen)在另一方面又表现了理想化,并因此包含了参与建立生活世界的那些未得到注意的意向行为。不仅把意向行为作为这样的主题,而且特别做出一种广泛的意识现象学,这种意识在其流动的时间性中构造一切客观有效性,这已经成为《逻辑研究》相关性研究的纲领。当胡塞尔工作在现象学研究的最深层次,即内在时间意识的自我构成时,"生活世界"这一主题完全自然地已经在其视野里了——当时这种研究显然回溯到"先验论"现象学产生之前的时代。

但后来,当先验论还原的哲学基本方案把胡塞尔的研究都归入一个系统的哲学纲领中,并从一个最终基础的确然的明证性出发把"作为严格科学的哲学"④建立起来时,先验论还原研究就导入这样一个问题境况,即"生活世界"这样的问题实际出现了——以及"生活世界"这一术语来到了概念的表述。众所周知,胡塞尔在其《观念》一书中以一种真正先验唯心主义解释了由先验论主体性发展而来的新的科学风格,并依赖于笛卡尔那种在普遍方法论怀疑路上建立"我思"($ego\ cogito$)的确然明证性的方法。胡塞尔这种笛卡尔主义确实与笛卡尔的实际追求离得很远,并且胡塞尔是完全有意识的。胡塞尔特别清楚,笛卡尔对世界的普遍怀疑根本不是要把一切知识都系统建立在一个新的哲学明证性之上,而只是确认数学自然科学是"客观世界"的真正知识。因此,笛卡尔的自我(Ego),这个经得起普遍怀疑的不可动摇的基础($fundamentum\ inconcussum$)根本不是胡塞尔试图在其上建立明证性秩序和创立其作为纯粹现象学之哲学的先验论自我——笛卡

---

④ [胡塞尔:"哲学作为严格的科学",载《逻各斯》,第 1 卷(1910—1911 年),第 289—341 页,以及由 W. 斯基拉齐(Szilasi)编辑的重印版,法兰克福,1965 年。]

尔的自我只是在经过一切怀疑之后仍然留下的一个"小部分世界"（从这个自我出发那种关于世界认识的完全不同的神学之路得以合法化）。但胡塞尔由于依赖于笛卡尔的怀疑考虑而获得的东西，首要仍是把一切世界信念有效性悬置起来的那种彻底性和普遍性。所以他发展了先验论"悬置"（*epochē*）这一把所有客观设定，也就是本质科学如数学都用括弧括起来的广泛的学说。现象，所与方式本身，都应当通过在现象学构成性研究得以证明的科学要求而得到论证。

在《观念》一书中得以阐明其方法充分自律的先验论现象学的庞大研究领域，必须是真正包罗万象的。现象学通过"先验论还原"严格方法而对一切其他的哲学立场和世界观进行了深入探问，如果我们期待从胡塞尔关于先验论主观性的分析中得到关于传统立场的任何结论，或者甚至想在他那里，例如在他关于构成感性经验的"质素"（hyletischen Daten）的学说中，能找到"实在论因素"，那么胡塞尔就会感到被人误解了——我认为这是正确的。胡塞尔很坚决地反对把现象学和心理学混淆起来。因为所有实在科学都一定是在现象学哲学范围之外，并且只有从这种现象学哲学出发，实在科学作为一种本质的"新型的科学"才返回到它的合法性。但是，为科学提供一种新型的、清晰的和没有危机的基础，完全是先验论现象学的要求。由于把哲学奠基于先验论主观性之上，我们就达到这样一个地基，从这个地基出发，一切哲学问题都基本上找到解答。

当然，胡塞尔也承认，要坚定地、无错误地坚持先验论立场有着巨大的困难，他不仅指责他的对手们在倒退或误解新基础的彻底性，而且还承认这样一种倒退对任何人都是存在的。因此他在他的现象学探究中不倦地讨论着主体间性这一困难问题。但他的答复最终仍是非常简单的：只有在先验论主观性的基础上，从先验论"唯我论"出发，"我们"，也就是对其他主体的经验（这些主体从他人方面说就是"我"），才能根据先验论被合法化。虽然"主体间性"问题在胡塞尔学派内具有决定性的意义，并且突破先验论立场对于此问题的限制总是一再被要求甚而也为胡塞尔自己所主张，但按照胡塞尔的看法，所有这些乃是一种错误的假象。主体间性问题只可能从"先验论自我"及其构成性工作出发加以解决，他人作为一个"有如我的存在"只能通过一种"先验论的"移情（同感）才被理解。说一个有广延物体的纯粹知觉对象只有通过一种理想的把握方式才能成为"另一个我"(alter ego)，这是很奇怪的。另外，胡塞尔也承认，在他依赖笛卡尔的怀疑之路时，主体间性问题并没有得到充分的考虑，并且他用许多探究来驳斥那些指向他的异议。但在他看来，这完全是确定的，即对于他建立作为严格科学的哲学的基础来说，并不存在任何危险。⑤

这一点同样适合于"生活世界"的问题。然而在胡塞尔的后期著作中，生活世界的问题与主体间性的问题相比，更少得到解决。这究竟是一个什么问题呢？胡塞尔以双重的方式看待它，一种是对他本人在《观念》里进行先验论还原所作的自我批评方式，另一种方式则是使生活世界的问题以一种特殊的方式与先验论的奠基

---

⑤ ［参见胡塞尔这一时期的作品：《交互主体现象学》，收入胡塞尔译稿，载《胡塞尔全集》，第13卷(1905—1920年)、第14卷(1921—1928年)，I. 耿宁(I. Kern)编，海牙，1973年。］

联系起来。虽然他最终仍坚决主张,生活世界与先验论奠基的联系问题是可以解决的,这个问题之所以显得长期解决不了,就如还原之路一样,乃是没有彻底地贯彻执行——但他越来越清楚地认识到,从生活世界问题出发,这种贯彻执行会产生特别的困难。从这里出发,他越来越感到需要与历史世界打交道。在他1911年的逻辑学著作中——这标志他的哲学纲领的开始,他认识到,"世界观哲学"具有与非反思的自然主义相同的危险,对他来说,这就是说:急躁地要求得出草率的精神决断,一种导致混乱从而造成"怀疑和厌倦"后果的相对主义。第一次世界大战可怕的动乱——对于胡塞尔,不仅失去了他的儿子,而且最终导致哈布斯堡王朝的覆灭以及与他的家乡莫拉维的脱离——确实对他产生了影响,正如此后不久在唯心主义崩溃、辩证神学的兴起以及舍勒、雅斯贝斯和海德格尔的出现中以同样方式对他所产生的影响一样。胡塞尔这个为人单纯而天真的个性此时和以后让他极其认真地被这样一个问题所困:我怎样成为一个真正的哲学家?对于胡塞尔来说,一个哲学家就应是一个独立的思想家(Selbstdenker),一个对其所有思想和信念——超出科学领域之外(胡塞尔曾是数学家)——都试图给出最终解释的人,对于这种人来说,每一种无法核实的和不可证明的信念都显示为好像他缺乏内在自信一样。正是在这种最终自我证实的努力的关系下,历史主义的恶魔及其内在的怀疑不断地打扰他,最终在生活世界的启示之下,他看到要开辟一条通往最终清晰的和新的从根本上改造未来人类的尊严和理性之路。

　　首先,他认识到,在他把哲学建造为严格科学——这对于他来说就是:在贯彻先验论还原时,他犯了一个错误(这种错误似乎造成如下恶果,即世界观要求正在重新威胁着思想的科学清晰的防线)。在《观念》中,他曾相信,通过把所有存在设定,即世上所有认识对象都括在括弧里,他就已经达到非客观的东西(Nicht-Objektive)、纯粹主观性及其确然的确实性的领域,但是他没有注意到,在通过对实在一般论题的弃置把世上所有对象都括在括弧时,这种世界信念本身,这种相对于所有实在设定而先行的关于"世界"的视域意向性却没有一起被弃置——这无非只是说,那种致力于从先验论主观性出发建立一切客观有效性的构成性研究也会混入随意的偏见和未经证明的有效性。并非真的是一种追求绝对精确性和严格性的学究式需要指导了还原进程并最后发现某个小的错误。这种错误可能真的具有严重致命的意义。因为一旦被认识到,生活世界——在此世界中生活与先行给予的当然性结合在一起并且这种世界本身从来就不是对象——的问题就成为哲学的一个根本问题。他本人作为从事先验论思考的人不是也完全明显地被这种世界视域所包围吗？但是只要看一下人类文化学或历史学的研究领域就知道,空间和时间产生大不相同的生活世界,在此世界中无疑而不言而喻地有着大不相同的事物。

鉴于这种情况,科学之路首先就在于承认客观事实、找出规律以及使一切事物对于每一个人来说都是可控制的和可支配的,成为唯一是"真的"东西——但是这条道路所追求的却是完全不同的目标,这目标不属于纯粹的生活世界本身,而是表现一种要把"世界"加以数学描述的特殊的理想化。通过"悬置"(*epochē*)把这种关于事实的科学认识的有效性括在括弧里,这一做法一开始就暴露了纯粹自我给予性的一种新的生活世界的向度。但是,胡塞尔在《危机》里写道:"现在我们感到困惑,这里有什么东西能被科学地断言为得到一切时代所有人的承认"。"现在"这个词在此当然不是指在最初的"悬置"之后的现在,而是指在我们认识到"生活世界"的多样性及其先于一切科学客观性之后的"现在"。在同样的意义上,对生活世界基础有效性的论题把握——这种生活世界本身绝不是任何新的东西——也就包含着新的问题出现。显然,生活世界的主观相对性可能从其普遍结构出发加以分析,这就是说,它可以暴露生活世界的先天性,虽然这是一种普遍的先天性,它不是传统客观主义形而上学和科学的"客观先天性",而是这种本身必须被建立的先天性,因为它作为"基础有效性"先于其自身,甚至先于逻辑。

当然,如果我们现在读到,胡塞尔在其《危机》中——这是我们能找到的他关于先验论还原"新"道路的唯一概括的表述——是怎样描述这一"新"的道路,那么我们就会惊讶地发现,那些早期在《观念》里就认识到的研究任务和观点是怎样又回来了,尽管这些任务和观点是更新了的并以有所改变的外表呈现出来。生活世界先天性的分析及其方法论的奠基意味着一种态度的改变,这种改变不再只是人们所熟悉的先验论"悬置"(顺便注意一下,第38节的标题,无论它出自何人之手,它都是错误的。这里并不提出"使生活世界成为主题的两种基本方式",而是通过一种普遍的兴趣转向针对生活世界视域的非主题化有效性,提出生活世界的主题化)。这里现在所突出的与比较旧的逐步怀疑的表述,即笛卡尔道路的"逐步还原"(graded reduction)的表述是不同的,改变的整体应是整个一下子获得的。因为每一次对有效性的逐步加括弧只是用另一种方式拥有普遍的地基,而不是弃置其有效性。的确,把生活世界基础有效性加以主题化即加括弧对于"体验"自主领域的先验研究带来一个新的因素,因为出现在眼前的是带有其变化着的世界视域的丰富多样的生活世界的普遍结构,或者,我们也可以说,是坚持"生活世界"一切形式的"生活世界"理型。但是,这条通往生活世界的道路不仅是一条"新的"还原之路,而且也是一种重要的见解,即还原在此所导致的先验论自我证明自身乃是那种舍其就不能解决的困难的解决。这种困难在于如下事实,即生活世界的普遍视域必然地包含着先验的主观性。其实生活世界只存在于其主观相对的结构之中。在"这"世界中,在一个本质上单一的世界中的直接生活,其实绝不是清楚明确的,而是包括了大量所与方式。"这"世界根本不是自我给与的。它无非只是对象一极。这个极在生活世界经验的不断前进和阐明中总是在起方向的作用。悬置,即它的有意识的主题化正是以这种方式揭示了先验论的主体-客体相关关系。

然而,在其一切秘密内涵中所包含的是什么呢?这个本身是世界一部分的世界-构成的主体性是什么呢?这就是世界每次都对之有效的"我们人类"。这究竟是什么?"我们人类"就是众多"自我",我只是其中的"一个自我"吗?确实,主体间性的世界经验在构成性分析中一定是可解释的。人们可以研究所与方式,例如什么是"熟人"。在熟人这个现象中所包含的一切,在生活世界的共同视域上所预设了的东西,出现在别人面前,并使别人也呈现在自己面前,一个可能越来越大的熟人圈子,熟人内部较密切的和较疏远的不同层次,朋友和敌人的层次,此外,还有具有其规范和游戏规则的匿名的"社会"视域，人们熟悉此社会，但此社会却不同于熟人圈子——世界本身正是在这种主体间性经验中构成自身。"这个"世界就是它，而不是一个可以数学描述的先天性的"客观"世界。

即使我认识到所有这一切，以及每一个这样的"自我"，有如我一样，都有可能自由地决定来进行"悬置"的改变态度并研究这种先验论的相关先天性，先验论的主体性允许和要求一种先验论的共同体（Vergemeinschaftung）——我们仍不能摆脱这种困境。世界构造的主体性，不管它可能是这种进行构成的主体性的多数，本身乃是如此构成的世界的一部分，并从中显示特殊的主体关系的视域特征，这种视域特征把刚果的黑人或中国的农夫与胡塞尔教授区分开来。生活世界视域所与性的不可弃置的特性怎样使一门"科学"成为可能呢？

如果我们跟随《危机》原文，那里所给出的解答似乎既不是新的，也不是有问题的。那是一个旧的答案，即起先验论建基的主体性，也即这个使世界信念得以构成的自我（Ego），不能和那个本身是被构成的并在世界中所遭遇的我（Ich）相混淆，那个我具有其一切世界经验——梦幻的世界、儿童的世界、动物的世界、历史的世界、生与死的问题、性的问题。这个"自我"（Ego）并不是一个与其他事物无关的"我"，也不是意欲存在于世界中的我，而只是以其绝对确然性——但也是以其独特的哲学孤独奠基并最终起奠基作用的自我（Ego）。所以《危机》原文是具有最终明确性。

然而，《危机》原文在此并非是唯一的资料源泉——这种资料源泉也是模糊的，因为那里对出现的困难的讨论一而再地打断思想之流。除了这篇文本(它从未得到完成)之外,还有一系列的论文和笔记,这些文章和笔记正确地表述了什么因素影响和推动着胡塞尔。《危机》原文的写作也证实了这一点,正是生活世界的主观的-相对的多变性使胡塞尔走向历史研究,而对于这种历史研究他几乎抱歉地说,它曾是不可避免的。

他在这方面所进行的研究乃是从伽利略物理学所做出的科学"客观主义"的推导,而伽利略物理学对它的问题域和观念化却有完全不同的意识。胡塞尔给出了一个理想类型的发生学的建构,这个建构在最终建立先验论现象学、特别是在最终建立"生活世界"的标准下讨论了笛卡尔、休谟和康德。人们公认,康德和新康德主义那里对"生活世界"的"忽视"以及缺乏先验论思想的彻底性,尽管是由于如此构成的科学经验概念的过分狭隘——但论文中所发展的生活世界现象学真的是走在这条历史自我解释的道路上吗?情况看起来根本不是这样,如果在那里"生活世界"这一观念(Eidos)是这样被描述的话,即"它考虑到一切可以想象的可能性的全体,这些可能性被包含在视域里,或者说,视域作为它的解释被消融在这一切可能性全体中"(《危机》,第499页)。但这是否指出了胡塞尔笨拙地准备要走的历史研究之路吗?那里承认,进入这种生活世界视域首先不能避免要解释一个每次作为现在而有效的世界的样式,并最终"在一种具体的无限的历史性中"思考世界(参见第500页)。但当我们读到,"所有可能的世界都是对我们有效的这个世界的变种",并且"这个"世界只是作为"一个永不停止流动有效的"在无限观念的意义上被建造时,那么这肯定意味着,生活世界作为"观念"就绝不是通过不断地纠正而连续流动地建构自身的"世界本身",并且生活世界作为"观念"就不可能是"客观科学"意义上的科学。无疑问地承认这种客观科学的有效性视域乃是一种错误,这个错误只有从具有这种"观念"的生活世界出发才能被"理解"。这种"生活世界"原则上是在直观中被给予的,虽然是在它的流动性视域的流动和起伏中——而科学世界则越多具有一个逻辑亚结构的符号的所与性,本质的东西就不能靠自身被给予,有如无穷数列(第131页)。所以生活世界具有一种有限的、主观的-相对的世界的普遍结构,带有不定开放的视域,这个生活世界从我们自己有限的生活世界和(从希腊开始的)完全确定的历史回忆的变种出发,就可能在"科学"的客观的世界-先天性的克服中,在其有效性意义中阐明自身。

但是人们可以怀疑,生活世界的先天性以好的现象学方式通过变种和观念的改变能得到理解吗?(参见第383页!)——正是《危机》(胡塞尔1936年所撰)中对伽利略的历史分析之路的自我解释,把自己生活世界的出发点只是看作对"永恒真理(aeterna veritas)的接近"(第385页);完全确实的,紧紧抓住自我的先验论意义——作为纯粹活动的我——可能消除那种由生活世界对每一个可思想的我具有有效的奠基而产生的悖论。论文的原文足够明确地引导到这种观点。

不过,把生活世界的科学与自希腊以来一直作为主导观念规定人类的"客观"科学区分出来,这不是任意的,因为这种客观科学是我们自己生活世界内的一个因素,这个因素的朴素教义可以通过历史性理解它的起源和有效界限加以"理解"。所以,科学本身所具有的种种偏见也成为无害的。青年胡塞尔承认并孜孜不倦坚持的严格科学当然是科学。但它是一种新式的科学：一种基于态度改变的唯一可能的普遍解释和自我思考，它不是由作为世界认识的科学的观念，而是由对生活世界平庸日子的境遇认识而获得的。就此而言，下面这点是正确的，即当胡塞尔一踏上一条新的道路，一条对于自己生活世界预设哲学前提进行历史自我阐明的道路，胡塞尔毕生的任务就改变了其意义，有如胡塞尔自己所暗示的。这条新的道路就是在《危机》中提出的。但毫无疑问的，这条新道路通向一个老目标，即"先验现象学"的老目标，这个目标是在"先验论的"自我（及其作为自我的自我构成）中有其确实的基础。只有这才是"严格的科学"——不是在传统的科学的意义上，而是在一种"新的生活意志"（Neue Lebenswille）的意义上，"在它的迄今为止的全部存在和从现在开始作为未来被预先规定的存在去认识自身"，也就是作为最终的"绝对自身认识"（第472页）。所有这些其实都是老声音。生活世界"在其自己的运动性、相对性中"可以成为一种普遍科学的主题——当然不是那种在历史的哲学和科学的意义上的普遍理论形式（第462页）。

此外，在《危机》一书的附录和曾计划的前言中，下面这一点讲得很清楚，即正是一些外在的当代的条件才使得胡塞尔超出对生活世界先天性的普遍发现及其历史性而走到把"先验论还原的新道路"与历史性思考结合起来。这种历史性思考的目的是反对当代精神及其固有的历史怀疑主义。胡塞尔提到舍勒和海德格尔的名字（第439页），他的许多思考都与历史研究相关。其结果与我们在胡塞尔所有其他思想道路中所发现的东西没有什么不同：先验论现象学作为所有哲学史的意义给予的最终建立以及它在先验论自我中的"最终建立"是令人信服的。当然,在胡塞尔的眼里,这绝不只是理论的任务。

[概括《胡塞尔文集》第 6 卷中的所有文章,胡塞尔也许会同意奥斯卡·贝克尔在很久以前就系统提出的观点,即《存在与时间》对问题的贡献被限制在胡塞尔本人尚未解决的历史存在的"视域的确定"这一范围之内。]* 自我思考最终完成于一种对每一个人都适合的知识和一种"普遍实践",这种实践在于"被现象学有意识地加以引导"(第 503 页)。

果真如此吗?这是对于现代生活和现代文明诸问题的解决吗?这样,就能跨越实践的政治判断和匿名的科学有效性之间正在加深的鸿沟吗?只通过下述这点,即所有人都追求那样一种哲学家,这种哲学家由于考察了"实践知识"(这种知识在"生活世界"中构成所有人的活动基础并规定人的活动)与高傲的严格的科学(这是一种在先验论现象学之上建立的"新型的科学)之间的复杂关系,人们从而能够为自己进行辩护。现象学真能指导和规定"生活世界"中的人们吗?胡塞尔毕生所考虑的最终目标就是要做一个有尊严的哲学家,这个目标对他来说,似乎可以通过对生活世界的基本实在和在先验论自我里的思辨的最终基础的相互交织的洞察而达到。谁想成为哲学家,谁就必须说明所有他的先入之见和所有他的不言而喻的假定,他"在生活中的位置"是被他自己这种特殊活动所规定的。

---

* 括号中这段话在《伽达默尔著作集》第 3 卷中已被删去,这里根据伽达默尔的《短篇著作集》加以增补。——译者

我在这里所涉及的,是被胡塞尔自己作为现象学的自我关联性问题加以反思的东西。这一问题是被上面提到的科学和"新型"实践的可疑性纠缠着。实际上,海德格尔对主观性和客观性概念所进行的本体论批判,已经给予了哲学方法去揭露一种新康德主义不可避免地一直坚持的错误,这种错误还不仅是新康德主义有。这是一种幻觉,即"科学"——不管何种形式——都能带有一种"普遍实践"的决定。如果说海德格尔的问题指向一个完全不同的方向并以一种危险的方式削弱哲学与科学的关系,那么我们仍然为下述这点感谢他的批判,即在亚里士多德的"实践智慧"和亚里士多德对柏拉图善的本质的批判中所蕴涵的"认知方式"——这种认知方式作为"实践哲学"(*Philosophia practica*)曾统治直到 18 世纪为止的传统——在它失去其合法性之前,仍能重新被建立起来。把我们实践的决定负有的知识看作仅仅是科学的应用,并让许多科学的应用进入所有我们的活动方式,这乃是一种误解。根据这一事实,"生活世界"这一主题具有一种驳倒胡塞尔先验论思想方式框架的革命力量。这里呈现的,不是理论与实践的综合,不是一种新型的科学,而是科学独断要求的一种先行的实践-政治界限和一种关于哲学本身的"科学性"的新的批判意识。科学应用这一概念早在胡塞尔的《逻辑研究》第 1 卷《纯粹逻辑学导论》(*Prolegomena*)里就具有某种二义性。如果科学应用的问题不过是我们如何利用科学做我们所能做的事情,那么它就不是我们人类对于我们社会并对我们未来负责所需要的应用。因为科学本身将绝不会阻止我们做我们能做的任何事情。但人类的未来不仅要求我们做我们能做的事,而且还要求我们为我们能做的事做出理性的自我证明的提问。在此意义上,我想对胡塞尔新型生活世界的实践观念里具有的那种伦理道德冲动表示赞同,但我想在我们实践-政治人类存在的意义上把它与一种真正共通感(sensus communis)的古老冲动并列起来。

(洪汉鼎 译,马小虎 校)

8. 论胡塞尔现象学的现实意义

（1974年）

在由保罗·利科(Paul Ricoeur)结束的一场生动讨论之后，总结性报告的任务就是仔细听取上述讨论，并突出个别文章之间的一致之处和那些可以听到它们共鸣的地方。

当我们今天仍然如此热忱地研究胡塞尔现象学时，在此研究中，历史性的距离与新的现实性会有一种独特的互动。倘若不考虑我们不再是简单地生活在由胡塞尔的工作带来的对科学与哲学直接的促进中，那么，我相信，我们还完全不能达到胡塞尔思想的真正现实意义。因此，我想从我的观点立场出发简短地提出几个实质性的问题(Sachprobleme)，即便我明白，我不是不言自明地就能够让所有听起来相似的动机都达到理性的和实质性的一致。

第一个动机恰巧涉及这次研讨会的第一篇论文，这个动机是超越论现象学方法理念的统一性。这在冯克先生(Funke)的论文中已经通过广泛材料得到了证明。另外我认为，我们确实不能再以理性的方式去争论：超越论现象学的观念从《现象学的观念》的第一个构想开始是否就是毫无争议的，并且直到胡塞尔最后的思想努力，它是否仍然被确认为是不变的。变化的迹象出现在现象学哲学的超越论自我论证(Selbstbegründung)那个地方，正如我们大家知道的那样,它来自"生活世界"这个课题。但我认为,如果人们将"生活世界"看作胡塞尔现象学后期发展的新课题,那就错了。毋宁说,胡塞尔最早的着眼点就在于:针对以"科学事实"为导向的新康德主义或实证主义知识论,他返回到了"生活世界",即返回到一种在科学中从未完全被客观化的经验。如果人们想要恰当地回答这个问题:"为何'生活世界'这个概念和这个词在胡塞尔那里只是到了晚期才变得明确?"那么就必须首先坚持上述观点。

这并不是因为,在他的现象学开端内部"生活世界"的课题似乎是次要的,或在晚期才得到承认,而是因为对胡塞尔而言,这个课题突然由于海德格尔的新的着眼点而转变为对他自己的一个批判性问题以及一个自身批判问题。在胡塞尔那里,对"生活世界"的全部讨论是——人们可以具体地证明——与如下问题进行持续不断的辩论:这个海德格尔所阐明的论题化(Thematik)真的能够完全在我的超越论现象学之外来思考吗?诸位请回想奥斯卡·贝克尔①在《存在与时间》出版一年之后的胡塞尔纪念文集里所做的注释,当人们要求将海德格尔的《存在与时间》视为一种外在于胡塞尔超越论现象学的、对哲学的新论证之时,他在此注释中把这一点看作是原则性的误解。在这里所涉及的是对一个在超越论现象学内已经预先标识出的问题层次的具体展开,而这个问题层次正是由诠释学的提问方式刻画出来的;并且这里还涉及对因此被给予的、在胡塞尔研究纲领整体内的诸视域所进行的解释。就此而

---

① [比较奥斯卡·贝克尔:"论美的无效性和艺术家的冒险性",载《哲学与现象学年鉴》增刊,哈勒,1929年,第27—52页,第39页注释2;此研究工作再版于其著作《此在与此本质》,普夫林根,1969年,第11—40页。]

言,甚至连贝克尔——他最开始时曾是胡塞尔的学生,而在当时无论如何肯定已经同样地变成了海德格尔的学生了——都可以说想要在当时让海德格尔的新的着眼点与现象学纲领相调和。在我看来,胡塞尔那里真正的促进因素,即促使他与生活世界的问题域进行交锋的因素,就在于此。

在我眼里,《危机》一书——我知道,我对此的看法与我们的同事兰德格雷贝以及冯克不完全一致——是不断地在试图表明,为何他自己的超越论现象学的开端是不可规避的并且是涵盖了一切的。如果我们想要坚持胡塞尔的课题,那么我们无论如何都必须区分"生活世界"课题在超越论现象学奠基之内所起的作用和此课题以及其研究领域的具体展开,而"生活世界"研究领域的内涵大于超越论现象学的问题设定。在我看来,对胡塞尔来说毫无疑问的是,每一种思想尝试,即尝试让"生活世界"仿佛强烈地与他在超越论自我(Ego)中的奠基观念相对立,在他自己眼里以及对他自己的意识来说,都被他驳倒与击败了。整个《危机》的研究是胡塞尔对自己提出的那些自我反驳之间的独白式对话和它们的辩驳。当我们根据其各个构成部分来准确地分析胡塞尔文集第6卷《危机》时,我们便可看到:胡塞尔所做的最进步、最勇敢以及最彻底的自我反驳全部在附录中。与此相反,正文再次让所有这些自我辩驳服从于超越论现象学的严格学科,对超越论现象学来说确定无疑的是:一个可能的哲学问题若不能找到它在发生-构造性奠基的结构秩序内的体系位置,那么,这个问题就不可能存在。

因此,"生活世界"在胡塞尔眼中仍不是一个批判性的裁决者(eine kritische Instanz),而在这里也无须我来重复,胡塞尔在"生活世界"这个关键词下做出的自我批判究竟是批判什么；这仅仅是对那种导向超越论自我（Ego）的笛卡尔式道路的自我批判，而绝不是对作为一切终极论证原则的超越论自我的自我批判。相反，生活世界的道路想要以一种"真诚的"方法达到超越论自我，这种方法纠正的是一种根本性疏忽，即要避免这样一种幻想：给一切世界设定加括号、给在"存在者层次上的世界"（ontisch-mundan）意义上的存在有效规定的一切设定加括号，并且以此方式将纯粹超越论主体性保留为有效的证明场域，这仿佛就是充分的了。胡塞尔已经看到——并且在此实际上可能是海德格尔的新开启促使他看到：如果没有明确地把生活世界的世界概念也课题化为关于世界的总体视域特征，并且没有以此对世界概念加以"悬置"，给它加括号，让它处在括号之中，那么，他就不能在自我中毫无疑义地实现现象学的超越论奠基。他洞见到的并且通过面对海德格尔的新的诉求而注意到的东西是：如果人们不愿让没有被证明的有效规定渗入构造现象学的奠基中，那么生活世界的课题必须被当作课题本身来课题化，并且必须现象学地制定出一种关于生活世界的类型学。因此，"生活世界"的课题从一开始就是为了排除来自生活世界的含义方面的疑惑，这说的是：来自世界的非课题化的视域特征，它们会渗入到构造现象学中，并且会召唤出"相对主义"的幽灵。

与之相对，在我看来，在我们的讨论中始终没有得到充分坚持的是：生活世界的存在论——胡塞尔完全承认它为一个合法的学科——就自身而言在多大程度上展现了一种用胡塞尔的话来说向世界（mundan）科学的转向，以及应该如何来思考这种转向过程，这完全是不同的问题。现象学转向的问题域应该完全与论证的问题域分离开来,论证的问题域在"我如何成为真正的哲学家?"这种著名的问题中达到顶峰;我如何能够让思想的每一个步骤在一种绝对的自身责任性中合法化?这种合法化的问题域不会因为"生活世界"的课题而受到质疑,而是更可能在超越论现象学的意义上得到深化。

就此而言,我在生活世界中没有能够看到针对超越论现象学统一性的裁决者,并且我觉得,冯克的开篇文章在这一点上是完全正确的。

我所赞同的是,在这次会议中没有用和"生活世界"课题相同的方式而把"交互主体性"课题当作是一个针对胡塞尔现象学的裁决者来讨论;因为同样的东西也确实适用于这个课题,即胡塞尔自己认为:他将在他的超越论现象学的基础上完满地解决交互主体性问题。在他眼中一切都只是自我反驳,这种自我反驳就像一切真正的自我反驳那样——我认为,这是一个真正的命题——总是已然预料到了对它的驳斥。胡塞尔讨论这个问题的形式也总是已经预料了对自己反驳的拒斥。

然而有一个要点,在此要点上,如我也认为的那样,胡塞尔现象学在"生活世界"这一关键词下实际上陷于一种困难,这是在胡塞尔那里一直得到共同讨论的现象学的自身相关性问题,但就我能够了解的范围来说,这个问题无论如何都没有让我得到满意的解释。这里涉及一个简单的问题:难道生活世界不是作为一切单纯的"进入世界中生活"(In-die-Welt-Hineinleben)的先行的有效规定的基底吗?即便这个基底已经彻底地以超越论反思转向的方式被加以悬置,即便超越论转向的前提还留存着。生活世界的反思来源与自我中生活世界的超越论结构之间的这种关联意味着什么?从这里出现了超越论的思想方向本身的生活世界转向问题。在我看来,这个问题域仍然是开放性的。在我们的讨论过程中,在一些要点上,我们已经间接地说到这一点,在接下来我报告的关联中,我想对这些要点做一些评注。

除了海德格尔自己通过在《存在与时间》中的一种自身解释(Selbstinterpretation)的技术所进行的证明,没人能更好地证明:想要在某一个要点上打破胡塞尔超越论的自身立义(die transzendentale Selbstauffassung),这是一个真正的难题,并且把那些因此立场而在"实践"课题上产生的难题看作难题本身的洞见是不充分的。这是一种超越论的自我解释。对自身存在之领会(Sich-auf-sein-Sein-Verstehen)表现为形而上学的解释及其含义的最终超越论基础。在我看来,海德格尔晚期在这一要点上的自我批判间接地证明了,超越论的反思方向在其自身中何以是必然的。

作为我的解释的第二个方面,我可以对此稍加说明。这关系到所谓生活世界自身的超越论的问题域与生活世界性的问题域。我认为,这只是一个古老问题的重复,谢林其实已经向费希特提出过这个问题,并且现在能够很容易地在瓦尔特·舒尔茨[2]重新编辑出版的《附导论的费希特与谢林书信选集》(以下简称《书信集》)中来了解对这个问题的讨论。这个问题正是:是否先验观念论不

---

[2] [瓦尔特·舒尔茨(编):《附导论的费希特与谢林书信选集》,法兰克福,1968年。]

能并且不必给自身一种实在(real)的论证。谢林在这个意义上将他的自然哲学理解为对观念论的自然主义证明。这应当是说：针对超越论反思的实在基础自身不会再次出现在超越论的问题设定这一框架中。众所周知，费希特凭借更高明的机敏的论证驳斥了谢林自然哲学的要求。当人们读《书信集》时，人们不会怀疑费希特是有道理的——应该注意：费希特仅仅在那些谢林也正好占据的概念可能性之内是有道理的。只要谢林针对"知识学"，试图捍卫自然哲学的自主要求，他就是处于下风的那个人。

在我们的时代，胡塞尔现象学经历过完全类似的批判，并且在某种范围内，它极其成功地经受住了这一批判。这种批判正是舍勒对现象学进行的批判。舍勒准确地着手的那个要点正是谢林面对费希特所着手的要点，并且舍勒提出了这样的问题：现象学能够是一切吗？能够是哲学的全体吗？显然现象学仍未回答，究竟如何达到哲学本身的反思可能性。人类自身卓越的地方是具有"去现实化的能力"(das Vermögen der Entwirklichung)，舍勒将这个能力表达为"精神"概念，并且舍勒对胡塞尔"悬置"学说的批判明确地以这种能力为主题。他的批判回溯地指向这种人类学基础，在这些基础上，"精神"一般地从作为生命活力基础的"冲动"出发达到它的现实化。通过在现代人类学对人类无意识优先性的洞见的基础上——但也考虑到了实用主义的科学理论以及思维和格式塔心理学的格式塔学说——为现象学寻找一种人类学奠基，舍勒以此重复了谢林对超越论反思立场的反驳。胡塞尔方法上的优越性在此也证实了自身是必然的。不返回到反思自身之中的东西，就不可能通过对反思可能性进行论证的科学-理论工具来把握。

我们确实不仅是从胡塞尔那里,而且首先也是从黑格尔那里知道超越论的反思运动这个魔力之圆圈;当涉及(20世纪)30年代与40年代的黑格尔反对者时,黑格尔的拥护者可以成功地不断援引这个圆圈。任何可以被想到的东西,无不是在《精神现象学》的某个地方,被辩证地纳入其中并且找得到对它的赞同。我认为,就胡塞尔的情况来说,我们也不能借助一种从外在于现象学的立场来进行的批判的工具来走近胡塞尔现象学。

胡塞尔最终把一个新的"实践"观念看作"结果",并且看作得以实施了的人类"现象学化"(die durchgeführte Phänomenologisierung der Menschheit)的终点;这个新的"实践"观念具有一种独特的乌托邦式的无益特点。尽管这一点是没有任何疑惑的,并且这主要在我们南斯拉夫同事的报告中说得也很清楚了。但在这里,我还是想就此捍卫胡塞尔:不应该产生"在胡塞尔的晚期阶段有某种新的东西出现"这种印象。在此也有诸多不同的实际情况。我认为,胡塞尔在这里一以贯之地表达了他在《哲学作为严格的科学》中基本上已经表述过的东西,而认识胡塞尔的人都知道这一点——英伽登先生当然比我早十年认识胡塞尔,我认为他将为我证实:胡塞尔具有一种全然的使命意识,他希望从此出发来拯救全部人类文化。在论文《危机》中这点非常清楚地表现出来。我曾与胡塞尔有过一次交谈,这次交谈就展现了这种使命意识。我当然曾对许多音乐的事情很感兴趣,那时想知道"枢密大臣"胡塞尔对现代艺术——我当时所理解的现代艺术是表现主义——的看法,而胡塞尔就此对我回答说:"您知道的,博士先生,我也很享受音乐带来的乐趣,我喜爱诗歌,喜欢去剧院或者博物馆,但现象学的超越论论证让我没有时间再去从事这些我喜爱的事。"这是在真正的使命意识中说出的话。(英伽登先生插入的说法是:"胡塞尔告诉我,他是一名极地探险家,无暇旁顾。")

166　　现在,这实际上是说,在此存在着一个课题与一项任务。现象学哲学回转到胡塞尔在原则上所要求的、最广词义上的社会性实践这一问题,很难妥帖地以现象学的自我构造手段来把握。在此我将说明,胡塞尔暴露出一种方法上的弱点,以至于他在我们南斯拉夫的同行没有忽视的一个位置上使用了"理论与实践的综合"这一措辞。实际上,对于胡塞尔看到的东西,这不是合适的表达。这一点马上就会谈到。

　　在这个仍未解决的、胡塞尔实际上还未处理的问题之后,存在的是另一个内在现象学的课题,这个课题在我们的讨论中已不断地显露了出来。这个课题从恩佐·帕西(Enzo Paci)的文章那里就已经开始出现。可以看到的是,他的报告和其他的文章都共同地提出了一个问题、提出了一个现象学的或哲学的问题:超越论自我与具体自我的关系是怎样的?而在此问题的背后还存在着另一个课题:超越论现象学如何与心理学相处。胡塞尔自己给出的回答是:"我们"和"灵魂"的课题化,应该是一个合法的问题域。因此,据说也存在着一条心理学的道路——要注意的是:这条心理学道路通向超越论自我。在这里完全没有谈到的是:对胡塞尔现象学建筑的内在一致性而言,这大概再次意味着一种反驳;反而这里谈到的是与之相反的情况。将"我们"与"灵魂"以及"身体"在他们的超越论结构中所是的东西课题化,这种课题化导向了在胡塞尔那里需要注意的论题。但是这些论题又全都服务于一致性的"还原"并因而服务于构造的现象学。当然——我认为这就是在讨论中一再令我们困惑的东西——依据胡塞尔本人,每一个课题的提出(Themenstellung),即被置于括号当中、被带向它们的本质课题化(die eidetische Thematik)以及通过构造的方式来还原的课题设定,都具有转向的可能性。我们在此同样不可以把作为转向可能性的东西与论证混淆在一起。唯独胡塞尔在超越了构造超越论自我的原初在场(die Urpräsenz)的道路上来寻找那种在合法性证明意义上的论证,并且在后续的步骤中,胡塞尔将此论证阐明于"形式的与超越论的逻辑"这个课题,这个课题是所确立的任务唯一得到具体展开的实例。如我所知,胡塞尔自己把"形式的与超越论的逻辑"看作是在所有工作中具体展开得最好的现象学工作,并且之所以如此,肯定是因为在现象学的基础上实现了从逻辑的构造性问题域直到逻辑的真理的分层。胡塞尔自己从没有展现一个相应地得到实现了的、历史性世界的问题域。《观念Ⅱ》显然没有满足他自己的对这些事物的论证需求,因此在当时并没有发表。

因此,"现象学和心理学"课题,如我反复强调的那样,实际上与这个问题无关,即与在心理学内部提出具体的发生学问题无关。它和构造性的发生也没有关系,构造性的发生是胡塞尔从超越论现象学出发、在涉及"我们一般"以及"灵魂一般"时所实行的。就此而言这实际上是一个术语问题,并且在我看来,可以肯定地说,自我的超越论特征与具体的我(Ich)之间的关联,仅仅是理念(Eidos)及其具体化之间的关联。这里没有具体自身(Selbst)的构造问题。这是一个心理学与人类学的问题,是非常重要的问题,在讨论中关于所谓"我的超越论潜能"(die transzendentale Potenzialität des Ich)与"自身的唯一可能性"(die einzige Möglichkeit des Selbsts)的区别所说的东西,我觉得是一个重要的见解。但这是两种不同的东西。一个属于心理学,另一个属于心理学的超越论奠基。

而在这个地方,在我看来,似乎应当从原则上并普遍地提出一个问题:胡塞尔的理论在何种范围对我们有益。可以确定:所有加括号的以及置于超越论还原中的东西,都同样能够被设定为有效(in Geltung gesetzt werden kann)。但胡塞尔对此从来没有进行详细的分析。只有芬克很早以前在"涌现"(Einströmen)这一关键词下说明过这个主题。所谓的以超越论还原的形式加了括号的东西让自己再次有效,并且科学现在基于得到了阐明的先天本质的构造而变成一种"新样式科学",这样的科学虽然是一种世间科学,但它是这样的一种世间科学:在它自己观念化时,它知道借助于超越论还原来恰当地为自身辩护。上述这些东西都是合乎逻辑推导的事物吗?正如我相信的那样,胡塞尔似乎会就此提出诉求。我们这些年纪较长的人在20年代从他那里听到过这样的东西——兰德格雷贝先生当时也正好在胡塞尔身边;这样一种诉求正是:人们要首先通过超越论结构研究为诸科学——这些科学从它们自身来说当然是在追寻着不同的任务——提供科学的合法性证明。就具体的例子而言,大概可以说:超越论的我在构造中完全独立于刚才被称为"拥有自身的唯一可能性"的东西,这种可能性所具有的前提是具体的生活历史以及具体的生活历史对建构自身任务的具体解决。胡塞尔通过自我的构造来思考的是完全不同的东西:时间性的分析,这种时间性先于自我的构造存在,并且它为自我的超越论有效规定进行论证。

我就这样进入到胡塞尔的逻辑论证。我觉得自己对此并不在行。我也没有能够成功地将我的问题和巴什拉女士(Suzanne Bachelard)的文章联系在一起。我完全看到这个问题：现代逻辑对胡塞尔的一致性逻辑(Konsequenzlogik)与真理逻辑(Wahrheitslogik)的区分并不满意，并且哥德尔定理大约在"命题逻辑"(apophantische Logik)转向的课题中仍然以某种方式加入到了真理逻辑当中。然而我不认为，人们将会用现代逻辑的工具来接受胡塞尔的区分。在胡塞尔以现象学的方式对逻辑进行论证的全部尝试的背后，以及在由此产生的我们的困难的背后——这恰好也和语义学课题相关——确实存在着语言的课题。但"语言"这个课题出现在那种对胡塞尔来说也作为一个明确的基础的述谓逻辑(Aussagenlogik)之中，而不是出现在这个课题现实的维度那里。在完全承认经验和知觉的意向性的前反思、前述谓结构的时候，在胡塞尔那里，判断的命题特征(der apophantische Charakter)最终仍旧是主导性的。判断实现了对全部前反思结构的全然接受。这就是（胡塞尔的）诉求，并且只有在这样的基础上，论证结构的逻辑荒谬，例如"逻辑循环"以及有关"诠释学循环"的说法，才能得到思考。在这里我或许能依据意向来和斯蒂芬·施特拉瑟先生(Stephan Strasser)达成一致。由于在此期间出现的思想运动，对我们来说应不再可能如此基于命题的完整性来表现"语言"这个课题，并且因此不再可能将对象化接受为科学理性或理性一般的终极目标。

如果允许我回到开篇引入的对从生活世界来论证超越论反思

的尝试的评论,那么我认为,海德格尔实际上是唯一绕到一种单纯的二元论立场背后进行反问的人,并且是唯一不满足于区分超越论的反思和一种世间的生活世界经验的人。通过他对意识概念和对其被给予性本质的概念所进行的彻底的存在论批判,海德格尔为此反问准备好了基础。我想起了与海德格尔的一次交谈,这次谈话尚在《存在与时间》之前;在谈话中他谈到了舍勒,认为舍勒是一位伟大的并且是天才的思想者(在海德格尔将《康德书》题献给舍勒的时候,他还未看到这一点),但舍勒绝没有超越冲动与精神的、超越论本质科学与现代经验研究的二元论。事实上我认为似乎正是这个要点,至少让我们都因为海德格尔对意识被给予性概念的批判受到了挑战,要让我们自己去检验"现象学对我们能够是什么?"这个问题。利科先生在他的概述中将这点表述得十分清楚,并且我们都知道,海德格尔提问的彻底性所具有的结果就是通向诸科学的线索变得愈发的纤细了。当利科先生说,这从来不是海德格尔自己的自我理解、这从来不是海德格尔的诉求,即在胡塞尔超越论现象学的风格中,给一切科学预先规定出它们的先天结构,并且可以说用这种方式来建构一种我们人类知识在某种程度上可应对可负责的(verantwortbar)全体,他是完全正确的;也通过对处在论证概念中的、所预示的存在概念的提出问题,海德格尔也刚好质疑了论证理念自身。论证(Begründung)与建基(Fundierung)常常在胡塞尔那里出现。就像对所有段落都很细心的那样,冯克先生十分细心地给我们展现了几处海德格尔言及构基的段落。海德格尔当时还完全不能用其他的方式来进行表达。他尽管谈到了构基,但他的着眼点正好要表明:将更高的立义形式构基在知觉基础性的、亲身的感官被给予性之上,这是一个错误。这种进路取向还表明:在这里藏着一个存在论的偏见,仿佛现成的并且因此在交互主体性上(intersubjektiv)是可控制的东西就具有一种特权性的存在诉求。并且这个着眼点表明:与此相对,立义形式是更高层次的明见性,这种更高层次的明见性必定会被人们看作是次要的。海德格尔的进路取向正是:他给我们展现了,在构基的图式背后有哪一种模糊的、不可确证的"价值"存在论。因此"构基"确实在海德格尔那里出现了,在《存在与时间》中还出现得相当频繁,并且在后来也会时而出现。然而论证的观念其实已经不再合法了。

什么能够取代论证观念?现在每个人都试图从他的道路出发来进一步推进他所洞见到的东西。我个人尝试从诠释的诠释学运动出发,有别于意识与其被给予性,运用海德格尔的存在论批判,以便让我再一次更加接近经验科学的工作。我认为,我只是具体展开了某种存在于海德格尔更为彻底的提问的诸可能性之中的东西。我坚持认为,"是意识对象"(Gegenstand des Beweusstseins zu sein)从一开始就错失了对"是什么"(was ist)的追问。在此舍勒的实在性概念就其全部的二元论弱点而言是具有创造性的。当舍勒否认胡塞尔超越论现象学概念具有现实性要素时,他是有道理的。当他想要在经验科学的综合中找到形而上学的这种任务,并且让现象学在此之外单纯地作为"本质科学"存在时,他是没有道理的,如我认为的那样,更确切地说,是他没有切中由海德格尔开启的问题设定的彻底性。

如果我们从这里开始着手,亦即如果我们不让论证,即那种进行论证的东西,彻底地依赖于它所论证的东西;如果我们放弃这种设想并且用对我们始终已经理解了的东西的解释,即用对前理解的解释,来取代这种前理解,那么,人们就能更好地处理胡塞尔全部生活世界问题域中的创造性要素。在讨论中曾有人问过一次:虽然今天对象化通过技术文明已经改变了我们总体的生活世界,但是生活世界在今天应该是什么?肯定正确的是:这是那种真正关键的极致化,胡塞尔已经鉴于这种极致化而构想出了《危机》论文。胡塞尔试图展现,人类知识的诸问题如何通过将那些以伽利略物理学为基础的科学信念(Gesinnung)绝对化,从而以一种灾难性的方式让自身变得狭隘。这一点恰好适用于今天:理性让事物客体化的可能性在今天运用到了全部的社会生活之中。在此我们才刚刚开始。对这种开始的极致化将会相当清楚地说明,胡塞尔用他的"生活世界"课题来捍卫的是哪一种真实的动机。

在这里我现在看到的不是理论与实践的综合,而是从"实践知识"之所是出发的分析的起点,即真正富有成果地进入我们的"科学化"世界这一问题域的入口。就从我自己的方面来说,我尝试——我也承认,我的尝试是极其单方面的——在"实践智慧"(Phronesis)的问题域那里、在亚里士多德对柏拉图的批判那里,去揭示诠释学思想的某些预先构形(Präfigurationen),以及去揭示海德格尔对胡塞尔批判的某些预先构形。实际上我相信,我们只有走在超越的道路上,即超越那种始终业已存在于我们实践中的自明规定,我们才能够成功地给人类理性的客体化成就指明合适的位置。具体地说,我们社会的专家可信性不能让我们抵御政治的疯狂。在客体化技术文明内部也需要承认在其合法性中的政治意义,也需要承认实践-政治的意义。唯有这种意义能够为技术文明意义丰富的应用、延续、推进以及划界负责。虽然专家是不可或缺的,并且他的专业知识愈发广泛地塑造着我们的生活实践。打破被科学规制的行为模式的闭环是幻想或者是乌托邦。但是我觉得我们很有必要对科学的"应用"概念进行更多反思。

正如胡塞尔自己在《纯粹逻辑学导论》中发展了应用这个概念,这个概念隐藏了一种深刻的二义性。如果科学的应用只是去做人们可以借助科学做到的一切,而不是其他的任何东西,那么,它就不是我们作为人为了我们的社会所需要的并且在为我们的未来负责中所需要的那种实践应用。对科学的这种应用将一直制作出我们能制作的一切。但是我相信,只有当我们对我们所能制作的一切提出自我辩护的理性问题之际,为人(Menschensein)才会开始。经验研究本身无法对此给出回答。在这个意义上,我赞同胡塞尔"新式实践"理念的道德冲动,以便让一种真实的共通感(*sensus communis*)——这种共通感承载着我们人之政治存在的实践——的旧冲动为这种"新式实践"理念的道德冲动让路。

(谢晓川、刘逸峰 译,张荣 校)

III

海德格尔

III

資料編

a) 海德格尔之路

9. 存在主义与生存哲学
(1981年)

在哲学讨论中,今天人们谈起存在主义有点理所当然,把它理解为相当不同的东西,当然它们并非没有一个共同点,也并非缺少一种内在关联。在这方面,人们想到让-保罗·萨特(Jean-Paul Sartre),阿尔伯特·加缪(Albert Camus)、加布里埃尔·马塞尔(Gabriel Marcel),同时想到马丁·海德格尔和卡尔·雅斯贝斯,或许也想到神学家布尔特曼(Bultmann)和瓜尔蒂尼(Guardini)。事实上,存在主义这个词首先来自法文的创造。它是被萨特引入的。在20世纪40年代,巴黎被德国人占领,那时萨特在完善他的哲学,而后把它呈现在他的伟大著作《存在与虚无》中。他曾提到20世纪30年代他在德国进行研究时头脑中涌现出来的一些想法。人们可能说,那是一个特殊的局势,在这种局势中,他在同样的时刻、以同样的方式被激发出对黑格尔、胡塞尔和海德格尔的兴趣,这种兴趣导致他对这种局势做出了新的创造性回答。

但是,人们必须搞清楚,在背后支持并且首先和海德格尔名字相联系的德国的思想激发,在根本上和萨特本人从这种激发中想到的东西是完全不同的。在德国,人们在这段时期用"生存哲学"(Existenzphilosophie)这一术语称谓一些东西。"生存论的"(existenziell)这个词在20年代末完全是一种时髦语言。不"生存的"东西,什么也不算。海德格尔和雅斯贝斯尤以这一思潮的代表而闻名。当然,这样描述两个人,并不能真正令人信服和赞同。二战后,海德格尔在著名的《关于人道主义的书信》中详尽而充分地驳斥了萨特的"存在主义"这一新造词。雅斯贝斯早在30年代中期就已经惊恐地发觉,失控的生存主义激情有诸多严重后果,因为这种激情迷失于国家社会主义的"觉醒"这一大众的歇斯底里,这时他很焦急,仿佛要把生存概念推向第二位,重新把理性摆在第一位。雅斯贝斯30年代最出色、最有影响的著作之一叫《理性与生存》,其中,雅斯贝斯提到两个特殊的人(Ausnahmeexistenzen):克尔凯郭尔和尼采,并且概述了他关于那种包括理性与生存在内的统包者(Umgreifenden)学说*。那时,是什么使"生存"(Existenz)这个词如此有效用呢?肯定不是"生存"(existieren, existere, Existenz)这个词常规的学院用法,例如,人们从诸多表达中知道,

---

* Umgreifende 这个词不同于黑格尔的"大全"(Ganze)概念,它指的是包括理性与生存的那个包括者,不是被包括的对象,因此译者翻译为"统包者"。——译者

比方说，从上帝的存在（Existenz）或者外部世界的存在这个问题中知道该词。这是一个特殊的用语，它赋予"生存"一种新型的概念特征。这是在人们必须了解的特定条件下发生的。这个词在新的强调意义上的用法源自丹麦思想家和作家克尔凯郭尔，他的书是在19世纪40年代写的，但到20世纪初才在世界上，尤其在德国引起反响。一个名叫克里斯托弗·施伦普夫（Christoph Schrempf）的施瓦本牧师协同迪德里希出版社一道策划出版了一套翻译很灵活（sehr frei gehalten）却极其好读的《克尔凯郭尔全集》译本。这个译本的成名对后来叫作生存哲学的新运动做出了很大贡献。

19世纪40年代，克尔凯郭尔自己的处境受限于他怀揣基督教动机对黑格尔思辨唯心论的批判。这种关联赋予"生存"这个词以一种特有的激情。可是，在谢林的思想中有一种新的因素让自身发挥了概念的效用，因为他在关于上帝及其受造物的关系之意义深刻的思辨中塑造了上帝自身中的一个区分。谢林言及上帝中的根据和上帝中的生存，正是为了揭示出自由真正扎根于绝对之中这一事实，为了更深刻地理解人类自由的本质。克尔凯郭尔接受了谢林的思想主旨，并把这一主旨置于他对黑格尔思辨辩证法的批判这一论战性关联中，他批判黑格尔的思辨辩证法调和一切、把一切都统一到合题中的做法。

特别是黑格尔把基督教真理提升至思维概念，并最终使信仰和知识彼此和解的要求，对基督教并且尤其对新教教会而言，是一个被许多人接受的挑战。人们想到的有费尔巴哈、卢格（Ruge）、布鲁诺·鲍威尔（Bruno Bauer）、大卫·弗里德里希·施特劳斯

(David Friedrich Strauß），最后是马克思。克尔凯郭尔彼时从最特别的宗教困境中获得了对信仰悖论的最深刻洞见。他最著名的处女作有个挑战性的书名《或此或彼》。这本书纲领性地表达了黑格尔风格中的思辨辩证法所缺乏的东西：在或此或彼之间做出决断。实际上，人的生存，尤其是基督教（徒）的生存就基于这一决断。正如我上面指出的那样，今天，人们在这种关联中不自觉地使用"生存"这个词，这一强调使"生存"这个词完全离开了其经院哲学的起源。同样的语言用法肯定也以不同方式为人所知，例如，在每个人不得不历经的生存挣扎这一用语中，或者当人们说"事关生存"时。这些用语有特别的含义，当然，它们与其说表达了基督教心灵的恐惧与颤栗，不如说表达了坚定的塔勒（Taler）信仰*。但是，如果有人像克尔凯郭尔一样，以挑衅的冷嘲热讽语气议论那个时代最著名的哲学家黑格尔，似乎这位绝对的柏林教授遗忘了生存，那么，非常清楚，他的目的是强调选择和决断这一人类处境，这种处境中的基督教和宗教的严肃性不可被反思和辩证法的调和弄得晦暗不明，不可被低估。

这种自19世纪上半叶开始的对黑格尔的批判在本世纪焕发了新的生命，这是怎么发生的呢？为了理解这一点，人们必须弄清楚第一次世界大战的爆发和进程对欧洲人的文化意识造成的那场灾难。一种被长久的和平时期宠坏了的资产阶级社会——其文化乐观主义已经在整个自由年代弥漫开来——的进步信念在战争的

---

* Taler是一种在18世纪还在德国通用的一种银币，此处是复数形式。Religion der harten Taler，英译本翻译为"religion of hard cash"（硬币的宗教），此处为了便于理解，特翻译为"坚定的塔勒信仰"。——译者

风暴中坍塌了。到最后，这场战争变得和以往所有战争完全不同。不是个人的勇敢或者军事天才决定战争的发生，而是所有国家的重工业竞赛。在这些消耗战中，无辜的大自然、农田和森林、村庄和城市都变成了荒漠。对这些战争的恐惧最终让战壕和掩体里的人只有一个念想，就是卡尔·楚克迈尔（Carl Zuckmayer）曾说过的："要是有朝一日，一切都过去了，该有多好！"

事件的荒唐程度超过了那时年轻人的理解力。怀着对甘愿献身的理想主义热情投身战斗之后，年轻人不久便全面发现，具有骑士般、尽管是残暴流血的荣誉的古老形式不再存在了。剩下的，是一种无意义的和不切实际的事，而且同时根植于不现实的民族主义的过热情绪，这些过热情绪甚至使工人运动的国际同盟解体。并不奇怪，那个时候起主导作用的精神在自问：在这种科学信仰中，在这种对人性化和世界的警察化的信仰中，在社会向进步和自由的所谓发展中出了什么问题呢？

那时，在欧洲文化界上空发生的深刻的文化危机也必须找到哲学的表达。这种危机首先发生在德国，德国的蜕变和崩溃是这一普遍荒谬最明显、最具灾难性的表达，这一点是不言而喻的。这是对占统治地位的教育理想主义的批判，这种理想主义尤其依赖康德哲学在学术界的长盛不衰（Fortleben），这种情况在这些年一直持续下来了，而且获得了整个学院哲学的信赖。人们普遍感到迷失了方向，这种意识就是1918年前后那段时间精神状况的真实写照。那时，我本人已经开始自我反思。

1920年，为了纪念现象学奠基人胡塞尔的60岁寿辰，雅斯贝斯和海德格尔在弗莱堡结识，人们可以想象一下，他们两个人是如何保持距离和批判、冷眼旁观周围学术界的喧闹和学院哲学那套装腔作势的学术风格,又是如何彼此走近的。那时候,一种哲学的友谊建立起来了吗?或者,它是一种绝不可能成功的友谊之尝试吗?这种哲学友谊受一个共同的抵抗和意志激发,产生了新的激进思想形式。雅斯贝斯正好已经开始宣传他自己的哲学观点。在一部冠以《世界观的心理学》的书中,他已经承认,克尔凯郭尔应该占有一个重要位置。海德格尔开始以他特有的不可思议的(finster)精力扑向雅斯贝斯,并使他的思想激进化了。海德格尔写了一个很长的现已出版,但当时未出版的对雅斯贝斯《世界观的心理学》的批评性辨析。在这个辨析中,甚至可以说,他通过阐释雅斯贝斯的思想,得出了大胆而激进的结论。

在上述著作中,雅斯贝斯基于一些代表性形态分析了不同的世界观。对此,他倾向指出,不同的思想道路究竟如何在生活实践中呈现,因为恰恰世界观超出了科学的世界面向(Weltorientierung)这一有约束力的普遍性。世界观就是意志的态度(Stellungen),这些态度,正如我们今天所言,基于生存论的种种决断。关于可如此被区分的不同生存形式的共同点,雅斯贝斯用"界限处境"(Grenzsituation)概念来描述。他把这个界限处境理解为这样一种情况:其界限特征展示了科学解决世界上种种问题的边界。这种界限处境就是这样:人们再也不能把它当作一种普遍法制(Gesetzlichkeit)来理解,而且,在那种情况下,人们再也无法信赖对可估算的事件的科学统治。死亡也许就是这种方式,每一个人自己不得不经历死亡,就像罪责,每个人自己必须承担,就像个人生命塑造的整体,每个人都必须在其中实现自身,他只是他所是者,他就是那个唯一者。这样说是很有意义的,即根据这种界限处境才能真正揭示出一个人意味着什么。这种从社会性的此在(Dasein)可控制、可估算的反应和行为方式中进行的揭示与凸显,便构成了生存概念。

雅斯贝斯遇到(一个任务),使这些界限处境在科学的批判性吸收和科学边界的承认中课题化。他很幸运,在他身边有一个具有真正巨大科学影响的人物——马克斯·韦伯,他怀着钦佩的心情跟随他,最终提出批判和自我批判的问题。这位伟大的社会学家和博学之士(的思想),不仅对雅斯贝斯,而且对我自己这一代人而言,都代表了这样一种情况(两面性):现代科学家内心世界的(innerweltlich)苦行观念,是相当了不起的,但也是相当荒谬的。他具有坚定不移的科学良知与充满激情的活力,这敦促他走向简直是堂吉诃德式的自我限制。这种限制在于:他使行动的人、做种种决断的人从根本上走出科学可客观化的认识领域——但同时使他向求知的义务宣誓,而这就意味着,向"责任伦理"宣誓。这样,马克斯·韦伯就成了一种价值中立的社会学维护者、奠基者和代言人。这真的不是说,在此有一位冷酷的学者在玩一种方法论和客观化的游戏,毋宁说,一个性格刚烈、有难以控制的政治和道德激情的人要求自己出具这样一种自我限制,并且要求他人自我限制。讲坛预言是最糟糕的事,一个人在这个伟大的研究者眼皮底下竟然敢做这种事。可现在,马克斯·韦伯(不仅)是雅斯贝斯的榜样(Vorbild),同时是他的借鉴(Gegenbild),促使雅斯贝斯全神贯注于研究科学的处世立场的界限,完善(如果我可以这样说)跨越这种科学的处世立场之界限的理性。雅斯贝斯在《世界观的心理学》和他后期被称作代表作的三卷本《哲学》中呈现的东西,就是令人印象深刻的,即便完全基于其个人激情对巨人马克斯·韦伯在肯定和否定意义上所理解的东西的哲学重复或概念性发挥。一直伴随他的问题是:如何才能用思想这个媒介认识和测度确凿无疑的科学进步和坚定不移的意志和信念(Gesinnung),这种信念是马克思·韦伯在其生存压力中曾经历过的。

海德格尔从完全不同的前提出发。他并不像雅斯贝斯那样受自然科学和医学精神的洗礼。正如人们通常猜想不到的那样,虽然他的天赋准许他在很年轻的时候就进入了自然科学的学术圈。他曾在博士学位考试中把数学和物理作为辅修课程,但他真正关注的重点却在其他方面:历史世界,尤其是神学史(他曾接受过神学史的强化训练);哲学及其历史。他曾是新康德主义者海因里希·李凯尔特(Heinrich Rickert)和埃米尔·拉斯克(Emil Lask)的学生,而后受埃德蒙德·胡塞尔卓越的现象学描述技艺的影响,并把他老师出色的分析技术和具体的实事洞察视为自己的榜样。此外,他当然还受另一个老师思想的熏陶,这人便是亚里士多德。海德格尔很早熟悉亚里士多德,但很明显,用天主教的新经院主义解释亚里士多德——他一开始就很了解这种做法,从他自己的宗教和哲学问题看,这种做法与事实不符,其合理性很快就变得可疑了。于是,他再次研究了亚里士多德本人的思想,并且对希腊思想和希腊问题的开端获得了一种直接生动的理解,这种理解超出了博学的范畴,具有一种直接的明见性和简单的强制力。此外,他慢慢地从他狭隘的宗教环境中摆脱出来,视野变得开阔了,不得不面对新的、在战争风暴中处处催逼他去表达的精神气氛。柏格森、齐美尔、狄尔泰,并非直接就是尼采,却是超然于新康德主义的科学立场之外的哲学,一起涌向他,所以他借助获取和继承下来的丰富知识这一整套工具和一种与生俱来的深刻追问激情成为在哲学领域汇合新思维的真正代言人。

海德格尔的确并不孤单。对正在衰退下去的战前时代教育理想主义的回应流露在许多领域。人们想想辩证神学。在卡尔·巴特(Karl Barth)那里,辩证神学使上帝的言说重新成为问题,并且和弗朗茨·奥弗贝克(Franz Overbeck)一道拒斥在基督教预言和历史研究之间的那种令人心平气和下来的平衡,自由神学曾经描述过这种平衡。人们完全可以想到和克尔凯郭尔的重新发现相关的对理想主义的批判。

当然,我们也可以处处觉察到科学与文化生活中的其他危机。我记得,那时梵高书信集出版了,海德格尔喜欢引证梵高的话。在这期间,海德格尔对陀思妥耶夫斯基的亲近也起了非同寻常的作用。对这种人的刻画之彻底性、对社会和进步的质疑之热情、对人性的被支配状态和灵魂的迷途之影射性诅咒和强烈塑造——这可以无限被延伸和揭示,正如浓缩在生存概念中的哲学思想表达了一种新的被放逐状态,一种到处传播的此在情感(Daseinsgefühl)。人们也想到同时代的诗,想到表现主义的话语-震动,或者想到现代绘画的那些大胆的初步尝试,这些在当时都需要回答。人们想到的是奥斯瓦尔德·斯宾格勒(Oswald Spengler)《西方的没落》对心灵产生的完全是革命性影响。于是,甚至可以说,这马上就应验了,时间词语在说话,这时,海德格尔通过将雅斯贝斯的思想推向极端,从人的生存的界限特征出发,对人的生存本身进行新的考察。

　　事实上，这是两个完全不同的出发点和思想冲动。这些年，一方面是雅斯贝斯，另一方面是海德格尔，他们把生存情感提升为哲学概念。雅斯贝斯是一个精神科医生，而且很明显是一个充满好奇、阅读面非常广泛的读者。当我作为雅斯贝斯的追随者来到海德堡时，人们向我指出，在考斯特书店有把凳子，雅斯贝斯每周五上午准时在那里度过三小时，并叫人把所有新出版的书给他摆出来，吩咐店员每周都给他寄一大包书到家里。凭借一个杰出人物、一个训练有素的批评观察者敏锐的辨别力，他在有重要哲学意义的科学研究这一非常广阔的领域，发现到处都有他自己（需要的）营养，并成功地把他自己思想的良知——或者更恰当地说，是仔细认真（Gewissenhaftigkeit）——和他要与现实性研究与时俱进这一意识结合起来。这帮他获得一个洞见：在生存的个体性及其决断的责任中，研究被设定了一个不可逾越的界限。

　　这样一来，雅斯贝斯就从根本上立足于这个时代，新建了一个古老的康德式区分，这个区分曾经批判地厘定了理论理性的界限，重新在实践理性及其关联中创立了哲学-形而上学真理这一真正王国。雅斯贝斯通过使西方历史的伟大传统、形而上学、艺术和宗教统统与一个呼吁相关联，进而重新论证了形而上学的可能性。在这个呼吁中，在人的生存在界限状况中意识到其特有的有限性，意识到其被放逐的命运，意识到对自己生存决断的托付。在处世立场、生存揭示和形而上学三大卷中，在他对独一无二的个人色彩和华丽文风的沉思中重写了哲学的所有领域。其众多章节的副标题之一就是："昼的法则和夜的激情"，这就是那些声音，如同人们从认识论时代的哲学讲坛中通常听不到的那些腔调一样。但对当前形势的广泛评述——1930年,雅斯贝斯以《时代的精神状况》为题,作为格施(Gösch)出版社第一千本小册子出版了——也因其简洁和观察力深受欢迎。在我自己本人还是一个学生的那个年代,人们背后议论雅斯贝斯说,他在主导讨论时拥有绝对的优越感。与此相比,他的讲座风格几乎像一场闲聊,就像和一个无名的伙伴进行无拘无束的谈话。后来,当他战后到巴塞尔以后,他完全以伦理学家的态度密切注视着时代事件,向公共意识发出存在主义的呼吁,并且对诸如集体罪责或原子弹爆炸等有争议的问题,通过哲学论证发表自己的看法。他全部的思想就如同把最私人的经验转换为一个集体性事件。

青年海德格尔的出场和态度完全不同:完全是一种戏剧化的出场,一种虚构的力量,一种对演讲的全神贯注,这种陶醉能抓住所有听众的心。这位哲学教师的意图绝非是从道德上呼吁生存的本真性。尽管他分享了这一呼吁,而且他几乎魔术般影响中的很多东西来自他的本质和他的演讲中这种呼吁性力量。但是,他真正的意图在别的方面。我该怎么说呢?他的哲学追问一定源自一种渴望,渴望阐明深深的不安,他自己的宗教感悟使他置身于这种不安之中。同样地,这种不安表示,他对神学和同时代人的哲学很不满意。海德格尔从一开始就致力于一种完全不同的、说到底与生存相关的思之责任,而且这给了他革命性的冲击。催逼着他并在那些年里一直驱使他把自己情感投入其中的问题,就是形而上学最古老的和首要的问题:对存在的追问。这个追问是:这种有限的、正在衰弱下去的、其死亡的某种人性的此在,尽管在其存在中、在本真的时间性中,怎样能理解自身,确切地说理解为一种存在。这种存在不是一种褫夺、一种缺乏,即属世的公民通过这种生命向分有永恒的神圣之物的一种单纯、仓促的朝圣之旅,相反,存在被经验为一种对存在之为人(Menschensein)的表达。令人惊异的是,海德格尔追问的这种基本意图——这是以保持和形而上学、希腊人的思想、托马斯及莱布尼茨的思想对话为前提的——当他第一次出场时,根本就没有被他的同时代人按其哲学意图理解。就连在海德格尔和雅斯贝斯之间形成的友谊,肯定更多建立于他们都反对平静无聊的学院教学活动、"闲谈"的营生和匿名的义务,而且,当两人独特的思想开始更强烈地表达出来时,雅斯贝斯那种完全个人化的思想态度和海德格尔完全献身于其思想使命、思的"事业"之思想态度间的张力以越来越尖锐的形式显示出来。针对所有学究性的思想僵化,雅斯贝斯喜欢使用"壳子"这一批判性术语,思想在壳子里固步自封。他毫不迟疑地也用它来反对海德格尔重提存在问题。雅斯贝斯毕生仍然在应对海德格尔所描述的那个挑战。令人印象深刻的是,他关于海德格尔的笔记新近出版之后,这一点才被证实。

海德格尔伟大的处女作《存在与时间》提供了两个非常不同的方面,这个说法是正确的。一方面,对他产生了革命性影响的是批判时代的声音和生存论的义务感,这在追随克尔凯郭尔的语汇中已经有所流露。另一方面,那时海德格尔至少还如此依仗胡塞尔的现象学观念论,以至于雅斯贝斯的反对是可以理解的。事实上,进一步的思想道路带领海德格尔超越了独断论的"壳子"。他本人也说起过其思想遭遇的"转向",而且实际上,他的思想超出了所有学院派的标准,他一直借助艺术这一话题,借助对荷尔德林的阐释和对激进思想家尼采的批判性分析,寻求对其思想的一种新表达。他从不需要预告一种新的学说。当他亲自编辑、开始出版他的伟大著作之际,他给这个版本一个导引词:"道路,而非作品"。事实上,他的后期作品总是表达一些新的道路和新的思想尝试。他在自己政治任命的前几年开始了这些道路,在他政治迷途的短暂插曲之后,这些道路没有任何明显的断裂,继续沿着他早已开辟的方向前进。

当然,这成了海德格尔伟大形象中最令人惊异的事实:在20世纪20年代和30年代早期,还在他政治上失宠之前,他便懂得在听众和读者中引发巨大热情,而且,这种影响在战后重新展现出来。这是发生在他退隐一段时间后的情形。在战争期间他不能出版,因为在他失宠后,人们不同意给他纸张,战后他不能教书,因为人们解除了他在早期的纳粹的大学校长职务,但他仍然在德国的物质和精神生活重建时期,再次以极其强势的面目出场了。这次不是作为教师,因为那时他很难有机会在学生面前讲话。但是在演说中和他的出版物中,他再次俘获了整整一代人的心。当海德格尔在某个地方预告他的一个神秘讲座时,简直就是致命的——给活动的主办方提出了一些几乎不可能解决的难题——在20世纪50年代,那会儿还没有足够大的报告厅容纳听众。但由这种思想所引发的激动却传达给了所有人,甚至让那些听不懂他讲座的人也激动不已。然而,人们可能不再把他后期的思辨沉思中或者在他诗的阐释(荷尔德林、格奥尔格、里尔克、特拉克尔等)中在隆重的激情中表达出来的东西叫作生存哲学。前面已经提及的

《关于人道主义的书信》就是对非理性主义生存激情的一种正式拒绝,这种激情从前伴随他自己思想的戏剧般影响,但从来都不是他真正关心的事。在法国存在主义的著作中看到的东西,与他是有隔阂的。因为《关于人道主义的书信》说的是一种清晰语言,这是伦理学课题,海德格尔的法国读者在他那里读不出来,而且估计雅斯贝斯也没读懂,海德格尔反对这种过分要求。不是因为他低估了伦理学问题或者此在的社会机制(Verfasstheit),而是因为思想的担当和使命必须让他做出彻底的追问,"我们很久以来都没有足够明确地思考行动的本质",这是《关于人道主义的书信》开篇的第一句话。而且,非常清楚,这句话在社会功利主义的时代和完全"超越善与恶"的时代意味着什么。思想家的使命可能并不在于:听着教条主义者盛气凌人的指令,跟在日渐消解的结合和正在衰弱下去的团结后面跑,毋宁说,他的使命是向前思考,思考工业革命导致的解散所依凭的东西,并且把堕落到计算和制作的思想召回到自身。

这和"我们"所谓社会问题的缺失是一回事。众所周知,这个"我们"在哲学上就是"主体间性":海德格尔首先在存在论批判中揭示了主体概念的偏见性,进而把马克思、尼采、弗洛伊德所做的意识批判纳入其思想中。但这就意味着,此在和共在具有同样的本源,而且"共在"并不意味着二重主体的彼此共存,而是意味着我们-存在的一种本源方式,这种存在方式并非我通过一个你而补充完整,而是包括了一种源发的共同性,不过这种共同性不适合思考为黑格尔式的精神。"只有一个上帝可以救渡我们"。

如我们在总结中自问:在这些人的思想中什么是活生生的?

什么是僵死的？这是每一个当下针对过去的声音不得不提出的问题。千真万确，一种醒悟了的新激情、一种对技术的确证和检验的新倾向，以及一种对风险和不确定性的规避，都刻画了自20世纪60年代以来就踏入精神生活的更年轻一代的生活感受。生存的激情对他们而言，听上去就和伟大的荷尔德林、里尔克的诗性态度一样陌生，而且，即便是表明所谓生存哲学的潜在思想形态，在今天几乎也是一种完备的思想形态了。反正雅斯贝斯反思运动的精细结构及其个性化激情，也许很难在大众的此在和情感上的团结一致的时代产生作用了。但尽管如此，海德格尔仍以一再令人惊讶的方式在场。虽然他大多数时候被人们"深思熟虑地拒绝"，或者几乎不断地被仪式般对待，可是这本身还表明了一个事实：人们并非轻而易举就能从他身边走过。当然，雅斯贝斯让海德格尔在场的一些初步尝试的生存激情不太像一种坚固的持之以恒，凭借这种坚持，思想的自然天赋继续敦促他自己进行宗教和哲学追问，在这种独特的表达行为中常常大力推进到不可理解的地步，却显而易见地带有正在思想的那种真正的震惊（Betroffensein）标志。如果人们想保证海德格尔的出场恰当，就必须在世界标准中思考。无论在美国还是在遥远的东方，在印度还是非洲，或者拉丁美洲，到处都可以感受到思想的冲动，这种思想冲动都是从海德格尔发出的。技术化和工业化的全球性命运在这种冲动中都发现了它的思想家，但同时也通过他赢得了人类遗产的多样性和嘈杂的声音，这种人类遗产被带入了未来的世界对话中，这是一种新的在场。

这样，我们便可以做出如下总结：精神人物的伟大恰恰也基于以下事实才得以度量：他们知道他们必须通过他们已经说的东西去克服那种使当代与他们相区分的风格对抗(Stilwiderstand)和风格距离(Stilabstand)。不是生存哲学,而是那些穿过并跨越生存哲学的激情这一阶段的伟人,才是哲学对话的伙伴。这种对话不仅仅是昨天的对话,对话也将在明天和未来继续下去。

(张荣 译,马小虎 校)

10. 马丁·海德格尔75岁寿辰
(1964年)

1964年9月26日,马丁·海德格尔75岁了。如果一个在年轻时就已获得世界声誉的人达到如此高龄,那么,他就成了时间进程的准绳。这个精神引发的影响,很快就有半个世纪了。正如事情总是随着时代周而复始,由他开始的革命性推动在其过程中也从意识的表面下沉。时间意识的新趋势冒出来,并阻挡着一个曾经履行一切的精神威力和扩展开的影响力。由该精神引发的刺激性影响,逐渐触碰到一种变迟钝了的但在其他方面变敏锐了的感受性。对于这种感受性来说,当时最鲜活的语词都显得做作、仿冒和呆板。事情总是这样。因此精神性之物(Geistiges)总是这样消逝,也许有朝一日会重生,并在一个改变了的世界中重新言说它的话语。

我们越往前迈入20世纪下半叶,一种时代意识就越清晰地产生出来,这种意识通过一个清晰的切割使得真正的当下和针对当下的东西与那个当时(Damals)彻底告别。工业革命的一个新阶段——这个阶段由一个通过现代物理学充盈未来并威胁着未来的原子能开发所引导——席卷了整个地球。政治和经济中、人的共同生活中、民族的共同生活中、当下巨大的政治权力集团的共同生活中的诸种理性控制，都规定了我们时代的精神。今天年轻人的期待与希望，并非趋向那个未被规定的、未曾测度的或不可思议的东西，而是落在一个理性化管理世界的良好运行之上。理智的规划、理智的计算和理智的观察，将一种持续的和有影响的风格强制(Stilszwang)施加于我们时代的精神表达形式之上。由之，人们断然拒绝了玄思的深义、昏暗的神谕与先知的激情，这些东西以前曾让心灵沉迷其中。在哲学中，这表现在所有表述都朝向逻辑清晰性、精确性和可验证性这一上升趋势。一种对科学的绝对信仰，不论是以马克思主义无神论为标记，还是以西方世界的技术完美主义为标记，都对哲学提出了疑问：它的生存合法性(Existenzberechtigung)是什么？

如果人们不想只是历史性地把马丁·海德格尔的著作理解为距离我们最近的过去的一个慢慢变得越来越陌生的思想运动，而是在对当下的切近中理解，或者我们更恰当地说：将之理解为对当下的质问，那么，我们一定会意识到这一点。因为，事实上，我们时代的技术完美主义与其说是海德格尔哲学的对立物，毋宁说，海德格尔哲学以一种一贯性和彻底性思考了这种技术完美主义。这类（思考的）彻底性在本世纪学院哲学内部中是无可比拟的。

当然，在海德格尔的早期和后期，许多东西听起来如同文化批判。这的确是技术时代最罕见的伴随现象之一，即这个时代的进步意识受到一些抱怨的广泛质疑，人们抱怨说，平均化、整齐划一、平面化侵袭了整个生活。由于文化批判通过它自身的存在证明其反面，文化批判就将自由的失却与自由的压制归之于当下的文化。与之相对，海德格尔是更为模糊的。一直以来，他对"常人""好奇"和"闲谈",因而对人类此在"首先和最多地"栖居于其中的公众性与均质性的犀利和激烈的批判,仅仅是一个(当然不能不加理会的)辅音(Nebenton)。它的尖锐刺耳可能首先盖过了基调(Grundton),即海德格尔思想的主题。但是,本真性与非本真性、本质与非本质、真理与谬误间必然的共同隶属关系,向他提出了任务。真正来说,海德格尔不应被置入对技术的浪漫化批判者之列——他试图去理解技术的本质,是的,去先行思考技术,因为他试图去思考是什么(was ist)。

谁认识青年海德格尔,谁甚至就会在他的外部形象中找到一个这样的证明。他的外部形象根本不符合人们脑子里想的哲学家形象。我回忆起,我在1923年春天是怎样初次结识他的。我在马堡就已听闻那个公开的学术传言,即在弗莱堡出现了一个青年天才,并且有关这位当时胡塞尔助手独特措辞的抄本和消息已被口口相传。我尝试去弗莱堡大学他的接待室拜访他。正好,当我刚进入走廊时,我看见似乎有人从他的房间里出来,另一个矮小、黝黑的人一直陪同他到门口。而我耐心地等着,因为我以为,这个人就是还在屋里和海德格尔在一起的另一个人。但另一个人就是海德格尔自己。他当然不同于我至今觉得像是哲学教授的那个人。他看上去更像一个工程师、一个技术上的专业人员,在我看来:他结实、干练、内向,充满了能量并且缺少文人(Homo literatus)那种优雅的教养。

但是,如果人们愿意停留在相面术一类的东西上,那么,与他目光的首次相遇就向一个人展示了他曾经是谁和他现在是谁:一个观察者,一个观察着的思考者。事实上,在我看来,这证明了海德格尔在我们时代所有哲学教师中的独一无二,他以一种高度个性化的、经常伤害了所有"有教养的"期待的语言所呈现的那些事物,总是可以直观地看到。这不仅表现在那些在令人印象深刻的语词上成功了的和对直观的一个短暂闪现产生影响的瞬间化触发中,而且也表现在所讲授的总体的概念分析中。这一分析并非论证性地从一个思想过渡到另一个思想,而是总从不同的方面来到同一个方面,因此仿佛赋予了概念描述以一种雕刻艺术,即可把握的实在的第三维度。

认识首先是直观,亦即认识的实现发生在那种于一瞥就囊括了实事的凝看之中,这是胡塞尔现象学的基本学说。对感性知觉而言,当它的对象以身体性的被给予性出现在眼前之际,它也就是一切认识通过概念得以被思考所依据的模式。这取决于被意指者的直观性充实。事实上,胡塞尔真诚的思想手艺(Denkhandwerk)已经教授了描绘的艺术,这艺术耐心地、从不同方面衬托着、比较着、变化着、圆满地用老艺人的线条技术展现了所意指的现象。这显现了胡塞尔现象学工作方式当时所突破的某些新东西,这些东西之所以是新的,因为它致力于用新手段去赢获一个被遗忘和被荒废的旧东西。毫无疑义,哲学思考的诸伟大时代,如公元前4世纪的雅典或者处于19世纪转折点上的耶拿,都知道把同样大量的直观与使用哲学概念加以联结并唤醒听者与读者。当海德格尔在讲台上讲授他准备得最细致的和在讲座的瞬间中生动地展开的最精微的思想时,并且在此时,他总是一再地抬起头,向旁侧的窗外望去,然后他看到了他所想的东西,而且确实看到了。胡塞尔是完全正确的,当他在第一次世界大战后的头几年被问及现象学时,总是答道:"现象学——那就是我和海德格尔"。

我不相信,胡塞尔会追随一种市民习俗说出"海德格尔和我"。对此,他曾带着使命般的真诚严肃地意识到自己的任务。在二十年的历程中他心里可能迅速地出现这样一种预感,即他的学生海德格尔并非他一生耐心仔细的思想工作的合作者和继承者。海德格尔突然的出现,他展现的无可比拟的魅力,他充满激情的个性,必然使胡塞尔这个耐心的人感到不安,正如马克斯·舍勒那火山般的火焰总是让他感到不安那样。事实上,思想这门杰出艺术的学生是一个不同于他老师的人,一个被诸伟大问题和终极事物所驱迫的人,直至他生存的最后一根纤维为之震颤,他从上帝和死亡、存在与虚无开始,并被召唤至他生命的思想任务之中。对于那些受到激励、在他们的教育传统和文化自信中受到震动并被第一次世界大战的物质性战役的恐慌所击垮的一代十分紧急的问题,也是他的问题。

当时恰逢梵高的书信集出版,此人的绘画激情与那个年代的生命感受相符。梵高这些信件的摘录被放在海德格尔自己写字台的抽屉里,并且偶尔在讲座中会被引用。陀思妥耶夫斯基的小说刺激了我们。红色毕博诸卷(die Roten Piper-Bände)* 如同火焰一般闪耀在每张书桌前。在青年海德格尔的讲座中,人们感受到了同样的威胁。这给予了那些讲座无可比拟的影响力。在海德格尔提出的诸种激进问题的漩涡中——这些问题既是向他提出的,

---

* 从1906年至1919年,德国一家叫毕博(Piper)的出版社出版了陀思妥耶夫斯基的第一个德语版全集。——译者

也是他向自己提出的——在学院哲学与世界观需求间一百年来的分裂鸿沟似乎弥合了。

这是海德格尔现象的又一种外观,在这种外观中,一种最内在的东西宣告了出来:他的声音,这种在当时深远的位置上十分有力与耐听的声音,在演讲激动的更高位置上真正说来就让人压抑了,并且,无须太高,就使人过分劳累了。它总是显得倒转、重叠,使人惊恐并且如同自己受到惊恐一般。因为这明显不是一种演讲的呼吸和声调技巧的缺失,这一缺失这般扩展至演讲的最外围和最终界限——这看上去是一种被驱赶至思想的最外围和最终界限的存在,该存在在此封锁住了声音和呼吸。

正如我自己想说的,今天人们可以在唱片上听到这种声音和演讲方式。我很了解,打印的语词对于那些能以这种方式听到作者声音的人,增加了一个完整的维度,并且思想的理解也因此变得简单了。但希望人们原谅我这样经历了海德格尔讲座那令人激动的现实的老人,倘若在我看来,对展现着的思想冒险进行技术化的复制,显现为一种古埃及化。生命并不存在于思想的木乃伊中。但生命曾经和现在都存在于海德格尔的思想中。生命,亦即尝试与诱惑、冒险、道路。在我看来,海德格尔思想影响最为罕见的悖谬之一是,一股持续上升的介绍性洪流涌向了他,这些介绍常常试图以一种精确的细致缜密将海德格尔的思想有序整理,并试图将他的"学说"系统性地通盘建构,无论这发生在那种真诚的理解观点中,抑或在那种被激怒的或犹豫不决的拒斥观点中。对他的思想写出个总结,在我看来不仅是徒劳的,也是有害的。1926年,《存在与时间》提出一个问题并被该问题所占据,而海德格尔后期的所有工作都根本不再关涉一个统一层面。它们历来归属于不同的层面。它们像一场持续的攀登,在其中所有的视线和远景不停地推移。它们像一场攀登,在其中人们经常会迷路,并且必须从攀登的迷失中将自身救回到现象学直观的稳定地基之上——以便再次开始新的攀登。

现象学有一种直观力量——人们通常承认,《存在与时间》的世界分析也许是一个现象学分析的杰作,但人们却认为,他的后期著作越来越多地陷入到不可证实的、概念神话学的迷网之中。只要这些著作完全见证了经常诉诸令人失望的拯救手段的语言困境,那么人们的这种看法就是其中某种真实的事情。但人们不必认为,这一点证明现象学的力量在海德格尔那里减弱了。人们为了自我确证,只需读一下他的尼采著作中关于情感、激情与感受的篇章。毋宁说,人们必须反过来追问:当海德格尔现象学直观力量的顽强不屈,是直至今日人们每次与海德格尔遭遇时令人惊讶的经验之际,那么这一力量为何从不枯竭呢?他沉浸在何种任务之中?在何种困境中,他试图去拯救自己?

他的批评者总是说,他的思想在所谓的"转向"之后丧失了脚下的根基。《存在与时间》是一种伟大的解放,借由这种解放,此在对"本真性"的朝向被召唤出来,并且一种新的强度和责任来到了哲学思考的事业中。但这一转向也包括了,对他在权力雄心与在第三帝国的诡计中所犯严重政治错误的倒转。在"转向"之后,他不再谈论可证实的东西,而是如同一个得知他的上帝的秘密,亦即存在之秘密的人。他如同一个神秘主义者和诺斯替主义者,像一个智者在言说,却不知他所说为何物。存在隐匿自身。存在在场。

无之无化。语言在诉说:在此行动着的存在者是什么呢？它是一个神圣者的名称、假名吗？是一个神学家在此谈论吗？或者是一个预告存在之到来的先知？并且,这拥有何种合法性？在这种不可证实的言谈中,思想的确定性在哪里呢？

人们这般问道但可能没有看到,海德格尔所有这些用语都是从相反的论题来言说的。这些用语带着挑衅性的尖锐与一种固定的思维习惯相对立,这种思维习惯认为:这是我们思想的自发性,它将某物"设定为"存在时否定了某物,并"创造了"一个语词。海德格尔所谈论的那个著名转向,是为了标识他在《存在与时间》中超越性的自身理解的不足之处。这个转向并非一个从他的偏爱中起源、由自由决断导致的思维习惯之转变,而是某种他注定遭遇的事情。这似乎并非一种神秘的顿悟,而是思想的一种简单实事,某种如此简单和驱迫性的事物,正如它能够遭遇一种在边缘处冒险的思想。因此必须的是,在本己的实行中落实海德格尔所把握的思想之实事。

海德格尔在转向中从存在出发,既非从思考着存在的意识出发,也非从此在出发,而这个此在与它的存在相关,并在它的存在上理解自身并为它的存在操心。因此,海德格尔并未像在《存在与时间》中所预备的那样提出存在之问。在1930年之后,最先在第二次世界大战后出版的他的《关于人道主义的书信》中,也许在他最优美因而最轻松地、最多地意指着一个你(Du)的篇章中,他谈到了"转向"。当然,之前一系列的荷尔德林阐释已经间接证实了,他的思想是在寻找一种关于新洞见的语言。因为这些对荷尔德林诗或词的艰难阐释就是证据。要估算经由这些证据所带来的暴力性，可能是一种徒劳的努力。这些估算只能给出，如果人们追随海德格尔的思想就已知道的东西。也就是说，海德格尔，作为一个真正为他的实事着迷的人，只回应自己与回应他的任务所遭遇的东西，在根本上可以听到允诺回答他问题的东西。更令人吃惊的是，荷尔德林的著作在这里从根本上为一个思想家赢得了这样的当下，即他试图如同他本己的实事和按照他本己的尺度来思考这些著作。在我看来，自黑林格拉特*以来，与荷尔德林的遭遇上没有任何人在强度上，而且也因此在表现力上比得上海德格尔，尽管海德格尔的阐释充满了歪曲和错解。对海德格尔来说，这的确必定是一种减负，一种言说的解放（Zungenlösung），当他现在作为荷尔德林的阐释者被允许尝试新的思想道路，并且谈论天空和大地、赴死者和诸神、告别和到来、旷野和家乡，正如从被思者而来并走向思考者。如同之后为许多人早在1936年的弗莱堡、苏黎世和法兰克福听到的讲座《艺术作品的本源》所显示的那样，一种新的音调事实上被听到了。"大地"这个词给予了艺术作品的存在一种概念性规定，这一规定将海德格尔的荷尔德林阐释（如同这些讲座一样）证明为他思想道路的阶段。

这条路从哪里来？它往哪里去？它曾是一条林中路吗？抑或它通向一个目的地？它肯定不到山的顶峰，因为在顶峰之上，一场自由的环顾就被保证了，而这一环顾将毫不费力地揭示出地面充满褶皱的构形。并且，在这条路上肯定也不会没有弯路、回路和歧

---

* 诺伯特·冯·黑林格拉特(Nobert von Hellingrath, 1888—1916)，是一位德语文学学者，他主要的贡献是第一次编辑出版了荷尔德林的全集。——译者

路。但是，海德格尔的后期著作并没有展现为一系列无目的的尝试，亦即那些最终证明了海德格尔失败的尝试，只要他一直还没有用清楚的语词说明，究竟什么是"存在"。该存在不应是一个存在者的存在，而是可以时而没有存在者，时而并非没有存在者的存在。（或者不"存在"？）因为至少，在此还有海德格尔行走在路上的一个开端和一个后果。

第一个开端的第一个问题是：什么是人之此在的存在？肯定不是单纯的意识。但这是怎样的一种存在呢？它并不如永恒的星辰或者数学真理那般持存而有效，而是如同所有在生与死之间展开的生命那样不断处在消失中，并且仍然在它的有限性和历史性中是一个"此"、一个这里、一个现在、在瞬间中的当下，它并非一个空洞的点，而是时间的充实和整体的聚合。人之此在的存在是：在这样的"此"中存在，在其中，将来和过去并不是作为翻滚而来和翻滚而去的瞬间，而是作为本己的将来和作为造就其本己存在的本己历史，这从出生的偶然就已开始。因为这样向着未来筹划自身的此在必须在它的有限性中接管自身，所以如同被抛入存在中那般安置自身，海德格尔最初投身于存在之问的关键词是实际性，而非自我意识、理性或者精神。

但这个"此"是什么，当海德格尔立即将之称为"在人之中的此在"，如同使用诺斯替的神秘语词一般？这个"此"肯定不意指着单纯的在场存在（Anwesendsein），而意指着一种发生（Geschehen）。消失、过去、遗忘不仅如同抓取所有尘世之物一般抓取每一个"此"——毋宁说它仅是一个"此"，因为它是有限的，亦即在它本己的有限性之中。海德格尔后来将在此发生的某事、作为"此"发生的某事，称之为"存在的澄明"（Lichtung des Sein）。澄明是指一个人进入的某处，当他在森林的黑暗中无目的地缓步深入，而且突然间树林稀疏开去并让阳光射进来——直至人步行穿过树林，而黑暗又联结上新的黑暗包围一个人。这肯定不是对人有限命运的糟糕阐明。当马克斯·舍勒在1927年去世，海德格尔在讲座中写了一段悼词，它以如下词句结尾："一条哲学的道路再次沉入黑暗。"

但海德格尔向此在之存在的追问所意指的东西，不是一个新的"人的规定"，不是在存在论上新建立的哲学人类学。一种这样的哲学人类学肯定不仅仅被置于畏与死亡、无聊与虚无之上。它肯定必须考虑到，更令人愉悦的效果和建设性的情绪。但因为问题只相关于"存在"，因此该问题必须止于在对所有存在者的规避中这个"此"被经验到的地方，正如在畏的虚无与无聊的空虚中。存在在"此"中的自身澄明，这是在人之中，但不仅仅在人之中。在我看来，一个重要的步骤是，艺术作品也是真理的一种发生。海德格尔展示了，它不仅是一个天才创作过程的成果，而且是一部在自身中拥有一种本己光亮的作品，它在此，"如此真实，如此存在着"。谁曾在壮丽的希腊山区的风景中看到过一次希腊神庙，就会在如下一点同意海德格尔，亦即在这个神庙一些微小的、恰恰也是优美的部分中，一个具有威慑性崇高的原初世界被赢获般地呈现了，大地和天空、星辰和光景更加本真了，进入到它们真实本质的"此"之中。

而且，这就如同再次踏入一个保证了眺望的新高地——当

《物》这篇文章*中"在此存在"(dazusein)和"真实存在"(wahr zu sein)不仅被划归于艺术作品,打开和支撑了一个世界的本有(Ereignis),而且被划归于为人使用的东西之际。甚至物也仅在自身中挺立并被驱迫向无,因为一种澄明就存在于自己隐匿在自己本身中的存在之原始森林里。

最终是语词。"语词缺失处,无物存在。"这首斯特凡·格奥尔格(Stefan George)的诗也由海德格尔扩展至他自身审讯的拷问之上,以便从"语词"——人类精神这个神秘的最本己和最内在的东西中,追问"存在"。人们还不应对海德格尔的构词如存在之天命(Seinsgeschick)、存在之隐匿(Seinsentzung)、存在之遗忘(Seinsvergessenheit)等感到厌恶;他所见到的,对并不盲目的人,也会变得可见,并且特别是在语词上。因为我们所有人都看到了,如单纯的信号般发生作用的语词存有着(尽管这个如此被信号化的东西有时也是一个正当的无),而与之不同的语词也存有着,后者——不仅在诗中——自身产生了它们所传达的东西,似乎再次靠近了是什么的某物,并且它们不可替代、不可交换,是一个在言说的本己实行中展现自身的"此"。这里被唤作"空洞的"和"充实的"东西,每个人都知道。经由海德格尔思想道路教授的东西而施展开来的是,"存在"是在此缺席或在场的东西。

当然,人们必须尝试着一边思考一边理解,当人们将海德格尔

---

* 伽达默尔是指海德格尔在 1950 年 6 月 6 日在巴伐利亚艺术协会题名为《物》的演讲,后收入海德格尔全集《演讲与论文集》(*Vorträge und Aufsätze*)。(中文版参见海德格尔:《演讲与论文集》,孙周兴译,生活·读书·新知三联书店 2011 年版,第 172—195 页)。——译者

思想所走的道路,不是当作一种在上帝所离弃的形而上学的无光黑暗中绝望的四处摸索来感受,而是应该理解为一个思想家始终不渝地密切注视着的追问之际。因为这是真的:这种思想缺乏语言。对于这种思想来说,这一"缺乏"将完全导致这一结果:这种思想试图在存在之遗忘中沉思自身,而作为我们技术化世界时代(Weltalter)的存在之遗忘,也将语言视为技术化的中介。语言便落入了"信息理论"之中。最终,人们在海德格尔那感受到和海德格尔感受到的语言困境,不仅是思想家试图去思考非同寻常与不可思考之物的语言困境。它也许是一个从远处而来的进程,将我们所有人都席卷其中。语词不再如花朵般生成。言谈方式扩展开来,如同它所服务的统治形势的图形化,况且,数学象征的最抽象语言看上去自己就符合于技术性世界统治与世界管辖的任务。语言困境本身根本没有被感受到。显然有一种对语言困境的遗忘,它是一种海德格尔所说的存在之遗忘的对应物,倘若它并不全然是存在之遗忘的表达和全部可通达的证明。

也许必须是这样,这个努力从存在之遗忘中醒来的思想家的语言,为了思考那单单值得思考的东西,经常如痛苦的口吃一般。这同一个人,他的语词和用语能够具有一种形象的强力和冲力,正如同时代哲学家里面没有第二个人有这种力量,并且,这些语词和用语允许人们去思考物质化现象(Materialisationsphänomen),精神性之物在此变得可理解了——这同一个人,从语言的矿井中探取最稀有的碎石,打碎了取得的石块,让该石块完全失去了它惯常的轮廓,而他寻找着并检验着,最终进入了一个分裂的语词碎石(Wortgestein)的世界。然后,他将他的讯息托付在了以这种方式获得的人工岩石表面。有时一次发掘成功了,然后它突然闪耀,而人们亲眼见到了他所说的东西。有时它是一场与那些法定语言和言说着的概念的悲剧性搏斗,这场搏斗贯穿了海德格尔的著作,并且他驱迫每一个愿意和他一起思考的人必须参与这场搏斗。

这种困境从何而来?哲学的惯常语言,是希腊形而上学的语言和它经由古代和中世纪的拉丁文直至近代各民族语言的留存、深化。因此,哲学的许多概念语词都是外来词。但思想家中的伟人们,大多数都有一种能力,即为他们想说的东西找到母语已为他们备好的表达媒介。所以,柏拉图和亚里士多德完成了一种概念语言,它创生于当时雅典人活生生的灵动语言。由此西塞罗推荐了拉丁语词,以便复述希腊的概念。因而,在中世纪末期的埃克哈特大师、莱布尼茨、康德,尤其是黑格尔,为哲学的概念语言赢获了新的表达中介。青年海德格尔也从他扎根的阿雷曼式(alemannisch)家乡*的语言地基中,释放出语言的力量并扩充了哲学语言。

但后期海德格尔发现自己处于一个远为严峻的境地中。不仅是其他的语言和思想习惯,而且本己的、通过西方思想传统被规定的语言习惯,都试图不断地将他从他本己的追问方向中催逼出去。因为他的追问确实是一个新的追问。它并不设定在西方形而上学之内,而按这个形而上学校准自身。它并不追问,该形而上学朝向最高存在者(上帝)和所有存在者之存在的问题。毋宁说,它追问首次在根本上打开了上述问题的领域并建构了形而上学问题运演

---

* 海德格尔的家乡,是德国巴登-符腾堡(Baden-Württemberg)州弗莱堡附近的小镇梅斯基尔希(Messkirch)。阿雷曼式德语属于该州的通行方言。——译者

空间的东西。因此，海德格尔追问形而上学传统预设为无可追问的东西：到底什么是存在？对于这个问题，所有伟大的形而上学家都没有给出任何回答，因为他们总是追问，在存在者中的存在者和在最高尺度上存在着的东西。他们为他们的回答制定的所有概念中介，都只能有条件地助益于海德格尔的追问。他们所有人导向了一个在自身中的错误假象。似乎需要的是，确证一个在至今所有可认识之物背后变得可见的存在者，而不是去领悟那种东西，那种东西在一切能成为认识对象的东西之先，使得认识自身、追问自身、思考自身得以可能。谁想要去思考，思考和被思考之物的关联首先在其中相互分离的场域，谁就显得迷失于不可思考的东西之中。"在根本上某物存在着而不是无"——这个形而上学追问的最激进观点，仍然如同谈论着熟悉的某物那样谈论着存在。有一个触及那不可思考之物的思考吗？海德格尔将之称为"怀念"（Andenken），而这与祈祷（Andacht）的可疑相似性也许毕竟如此宽泛地意味着，宗教经验总还是早于形而上学的思考触及存在的不可思及之物。而对思考有效的东西，首先正好对思考的语言有效。这一语言命名了可思考之物和被思考之物，而对存在的不可思及之物无话可说。海德格尔说出"存在是它自身"，这使得对存在感到新奇的人产生了愤怒。"存在"是虚无吗？"虚无"是虚无吗？海德格尔所走上的道路，其中的一些如上所述，让人们去思考他名之为"存在"的东西。但如何对这种思考的状况进行道说呢？

　　海德格尔粗暴地解救自己。他持续地打破可信赖语词的自然理解并强加给那些语词一种新意义，经常诉诸无人感受到的词源学关联。从中产生的，是极端矫揉造作的谈论方式和对我们语言之期许的挑衅。

必须这样吗？难道自然语言一直没有在它普遍的灵活性中提供一条道路去说出人们必须说出的东西吗？而未被说出的东西，没有被足够地思考吗？也许是的。但我们别无选择。在海德格尔提出一个问题之后，我们必须在该问题的方向上追问，并让在他的著作中对我们的理解而言可通达的东西来帮助我们。对不同寻常的或暴力性的东西进行嘲讽，是容易的。使这种东西变得更好，则是困难的。当然，人们不应该一起去玩推来推去的象牙小盘子游戏——海德格尔罕见的概念印记被刻画在这些小盘子上面——这是追随海德格尔的一种常见形式。所以某种东西通过一种新的学院哲学，并不比最刻毒的论战更少地阻挡进入所追问问题的敞明处的道路。

但是，海德格尔以这种或那种方式在此。人们绕不过他，而且人们也没有——很遗憾——在他的追问方向上超过他。所以，他就这样以一种让人错愕的方式横亘在路上。他就宛如一块漂移的岩石，旨在追求技术完美的思想洪流肆意冲刷着、却无法撼动的岩石。

（居俊 译，张荣 校）

11. 马堡神学

（1964年）

让我们回顾一下本世纪20年代,在那个伟大的扣人心弦的年代里,在马堡,神学方面发生了与历史的和自由的神学的决裂,而这一时代在哲学方面则出现了新康德主义的转向,马堡学派解体,以及哲学苍穹上升起了诸多新星。当时,爱德华·图尔奈森(Eduard Thurneysen)在马堡对神学团体作了一次演讲,对于我们年轻人来说,他是马堡辩证神学的第一位先驱,在此演讲之后,他获得了马堡神学家们多少有点犹豫的祝福。在那次讨论会上,年轻的海德格尔也发了言。那时,他是作为编外教授刚刚来到马堡,直到今天我还难以忘怀,他当时是怎样结束他关于图尔奈森讲演的讨论的。在他提出了弗朗茨·奥弗贝克(Franz Overbeck)的基督教怀疑主义之后,他说,神学的真正任务就是找到一个能唤起人们信仰并保持这种信仰的语词,我们必须重新提出这一任务。这是一个纯粹的海德格尔主张,充满着模棱两可。当时海德格尔讲这话时,他是要为神学提出一个任务,并且他也许比他所引证的弗朗茨·奥弗贝克对其时代的神学的攻击还更厉害地表现出对神学本身之可能性的怀疑。这是一个多么狂热的哲学-神学争论的时代，这个时代在当时开始了。一方面有鲁道夫·奥托(Rudolf Otto)的高贵的冷静，另一方面有鲁道夫·布尔特曼(Rudolf Bultmann)尖锐有力的注释；一方面有尼古拉·哈特曼敏锐的精雕术，另一方面有海德格尔提问的惊人的彻底性，海德格尔这一提问也为神学开辟了契机。《存在与时间》的原始形式就是海德格尔在1924年对神学团体所作的一次演讲。

海德格尔针对图尔奈森讲演的讨论发言，其观点可能直到今天仍作为他的思想的核心动机继续发生作用——那就是语言问题。此问题当时在马堡还未有基础。马堡学派——几十年来由于其方法论的严密，在同时代的新康德主义中负有盛名——致力于为科学奠立哲学基础。它以一种完全自明的当然性毫无疑问地论断说，可知物的真正完成只在科学中，经验的客观性（对象性）根本是通过科学才实现经验认识的意义。马堡学派的哲学立场是概念的纯洁性、数学公式的精确性、无穷小方法的胜利，而不是摇摆不定的语言构造的中间领域。即使恩斯特·卡西尔也把语言现象置于马堡新康德主义唯心论的纲领之中，他也是按照客观化的方法论基本思想来研究语言现象。他的符号形式哲学虽然与科学的方法论没有什么关联，而是把神话和语言视作符号形式，也就是说，作为客观精神的构造，这种符号形式哲学应该在先验论意义的基础领域内有其方法论的基础。

与此同时，现象学开始在马堡引起轰动。马克斯·舍勒的质料价值伦理学的建立——这是与激烈地批判康德的道德哲学的形式主义相联系的——早已在当时作为马堡学派先锋的尼古拉·哈特曼那里留下了深刻的印象。① 舍勒令人信服地表明——正如黑格尔在一个世纪前所做的那样——从"应当"现象出发,也就是以伦理学的绝对命令形式,来探讨伦理学现象的整体是不可能的。因此,在道德哲学领域,先验意识的主观出发基础的根本局限暴露了出来;应当意识不可能包括整个伦理价值领域。现象学派的影响甚至还更强烈,因为它不再主张马堡学派那种对科学事实的不证自明的指向,而是返回到科学经验和对科学经验的方法所作的范畴分析之后,把自然的生活经验——即后期胡塞尔所称的、现在很著名的"生活世界"——置于其现象学研究的突出位置。在道德哲学上回避绝对命令伦理学,以及抛弃马堡学派的方法论主义,这两者在神学方面有其对应物。由于重新意识到谈论上帝的问题,系统神学和历史神学的基础就陷入了动摇。鲁道夫·布尔特曼对神话的批判,他关于神话的世界图景的概念,特别是这种看法在《新约全书》中仍然起支配作用,同时都是对客观化思想这一整体诉求的批判。布尔特曼的可支配性(Verfügbarkeit)概念——他试图以此概念同时包括历史科学的过程和神话式思想——正好形成了与真正神学话语相对立的概念。

此时,海德格尔来到了马堡,无论他讲授什么,不管他是否从笛卡尔还是亚里士多德,柏拉图还是康德形成出发点,他的分析总是进入到最原始的此在经验,这种经验他是在传统概念的遮蔽后面发掘的。这就是那些从一开始就逼迫他的神学问题。我曾读过

---

① 参见尼古拉·哈特曼对《哲学与现象学研究年鉴》第 1 卷的评论(载《精神科学杂志》,第 1 卷〔1914 年〕,第 35 页、第 97 页以下,以及《短篇著作集》,第 3 卷,1958 年,第 365 页以下)。

海德格尔1922年寄给保罗·纳托普的一篇早期手稿,它清楚地证实了这一事实。(这是海德格尔为解释亚里士多德而准备的一篇基础导言,它首先讲到年轻的路德、加布里埃尔·比尔和奥古斯丁。海德格尔当时可能以这篇手稿做出了诠释学的境遇:它试图让人意识到,我们应当以怎样的问题和怎样的精神对抗面对亚里士多德这位传统大师。)今天没有人会怀疑,这乃是海德格尔在其深入研究亚里士多德时所主导的批判-解构性的基本意图。但在当时,这个意图并非这样清楚。海德格尔在其解释中所注入的伟大的现象学直观力,使亚里士多德原著如此彻底而有效地摆脱了经院传统的歪曲和当时亚里士多德批判主义所给出的糟糕形象。柯亨喜欢说"亚里士多德是一个药剂师",以致亚里士多德以一种意想不到的方式开始说话。也许当时不仅学生而且海德格尔本人也是这样认为,即对手的强大,即海德格尔解释忠实于柏拉图原则使对手强大②的那种对手力量的增强,使得对手有时成为支配他的主人。③ 因为除了敢于接收文本的真理并向其敞开之外,哲学的解释还能做什么呢?

当我1923年认识海德格尔——当时他还在弗莱堡——并参加他关于亚里士多德《尼各马可伦理学》的研讨班时,我就首次意识到这点。我们学习了关于实践智慧(Phronesis)的分析。海德格尔根据亚里士多德原文对我们指出,所有技艺(Techne)都具有一种内在的局限:它的知识根本不是完全揭蔽,因为它能做的产品

---

② 柏拉图:《智者篇》,246d。
③ 我们在《存在与时间》第225页中可以看到关于亚里士多德《尼各马可伦理学》第6卷和《形而上学》第9卷中这种观点的引证。

被允许在一种不受它支配的使用的不确定性中。于是他开始讨论把所有这种知识特别是纯粹的意见(Doxa)同实践智慧区分开来的差异：λήθη τῆς μὲν τοιαύτης ἕξεως ἔστιν, φρονήσεως δὲ οὐκ ἔστιν("在理性灵魂中存在着两个部分，意见是可变事物的部分，实践智慧也是这样，不过它不仅仅具有理性品质，理性品质是可被遗忘的，实践智慧则遗忘不了。"参见1140b29)当我们对这个句子把握不住，对这些古希腊概念完全生疏无法解释时，他便生硬地解释说："这就是良知！"这里我们并不想指出在这断言中有多少教师式的夸大其辞，甚至也不想指出在亚里士多德那里对实践智慧的分析实际上具有的那种逻辑的和本体论的压力。在亚里士多德对柏拉图善的理念的批判和亚里士多德的实践知识概念中，海德格尔究竟发现了什么，又是什么如此强烈地吸引海德格尔呢？今天我们已经很清楚，这里描述了一种知识的模式(ein εἶδος γνώσεως)④，这种模式绝对不再与科学意义上的最终可客观化相联系，换言之，它描述了一种在具体生存境遇中的知识。或许在克服古希腊逻各斯概念的本体论前见——海德格尔后来偶尔曾把此前见作为现成在手状态(Vorhandenheit)和在场状态(Anwesenheit)加以解释——方面，亚里士多德能有所帮助吧？在这种对亚里士多德原著的粗鲁的生搬硬套中，我们想起了海德格尔自己问题的探究方向，例如在《存在与时间》，正是这种良知的召唤，第一次使"人的此在"在其存在-时间性的事件结构中(in seiner sein-zeitlichen Geschehensstruktur)显示出来。当然，那是在很久以后，海德格尔才以"开显"(Lichtung)意

---

④ 亚里士多德：《尼各马可伦理学》，第6卷，第9章，1141b33以下。

义解释了他的此在概念,以使它摆脱所有先验论反思思想。⑤ 通过对逻各斯的批判以及对现在在手的存在理解的批判,信仰一词能否最终也找到新的哲学合法性,就如后来海德格尔的 Andenken(纪念)绝不允许我们完全忘记它与 Andacht(虔诚)那种古老的黑格尔早已注意到的接近那样? 这是海德格尔对图尔奈森讨论的发言的模棱两可的最终意义吗?

后来在马堡,一个类似的事例引起了我们的注意。海德格尔在那里探讨了学院哲学的一种对题,并讲到了 *actus signatus*(指称行为)和 *actus exercitus*(履行行为)的区别*。这些学院哲学概念大致相当于"反思的"和"直接的"这样的概念,例如可意指这样的差别,提问和明确指向作为提问的可能性之间的差别。这一个能导向另一个。人们能把提问称为提问,所以不仅提问,而且还说人在提问,这个或那个是可以提问的。要取消这种由直接的东西开始、直接到反思直觉的过渡,在我们看来,这在当时似乎是通向自由之路:它允许从万难逃脱的反思怪圈解放出来,重新获得概念思维和哲学语言的号召力,这种哲学语言可能与诗人语言并列确保思想有其位置。

当然,胡塞尔的现象学以其先验论的构成性分析已远远导向

---

⑤ 海德格尔在其关于亚里士多德《物理学》第 2 卷第 1 章的解释(《路标》,第 309—371 页)中告诉我们说,亚里士多德的 φύσις 概念对他来说也是重要的。

* 这里"*actus signatus*"指陈述自身所说的东西,"*actus exercitus*"指陈述从理解者那里所要求的东西。例如当我说"天下雨"时,它的"*actus signatus*"就是表达天在下雨,而它的"*actus exercitus*"就是告诉你要带伞出门,再如我说"开门",它的"*actus signatus*"就是表达门开了,而它的"*actus exercitus*"就是要你去开门。——译者

了超出明确客观化的领域。胡塞尔讲到了匿名的意向性,即这样的一种概念意向性,在此意向性中某物被意指,并被断定为存在有效,没有人意识到这种意向,在论题上和作为个人意指和履行什么,但这种意向对于所有人却有约束。这样,我们称之为意识流的东西大概就在内在时间意识中被建构起来。所以生活世界的视域就是这样一种匿名意向性的产物。然而,不论是海德格尔所引证的学院哲学的区分,还是胡塞尔关于先验论意识的匿名"功能"的构成性分析,它们都来自理性的不受限制的普遍性,这种普遍性能澄清所有在构成分析中所意向的事物,也就是说,能使它们成为明确意向活动的对象,换言之,能将其客观化。

与这种客观化相反,海德格尔自己坚定地走在另一个完全不同的方向。他寻求本真性和非本真性,真理与错误之间的那种内在的不可解开性,寻求那种与一切揭蔽(Entbergung)本质相伴随的遮蔽(Verbergung),这种遮蔽内在地与总体可客观化观念相矛盾。推动海德格尔前进的方向早已经表现在这一观点上,即过去得以存在那里的最原始方式不是回忆(Erinnerung),而是遗忘(Vergessen),这一观点在当时曾最深深地教导和感染我们。⑥ 这里,海德格尔与胡塞尔先验论主体性的本体论冲突,在内在时间意识现象学的核心点上表现出来了。的确,与记忆在布伦塔诺时间意识分析中起的作用相反,胡塞尔的分析力图对那种总是带有"被觉察到的东西"意味的明确的再回忆(Wiedererinnerung)与那种坚持沉积的当下此在做出精确的现象学区分,胡塞尔把当下此在

---

⑥ 参见《存在与时间》,第339页。

称为"保持的意识",一切时间意识和在时间中存在者的意识都依据于这种保持的意识的功能。⑦ 这的确是"隐匿的"功能,但也是当下保持(Gegenwärtighalten)的功能,即所谓流逝停止(das Anhalten des Vergehens)。现在的这种由未来中浮出并沉入到过去中的运动(das aus der Zukunft Heranrollen und in die Vergangenheit Abrollen der Jetzte),仍然总是从"当下的现成在手状态"出发来理解。反之,海德格尔却看到了时间的那种存在于此在基本被运动性中原始的本体论向度。从这种观点出发,不仅时间的谜一般的不可逆转性,即时间永不能再产生而总只是消逝,可以得到解释,而且时间不存在于现在或现在的连续中,而是存在于此在的本质未来性中,也得到了澄清。这显然是历史的实际经验,是历史性得以在我们身上产生的方式。就如更多地是,某个什么事发生了总是多于人们所做的,这一事实证明了遗忘。这是过去和正在过去的东西证明它们的实在性和力量的一种方式。显然,海德格尔的思想是由先验论哲学反思指向中逼迫出来的,这种反思指向借助胡塞尔的匿名意向性把作为内在时间意识的时间性结构及其自我建构作为主题。事实上,对于亚里士多德的存在概念和实体概念以及对近代的主体概念的本体论前见的批判,最终必然导致先验论反思观念本身的消亡。

这种使得实在以一种完全非反思的方式被经验的 *actus exercitus*(履行行为)——例如在不注意其服务时工具的实在性,

---

⑦ 参见胡塞尔:《内在时间意识现象学讲座》,海德格尔编,载《哲学与现象学研究年鉴》,第9卷(1928年),第395页以下。

或者在不注意自己消逝着的过去——如果没有一种新的遮蔽,就不可能转化为一种指称活动。海德格尔关于此在作为在世存在的分析中,其要点是,以这种方式经验到的存在者的存在,特别是世界的尘世性(Weltlichkeit der Welt),不是"客观或对象上"可遇到的,相反,它在本质上遮蔽自身。《存在与时间》(第75页)已经讲到自在存在最终所依据的使用上手物(由现成在手存在是不可解释的)的自在保持(Ansichhalten des Zuhandenen)。使用上手物的存在不简单就是遮蔽(Verbergung)和遮蔽状态(Verborgenheit),其揭蔽(Entbergung)和揭蔽状态(Entborgenheit)只是可能出现的。它的真理,它的真正的没有伪装的存在显然就在于它的不可觉察性、不引人注目性和不可反抗性。在《存在与时间》中,就已经暗示了一种要彻底抛弃那些指向此在自我理解的"开显"(Lichtung)和"敞开"(Erschlossenheit)。因为即使这种"使用上手物的自在保持"最终也基于作为一切成分为何之故的此在之中,"在世存在"自身的本质显然也在于,"敞开"绝非此在的整个透明,而是指一种对不定性的本质上的全部统治(《存在与时间》,第308页)。使用上手物的"自在保持"与其说是抑制(Vorenthaltung)和遮蔽,不如说是在那种有其存在的世界关系中的包罗万象(Einbezogensein)和被遮蔽的东西(Geborgensein)。使得"揭蔽"不仅与"遮蔽"而且与蔽(Bergung)相处的内在的张力,最终也深入到这样一个领域,其中语言显示了其多方面的特质,并能有助于神学家对上帝话语的理解。

在神学领域内,自我理解概念也经验了一种相应的转变,信仰的自我理解——这是新教神学最关心之事——显然不可能通过先验论的自我理解概念来正确把握。我们是通过先验唯心主义认识这个概念的。特别是费希特曾宣称知识学是始终如一地贯彻那种理解其自身的先验唯心主义。我们可以回忆他对康德自在之物概念的批判。⑧ 在那里费希特以一种轻蔑的口吻说,如果康德理解了他自己,那么自在之物只能意味着某种被意指的东西。如果康德没有想到这一点,那么他就只是个笨蛋,根本不是思想家。⑨ 这里自我理解概念的根本意义在于,一切独断的假定都通过理性的内在的自我产物而被粉碎,以至这个先验论主体的自我建构最终得以完全自我透明。令人吃惊的是,胡塞尔先验论现象学观念竟如此接近费希特和黑格尔提出的要求。

对于神学来说,这样一个概念不能原封不动地保存下来。因为,如果有什么东西与启示观念是绝对不可分割的话,那么这就是,人们不可能由其自身获得对自身的理解。一个古老的信仰经验主题——此一主题已渗透到奥古斯丁对其生活的反思中——就是,人从自身开始和从世界出发(人自认为自己支配这个是他的世界)来理解自身的一切试图,都是失败的。事实上,"自我理解"这一概念的最初用法好像应归功于基督教经验。我们在哈曼(Hamann)和他的友人雅可比的通信中发现了这一概念,在那里,哈曼从虔诚派信仰确实性立场出发,试图让他的朋友确信,他绝不

---

⑧ 费希特:"知识学第二篇导言",载《费希特全集》,第 1 卷,第 471 页以下、第 474 页以下、第 482 页以下。

⑨ 同上书,第 486 页。

可能以他的哲学和信仰在其中的作用来达到真正的自我理解。[⑩] 204
显然,哈曼所说的真正的自我理解,其意思超过了那种与自身一致的思想无冲突的自我透明性。我们宁可说,自我理解包括历史性作为决定性要素。谁获得真正的自我理解,谁身上就有某种事情发生和已经发生。所以,关于信仰自我理解的讲法的意义就是,信仰者意识到他对上帝的依赖。他获得了这样一种见解:尽其可支配所能(dem Verfügbaren),他也不可能理解自己。

鲁道夫·布尔特曼以支配(Verfügens)概念以及基于此概念的自我理解必然失败的看法使海德格尔对哲学传统的本体论批判转为神学批判。正如与他自己的学术出身相应,海德格尔限制了基督教反对希腊哲学的自我意识的信仰立场。但是,由于海德格尔关注的不是本体论基础,而是生存性的立场,因此希腊哲学对于

[⑩] 参见雷那特·克诺尔(Renate Knoll)、J. G. 哈曼(J. G. Hamann)与 Fr. 雅可比(Fr. Jacobi),载《海德堡科学院学术论文》,第 7 卷,1963 年。也可以与我的论文"自我理解的疑难性"(《短篇著作集》,第 1 卷,第 70—81 页)作一比较。我这两篇论文中的思路表明,我正在全力研究"自我理解"(Selbstverständnis)这一构词的新颖性及其根源上的疑难性。可是在第一次印刷的原文中我有错误的表达,我也相应地做了修正。"自我理解"这个词事实上是新出现的。F. 奇尔希(F. Tschirch)(参见《Eggers 纪念文集》,1972 年)对此词曾作了一个内容广泛的综述。显然他没有读过或者他没有理解我的论文。他好像默默地修正了我的一个因疏忽而出现的错误。但是,一个语词研究者应该有如下概念史观察:(1)奇尔希所做的语词综述间接地证明了我曾经提出的概念的虔信派起源:埃尔温·梅茨克(Erwin Metzke)与汉斯·R. G. 京特(Hans R. G. Günther)两人作为研究者对虔信派都做过研究(哈曼、容-施蒂林)。(2)奇尔希把现代神学的语词用法只返回到弗里德里希·卡尔·舒曼(Friedrich Karl Schumann)可能并不正确。"自我理解"在 20 年代就已经是鲁道夫·布尔特曼的喜爱词,正如我在上面所引的文章中所说的。(3)另外,特奥多尔·利特(Theodor Litt)是正确的,当他在 1938 年这样写道:"如果'自我理解'与此在的'自我理解性'相联系,那么它就不自然了。"

他来说，就是古希腊化时代的哲学，特别是斯多葛派的自足理想（Autarkieideal），这种理想被解释为完全的自我支配（控制）理想，并被基督教批评为站不住脚的。从这个观点出发，在海德格尔思想的影响下，布尔特曼通过非本真性和本真性概念详尽地解释自己的观点。已经落到此世界的此在，由可支配物（dem Verfügbaren）进行理解的此在，被召唤到转向，并在其自我支配的失败中经验到向本真性的转化（die Wendung zur Eigentlichkeit）。对于布尔特曼来说，对此在的先验论分析似乎描述了一种中性的人类学基本结构，从此结构出发，信仰的召唤可能完全不依赖其内容而在生存基本运动内"生存性地"解释其自身。因此，恰恰正是《存在与时间》的先验论哲学观点适应神学思想。的确，这不再是旧唯心主义的自我理解概念，也不是这一概念在那种可以表现信仰体验的先天性的"绝对知识"的完成。因为正是一个事件的先天性（das Apriori eines Geschehens），人类此在的历史性和有限性的先天性，才应使得我们有可能对信仰事件作概念阐释。海德格尔从时间性上对此在的解释做到了这点。

这里对布尔特曼观点在解经上的丰硕成果进行解释，已远超出了我的能力。以严密的历史-语文学方法、按照其对信仰的自我理解对保罗和约翰做出的阐释，以及在这种阐释中新约预告的布道意义得到最高的实现，这确实是生存主义新解经学的胜利。

在此期间，海德格尔的思路朝着相反的方向发展了。先验论哲学的自我见解证明是海德格尔内在的思想诉求，这种思想诉求从一开始便推动着他，甚至使他不作另外不同的考虑，另外，后期的转向说法——这种转向说法从此在的本真性说法出发排除了每一种生存论的意义并去掉了本真性概念本身——正如我个人所认为的,似乎不再能与鲁道夫·布尔特曼的神学基本立场连在一起。海德格尔现在更接近了他早期神学追求——即找到那种不仅能召唤信仰而且能在信仰中发现的话语——可能得到实现的度向。如果信仰的召唤——即那个向自我的自我满足进行挑战并迫使其在信仰中承担自我任务的要求——可以解释为自我理解的话,那么能保持人们信仰的某种信仰语言也许就是某种别的东西,并且恰恰就是这一点,一种新的基础在海德格尔思想中愈来愈明显地突出了起来:真理是一个包含其自己错误的事件(Geschehen),一种同时又是遮蔽以及就是蔽的揭蔽,也就是应了《关于人道主义的书信》中的那句名言,即语言就是"存在之家"(Haus des Seins)——所有这一切都超出了任何一种自我理解的视域,而不管它们是失败着的还是历史性的。

与此同时,人们也能由理解的经验和自我理解的历史性出发朝着同一方向前进,正是在这里,我开始发展我自己的哲学诠释学试图。首先,艺术的经验为此提供了一个无可争辩的证据,即自我理解绝不会提供一个充分的解释视域。对于艺术的经验来说,这确实不是新的智慧。甚至康德以来的近代艺术哲学建基其上的天才概念也把无意识作为本质部分包括在内。在康德那里,与创造性的自然——其形式以美的神奇让人欢愉并确证其人性的——内在相应的是,无意识和无规则应用的天才,有如自然的宠儿一样,创造了典范的作品。这种自我观点的一个必然后果就是,艺术家的自我解释被剥夺了其合法性。这样一种解释性的自我声明来自于一种随后要反思的态度,即艺术家相对于任何一个正视其作品的他人来说并没有任何优先的特权。这种自我声明确实是文献，并在一定情况下构成后来解释的出发点，但它们不具有一种正典的位置。

但是，如果我们看出天才美学和体验艺术的局限并看到解释者内在地属于作品的意义运动，那么上述的结论就具有决定性的意义。因为那样一来，某种无意识规则标准即使在创造性精神的奇迹中显示出来，也要被抛弃。在艺术经验后面出现了诠释学现象的整个普遍性。

事实上，只要深入地渗透于所有理解的历史性就会导致这一点。尤其是在17世纪和18世纪较老的诠释学研究中出现了一种富有成果的观点。mens auctoris（作者的意图），即作者所意指的东西真能够无条件地被承认为文本理解的标准吗？如果我们给予这一诠释学公理以一种广泛而慷慨的阐释的话，那么该公理一定具有某种令人信服的东西。这就是说，如果我们理解了"他曾经意指的东西""他一般可能意指的东西"、存在于他自己个人的历史的视域中的东西，如果我们也因此排除了"他一般根本不可能想到的东西"，那么这个公理就是合理的。[①] 它使解释者免遭时代错误（Anachronismen）、任意篡改和不合理的运用。它似乎表达了历史意识的伦理、历史精神的良心。

但是，如果我们把文本解释与艺术作品的理解和经验一起加以考虑的话，那么这一公理也有一种根本的可疑性。也许在那里也存在一些历史上恰当，并在一定程度上是真正的艺术作品的经

[①] 参见克拉登尼乌斯，引文见《真理与方法》，第172页。

验方式。但是，艺术的经验确实不可能仅限于这些经验方式。我们可能不完全信赖某种毕达哥拉斯美学，因为他确立了历史性的综合任务，这一任务把一切艺术经验一直作为人性的任务，但我们却必须承认艺术作品呈现了自己特有的意义结构（Sinngefüge），其理想接近于数学的非历史性向度。⑫ 我们的经验和阐释显然绝不会被 mens auctoris（作者的意图）所限制。如果我们补充说，德国浪漫派已经指出的理解与解释的内在统一把理解的对象——不管是艺术作品、文本还是任何一种传承物——带到当下的运动中并用其自己的语言重新谈论它们，那么我认为，我看到了某种被暗示的神学推论。

《新约全书》的布道意义——它把"*pro me*"（为我的）应用赋予了福音——最终不可能与历史科学的合理的意义探究发生矛盾。正如我所认为的，这是一种不可变更的科学意识要求。我们不可能认为基督教《圣经》文本的意义（Sinn）和拯救意义（Heilsinn）之间有一种相互排斥的对立。但在这里一般可能涉及一种相互排斥的对立吗？《新约全书》的作者们所意欲的意义，甚至他们可能具体想到的东西，难道不是朝着拯救——人们读《圣经》就是为了这种拯救——意义的方向移动吗？这并不是说，正确的适当的自我理解归于他们的论述。它们完全属于弗朗茨·奥弗贝克称之为"原文学"（Urliteratur）的那种风格。如果我们把文本的意义理解为 *mens auctoris*（作者的意图），即基督教原作者的

---

⑫ 当奥斯卡·贝克尔想用"毕达哥拉斯的"真理反对我诠释学地解释审美经验的试图时，我认为他没有涉及真正的争论问题。

"实际的"理解视域,那么我们赋予《新约全书》作者一种虚假的尊荣。他们的真正尊荣恰恰应在于他们宣布了某种超越他们自己理解视域的东西——即使他们是约翰或保罗。

这种断言绝不需要一种无法控制的神灵默启理论和圣灵感动的解经学。这样一些东西会使我们失去从新约科学中得到的知识。事实上,这绝不涉及神灵默启理论。如果我们结合法学的诠释学境遇、精神科学和艺术经验来考虑神学的诠释学境遇,有如我在我的哲学诠释学尝试中所做的那样,这一点就很清楚了。理解在任何地方绝不是对作者所"意指"东西的单纯重新恢复,不管他是艺术作品的创造者、行为的从事者、法律书籍的作者,还是其他什么人。mens auctoris(作者的意图)绝不限制解释者得以运动的理解视域。的确,如果解释者真的想理解而不是复制的话,他必然是运动在这种理解视域中的。

在我看来,对于这个问题最可靠的证据就在于语言的特性。所有解释不仅处于语言的媒介中,而且就解释必须涉及语言构成物而言,当解释把语言构成物提升至自己的理解中时,解释就把语言构成物带到它自己的语言世界中。这不是一种与理解相反的从属的行为。自施莱尔马赫以来,被希腊人一贯坚持的"思想"(νοεῖν)和"表达"(λέγειν)之间的古老区别——首先出现在巴门尼德的教谕诗中⑬——在诠释学中不再处于偶缘性的前沿。这里涉及的根本不是翻译问题,至少不是从一种语言到另一种语言的转换。所有

---

⑬ 《巴门尼德著作残篇》,残篇 2,第 7 行以下;残篇 8,第 8 行、第 35 行以下(第尔斯编,第 5 版)。

翻译的毫无希望的不恰当性可能很好说明这种差别。当理解者试图要说明他的理解时,他就不是处于翻译者必须努力使译文与原文字字相符的那种翻译者的不自由状况中。理解者分享了真正说话的自由,说出了文本所意蕴的东西。确实,每一种理解只是在途中。它永不会完全到达终点。可是,正是在对所意指东西的自由言说的过程中,也就是在解释者所意指的东西中,意义的整体才是在场的(gegenwärtig)。语言明确表达的理解具有自由的空间,理解不断地以与它对话的话语进行答复来填补这一空间,但不会完全填满它。"有许多东西要说":这是诠释学的基本态度。解释不是对某种飞逝而来的意见的尔后的固定,正如说话不是这种东西一样。来到语言表达的东西,即使在文学传承物中,绝不是某种任何意见,而是借助于意见而来的世界经验,而这种世界经验本身总是需要我们整个的历史传统。传统对于在它之中传承(tradiert)的东西总是透明的。对传承物肯定的每一种回答,不只是神学必须寻找的语词,也是一个持存着的语词。

(洪汉鼎 译,田书峰 校)

12. 什么是形而上学

(1978年)

　　海德格尔1929年的弗莱堡入职演讲在他的著作中有着非常卓越的地位。这个学术演讲的听众是古老的家乡母校弗莱堡大学的教授和学生们，海德格尔就是从这个大学里走出来的，他在1929年又返回到母校。以前，他是一名大学生、助教和私人讲师，而现在，在《存在与时间》取得了极大成功之后，他已经是他那个时代最著名的思想家了。因此这个入职演讲的反响也是非同寻常的。旋即它就被翻译为法语、日语、意大利语、西班牙语、葡萄牙语、英语和土耳其语。而且，我不知道，在此期间究竟还增加了多少个其他语言的译本。但是，无论如何，这篇演讲在其他文化中所享有的快速而广泛的首度传播或影响确实让人刮目相看。确切的是，《存在与时间》因其篇幅不可能也同样快地完成，但是，不可否认的是，《什么是形而上学》这篇演讲已经引起了一种异常迅猛而广泛的反响。尤其是最初的日语译本，随后翻译为土耳其语——两种语言都超出了欧洲的基督教语言范围——这一事实的意味不言而喻。海德格尔关于形而上学的沉思很明显地是开始于希腊-基督教的形而上学并不能建构那不言而喻、有承载力的讨论背景的地方，这一切都已准备就绪。反之，恰恰是这篇演讲以及关于虚无的言说成了极端的逻辑批判的靶子——鲁道夫·卡尔纳普在1932年的《知识》中就这样批判道——他重述了所有责难，并使这些批判更加尖锐化，海德格尔本人在演讲中解释了这些责难。当时的讨论涉及对无的追问的预备，并且海德格尔表达了对这一问题之地位的疑虑。

但是，海德格尔本人对这短篇演讲的出版很是看重，以至于他在后来出版的版本中两次增添了一条详细的评注：1943年版的后记和1949年版的一个更长的前言。今天的文本已经超出了原先篇幅的一倍多。此外，值得注意的是，海德格尔将（演讲的）全部三个部分都添加到《路标》这部发表于1929年和1964年间的系列论文的文集里，很明显是当作路标添加的。

事实上，在这个演讲中，有关形而上学和形而上学之思的克服这样的重大课题首次呈现出来，这尤其适用于后期海德格尔的思想尝试。但是，这却是在如下的方式中发生的，即在该演讲中仍然还是一种形而上学的语言被言说。无的问题被当作一个形而上学问题被毫无疑问地引入，如果人们只是决定放弃逻辑这一众所周知的自卫手段，那么，人们也就会被带入这一形而上学问题之中。

实际上，人们之所以提出无和无的基本思想经验这一问题，就是为了能够迫使思想去思考此在之此（Da des Seins）。海德格尔在越来越有意识地抛弃形而上学问题和形而上学语言，而转向存在者的存在中将这项任务理解为自己的使命。他的一生都在为这一使命而劳碌。海德格尔在1943年作的《形而上学是什么？》后记中冒险说出了这样一个挑战性的语句，"归属于存在之真理的是这一实情：没有存在者，存在或许仍本现，但若没有存在，一个存在者绝不存在",这一说法运作在一种值得一思的纠缠中并完全揭示出了他的语言困境。而在《形而上学是什么?》第5版中,他又径直改动了这句话,使其意思完全颠了个儿:"没有存在者,存在绝不本现,没有存在,一个存在者绝不存在"。(后者也是意大利语译本所依据的文本。)这两个彼此矛盾的措辞透彻测量出了他的发问运作其中的那种张力空间。这两种措辞都有道理。存在者与存在的本质维度(Wesensdimension)内在地不可分割这一特性在两个变化了的版本中都被述及了,但是,反过来,存在之于存在者的依赖性仅仅在第二个和终极版本中被述及。这是一个视角问题:人们是否要把存在在其中"本现"(west)的本质维度思想为这样一个维度,似乎它"有"(hätte)"存在"(Sein)似的(就我们抛开或不论及所有存在者来说)。或者,人们是否把本质维度仅仅思想为存在在其中存在(ist)的单纯维度,但这意味着,存在这样来被思考,只就存在者存在而言,存在本身(überhaupt)才存在(是)。思考存在本身:人们感到对象性思维的压力。"存在"并非"某物存在"(etwas ist),而是"本现"(west),如此"存在"还是思与言的可能对象吗?它对"自为"(für sich)存在者不是必然的吗?这是古老的分离学说的引诱,柏拉图把它看作理念思想的引诱而看得清清楚楚,但并不完全知道如何避免这种引诱,海德格尔对形而上学的寻根究底的追问就尤其卷入其中。

我们之前提及的文本的变动是为了1949年的第5版而做出的,海德格尔在这一版上附加上了另外一个新的导言。这足够重要了,这个新导言与1943年早先的后记除了在文本修订上存在差异之外,两个版本在语调上几乎没有什么不同。1943年的后记这样来开始,就仿佛它要清除一些对于理解他的演讲而有的障碍,这些障碍与有关"无"的思想和在其本质中如此确立的恐惧相关联。该演讲追问"无",因此也就是对存在的追问,这存在不是一个"什么"或"何物"(德语 was,希腊语 ti),因此存在不能被形而上学当作"存在"(Sein)来思考。后记把这个新的追问作为与"逻辑"与"计算思维"相对立的"本质性思想"而凸显出来。辩护骤变为一种呼吁,这一呼吁试图从存在自身出发、用词语和图像来描述由"存在者的他物"规定着的思想。在这些词语与图像中,德国灾难岁月中的末世论激情颤栗着。这里说的是那些牺牲者的窘境,是沉思着存在并保持其纪念的感激(谢辞),是"对存在之宠幸的回响",是此在中的急迫(Inständigkeit),这种急迫为存在寻找言辞,而且言辞像是对这种悦耳的隐喻技巧的明证:后记本身在最后就把思者的言说和诗人的点明彼此紧紧聚拢一起。

与此相对,后来的导言致力于把演讲表述为思想启程(Aufbruch)的一个内在后果。思想启程开始于《存在与时间》,经过演讲直至所谓转向(Kehre)后的思想尝试。在此期间,不仅海德格尔的荷尔德林阐释产生了普遍影响,而且《关于人道主义的书信》和《林中路》使海德格尔的思想之路清晰明朗起来。导言借助与《存在与时间》、形而上学的历史,尤其是亚里士多德和莱布尼茨的联系而发展出如何克服形而上学这一使命,海德格尔自从"转向"以来一直像着迷般地在完成这一使命。海德格尔再次从一个隐喻出发:这是一个因形而上学本身的历史而得名的隐喻:arbor scientiarum(知识之树),从树根一直向上生长的树的比喻。海德格尔借助这个比喻描绘了一个事实:形而上学并没有思考其自身根基,而且,他提出了一个任务:通过返回那个在形而上学自身中被遮蔽的根基来阐明形而上学的本质。因此,针对形而上学对思考存在的诉求,海德格尔毅然迎上前去,他将形而上学本身成为对象,即存在着形而上学,思想便是如此开始的。对存在者的存在的形而上学追问对存在本身和存在与人的关联有何意义呢?因此,形而上学的问题"究竟为什么存在者存在而不是无存在?"就变为这个问题:为什么思想更多地追问存在者而不是追问存在?不过,这就不再是一个形而上学的问题(正如演讲之前所理解的那样,演讲提出了无的问题),而是给形而上学提出的问题(Frage an die Metaphysik)。不是:形而上学意味着什么,而是:究竟什么是形而上学?这究竟是怎样一种机巧(Geschick)?而且,这一事件(Geschehen)是如何规定我们的命运(Schicksal)的?这篇被增加到 1949 年版本中的导言不再引人进入到科学的处境和大学(Universitas literarum)的任务中去,一如 1929 年的那个编排好了的演讲所做的那样,而是引入到对当今世界和全人类境况中,这种境况在后战争时代的开启中伴随着 20 世纪下半叶工业革命爆发性的前进步伐中显露出来。

(张荣 译,田书峰 校)

13. 康德与诠释学转向

（1975年）

康德在近代思想中的地位绝对是无与伦比的。他或多或少是最为相互对立的哲学倾向的共同前提，一方面是经验主义者，他们谴责康德对"独断形而上学"的摧毁，因为这是一项"无所不摧"（门德尔松语）的工作——即使他们仍然不满意理性论思维方式的许多独断论的残余，有如空间的三维性的主张。另一方面是先验主义者，他们虽然以先验性的方式理解自己并以康德为依据，但是最终都属于费希特的追随者之列，并想为有利于从自我的最高原则进行一切有效性的推论而抛弃自在之物这个独断论的残余。即使唯心主义者和唯物主义者的对立，在马克思主义者看来，在下述意义上是由康德改变了其规定，即把一切前康德的、马克思本意上的唯物主义都看作是独断的，但事实仍然是，"回到康德去"这一口号，尽管是在1860年左右既是为反抗黑格尔思辨唯心主义的学术统治又是为反对与之相反而出现的成果辉煌的唯物主义、自然主义和心理主义而被提出的，并且还引导出所谓的新康德主义，但在费希特和黑格尔的后继者中，更多的人则并非有意识地追随这一口号。

然而还有另一点，即经验主义倾向以及新康德主义的先验主义共同更改了后康德、后黑格尔时代的康德形象:人们超越了康德的《纯粹理性批判》对"独断形而上学"的摧毁并进入到在自由的理性事实上建立道德的形而上学(moralische Metaphysik)的背景中。虽然我们有理由把康德在实践理性的自律思想和绝对命令基础之上为道德形而上学进行奠基——正确地看作是康德哲学的伟大贡献之一,但是这个奠基却是为德性形而上学(Metaphysik der Sitten)奠立的基础,并再次使用了"道德形而上学"的说法,这一点却是很少有人关心的。

康德那种对牛顿意义上的"纯粹自然科学"的效仿确实给历史世界鲜能提供点什么——请与黑格尔所建构的同样伟大和同样强大的世界历史哲学相比较。康德的道德形而上学拒斥了一切人类学的基础并明确要求对于理性存在普遍适用。在一个能为克服形而上学而感到自豪的时代中,人们当然也同样试图把先验的思想方法转化到别的领域,因为人们从"认识论"角度解释康德,所以康德的道德形而上学的天才成分本身也就被从认识论角度加以解释了,并且一种理当为历史世界知识以及自然科学基础的理论也被寻求。狄尔泰的抱负在于,历史理性的批判将康德(纯粹理性)批判置于一旁,而文德尔班-李凯尔特关于隶属于价值王国的系统理论思想之下的新康德主义历史知识理论则以其自己的方式证明了康德批判的至高地位。但是他们都与康德那种曾经证明知识有其限制,以便为信仰腾出地盘的自我理解相距甚远。

这样一来就出现了一个特有的被简化了的康德,这个康德在作为批判主义或先验哲学的新康德主义时代被改造成为一种普遍的系统思想,并且这种普遍的系统思想就是那样一种新康德主义,特别对于其马堡学派形式——在此形式中先验心理学(纳托普)被发展为一种先验的"普遍逻辑"的配对物,这种新康德主义为胡塞尔的开端现象学的哲学自我理解提供了支撑力。

20世纪,特别是第一次世界大战后的哲学运动,都是与现象学的概念联系在一起的。今天我们称之为"诠释学哲学"的,就是立足于现象学基础之上的一个好的部分。现象学究竟曾是什么,今日在历史的回顾中,它又是怎样将自身呈现于我们的?确实,它首先不是带有马堡印记的新康德主义的一种表现方式,或者是其最坚定不移的贯彻。正如这个术语本身所暗示的,现象学是一种无先入之见地描述现象的方法态度,在方法上放弃对现象的生理-心理的根源的说明,或者放弃向预设原理的返回。所以,无论是诸感觉的机制(马赫)还是英国社会伦理学的功利主义(斯宾塞),无论是美国詹姆斯的实用主义还是弗洛伊德深层心理学享乐主义的动机理论,都在胡塞尔与舍勒的现象学批判之下土崩瓦解。与这些说明图式相反,现象学的研究作为整体,如同狄尔泰以精神科学为定向的描述与分析的心理学一样,在一个很宽泛的意义上可以称之为"诠释学的",因为一个现象的意义内容或本质内容或"结构"不是"说明"(erklärt),而是被带向"诠释"(Auslegung)。事实上,在胡塞尔的语言使用中,"诠释"一词从早期开始就是在精细描述的意义上出现的,并且狄尔泰的精神科学的理论建构最终也完全是建立在意义-理解和表达-理解的"诠释学"特征之上的。

在此期间,胡塞尔有意识地依靠新康德主义,其目的是为他的描述艺术和他的自明性理论提供理论上的辩护,他的这一依靠行为意味着，一种极为片面的与其说是更新康德毋宁说是更新费希特或黑格尔的体系构思。虽然这是胡塞尔为其名言"我如何成为一位诚实的哲学家?"进行辩护而作的先验努力,但是,那种本应使哲学成为"严格科学"的对于自我意识的不可置疑性的先验还原,以及那种建立在先验自我的自明性之上的"构成性的"现象学,完全不符合先验演绎的意义。这种先验演绎在康德那里,是在形而上学演绎从"判断表"推导出范畴表之后,作为对范畴的效用的"证明"而被做出的。胡塞尔的"构成性的"现象学更多地类似于费希特的"推导"理想,即从自我的"本原行动"获得范畴的理想。这里胡塞尔确实可能意识到,思辨的、费希特-黑格尔的唯心主义的和(马堡学派的)新康德主义的体系思想缺乏"自下而上"的真正基础,并且只有现象学关于意向性行为与意向性对象的相关性的阐明才使得"生成"(Erzeugung)或"构成"(Konstitution)的先验思想成为可行的。关于意向性行为和意向性对象相关性研究的一个众所周知的典型例子,就是知觉现象学。在那里,相对于纳托普的相关性概念出现了一个决定性的进步:意向性行为-生命的丰富差异,与相同对象相对,成为现象学分析的主题。它导致一种在彻底与费希特相近的新康德主义意义上对康德观点的新现象学的阐明。

我们把康德主义的古老十字架(核心之点)——关于"自在之物"的理论——取为例子,费希特曾把它视为一种逃离解释的隐喻,而马堡派的新康德主义(纳托普)则把它转变成规定认识对象的"无止境的任务"。胡塞尔清楚地看到这样一种观点的天真性,即认为在康德的唯心主义哲学内部包含有一种"实在主义的"因素，并且他还通过自己娴熟的知觉现象学分析解释了自在存在的这一"实在主义的"因素。一个知觉对象在本质上所能提供的正是一个事物的细微差别（Abschattungen〔侧显〕）连续统一，这在意向性的意义上隐含在任何一个知觉行为中——而这正是事物的自在存在的"意义"。

就胡塞尔把统觉的先验综合与其同"内感官"的关联，在显明的现象学分析中阐释为"内在时间意识的现象学"而言，他完全能够知道自己是先验思想的真正完成者。出于这个理由，他在越来越精致的提问中，把建立在现象学之上的整个哲学体系筹划为一种严格的科学，其方式是从先验自我出发紧紧抓住最困难的问题：肉体意识、他我的构成（主体间性问题）以及历史性地不断变化着其视域的"生活世界"的构成。毫无疑问，这三个核心要素对于自我意识的构成来说表现为表面上最坚固的对抗。胡塞尔后期首要的工作就是要克服这三个对抗。谁要是在贯彻先验现象学中被这些对立核心弄迷惑了的话，那么在胡塞尔看来，谁就没有理解先验还原（胡塞尔在这一点上不仅暗指慕尼黑的现象学家和舍勒，而且最终也指向《存在与时间》的海德格尔）。当然，就海德格尔的先验自我理解来说，这一点初看起来并不是一目了然。还在1929年，即《存在与时间》出版后的一年，奥斯卡·贝克尔就把海德格尔的"此在的先验分析"作为"生活世界"的诠释学维度纳入到胡塞尔的先验现象学的纲领之中了。

与此同时，海德格尔的那种与其神学的和历史科学的诠释学难题相联系的原本意图应当迅速地加以贯彻，并因此以一种令人惊奇的方式使原版的康德反对其思辨继承人成为新的现实。事实上，把《存在与时间》纳入胡塞尔的先验现象学，这本身就必然摧毁胡塞尔先验现象学的框架，而胡塞尔自己也不能长期隐身在其思想的延续中，因为海德格尔的意义深远而又特别富有成效的著作不会再对"作为严格科学的哲学"有所贡献。海德格尔所说的"此在的历史性"表现在完全不同的方向上。在狄尔泰和约克伯爵的思想和著作中被反思的历史学派传统，无论如何与新康德主义哲学的先验主义还是相距甚远。在历史学派的影响下，但也是在叔本华以盲目意志的形而上学重新解释康德的影响下，在19世纪，哲学的基础已经从自我意识转移到"生命的形成思想的工作上，并且首先发生影响的是弗里德里希·尼采，借助于伟大的浪漫主义者，当然也经过柏格森、齐美尔、舍勒，才在我们这一世纪初，把生命推向了哲学的前沿——正如在心理学中把无意识推向了前台一样。因此，重点不再是自我意识的现象被给予性，而是从生命的诠释学运动中升起的对现象的"解释"，而生命的这种诠释学运动从自身方面说必须屈从于解释。

所以，这是一个使海德格尔的思想出发点获得其特别效果的复杂事件。由于在李凯尔特的新康德派先验主义里成长起来，并通过新康德主义解释的胡塞尔现象学而发展，年轻的海德格尔正好把精神科学的这另一种"诠释学的"传统带到同时代思想的基本问题中。特别是生命的非理性(Irrationalitaet)表现了与新康德主义相对立的另一种核心权威。马堡学派本身在当时就试图中断先验主义思维的魅力，并且老年纳托普还退回到一切逻辑的背后去追溯那"原始的具体"(Urkonkrete)。从年轻海德格尔的最早讲演中就流传出这样一句话："生命是朦胧的"(diesig)。朦胧的存在

(Diesig-sein)绝不能同"这一个"(dies)相关,而是指"模糊不清的"(dunstig),浓雾弥漫的(neblig)。因而这句话就是说,从属于生命本质的东西,就绝不能在自我意识中完全得到阐明,而总是不断地处在如烟雾笼罩般的模糊不清之中。这一思想在尼采的精神中令人有更多的遐想空间。反之,新康德主义的内在结论,正如当时所得出的,可能至多也只是把非理性的东西和在理论之外的各种有效方式承认为自己逻辑体系的一种界限概念。李凯尔特对"生命哲学"进行了清算。而胡塞尔的"作为严格科学的现象学"的观念则完全是为反对一切非理性主义时髦流派,特别是反对世界观哲学而以根本的坚定性所给出的。在海德格尔那里,借助于此在的历史性所实现的,乃是在最终根基上对唯心主义的彻底背离。因此在我们这一世纪是重复了对唯心主义的这同一批判,这种批判是在黑格尔死后由青年黑格尔派对黑格尔思辨的百科全书式的体系所进行的批判。这种重复特别通过克尔凯郭尔的影响而促成。克尔凯郭尔指责黑格尔这位柏林的绝对教授,说他遗忘了"生存"。克尔凯郭尔的著作被克里斯托夫·施伦普夫(Christoph Schrempf)自由地译为优美的德文,在第一次世界大战前后于德国引起轰动。[218]雅斯贝斯在其1921年出版的《世界观里的心理学》里通过他那优美的"克尔凯郭尔述评"介绍了他的学说,并产生了所谓的生存哲学。雅斯贝斯对唯心主义所作的批判加深了哲学与神学之间的危机。这就是海德格尔工作发生影响的情况。

显然,这种对唯心主义的批判要比在新托马斯主义、康德主义、费希特主义、黑格尔主义和逻辑经验主义之间存在的批判差异彻底得多。新康德主义的体系思想与狄尔泰历史理性批判的尝试之间的对立,也仍然处于关于哲学使命的最终的共同前提的框架之内。唯有海德格尔的新出发点享有同青年黑格尔派哲学批判相同的彻底性。显然,这不是偶然的,即马克思主义思想的重新复活不可以简单绕过海德格尔的思想,赫伯特·马尔库塞甚至试图把两者相互结合起来。

事实上,青年海德格尔宣称的口号是十分矛盾的,但它对一切方面都具有批判性。这就是事实性诠释学(Hermeneutik der Faktizität)口号。我们必须意识到这一口号是一种矛盾(木制的铁)。因为事实性所指的恰好是一种坚定不移的抗力,事实的东西使这种抗力同一切把握和理解相对立,特别是在海德格尔给予事实性这一概念的转用中,事实性就意指人类此在的一种基本规定。这恰好不只是意识和自我意识。在一切存在者面前都使其极为不同的并构成其诠释学结构的存在理解(Seinsverständnis),不是在那种精神结构——由于这种精神结构,存在理解超于所有自然的存在者——的筹划中实现的。人的存在通过这种存在理解而与众不同,以致追问存在的意义,这本身就是一种最高程度的矛盾。因为追问存在意义的问题并非其他那种意义问题,即从什么构成其意义出发理解所与物的。正相反,追问其存在意义的人类此在却面对他自己此在的不可把握性。所以人总是能在理解中从各方面弄清这种意义性——在他自己的此在处并对他自己本身的可能理解中找到他必须提出的意义问题,尽管仍是一种不可超越的界限。此在对于他自身来说不仅是其诸多筹划的可能性的敞开视域,而且还在自身中同那种不可超越的事实性相遇。此在能选择他的存在,正如克尔凯郭尔把或此或彼的选择思想作为此在的真正伦理特征突出出来一样——因此事实上此在只是承载它"被抛入"其中的他自己的存在。被抛掷和筹划构成了人类此在的统一的基本状况。

因此这暗含着[海德格尔思想]在两方面都包含着批判：既是对胡塞尔的先验唯心主义的批判,同时也是对狄尔泰甚至马克斯·舍勒意义上的生命哲学的批判。这双重的批判方向最终都同时被证明是对一条新的通向原本意义之康德的道路的开辟。

海德格尔对胡塞尔的批判,首先针对的是意识的存在特征在存在论上的不可证明性。因亚里士多德而成为伟大的海德格尔揭示了在近代意识哲学中被忽视了的希腊思想的有效遗产。海德格尔借以开始存在问题阐明的对现实的人的此在的分析,明确地拒斥了现代意识哲学在为一切客观性辩护时必会回头与之发生关系的"幻想的理想化的主体"。只要海德格尔也把胡塞尔的自我意识和时间意识的分析作为先入之见来批判的话,那么,这明显地并不是他以此做出的一种内在的批判,而是他所发现的一种存在论上的缺陷。在此后面存在有对希腊人本身的批判,对他们视域的"表面性"和片面性的批判,他们抓住存在者的轮廓和形态,并在这种不改变的"存在"中思考存在者的存在,反之,先于一切追问存在者之存在的追问存在的问题却根本未提。在时间视域中谈论的,即在此意味着"存在着的"是当下-在场者(Gegenwärtig-Anwesende)——这显然未言中人类此在的真正存在状态。人类此在不是现时性(Gegenwärtigkeit〔在场性〕),也不是精神的现时性(在场性),而是将来性(Zukunftigkeit〔未来性〕)和操心(Sorge)——尽管如此事实性。

另一方面，海德格尔的最初想法也不是简单地以狄尔泰的生命概念为基础。虽然他也承认狄尔泰到处在生命中寻求最终的根据乃是深入把握我们称之为精神或意识的东西的一种倾向，但海德格尔自己的目的却是一种本体论的倾向。他试图在生命的内在统一性中把握人类此在的存在状况，而这种统一性不是生命的含糊不明的欲望与自我意识精神的清明之间的一种单纯的二元性张力。这也是他对舍勒的批判：陷入这种二元论的困境中。在他对生命哲学观点的本体论深化的道路上和在他对新时代意识哲学的一切批判中，海德格尔突然发现了康德。尽管他在康德身上发现的东西是新康德主义及其现象学构造所遮蔽了的：对所与物的依赖。正因为人类此在不是自由的自我筹划，不是精神的自我实现，而是通向死亡的存在，因而在本质上他是有限的，所以在康德关于直观和理智的共同作用以及理智应用于可能经验界限的限制性学说中，海德格尔以其特有的洞识认识到一种暗示。特别是先验想象力，这种人类性情中神奇的中介能力能把直观与理智、接受性与自发性结合起来，这使得海德格尔把康德自己的哲学解释为一种有限的形而上学。它不是通过回溯到一种无限的精神（有如在古典形而上学中那样）来定义对象的存在，而是依赖于接受被给予物的人类理智才定义了认识的对象。

格哈德·克吕格(Gerhard Krüger)自由地运用了这源自海德格尔的启发，也解释了康德的道德哲学。按照他的解释，实践理性的著名自律与其说是道德的自我立法，毋宁说是一种对法则的自由接受，也就是顺从地听命于法则。

的确，海德格尔后来强烈地在存在遗忘的意义规定康德哲学的地位并放弃了这一尝试,即把他自己在人类此在的有限性基础上对存在问题的崭新说明理解为形而上学。这是同海德格尔的"转向"中出现的对于先验反思思想的抛弃一起发生的。自那以后,康德的声音从海德格尔的思想尝试中消失了,甚至任何与康德对理性主义形而上学批判的联系也都消失了。与此同时,批判哲学的思想继续保持为一种哲学不应忘记的持续不断的方法上的修正。

　　如果人们遵循海德格尔后期哲学的意向,有如我在自己的诠释学哲学中所做的,并试图借助诠释学经验为这种意向提出证明,那么人们将重新陷入近代意识哲学的危险区域。当然,我们可以让自己相信,艺术经验所传达的可能比审美意识把握更多。艺术多于一种鉴赏对象,哪怕是最精致的艺术鉴赏。我们自身所做出的历史经验,也只是我们称之为历史意识的东西所能覆盖的一小部分。它甚至正好是过去与现在、现实与过去的那种在历史上规定我们的有效性之间的中介。历史多于历史意识的对象。这样某种作为这些经验的相互关联的唯一基础的东西出现了,这就是我们在对诠释学科学的操作方式的透彻反思中可以标志为效果历史意识(wirkungsgeschichtliche Bewuβtsein)的东西。效果历史意识与其说是意识,毋宁说是存在,它与其说是在它的效用性和规定性中被意识,毋宁说它是被历史地起作用和被规定。

　　这根本不可避免,即对诠释学经验的这种反思必须放弃对黑格尔思辨辩证法的反思要求——而且假使我们不把这种反思限制于诠释学科学内,而是在我们全部的世界经验及其语言的阐释中重新认识诠释学结构的话,情况更是如此。"效果历史意识"这一术语所凝结的原本机动,正是由反思成果的有限性所定义的,对于自身条件性进行反思的意识就能取得这种反思成果。总是把某种东西保持在背后,我们才把更多东西带到前面。所谓历史的,那就绝不是从现在发生的东西反思出来的,所有现在发生的东西都是在我面前的。就此而言,黑格尔称之为恶的无限性的东西,就是这种历史经验的结构因素。黑格尔那种最终是在历史中去认识理性并抛弃一切建立在存在垃圾堆上的纯粹陆地的要求,尽管也符合反思的内在运动倾向。一种朝向永不能被认为是完成了的目标的运动,事实上就似乎是一种恶的无限性,在这里思想不能停止运动。但是历史让自己朝向何种目标去思想——它是存在的历史还是存在遗忘的历史——而不重新在单纯的可能性和幻想的非现实性的王国中迷失方向呢?所以,我们思想的反思运动所引起的诱惑可能是很大的,它超出了每一种可认识的限度和条件去思考,并把那种只可被思为可能性的东西认为是实际的,所以康德的警告最终在这里有其合法性。康德曾经把理性所看到的观念明确地与我们可能认识的并且我们知性基础概念对之具有结构性意义的东西加以区分。对于我们人类理性界限的批判意识——康德把这种批判意识运用于对独断形而上学的批判——当然也服务于去为一种建立在自由的"理性事实"上的"实践形而上学"奠定基础,而这恰好就是:为实践理性的。康德的"理论的"理性批判事实上也反对如下企图,即让技术代替实践,把我们计划的合理性、我们计算的准确性、我们预测的可靠性与我们可能无条件确实知道的东西(即我们打算做什么和我们决心达到什么目标并能证明其合理性的东西)相以混淆。因此康德的批判转向在诠释学哲学里虽然也没有被遗忘,但海德格尔对狄尔泰的接受却为诠释学哲学打下了基础。这种转向在诠释学中就如柏拉图在场一样,把所有的哲学活动都理解为灵魂与自己本身的无限对话。

(洪汉鼎 译,田书峰 校)

14. 思者马丁·海德格尔

（1969年）

如果一个人的思想影响我们长达50年之久，那么，他的80岁诞辰就是一个致谢的契机。但是，应当如何感谢呢？向马丁·海德格尔表达（感谢）吗？尽管人们知道，思想之事一直在他心头萦绕，挥之不去，如此，我们对他本人的转向也就不足为奇了。和海德格尔交谈（来表达感谢）吗？这听起来有些自不量力，居然敢要求这样一种对谈。或者通过在海德格尔面前谈论海德格尔（来表达感谢）？这一切都行不通。那么，可行的办法只能是，作为一个很早就在海德格尔身边的人，对所有其他人说出他的所见所闻（Zeugen）。见证者说出其所是，说出其真实之所是。因此，在此言说的见证者可以说出所有见过马丁·海德格尔的人曾经历过的：他是一位思想大师，是一位（知晓）不为人所知的思想技艺的大师。

早在第一次世界大战后，当年轻的海德格尔首次站在弗莱堡的讲台上时，这种情形就突然出现了。这是新鲜的、人们未曾听闻的事。我们已经了解，思想就是一种关系，而且实际上，以下这一点看来是正确的：人们通过思想把一件事带入某种关联中，并且用人们叫作判断的陈述语句述说这种关系。于是，思想就似乎从关系到关系、从判断到判断稳步向前推进。但现在,我们了解到:思想就是揭示和带入到自身揭示。在海德格尔的教学语汇中,思想进程的平面特性如何被超出整整一个维度,这是一个原初事件。海德格尔不可思议的天赋(Gabe)——胡塞尔的现象学遗产在其中以更加强大的力量产生了影响——导致每次与思想相关的事物都会在此变成类似有形的东西,比如圆的、立体的事物,人们之所以在这样的事物面前驻足,是因为思想的每一次转身都只是转回到同一个事物。通常我们在思想中习惯从一个思想向另一个思想前进的地方,在这里人们仍然会目不转睛地盯着相同的事物。而且,绝不可能有单一的可直观性在那里被建构起来,比如在胡塞尔著名的对感知物及其侧显(Abschattung)的分析中——在那里催逼人们的问题之大胆和激进让人们完全透不过气来。

也许人们认为自己想起了公元前 5 世纪末的雅典。那时,思想的新技艺、辩证法已经来临,阿提卡城的年轻人沉浸在极度的兴奋之中——阿里斯多芬给我们出色地描绘了这幅景象,甚至连一个苏格拉底也分辨不清。在海德格尔的早期弗莱堡和马堡岁月里发生的问题之令人陶醉的后果也这样显现出来。而且,并不缺乏学生和效仿者,在对更为艰深的问题的盲目追逐中,这些人为海德格尔一整套充满激情的追问和思想提供了一副讽刺画面。但这如同一种新的严肃认真,这种认真伴随海德格尔的出场进入思的事业了。对我们而言,学术概念训练的精致技术突然就成为了一种单纯的无聊游戏。而且,如果人们想在德国的大学生活中使海德格尔的影响经久不衰,多说无益。当我们试图教诲年轻人的时候,我们已经有一个榜样。富有活力的呼声(vox viva)有了新的尊严,它取代了例行的课堂教学,此外,人们也喜欢读他的"书"。而且,在激进的哲学追问这一冒险行动中,教学与研究得到了完整地统一。这就是20年代的事件,它意味着海德格尔已经远远超出了哲学"专业"的范围。

与此同时,这不是一个单纯的新技艺,一种在维持概念性手艺中的直观力量——这也是并且首先是海德格尔思想中的一个新动因在起作用,这个动因改变了一切:一种从开端和诸开端出发的思想,当然不是以新康德主义和作为"严格科学"的胡塞尔现象学借以寻求"终极奠基"的开端并且在先验主体性原理中发现的风格去思考。人们应该可以按照这条原理对所有哲学命题进行系统整理和推演。海德格尔的激进追问旨在追问一种更深刻的原初状态,这是在自我意识原理中找到的。在这一点上,海德格尔就是新世纪的孩子,这个世纪曾经被尼采、历史主义和具有生命哲学气息的思想支配。对生命哲学而言,非合法性的自我意识的说法变得可疑了。在一个早期的弗莱堡讲座(我是从瓦尔特·布勒克的记录中了解这个讲座的)中,海德格尔在讨论那条我思(ego cogito)的清楚明白的知觉(perceptio)原理时,谈到生命的"模糊性"(Diesigkeit)。生命是模糊不清的,这并不意味着:生命这只小船看不到四周清晰开阔的地平线。这种模糊性不单单指能见度不够透明,而是把生命的根本结构(Grundverfassung)描写为一种运动,一种生命在其中自行展开的过程。生命使自己朦胧不清。在这里,生命具有其本真的对成性(Gegenwendigkeit),正如尼采指出的那样:生命不仅径直奔向清楚的东西并去认识之,而且遁入黑暗且遗忘之。当海德格尔把希腊人对真理($\dot{\alpha}\lambda\eta\theta\epsilon\iota\alpha$)的基本经验称作是无蔽的时候,他不止是说,真理并非是显而易见的,必须从被遮蔽的状态解脱出来,正如一个强盗——他的意思还包括,真理常常有回落到黑暗中的危险,概念的努力正好必须注意,保护真理以免陷落,还需把这种陷落当作真理事件来思考。

海德格尔把自己最初从开端出发进行思考的尝试命名为"存在论",这是我在1923年所听到他的第一个讲演的标题。它不是在西方传统形而上学意义上而言的,传统形而上学已经对存在问题给出过最先开创世界历史的回答。相反,他的存在论唯一的要求是:对问题的提出(Fragestellung)做最好的预备。什么是问题的提出?提出一个问题听上去就如同设一个圈套,另一个人因为他的回答掉进圈套里去,他轻信了这个回答,如同问题是给他提出的一样。但这里并不是根据回答来提问,当人们追问"存在"时,并没有超出所提问题本身,"提出"存在问题毋宁意味着更多:置身于问题,"存在"本身只因这个问题而存在,没有这个问题,存在依然只是一个空洞的语词烟雾。于是,海德格尔追问西方形而上学的开端和一个历史学家提出这个问题具有完全不同的含义。有时候,当海德格尔提及西方形而上学的克服时,与其说应该把形而上学抛到身后,还不如说是向前引领——说到这个开端,开端总是已经掠过我们而去。这就意味着,对开端的返回追问就是对我们自己和我们未来的追问。

事实上,最荒谬的误解与海德格尔对开端的返回追问相关,似乎海德格尔面对在历史中发生的恶性堕落,试图重提开端性和原始性的优先性。这意味着认不清人们在此借以追问"是什么"(was ist)的那种严肃和认真。这根本不是什么神秘的、作为"存在的天命"而临到我们身上的东西,而是它作为西方思想之路的后果而进入我们今日的技术文明中,而这技术文明就像一张捕获一切的网一样笼罩着地球,这是非常清晰可见的。因此,文化批判习以为常的声音在此听上去就像处于奇怪的模棱两可状态,对一种灾难怀以满腔愤怒的洞识,同时也是对通过尝试一切的制作(Machen)而持存自身于存在的彻底挑战的未来期盼的洞识——但无论如何,绝非是在错觉中,好像人们能从存在的东西中退回到一种臆想中的自由,退回到对可能重现的原始性的向往中。

常见的第二个误解——历史主义的指责——就根植于此。假若真理的历史性被当作存在的天命来理解,那么,真理的问题就会自行迷失。那样一来,狄尔泰的历史主义难题就会得到革新,狄尔泰本人就为无止境地与自身缠绕在一起的反思绞尽脑汁,或者人们借助社会伦理学的激情而进行社会学的反思,这种反思使自己意识到所有知识的意识形态,伪造了辩证法的虚假自由并且要求社会性的干预。

这一切对一种不怀此种忧虑的思想而言,有一种奇怪的影响,因为这种思想在进行思想时看见的不是一个服务于目的的工具(在这个工具中,起决定作用的精明,甚至是自以为是),而是相反,这种思想本身被经验为一种真正的激情。在这一点上,自以为是没有用。人们必须承认,思想——向来——在一种深刻且终极的意义上是无私的,不仅是他在思想中一无所图的方式上,既不考虑个体利益,也不考虑社会利益,而且,即便是正在思想的人本己的自身,在他个人或历史的受限制性中也一样消失殆尽。没错,这种思想很奇特——而且还不得不背负对社会不负责任的骂名,因为它不表达立场——但是它有其伟大的榜样和令人信服的例子。在无私之思这一伟大的不为人知的技艺中,希腊人就是老师。他们甚至有一个词专门表达这种无私之思:理智(νοῦς),这个词在德国观念论中叫理性物(das Vernünftige)或者精神物(das Geistige)(在较相符合意义上),思想被这样表述:除了表述"是什么"(was ist),其他什么都不表述。黑格尔恰恰由于一种对思想的无私性或无我性的要求而成为最后一位希腊人,这思想不与自我的臆想和自以为是而沆瀣一气,这是他在其辩证法中提到的。当马丁·海德格尔半推半就地把自己列入这一系列古代思想家的时候,他之所以这样,不只是因为他无须任何"历史的"距离而接受了这一伟大思想传统的重要问题,并且使之成为自己的问题,提出存在的意义问题,而且是因为这个问题使他如此全神贯注,以至于在他所思所教的东西和他自身之所是(für sich selbst)之间不再留有任何间距。这一不为人知的思想技艺基于这种无私性,即不知自身,不卷入越来越了解自身的自知这一辩证法中。

接下来我要谈最后一点。为此,我想证明在马丁·海德格尔那里表现出来的思想之基本力量。对这个问题,人们议论纷纷,正因为如此才容易招人误解。这是海德格尔的语言。因为对形而上学思想这一伟大传统来说,海德格尔思想的语言材料,是更加独一无二的,这就是思想最鲜明的无私性。人们喜欢批评海德格尔特有的语言任性,而且很可能,是的,必须是这样;谁不一起思想,谁就不能遗忘:不存在什么人们应该踏上那习以为常的语言自行造成的有迹可循的轨道。这实际上也不是信息语言。海德格尔和思想的语言并不是简单地通过语言媒介传递某种信息(etwas),作为它所是的东西(was es ist)，这种信息好像无须任何言说就为人所知似的，因为原则上这种信息可以为每一个人知晓。在社会学家或政治学家不信任的目光里，这种思想的"直线前行"肯定不是明智的，并且产生了一种做作的文体之效果。但是，当海德格尔自己越来越频繁地探究语言的根基时，对他的挑战也就越多，正如一个采矿者从黑暗的矿井里挖掘到闪闪发光、令人炫目的矿石、带到矿井外一样。那在奇怪的明暗交错中闪烁的东西，常常是很令人诧异、感到陌生，尽管如此，有时候最后就如同一个贵重的发掘物一样，具有普遍说服力，值得确证和理解，当然这在精心修饰的(abgeschliffend)词语与词组的熟悉轨道上是无法找到的，我们把对世界的经验记录在这些词与词组中。这肯定也不是那些新的被披露出来并增加经验宝藏的东西。这在这种思想的最为强硬和具有威力的运势中总是应该被思考的"存在本身"(es selbst)，应该被言说的存在。这肯定不总会成功，因此正在领会中的思想知道要让挣脱寻常的语言习惯的必要性合法化。语言，即便最为强力的语言，总是有某种约束性。在语言中，共同的东西进入了存在(ins Sein gekommen)。即便海德格尔对"存在"的彻底追问也不是一个秘传-私人化的行动，而是要借助语言的力量迫使人们也去寻求认识"存在本身"(es selbst)的语言(Wort)。因此，他力求在语言之被遮蔽的根基中获得解答。可是，语言和它所描述的东西之间的惯常关系是误导性的。不是这里是语言、那里是存在，这里是意指、那里是被意指物，而是在海德格尔的语言赖以发挥作用的强力的开启和激变本身中，他追问的"存在"越来越临近。

这就是联结海德格尔试图言说的思之语言和诗人语言的东

西。并非因为在海德格尔那里存在诗化的词组,概念的冰冷语言凭借这些词组修饰自己。即便实际上是一首诗,一首诗的语言肯定也不是诗化的。思的语言和诗人语言的共同之处毋宁在于,即便在这里也既不是什么单纯被意指的东西,因此也不能被描述为别的东西。诗人的语词和思的语词"意指"不同。在一首诗里,没有什么被意指的东西,不是在诗人的构造中存在的东西,也不可能以别的语言形态存在。确定的是,哲学家说的话并非以同样方式表达思想之活生生的存在,正如诗歌语言就是被创制的那样。但是,在思想的言说中,思想本身仍然不单单是被运行,而且,所思之物(Gedanke)在思想中被认可。否则,所思之物只能在思的运作中找到。思的运作就是思与自己本身的对话。在哲学家之思中思想完全专注于所思之物。人们必须牢记海德格尔在讲坛上的出场,牢记这种激动的、几乎是愤怒的严肃面孔,在此,思想就被如此严肃地置于冒险中,海德格尔只是以审视的严峻目光掠过听众,望向窗外,他的声音逐渐提高到真正激动的边界,而且,人们也无法躲避海德格尔所说所写的语言——人们必须接受这种语言,如同其所是,并且正如思想在语言中的运思一样。因为这样一来,思想就在那里存在了。这就是我们今天必须感谢马丁·海德格尔的地方,不单单感谢他是一个思到并说出某种重要东西的人,而且,在一个完全堕入精打细算、自私自利的时代,正是通过他才会有某种东西为我们所有人重新设定一个思的尺度。

(张荣 译,田书峰 校)

15. 形而上学的语言

(1968年)

本世纪20年代初期由海德格尔综合起来的能量所产生的力量曾经这样激励了第一次世界大战后归来或重新入学的一整代人,以致随着海德格尔的出现——早在海德格尔自己思想得到表达之前很久——似乎出现了一场与传统学院哲学的彻底决裂。这场决裂好像是一场向未知领域的新的突破,相对于对基督教西方世界的所有单纯教育力量而言,它提出某种新的事物。被一个时代的崩溃所震颤的这一代人想完全重新开始而不保留任何以前有效的东西。每一种与迄今称之为哲学的东西的比较似乎都被海德格尔击败,直至深入到语言,让原本的德语提升到概念。尽管这是一种不间断而积极的解释努力,这种解释努力成为海德格尔学术课堂的特色,它来自于他对亚里士多德和柏拉图、对奥古斯丁和托马斯、对莱布尼茨和康德、对黑格尔和胡塞尔的深入研究。

由这个名字所想到的并得到语言表达的乃是完全意想不到的东西。我们古典哲学传统的这些伟人中的任何一位都好像完全地被改造并似乎说出了一种直接而不可辩驳的真理,这种真理与其坚定解释者的思想完全融合为一。我们的历史意识与传统分开的距离似乎并不存在;新康德主义的问题史常用以评价传统的那种平静而自我确信的远离态度,以及从讲坛上所听到的整个同时代的思想,现在似乎突然地成了纯粹的儿戏。

事实上,海德格尔思想中发生的与传统的决裂恰恰表现为一种传统无与伦比的复兴,并且年轻的人逐渐地才看到在这种获取(Aneignung)中有多少批判,在此批判中有多少获取。但是有两位伟大的哲学思想经典作家在海德格尔思想里长期以来却保持一种罕见的昏暗性并通过亲近比较和彻底远距而与众不同,这就是柏拉图和黑格尔。就海德格尔继承了并有效地改造了亚里士多德对善的理念的批判,尤其是强调了亚里士多德的类推概念(Analogiebegriff)而言,柏拉图从一开始在海德格尔那里就处于批判的亮光中,但是柏拉图却能为《存在与时间》给出了格言,并在第二次世界大战后通过把柏拉图决定性地放置在存在的历史中,从而使柏拉图身上表现的那种歧义性才得以消除。但是直到今天,海德格尔思想总是试图以一种一而再更新的划界尝试(Abgrenzungsversuchen)来面对黑格尔。黑格尔的纯粹的思维辩证法以其不断更新的生命活力而与那种很快被时间意识又再遗忘和荒废的现象学手艺相抗衡。所以,正是黑格尔不仅迫使海德格尔进行独立的自我防御,而且在所有那些试图针对海德格尔思想要求而为自己辩护的人看来,黑格尔是同海德格尔联系在一起的。海德格尔用以把最古老的哲学问题呼唤到新的现实性的那种崭新的彻底性,难道真正会超越了西方形而上学的终结形态并实现那种黑格尔曾忽略的新的形而上学可能性吗?或者这是这样一种反思哲学的循环,它把所有这样的自由希望和解放希望都粉碎掉并迫使海德格尔思想返回到它的轨道上吗?

人们可能说,海德格尔的后期哲学的发展几乎在任何地方都遇到了一种最终都是返回到黑格尔立场的批判,这可以是在消极地把海德格尔配列于黑格尔的夭折的思辨的泰坦反抗(巨人之争)的意义上来理解——正如首先像格哈德·克昌格①以及其后的无数其他人所评判的——也可以在另一种积极的黑格尔化的意义上来理解,即海德格尔内心并不满足于自己与黑格尔的原本接近,因此并不真正公正地对待思辨逻辑的彻底立场。

这种批判首先在两个问题域起作用。一个是将历史纳入到自己的哲学进路中,海德格尔似乎与黑格尔都认可这个看法;另一个是所有海德格尔主要讲话里所具有的隐蔽的未被人识破的辩证法。如果黑格尔试图从绝对知识立场出发在哲学上深入研究哲学史,即把哲学史提升到科学,那么海德格尔作为存在历史,特别是作为存在遗忘历史所描述的东西具有一种类似的广泛要求。虽然在海德格尔那里绝没有那种历史的必然性的东西,这种历史必然性却构成黑格尔哲学的闪光和不幸。对于海德格尔来说,宁可说是那种在绝对知识中,即在绝对在场(当下)上被回忆和提升的历史才是彻底的存在遗忘的前预兆,而这种存在遗忘乃是欧洲世界史在黑格尔之后的世纪进入的。抬高希腊形而上学的存在思想并在现代科学和技术中把存在遗忘推至极端的,是命运,而不是(回忆起和可理解的)历史。可是对人提供命运的不可预见性——无论它是否属于人的暂时性构造——这却不排除不断重新强调和合

---

① "马丁·海德格尔与人道主义",载《神学评论》,第18卷(1950年),第148—178页。

法化这种在西方历史过程的光照下去思考存在物的要求,所以,海德格尔也似乎为自己要求一种真正的历史的自我意识,也即一种具有末世论关联的自我意识。

第二个批判的动机是从海德格尔称之为"存在"的东西的不确定性和不可确定性出发的,它试图以黑格尔的工具把存在就是它自身的这种存在的同语反复解释为伪装的来自于总的直接性中介的第二性的直接性。当海德格尔在进行自我解释时,辩证的对立真正没有起作用吗?因为我们具有被抛状态和筹划、本真性和非本真性、作为存在之遮蔽的无之间的辩证的张力,以及最终主要是真理和错误、揭蔽和遮蔽之间的对抗(Gegenwendigkeit),这种辩证的张力和对抗使存在事件(Seinsgeschehen)成为真理事件(Wahrheitsgeschehen)。黑格尔所提出的存在与虚无在生成真理(这也称为具体真理)里的调解(中介)难道不是已经标出一种思想空间,只有在此空间海德格尔这种关于真理的对抗的学说才能存在?像黑格尔对知性对立的辩证思辨的强化所导致的这种对知性思想的克服,我们一般能超越这种克服而达到整体上对逻辑和形而上学语言的克服吗?

毫无疑问,我们问题的通道在于虚无及其受形而上学的压制的难题,正如海德格尔在其弗莱堡大学就职演说里所表述的。在这种背景里,出现在巴门尼德和柏拉图那儿的虚无,但也包括在亚里士多德那里通过没有潜能的现实性(Energeia ohne Dynamis)对神的规定,都似乎是作为对虚无的整体剥夺。甚至上帝作为在自身中具有存在的无限的知,也从人类的私有经验出发——有如在睡觉、死亡和遗忘的经验中所具有的——被理解为一切在场物的无限制的在场。但是,除了这种直至黑格尔和胡塞尔的对虚无的剥夺外,还存在有另一种动机系列,这种系列是在形而上学思想里一起发生作用。如果说亚里士多德的形而上学在"什么是存在者的存在?"这个问题上达到顶点,那么莱布尼茨和谢林提出的并被海德格尔恰当称为形而上学基本问题的问题,即"为什么一般是说某物存在,而不是虚无不存在?"就明确地继续与虚无问题发生对抗。在柏拉图、普罗提诺、在否定性神学、在库萨的尼古拉、在莱布尼茨以及直到谢林那里——叔本华、尼采和意志形而上学就是从谢林出发——对潜能(Dynamis)概念的分析都有助于表明,从在场出发所思考的存在理解不断地被虚无所威胁。而在我们这个世纪,这一情况也发生在马克斯·舍勒的冲动和精神的二元论、恩斯特·布洛赫的"尚未"(Noch-Nicht)哲学等等中,但在这种诸如提问、怀疑、惊异等等的诠释学向度现象中也能找到。就此而言,海德格尔的思想在形而上学内容本身里就有了一个内在的准备。

为了阐明海德格尔称之为"转向"的思想运动的内在必然性,以及为了指出这与辩证的反转没有关系,我们必须从这一事实出发,即《存在与时间》先验论-现象学的自我观点(Selbstauffassung)本质上不同于胡塞尔的自我观点。尤其胡塞尔对时间意识的构成性分析已经表明原始在场(胡塞尔会很好地称之为一种原始潜在性)的自我构成完全依赖于"构成性的成就"(konstitutive Leistung)概念,并因此依赖于有效客观性的存在。先验论自我的自我构成这一个可以追溯到《逻辑研究》第5章的问题,也完全存在于传统的存在理解之内,甚而,恰恰是通过应当构成一切客观性的先验基础的绝对历史性。我们必须承认,海德格尔从存在者——与其存在打交道的存在者——出发的先验论观点与《存在与时间》中关于存在的学说一起导致一种假象,好像海德格尔的思想,像奥斯卡·贝克尔②说的那样,仅仅是对先验论现象学的继续发展但迄今尚未确定的视域(此一视域关涉到此在的历史性)的深化。但事实上,海德格尔所从事的乃是完全不同的工作。虽然雅斯贝斯所表述的边缘境遇概念可以为海德格尔在其根本意义上做出存在的有限性提供了出发点,但这一探讨是在一种彻底改变了的意义上为论述存在问题作了准备,而不是对一种胡塞尔意义上的区域性本体论的深化。所以模仿"基础神学"的"基础存在论"概念乃是一种困境。此在的本真性和非本真性、揭蔽和遮蔽的内在隶属性——这在《存在与时间》中更多地是在一种抵制伦理的情感思维的意义上出现——愈来愈被证明是"存在问题"的真正核心。往外存在(Ek-sistenz)和在内存在(In-sistenz),正如海德格尔在《论真理的本质》中所表述的,虽然还是从人的此在出发被思考的,但当他在那里说存在的真理是非真理,即存在在"错误"中的遮蔽时,那么由希腊形而上学传统解构中而产生的"本质"概念上的决定性转变就不再能忽视了,因为他把传统的本质概念如同本质基础概念一样全抛在了脑后。

遮蔽和揭蔽的相互关系所意指的东西,以及它与新的"本质"概念的关系是什么,都可以在海德格尔自己的基本思想经验中完全用现象学的方法证明出来:在工具的存在上,工具的本质并不在

---

② "论美的失效和艺术家的冒险",载《胡塞尔纪念文集》,哈勒,1929 年[后收入 *Dasein und Dawesen*,*Gesammelte Aufsätze*,普夫林根,1963 年,第 11—40 页]。

于其具有客观的坚固性,而是在于其使用上手的状态(Zuhandsein),这种状态使人在劳动中总是专注工具之外的东西;在艺术品的存在上,这种存在使其真理这样隐蔽于自身中,以致这种真理显然绝不以其他方式而只在作品中才存在——对于观看者和接受者方面来说,这种"本质"在此只相应于它在作品中的逗留;在事物上,事物作为唯一的独立存在的一物"不能被迫去为我们的目的服务",它的不可替代性与消费对象概念区分,有如工业生产所发生的那样。最后在语词上:语词的"本质"不在于它被全部说出,而在于它未说出的东西,正如我们尤其在沉默无语中所认识到的。在所有这四种思想经验中所见到的共同本质结构乃是既包括"在场-存在"又包括"不在场-存在"的"此在"。海德格尔在弗莱堡早期一个演讲中曾说:"人们不能像失去他随身携带的小刀那样失去上帝"。但事实上,人们并不能"仅仅这样"以小刀不再存在于那里的方式失去其随身携带的小刀。如果某人失去了一件长期以来所熟悉的用具,如他随身携带的小刀,那么这件用具就以人们不断发觉它不在这一事实来证明它的此在。荷尔德林的"上帝的缺失"或艾略特的中国花瓶的沉默都不是非-此在,而是在因为无语而最诗化的意义上的"存在"。由丢失的东西所造成的空隙并不是一个在现成在手状态里仍然空着的位置,而是属于那个某物对他丢失并在他那里是"在场"(an-wesend)的东西的此在。所以"本质"可以被具体化,可以这样来证明,如在场的东西同时是在场的遮蔽。

如果我们从这种经验出发,那么那些必然要躲避先验论探究并作为单纯界限现象出现的问题就可以理解了。这首先适用于"本性"(Natur)。就本性不再只是"可能的内在世界存在者的存在界限情况"而言,贝克尔的类本体论(Paraontologie)的假定在此就事实上得到合法证明——只是贝克尔自己从未认识到他的那种包括像数学的和梦幻的存在这样的本质现象的类存在的相应概念是一个辩证的构成结构,贝克尔自己将此结构与其对立面综合加以思考并将它标志为一种第三立场,而没有注意到这一立场如何对应于海德格尔"转向"后的学说。第二个大的复杂问题现在进入了新的光亮中,这就是"你"和"我们"这一难题。由胡塞尔关于主体性难题不断讨论中得知并在《存在与时间》中从烦心的世界出发来加以解释,这里构成本质的存在方式的东西现在从对话,即从具体的相互能听(Hörenkönnen aufeinander in concreto)出发就可把握了。例如,当我们觉察到支配着对话的东西或当我们注意到在被曲解的对话中这种东西不在场的时候。但是首先是生命和肉体的不可思议的问题以一种新的意义表现出来。生命-本质(Leben-Wesen)的概念,正如海德格尔在《关于人道主义的书信》中所强调的,提出了新的问题,特别是关于它与人-本质(Mensch-Wesen)和语言-本质(Sprach-Wesen)相应的问题。但在此问题之后则是自我存在的问题,自在存在的问题从德国观念论的反思概念出发本是相当容易规定的,但一旦我们不再从自我意识的自我出发,或从《存在与时间》中的人的此在出发,而是从本质出发时,这个问题就变得令人困惑了。存在在开显(Lichtung)中现身,以及以这种方式思维着的人是存在的守护者,这两点指明了存在与人的原始的相互关联。用具、艺术作品、事物、语词——在所有这些东西中,与人的关联在本质上都清楚表现出来。但是在什么意义上呢?在人的自我存在通过这些东西得以经验其规定这一意义上是困难的,正如语言的例子教导的,海德格尔关于语言这样说不是没有意义的,即语言讲说我们,因为我们任何人都不能真正"操纵"语言(即使没有人在否认我们在讲语言)。

如果有人想在海德格尔那里提出探究自我的问题,那么他在这里就必须召唤——以及拒绝——新柏拉图主义思维方式。从太一中流射出去又回归其中并又把自我作为回归的转折的这一宇宙戏剧,立于这里可能的东西的彼岸。人们可能思想,海德格尔对"内存在"(Insistenz)所理解的东西包含一种解决。确实,海德格尔曾称之为此在的内-存在和他称之为错误的东西,都是从存在的遗忘来思考。但是,这种遗忘是不是在场(An-wesen)的唯一方式?这会使人的此在的定位(Platzhalterschaft)变得可理解吗?如果我们想到了植物以及生物的生长,在场概念和此(Da)概念是否可能坚持那种与人的此在的唯一关系?在《论真理的本质》中完全是从那第一次"抬起头"的存在者来思考的内存在概念,难道不需要从更广泛的意义来理解吗?同样,向外-存在(Ek-sistenz)也是这样吗?的确,《关于人道主义的书信》所讲的生物受制于环境意味着,这些生物不像意识到自己非存在的可能性的人一样对存在开放。但是我们从海德格尔那儿并没学习到:生物的真正存在不是其自己的个别此-存在,而是类,而且类对于生物难道不是"此"吗——即使不是在对于人来说存在在存在遗忘的内存在里是此的那种同样的方式?正如路德《圣经》的深刻的表达所说的,这难道不构成类的存在吗?即它的隶属物"知道"自身,虽然作为知道隐蔽它自身,可是这样它又超出这。内存在难道不是有如动物只考虑它自身(conservatio sui)并以此这样完成它的类的再生产吗？同样，我们可以对植物的生长问：它也只是为人的在场吗？每一个这样的生命形式不都有一种在其存在里固定自身，也就是加固自身的倾向吗？想这样逗留不正是它的有限性吗？难道下面这一点不适于人吗？即如海德格尔所说，此在"在他那里"根本不可能思考为一种最高的自我占有，因为最高的自我占有让人像神一样由生命流的循环中跳跃出来。我们关于人的整个学说难道不是被近代的形而上学主观主义歪曲了并由此不是井井有条，以致我们把人的本质看作社会动物（ζῷον πολιτικόν）吗？这种对成性（Gegenwendigkeit）不就是说存在本身？这难道不是说，把"本性"（Natur）与"存在"对立起来，乃是无意义吗？

在这种关系中仍有一个继续存在的困难，即避免那种从反思力学说出发来思考一切的形而上学语言。但什么叫形而上学语言呢？"本质"的经验不是操纵思维的经验，这一点是清楚的。An-denken（记忆）概念是某种自然的东西。的确，An-denken（记忆）本身是某种东西，在其中历史具有实在性，但历史并不是通过它被记住。但是，在它之中发生了什么呢？在其中期待某种如颠倒的东西、如命运的中断，这确实有根据吗？我认为，An-denken（记忆）现象似乎是重要的，因为由于它某物被固定和被保存在此，以致只要 An-denken（记忆）仍是活生生的，某物就绝不可能不存在。同样，An-denken（记忆）也不是紧紧抓住那些正在消失的事物——消失事物的非此在（Nichtdasein）根本不会被掩盖或顽固抗拒，而毋宁说其中有某种如同意的东西（里尔克的《杜依诺哀歌》对此有所知道）。其中绝没有内存在。

反之，通过内存在（即人的存在遗忘）的制造能力和技术力量产生了迷恋(Faszination)。自尼采虚无主义以来我们称之为这样一种自我经验本身绝不设立限制。但是,如果这种迷恋是从这样一种不断强化的固执中出来的魅力——那么这种魅力就在自身内找不到其自己的终点,这正是因为新的东西不断地成为某种被抛弃的东西,而不是因为某种特殊的事件干扰或某种颠倒产生?这种常新的东西越是发出单调的噪声,事物的自然重量不是仍然可以被感觉到和被感受到吗?如果被认为绝对自我透明的黑格尔的知识观念应在存在中恢复完全的居家感(Heimatlichkeit)的话,那么它就确实有某种幻化魔力的东西。但是这种居家感的恢复不能在如下意义上,即世上的制造居家感(das Sich-heimisch-Machen)永不会停止实现自身——作为真正的、不被制造能力的幻想所压制的实在性。技术统治的虚假性、所有人们能制造的东西的瘫痪的同样有效性在何时可以被人感觉到,以及从自己有限存在的最深的惊讶出发使人又得到解放呢?这种自由当然不是在绝对透明或不再受到威胁的居家存在的意义上获得的。但是,正如对不可预先想到的东西的思考保存了属于它自己的东西——如家园——一样,由于我们的有限性而不能被预先思考的东西也在走向我们此在的语言这一连续进程中和它自身重聚在一起,并在升降运动中,在进入存在和逝去这一过程中,它就是"此"。

这就是古老的形而上学吗?是否只是这种形而上学的语言完成了我们在世存在的这种不断的成为语言(Sprachwerdung)的运动?的确,正是形而上学语言以及在其后的印欧民族家族语言才系统表述了这种思想。但是,一种语言和语言家族仅仅因为思考形而上学或者更有甚者期望形而上学,就能够正确地被称为形而上学思维的语言吗?难道语言不总是家乡的语言和来到世界里的家乡过程吗?这难道不意味着语言绝不是障碍,也永不会失败,因为它随时具有无限的言谈可能性?在我看来,这里就进入诠释学的向度,这种向度在语言的讲说中证明了其内在的无限性。的确,哲学的学院语言是预先被打上了希腊语的语法结构烙印,并在其希腊-拉丁历史中固定了本体论的蕴涵,而这一蕴涵的偏颇性曾被海德格尔揭露过。但是,客观化理性的普遍性和语言意义的本真结构真的与西方产生的这种关于主体(subjectum)、种属(species)和行为(actus)的特殊解释相联系吗?或者它们对于一切语言都适用吗?不可否认,存在着希腊语言的某些结构要素和语法上的自我意识,特别是拉丁语法的自我意识,它们以一种明确的解释指向确定属和种的等级关系、实体和偶性的关系、谓语和作为行动语词的动词之间的结构。但是,关于这种思想的前格式化没有任何变化吗?例如,如果我们把西方论断性的判断与东方的形象性——这种形象性是从所指的和被说的东西的互相反照中获得表达力——进行对照的话,那么这两者事实上不就是在一个唯一的普遍概念之中,即在语言和理性的本质之中的不同表达方式吗?概念和判断难道不仍然深藏在我们所说的以及我们用以能说我们意指东西的语言的意义的生命之中吗?③ 反过来说,这种东方的镜

---

③ 当然,这种修辞学问题不被德里达承认。他在这里宁可看到了一个把海德格尔抛回到"形而上学"的最后的底性匮乏。在他的眼里,只有尼采才是形而上学的真正克服者,所以他有理由地把语言从属于"ecriture"(参见 l'ecriture et la difference)。[关于诠释学与这种后结构主义的尼采-后学之间的对立,可参考我的新论文,载我的著作集,第 2 卷,第 330—360 页以及第 361—372 页。]

像表达的意蕴,难道不总是能像艺术作品的表达那样,被投入到造就一致理解的诠释学运动中去吗?语言总是在这样一种运动中出现,难道人们还真的意指,除了完成这样一种运动之外,在其他意义上还存在过语言吗?在我看来,黑格尔的思辨命题学说在这里还是有意义的,它总是在自身内把矛盾辩证法提升到顶端。在说话里,总是存在着扬弃语言客观化倾向的可能性,就像黑格尔扬弃知性逻辑,海德格尔扬弃形而上学语言,东方人扬弃存在领域的多样性,以及诗人扬弃一切给定的东西一样。但扬弃意味着:采纳和使用。

(洪汉鼎 译,田书峰 校)

16. 柏拉图

（1976年）

我们从海德格尔那里首先学到的是，由希腊人所建立的形而上学的贯彻始终的统一性及其在近代思想各种错综复杂的关联中的持续有效。亚里士多德对第一科学——他自己明确地将之称为被探究的科学——所进行的追问，开启了西方思想的这一传统，即朝向着最高最卓越的存在者，也即神性存在者而追问存在者的存在。如果海德格尔将自己的工作理解为，为重提存在问题（Seinsfrage）作准备，那么言中之意就包含了，这种传统的形而上学从其开端亚里士多德处就不再有对存在之一般的意义的可疑性具有明确的意识了。这对形而上学的自身理解来说是一个挑战。在它自己的后果中，尤其是在现代的基本唯名论，以及"科学"概念在近代朝向那以当下的普遍技术为最后后果的方向的调转中，形而上学将不愿再次认出自己。迫使形而上学及其之后的形态重新认识自己，乃是海德格尔《存在与时间》的最主要关切。与此同时，海德格尔对形而上学的解构也引入了对希腊思想诸开端的追问，这些开端比形而上学的提问方式其实更加原始。而且，正如我们所知，海德格尔在这一点上类似尼采，特别强调的乃是希腊思想最早的开端。阿那克西曼德、赫拉克利特和巴门尼德虽然并不被视为形而上学追问的预备阶段,而是作为对开端的开放性的见证,在此开端中,作为真理的无蔽(Aletheia)尚未与一个陈述的正确性形成任何关系,甚至也并不意味着存在者纯粹的公开性。

但柏拉图呢?其思想难道不是处在早期思想与形而上学的学院形态之间的中间状态吗?这种学院形态在亚里士多德的教学写作中才首先获得了其最初形式。那柏拉图到底处在何种地位呢?诚然,海德格尔对形而上学追问方式(追问存在者之存在)的回溯实际上并不意味着要回归一个神话时代,也更不是以一种自我优越的姿态对形而上学进行一种自以为是的批判。海德格尔从来没有将形而上学当作一种思维的迷途而加以克服。毋宁说,他是将形而上学理解为西方的历史道路,这条道路规定了形而上学的历史天命,天命意味着经过一个自身的地方而来,并且最终不容撤毁地决定了他自己的地方以及走向未来的所有可能道路。这其中,没有任何历史悔恨。因此,海德格尔真正的努力,乃是试图从形而上学的历史及其内在张力中——而绝不是从形而上学的大门外——找出自己提问的道路。

亚里士多德不仅在几个方面是他的对手,而且也是他的证实人(Eideshelfer)。特别是亚里士多德对柏拉图至善的普遍理念的拒斥,以及立足于类比(Analogie)思想和对"自然"(Physis)本质的深入探究。这首要体现在海德格尔用一种非常卓有成效的方式解读过《尼各马可伦理学》第 6 卷和《物理学》第 2 卷。现在,显而易见的是,恰恰是这两个代表了亚里士多德思想中的"积极"方面,呈现出亚里士多德的柏拉图批判中最困难的两个文献资料。一方面,对于善的追问(即为了人类的实践,人所必须要追问的东西)从

"存在问题"的理论地位(theoretischer Stellung)中脱离出去；另一方面，就是亚里士多德对柏拉图理念论的批判。这一批判随着运动性(Bewegtheit)这一存在论上的首要性概念而使得亚里士多德的"自然"概念发挥功效，并且也要求超越那以毕达哥拉斯的世界观的理念数学为导向的做法。从这两方面来看，亚里士多德似乎都是海德格尔思想的先驱。实践智慧(Phronesis)作为实践知识而与科学的各种客观化倾向相对，在自然(Physis)思想及其存在论优先性中，都至少回响着一种优越于所有主体-客体之对立的"展露"(aufgehen)维度。

当然，这些其实都是海德格尔富有成效和创见的重新认识，因此谈论亚里士多德对海德格尔的某种影响是可笑的。亚里士多德对海德格尔来说的第一个冲击乃是，如海德格尔自身所讲述的那样，布伦塔诺关于存在者多重含义的论文对他所起的作用。这种细致的对不同含义方向的界定，在亚里士多德的"Sein"(存在、是)概念中就已经初现端倪了。海德格尔关心的问题乃是，在这些并没有联结在一起的多重性背后所隐藏着的那个东西。无论如何，这都是对柏拉图理念学说的一种批判性取向，这在亚里士多德那里其实就已经隐含着了。

但是接下来我们碰到《存在与时间》，并在此书的扉页上发现了柏拉图《智者篇》中那条著名的、被反复提及的对"Sein"(存在、是)进行追问的引文。当然，可以肯定的是，这句引文并没有对存在之追问的方式进行任何明确的内容上的表达，同时，对埃利亚学派存在概念的克服——《智者篇》正是以这种方式开始其对话的——也指明了一个与追问存在的多重含义中隐藏的统一性完全不同的方向,这一点曾唤醒了青年海德格尔。但是在同一篇柏拉图对话中还有另外一处地方,海德格尔并没有引用,然而实际上暗示了关于存在问题的持续困境,尽管是以一种比较形式化的方式说出的。海德格尔回溯了这一困境,并认为该困境在公元前 4 世纪与在我们的 20 世纪是同样的。

来自埃利亚的陌生客阐述了静止和运动,这是存在者(das Seiende)的两种基本显现方式。这是两种相互排斥的存在方式。但这似乎也是"Sein"(存在、是)之显现的最终的可能性。如果人们不想考虑静止状态,那么就必须考虑运动状态,反之亦然。如果既不想考虑存在者的静止,也非存在者的运动,而是想赢回"存在"的话,那么究竟应看向哪里?看起来,这似乎根本就没有进行一种开放式追问的可能性。因为,可以肯定的是,埃利亚的陌生客的意图并不是要将"Sein"(存在、是)理解为在这两种存在领域中区分开来的"普遍的属"。柏拉图的目标乃是:"Sein"(存在、是)已经蕴含了一种区分,这种区分并不意味着将不同的存在之领域区别开来,而是意味着"存在"的一种内在的结构性本身。对"Sein"(存在、是)来讲,它本身不仅包含有相同性(Selbigkeit)或同一性(Identität),而且还包含有他性(Andersheit)和不同性(Verschiedenheit)。这两个方面并不是相互排斥的,相反,它们彼此相互规定。那些与自身保持同一的东西,同时也就是"不同于"其他事物的东西。正是凭借于它是它所是的,它才不是所有其他之物。"是"(Sein)与"不是"(Nichtsein)总是不可分割地缠绑在一起。"是"的肯定(Ja)与"非"的"否定"(Nein)只有在它们的共属中才构成了存在者的特定规定性——也正是在这一点上,才体现出了哲学家相较于所有智者学派的独特之处。

但是这也恰恰是后期海德格尔思想开始的地方:存在者的特定规定性正是在与"Sein"(存在、是)的关联中才构成了它的真理(Wahrheit),这种存在者的特定规定性要比所有对"存在之意义"的追问的地位更为优先,甚或取而代之。实际上,海德格尔将形而上学的历史描述为了对存在之追问越来越深的遗忘。存在者的开显性,理念(Eidos)在它不变的轮廓下的自我显示,都已经将对存在之意义的追问抛诸脑后。作为理念,也就是作为一个"是其所是"的不变的特定规定性,它的自我显示,已经隐含地将存在(或"是")理解为了持续的当前,并且这又进而规定了真理(作为无蔽)的意义,而将关于存在者之本质的陈述理解为"正确"与"错误"的标准。"泰阿泰德会飞"是错的,因为人类并不会飞。以这种方式柏拉图通过对埃利亚学派的存在(是)学说重新阐释为存在(是)与非存在(不是)的辩证法而建立了在逻各斯中的"知识"(Wissen)的意义,这种知识将存在者的"是"性,将存在者的"是什么"带向陈述,并且进而预示了亚里士多德关于"是其所是"(τί ἦν εἶναι)的学说,而后者构成了亚里士多德形而上学的核心。在这种意义上,柏拉图开始了对存在问题的重整,而之后亚里士多德继而反对柏拉图理念学说所给出的所有批判性的动机,都丝毫不会改变如下事实:亚里士多德所追求的关于存在的科学都始终活动在这一先行决断之内,而不是回到它的后面进行发问。

我在这里并不是想展开新近哲学的问题,而海德格尔对希腊形而上学的批判性回溯回答了这一问题。毋宁说,我们需要记住的乃是,海德格尔如何完成了对诸如"主体性"与"意识"这些近代哲学核心概念的一种解构工作。首先,胡塞尔以一种不知疲倦的方式尝试将自身意识的构成作为时间意识达于完满,这种方式令人印象深刻,而此方式也从反面的意义上一并规定了海德格尔所描述的此在(Dasein)的时间性结构。诚然,这并不是说,海德格尔对希腊哲学遗产的熟悉未曾对他从胡塞尔现象学中那种新康德主义与观念论的规划蓝图分离出来有所助益。无论如何,如果人们认为,海德格尔对历史以及历史性的强调作为一个仅仅是主题化的转向,这个转向使他远离了胡塞尔思想——这都是非常鲁莽的简单化。胡塞尔不仅在"逻各斯论文"(即《哲学作为严格的科学》)与狄尔泰发生论战式的争辩中,其实还尤其在海德格尔自身肯定很熟悉的胡塞尔未发表的《观念Ⅱ》手稿中,都致力于对历史以及历史性进行追问。这也可以稍微解释一下,奥斯卡·贝克尔在1928年的《胡塞尔纪念文集》中是如何做出了一种将海德格尔的《存在与时间》带入到胡塞尔现象学的框架内进行理解的不幸尝试。毫无疑问,胡塞尔其实一向都十分清楚,他在历史相对主义中所看到的那种怀疑论的"致命危险",如果不通过对人类共同体生活的一种历史性情态的构造进行启蒙,就根本不能够加以祛除。

尽管如此,海德格尔在《存在与时间》中所完成的工作绝不仅仅是对超越论现象学基础的一种深化,而且同时,他也在此之中为一个激进的转向做好了准备,这一转向将超越论自我中所有想得到的有效性的构造概念,尤其是自我的自身构造概念全部毁掉。通过分析意识流的时间性,胡塞尔将(意识)流的自身显现以及原初在场(Urpräsenz)都看作了我们能够抵达的自我之中的最终之物。借此,对胡塞尔而言,在自我的自身构造中就出现了一个迭代(重复)结构(Iterationsstruktur),它根本就不是作为一种窘迫或疑难,相反,胡塞尔将它作为了一个积极的描述而进行了认真对待。但这也意味着,在根本意义上,他并没有走出黑格尔式的绝对知识具有完全的自身透明性的理想。

海德格尔为了反对这种理想而提出了生存的不可预想性(Unvordenklichkeit),但并非只有他一个这么做,比如青年黑格尔派和克尔凯郭尔都已经以多种形式反对过黑格尔。这对他的工作并不是什么新鲜事。说实话,海德格尔对一种黑格尔化的反黑格尔主义保持着一种辩证的依赖。一旦人们从海德格尔对黑格尔的批判出发来看待他时,就会奇怪地发现,阿多尔诺在其《否定的辩证法》中从来都没能意识到,他与海德格尔本人是多么地接近。事实上,海德格尔作为早期希腊思想的门徒以及对话者,在一种更激进和更初始的意义上提出了关于实际性(Faktizität)的问题。由于在逻各斯中开始的形而上学将存在者的无蔽状态、它的当前性以及保存,在思想和陈述中进行追问,存在(是)的时间性和历史性的维度从而便陷入了一个深沉而漫长的阴影之中。

现在,海德格尔绕到了形而上学的开端之后去追问,并且试图打开一个全新的维度,即不同于在历史主义中,历史性被当作了对真理以及对认识的客观性的一个限制性阻碍。海德格尔的生存论分析也绝不能被理解为通过一种激进化的暴力侵袭来扬弃历史相对主义的企图。在我看来,十分重要的是,如后期海德格尔在《我的现象学之路》中的自我声明中所表达出来的,他并不认为历史主义(Historismus)的问题有多么重要。毋宁说,历史性是此在

(Dasein)在筹划与被抛中、在存在(是)的疏朗与撤回中"时间化"(Zeitigung)的一种存在论情态。历史性涉及的乃是所有对存在者进行追问背后的那个领域。海德格尔所开启的这个存在问题的新维度,人们可以在阿那克西曼德的谜般的箴言,在巴门尼德雄伟的、里程碑式的单数真理中,也可以在赫拉克利特的名言"一即一切"中重新认识。但是人们也可以提出一个反问题,难道不正是形而上学思想的奠基者可以证实,难道不正是在柏拉图辩证法的逻各斯之中或者在亚里士多德对努斯——努斯知悉(vernehmen)本质,并且将本质作为是其所是者加以确定——的分析中,所有的追问和言说获得其运行空间的那个领域才得以彰显吗?难道形而上学对存在者的"是什么"的开端性追问真的完全错置了对存在本身的追问,就像在诸科学中所形成的言说方式——这些言说方式成为了逻辑所要进行分析的课题——毫无疑问地所做的那样吗?

众所周知,海德格尔在柏拉图的理念学说中发现,其中包含着从作为无蔽的真理向作为陈述正确性的真理的第一步转化。海德格尔在后期曾作过明确表述,这只是事情的一个方面。但是这种自我纠正只能说明,无蔽(或真理)并不是首先在柏拉图那里,而是"同时也被作为表象和陈述的正确性在柏拉图之前就已经被经验到了"(海德格尔:《面向思的事情》,第78页)。我想在此反过来提出一个问题,即难道不正是柏拉图本人,也就是说并不仅仅是因为诸理念的设想之错综复杂性以及内在困难,而是从一开始起,他就对理念论的设想进行反问和质疑,并且至少在至善的理念之中尝试去思考无蔽的领域吗?对此,我还想进一步说几句。

可以肯定的是,我们不能带着亚里士多德对柏拉图批评的眼光来阅读柏拉图的著作。这个批评的目的是驳斥诸理念的分离(*Chorismos*),亚里士多德总是不断地回到这一点上,并且将这种分离说作为苏格拉底的定义问题与柏拉图之间的区分的根据(《形而上学》,第13卷,第4章)。事实上,亚里士多德的这一命题背负着一个尤其被黑格尔和马堡的新康德主义所控诉过的负担,即柏拉图本人在其晚期的辩证的对话录中,从根本上严厉地揭露并批判性地拒绝了这种分离说。这构成了辩证法真正的深意:辩证法能够战胜"分有者"与"分有者所分有之物"之间的分离,因此,它能够从分离与分有的那种二难困境中走出。

不过,我认为,如果我们注意到"至善"这个理念从起初就在柏拉图著作中所扮演的特殊作用的话,就会发现这并不仅仅是柏拉图思想在后来才发生的转折。因为,至善理念并不能很好地被放置到亚里士多德对分离说的批判之图示中,并且亚里士多德对至善理念的批判,事实上正如它自身所显示的那样,只是迟延地并小心翼翼地被归入到了对理念论的一般性批判之中;对至善理念的真正的批判实际上是从实践的角度而进行的。然而,至善理念的理论性问题直到最后仍然存在,即那些不同样式的"善"(好)之所以都被称为"善"(好),并不是巧合的模棱两可的一词多义,而背后恰恰是亚里士多德的"存在的类比"(*analogia entis*)的核心问题。让我们来询问下柏拉图本人。

首先,对善本身的追问总是以一种消极的裁决者(Instanz)而出现,在它身上,苏格拉底的对话者对于德性(*Arete*)的理解总是宣告失败。当事情关乎的是至善的理念时,那种以手工制作为自己的尺度的,并表示着对事物之间的关联的掌控的知识的主导理念显得并不适用。如果柏拉图关于至善自身的陈述所钟情的乃是以一种特有的方式撤回到另一个世界的话,那么显而易见,至善所意味着的远不止于文学艺术。在《理想国》中,至善的理念相对于那些有特定内容的德性概念来说所具有的特殊地位是非常明确的,只能通过一种感性类比的方式,与太阳进行类比才能言说善的理念。同时,它应该起到决定性的作用,即太阳在这里作为光的供给者出现,并且正是光才让可见的世界对观察者来说变得可见。至善的理念就像太阳一样反映在万物之中——这个被多重使用的太阳的类比其实意义是非常丰富的。在《理想国》的思想关联中,它意味着灵魂、国家与世界(在《蒂迈欧篇》中指的就是"世界")的秩序结构(Ordnungsverfassung)。世界要以作为一的至善为基础,就正如那将一切联系起来的光要以太阳为基础一样。与其说至善自身就是一,不如说至善就是那赋予万物以统一性的东西。至善超越了所有的存在。

毫无疑问,这种超存在(Über-Sein)绝对不能以新柏拉图主义的方式被视为一个宇宙戏剧的起源,也不能被视为一种神秘合一的目标。但作为一的至善,就像《斐莱布篇》中所揭示的那样,却的的确确不能在一个事物(一重)中得以把握,而要在尺度、适宜和真理的三重性中来加以理解,就像这三重性也正好适宜于美的本质一样。至善难道还能存在于美的形象之外的任何地方吗?这难道不是意味着,至善并不是作为一个存在者,而是作为涌现进入可见性的无蔽(τὸ ἐκφανέστατον,参见《斐德罗篇》,250d)而被思考吗?

即使亚里士多德的柏拉图阐释间接地考虑到了至善的特殊地

位,但如前面已经提到,亚里士多德是在实践哲学的范围内否认了至善理念的重要性,并且另一方面却在没有足够考虑到至善理念的情况下对柏拉图的理念学说展开了批判。然而,亚里士多德将至善的一体性的理论性问题与存在的一体性问题看作是如此地紧密地关联在一起,以至于人们可以说,他关于类比和属性的思想道路完全可以与他对柏拉图的理念学说所采取的普遍性的视角区分开来。这在亚里士多德本人那里就可以看出来,他清楚地知道要在理念的普遍性设想与一方面被他指明出来的在逻辑上和存在论上的不利之间,以及另一方面他在《形而上学》第6卷里所探讨的这种普遍设想的诸原则之间进行区分。用亚里士多德的话来讲,至善就像存在(Sein)一样,并不是诸多理念中的一个,而是首要的那个,是始基(Arche),而至于"至善本身"是否就是那同作为始基的二元性一道为理念的诸种被规定性奠定基础的"一"本身,或者说,"至善本身"是否就是那个比由"一"与未被规定的"多"所组成的二元性更具有优先性的那个"一",则并不明确。然而,有一点却是十分肯定的:这里的"一"并不是指一个数目,正如至善的理念也并不是诸种理念中的一个理念,这种理念的设定被亚里士多德批判为无内容的对世界的双重化。

当柏拉图辩证法的核心问题,也就是实体逻各斯(λόγος οὐσίας)成为其讨论之要点后,至善理念就不再是后期柏拉图的主题了。尽管《斐德罗篇》中非常明确地处理善的问题,也就是人的生活的善之问题,然而他却不得不探讨在美的形象中规定自身的善的标准。并且这种对四个属(Gattungen)的基础性的探讨却并没有涉及至善理念的独特性。在《智者篇》与《巴门尼德篇》中完成的对柏拉图辩证法的探讨看上去完全超出了所谓的理念学说，并且事实上人们是将这些对话理解为对理念学说的脱离。在这两篇辩证对话录中所发展出的关于存在的逻各斯学说，无论如何是完全不同于理念学说那样涉及亚里士多德对分离说的批判。亚里士多德所不断地指责的"教条式的柏拉图主义"在这里找不到任何支撑。恰恰相反，人们长期以来不仅将柏拉图称之为其辩证法方法的"二分法"(Dihairesis)作为分有(Methexis)问题的成功解决方案，比如纳托普、哈特曼和斯坦策尔，而这一方法抽离了亚里士多德批判的根基。并且更为根本的乃是，在二分法的意义上对辩证法可能性的建基就不可能通过二分法的方法而得到理解。最高属的学说将可以使我们理解，"区分"与"共属一体之物的共视"是如何根本上可能的。很显然，这一点，在所有对多与一的言说中，就已经被预设了。多对于一的分有，以及这种分有在何种层面上成为问题，就将作为分离(Chorismos)与对分离的克服(Dialektik)，在存在(Sein)自身之中拥有一个共同的根据：它是存在(是)与非存在(非是)。

在这种关联之中便会遭遇到关于虚假(Pseudos)的问题，并且它长期起着令人不安的角色。人们或许可以大致将它作如下理解：如果思想意味着区分，那人们也可能进行错误的区分。如果使用柏拉图的话讲，就是说，人们在解剖祭牲时错失了一些关节，从而表明自己并不掌握真正的辩证法，因此以智者的方式陷入了逻各斯的迷乱之中。但是，如果人们把理念的存在理解为在场(Parusia)，一种纯粹的当前性，那么这种混乱是如何根本上可能的，就并不清楚了。在柏拉图的《泰阿泰德篇》中就始终以一种无可挽回、不可救药的方式纠缠着对虚假的追问。无论是与蜡片还是与鸽舍的比较，都没有将这一问题往前推进一步。在虚假的情况下，人们称之为错误之物的"在场存在"到底应该是什么呢？当一个陈述是错误的时候，那里到底是什么呢？是一只错误的鸽子吗？

现在可以说，智者派试图通过证明"非存在"（Nichtsein〔不是〕）也存在（是）着，并且与"存在"（是）不可分离地结合在一起，正如相同性（Selbigkeit）与差异性也必然结合在一起一样，从而给这一问题一个积极的解决。但是，如果说"非存在"（不是）只意味着差异性——差异性与相同性一样，都是区分性言说的基础，那么，虽然真的话语是如何可能的变得可以理解了，然而虚假、错误和假象到底是如何可能的却很难得到理解。与同一事物所不同的事物的定在（Dasein）远远尚未说明某物作为它所不是的某物的定在，毋宁说，它只能说明某物作为其所是之物的定在，也就是它所是的这一个，而不是其他。仅仅是对埃利亚学派的存在（是）概念的单纯批评，并不足以扬弃其哲学前提，即将存在（是）作为在场而在逻各斯中去思考。同样，如果差异性是一种可见性，一种作为"非存在"（不是）的理念，那么"虚假"的问题就始终还是一个谜。在"非"（Nicht〔不〕）的定在被当作他性（Andersheit）的理念而突出的情况下，虚假的"虚无"（Nichtigkeit）就实际上处于遮蔽之中。

在最高的意义上，我们可以与柏拉图一道进行如此远的共同思考，以至于我们承认在"非"（不）的自身突显之中有一道根本性的栅栏。只要"他性"始终只是在与相同性的纠连之中，这意味着，始终只是作为对各个同一事物来说，所有其他事物的"不是"而凸显出来的话,那我们作为思想者就流放在无尽的话语之中。这里并不仅仅只是无穷后退——区分在其中迷失自身——的问题,毋宁说,因为在每个单个的区分中都隐含着相同性,所以在它之中有一个无限的不确定性(无规定性),毕达哥拉斯曾将它称之为"无限定"(Apeiron);其他一切也与之相随相生。在此意义上,在"在场"之中本身就包含有"非"或"无"。这一点可以这样来表述(《智者篇》,258e):"非存在"(不是)立于"存在"(是)的对立面。作为他者以及他性的本性,"非存在"恰恰可被分派到与存在者(是者)的相互关联中。只有在这种分派性之中,它才能作为它自身,即"非存在"而出现。将所有区别的总体,并进而将"非存在"的总体在场性作为根本上的"此"(da)来思考,这看起来似乎是荒谬的。他性的"非"(无)因而就比差异性所意味的更多,前者指的是存在(是)的一种现实的"非"(无)。我认为,当柏拉图在《论至善》演讲中,将那不定的二放在"有规定性的一"旁边时,就充分意识到了在存在(是)之中的这种基础性的"非"(不)。随着他性的"非"以及差异性得到承认,那在错误之中展现自身的"非性",就事实上变得无关紧要了。从埃利亚学派对无的压制开始,这种遮蔽就更进一步延续。人们大约可以想到,在《蒂迈欧篇》中的世界构建中,相同性与差异性尽管如同宇宙论因素一样起作用,并且构造了知识和意见(Doxa),但是,它还是自然地被称为 ἀληθης δόξα(真信念、正确的意见)。这里缺乏对 ψευδης δόξα(伪信念、虚假的意见)进行一种宇宙论的奠基。

这里我们已经到达了一个关键点,在这一点上,海德格尔看到了 Aletheia(无蔽、真理)这一形而上学概念的界限,并进而看到了存在问题的错置。

然而同时,我们也可以反过来说:因为在柏拉图的思想中对虚假的存在论追问并没有得以真正解决,并且人们最终应该意识到这一点,所以人们就会被指向一个维度,在这个维度中,"非存在"(不是)并不仅仅意味着差异性,存在(是)也并不仅仅意味着可同一性,毋宁说,那更具原初性的"一"在此维度之中先于所有这些区分,并且首先让这些区分得以可能。巴门尼德那宏伟的教谕诗的片面性,以及它立于存在之上的持存——在存在(是)中不存在无,从这种片面性来看,它使得无的深渊变得可见。而柏拉图对"在存在(是)中的非(无)"的承认虽然将"非"低估为"存在(是)的他者",但即使如此,他还是以一种间接的方式意识到了"非"的"非性"。在一个不可避免地要求对无的非性进行承认,并且对它进行存在论的深化的对话关联语境中,柏拉图通过将无解释为差异性而降低了无。因为只有当人们不仅仅把握到差异性,而是同时理解假象时,人们才真正知道,智者(诡辩)是什么样的。假象并不是存在(是)的差异性(不同于存在的东西),而是存在(是)的外象(Anschein)。在我看来,柏拉图其实没有意识到这里所出现的、与诡辩术的可能性相关联的更深层次的存在论问题——这一点是不容否认的。既不是差异性,亦非错误的区分,更非故意的混淆或者说谎者的错误陈述,能够靠近或解释智者的诡辩术现象——柏拉图哲学关乎的恰恰是对这一点的启蒙。十足的骗术师是智者的一个非常好的类比,一个彻头彻尾的欺诈之徒,真理的意义对他而言根本没有。诡辩者(智者)在柏拉图的对话录中并不是不经考虑地被归入到无知的模仿者这一类别的。但即使这样也还是不够清楚。在"无知的模仿者"之内,其实还涉及最后一重区分,也就是区分"那些在认为自己真正知道,但实际上并不知道的人"与"那些私下里知道自己的无知,但却出于对自身优越性的担忧和关心,刻意将其隐瞒,从而将自己包裹在话语的虚假魔力之中"的人,这将会唤起虚无的全部力量。我们还要再次区分。这种言谈有两种形式,也正因为言谈者感觉到自己的虚无,所以双方都有各自恐惧的东西。柏拉图称他们为"自欺欺人的模仿者"。一方面,它包括那些活在掌声中的群众煽动家(如在《高尔吉亚篇》演说术根本上被描述为谄媚的或阿谀奉承的艺术);另一方面就是诡辩家,在讨论与论证之中,他们必须是获胜一方,并且必须自己来做总结陈词。他们二者都不是撒谎者,而是空谈家。

只有这样,由"陌生客"所最后承认的虚无才指向了诡辩术的假象性和虚无性。当然,下意识里我们知道,虚假并不仅仅只是错误,毋宁说,它包含了假象的可怖的东西。而在亚里士多德关于真理(无蔽)与虚假的理论中,如《形而上学》第9卷第10章中的探讨,已经完全察觉不到它的任何踪迹了。

如果我们想要思考假象的虚无性(Nichtigkeit〔不性〕)对存在(是)真正的归属,并且不再将它作为一种因错误才形成的单纯的迷惑而能够对其加以阻止,那么我们必须回溯到巴门尼德之后或者向超出黑格尔的方向眺望。正是海德格尔,在思想上,他首先向后退了这一步,从而借此也向前迈出了一大步。在这一步中,关于真理(无蔽)的希腊思想的界限以及它对近代世界文明的塑造力才为人所知。思想不能回避这个界限。

(贺念、王咏诗 译,田书峰 校)

17. 艺术作品的真理

（1960年）

今天，如果人们回顾一下两次世界大战之间的那段岁月，人们就会发现，本世纪这场动荡不安事件之中的这个间歇期是一个在精神方面极其多产的时代。在第一次世界大战的大灾难之前，尤其是在绘画和建筑艺术方面，未来的先驱者们很可能已经是显而易见的了。但是，伴随着第一次世界大战的消耗战给自由时代的文化意识和进步信念带来的严重冲击，普遍的时代意识在很大程度上才发生了变化。在这一时期的哲学中，普遍的生活情感之变化在以下这一点上清楚地表现出来：从对康德批判唯心论的更新中逐步成长起来的、在19世纪下半叶占统治地位的哲学一下子突然显得不可信。"德国唯心论的破产"——正如保罗·恩斯特（Paul Ernst）在当时的一本非常成功的书里面宣告的那样——通过奥斯瓦尔德·斯宾格勒（Oswald Spengler）的《西方的没落》在一种世界历史的视域下被提出来。在完成对占统治地位的新康德主义之批判的有力人士中，有两位强大的先锋：弗里德里希·尼采对柏拉图主义和基督教的批判和索伦·克尔凯郭尔对思辨唯心论的反思哲学的出色抨击。这是两个向新康德主义的方法意识提出异议的新口号：一个口号是生命的非理性，尤其是历史性生命的非理性，为了这个口号，人们援引了尼采和柏格森，但也可能援引了威廉·狄尔泰这位伟大的哲学历史学家；而生存这个口号，则源自索伦·克尔凯郭尔这位丹麦哲学家在19世纪上半叶（出版）的一些著作，通过迪德里希（Diederich）的德语翻译，克尔凯郭尔才首次在德国产生了影响。就像克尔凯郭尔批评黑格尔是遗忘了生存的反思哲学家一样，现在人们也批判那种自我陶醉的新康德主义方法论的体系意识，而这种方法论完全将哲学置于为科学知识奠基服务的这一境地。并且，正如克尔凯郭尔以一名基督教思想家的身份来反对唯心论哲学那样，现在也正是对所谓辩证神学激进的自我批判开辟了一个新纪元。

　　在那些用哲学的表达方式对自由的文化虔诚和盛行的讲台哲学进行普遍批判的大军之中，年轻的马丁·海德格尔就是一位革命性的天才。在第一次世界大战之后的岁月里，作为弗莱堡大学的青年教师，海德格尔的出场确实备受瞩目。在这里，从弗莱堡讲台传播开来的不同寻常的、充满活力的以及激烈的语言已经揭示出一种哲学思考的原初力量在显露。于是，伴随着与同时期新教神学的富有成效的、充满紧张感的接触——发生于1923年海德格尔到达马堡后的整个任职期间——逐步形成了海德格尔的代表作《存在与时间》。该书在1927年突然使广大的公众界获得了某种新的精神，且这种新精神由于第一次世界大战的震荡而弥漫在哲学之中。当时人们把那种扣人心弦的哲学思考的共同点称之为生存哲学。这些都是批判性的激情（Affekte），这些激情激烈反抗老一代人确信的教化世界，反抗通过越来越强烈地齐一化的工业社会及其控制一切的信息政治和观点的形成以铲平所有个体的生活形式这种做法,这些激情给那些同时代的(喜欢阅读)海德格尔系统化的处女作的读者以猛烈的迎头痛击。海德格尔把作为非本真状态的沉沦形式的"常人"、闲言以及好奇与此在——它意识到自身的有限性并决心承受之——的本真状态这一概念对立起来。凭借这种生存的严肃性,人类古老的死亡之谜被推到了哲学思考的中心位置;而且这种力量——借助这种力量,那种对本真的生存之"决断"的召唤粉碎了教化和文化的假象世界——就如同是一种对受到良好庇护的学术之宁静氛围的入侵。并且,这不是学术界的一个胆大妄为的门外汉的叫嚣,也不是那种以克尔凯郭尔或尼采风格行事的特立独行者的腔调,而是来自那个最正直且最有责任感的哲学学派(这一学派来自当时的德国大学)以及研究埃德蒙德·胡塞尔现象学(胡塞尔自始至终追求的目标是,为哲学作为严格的科学而奠基)的学生的呼吁。海德格尔新的哲学努力也隶属于"面向实事本身"(Zu den Sachen selbst)这一现象学口号。但这个实事是最隐蔽的实事,它作为问题通常是被人遗忘的哲学问题:什么叫作存在?为了学习如何提出这个问题,海德格尔踏上了一条在自己本身中从存在论上正面规定人的此在的道路,而不是借助于以前的形而上学——从一种无限的和始终存在的存在出发,把它理解为"仅仅是有限的东西"(das Nur-Endliche)。对海德格尔而言,人的此在的存在所获得的存在论优先性把他的哲学规定为"基础存在论"(Fundamentalontologie)。海德格尔把有限的人之此在的诸存在论规定称为生存或生存论环节的诸规定,借助于方法上的坚决性,他把这些基本概念与以前形而上学的基本概念——现成在手之物的范畴对置了起来。当海德格尔重新提及存在的意义这一古老问题的时候,他并不想忽视如下事实,即人的此在并非在安稳的现成在手状态(feststellbarer Vorhandenheit)中有其真正的存在,相反,人的此在在操心这一不安定状态中就是其本真的未来,因为操心就是为其存在而担心。人的此在通过这一事实使之凸显出来,即根据它的存在来理解自身。对于海德格尔而言,由于人的此在——它不可能让存在的意义这一问题停止下来——的有限性和时间性,存在的意义问题是在时间视域中规定其自身的。经过科学的权衡和测量而被确定为存在着的东西,亦即现成在手之物(das Vorhanden),也跟那些超越一切人性的永恒之物一样,必须从人的时间性这个核心的存在确定性出发来理解自身。这就是海德格尔的崭新举动。但他把存在思考为时间的企图仍然是隐蔽的,以至于《存在与时间》被称为诠释学的现象学,因为自我理解展现了这个问题的真正基础。从这个基础来看,传统形而上学对存在的理解被证明是一种本源的、在人的此在中被实施的存在之理解的沉沦形式。存在不单单是纯粹的在场状态(reine Anwesenheit)和当下的现成在手状态(gegenwärtige Vorhandenheit)。有限的-历史的此在在真正意义上"存在"(ist)。然后,在此在对世界的筹划当中,当下上手之物(das Zuhandene)才拥有它的位置,并且最终现成在手之物(das Nur-Vorhandene)也才拥有其位置。

但从自我理解的诠释学现象来看,还有一些既不是历史的,也不是现成在手的存在形式没有恰当的位置。数学实事——它不是简单地可确定的现成在手之物——的无时间性,自然——它在其范围内不断地重复、彻底支配且无意识地规定着我们自己——的无时间性,最后是艺术之虹——它超越所有的历史间距——的无时间性；所有这些似乎都说明了由海德格尔的新开端开启了的诠释学的解释可能性的界限。不被意识者、数字、梦、自然的支配以及艺术奇观,所有这些似乎只存在于那个历史地懂得自己、并根据自身来理解自己的此在的边缘,就好像它们仅仅以一种界限概念的方式才是可理解的一样①。

因此,当海德格尔1936年在几个演讲中探讨艺术作品的起源时,这就意味着一种惊奇。尽管这篇文章作为《林中路》文集的第一篇论文于1950年才首次公布于众,但它的影响很早就开始了。历来都是这样的情况,即海德格尔的讲座和演讲到处遭遇到一种浓厚的兴趣,并且它们在抄本和报告中获得了一种广泛的传播,这种传播很快将他带入到了关于他本人的刻薄且讽刺的流言蜚语中。事实上,这些关于艺术作品起源的演讲预示了一场哲学轰动。这不单单是如下情况,即艺术此时被纳入到了在其历史性中的人的自我理解的诠释学的基本开端;甚至也不是这种情况,即在这些演讲中——正如在诗人荷尔德林和乔治对诗的信念中一样——艺术被理解为整个历史世界的建基活动。海德格尔新的思想尝试所预示的真正轰动,是那些令人吃惊的、敢于在这样的主题中提出的新概念。在这里谈到的是世界(Welt)和大地(Erde)。世界概念向来是海德格尔诠释学的主导概念之一。世界作为此在之筹划的关联整体建构了一种视域,而这种视域先行于人的此在操心的所有筹划。海德格尔自己已经勾勒出了这个世界概念的历史,而且

---

① 尤其是胡塞尔和海德格尔的学生奥斯卡·贝克尔,他从这种现象领域出发来怀疑历史性的普遍性(参见 *Dasein und Dawesen*,普夫林根,1963年)。

他还特别把这个概念在《新约全书》中的人类学意义（正如他利用这个概念本身的意义一样）从现成在手之物的整体性概念中分离出来，并历史地使之合法化。但现在令人惊奇的是，这个世界概念在大地概念中获得了一个对立概念（Gegenbegriff）。因为当世界概念作为整体——人的自我解释深入其中的整体——能够从人的此在的自我理解出发被提升到明见性直观（evidenter Anschauung）之际，大地概念听上去就好像一个神秘的、不可知的混沌之音，充其量在诗歌领地中有其居住权。很显然，荷尔德林的诗歌就是这种情况。当时，海德格尔正满怀激情地专注于荷尔德林的诗歌，他把诗中的大地概念转用于自己的哲学思考。但是，他有什么权利这样做呢？熟悉其存在的此在、在世之在，所有超越论追问的这一新的激进起点，应该如何能够与一个诸如大地这样的概念发生一种存在论的关联呢？

海德格尔在《存在与时间》中的新开端肯定不是德国唯心论的唯灵主义形而上学的一种简单重复。人的此在对其存在的熟悉（Das Sich-auf-sein-Sein-Verstehen）不是黑格尔的绝对精神的自我认识。这种熟悉不是一种自我筹划，而是在其本己的自我理解中知道：它不是它本人、它本己的此在的主人，而是现身于存在者中间，并在现身于其中的时候而承受自己。人的此在对其存在的熟悉是被抛的筹划。正是在《存在与时间》中一个最精彩的现象学分析中，海德格尔把生存现身于存在者之中的这种界限经验当作现身情态（Befindlichkeit）来分析，并把在世之在的本真开显归于现身情态和情绪（Stimmung）。但是，很显然，这种现身情态之所现（das Vorfindliche）表示了人的此在本身的历史性自我理解所能探询到的最远边界。从现身情态和情绪的这种诠释学界限概念出发,是无路通达一个诸如大地概念这样的概念的。这个概念的权利是什么?它如何能证明自己的合法性呢?海德格尔的论文《关于艺术作品的起源》呈现的重要洞见是:"大地"是艺术作品的一个必不可少的存在规定。

为了认识到艺术作品的本质问题具有什么样的基本含义,以及这一问题如何与哲学的基本问题相关联,这无疑需要洞察在一种哲学美学的概念中存在的种种前见。这就需要一种对美学概念本身的克服。众所周知,哲学美学是哲学诸学科中最年轻的一个学科。只是在18世纪启蒙运动的理性主义的明确限定之下,感性认识的自主权利,进而鉴赏判断之于知性及其概念的相对独立性才被提出来。正如这个学科的名称一样,哲学美学的系统独立性发源于亚历山大·鲍姆嘉通(Alexander Baumgarten)的美学。此后,康德在他的第三批判即《判断力批判》中确立了美学问题的系统含义。在审美鉴赏判断的主观普遍性中,康德揭示了那种对立于知性和道德的要求,审美判断力可以坚持的令人信服的合法要求。与艺术家的天才一样,观赏者的鉴赏很少能被理解为概念、规范或规则的运用。美的事物所展现的东西,不能被证明为确定可以从一个对象上辨认出来的性质,而是通过主观要素证明自己,即在想象力与知性的和谐一致中提升生活情调。这是我们的精神力量之整体的激活,是精神力量的自由游戏活动,这是我们面对自然界和艺术中的美所体验到的。鉴赏判断不是知识,但并非是随意的。其中有一种普遍性要求,审美领域的自主性能够被建基于这种普遍性要求之上。人们必须承认,相对于启蒙时代的法则崇拜和道德信仰，对艺术自主性的这种辩护意味着一项伟大的成就。在当时刚刚才达到一定程度的德语发展时期内尤其如此，在这个时期，德语发展的古典文学时代试图像一个审美王国那般，从魏玛开始建构自身。这些努力正好在康德哲学中见证了其理论辩护。

另一方面，把美学奠基于情感力量的主体性之上的做法意味着一种危险的主体化的开始。很显然，对于康德本人来说，存在于自然美与进行判断的主体之主观性之间充满神秘的协调一致无疑还是决定性的。此外，那个超越所有规则、并完成了艺术作品的奇迹的创造性天才，被康德理解为大自然的宠儿。但这完全是以自然秩序的自明有效性为前提的，而这种有效性的最终基础是神学的创世思想。随着这一视域的消失，对美学的这种奠基一定会在天才的无规则性学说的进展中导致一种彻底的主体化。不再与存在秩序的统摄性整体返回关联的艺术，作为诗歌的美化力量，它被设定为与现实性、生活中的粗糙散文相对立，艺术只有在其审美王国中才能达成理念与现实的和解。这就是唯心论美学，它首次在席勒那里得以提出，并在黑格尔杰出的美学中完结。在这里，艺术作品的理论也还处于一种普遍的存在论视域之中。假如在艺术作品中完全达成了有限与无限的平衡与和解，那么，这最终是由哲学可以带来的对一种最高真理的保证。正如自然对唯心主义来说不仅是近代计算科学的对象，而且也是一种伟大的有创造性的世界力量的统治，这种世界力量在有自我意识的精神中向上攀升，直至达成其完满状态，同样地，在这些思辨思想家眼里，艺术作品也是精神的一种客观化——艺术不是精神自身已完成了的概念，而是精神在观看世界的方式和方法中的显现。从这个词的字面意义上讲,艺术就是世界直观(Welt-Anschauung)。

如果人们想规定海德格尔由以开始反思艺术作品之本质的出发点,那么就必须弄明白这一点:唯心论美学赋予艺术作品以一项特别的意义,即把它当作对绝对真理的一种非概念认识的工具,但这种美学早就被新康德主义哲学遮盖了。这个主流的哲学运动在复兴康德对科学知识的奠基之际,并没有重新获得一种目的论的存在秩序的形而上学视域,比如,康德对审美判断力的描述就建基于这种形而上学视域。因此,新康德主义对美学问题的思考带有某些固有偏见。海德格尔在这篇论文里关于主题的说明就清楚地反映了这一点。这种说明始于艺术作品(Kunstwerk)与物(Ding)的划界问题。艺术作品也是一物,然而除了其作为物(Dingsein)这一点外,它还指称某种不同的东西,例如,作为象征以指代某物,或者作为隐喻以暗示某种别的东西。这些都是从存在论的模型出发来描述艺术作品的存在方式,而这种存在论模型是由科学知识的系统性优先地位提供的。真正存在的东西是物性的东西(das Dinghafte)、事实、被给予感官的东西,这种被给予感官的东西却被自然科学反向引导到了一种客观知识当中。相反,被赋予艺术作品的意义、艺术作品拥有的价值,是附加的只有主观有效性的理解形式,并且既不属于本源的被给予性本身,也不属于从被给予性中赢获的客观真理。这些理解形式以物性的东西,即单纯客观物为前提,而这种客观物可以成为这种价值的载体。对于美学而言,这种情况必然意味着,从一种初级的、浅显的角度来看,艺术作品本身有一种物的特征,这种特征具有一种地基的功能,真正的审美构成物(Gebilde),作为上层建筑就将自己立于这个地基之上。尼古拉·哈特曼还这样描述审美对象的结构。

当海德格尔追问物之物性（Dinglichkeit des Dinges）时，他谈到了这种存在论的前见。他区分了三种传统中出现的理解物的方式：物是诸性质的载体、物是感觉杂多的统一体以及物是具有形式的质料。尤其是第三种理解形式，即按照形式和质料来理解物的这种形式，具有某种直接的说服力。因为它遵循制作的模型，通过模型，物被制造出来，物必须服务于我们的目的。海德格尔把这样的物称为"器具"（Zeug）。从模型之原型出发，在神学上看，所有的物是作为被制造之物（Verfertigungen），即作为上帝的创造物（Schöpfungen）而出现的；而从人的视角看，所有的物是作为失去其器具属性（Zeughaftigkeit）的器具出现的。物就是单纯的物，即它们在此存在，并不考虑它是否对某物有用途。现在，海德格尔指出，现成存在这样一个概念，正如它与现代科学的考察性和计算性程序相适应的那样，既不允许思考物之物性，也不允许思考器具之器具性。所以，为了看清楚器具的器具属性，他谈到了一例艺术表现形式，即梵高的一幅表现农鞋的油画。在这件艺术作品中，可以看到的是器具本身，即不是任意某个能够被用于任意目的的存在者，而是某种东西，它的存在就在于过去服务于，并且现在继续服务于某个拥有这双农鞋的人。从画家的作品中显露出来的东西，以及作品强烈表现的东西，不是一双偶然的农鞋，而是农鞋之所是的器具的真正本质。农民生活的整个世界就在这双鞋中。因此，艺术作品是指在这里产生关于存在者之真理的东西。只能从作品出发而绝非从其物性的地基出发，发生于作品中的真理之现出（Hervorkommen）才被思考。

于是就引发了一个问题:一个作品是什么*,以至于真理就可以在其中现出呢?与通行的按照物性状态和对象性状态描述艺术作品的做法相反,一件艺术作品恰恰是通过如下事实而被刻画的:它不是对象,而是立于自身之中。通过立于自身(In-sich-Stehen),艺术作品不仅属于它的世界,而且世界也在作品中如是存在。艺术作品开启了它自己的世界。对象是某种东西,是仅当它不再属于其世界的内部结构时,因为它所属的世界已经崩塌了。因此,当一件艺术作品处于交易状态时,它就是一个对象。因为此时它丢失了世界,并变成无家可归的了。

海德格尔开始用立于自身和开启世界(das Welt-Eröffnen)来刻画艺术作品,很显然,(这种做法)有意避免了任何对古典美学的天才概念的重新领悟。正是在这种努力中,即努力独立于它的创作者或观赏者的主体性而理解作品的存在论结构,海德格尔现在使用了"大地"作为世界概念的对立概念,而作品属于世界并且作品搭建和开启世界。与自我开启(Sich-Öffnen)相反,大地表示隐匿于自身(In-sich-Bergen)和隐藏(Verschließen),就此而言,大地是一个与世界相对立的概念。显而易见,自我开启与自我隐藏(Sich-Verschließen)这两者都在艺术作品中如是存在。一件艺术作品肯定不是意指某种东西,并不像一个符号那样指称一个意义,而是在它自己的存在中表现自身,以至于观赏者必须驻足其中。作品如此充分地显现本身在此,以至于构成作品的石料、颜色、声音、语词这些组成部分本身,反而只有在艺术作品中才达到真正的在此

---

* 也就是说,使一个作品成其为作品的那种东西,一个作品的之所是。——译者

存在。只要某物是有待加工的单纯材料,它就不是现实地在此存在,即不是现出为一种真正的在场,而只有当它被使用时(但这意味着受制于作品),它才会现出自身。构成一部音乐杰作的声音,其音质要比所有噪声和其他的声音更像声音;油画里的颜色,其色度要比大自然中甚至是最亮丽的颜色更加纯正;神庙中的圆柱,在高耸和负重中显现出来的其作为石头的特性,要比未经雕琢的岩石中显现出来的石头特性更加纯正。现在,在作品中如此现出的东西,恰恰是它被隐藏的存在(Verschlossensein)和自我隐藏,这就是海德格尔称为大地-存在(Erde-Sein)的那种东西。大地实际上不是质料(Stoff),而是万物现出之所从和万物消逝之所向的东西*。

在这里,显示出形式与质料这两个反思性概念的不相称性。如果人们可以说,一个世界在一件伟大的艺术作品中"涌现"(aufgeht)了,那么这个世界的涌现同时就是其向宁静形态的消逝。当这种形态站立在那儿时,它仿佛找到了它大地般的此在。艺术作品从中赢获了它自己拥有的宁静。艺术作品并非首先在一种正在体验的自我中有其真正的存在,这个自我在诉说着、意指着或指示着,并且自我所诉说、所意指和所指示的东西就是它的意义。艺术作品的存在并不在于它被体验,恰恰相反,艺术作品甚至只有借助于它自己的此在,才是一个事件、一种颠覆所有迄今为止的和惯常的东西的冲突、一种在其中开启了一个以前从未有过的世界的冲突。但是,这种冲突在作品本身中以这样的方式发生,以

---

* 在海德格尔这里,大地概念类似于古希腊哲学中的本原概念。——译者

至于它同时隐匿于驻留之中。如此涌现而又这般隐匿的东西,在其张力中构成了作品的形态。这就是海德格尔称之为世界与大地的争执(den Streit von Welt und Erde)的张力。这样一来,不仅艺术作品的存在方式的一种描述被给出了,这种描述还避免了传统美学与现代主体性思想的偏见。而且,这样一来,海德格尔也不是简单地复兴了那种把艺术作品定义为理念的感性显现的思辨美学。尽管这种黑格尔式的美的定义借助海德格尔自己的思想尝试,原则上克服了主体与客体、自我与对象的对立,而且并没有从主体的主体性出发描述艺术作品的存在,但是,这个定义却是根据主体的主体性描述艺术作品。因为艺术作品就是在其意识自身的思想中被思考的理念,理念的感性显示应该构成了艺术作品。因此,在对理念的思考中,感性显现的整个真理仿佛被扬弃了。这种真理在概念中获得了它本身的真正形态。与此相反,当海德格尔谈论世界与大地的争执,并且把艺术作品描述为一个真理赖以成为事件的冲突时,这种真理不是在哲学概念的真理中被扬弃和被完成。这是在艺术作品中发生的真理的一个独特显示。在海德格尔这里,对真理现出于其中的艺术作品的引证,恰好证明了如下事实,即言说一种真理的发生(Geschehen)是有意义的。因此,海德格尔的这篇论文并没有局限于提供一种关于艺术作品之存在的恰当描述。毋宁说,他核心的哲学关切是,把存在本身理解为真理的一种发生,真理的发生就基于这种分析。

人们常常指责海德格尔在其晚期著作中的概念构造,认为它再也不能被证实。例如当海德格尔谈论语词在言谈意义上的存在、存在之发生、存在之澄明、存在之解蔽以及存在之遗忘的时候,他所意指的东西,是不可能在我们自己所意指的主体性中被充实的。主导海德格尔晚期哲学工作的概念构造,很明显拒绝主观证明,这一点类似于黑格尔的辩证过程拒绝他称之为表象思维的东西。因此,海德格尔的这种概念构造遭到了一种类似的批判,正如黑格尔的辩证法遭到马克思的批判一样。人们称它为"神话学的"(mythologisch)。在我看来,关于艺术作品的这篇论文似乎在这一点上有它的基础意义,即它对晚期海德格尔的真正关切是一个指导。没有人能够忽视这一事实,即在一个世界涌现于其中的艺术作品中,不仅使那种以前不为人知的、有意义的东西变成可体验的,而且借助艺术作品本身,某种新的东西也进入了此在。它不单单是一个真理的开显,而且它本身就是一个事件。这就为我们提供了一条道路,即进一步跟随海德格尔对西方形而上学及其在近代主体性思想中的终结的批判步伐。众所周知,海德格尔通过无蔽(Unverborgenheit)给 Aletheia 这个古希腊语词重新赋予了真理的含义。但是,对 Aletheia 的否定意义的着重强调不只是意味着这种情况,即真理的认识,比如通过一种抢夺行为——privatio 的意思就是"褫夺"(Beraubung)——使真的东西从它的不为人知状态或错误中的被遮蔽状态(Verborgenheit)中摆脱出来。问题的关键不单单在于,真理并不是敞开的,不总是通行的和可通达的。这肯定是真的,而且当古希腊人把如其所是的存在者称之为无蔽(das Unverborgene)的时候,很显然,他们想说的就是这一点。他们知道,每一种认识是如何受错误和谎言威胁,而且重要的是,不陷于迷途、如其所是地获取关于存在者的正确表象。如果在认识中重要的是抛弃错误,那么真理就是存在者的纯粹无蔽状态。

这也正是古希腊思想考虑的事情,并且这样一来,古希腊思想已经走在了这条道路上,这是一条近代科学最终应该一直走到底、实现认识的正确性之路,通过这种正确认识,存在者在其无蔽状态中被保存。

海德格尔反驳道,无蔽状态不单单是存在者的特征,就它被正确地认识而言。在一种更加本源的意义上,无蔽状态"发生了"(geschieht),而且这种发生就是从根本上首先使存在者处于无蔽状态和被正确地认识这种情况成为可能的东西。与这种本源的无蔽状态相对应,被遮蔽状态不是错误,而是本源地从属于存在本身。因此,喜欢隐藏自己的自然(赫拉克利特语),不仅仅鉴于其可认识性而被描述,而且根据其存在来描述自身。它不仅是向光明的涌现,而且也是向黑暗的自行隐匿;它不仅是阳光之花的盛开,与之对应,它同样也是大地深处的自行扎根。海德格尔谈到了存在之澄明,这种澄明首先意味着在其中作为解蔽着的(ent-borgen)和在它的无蔽状态中被认识到的存在者的那种场域。很显然,存在者向其此在(Dasein)之"此"(Da)的这种现出,假设了一个这个"此"能够在其中发生的敞开状态的场域。但同样明显的是,如果没有存在者在这个场域中自行指示,即没有占据敞开状态的敞开之物,这个场域就不存在。这无疑是一个很奇特的关系。而且更奇特的是,在存在者的这种自行指示的"此"之中,存在的被遮蔽状态才恰好展现自己。通过"此"的可敞开性成为可能的东西,就是正确的认识。从无蔽状态中现出的存在者为了那保持自己的[此在]而展现自己。这仍然不是一种解蔽的任意行为、一种抢夺的实施,凭借这种行为,某种东西从被遮蔽状态中被抢走了。

而毋宁说,这一切只有通过以下事实才得以可能:去蔽和遮蔽是存在本身的一个发生事件。理解这一点,有助于我们对艺术作品之本质的成功理解。很显然,这里在涌现(Aufgang)与隐匿(Bergung)之间有一种构成作品本身之存在的张力。这种张力的紧张状态意味着,它构成一件艺术作品的形态水准,并且产生了光彩,艺术作品借助这种光彩,使一切东西都黯然失色。艺术作品的真理不是意义的平铺直叙,而是其意义的神秘莫测与深度。这样一来,艺术作品就其本质而言,就是世界与大地、涌现与隐匿之间的争执。

但是,这样在艺术作品中得到证明的东西,应该构成存在本身的本质。去蔽与遮蔽的争执不仅仅是作品的真理,而且也是一切存在者的真理。因为真理作为无蔽状态,总是这样一种去蔽与遮蔽的相互对立(Gegeneinander von Entbergung und Verbergung)。两者必然相互共属。这显然意图表明,真理不单单是存在者的绝对在场,以至于仿佛存在者迎合了正确的表象。毋宁说,这样一种无蔽存在(Unverborgensein)的概念,已经假定了正在表象存在者的此在之主体性。但是,假如存在者仅仅被规定为可能表象的对象,那么存在者就没有在它的存在里被正确地规定。而毋宁说,存在者不愿意委身,这种情况也同样属于它的存在。作为无蔽状态的真理,在自身之中是双向转化的。诚如海德格尔所言,在存在中有一种"在场的对立面"(Gegnerschaft des Anwesens)。对于每一个人来说,海德格尔这样试图描述的东西是可以实现的。存在的东西,不仅作为表面提供了一种可认识的或熟悉的轮廓,它也有一种自主性的深度,海德格尔称之为"立于自身"。一切存在者的完满无蔽状态、一切和每一种总体的对象化(通过一种被设想成完美无缺的表象），将会取消存在者的在自身中存在，并意味着一种总体上的铲平。在这种总体的对象化中自我展示的东西，绝不再是居于其自己存在中的存在者了。反之，自我展示的东西，针对一切存在的东西都是同一个东西：它的可利用性的机会，但这意味着，显现于一切中的东西就是强夺存在者的意志。与此相对，每个人在艺术作品中都会经验到这一点，即有一种绝对的抵抗来对付这种强夺的意志，但不是在固执地对抗我们想要利用的意志之强求意义上，而是在傲慢地强行干涉安立于自身中的存在之意义上。因此，艺术作品的完整性（Geschlossenheit）和封闭性（Verschlossenheit）是海德格尔哲学普遍论题——存在者通过置身于在场的敞开中而自行克制自身——的保证书和凭证。作品的这种立于自身，同时保证了存在者本身的立于自身。

因此，对艺术作品的这种分析，提供了预先规定海德格尔进一步思想道路的视角。关于作品的道路，我们已经分析过，器具之器具性，归根到底，甚至物之物性，只能独自在作品中显示出来。当现代的计算一切的科学引起物的丧失，当物的"被迫走向虚无的立于自身"（zu nichts gedrängtes In-sich-Stehen）化为其筹划和变化的计算因素时，艺术作品反而成了一个裁决者，它保护着物，防止物的普遍丧失。当里尔克在物性的普遍消逝中诗意般地美化物的无辜（他向天使指出了这一点）之际，这位思想家这时也在思考同样的物性丧失，他同时在艺术作品中认识了物性的保护。但是，保护有一个前提，即被保护的东西事实上还存在。于是，如果在艺术作品中，其真理还能够现出的话，那么艺术作品就暗含了物本身的真理。海德格尔关于物的论文*因而就展示了其思想之路上的必然延伸。从前连器具的上手存在也未能达到，而只是作为单纯被观察和被研究的现成在手之物，现在恰恰作为毫无用处的东西(das zu nichts Dienliche)在其"完好无损的"(heilen)存在中被认可了。

但从这里，我们仍然能够看出这条道路上更远的一步。海德格尔强调，艺术的本质应是诗化。由此，他想说的是，并非对先前已形成的东西加以变形，也不是对先前已存在的东西加以复制构成了艺术的本质，而是筹划构成艺术之本质。通过筹划，某种新的东西作为真的东西现出，即"开辟一个敞开的处所"(sich eine offene Stelle aufschlägt)，这一点构成了发生于艺术作品中的真理事件的本质。然而现在，在这个词的惯常的、更为狭窄的意义上，诗的本质恰好是通过本质的可言说性标识，并且通过这种可言说性，诗和所有其他的艺术方式区别开来。如果在每一种艺术中，甚至在建筑和造型艺术中，本真的筹划和真实的艺术要素能够被称为"诗"的话，那么发生于真正的诗歌中的筹划方式就是另一种方式。诗化艺术作品的筹划受制于一种先行被开辟的东西，而这种先行被开辟的东西不能从自身出发被重新筹划：这就是语言的先行被开辟的轨道。诗人如此依赖于语言，以至于诗化艺术作品的语言只能被那些受同样语言影响的人所掌握。所以，从某种意义上讲，在海德格尔那里，应该象征着所有艺术创作的筹划特征的

---

* 在这里，伽达默尔指的是海德格尔《演讲与论文集》(*Vorträge und Aufsätze*)中的"论物"(Das Ding)(1950年)一文。——译者

"诗",与其说是筹划,还不如说是由石料、颜色以及声音构成的建筑和造型的次级形式。实际上,在这里,诗化被分为两个阶段:第一阶段是总是已经发生于一种语言支配下的筹划;第二阶段是这样一种筹划,即它要求从第一种筹划中产生出新的诗性创作。语言的先在性似乎不仅仅构成了诗化艺术作品的特殊标志,在所有作品之外,这种先在性看来也适用于物本身的每一种为物存在(Dingsein)。"语言"(Sprache)这一作品是存在最本源的诗。把所有艺术当作诗来思考,并揭示艺术作品的语言存在之特性的思,本身还在通向语言的途中。

(李成龙 译,张荣 校)

18. 马丁·海德格尔85岁寿辰

（1974年）

　　这些天来，马丁·海德格尔一直在庆祝他85岁的生日，这对一些较年轻的人来说可能真的是一件感到惊奇的事。数十年以来，这个人的思想就一直在普遍意识中屹立不倒，在本世纪多变的时代风潮(Zeitläuften)中，他的在场面对任何形势的变化都是无可争议的。靠近海德格尔与远离海德格尔的时代交相更替，这种情况只像在规定诸时代的真正伟大的明星那里发生的情况一样。那是第一次世界大战刚刚结束不久的那段时间，在这期间，这位胡塞尔的年轻助手就在弗莱堡开始产生了影响。当时他身上就已经散发出一种无与伦比的光芒。

　　随后在海德格尔于马堡授课的五年间，他的学术影响开始飞速踔升，这一影响在1927年随着《存在与时间》开始向公众舆论迸发，世界声誉倏然而至。

　　在我们这个时代，在这个自1914年以来就地方主义化了(provinzialisiert)的欧洲，在其中通常仅有自然科学能够迅速引起一种国际共鸣——比如人们想到的有爱因斯坦(Einstein)、普朗克(Planck)和海森堡(Heisenberg)的名字——并且或许还有经由教会越出民族国家界限的神学家，可能像卡尔·巴特，而青年海德格尔贯穿这个世界的声誉则是某种独一无二的东西。在第三帝国终结后,当海德格尔由于他起初与希特勒的牵连无法担任弗莱堡教授时,一场真正国际化的向托特瑙山(Todtnauberg)的朝圣开始了。在托特瑙山,海德格尔在他的小屋——正好在黑森林山上的一个非常简陋的小木屋里度过了每一年的大部分时间。

然后,在50年代,他现身公开场合的一个高潮再次出现了,尽管他几乎不再是以教师的身份活动。但我从那段时光中回想起,他是如何为了一个荷尔德林讲座来到海德堡,并且在某种程度上,要想成功地说服人们,别冒生命危险挤进新大学的礼堂,在技术层面,该有多么困难。而且,这个人每次在公开场合露面时,情况都是如此。

之后随着经济与技术、富裕与舒适程度的急剧发展,新的理智思维方式在学界青年中出现了。技术知识和马克思主义的意识形态批判成了决定性的精神力量,而海德格尔则从他之前那般恶劣地刻画的"闲谈"(Gerede)中消失了——直到我们今天,看上去一个新青年缓慢地重新发现了他,他似乎是一个被遗忘的古典学家。

这种持续在场的秘密是什么？现实地说,他并不缺少竞争者,直至今日也不少。他曾在20年代不得不面对并克服无数种形式的学术幼稚状态的阻力。从1935年至1945年的十年,同样决定了战后时期直至今日总的公众意见的形成,(这十年)实际上对他不怀善意。理性的毁灭(卢卡奇)、本真性这一行话(阿多诺)、对伪诗性神话学合理性思想的放弃、他对逻辑的风车磨坊式搏斗(Windmühlengefecht)、出离时间而进入存在的逃遁——人们还能显著地延伸这一攻击和谴责的序列。可是,当克劳斯特曼出版社(Verlag Klostermann)在那一天发出马丁·海德格尔著作 70 卷全集的公告时,出版社就可以确定,所有人都被吸引住了。即便对海德格尔一无所知的人,当他瞥见那张向自身中探察、向自身中谛听、超出自身去思考的孤独老人的照片,也几乎不可能让目光漠然地继续游走。谁如果认为依凭自己就知道,他是"反对"海德格尔的,或者,他是"支持"后者的——他就使自己贻笑大方了。思想不可能被如此轻易地避开。

这是怎样发生的呢?这曾经是怎么发生的?我刚好回忆起,我怎样第一次听到他的名字。那是在 1921 年的慕尼黑,当时一个学生在莫里茨·盖格尔的讨论课上用一种不同寻常的表达方式作了非常罕见、充满激情的报告。当我随后问盖格尔,这是怎么回事,他完全理所应当地说道:"啊,他已经海德格尔化了(verheideggert)。"我自己很快不也是这样吗?几乎是在不到一年之后,我的老师保罗·纳托普给了我一份四十页长的海德格尔手稿——一份亚里士多德阐释的导论。这对我来说犹如遭遇一次电击。我在 18 岁的时候曾有过类似的经历,那是我第一次看到斯特凡·格奥尔格的诗(他的名字对我来说是全然陌生的)。我曾对海德格尔"诠释学处境"的分析有所理解,现在看来这种理解对于亚里士多德的哲学阐释也肯定是不充分的。但海德格尔在那时就已谈到了青年路德、加布里埃尔·比尔、彼得·隆巴德(Petrus Lombardus)、奥古斯丁和圣保罗(Paulus),而亚里士多德恰好以这种方式进入视野,并且海德格尔在那时就说着一种极不寻常的语言,他谈到了"为了"(Umzu)、"何所向"(Woraufhin)、"先行掌握"(Vorgriff)和"通盘掌握"(Durchgriff)——在今天这些东西还大致停留在我的记忆中——这些东西在当时都已经有了端倪。这并非那种纯然学究式的或在问题史上给人慰藉的做法。整个亚里士多德当时都让人抓狂,而当我随后在弗莱堡接受第一次指点时,我就茅塞顿开了。

是的,情况正是这样:人们明白这一点。今天人们习惯于在背后议论海德格尔,说他缺乏概念的明晰性,只有诗化的模糊。以下这一点是真实的,即海德格尔的语言,远离今天掌控哲学的时代风格的奇特的近似英语(Beinahe-Englisch),正如远离数学符号或我在新康德主义的马堡所练习的与诸范畴和模态的游戏;当海德格尔授课时,人们看到了面前的东西,仿佛它们可以有形地被把握。以更温和的形式并限制在知觉现象学的基本领域之内,胡塞尔说过类似的话。胡塞尔的术语也不是依据其语言的现象学产物。相较于胡塞尔所有其他研究工作,青年海德格尔偏爱《逻辑研究》中的第六研究也并非偶然,胡塞尔在其中发展出"范畴直观"概念。今天人们从多方面认为,胡塞尔的这一学说无法令人满意,并用现代逻辑反对它。但是,他的实践——正如海德格尔的实践——并不能被这样驳斥。在哲学研究中,这是与活生生的语言面对面,这种实践不是任何逻辑手段(所能提供的)的技术精确性能取得的。

1923年秋天,海德格尔作为年轻教授前往马堡。为了与他的家乡弗莱堡作别,他邀请了一大批朋友、同事和学生随自己到黑森林山上参加了一个傍晚的夏日聚会。一大堆木柴在斯图本瓦森山(Stübenwasen)上被点燃,海德格尔做了一次让我们所有人印象深刻的谈话,它这样开篇:"在晚间的篝火旁保持清醒"——他接下来说道:"希腊人……"的确,青年运动的浪漫情怀也掺杂其中。但这里有更多的东西。这是一个思想家的决断,他将今天与过去、将来和古希腊哲学视作一个整体。

人们绝不能太戏剧化地渲染海德格尔在马堡的出场,他本人并不想引起什么轰动。的确,他在讲座中出场一定也具有某种有意识的影响自信,但其人格和教学的本质之处在于,他全神贯注于他的工作,这都是从他身上散发出来的。通过他,讲座从根本上变得焕然一新了,而不再是一个将其特有的能量投入研究和出版事务中的教授的课程安排。

那些书中伟大的内心独白(Büchermonologe)通过海德格尔失去了其优先地位。他给予得更多:这是一个革命思想家的全部力量——那种天才般的力量——的全情投入,这个思想家在他总是越来越强烈的激进化的大胆问题本身面前真的害怕了,而思想的激情这般充满了他,以至于这种激情带着一种坚不可摧的魅力转到他的听众那里。谁曾忘记了那场他在其中刻画了这个时代的文化和教育运作的愤怒论争:"求近的疯狂"(die Tollheit auf die Nähe)*、"常人""闲谈"——也还有这个!——"这一切没有任何轻蔑性的含义"(dies alles ohne jede abschätzige Bedeutung)**;谁

---

* "求近的疯狂"这一用语可见于海德格尔同时期的马堡讲座,即《海德格尔全集》第 20 卷《时间概念史导论》(*Prolegomena zur Geschichte des Zeitbegriffs*, Frankfurt am Main: Vittorio Klostermann, 1979)的第 312 页。——译者

** 在"诠释学与狄尔泰学派"这篇文章中,伽达默尔谈及了这个用语的来源。在与《存在与时间》的写作同时进行的讲座中,海德格尔对"常人""闲谈"作了愤怒的分析,却总是以这样的保证结束讲座:"这一切没有任何轻蔑性的含义"。这就使他的讲座经常有一种令人震惊的效果。参见伽达默尔:"诠释学与狄尔泰学派",载伽达默尔著作集,第 10 卷,第 196 页。——译者

曾忘记了他赠予同事和同时代人的冷嘲热讽；谁当时曾追随于他，忘记了那令人窒息的问题漩涡，这些问题是他在学期的导论课上酝酿而成的，以便随后让自己完全卷入其中第二个或第三个问题，直到学期的最后课堂上，深暗的语句星云（Satzwölken）才得以聚集，从这些云层中划过一些将我们留在半眩晕状态的闪电。

当尼古拉·哈特曼第一次（并且好几次）来听海德格尔的讲座时——后者在马堡的首次讲座，他随即对我说，这样一种出场的力量在他看来自赫尔曼·柯亨以来没再出现过。哈特曼与海德格尔确实是两个对立的人：前者是一个冷静、拘谨的波罗的海人，看上去如同一个中产阶级的庄园主；后者是一个有深色眼睛、矮小、如山中农民一般的人，他的性格总是一再突破所有守旧的常规。我有一次看到他们在马堡大学的台阶上碰面：哈特曼去上他的讲座课，一般身着条纹裤和黑色礼服以及一条旧式的白色领带，而海德格尔则身着滑雪服，走在从讲座课出来的路上。哈特曼站住了说："您就这样去上讲座课，可以吗？"海德格尔愉快的笑容有他特殊的理由。那天下午，他为了介绍一个在当时时髦的滑雪旱地课程（Trockenskikurs）*，作了一个关于滑雪的报告。这是最真实的海德格尔，例如，他这样开始讲座："人们只能在大地上并为了大地而学习滑雪。"这是典型的当头一棒，由之一般性的期望被压制，同时新期望被开启。"谁滑出一个连续的半犁式转弯（Stemmbogen），我就在每次滑雪旅行时带上他一起。"

海德格尔这个从孩提时代起的滑雪者，根本上有运动的一面，

---

* 滑雪旱地课程是指，在正式的滑雪之前，在旱地上所作的预备性练习。——译者

而海德格尔学派也从中受到感染。我们曾是马堡第二好的浮士德球俱乐部(Faustballmannschaft)*，总是闯进决赛，海德格尔也常年来到俱乐部参加训练——尽管他在里面并不像在其他一切方面比我们优越。

当然他并不总是身着滑雪服到处乱跑，但也从未穿过黑色礼服。相反地，他身穿一件特有的西服——我们将之称为"生存性的"(existenziell)西服，一件由画家奥托·乌贝洛德(Otto Ubbelohde)设计的、从农民服饰简易改造的新男士服，海德格尔穿着它，事实上有一点节日装扮的农民自身拥有的些许奢华。

海德格尔的一天开始得很早，并且早已用亚里士多德折磨我们了，一周四次，每次都是在早晨。这都是值得深思的阐释，不仅涉及实质性的直观化理论，而且关涉到同时被打开的哲学视角。在海德格尔的讲座中，这类事让人很纠结，以至于我们不再知道，他是在说自己的思想还是在替亚里士多德说话？这是一个伟大的诠释学真理，我们所有人在当时都开始根据自身经验它，而我后来要在理论上为之辩护并代言。

我们是一个非常自负的小民族，并且完全被我们的教师及其职业道德的自豪感冲昏了头脑。现在人们方可设想一下，在第二代和第三代海德格尔的信徒中，在那些科学天赋不怎么样，或者教育状况还没有取得进步的人那里，情况是怎么样的。海德格尔犹如一味麻醉剂，对他们产生了影响。海德格尔使人们陷入其中的

---

* 浮士德球是一项流行于中欧(以德语和意大利语系国家为主)以及美洲、非洲等几个德语语系移民国家的运动。它又被称为"草地排球"，结合了排球与网球的技巧。——译者

激进问题的漩涡,在模仿者口中达到了漫画般的程度。坦率地说,当时我不想成为海德格尔的同行。惟妙惟肖地模仿这位大师的学生到处都是,"他是怎样轻声咳嗽,怎样吐痰的"。这些"激进的问题"让年轻人感到不安,这些问题的空洞经由它们的表述被掩盖了,在某些讨论课上就是这样。而当他们说出他们那模糊的海德格尔德语,一些教授就会想起阿里斯托芬在喜剧中所描绘的那种经验,即那个苏格拉底和智者们管教的阿提卡青年如何轻率地行事。当时肯定没有真正反对苏格拉底的意见,现在则没有真正反对海德格尔的意见指出:学生过度模仿的情况存在着,也并非每一个他的追随者都为了自己的真诚工作而解放自己。但这依然是最值得关注的戏剧之一,即海德格尔创造出了"释放的担忧"(freigebende Fürsorge)这一词语,尽管他给予了所有的释放——不!他通过所有的释放——并未阻止许多人毫无希望地在他身上失去了他们的自由。飞蛾扑火。

在海德格尔写作《存在与时间》时,我们感受到这一点。附带的评论预先展示出来。一天,他在一堂谢林的讨论课上宣读了这样一个句子:"对生命的敬畏驱使造物走出它的中心",并且他说道:"我的先生们,请你们在黑格尔那里给我指出一个具有如此深度的独一无二的命题来!"众所周知,《存在与时间》的首要影响——尤其在神学上——是那种在生存上号召先行到死中去的、呼吁"本真性"的神学。人们听出的克尔凯郭尔要多于亚里士多德。但在1929年出版的康德书中谈论的不再是人的此在(Dasein des Menschen),而突然是"在人之中的此-在"(Da-sein im Menschen)。海德格尔从希腊的无蔽(*Aletheia*, Unverbogenheit)中听取的对存在及其"此"的追问,在现今是不可不加以理会的。这并非亚里士多德再生,而是一个思想家,他不仅越过黑格尔,而且越过尼采,转身向后回思(zurückbesinnen)开端,回思赫拉克利特和巴门尼德,因为对他而言那从未停止的去蔽与遮蔽的对立出现了,并且"闲谈"和对真理的"隐藏"这两者发生于其中的语言的秘密出现了。

海德格尔首次彻底实现这一切,是在他回到其故乡——弗莱堡和黑森林中的时候,正如他当时在信中给我写的那般:开始"感受到古老大地的力量"。"一切突如其来。"他将他的思考经验称为"转向"——并非在一种皈依的神学意义上,而是如同他从他的方言中认出这种转向。这个转向是向山上攀升的道路之转弯。人们并不在其中折返,而是道路自身反转为对立的方向——以便向上攀升。道路通向哪里呢? 没有人能轻易地道明这一点。海德格尔并非毫无理由地将其后期工作最重要的文集之一称作"林中路"。这是一些道路,它们不再继续延伸,于是迫使一个人攀登至未曾踏足之处抑或折返。但这些道路的高度依旧维持着。

对于海德格尔的弗莱堡岁月,即 1933 年及随后的时光,我从自己的直接经验中一无所知。但海德格尔在那次政治插曲之后,带着全新的动力追随思想的激情,而他的思想将他引入新的、不可通行的地带,这从远处看来基本上也是明显的。当时有一场他关于荷尔德林关键词的讲座,这一讲座在《内在王国》(*Das innere Reich*)杂志*上的出现看起来是够罕见的。这听上去像是海德格

---

* 《内在王国》是一份从 1934 年 4 月至 1944 年秋天在慕尼黑出版的文学杂志。——译者

尔将他的思想伪装在荷尔德林关于神圣者与诸神的诗词之中。

然后在1936年的一天,我们驱车前往法兰克福,以便聆听海德格尔三个小时的讲座《艺术作品的本源》。"空无一人的大地",斯特恩贝格尔(Sternberger)在法兰克福的报纸上为他的报道取了这样的标题。对于这位记者,这个环顾人类活动的朋友来说,这种思想历程的挑战性的严苛肯定是陌生的。这也确实是非同寻常的,因为人们听到的是谈论大地、天空和两者的争执,似乎这两者是如同在形而上学传统中物质与形式那样的思想概念。这两者是隐喻,还是概念?它们是思想的表达还是一种新异教神话的宣告?尼采的查拉图斯特拉——相同者永恒轮回的教师,看上去是海德格尔的新范例,而海德格尔在当时事实上致力于一项对尼采的深入阐释,这最终展现在一部两卷本的著作——那部真正与《存在与时间》相对立的作品中。

但这部作品不是在谈论尼采,其中也没有任何宗教性的夸大其辞。即便末世论的语调偶尔流露出来,又若该书足够隐晦地谈到了"或许突兀地"出现的上帝,那么这只是哲学思想的推断,而非先知的言辞。这是一场与哲学语言的紧张搏斗,这种语言不但远离黑格尔,而且远离尼采,能够再次回到对古希腊思想最古老开端的重温。我回想起,在战争年代,海德格尔有一次在山上的小屋里,为我朗读他写的一篇关于尼采的文章。他忽然打断了自己,把手砸在桌子上,茶杯叮当作响,而他激动和绝望地喊道:"这一切简直是中文!"这是一个必须说出些话的人所经验到的语言困境。海德格尔要以他的全部力量,去承受这一语言困境,且不让传统的存在-神学形而上学的资源和这种形而上学的概念性东西将他带离对存在的追问。当他作报告时，这就是他思想渗透一切的坚韧力量：在达姆施塔特（Darmstadt）论坛大厅里关于"筑、居、思"的报告，在一场谜一般的语词圆舞（Wortreigen）中展开的关于物的报告，或者对特拉克尔一首诗的阐释和对荷尔德林一个后期文本的阐释的报告。这些报告经常在过于高端的布勒赫尔（Bühlerhöhe）疗养院举行，在这座疗养院里，甚至有一次连奥尔特加·伊·加塞特（Ortega y Gasset）都被这个语言与思想的淘金者吸引并追随于他。

然后，他再次完全置身于学院生活的秩序中。在海德堡科学院的例行工作会议上，他讨论了"黑格尔与希腊人"。在弗莱堡大学的校庆纪念日上，他作了一个冗长艰涩的关于"同一与差异"的节日报告。他甚至出于这样的动机，如同旧时那般与他已然变老的学生们组织了一场关于黑格尔的单单一句话"存在的真理是本质"的讨论课。这就是老年的海德格尔：他沉迷于他的问题和思想，用脚向前摸索，看看是否在脚下发现了稳固的地基；如果人们没有发现他找到的驻足之地，他就发怒了；他只有通过自己思想性投入的力量来帮助别人。我也经常带着我自己的学生圈子与他相聚。有时一场对话达成了，这就是说，人们在思想的旅行中被带上了而没有偏离道路。谁只有同行了，谁才知道这是一条道路。

在今天，大多数人不这样行事。他们不愿同行，而是预先知道路向何处去，或者他们更明确地知道，人们应该去向何处。他们随后感兴趣的无非是，想把海德格尔归类。比如在晚期资本主义时代市民世界的危机里，海德格尔在忽视现代逻辑的情况下，出离时间并遁入存在或一种非理性主义的直觉主义。现今的人们也许在如下方面犯了错,亦即他们既不能将某种思的事情归类,也不知道批判性地超越这种思的事情,倘若这种哲学思考在此是不简单的,并且它不理会对它的纯然反思,因而与同时代所有人的哲学思考相比,更不可反思。但从两个方面来看对每个人都不可否认的是:首先,在海德格尔之前还没有人回溯到如此远地去思索,从直接源自希腊人思想、他们对科学之奠基和对形而上学之构建的角度,理解人类历史进入今日技术文明的走向,进而理解关于大地统治权的斗争。其次,没有人敢于在同时这么远地在非传统概念的晃动地面上前行,以至于其他文化的——尤其是亚洲的——人类经验,首次从远处作为我们本己经验的可能性呈现出来。

有一天,诗人保罗·策兰(Paul Celan)也随许多人到托特瑙山朝圣,而一首诗从他与那位思想家的遭遇中应运而生。人们可以想象:一个流亡的犹太人,一个不在德国、而在巴黎生活的诗人,却是一个德语诗人。他在不安中冒险进行了这次拜访。接待他的必然是,农家小田园的小米草(Augentrost)伴着汩汩流淌的水井(在水井上方是木雕星块〔Sternwürfel〕),以及一个矮小的农民般的人和他闪闪发光的眼睛。就像许多人那样,他将他内心里希望保留的一行文字,记录在小屋的留言本上。他和那位思想家走在柔软的草坪之上,两人独自地走着,正如那些独自挺立的花朵("兰花和兰花")。海德格尔在那喃喃自语的话,在他看来还显得生硬,一直迟至回家的路上,这些话对他来说才变得明晰起来——他开始理解了。他理解了一种思想所冒的风险。他人("人们")能够倾听这种思想,却并未理解,这种思想在晃动地面上的冒险前行,正如在一条不可能行至终点的圆木小径上的冒险前行。这首诗的内容是：

托特瑙山*

山金车菊（Arnika），小米草，这
来自井泉之饮，井架上有
木雕星块，

在这
小屋里，

写进留言本的
——哪些人的名字已经
在我之前收入其中？
写进这留言本的
一行文字，怀着
希望，今天，
希望一位思者的
来临的
话语
在心中

森林草地，没被整平
兰花和兰花，单个，
生硬的话，后来，在行驶中，

---

* 这首诗采纳了吴建广先生的译文，略有改动。参见吴建广："诗与思擦肩而过——保尔·策兰与马丁·海德格尔"，载《同济大学学报（社会科学版）》，2014年第4期，第1—15页。——译者

变得明晰,

为我们开车的,这个人

在一旁倾听,

踏行

一半的圆木——

小径,在高地沼泽,

潮湿的,

许多。

(居俊 译,张荣 校)

19. 转向之路

（1979年）

　　在某种意义上说，马丁·海德格尔的哲学工作已经属于历史了，这就是说，他的影响的第一波或第二波早已过去了，并且在哲学思想的经典作家行列里他已占有稳固的地位。这也包含说，每一个当下时代都必须对他的工作重新规定其真正的位置。如果有谁自己也还同时参与了海德格尔哲学问题的发展与传播，那么他在此试图中就不仅想重新确定海德格尔思想的位置，而且也想确定他自己的位置。他将不仅被要求去评价马丁·海德格尔的历史意义，而且也被推动去继续参与同海德格尔追问一起被带动起来的一些问题。

　　无论如何，我们大概可以有些把握地说，海德格尔所占有的位置，必须从两个完全不同的方面来加以规定：一方面是从他在我们这个世纪的学院哲学，特别是在德国的舞台内的学院哲学中的地位；另一方面是从他在我们这个时代的普遍意识中的影响和意义。下面这一点似乎特别恰当地确定了他的等级，即这两个方面在他那里完全是不可分离的，只有在少数哲学思想的伟大经典作家，如笛卡尔或莱布尼茨、休谟或康德、黑格尔或尼采那里，才有这种情况。

在我们世纪的学院哲学内,我们可以根据海德格尔自己的承诺把他的思想纳入现象学运动之内,谁熟悉海德格尔在此所指的胡塞尔现象学的发展,谁就知道它的名声是与当时占统治地位的新康德主义相联系的。当然,这两者不可以被纳入到一个狭窄的学派意义内。在两者各自的定向内,海德格尔的思想具有一种强化的批判的特色。

他曾多年任助教,后来是现象学奠基人的年轻同事,毫无疑问,他从埃德蒙德·胡塞尔那卓越出众的大师般的描述艺术中学会了决定性的东西。他自己的首次巨大的思想尝试,即《存在与时间》,无论在语言的表现还是主题的定向都名列前茅,甚至还由于其出版的地方而被认为是一部现象学的著作。"现象学"这一术语,按胡塞尔使用它的方式,具有与所有起源于某种未透明的体系强制性(Systemzwang)的理论构造的尖锐对立。胡塞尔的现象学直观力量正是在对一切同时代的思想构成的先入之见的拒斥和批判中而证明自身,这一点特别在他对心理主义和自然主义的著名批判中表现出来。我们也必须承认,胡塞尔的精心描述是同一种真正的方法论意识结合在一起的。他所推崇的现象并不是朴素的被给予性(Gegebenheit),而是他对意识的意向性分析的对应物。返回到意向行为的过程才确保了意向对象、这样的所意指之物的概念,也因此确保了现象这一概念。

当海德格尔在他第一部著作的导论中使用和解释现象这一概念时,他这部著作几乎就能像胡塞尔方法论纲领的一个单纯的变种被阅读。但是,当海德格尔以一种背理的极端方式,不是从它的被给予性,而是从非被给予性(Ungegebenheit)和遮蔽性引出现象概念时，他这本书给出了一个新的强调。

虽然海德格尔在这第一次自述中避免了对胡塞尔现象学纲领作明确的批判——尽管这种批判却是他很长时期以来在讲课中所试图要做的——但在《存在与时间》的写作过程中，对胡塞尔现象学观点的批判性退却（Absetzung）就不能再被忽视了。所以，海德格尔在《存在与时间》第七节里曾经从现象的遮蔽性和制服遮蔽性的揭蔽性出发来理解现象学观念，这恰恰不无道理。从此出发，就不只是谈论流行的描述性的胜利确实性，尽管现象学正是由于这种确实性而感到自己优越于同时代哲学的理论构造。这里所涉及的遮蔽性，比之通常所说的要更为深刻。胡塞尔作为其现象学描述艺术的辉煌工作而曾经发展到其最高精致性的对事物知觉的古典分析本身，在总体上也可以被引出一种被遮蔽着的先见。事实上，海德格尔的第一个投入事业就是，他把那种在其中可以遇见知觉和知觉判断的实用主义的功能关联，与胡塞尔的描述结构对立起来。海德格尔在使用上手这一概念上所发展出来的东西，事实上不再是胡塞尔意向性研究的宽广主题领域中的一个较高阶段的度向。正相反，那种把某物视为现成在手东西并使之成为当下东西的质朴知觉，就从这里开始证明了自己是一种以某种独断的先见为基础的抽象，这种先见就是，存在的东西，即作为现成在手状态的东西，必须通过在意识中纯粹的在场才得到其最终的证明。在这里，年轻的海德格尔——当时作为海因里希·李凯尔特的学生曾在无人称判断逻辑方面有过尝试——可能被一种模糊的推动力所驱使，这种推动力现在达到了理论的明晰性。博士论文的结论，即逻辑上对"火！"的呼喊在转变为谓词判断时遭到抵抗，只有通过强迫才能使之从属于逻辑格式,对于后期海德格尔来说,就像获得了一种确证,证明他首次预感到逻辑学陷入了一种本体论上的约束。

与此同时,海德格尔通过对亚里士多德的《形而上学》和《伦理学》富有天才的重新解释获得了一种技能(知识),这种技能使他能够在他自己、胡塞尔以及整个新康德主义那里发现继续起作用的本体论先见,这种先见在意识概念并完全在先验主体性概念的基础地位中发挥作用。主体性是实体性的变形并且是亚里士多德存在概念和本质概念的一种最终本体论衍生物,这一点赋予海德格尔对胡塞尔知觉分析所作的带有实用主义色彩的批判以一种全方位的视角,尤其对胡塞尔纲领给予了摧毁性的冲击。因此当海德格尔讲到"此在"时,这不只是他在主体性和自我意识和先验自我的地盘上设立的具有基本命名力的一个新词。由于他把知道自己有限性和终点的人的此在的时间视域提升到概念,他超越了作为古希腊形而上学基础的存在理解。现代意识哲学的主导概念,无论主体还是客体,甚至也包括了它们的思辨思想中的同一性,都以相同的方式证明了自身是一种独断的构造。

当然,这并不是说,好像胡塞尔自己的现象学良心并不使用一切来破坏那种继承而来的意识概念的教条主义。意向性概念的关键正在于,意识总是"对某物的意识"。唯独 *ego cogita*(我思)所能够实现的绝对确然性这一自明设定,对于胡塞尔来说,并不表现真实的特许信。相反,他在其一生中愈益追求精致的分析工作中是解决康德在内在时间意识的构成性分析中的统觉(Apperzeption)的先验综合基本概念,并且愈加小心翼翼地地制

274 定出"我思"(ich denke)的自我构成的过程性。胡塞尔以同样的坚定在主体间性(Intersubjektivität)题目下追踪了 alter ego(另个自我,他者),即我们与单子宇宙论的构成困境,并在关于《危机》的研究中,完全表现了他对生活世界难题的展开,即他试图提出每一种都能从历史难题出发被提出的辩护说辞。当然,他为了他自己的意识而对生活世界难题的分析是完全与海德格尔批判地坚持此在的历史性相对立的。值得注意的是,胡塞尔在其《危机》论文中把其批判的对抗态度同时对准了海德格尔和舍勒,但正是在这一点上这两人几乎毫无关系。舍勒从未从历史性出发对本质的向度(die eidetische Dimension)本身提出质疑,有如海德格尔作为实际性诠释学的基础存在论所做的那样。正相反,舍勒试图把现象学建立在形而上学之上。不是精神,而是冲动(Drang),经验着实在。精神那去真的(entwirklichende)本质直观本身必须从冲动的实在性发展出来。现象学在自身之内没有根据。对于胡塞尔来说,这一定是对作为严格科学的哲学之要求的逃避,因为实在科学按其自己的本质不可能是严格的。《危机》论文主要是致力于对这种"误解"的阐明。在任何情况下,胡塞尔都坚持认为,他们两人,无论是舍勒还是海德格尔,都不曾理解先验还原和那种基于cogito(我思)的确然确实性之上的最终证明的不可回避性。

在此碰到的困难所包含的张力也许可以说明,海德格尔从他这方面把胡塞尔的探究毫无希望地引入到形而上学传统以之为基础的本体论前判断之中。在50年代末,海德格尔曾有一次在海德堡碰见了我自己的一些学生,他们一起去参加一个我主持的关于胡塞尔时间讲演的研讨班,他提了这一问题,即胡塞尔的分析与

《存在与时间》有什么关系。对此问题所给予他的所有回答,都被他驳回了:"这种分析与《存在与时间》毫无关系!"

这无疑是由一种坚决的态度讲出来的,后期海德格尔就是以这种坚决性从先验的提问解脱出来,但在《存在与时间》中他事实上还没有达到这一点。如果我们与海德格尔一起回顾他自己的发展历程,那么我们至少必须承认,他的那种"在世存在"的出发点以及他的那种以这种所谓此在的"先验"分析为主线的对存在的追问的阐明,事实上已经指向了一个完全不同的方向。对于像胡塞尔那样的时间意识的分析,海德格尔已经不再能感到满意——尽管胡塞尔超越布伦塔诺的进步之处正在于,他认识到时间意识的时间性并反对这种时间意识理论,即只从回忆中去思考逝去了的东西和过去了的东西并把它们设想为"重新使现前的东西"。这种超越布伦塔诺的关键步伐表现在"记忆"(Retention)概念上,即那种属于当下知觉意识的"把握"(Festhalten)。此外,海德格尔的问题要更彻底得多。《存在与时间》完全不像奥斯卡·贝克尔当时所解释的那样,是对胡塞尔现象学纲领内的更高层次的难题的单纯修改。正相反,贯穿于《存在与时间》之中的这种"哲学人类学"乃是属于一种宽泛得多的存在问题。这种"存在"(Sein)海德格尔当时是指向于那种他称之为"存在者整体"(Seiende im Ganzen)的东西,而且以后他也一再地坚持,这个"存在"与其说是从此在那里来理解,还不如说在他那里只是从"存在理解的场所"(Stätte des Seinsverständnisses)来指明。在 1928 年夏季马堡讲座(《海德格尔全集》,第 26 卷)中,存在名义上作为前提,"是一种已经存在的存在者的可能整体"。因此存在只可能在理解中给出(第 199 页)。

此在虽然是"范例性的",但不是我们思想对存在特征的突现,而是作为存在者,"它以这种方式存在,即是它的此"(das ist in der Weise, sein Da zu sein)。甚至在这里已遇到后来"开显"(Lichtung)这个词,当然,这还只是在人类学转变中刻画此在的被阐明的敞开状态,但在本体论的目的上已作为"去立在此的开放中:Ek-sistenz(去-存在)"(177c)。甚至以后被提升为关键词的用语"转向"在1928年也碰到了,尽管这使"本体论本身明确地跑回到它自身——再存在于其中的形而上学的Ontik(存在者状态论)中去了"。在这里,仅就其还是从此在出发作思考而言,基础本体论作为此在分析所经历的潜在转变,当它成为时间性分析时,就被称之为"转向"。后来海德格尔在林中小屋的书边注释笔记完全改变此在的范例功能(9c)。这个例子在这里就表现出存在发生(Seinsgeschehen)的意义。当然,这是一种明显的意义转变。但这样的转变本身(无疑是存在的)具有它们的真理。它把它原先还不明确的意图所目向的东西带到了光亮处。对于存在问题的重新挑起来说,本质上取决于此在的"此",而并非取决于此在的存在所具有的优先性。

同样的情况也适合于胡塞尔纲领的其他批判要点。所以,关于共在(Mitsein)那一章(第26节)根本是由批判地划清胡塞尔主体间性问题界限所规定的。事实上,在对胡塞尔主体间性问题的处理上,那种主宰着海德格尔的本体论先见并不比胡塞尔所谓"纯粹"知觉的描述更少把握。因为一个更高层次的"先验移情(同感)"(transzendentale Einfühlung)难道应当使纯粹知觉富有生气而成为alter ego(他我)吗?如果海德格尔与此相反讲到共在乃是一切与此在共在的先天条件并明确地在这里提出同源性

(Gleichursprünglichkeit)要求——这是海德格尔多方面反对胡塞尔最终证明观念而提出的,那么,这显然就是一种针对胡塞尔的论战基调(参见第1版,第131页)。共在并非事后才添加到此在上去的。我们宁可说,此在永远也是共在,与此是否不同或者没什么不同,我是否缺乏它或我不"需要"任何人,都是完全一样的。

当海德格尔以这种方式把此在和共在描述为在世存在的模式,并把操心(Sorge)阐释为在世存在的统一的基本状态时,虽然他在论证结构上还是遵从胡塞尔与新康德主义分享的先验证明思想,但事实上他以其对此在的先验分析而指向了对先验意识的单纯具体化,也就是说,指向了以实际的人的此在来替代想象修饰过的先验自我。由此间接产生了如下后果,即他以现象学的方法让追问此在是"谁?"的问题指向此在的日常性,此在总是已经因为操心而沉沦于现成在手物和彼此共在的"世界"。在这种沉沦中,此的真实现象经常被遮蔽并且如同"我自己"一样。这就是常人,它是无人或者说曾经是无人,这就是此在首先和通常遇到的情况。这不仅是说在匿名承担责任的时代进行文化批判的意义上这样做是有挑衅性的,更应说,在此后面还隐藏着一种对意识概念进行质疑的批判性动机。但是,这需要一个完全足以引起人们注意的真正准备,即在这种烦忙(Besorgen)和烦神(Fürsorgen)的沉沦世界后面让此在的本真性,即被无包围起来的此显露出来;通过先行到死(das Vorlaufen zum Tode)。

虽然海德格尔一再强调,本身来自世界的日常性和被理解为烦忙-烦神的生存都属于此在,其情况正如在最最急切的一瞬间所闪现出来的目光,在此目光下此在的向来我属性(Jemeinigkeit)通过死的向来我属性而呈现出来,而且本源的时间性相对于流俗的时间理解(也包括永恒性的时间理解)的非本真性而呈现为有限的时间性。此外,海德格尔在其思想发展的这一阶段上还反思了如下问题:基础关系的这样一种单纯转变是否足够？在这种对于存在的时间性解释中是否还隐藏着一种错误解释:"本体论构造的基本活动,也就是哲学的基本活动,存在的对象化,也就存在向着其可理解性视域的筹划,都已经交付给不确实性……"(《海德格尔全集》,第24卷,第459页)。

这里可以听出存在的对象化的整个难题,这难题导致海德格尔的"转向"。他本人当时在上述引文之处说过,可理解性的视域,就这种主题化联系在一起的对象化与"向着存在者的日常行为背道而驰"而言,可以被缩小。"筹划本身必然成为存在者状态上的……"。这些来自1927年讲座的话给予一个可以在《存在与时间》中找到的命题(第1版,第233页)以一种新的戏剧性强调,该命题原先更像是一种修辞上的问题:"……乃至还将发生疑问……原初对此在的本体论解释是否肯定会失败——败在作为主题的诸存在者本身的存在方式"。

这在当时更像是一个修辞上的问题。但在今天可能进行的回顾中,自《存在与时间》出版以来我就一直探究的一个问题,对我来说就愈加重要了:把死亡问题作为深入理解《存在与时间》的导线是真正有说服力和真正符合事实吗？形式的论证在于:把在世存在从本体论上解释为烦操心(随后解释为时间性)必须明确保证此在的能够整体存在(Ganzseinkönnen),如果解释确实想符合事实的话。但是这个此在将被其有限性,被与死亡一起进入的到达终点之在(das Zu-Ende-Sein)所限定。所以需要对死进行反思。这一点真是令人信服吗？在这种烦的结构中和在它的时间性的流动形式中就已经存在着有限性，这难道不是更令人信服吗？向着将来筹划自身的此在在时间的流逝中作为这种有限存在，不是时常有过客匆匆的体验吗？因此，此在经常地实现先行到死，并且这正是海德格尔事实上所指的意义，而不是指人们一瞥中就看到此在的整体。正是这种时间经验使我们面对本质上的有限性，这种有限性整个地主宰着我们。

此外，我们可以注意，海德格尔明显地仍然继续走在这条道路上，而死亡问题永未置于中心。在他的林中小屋样本里，他对这些部分完全未作评注，他思想的道路引导他从此在的和当下的视域绽出或出神，最终完全进入到时间的线性结构分析(参见《时间与存在》)。

稍后的《存在与时间》的边注也指明同一方向。在此"存在理解的场所"(11b)这一用语是有启发性的。海德格尔明显地想以此把与其存在打交道的此在那里的古老的动机与那种存在于其中显露自身的此的新思想运动调和在一起。在存在理解的场所里我们已经听到，它是一个自成事件的显示场，而不是首先作为此在活动的地。《存在与时间》的主导思想的完整结构是由双重动机所主宰，而这双重动机并不完全马上达到平衡：一方面是此在"敞开状态"(Erschlossenheit)的本体论特色，这种本体论特色是以此在活动的所有存在者状态现象，因此也是以此在的非本真性和本真性之间的内在张力为先决条件和基础的。另一方面的思想涉及此在本真性的显露，与其内在的非本真性相对，当然不是在雅斯贝斯生存召唤的意义上，而是从这种召唤那里取得真正的时间性，而且存在的时间视域应在其普遍性的作用范围内获得。这两个动机都包含在先天的证明思想里，海德格尔当时就是以这种证明思想让存在问题先验工具化。

无论如何不用怀疑，海德格尔思想由于抛弃掉先验的自我理解和可理解性的视域，从而失去了那种号召影响力，这使得他的观点在同时代人看来同所谓的存在主义哲学相类似。的确，海德格尔在《存在与时间》里也已经强调过，此在的沉沦倾向，他在烦忙的世界中的呈现（das Aufgehen）并不是单纯的错误或缺点，而是与此在的本真性同样具有本源性，本质上具有共同的归属。无疑，"本体论差别"这个具有魔力的词（海德格尔在马堡使用的）不仅是在关于存在和存在者之间区别的那个显而易见的意义上，这种区别构成了形而上学的本质，而且也总是指向了某种人们在存在本身中所能称为区别的东西，这种区别在形而上学的区分中只是思想的结果。海德格尔在其马堡的年代，也就是在《存在与时间》出版之前，对这个经常被他挂在嘴边的这个"本体论差别"却不曾想作这样的理解，似乎存在和存在者的这种差别是由我们，即思想者所先行做出的。的确，海德格尔从一开始就已经意识到，新康德主义的先验图式和胡塞尔关于本质与事实的区分，并不足以令人信服地使哲学的科学理论的特殊性脱离实证科学的先天基本概念。"实际性诠释学"这一矛盾的说法就是表达了这一点，同样，生存论分析要"退回"到"生存"之中去。

因此，当海德格尔相反地阻止把《存在与时间》看作一条死胡同，那是完全有理由的。倘若"存在"一般地被认作一个问题，那么那种死胡同的理解就畅通无阻。然而，当海德格尔在其下一部著作《康德与形而上学疑难》(以下简称"康德书")中,使用了"在人之中的此之在"(Da-Sein im Menschen)这个令人奇怪的用语时,上述那种看法就如同被置于一个新空间的解放。这会把他带往何处,由那本康德书确实还看不出来。海德格尔自己在 1940 年前在他康德书样本的边注里——他当时把该样本送给了我,以补偿我丢失的那本——作了自我批评:"完全倒退到先验提问中去了"。他在那里所发展的并试图用康德的手段去支持的有限形而上学观念,最终如同弗莱堡就职演说所做的那样,坚持了先验的证明思想。这肯定不是偶然的,或者在海德格尔的思想态度中只是半心半意,而且这也反映出那个最严肃的难题,仿佛那个对形而上学的概念系统进行解构的彻底的思想冲力仍然能够同哲学的科学性观念相符合似的。海德格尔当时——由于对雅斯贝斯的失望增强(正如雅斯贝斯最早的著作《海德格尔笔记》所指出的)——还完全坚持这一点。因此他在《存在与时间》中坚持了"先验的"自我解释。先验哲学之所以还能把自己理解为科学,正是因为它把迄今为止的所有形而上学都谴责为独断论的,因此它能为这样的科学提供基础证明,由于这种证明它自己就被证明是形而上学的真正遗产。这对于胡塞尔的纲领还是有效的——但对于海德格尔来说,这将是成问题的。

　　《存在与时间》以非常巨大的简化方式把形而上学的存在理解——这也叫古希腊人的——同科学的客观性概念调和起来,这种客观性是实证科学的方法论自我理解的基础。这两者都被称为"现成在手状态"(Vorhandenheit),《存在与时间》的要求原是要证明这种从自我理解中衍生出来的特征,但这也就是说,此在的存在不是尽管其有限性,而是恰恰因为其有限性和历史性而被证明为本真的东西,从这种本真东西出发,这种被派生的存在方式,如现成在手状态或客观性那样,才能得到最好的理解。这样一种做法,对于古典形而上学的思想形态来说是解构性的。当海德格尔在《存在与时间》的基础上提出"什么是形而上学?"的问题时,这个问题就已经是更多地对形而上学的彻底追问,它或者作为形而上学的再一次复苏,或者只作为在更深基础上对形而上学的重新奠基。

众所周知,在20世纪30年代和40年代早期,海德格尔的思想道路并未完成于公开的文献出版上,而更多地是出现在学院教学的或特殊的讲演活动的形式中。文献的首次出版是海德格尔称之为《转向》的这个文集。1946年,《关于人道主义的书信》也公开出版了。只是在随后的年代里,海德格尔在30年代所走过的步履才通过《林中路》的出版更清楚地刻下印记。人人都能马上看到,在这里作为科学哲学的科学结构和哲学的自我理解的框架被超越了。这得归功于荷尔德林的加入,这种加入产生了奇特的巨大反应,以致海德格尔在其后期关于荷尔德林的著作中认识到——在《存在与时间》中被确立为目标的存在问题的新发展,在其随后产生的冲击力的影响下,不仅冲破了科学的框架,而且也冲破了形而上学的框架。

的确,现在是一些新的主题处于海德格尔思想的中心:艺术作品、物、语言,显然,这些都是形而上学传统没有提供合适的概念系统来把握的思想主题。艺术作品的论文以最大的紧迫性发展了所谓美学在概念上的不恰当性,并且完全以物的问题向思想提出了挑战,对于这一挑战无论是哲学还是科学都未准备好任何手段。

因为正是物的经验早就已经在干扰现代科学思想的合法性。在工业生产和普遍变动时代中，物是什么呢？事实上，长时间以来，也就是说，自从出现了现代自然科学和力学对自然科学的范导作用以来，物的概念在哲学的家园中就不再有居留权，并以典型哲学的方式被客体和对象概念所取而代之。但是在此期间，不仅在科学的形式和思维把握世界的形式中出现了变化，而且世界的外观也出现了变化，这变化不再让物占有位置。所以有人便想让艺术作品以某种方式继续存在于文化意识的原有范围，以某种方式来想象缪斯，物的消逝是不可阻挡的过程，在此过程前面，那向后回溯的思想和向前迈进的思想都不能让我们的眼睛闭而不视。

海德格尔所不得不追问的存在问题，正是并首先就是指向人类那种我们今天称之为技术时代的生活形式，因此，这并不是大步迈入了某种新的领域，或者根本也不是赞同古老的文化批判的声调。在这里，海德格尔远没有把浪漫主义对正在消逝的或逐渐被淡忘的过去的迷恋同存在物的思想任务混淆起来的意思。早先，在《存在与时间》中除此在的本真性外，此在的非本真性也得到其本质权利的承认，当时海德格尔对此虽然也是严肃认真的，即使它听起来像是他的文化批判激情的一种自我否认。现在则相反，现时代的面向终点的思想（das Zu-Ende-Denken），技术的世界筹划上升到规定着整个人类的命运，构成了一个统一的经验地基，海德格尔的存在追问就是以此地基为定向的。海德格尔首先用来刻画形而上学特征的那种被多方面引用的存在遗忘被证明是整个时代的命运。形而上学的遗忘在实证科学的标志之下，并在技术中达到它彻底的实现，除了那种在被保留的"治疗"中可能有一种本真的存在之外，没有任何东西是真的。在海德格尔的思想中出现了一种新的尖锐，即他正是在这样一种存在的彻底遮蔽性和不在场（Abwesen）中去思考不在场的在场（Anwesen dieses Abwesens），即"存在"。当然，这本身绝不曾是计算或算计着的思想，如果我们现在想从海德格尔的思想出发点去计算人类未来被给予或把握各种机会的可能性，那将是误解了它。根本不可能有对思想进行思想的计算着的思想，仿佛它是可支配的和可利用的。在这里海德格尔完全接近于歌德，众所周知，歌德曾发自内心地说："我的儿子，我在这一点上还算高明，即我从未对思想进行过思想。"海德格尔的思想也不是对思想进行思想。海德格尔关于技术和转向所作过的思考的东西，其实也不是真正关于技术或转向的思想，而是一种在存在本身中的站立（ein Stehen im Sein selbst），这样去思想是源自于它内在的原本迫切性。他把这称之为"本质的"思想，并也很好地讲到"超出思想"（Hinausdenken）或"与之对立地思想"（Entgegendenken），他想以此说，它不是一种对某物的思想着的理解或把握，而宁可说是让存在立于我们的思想中，这也似乎就是其完全不在场的彻底形象。

我们无须强调，这样的思想努力不能被当作人们去理解或把握对象并使自己强大的工具或概念来使用。只要这里所尝试的思想和言说（Denken und Sprechen）没有产生什么，也不持久地具有一种有着确切的表述的对象——思维和理解的努力只需要转向此对象即可——那么，这样的思想就会陷入于一种最严重的语言困境之中。海德格尔试图用以对抗那种考虑未来诸可能性的计算思想的言语本身，从附着于理解的充满困难的先行把握状态那里获得了某些内容。确实这是真的,即所有旨在新奇的、不同的或能解救的东西的预先期盼(Vorausschau),都不包含实际的计算或预先的计算,如果海德格尔因此谈到存在的到达(Ankunft)和某种附加"突然猜想的"东西(VuA,180),或者在那次著名的访谈中说"只有一个上帝能够拯救我们"——那么这些更多是回绝的方式,即拒绝那种对未来进行计算着的认知欲(Wissenwollen)和控制欲(Beherrschenwollen),就好像它们是实在的表达那样。"存在"本身不可能被告知,或者通过某种通达我们的东西被告知。但正因为如此,这些表达言语都不是某种预告。它们根本不是对其思想的真正表达,对于那所是之物的思想的真正表达。这也适合于下述说法,用海德格尔自己的话说,这样一种在它们中所包含的筹划必须使自己成为一个生存状态上的人。

如此这般的对立地思想(Entgegendenken)是如何进行的呢?我们不必对这些对立思想作思辨的考虑,而可以追问海德格尔所展现的那些尝试。毫无疑问,在这个或多或少简化的工作——这些工作都是从对形而上学的概念系统和理论构造的批判出发来获得自己的发问——结果中,海德格尔的思想方向本身以几乎偏执狂的坚毅性被坚持着。但是,他的思想方向并没有达到适宜于他自己的发问的以及和自身一致的概念语言。正如海德格尔本人在其生命最后回顾他一生取得的成就并草拟他即将准备出版的全集的导论时所说的,他选择这样的话作为开场白:"是道路,而不是著作。"道路都是为着行走而存在的,因此人们在道路上前进或后退——道路不是人们呆呆地站立在那里的或人们能使用或引用的一种固定之物。后期海德格尔的语言像是对语言习惯的一种持续袭击（Aufbrechen），并用一种一触即发的强大威力来装载语词。语言没有固定性。所以，后期海德格尔用词风格的那种几乎仪式般的重复实在不合时宜，正如我们在他的那些崇拜者那里经常遇到的一样。但是，他的语言极少是随意的和可交流的。它最终像抒情诗语词那样完全不可翻译并和抒情诗语词共同分享那种来自音响形象与意义功能的完美统一和不可分离的表现力。

可是，它还不是诗的语言。诗的语言总是与诗的声调相协调，诗的构成物逐渐消失在诗的声调中——反之，海德格尔的语言仍在结结巴巴地寻找合适的语词，是不断地超越着思想的语言，是以应答一种预先被思想的和预先被把握的东西的辩证法。

我们举一个例子："Nur was aus Welt gering, wird einmal Ding"（只有从世界中拧扭出的东西，才将成为物）。这简直不可翻译成德语。这是在一个漫长的思想之路的终点，以物的真实本质来同一切远远近近的物的无间距的等同相对抗。有人把物的Geringe（变圆）作为一个瞬间理解为一个过程、一种发生（Geschehen）、一种事件（Ereignis），这些都是以时间词"geringen"来表达的。虽然并没有时间词，但是"ringeln"（卷曲）和"geringelt"（被卷曲）听起来使人联想到"Ring"（环状物）、"Kreis"（圆圈）、"Ringen"（拧扭）、"rings"（围绕）这些丰富意义域并因此想起整个圆形世界（Weltrund），从圆形世界中拧扭出物的 Geringe（卷曲）并在自身内变圆。思想跟随能使它进入语言的犁沟。但语言如同一块农田，在这块农田上能生长出最最不同的东西。

我们可以回想起海德格尔对阿那克西曼德话语的解释，他由这些话语读出了被归之于存在者的"瞬间"（Weile），如果这些存在者经历过它们的形成过程（Genesis, 起源）。所以物的 Geringe（变圆）也是某种"从世界拧扭出的东西"。确实, das Geringe（变圆物）首先是作为名词的形容词。但通过 gering 的名词化，一种集体运动整体被显现出来了，正如通过"Gemenge"（混合）、"Geschiebe"（卵石）、"Getriebe"（驱动器）所显示的那样，所以海德格尔敢于最终完全把它们变成动词的过去词（Zeitwort-Imperfekt），类似于"Nichten"（否定）、"Dingen"（物）以及他写成"Seyn"的"Sein"（存在）。短语中的"einmal"（有一次）支撑着"gering"这个生造的词的过去时意义，同样 Reimantwort（韵答）"物"。我们在这里听到对"gerinnt""gerannt""gelingt""gelang"以及"geraten""geriet"的联想，它们都属于相同的语义域。所以物的论文最后一句话总结了经历过的道路，并且认为，唯有世界作为圆形的环状物的中心也如此被拧扭，被卷曲起来时，一个物才最终得以完成。

我们不禁要问，这样的一些语言变换和语言再造是否达到了它们的目的呢？这个目的自然是把心里话和盘托出，并使之成为可交流的，在话语中把思想聚集起来，让我们在话语中聚集到共同的思想中去。新词的再造（如果我们在这里可以这样称呼的话——这样称是为了真正把新的语义特征带到现行的语义的统一单元中）需要支持，而诗人——因为他们诗的节律、诗的旋律和韵律可以提供这种支持——敢于作最令人惊异的冒险。在德国人中间，我们可以想想里尔克或保罗·策兰。海德格尔在最早的思想尝试中就已经敢于作类似的冒险。这种冒险的最早期特征之一——我已经感受过这种特征，那还是在我尚未见过海德格尔，也未读过那证明他对语言进行的新奇而大胆地处理的著作——就是:"它在世界着"(Es weltet)。它直接地一语道出,有如一道闪电划破长空,照亮黑暗,照亮初始的黑暗、本源的黑暗、早期的黑暗。但对于这个黑暗本身,海德格尔也发现了一个(不是新的,而只是来自北德气象语言的一个完全不同的语境的)词。早在 1922 年,他就说过:"生命总是一再地出于雾霭朦胧之中"(Leben ist diesiges nebelt sich immer wieder ein),即不能长久地保持心明眼亮。海德格尔为其思想所寻求的那些支持,都不属于能够持久地有支撑力之类,就像那些被带入到了诗歌中去的语词所持有的支撑力那样,许多这样的支撑力量都很快地土崩瓦解了。例如,我想起了与"Näherung"(靠近)相对的"Entfernung"(远离)。但在思想进程的轨迹中,这种支撑力量做出引导性和归纳性的服务。海德格尔本人说过这一点:"思想跟随能使它进入语言的犁沟",而这种语言如同一块农田,在上面能生长出最最不同的东西来。

确实,这些图像、隐喻、比照——这些是在追踪思想方向的过程中作为支撑而被提供的言谈手段,其中没有任何东西是人们能够或应当持续地坚持的,但这正好让其自行安排,就像当人们想说点什么时,语词就自行组织。"说"(Sagen)叫作"指明"(Zeigen)、坚持和传达,但只是对那些自己也望向那里的人而言。

正因为如此,这种语言的不可翻译性就不是一种损失——或者根本可以说是对于那种如此清晰地表达出来的思想的一种抗议。凡在翻译,也就是说,凡在对所思之物能够进行一种随意的可转换性的幻想遭到破灭的地方,思想才悄然上路。思想要把我们带往何方,我们不知道。凡我们认为知道它的地方,我们仅仅是说我们去思想。它并不是在我们所遇到并不容我们选择的挑战面前的"站立"。挑战立在我们面前,我们必须站立或倒下。但是站立就是坚守、回应、回答,而不是与各种可能性玩一种计算的游戏。

(邓安庆 译,洪汉鼎、田书峰 校)

20. 希腊人

（1979年）

如马丁·海德格尔这种具有特殊重要性的思想家给我们提供了很多面向，他的意义和影响可以在这诸多面向中得到人们的评价或赞誉。比如海德格尔对由克尔凯郭尔所塑造的生存概念的研究，以及他对恐惧和向死而在（Sein zum Tod）的分析，这尤其对20世纪20年代的新教神学产生了深远影响，且对里尔克思想的首次接受史也颇有影响；比如30年代海德格尔转向荷尔德林，为这位德国诗人赢得了一个近乎先知般的音讯；比如对一个统一的尼采阐释的筹划与反对，他是第一个尝试将尼采的"权力意志"与"永恒学说"放在统一整体里进行共同思考的人；比如，特别是在二战之后的时代，他对西方形而上学的阐释，并且将形而上学进入一个普遍有效的技术时代理解为存在遗忘的天命——而在所有这一切背后，我们都不断地察觉到一种关于隐匿之神的隐秘神学。人们大可以对海德格尔的诸阐释在细节处进行各种修补，也大可以对海德格尔对形而上学的超越予以否认，认为这是一种流俗的狂妄自大，或者相反，认为这是对虚无主义的一种最后的、具有终结性的延缓。然而，无人可以否认的是，欧洲哲学在过去50年里从海德格尔那里受到的思想挑战无人可以企及。即便一些人将他的思想看作一个企图穿过不可言说领域进行的错误尝试,但鉴于海德格尔思想尝试所带来的让人几乎喘不过气来的诸多成果,无人能够否认其思想道路的内在必然性。

尽管如此,海德格尔的作品和影响所展现出的多面性,以及他所走过的这条思想道路的统一性,唯有在海德格尔与希腊人的关系这一主题上才能得到最为清晰的表达。可以肯定的是,从历史以及问题史的角度来看,自德国古典哲学时代以来,希腊哲学一直都在德国思想中扮演一种优先的角色。黑格尔和马克思、特伦德伦堡和策勒(Zeller)、尼采和狄尔泰、柯亨和纳托普、卡西尔和尼古拉·哈特曼就是一系列的超绝出众的证人,特别是当人们顾及"柏林学派"中的那些伟大的古典语言学家们,还可以很容易地将这份证人名单进一步扩展。

但是海德格尔带入了新的东西,与希腊思想开端的新的亲密接近以及对希腊开端的一种新的批判性的提问方式,引导他完成了最初的独立的思想步骤,并在之后的年代里一直伴随着他。《存在与时间》的读者可以很容易地验证这两方面:亲近和疏远。但是如果人们要来评估在马堡早期,亚里士多德是以何种规模出现在海德格尔思想之中,他就必须要曾坐在当年马堡的讲堂里。1922年,我刚攻读完博士学位,深受脊髓灰质炎(小儿麻痹症)困扰,正当我希望跟随海德格尔去弗莱堡学习他的亚里士多德研究时,他给我带来了一个抚慰人心的消息:内容丰富的《对亚里士多德的现象学阐释》将会在下一期的年鉴上出版。他在信里写道:"第一部分(约15章)关涉的是《尼各马可伦理学》第6卷、《形而上学》第1卷第1章和第2章、《物理学》第1卷第8章;第二部分(以同样的规模)涉及的是《形而上学》第7、8、9卷,以及《论动物的运动》和《论灵魂》。第三部分将在之后再出版。由于年鉴将在稍后才印发,我可以为您提供一个单独的印刷品。"这里宣告的出版计划实际上并没有实现。实际上完成了的,只是后来我们知道的对"解释学处境"的分析,也就是后来的"纳托普手稿",它其实只是这个出版计划的"导言"。当时看过这份手稿内容的只是极少数几个人,我也是通过纳托普才知道它。这份大胆又令人兴奋的手稿正是海德格尔得到马堡讲学职位的基础,但这也反过来,是为什么这本计划好出版的书后来完全搁浅了的原因。

海德格尔当时还有其他一些重要的任务要处理,现在准备出版的马堡系列讲座就是对当时那些问题的解决的一个令人印象深刻的见证。

海德格尔此前已经掌握了的对亚里士多德的阐释,究竟在马堡讲座中深入到何种程度,我们暂时只能从《存在与时间》,以及或许还包括1925—1926年的逻辑学讲座(《海德格尔全集》,第21卷,第13节)中窥得一二。但那些听过海德格尔马堡时期课程的人,当然对此知道得更多。对那些一时与亚里士多德完全失去距离,并且完全没有意识到,海德格尔并不是将自身与亚里士多德等同,而是最后指向了对形而上学的一种他自己的反向筹划的人来说,会感到亚里士多德强烈地逼迫着他。毋宁说,海德格尔这种早期的亚里士多德阐释的独特之处在于,它清除了一种异化的经院哲学式的涂层覆盖,从而成为了一个解释学上的"视域融合"的典范,这使得亚里士多德仿佛一位当代人那样开始讲话。海德格尔的讲座引起了巨大的反响。我自己从他对《尼各马可伦理学》第6

卷中关于"理智德性"的紧扣文本又毫不含混的解释中学到了至关重要的东西。实践智慧（Phronesis）以及与它相关的觉察（Synesis）其实就是纯然的解释学德性。对柏拉图的批判是在对技艺（Techne）、知识（Episteme）与实践智慧的区分中慢慢明确起来的，在这里，即在对柏拉图的批判中，海德格尔与"哲学作为一门严格的科学"保持了他的最初的和坚定的距离。同样重要的还有，海德格尔是如何将范畴的并列与潜能（dynamis）和实现活动（energeia）的概念放在一起来思考，而这在《形而上学》的运思中是如此的引人注目。布勒克后来详尽阐述了这些海德格尔思想中包含的运动（Kinesis）和逻各斯（Logos）之间的关联，其他一些年轻学者的工作其实也起源于此。当海德格尔后来在1940年在弗莱堡举行一次对《物理学》第2卷第1章的研讨班练习时，他本人很明显地使用了他之前的手稿，它的首次出版是在1958年的《思索（三）》（Pensiero Ⅲ）中。

所有海德格尔后续发表的有关他与希腊思想之间关系的作品，以他收录在《林中路》中的"阿那克西曼德箴言"开始，已经不再以同样的程度追求他在早期研究阶段曾几乎要标明的"视域融合"。那篇论亚里士多德的"自然"（Physis）的论文尝试着以一种彻底的坚决态度将亚里士多德有关对"自然"的思想重新建立起来，并与现代科学对古典的"自然"概念进行的攻击划清界限。显然，海德格尔在这里与其早期研究联系起来。鉴于这篇关于亚里士多德自然概念的论文完全是在希腊思想的开端所启发下发展出来的，与后来的拉丁和近代思想对自然概念的重构完全不同，因此，这篇论文实际上明显地归属于后期思想中的克服形而上学的主题。

然而这并不是主张海德格尔哲学发展中出现了断裂(Bruch)。实际上,这在我看来更像是一个视角问题。海德格尔在1940年回溯到了他早期的亚里士多德研究,这是事实,并于1958年公开出版了书,这一事实证明了超出所谓的"转向"之外,他的思想保持着连续性。转向希腊,对他来说是根本性的。这让他从一开始,就在所有其他现象学家中,显得如此独特(我于1923年去弗莱堡,与其说是为了学习胡塞尔现象学,不如说是为了学习海德格尔的亚里士多德阐释)。以希腊思想为导向具有规定性的作用,以至于相对于这种导向,《存在与时间》中超越论的自我把握也包含了一些暂时性的东西。

从这个意义上讲,著名的"转向"并不是在海德格尔思想中的一次断裂。毋宁说,这是他对一种不恰当的自我解释的拒斥,他不得不在胡塞尔强烈的影响下进行自我解释。即便是后期的明确主题——克服形而上学,也必须被当作他以希腊开端思想为导向而取得的一个成果。

即使是后来海德格尔将希腊思想在其整体来看视为开端性的,其中,尽管对存在的追问,已经总是且仅仅总是表现为追问存在者的存在,但它却始终没有通过一种"罗马的意愿立场"(狄尔泰),或者一种近代的"对被认识的知识的担忧"(海德格尔1923年的马堡讲座)而被对"此"(Da)以及无蔽之真(Aletheia)的原初经验所排挤掉。

海德格尔当时真正关怀的问题乃是,冲破(胡塞尔那里)超越论的自身意识的现象学内在性,那么除了希腊思想之外,还有什么对他的这一思想关切更有帮助呢？在并不落入对自身认识的偶像崇拜，以及自身意识的方法论优越性的窠臼之中的情况下，对诸如开端、存在与虚无、一与多、灵魂、逻各斯与努斯的巨大无比的追问的思考，这些都需要借助希腊思想的资源。希腊式地去思想，并且强迫希腊思想适应我们自身的现代思考习惯——这种历史性努力，以一种独特的方式成为了海德格尔的追问冲动。现象学地看，他所追求的并不仅是，通过向着纯粹意识进行现象学还原而去克服所谓的主客分离，而且正如胡塞尔所定义的现象学那样，还有朝向意向性的还原领域、意向活动-意向内容的关联研究，以及尤其是存在问题——对"存在"来说，问题关乎的除了意识，还有现成在手存在、上手存在、此在以及时间。

所以在这里我们有一个独特的案例。一个为他自己的提问所痴迷的提问者一向都在寻找着对话者，并且最终发明出来如此强大的对话者，比如尼采，这位提问者在他的形而上学的后果中将他挪出，并且将这些后果作为最大的挑战与之相对地提出来；诸如荷尔德林，他是诗人中的诗人，却不是一个思想家中的思想家，思考他对海德格尔来说恰恰预示着，超越德国唯心主义自身意识的枷锁而去思想。但从一开始，他就在希腊人中找到了真正的对话者。他们一直要求海德格尔，要比希腊人更希腊地思想，并进而向他们重提自己的问题。这位以暴力解读而闻名的思想家，他如此不耐烦地将历史性考察推至一旁，在文本之中听到和重新发现的只是他自身。如果他想重新发现自己，那么他实际上根本不可能足够"历史性"（historisch）地考察。

当然，希腊思想的开端地存立于黑暗之中。海德格尔从阿那克西曼德、赫拉克利特和巴门尼德那里重新认识到的东西,确切地讲,就是他自身。然而,这些思想实际上也只是被拾取的碎片,它们并非作为文本,亦非在话语和思想的整体中被保存下来。他认为那些能够有利自己的建筑而堆砌起来的东西是一些残篇,他一再地使用它们,然后根据自己的构建理念将它们彼此接连起来。

当然,在海德格尔对前苏格拉底文本的使用中的确有一些我不想为之辩护的暴力解读。例如,在"阿那克西曼德箴言"中,他将几乎是公式化的 δίκην καὶ τίσιν(处罚与惩罚)撕裂开来。在巴门尼德诗行的解读中,他忽略了 τᾰυτό(相同)只能总是出现在谓词用法中。但总体上说,我们理解前苏格拉底引文的可能性,应该是以理解苏格拉底、柏拉图以及尤其赫拉克利特残篇相似的方式来判断。苏格拉底给出了一个有名的答案:要想正确地理解它,他就"需要一个特殊的潜水员"。这个潜水员所理解的,才是卓越的。海德格尔从亚里士多德的文本出发回溯到前苏格拉底的开端,他走在了方法论上正确的道路上。包含这一切的唯一保存下来的文本确实是亚里士多德的。甚至柏拉图对话——我们拥有的第一个哲学文本——中的思想进程,对于没有耐心的提问者来说,哪怕倾尽全力去获取其中真义,依然是不可捉摸的。

然而对希腊人的开端性的思想经验——从海德格尔对亚里士多德前后一致的分析中,经过一种简明性和别样性,带着挑战地——浮现了出来,就像从一座"钢水熔池"中出炉一样——海德格尔爱好这样称呼亚里士多德那些尚未成型的作坊草稿。当海德格尔学会倾听这种开端的语言时,这都是对一个在经院式亚里士多德主义中长大的年轻人来说所必然经历的。他在"真理"

(Aletheia〔无蔽〕)中认识到的并不是言说的无蔽和没有掩藏,而首先是在其真实存在中显示自身的存在者,就像那真正的、没有造假的黄金。这是一种希腊式的思想。海德格尔就这样带着真正的热情,将亚里士多德《形而上学》第9卷第10章里"真"的独特地位理解为形而上学核心章节的全部思路的完成,当然绝对不是从德国唯心主义那种同一哲学的角度出发,否则这一章就会使黑格尔主义者变得洋洋自得;毋宁说,海德格尔是在与希腊思想的共鸣中触摸到了存在的经验,并且存在只能在时间的视域里才能得到展开理解。存在是在场,我们都可以在柏拉图和亚里士多德那里学习理解这一点,同样地,那恒在者(das immer Anwesende)在最大的程度上是存在者。除此之外,海德格尔完成了一个天才般的思考,即"总是"(Immer, ἀεί)与"永恒"(Aeternitas)并没有关系,前者是从在场者的向来个别性(Jeweiligkeit)的角度来加以思考的。比如"ὁ ἀεὶ βασιλεύων"这句话是指当时正在统治的国王("不管谁是国王",我们在德文中也这样说)。众所周知,海德格尔后期已明确承认,希腊人并没有自己就将存在经验作为无蔽(Aletheia)加以思考,毋宁说,希腊人总是在存在(是)与假象(似乎)、实体(Ousia)与想象(Phantasia)之间的相符合的朝向中(《形而上学》,第5卷,第23章),就已经理解到了无蔽。其中也包括了"错误的"事情与"错误的"话语。* 然而这丝毫无损于以下事实:在陈述中所表达出来的对存在的经验本身,并不能在陈述或者思考身上而被估量和经验,尽管这种经验要在陈述或思考之中才能自身呈现。

---

* 参见海德格尔:《面向思的事情》,德文版,第77页。——译者

后期海德格尔不断地说到"生成事件"(Ereignis)与"林中空地"(Lichtung),正是它们才让存在者的在场根本上得以可能。这明确地不是在古希腊的意义上被思想出来的,但是却在古希腊思想中作为"未思的"被提前标示出来。尤其是对亚里士多德"自然"的分析来说尤为有效,他的分析与他"在时间的视域中对存在进行追问"的地位相迎合。这篇论文因此处于海德格尔那锲而不舍的求索中的核心地位:与希腊人一起,并退回到他们后面在更为开端的意义上进行沉思。在此期间,新近出版的《海德格尔全集》第54卷《巴门尼德》和第55卷《赫拉克利特》,这两个弗莱堡讲座可以作为我们的参考。

比希腊人更希腊式地思考——如果这一要求是通过比如亚里士多德的《物理学》这种教科书式文本来实现的话,是否会陷入令人绝望的解释学困境呢?这个文本实际上已不同于早期成千上万的其他文本,后者尝试着将荷马的诗歌语言和神话词汇转换到思想之中。在前苏格拉底的引文之中,完全可能存在那种情况,我们去猜测那未被思想的东西。但是当时,逻辑学和辩证法已经在它们的学科中开始运用论证和言谈,一种新的学院文化也就应运而生,这在亚里士多德的文本中能够找到极有说服力的证据。如此,面对亚里士多德文本,期冀回到文本的经院运用背后来思想它们,这是否根本上是可能的?以及历史性地来看,是否是有根有据的呢?我们难道不会因此陷入一种人为的复古之中吗?就像我们在一些海德格尔式的有关德文语言的大胆尝试那里会遇到的复古主义一样?

我们知道,海德格尔在这两种情况下都力求通过有意的强力

(Gewalt)来打破这些语词的自然地显现出来的前理解。但是,这在亚里士多德那里就会是不合情理的么？当海德格尔将"Arche"(始基)不是作为一个原则,而是作为一个开端和主宰(Herrschaft),作为出发点(Ausgang)和支配(Verfügung)来转译时,它确实呈现了一定的合法性,因为它们关乎的乃是亚里士多德本人对这些术语的介绍。从来没有一个术语的固定成型能够完全切断与其日常语词的语义关联。亚里士多德本人完全清楚这个情况,他在《形而上学》第5卷著名的概念目录就已经向我们教导了这一点。实际上,我们在亚里士多德自己的语词分析的第1章中就不仅发现有关"开端"的多重含义,还有这个语词作为"主宰"和"行使职能"的特殊含义。从中我们可以看到,"原则"不仅仅是一个我们要离开的(存在的、生成变化的、认识的)出发点,而且是贯穿一切事物之内的当前者。自然的存在者在它自身之中就有运动(Kinesis)的开端,在没有被推动的情况下,它并不仅仅从自身出发而开始运动,毋宁说,它"能够"运动。其中包括:它也可以处于静止状态。这意味着:它主宰着它的运动。因此,动物拥有自己的运动方式,植物在其自身中也拥有"开端",因此才得以存活下来。所以,我们必须认为植物是有植物灵魂(anima vegetativa)的。自然的存在者的存在就是他的"运动性"(Bewegtheit)。它包括了具体的运动和静止。

同样,在其他情况下,亚里士多德对于普通单词也有专门的术语用法,甚至发明了新的词汇组合,比如实现活动(energeia)和隐德来希(entelecheia)。这些新词的构造能够将一些熟悉的语词带进到一种存在论含义之中,比如语词"潜能"(dynamis)、能够

(Können)，就在最普遍的意义上，亚里士多德将其定义为"运动的开端"(arche kineseoos)。海德格尔以自己的特有风格重新阐释了这些语词。然而他自己却觉得这很危险，因为"我们不能足够希腊地思想，并且不能将这种对……获取能力(Eignung zu...)理解为一种有所保留地又在自身内持存地进入外显的涌现(Hervorkommen)的方式，在这种外显中这种能力才得以实现"。

虽然这在某种程度上听起来可能有点中国味儿，但这只是因为海德格尔的解释包含了海德格尔之前对"自然""逻各斯""理念"等已经展开的转译。事实上，他是对的。再者，新的亚里士多德概念"潜能"根本不能被简单地理解为"可能性"，这个词语"dynamis"也包含着一个人人皆知的含义"能够"(Können)。"能够"是一种"运动性"，它总是包含了"持守在自身"。这在亚里士多德的术语用法中具有存在论上的意义。

将"自然"解释为"涌现"(Hervorkommen)、"展露"(Aufgehen)，也是相似的情况。诸如我们说的种子的发芽、展开、显露。实际上，我们在《形而上学》第5卷第4章的亚里士多德语词分析的开头就能找到相关的暗示。显然，在"自然"(Physis)这个语词中，亚里士多德本人所说的"展露"(Aufgehen)可以如此强地被听出来，以至于他最喜欢将其中的"Y"字母特意地延长。对于"理念"(Eidos)也同样如此。这里不能否认的是，Eidos所具有的语词力量中，本来就有"看、注视"(An-Blick)和"外显"(Aus-Sehen)的意思，这两层含义并没有因为将它作为逻辑上的属而被穷尽，相反，"理念"在亚里士多德那里始终还是作为"看、注视"而继续在言说(例如在柏拉图:《智者篇》,258c3,d5)。亚里士多德《物理学》

193b/d19 也是如此:"ή στέρησις εἶδός πώς ἐστιν"(褫夺在某种程度上也是一种理念)①。

如此,人们可以无休止地继续下去,为试图表明,"比希腊人更希腊式地思考"意味的无非是:以一种不同的方式对那些"从我们的思想中自身撤回"的东西进行共同思考,因为我们的思想是完全固定在客观性、固定在对我们自我的认知着的确定性中对对象的抵抗性的克服之上。仅仅在两个语词中,语义贡献就再次被显明出来,亚里士多德曾将其作为重要概念并似乎以不可抗拒的力量进入我们的思想视野之中,而海德格尔的强大诠释能够完成这种贡献。

其中一个语词就是"metabole"(变化)。我们正确地把它翻译成"转变"(Umschlag),实际上在希腊语中,它不仅用于天气,而且用于人类命运的起伏。在亚里士多德那里,这个词获得了术语地位。它表达各种运动方式所共有的"运动"的形式结构。这对我们来说是令人惊讶的,因为根据这一点,空间运动似乎失去了本质的连续性,听起来像是一个纯粹的地方改变或地方转换。是的,对我们来说,突如其来的变化是这样一个运动的反面。"metabole"(Umschlag〔变化〕)这个词首先意味着我们失去了安定感。当我

---

① 希腊语"εἶδός πως"的含义指的是"以某种方式是理念"。海德格尔这里翻译得并不是很好。除此之外,我们可以感受到合理的或正当的反驳之意,尤其当海德格尔(从第141页起)谈到作为"εἶδος προαιρετόν"(preferred eidos/form)技艺(techne)时,仿佛理念是被选择了一样,像赫拉克勒斯(宙斯之子,大力神)在十字路口选择"德性"一样,并且不再是事情的预先目的来规定我们的计划。这也就是为什么柏拉图显然是从人造物中接受了"理念",并将它称之为"范型"或"范式"(paradeigmata)的原因。这是一个海德格尔自身没有足够希腊式地思想的案例。

们说天气突然变化的时候，我们并不是说恶劣的天气已经停止，而是美丽的天气已经结束了。这对希腊思想而言，几乎是理所当然的。巴门尼德是如何坚定地支持存在的持续稳定性(Beständigkeit)，以至于当"人们认为和确认以下东西是真的时，诸如：γίγνεσθαί τε καὶ ὄλλυσθαι, εἶναί τε καὶ οὐχί, καὶ τόπον ἀλλάσσειν διά τε χρόα φανὸν ἀμείβειν(生成和消逝、存在和虚无、地方的改变与颜色的变更)"②，巴门尼德认为人们只是在语言中触及到了它们空洞的名。显而易见，在这个短语背后隐藏着对存在的不可靠和非持续稳定性的抱怨。当我们谈到从一个地方到另一个地方的运动或者改变时，我们不是在说这种"突然转变"，而主要在说由一个向另一个(状态)的过渡。那么，亚里士多德的思想为什么要用"突然转变"的结构来刻画所有类型的运动呢？在这里，海德格尔似乎对希腊人来说是正确的，当他强调说："在突然转变中一些被遮蔽的和缺席的东西显现出来"。

这虽然不会与对"持续稳定之物突然转变"的经验相抵触——埃利亚学派的思想是反对这种经验的——但是在这种对突然转变的经验之中显然有一个对存在的积极经验，并不仅仅意味着失去存在。这就是在亚里士多德的《物理学》中他的概念上的标示所呈现出来的。那在"突然转变"中所发生的东西乃是：存在。这开启了巴门尼德持续稳定的存在背后一个关于存在之源泉的深层维度，这是巴门尼德本人没有想到的，也正是"metabole"这一术

---

② 参见《巴门尼德著作残篇》，残篇 8，第 40—42 行。巴门尼德残篇文本在这里是不容置疑的。如果颜色被称为"照亮"(phanon)，那将表明，这里巴门尼德看到的是颜色的"消逝"。就像我们在德语中也会有一种双关语表达："颜色消失了"。

语在经由亚里士多德之后至今依然还在回响着的东西。自然的存在者在自身之中就包含"突然转变"的开端和原则——这乃是一种积极的存在论上的独特之处，它并不意味着"存在"的减少。其他亚里士多德的前辈对"metabole"的用法也与此相符。他们始终提到的是，在突然转变中，有什么发生了。因此，我们得出了一个令人信服的结论：一切都取决于这个事情的结果，也就是，这个"突然转变"是向着什么而转变。在"产生"(Entstehen)的结构中我们能完全证实这一点。在那里，我们确实有了从"无"到"存在"的突然转变，亚里士多德正式地将其定义为"κατ' ἀντίφασιν"(向着相反方向的)变化。因此，引用海德格尔的话来说，运动(Bewegung)"作为存在的一种方式，实际上具有走进在场的性质"(第139页)。

最后，也许最令人惊讶的是"morphe"(form〔形式〕)这个词。在这个词里我们可以清楚地听到陶匠塑造的手，它捏着可塑的材料；我们也可以从我们自己的角度——不需要参照它与"techne"(技艺)的类比，进一步理解亚里士多德对它附加的解释"καὶ τὸ εἶδος τὸ κατὰ τὸν λόγον"(这是根据逻各斯意义上的理念)。实际上，亚里士多德本人立即将它放在与"techne"(技艺)的类比中进行分析。自然(Physis)是自我生产(Sich-selbst-Herstellen)。但现在海德格尔教导说，对亚里士多德而言，生产并不等于单纯的制作(Machen)。如果说亚里士多德认为形式比质料更加是自然，那么在形式之中就只是看上去存在着与技艺的类比。

事实上，自然的形式特性更多地是在起源，也就是在纯粹的"产生"(Entstehen)中变得可见："此外，从一个人中产生出另一个人，但是不可能从一个床架中产生另一个床架"(亚里士多德：《物理学》,193d8)。因此,海德格尔有理由用以下的方式来解释技艺制作的过程:形式在这种情况下,也就是"展列于外显中"(Gestellung in das Aussehen),从而"那所获之物的适宜性就完全明显地凸显出来"。同样,就技艺而言,事情关乎的也不是一个制作,而是一种生产与展出(Her- und Herausstellen)。这同样适用于自然性的生产过程,比如那发生在我们种在地里的谷种身上的是多么本性地适宜于它。

这里所凸显出来的"形式"术语在概念上的影响,其实可以在这个词的自然使用中找到支持。同样,亚里士多德几乎完全只用这个词来表达拥有自身构型的生物。动词"morphon"(成形)第一次出现其实已经相当晚了。在《奥德赛》中可以找到"morphe"这个词最早的使用,它被用来描述一种自然的塑形和良好的形态,所有后来习惯的语言用法都与此相对应。"形式"(morphe)就是某物"为了什么"而要努力完成自身的东西,就是某物"作为什么"而自身呈现的东西,就是某物"作为什么"而涌现的东西。一个技艺的主导表象的假象,这一说法显然是错误的。③

对亚里士多德哲学概念的这种语义上的不可缺少的助奏(Begleitstimmen)已经足矣。它教给我们的也足够清楚。我们通常把亚里士多德所用的希腊语词的意义领域限制在它们的术语功能上,这并不是因为我们与在自然上被言用的希腊语之间隔了很远的距离;相反,其原因在于我们前理解的效果史的特定规定性,

---

③ 相反,对于"质料而言",情况就不一样了。毫无疑问,这是一个"技艺性"的表达。但是,"质料"却并不是真正意义上的存在,而形式却是。

这个前理解受到罗马-拉丁文的深刻影响，以及在近代对亚里士多德概念世界的工具性翻译的影响。如果我们已经完全不再能够把我们那个美好的德语单词"Ursache"（原因、理由、动机）设想成原本表示因果律的"causa"或"cosa"（原因），而是在其中，我们只能看到它的使用功能，它表示的是"引起原因者"(das Verursachende)或"起作用者"(das Bewirkende)。我们谈论亚里士多德的四个原因(Ursachen)似乎完全是一种经院式的人为之造作(Künstlichkeit)。只有"运动因"(causa motrix)看起来似乎能被称为"原因"——或许还有受唾弃的目的因，但绝对不会包含质料因和形式因。它们根本不是因果律(Kausalität)的形式。

当我们试图思考那属于希腊思想的东西(Griechisches)时，这总是会有一种错误的回响。博学或历史教化虽然可以让我们感受到这种他性(Andersheit)，但是如果在我们自身的思想中找不到任何他性的对应物，那它就根本不可能被思想。因为如果哲学的概念语词并不言说任何存在者，而只是进入了思想的强制的话，那它就将会被异化。这就是海德格尔所说的形而上学的语言。它首先在亚里士多德的思想中表达出来，现在它主宰着我们整个概念世界。海德格尔对这种主宰的反对所进行的具有威力的沉思(Andenken)不是单纯的和精炼的历史理解和肩负的历史意义的结果，就好像昔日之过往毫无选择地将自己赠送出去一样。他的思想当然不是由对"原初的"希腊思想的"历史考察的"兴趣所唤起的。对本世纪来说，历史(Geschichte)和历史性(Geschichtlichkeit)这两个词的开头字母被大写地写进了本世纪，并且这个世纪也充满着对理解基督教信仰的传统哲学概念的不适宜性，海德格尔作为这个世纪的思想家自然地对形而上学的传统理解从未满意。回到原初的亚里士多德思想可谓给了他一个真正的思想帮助。"自然"构成了那些永远不能否定其存在论价值的存在者的存在特性——这绝不意味着,只有自然存在者才具有这种存在论的价值,毋宁说,它确实意味着,存在必须通过以下的方式被思考,即处身于运动性(Bewegtheit)中的东西也必须作为存在着的加以承认。物理学不是形而上学。因此,这最高的存在者,即神性的存在(das Göttliche)自身都是作为这种最高的运动性来被思考的。这在"运动"与核心概念"实现活动"(energeia)和"隐德来希"(entelecheia〔最圆满的实现性〕)的概念关联中都能够学到。我们的思想已经变得易于接受海德格尔的洞见,因为这思想被形而上学之终结和从"实证"时代的窘迫性中走出所塑形。尼采的价值形而上学为我们提供了最极端的终结。在现代性的巅峰时期,存在被消解在了"变易"与"永恒轮回"之中,尼采能够回到形而上学的背后对它进行追问。海德格尔尤其如此。他在形而上学中认识到了我们这个世界的命运,这个命运在建基于科学之上的对世界的掌控中实现——这种世界掌控正朝着失败而狂奔过去。但是关于开端的问题不再是一个历史问题,而是一个对命运本身的追问。"存在"还为我们而保留吗?对此所给出的诸答案,最终是我们的命运和历史,它们可以允诺我们重新提出该问题,并希望它们自身成为答案本身——这构成了我们的哲学之路。

亚里士多德后期的物理学文本在这方面可能会有所帮助,这是相当令人惊讶的。事实上,亚里士多德在这里试图反对柏拉图的毕达哥拉斯式思想,而更新一种更古老的思想,将存在作为"运动性",而不是一种永恒的数的和谐加以思想。但是,当我们和海德格尔一起学习阅读的时候,看到在"自然"和"技艺"之间表面矛盾的背后所出现的东西,仍然是令人惊奇的。当然这只是余音的回响,但相比之下,我们对自然与精神、空间与运动、具有可塑性的质料与永恒不变的形式的理解就显得多么地肤浅！当我们把存在看作开端,看作自身生产自身的东西,看作那将存在者展列出来的东西,但同时又比那在存在者外观中所展现出来的东西更多的时候,我们就能够更好地学习思想,到底什么是着、存在着。存在不仅是一种自我显示,它也是一种自我保留、持守,这在所有的运动性中就可以看出来。如果我们想要克服自己的各种制作(Machertum)的盲目性和对世界的破坏,我们必须考虑的就是那在对自然的开端性理解中被预先表明出来的东西。海德格尔引用赫拉克利特的话,他说自然习惯隐藏自己,他借此正确认识到挑战并不在于强行进入自然并打破这种抵抗。相反,挑战恰恰在于接受自然,接受它在其自身所是的,以及它自身所显示出来的。当然,不仅"自然"需要被如此思考,还有诸如存在作为无蔽(Aletheia)、作为林中空地(Lichtung),它先于所有显现者而自身生成或发生(sich ereignet),并且在所有显现者背后自身隐藏,都需要如此被思考——而这,就已经不再是希腊思想了。但是海德格尔大胆的思想尝试却教导我们,比希腊人更加希腊式地思想。

(贺念、王咏诗 译,田书峰 校)

21. 哲学的历史

（1981年）

哲学史是理论哲学本身的一个根本方面，自施莱尔马赫和黑格尔以来一直就是德国哲学的传统。就此而言，也应当在这种关联中来考察"海德格尔和哲学的历史"这个主题，亦即，应当提出如下问题：在海德格尔看来，在黑格尔以来一直主宰德国哲学的基本态度内，应当注意哪些特别的情况。对这个问题设置来说，被给定的是哪种一般性的范围内，是很清楚的。此一般性的范围是通过历史意识的出现被划定的。德国浪漫派的遗产在其中所发挥的作用是：不仅仅整体性的历史研究，而且也包括理论哲学的态度，都从那时起受到了历史问题的影响。在浪漫主义之前，不曾有过对我们来说有根本意义的哲学史。过去曾有的东西不过是一种索引式的学识，它虽然受不变的教条前提规定，但是它自己从未承担一种哲学的论证功能。但这一点还与亚里士多德出于明确的教学意图而在他的教学讲课中纳入的、享有盛名的著述汇编（Doxographie）——在此著述汇编变成经院学术的学究工作的完成分支之前——有所不同。而黑格尔对一种哲学史的构想本身完全就是哲学，它是在历史哲学之内的一个特殊部分，这种历史从其自身方面也要在历史中证实理性。确实，黑格尔将哲学史直接命名为世界历史最为内在的东西。在哲学观念形成的次序中把握必然性,并且以此方式去证实观念历史中的理性,这种黑格尔哲学史的建设性要求,没有长久地经受住历史学派的批判。对此,一个很好的例子就是狄尔泰的态度,他可以直接算作是历史学派的思想家。虽然他坦诚地并且据说在晚年更为坦诚地承认黑格尔的天才,但就其全部坦诚来看,他在根本上仍然是施莱尔马赫的谨慎追随者。把目的论带入到对观念史的考察之中,这不是他的任务。他服从纯然历史学的考察方式。所以,当时唯一哲学地考察哲学史的方式,是在新康德主义中建构出来的所谓的问题历史。它在我们这个世纪的开始时曾是主流。在人们已不再能承认观念的体系纲领的进步具有一种必然性的时候,人们还是通过将哲学基本问题的研究提升为哲学的尺度,从而试图维持某一种类型的哲学的进步。威廉·文德尔班那本极富影响力的哲学史教科书就是以此方式建构的,它绝非没有历史学的维度,而是最终建构于不变的问题,实现为在变化的历史关联中变化着的回答。马堡学派的新康德主义也同样如此将哲学史当作问题史来研究。

当海德格尔开始他的思想道路时,摆脱问题史在某种意义上合乎潮流。当时——在第一次世界大战期间及之后——已经兴起了对新康德主义体系性思想的体系封闭性的批判,此种批判也在怀疑问题史的哲学合法性。随着只是将德国观念论遗产汇合起来的先验哲学框架的消解,从此遗产中引申出其"问题"的问题史必定会衰落。这也反映在海德格尔的尝试中,即从狄尔泰思想的历史学反思工作出发,对现象学的奠基者、他的老师胡塞尔的体系性的先验哲学构想进行修正,并且试图达到介于狄尔泰的历史性问题域(Geschichtlichkeitsproblematik)和胡塞尔先验基本导向的科学问题域之间的一种综合。所以我们在《存在与时间》中就遇到了致献胡塞尔和敬重狄尔泰这种让人觉得惊奇的结合。这种结合让人感到惊奇的地方在于：胡塞尔以《哲学作为严格的科学》为题的现象学宣言直接是一种对狄尔泰及其世界观概念的强烈批判。如果我们自问，海德格尔的真实意图是什么以及是什么让海德格尔离开了胡塞尔而走近历史性问题，那么在今天就很明确了，这个东西既不是历史学的相对主义这一当代的问题域，也不是让他烦恼的基督教遗产。在我们了解了海德格尔在20年代初次讲座课程和思想尝试的情况之后，可以明确认识到，海德格尔对罗马-天主教官方神学的批判，越来越迫使他去发问：一种符合基督教信仰的解释是如何可能的？换句话说，人如何能够通过希腊哲学——它既作为20世纪新经院哲学的基础，也同样作为中世纪古典经院哲学的基础——抵制基督教福音的外来影响？在此，海德格尔的灵感来源于青年路德，他以赞赏的方式效仿奥古斯丁的思想，并且特别深入地研究了保罗书信的末世论式基本格调。所有这一切，让形而上学最终对他显现为一种在基督教的信仰要求中对经验到的原初时间性和历史性的错误认识。

1922年海德格尔给他规划的亚里士多德阐释所写的导言就明确地证实了这种关联。这一文献还未出版，但已经做好了出版的准备，自1923年以来我就知道。当时海德格尔用以解决形而上学传统的关键词叫作解构，尤其是对概念性的解构，近代哲学就在这种概念性中活动，而且这种概念性特别涉及在存在论上完全无法证实的意识概念、笛卡尔的思想物(res cogitans)概念。就此而言，海德格尔着手于哲学史的第一个最优先的对象就是亚里士多德。在他当时进入亚里士多德思想的进路中就已然先行表明，他在整体上应当如何来处理哲学史：解构与建构在批判性意图中，但也同时在强烈的现象学革新中合二为一。在当时他已经遵循了柏拉图《智者篇》中的基本命题：人们必须让对手变得强大。这是一个以独特的方式变得现时化的亚里士多德。海德格尔偏爱伦理学、修辞学，简要来说，偏爱那些在亚里士多德的学说纲领的学科，这些学科显现为明确脱离理论哲学的原则问题。对他来说，首先是对善的理念的批判，对他在批判中所遇到的柏拉图学说的最高原则的批判，表达了他自己的关切，对时间性-历史性实存的关切和对先验哲学的批判的关切。他将实践智慧解释为另一种认知形式(ἄλλο εἶδος γνώσεως)，这种解释是对他的理论兴趣和实际兴趣最直接的确认。只要海德格尔这些年以一种没有得到相应的自我意识的方式来看待那种如他自己过去常说的"著名的类比"，这"另一种认知形式"也就拓展到理论哲学、形而上学。这"另一种认知形式"是亚里士多德形而上学的内部要素，从此出发，海德格尔才能够以同样的方式去质疑那种从一个原则——胡塞尔的先验自我或者柏拉图的善的理念——体系化地推导出全部有效规定的做法。必然是出于同样的兴趣，1923年出版的埃克哈特大师的《三部集》(*Opus Tripartitum*)才让海德格尔感到欣喜。同样地，当他得到卡耶坦的论文"论名称的类比"(de nominum analogia)时，这篇论文就成为深入研究的对象，也成为教学的对象。

在此期间，随着他进一步深化自己针对胡塞尔超越论现象学的反对纲领——这一纲领在详细展开《存在与时间》时才首次显露,亚里士多德的形而上学形象获得了一种原初规定的清晰性,这种清晰性是针对所有如下对之的反对观点来说的,而海德格尔尝试针对这些反对观点展开自己的思想意图。所以,形而上学概念逐渐地成为"关键词",即成为针对那种与之相反的、具有统一性的倾向的关键词,针对这一反对倾向,海德格尔解释了他受基督教的灵感激发而对存在的意义和时间的本质进行的提问。题为《形而上学是什么》的著名弗莱堡就职演讲,就其在一种积极意义上使用形而上学概念或者至少是以此来表明形而上学概念而言,是模棱两可的。此后,当海德格尔通过完全消解胡塞尔的典范地位,开始全新地构造他自己的思想纲领时——这就是我们在海德格尔那里称为"转向"的东西,形而上学及其伟大的代表人物应当始终只是作为背景发挥他们的作用,海德格尔自己的思想意图试图批判地突出自身与此背景的差别。从此开始,形而上学不再作为对存在的追问出现,而是作为对存在问题本真的、命中注定的遮蔽、作为存在的遗忘史出现,这种遗忘自希腊思想开始,经过近代思想一直延伸到计算和技术之思的世界信念和思想态度之中,即延伸到今天。从此开始,逐步发展的遗忘存在的诸阶段和过去的伟大思想家的贡献,都必须屈从于一种确定的历史秩序,并以此迫切地要与黑格尔哲学史的类比式尝试划清界限。虽然在他自己与遗忘存在以及与形而上学语言的交锋中,海德格尔坚持认为,他绝没有主张一种从观念的一个脚步继续走向另一个脚步的必然性,但是只要他从对存在的追问出发试图将形而上学描述为一种统一性的遗忘存在的事件(Geschehen)——即便这种遗忘是有变化的,他的纲领就不可避免地获得了某种逻辑的强制特征(der logische Zwangscharakter),而黑格尔对观念的世界历史的建构正沉湎在此种强制特征中。虽然这不像在黑格尔那里是一种从终点出发的目的论建构,而是一种从起点出发的建构,从形而上学的存在天命的起点出发的建构。但是在其中也有"必然性",即便只是在"假设的必然性"(ἐξ ὑποθ-έσεως ἀναγκαῖον)的意义上。

因此,利用海德格尔的整体纲领对黑格尔纲领的偏离来定位他与哲学史的关系,这是很有意义的。在此首先让人注意的是:希腊哲学的开端,即阿那克西曼德、巴门尼德和赫拉克利特,在他的思想中占据着什么样的特殊位置。就我们在尼采那里业已发现的一种类似的、对此开端的偏爱来看,这并不让人觉得惊奇。尼采对基督教和柏拉图主义的彻底批判,同样突显了前苏格拉底的思想家,即突显了希腊悲剧时代的哲学。在一再重复的开端(Ansätze)中,海德格尔试图将这种开端情境论述为针对西方思想的实际的命运之路——它通过形而上学的历史显现——的一种反例(Gegenbild)。在阿那克西曼德那里,海德格尔以极为原创和惊人的方式,展现了他自己对存在的时间特征(Zeitcharakter)和时机特征(Zeitigungscharakter)思考的基本特点。我们所知的那个源于阿那克西曼德学说的著名的唯一残篇,通常把它理解为对自我持存和自我规制的存在整体性——用亚里士多德的话来说,是对自然——的最初构想,对海德格尔来说,这个残篇首先证实了每次都将自身展现为当下性存在的时间特征,证实了瞬间特征(Charakter der Weile)。但随后必定首先是巴门尼德的教谕诗和赫拉克利特的谜语箴言,海德格尔以一种全新的方式来观照它们。这二者,无论是巴门尼德还是赫拉克利特,都曾是德国观念论鼎盛时期的见证人,而他们在新康德主义的问题史中也相应地发挥着重要作用。巴门尼德是首先将对存在的追问带入一种思想的、意识的,即用希腊语来说:带入"思"(Noein)概念的同一性关系中的人。而赫拉克利特则是矛盾的辩证法这一思想形态的意义深远的开创者,在矛盾的背后指向的是生成的真理(die Wahrheit des Werdens)、生成的存在(das Sein des Werdens)。在一再重复的尝试中,海德格尔鉴于观念论对希腊哲学开端的误解的完成形态着手克服这种误解,这种误解完成于黑格尔的形而上学——更准确说,完成于那种误认其所特有的黑格尔主义的新康德主义先验哲学。特别是同一概念自身中深远的问题域和这一概念与差异概念的内在关联,构成了对海德格尔的挑战。差异概念,比方说在黑格尔的"逻辑学"中,但也在赫尔曼·柯亨那里和保罗·纳托普的柏拉图诠释中,都起着核心作用。海德格尔试图从"存在"出发全新地思考同一与差异,思考作为阿莱西亚/真理(Aletheia)、作为承解(Austrag)或者在最后的最后作为存在的"澄明"(Lichtung)或"本有"(Ereignis)的同一与差异,并且将此与观念论的形而上学诠释对比而突显出来。对海德格尔来说,在此不能够继续被遮蔽的是:在所谓最初的开端性思想家们那里,希腊思想就已经处在通往形而上学和观念论后来展开形态的道路上,海德格尔正是将此看作我们西方历史最本真的天命、存在的天命,存在表现为"存在者的生成"并召唤出存在论-神学的厄运,这种存在论-神学在亚里士多德那里被表达为形而上学问题。

海德格尔也出于同样的意图研究赫拉克利特及其逻各斯概念。今天我们在他新出版的讲座课程那里看到,海德格尔以怎样不可思议的强度、粗暴和逻辑上的自洽,试图让赫拉克利特的箴言完全地服务于他自己的存在问题。无论是对于巴门尼德的教谕诗,还是对于赫拉克利特的箴言,人们从海德格尔对这些研究对象的研究中,都不能直接地期待某种在历史上有新颖洞见的东西。但是,海德格尔通过猜测在其后有着存在(与虚无)的原初经验,他在其仿古的解读中就已经表明:人们能够以这些文本的模糊和残篇式的短小篇幅,将它们解读为在观念史上与那种由黑格尔所构想的理性的长篇大论相对立的东西。

如果人们随着海德格尔将形而上学理解为存在的天命——存在的天命将西方的人性最终推向那种随着技术时代来临的全面遗忘存在的极端,那么与哲学史的交锋中的所有继续发展的步骤,都是预先规定好的。这一点以惊人的方式表现在柏拉图的情形中。在其成长的岁月中,海德格尔对柏拉图的《智者篇》做了一种因其诠释性力量而让人感到印象极为深刻的诠释,《存在与时间》的铭言正出于此诠释。但是当他第一次全面地论述柏拉图自身时,在1947年与《关于人道主义的书信》一道在瑞士出版的论文《柏拉图的真理学说》中,柏拉图"理念"的思想表现为,它从一开始就处在那种让阿莱西亚屈从于"正确"(orthotes)的先行规定之下,让真理屈从于正确性和屈从于单纯与一个现存的存在者相符的符合性。由此看来,柏拉图进一步走向将存在论-神学变得僵化的"对存在的遗忘"。仅仅如此来看待柏拉图,这在其自身就没有说服力,而事实上这也导致了所有曾让青年海德格尔着迷的东西,奥古斯丁与基督教神秘主义以及《智者篇》自身,在他的晚期思想中不再发挥真正的作用。人们似乎可以设想,也正是柏拉图的哲学显现为一种可能性,让人们可以走回到亚里士多德和后亚里士多德形而上学背后,并且在柏拉图的理念辩证法中来认识那种宣告自身的存在的维度,认识在逻各斯中清楚地展现自身的存在的维度。但是,海德格尔在柏拉图那里没有展开这个他确认为完全与古老的思想家们相对立的视角。

相似的情况也发生在海德格尔晚期对亚里士多德的接受上。在马堡时期的讲座课程中,极其罕见且饱受争议的关于"那种真理性存在"(ὄνως ἀληδες),关于作为那种真理性存在的存在(《形而上学》,第9卷,第10章)的章节至少还发挥着决定性作用,并且这种作用以不缺少思想上的好感的方式得到了展现。但是随着形而上学世界史形态的形成,对海德格尔来说,亚里士多德身上的这一方面也变得少了许多亮度。《存在与时间》告诉我们,海德格尔随后是如何从时间概念的分析出发,或者如何特别地从他在与形而上学问题的对比中凸显他自己对存在追问的需要出发,他既看到了亚里士多德的提问,也看到了将近代——以笛卡尔为代表——表现为遗忘存在的历史的那种转向。无论如何都有一种证据表明,海德格尔早期对亚里士多德的深入探究是模棱两可的,这一证据既因为海德格尔观念的力量,也因为具体阐释的强度,而几乎单独地存在于海德格尔对亚里士多德《物理学》第2卷第1章的阐释中。这是模棱两可的典型例证,但也是模棱两可具有的创造性的典型例证,海德格尔试图以此来与形而上学进行对话。这里的两面性首先正是海德格尔在自然概念(der Begriff der Physis)中所觉察到的两面性。在他的阐释中,这虽然表现了通向"形而上学"的决定性步骤,但这也同时是他自己关于存在的"澄明"和"本有"

思想的预先构形(Präformation),对他来说,这在存在者的"涌现"(Aufgehen)中、在亚里士多德《物理学》的思想中都是可见的。除了《尼采》的附录,关于亚里士多德《物理学》的这一章的研究论文,仍然是海德格尔与希腊思想的最为成熟的最有见地的交锋。他的道路就像是寻矿者所走过的漫游之路。探测仪忽然之间震动时,漫游者就会有所发现。

如此来说,也应当回想一下海德格尔偶然对莱布尼茨的直觉(Intuition)所做的说明。在此海德格尔特别借鉴了莱布尼茨在语言上的魄力(Sprachkühnheit)。莱布尼茨在寻找一种介于物理学新科学和亚里士多德的实体形而上学传统形态之间的本真的形而上学维度,这一维度也是怀特海在其思想中尝试获得的;在试图重新获得这一维度的尝试中,海德格尔在莱布尼茨的一篇论文中发现了"欲求实存"(existiturire)这个词。他着迷于这个词:不是在现成存在的传统意义上、在"一个判断的或者一个设想的对象的存在"(Gegenstand-für-ein-Urteil oder eine Vorstellung-Sein)的传统意义上的那种"实存"(existere)。拉丁文的这个生造词已经通过它的语言形式让人听到了这种朝向未来的存在运动的敞开性:"欲求实存"正像是对存在的渴望。对海德格尔自己的思想意愿来说,这自然地类似一种母性的呼唤(Lockruf),一种来自谢林的期待(Antizipation)。

当我们想起引导我们的提问是"海德格尔如何通过他所独具的存在遗忘的消极目的论来突显自身与黑格尔哲学史的图式的差别"的时候,海德格尔与康德的交锋就意味着是诸种根据中的一个核心的要点。因为这也确实曾是黑格尔的要求,在费希特最初的先行之后他要全面地拓展先验哲学，即展开自律和普世性——在此，新康德主义者也追随着黑格尔，但是他们没有完全意识到自己的开始是非康德式，甚至在胡塞尔那里也没有意识到这一点。与此相对，早期海德格尔转向康德——无论如何这都是在《存在与时间》之后海德格尔出版的第一本书——意味着一种坚决的反黑格尔的构想。恰好不是在原则的普遍有效范围的意义上去实施先验的观念——如其最开始由费希特通过其知识学来实现的那样，以及如其最后为胡塞尔在其超越论现象学中所思考的那样；反而恰好是认识的两种来源的双重含义特性，恰好是让理性受可能的直观被给予性领域的约束，对当时的海德格尔来说，这是一种"结合的建议"（Bündnisangebot）。当然，他根据一种"有限的形而上学"来解释康德，这是一件非常粗暴的事，他自己也不再坚持这件事。在达沃斯与卡西尔相遇之后，并且主要是在他越发强烈地洞见到自己思想中的先验自我诠释所具有的不足之后，海德格尔，如他晚期论述康德的工作所展现的那样，也仿佛更加强势地将康德哲学降级到了遗忘存在的历史之中。

　　黑格尔确实早已出现在海德格尔的视野中。像海德格尔这样如此有天赋的亚里士多德主义者，又怎么会在当时未曾注意到黑格尔这样一位新的亚里士多德主义者所产生的魅力呢？人们甚至可以预设，像黑格尔这样一位语言上如此强劲的思想家，从这方面来说，即便对海德格尔这样的人也会有巨大吸引力。无论如何，在20世纪20年代中期，黑格尔的现象学，还有黑格尔的逻辑学都是海德格尔论辩的对象。较之《逻辑学》，他在此更偏好《精神现象学》，这不会让人感到惊讶。最后，他以及我们所有人都能经常感觉到,在晚期胡塞尔的"生成"现象学与黑格尔较早的纲领之间有一种模糊的趋同。就此而言,那时唯一出版的与黑格尔论辩的作品就是对《精神现象学》导论的研究,这就是那篇在《林中路》中亦步亦趋地对黑格尔思想进程加以评注的论文,这篇论文或许比这本著作中的其他研究工作都更符合《林中路》这个书名。这是一种要从《精神现象学》导论的文本中,重新推导出"绝对观念论"基本原则的尝试,一种在晚期费希特知识学的形式上能够更为适合施行的规划。然而仍确实有证据表明,对海德格尔来说具有持续不断的吸引力和挑战的就是黑格尔对形而上学历史的普遍综合。他直到他生命的最后仍一再强调,他觉得关于黑格尔体系和黑格尔观念论崩溃的说法是完全不适合的。崩溃的不应是黑格尔哲学,而是所有在此之后出现的哲学,包括尼采。这是一个他常会用到的用语。相似地,他绝不想要自己关于克服形而上学的说法被如此来理解,仿佛他以此认为超越黑格尔的形而上学是可能的或者是他自己的要求。众所周知,他提到了"返回步伐"(der Schritt zurück),从这个步伐出发,在思想中开启了阿莱西亚的空间、存在之"澄明"(Lichtung)的空间。海德格尔因此在黑格尔那里看到了受主体性观念所主导的近代思想所必然会产生的最终形态。在此他没有盲目地反对那种正是由黑格尔所做出的努力,以便去克服他所命名的主体性观念论的狭隘,并找到适合我们、适合客体性理性的共同性的定位。但是这种努力在海德格尔眼中是一种单纯的期待,这种期待失败于以笛卡尔的方式所中介的概念的强制和笛卡尔式方法思想的强制。他确实没有误认,黑格尔是概念的手工业中最伟大的大师之一。这可能也是他为何在克服或结束绝对形而上学的问题那里,尽管对谢林抱有好感,但总是一再地试图与黑格尔进行辩论的原因。

从实事出发,黑格尔对他来说,如他也喜欢表达的那样,必然作为最后的希腊人出现——逻各斯真的就是本真的希腊人原初之思(Urgedanke),黑格尔作为一位完成者敢于把这种原初之思也拓展到历史的世界。最近出版的海德格尔1930/1931年关于黑格尔《精神现象学》的讲座课程因此完全致力于这样的任务:凸显《存在与时间》的提问与黑格尔定位于逻辑上的存在论-神学的差别。与之相比,在《林中路》中出版的那篇1942年成形的对"导论"的解释(黑格尔的经验理论)则完全是另一种态度。这篇诠释业已是——用海德格尔的话来说——从本有(Ereignis)出发来思考的。

与此相反,谢林的深刻含义必定更符合他自己的思想推动力。就此而言,我在1925年已经在一门谢林的讨论课里听过海德格尔宣读源于"自由论文"里的命题了:"对生命的敬畏驱使造物走出它的中心",而他附加说道:"我的先生们,请你们在黑格尔那里给我指出一个具有如此深度的独一无二的命题来。"对他来说,在克尔凯郭尔背后,甚至在尼采背后,始终可以看到晚期谢林。他在课堂上反复地探究关于人的自由本质的那篇论文。最后,他同意出版他的解释,当然,对于谢林不能在概念上与其直觉的深刻相契合这一点,他也没有保持沉默。在谢林那里,海德格尔再次认识到了他最本己的问题,认识到了实际性(Faktizität)问题,即在上帝那里以及在一切现实的但却不是逻辑的事物那里的根据的无法消解的晦暗性。这冲破了希腊人逻各斯的界限。

因此,尼采的形象仍然是海德格尔在最后与哲学历史交锋时所获得的伟大但却有歧义的成果。在两篇较小的研究论文之后，研究尼采的形象是两卷本的《尼采》一书。虽然尼采很晚，在《存在与时间》之后才完全进入海德格尔的视野，而把对尼采的好感强加给海德格尔，这也完全是一种误解。德里达通过尼采超越海德格尔的企图也绝不会从海德格尔的进路中得到真正的结果。在海德格尔的眼中，尼采的意识批判所表达的那种从意义中消解意谓的极端，仍然始终应当从形而上学出发来理解，理解为形而上学的"非本质"(als ihr Un-Wesen)。自己意欲自身的意志作为近代主体性思想最后的极端出现，而在海德格尔面前始终被断定为只是一种悖论性的东西，即权力意志论，更确切地说：超人学说和相同者的永恒轮回学说的并立，确实是被海德格尔放在一起思考的，但实际上是被思考为他所理解为形而上学历史的那种存在遗忘的最彻底表达。海德格尔为这一主题所做的、附在《尼采》一书第2卷后的笔记的篇幅，表明在何种程度上将尼采纳入遗忘存在的历史，以及因此同时在何种程度上从这条道路上"返回"是海德格尔最本真的关切。

说到底，海德格尔对形而上学的克服本不该是对形而上学的战胜，这当然仍是真的。海德格尔后期明确地把这种克服称之为"对形而上学的经受"(Verwindung der Metaphysik)，而这要说的是：如人们经受住疼痛或疾病一样，造成疼痛或导致疾病的东西还完全存在在那里，不会轻易地被遗忘。他就是如此在与形而上学的长期对话中看出自己思想的。而这包括如下思想：无论如何他都或多或少地在继续说着形而上学的语言。如果他没有在形而上学历史的内部，没有在其高峰和终点那里，没有在黑格尔的朋友、即诗人弗里德里希·荷尔德林那里找到新的对话对象,那么,他就完全说形而上学的语言。荷尔德林的神秘诗歌和海德格尔的"返回原初"之间的相互对应是真正令人惊奇的,并且说到底是海德格尔与过去的思想性对话中唯一明确的东西(das einzig Eindeutige)。海德格尔其他的重要哲学对话对象赫拉克利特、巴门尼德、亚里士多德、黑格尔和尼采,在他那里都保留一种罕见的二义性:只要他们所有人共同造成了西方那种遗忘存在的天命,他们就既部分地表达了他,又部分地拒斥了他。因此,在巴门尼德以及赫拉克利特那里可以看到,他们虽然尝试在存在的经验中思考这个真的东西、"智慧的东西"(das sophon),但是同时也追求存在者的多样性知识。进而,存在作为存在者的存在成为"本质",阿莱西亚才没有被思考为无蔽状态,而是被思考为无蔽状态的存在。在亚里士多德那里也是相似的。即便海德格尔在对亚里士多德的革新和对他的自然概念的深化中,以及在对"实体的类比"中看到,开端的经验再次突然降临,但最后他只是沿着存在论-神学的方向修改了亚里士多德"第一哲学"的多维特性。

相似地,尽管在他自己对意识观念论的批判和黑格尔对主观观念论的批判之间存在亲和性,海德格尔仍有意将黑格尔的哲学阐释为存在论-神学的完成。总而言之,海德格尔与哲学史在思想上的交往不能摆脱那种思想家的粗暴,他被他自己的问题推动,并且试图彻底重新认识他自己。因而他对形而上学的解构,变成了他与思想的传统力量的搏斗。最终,这一点在几乎令人痛苦的语言窘迫中显现出来,这种窘迫把这位极具语言能力的思想家逼到了最极端的猜谜般境地(Verrätselung)。形而上学之思的思想道路正是这条唯一在语言根据中,并且在我们所熟悉的那些语言根据中——希腊语、拉丁语和现代语言——开辟出路之踪迹的道路。没有这一踪迹,即便海德格尔对这条道路的开端背后的返回追问也会哑然。

(谢晓川 译,张荣 校)

22. 宗教维度

（1981 年）

探讨海德格尔立场中的宗教维度问题等于提出一个挑战，或者至少是一种违背情理的冒险之事。我们只需要想一想让-保罗·萨特（Jean-Paul Sartre），作为海德格尔的崇拜者之一，他从尼采的角度将海德格尔直截了当地看作我们这个时代有代表性的无神论思想家之一。尽管如此，我还是想表明，把海德格尔理解为一个无神论思想家，这种理解只能是基于对他的哲学的一种外在肤浅的占有。

当然，问一问基督教神学是否赋予了海德格尔的要求以资格——经过半个世纪之后，基督教神学家转向并援引了海德格尔的思想——这将是完全不同的问题。重提存在的问题，乃是海德格尔最切己的任务，但正如海德格尔本人明确地澄清过，这一问题不应被理解为对上帝的追问。多年来，在一种批判性的洞察下，他对于两个教派的当代神学的定位和立场变得越来越重要。但是我们必须要问，这样一个神学批判本身是否恰恰表明：上帝——不管是启示的还是隐匿的——对他来说都不是一个空洞的词语？众所周知，海德格尔来自一个天主教家庭，并在天主教信仰中长大。他曾就读于康斯坦茨（Konstanz）的一所高中，那尽管不是一所天主教学校,但仍然位于基督教教派(天主教和新教)的宗教气氛非常浓郁的地区。高中毕业后,他去了属于奥地利福拉尔贝格(Vorarlberg)州的费尔德基希(Feldkirch)的耶稣会一段时间,但不久之后他又离开了。此外,他还在弗莱堡的神学院学习过几个学期。

海德格尔的宗教参与和他的哲学倾向在他年轻时就已经非常明显了。在他的宗教信仰以及教会联系还未受到扰乱的最初几年,他充满了对哲学的激情。他在康斯坦茨的高中修道院校长格勒贝尔(Groeber),后来成为了弗莱堡的主教,他很快就认出了海德格尔的杰出才华和他对哲学的热爱。海德格尔曾经给我讲述过一个故事:他的一位老师在课堂上——当然是在很无聊的课堂——逮到了他正在桌子底下读康德的《纯粹理性批判》!这无疑是给一个伟大精神未来的通行证。因此,格勒贝尔给了他一本当时还算非常时髦、学识丰富但并不太有深度的关于亚里士多德的书,也就是,弗朗茨·布伦塔诺的《论亚里士多德"存在者"的多重含义》*。该书认真分析了亚里士多德哲学中各种各样的"存在"(是〔Sein〕)的含义,但却没能很好地回答,它们是如何相互联系的,这就给年轻的海德格尔很多启发和灵感。他经常谈到这件事。亚里士多德对"存在"不同含义的区分对追问它们之间隐藏的统一性形成了挑战;当然,不是在一种体系化的意义上,当时诸如反宗教改革派的学者卡耶坦和苏亚雷斯(Suarez)还尝试,将这种统一性引入到亚里士多德主义之中。但是,"存在不是一个属"的事实,

---

* 中译本可参考布伦塔诺:《根据亚里士多德论"是者"的多重含义》,溥林译,商务印书馆2015年版。——译者

就像存在的类比这一经院教义一样,是一个经常跳入海德格尔脑海里的思想——当然,不是作为一个形而上学的教义,而是作为一个开放的、迫切需要学习的问题的表达,人们必须要学着提出这一问题,即"存在"到底是什么?

海德格尔的才能使他迅速成功。在李凯尔特的指导下,他写了关于心理学中判断学说的博士论文,而他辅修专业的考试是人们永远猜不到的:数学和物理学!他在马堡的一次宣讲课上提到了这件事,当时他说:"那是当我还在干着幼稚行为时"。他在27岁时就开始了其教授资格论文,并成为李凯尔特在弗莱堡的接任者胡塞尔的学术助手。胡塞尔是现象学的奠基人,海德格尔跟随他学习到了伟大的"现象学描述"的方法。在担任讲师的早期时间,他就获得了教学上非凡的成功,他很快就对那些年轻和年龄相仿的人产生了魔法般的影响力,其中包括尤里乌斯·艾宾浩斯、奥斯卡·贝克尔、卡尔·洛维特(Karl Löwith)和瓦尔特·布勒克这些今天鼎鼎大名的人物。当时我正在马堡准备我的博士论文,但关于海德格尔的传言也流传到了我那里。当时在弗莱堡的学生,即使在1920年至1921年间,已经开始报道他们非常独到的和具有深刻革命性的讲课,当时对海德格尔课的报道要比胡塞尔的更多。在那里,他用了一个表达:它世界化(Es weltet)。现在我们认识到,这是对他后来的和最新思想的一个宏伟的预示。这些全新的思想,人们不可能从新康德主义者口中听到,也包括胡塞尔。那么,超越论自我到底在何处呢?对一个语词来说,它究竟是什么?它在根本意义上存在吗?这是海德格尔克服自己的超越论自身立义和对胡塞尔的依赖,从而走向自己思想的"转向"之前的十年，他在这里发现了他的第一个语词，它不再是从主体以及超越论的意识一般出发，毋宁说，它是林中空地的生成事件在一个"世界化"(Welten)的预兆中的自身表达。

在这个过渡期间，我们已经了解到第一次世界大战之后发生在弗莱堡的海德格尔思想的第一阶段。珀格勒(Pöggeler)告诉了我们有关它的一些方面。卡尔·莱曼(Karl Lehmann)用一篇精彩的文章重新构建了圣保罗对年轻海德格尔的重要性。此外，托马斯·舍汉(Thomas Sheehan)最近还通过一份课堂笔录详细地介绍了海德格尔1920年开设的"宗教现象学"讲座。

由此可以看出，早期基督教团体的时间经验特别吸引了海德格尔，这个末世论的"当下瞬间"(Augenblick)既不能衡量也不能预测基督复临之前所经过的时间，就像"夜间的小偷"一样(圣保罗第一封给帖撒罗尼迦的书信)。测量的时间、关于时间的计算以及统治了我们哲学和科学上的时间概念的希腊存在论的整个背景，在这个经验面前崩溃了。海德格尔在1921年写给卡尔·洛维特(他的一个年轻学生和朋友)的一封私人信件表明，这不仅仅是一个哲学上的挑战，相反，这是这个年轻思想家的根本担忧之一。在这封信中，海德格尔写道："您和贝克尔(不管假设与否)将我与尼采、克尔凯郭尔或其他创造性哲学家相比较，乃是一个根本的错误。这并不是被禁止的，但是我必须说，我不是一个哲学家，我并不自大地认为，我可以做一些与之类似的事情。"然后他写道："我是一位基督教神学家!"

如果一个人在这里认识到海德格尔思想道路最深刻的指示，那么他就不会错了：他当时就把自己看作是一位基督教神学家。也就是说,他想把他自己和他的问题弄清楚的所有努力,都是为了将自己从他在其中所成长起来的统治性神学中解放出来,以便可以成为基督徒。他从弗莱堡神学系的杰出老师那里学到了完成这项"神学"任务所需要的技能,当时这位年轻的路德对他来说有决定性的作用。但是前面提到的"宗教现象学"课程表明,他也带着真正的亲和力,转而回到了新约最古老的文件:保罗书信。

其中有两位大师为他提供了完善的概念教育。首先是胡塞尔及他所开创的现象学。非常引人注目的是,作为胡塞尔的助手,海德格尔当时在课堂上讲授的并不是胡塞尔《观念》(1913年)中所涉及的新康德主义课题,而是《逻辑研究》。它的影响远远超出了胡塞尔自己的想象。其中尤其是"第六研究",当时刚刚出现了一个新的版本,影响最为突出。其中关于"是"(ist)的问题占有突出地位:当"是"这样一个形式范畴被意指时,这到底是一个什么样的意向行为呢?这就是"范畴直观"学说以及胡塞尔大师般的对时间意识的分析(海德格尔后来才将其编辑发表)所教导的东西。而海德格尔当时提出的挑战是:哪种缜密的分析艺术,哪样的绝境,如当时折磨着海德格尔的关于基督教信仰问题中的那种绝境,竟比奥古斯丁著名的把握时间之谜的绝望更甚?

吸引海德格尔的并不是对"观念"(Ideen)进行一种"观念论"的解释。他很可能赞赏胡塞尔熟练地掌握超越论主体性课题范围内得出的结果,并且因此确实反对当时的"慕尼黑现象学"所做的一种贫乏的"实在论"的突围尝试,并借此保护了当时的舍勒。然而从一开始,超越论自我的原则对他来说似乎就是可疑的。托马斯·舍汉向我讲述到,海德格尔曾有一次向他展示了胡塞尔在1910年的"逻各斯论文",也就是《哲学作为严格的科学》。其中胡塞尔说到:我们的方法和原则必须是"走向事物本身"!而年轻的海德格尔在那里做了边注:"我们想坚决履行胡塞尔的话。"这当然是有挑衅性:并不是与超越论还原的学说以及在我思中的最终奠基纠缠,而是去遵循他自己真正的"走向事情本身"的原则。

为了与胡塞尔的超越论观念论保持合适的距离,但又不回到教条式的实在论的幼稚之中,海德格尔找到了他另一位伟大的导师——亚里士多德。尽管,他不能期望在那里找到一位与他最切己地受激发的宗教问题相关的誓约者,但是从现象学回到其早期的亚里士多德研究,给了他一个发现全新亚里士多德的机会,这个新亚里士多德展现了与经院神学偏好完全不同的面相。当然,他不能自欺欺人地认为,希腊的时间观念是由亚里士多德物理学塑造的,不可能直接从希腊时间概念进展到末世论对"当下瞬间"(Augenblick)的概念性阐明。但是,亚里士多德的思想与在具体的生命实行(Lebensvollzug)以及自然的世界定向中的实际性此在(faktisches Dasein)的亲近,给了海德格尔一些间接的帮助。在一系列的讲课中,海德格尔介绍了他对亚里士多德伦理学、物理学、人类学(《论灵魂》)、修辞学以及最核心的《形而上学》的研究。正如他在1923年的一封信中告诉我的那样,这些要在《哲学与现象学研究年鉴》中发表。但因为他后来接替了马堡大学的教职,马上就被其他新的工作打断,所以这些讲座内容都没有来得及整理出版。不管怎样,亚里士多德仍然是他在马堡授课内容的焦点之一。

亚里士多德对海德格尔而言，到底充当什么角色呢？他只是在与基督教时间经验和更现代思想中的历史性的根本作用进行反面对照中才衬托出来吗？他只是一个借鉴（Gegenbild）吗？

情况恰恰是相反的。亚里士多德一方面是通达其"回到事情本身"的关键证人；另一方面，海德格尔后来也指出，亚里士多德只是将"存在"（Sein）理解为"现成在手性"（Vorhandenheit），从而也间接地反对他的存在论偏见。由此可见，亚里士多德对海德格尔的新问题而言，是一个批判性的帮助者。海德格尔当时准备在胡塞尔的《年鉴》上发表的"对亚里士多德的现象学阐释"，首先关心的不是经院哲学中的哲学神学，这种神学主要奠基于亚里士多德的《物理学》以及《形而上学》中作为"不动的动者"的上帝；而恰恰是亚里士多德在"实践哲学"和修辞学中探讨的具体的实际性的此在之实行，尤其是《尼各马可伦理学》第 6 卷中所讲到的真理发生（ἀληθεύειν）的不同方式。这些阐释对于海德格尔的意义首先在于：在具体文本中，给判断、逻辑和科学相对于理解人类生活的实际性而具有的优先地位，划定了一个决定性的界限。一个"ἄλλο γένος γνώσεως"（另外的认知方式）获得了其合理性，它不是为了认识一个客体，不是为了获得客观的知识，毋宁说，它意味着对实际生活的此在来说的一种可能的澄明（Helligkeit）。这种澄明知道的是"*pragmata*"（人为的事物）和"*pathémata*"（激情、痛苦），也就是说不是"对象"——这就是为什么除了伦理学之外，亚里士多德的修辞学同样非常重要的原因。

此外，亚里士多德对柏拉图"至善"理念的批判也以惊人的方式对年轻海德格尔向超越论的主体-客体概念进行其生存论批判提供了实质性的支持。正如"至善"不是最高的对象或原则,在各种不同的相遇方式中有不同的善,"存在"也在所有有存在者的地方在场。到最后,有一个杰出的存在者,它确保了所有的在场性（Anwesenheit）。这就是亚里士多德和海德格尔都试图回答的,对存在之一般的追问。海德格尔借助于亚里士多德的《物理学》与《形而上学》真正想说的是:在运动性中的存在、在无蔽中的存在并不是那些陈述判断所涉及的对象的诸领域;毋宁说,所有对"存在"的理解都奠基于对运动性的理解,所有的真陈述都奠基于无蔽的在场性,并因而它们最终都奠基于"存在的无蔽"（ὄν ὡς ἀληθές）。这并不意味着一种与主体观念论相对的实在论,根本上亦不是任何认识论,毋宁说,它只是描述了那作为"在世界中存在"的"事情本身",只不过主客二分模式对它一无所知罢了。

然而,对这种非经院哲学式亚里士多德的兴趣背后出现了一个针对基督教神学的海德格尔的老问题,即关于何谓基督徒的自身理解,是否有一种比当代神学更适合的思想？在这方面,他对亚里士多德的新阐释只是其漫长思想道路的第一步。海德格尔是有意识地采取了这一步骤,这在他1922年寄给纳托普,后来我从纳托普那里也亲眼目睹过的手稿《对亚里士多德的现象学阐释》的"导言"中已经做过说明:这是对亚里士多德阐释的"解释学情境"的一个分析。它是从何开始的呢？实际上是从年轻的路德,恰恰就是那些要求任何人都成为真正的基督徒的人,他发誓要放弃亚里士多德——这个"伟大的骗子"。当这个文稿还没有被编辑,至少还是打字稿,没有像之后那样在寄给纳托普时增加很多手写的附录的时候,我记得清清楚楚,这份手稿应该献给的人的名单上还包括:加布里埃尔·比尔、彼得·隆巴德,格言大师奥古斯丁以及最后是圣保罗。他们都是中世纪基督教著名神学家。毫无疑问,这就是隐藏在其亚里士多德研究背后,海德格尔一直保有并经充分证明的,对原初的基督福音的关切。

并不是说,海德格尔期待在亚里士多德那里找到对这一关切直接的帮助。相反,他所学习到的、猛扑在亚里士多德的形而上学之中的那种神学,与希腊思想的真正动机毫不相干,因此必然会使它与希腊思想的争辩更加尖锐。由海德格尔所重新发现,并在圣保罗那里保持着活泼生机的时间理解根本上就不是希腊式思想。柏拉图和亚里士多德所提出的作为"运动的尺度和数"的希腊时间概念,其实主宰了所有后来时代的概念可能性,从奥古斯丁到康德,直到爱因斯坦。因此,在关于基督徒对于终结时间的期待的最本己和深层的探讨之中,有一个问题必定始终保持着生机,即希腊思想对基督徒信仰经验所施加的压力是否根本上将基督教的福音扭曲得面目全非,并且至少使基督教神学与他最本己的任务之间产生了异化?事实上,并不是只有圣保罗和路德的"称义学说"(Rechtfertigungslehre)对海德格尔很重要,他同样还吸收了德国现代神学家哈纳克(Harnack)对基督教神学致命的希腊化的主题。最后,他不仅对他所接受的神学教育的适当性产生了怀疑,而且还认识到了在所有近代思想都背负的希腊遗产中,对存在(Sein)错置的本源以及人类此在的历史性。正是后两者给他谆谆教诲,即《存在与时间》中的格言。

这也恰恰是在柏格森、齐美尔、拉斯克,以及尤其是狄尔泰哲学中所遇到的现代思想的困境,在海德格尔思想发展的决定性时期,也就是第一次世界大战期间,沉重地折磨着他。因此,对于他来说,就像同样对于乌纳穆诺(Unamuno)、海克尔(Haecker)、布伯(Buber)、埃布纳(Ebner)和雅斯贝斯等等来说,克尔凯郭尔的生存概念成为一个新的密码。克尔凯郭尔的著作在迪德里希出版社发行了德语版本,从而形成了新的影响。正是在这些精彩的论文中,海德格尔重新发现了自己的主题。海德格尔曾经说过,并不仅仅是出于宗教的角度,他要反对黑格尔这个最后也是最激进的希腊人,他掩盖了人类生存的非此即彼。同样,与希腊"回忆"(Erinnerung)概念鲜明的对抗也会让他明白这一点。对此,如果克尔凯郭尔的"重复"(Wiederholung)范畴不是作为历史性的悖论,不是作为不可重复之物的重复,不是作为在所有时间之外的时间而被经验的话,那重复就只能褪色为回忆或者同一之物再临的幻觉——克尔凯郭尔的"重复"正是以此方式而被塑造的。

这就是海德格尔在圣保罗那里所认识到的时间经验:它是对基督再临的时间经验,它并不是一种要被期待的返回,作为"Parusie"(在场),它指的是一种来临(Kommen),而不是一种"当下在场、出席"(Anwesenheit)。最重要的是,克尔凯郭尔的一个题为《生命与爱的仁慈》(Leben und Walten der Liebe)宗教演讲有了德语版,这里面涉及的内容为海德格尔确证了这一点。里面有一个对"带着距离的理解"与"同时的理解(Verstehen in Gleichzeitigkeit)"所进行的非常有价值的区分。克尔凯郭尔对教会的批评指出,它没有把基督教的福音放在任何生存的严肃性之下,并且缓解了基督教福音中同时性的悖论。如果耶稣在十字架上的死亡是一种"带着距离的理解"的话,那它就失去了一切真正的严肃性。正如一些神学家,包括黑格尔主义者辩证法的思辨,在谈论上帝和基督教福音的时候,也都是带着距离而追问的。我们可以像谈论一个对象一样谈论上帝吗?把上帝的存在和他的特征作为一个科学的对象那样去进行论证——难道这不正是希腊形而上学的诱惑吗?在这里,辩证神学的根已经在克尔凯郭尔处扎下了,后来卡尔·巴特在其1919年对《罗马书》圣保罗书信的评注中发现了它。在海德格尔与马堡的布尔特曼(Bultmann)保持着良好友谊那几年,他主要关心的是对"历史的"神学进行清算,以及学习如何更激进地思考人类此在的历史性和有限性。

在此期间,海德格尔一再提到尼采的朋友,宗教历史学家弗朗茨·奥弗贝克。奥弗贝克关于"神学的基督教精神"的论战论文表达了海德格尔这种最深刻的怀疑,并且完全证实了他自己的哲学体验,即希腊的存在观念对于基督教思想的"末世"(Eschaton)来说的不恰当性,后者并不是对即将到来的事件的期望。当他在写信给洛维特说:"我是基督教神学家"时,他一定是说他要反对当前违背基督教精神的神学,并捍卫神学的真正任务,就是说:"要找到一个能够胜任信仰,并在信仰中保持的词"(这是我在1923年与他的一次神学讨论中听到他说出的话)。但这是一个思想的任务。

他不仅从亚里士多德那里学到了东西,而且还从胡塞尔那里学到了东西,他对时间意识的精湛分析正式地证明了希腊思想留下的负担。海德格尔在胡塞尔那里接受的教育使他免于低估超越论观念论的危险,也使他免于通过引用现象学的口号来试图反对天真的实在论。因此,对于他来说,事情关乎的根本不是像普凡德尔和年轻的舍勒那样,坚定地持守以下一种哲学立场:事物就是它们自身所是的样子，而不是思想所生产（erzeugen）出来的样子。无论马堡学派的"生产"概念还是胡塞尔有争议的"构造"概念都与贝克莱的形而上学观念论，以及认识论上的外部世界的实在性问题毫不相干。胡塞尔意图使事物的"超越"，它的自在存在，以超越论的方式加以理解，也就是给它一个"内在性"（immanent）的基础。超越论自我以及其无可辩驳的明见性（Evidenz）学说，无非是试图为一切客观性和有效性奠基。但正是这种尝试越来越纠缠于对主体性时间结构的详细分析。超越论自我的构造被承认为当前的任务，导致了一种悖论式的概念表述，如意识流的自身构造、河流的自身显现、原始的当前和原始的变化。年轻的海德格尔已经证实：无论是客体还是主体的概念都不适用关于人类此在的实际性问题。事实上，他从强调此在的关照（Bekümmerung）——就是之后使用的术语"烦"（Sorge）——的实行特征，并且将生存规定为向着未来，而不再是从意识的当下化出发时，就已经开始走上了自己的思想道路。因此，他是从他的神学意图出发，而不是因为在历史主义的影响下，开始了对此在历史性的关注，并最终将这个问题引导向了对存在的意义的追问。

但是，神学如何可以既被认为是一门科学（Wissenschaft），而又不丧失其基督教精神，也不会再落在主观性与客观性的概念之下呢？我记得，海德格尔早在马堡早期就已经开始思考这个问题了。在1927年所做的"蒂宾根演讲"中，他对此的表述如下：神学是一门实证科学，因为它涉及某种存在者，即基督教信仰的神。神学必须被视为信仰的概念性解释。因此，它更接近于化学或生物学，而不是哲学。因为哲学作为唯一的科学，处理的并不是存在者

（即使只是在信仰中给出的那个），而是存在：它是"存在论"科学。

人们可以很容易看到海德格尔这个"科学"的理论课题中有意识的挑衅。在信仰中，人们也会遇到信仰的东西，如果它是一种信仰，那它也可以被概念化地解释。但是，这种所信仰的东西是一个像化学物质或者生物体这样的对象或者对象领域吗？难道，它不是像哲学一样，关涉的是整个人类此在以及他的世界？这样，海德格尔就必须另一方面认为，哲学所承认的人类此在的存在论上的基本情态乃是对信仰的概念性解释的修正。将"罪责"（Schuld）的生存性看作从此在的时间性中起源的哲学，当然就只能为在信仰中被经验的把内疚的"存在"看作是在此时的源泉的哲学，当然只能为信仰所经历的"罪"（Sünde）提供一种"形式显示"（formale Anzeige）。

海德格尔在这里使用了他早期经常使用的"形式显示"这个众所周知的概念。它几乎相当于克尔凯郭尔的"专注"（Aufmerksammachen）。人们应该看到这里面包含着一个意图，即不是在胡塞尔的存在论对经验科学所要求的一个先天框架内，而是在"形式显示"中看到了一个承认：人们认识到哲学科学——在神学中——要参与到对信仰的概念性解释之中，但它却并不参与到信仰的事情的实行之中。在这背后潜伏着更深的认识，即最后对存在的追问不再是科学意义上的问题，它"折返回了生存活动"。

众所周知，现象学先天主义谨慎的限制招致了很多批评。此在的"欠责"存在的特性真的能在基督教信仰史上保持中立，并完全不依赖后者吗？那"渴望拥有良知存在"与"先行到死"呢？海德格尔根据自己或他的经验基底几乎不能否认这一点，他只有断定，从每一个人类的经验基底出发,有限性和"向死存在"是可以兑现的,因而对基督教信仰经验的概念性解释就给每个人提供指引。

当然,哲学与神学之间的整个对抗仍然是尴尬的,只要一个基本的先决条件尚未确定,即神学究竟是不是一种科学?或者,神学真的被赋予给信仰了吗?更为尴尬的是这样一个问题:这种以"烦"(Sorge)的形式被具体化的实际性的此在实行是否确实有能力——正如所应该的那样——丢掉超越论主体性的存在论预先把握,并且将时间性作为存在进行思考?"烦"最终一定是对自身的关照,正如意识到最后确实是自身意识一样。海德格尔将这一点作为"自身存在"(Selbstsein)与"烦"的同义反复(Tautologie)而加以正确地强调。但是他也相信,"关于自我的言说"(Ich-Sagen),以及在其中自身构造起来的主体同一性的存在论困境,已经在作为"本源的时间化"(Zeitigung)的"烦"之中被克服了。但是,什么是那个本真的(eigentliche)"烦"的时间性呢?它难道不是作为一种自身时间化而显现吗?"在那种缄默的、对畏有严苛期待的决断的本源单独化(Vereinzelung)之中,此在本真性地是它自身"(《存在与时间》,第64节)。后来海德格尔对这里的"畏"加了一个边注说:"这就意味着存在的林中空地"。他借此是否是想说,此在期望着林中空地呢?

正如后来的海德格尔不再想把存在(作为时间)的思想放在对此在的超越论分析基础上来谈,并因此谈到了他自己陷入的"转向",他也不再认为哲学与神学的关系需要建基在如下的先决条件之下,即这是关乎两种不同科学之间的关系。至少早在"蒂宾根演讲"的文本中,他就注意到,神学不仅在激进的意义上被称为"历史的",而且还被称为"实践科学"。"每一个神学的宗旨和概念都重复其内容,这不是在事后基于所谓的实践应用——将它应用在一个联合体中的单个人的虔诚的生存之中——才补充进来的"。于是这也就毫不奇怪,海德格尔后来(1964年)对"非客观化的思想和言说"进行评论时,用如下一个负面的问题结束:"神学是否仍然会成为一门科学,因为它大概根本就不能被允许成为一门科学?"(《现象学与神学》,第46页)

所以,最终不是借助于神学,而是通过抛弃神学,并且抛弃统治了神学的形而上学和存在论,从而宗教维度才在海德格尔这里寻找到它的语言。他最终通过与尼采的相遇,通过解释荷尔德林的诗歌而释放了自己的舌头,从而发现了海德格尔宗教维度的语言。

如果认为尼采对海德格尔之所以重要的原因是尼采思想具有无神论意义——这实在是误导。情况正好相反。尼采思想的激进性使无神论教条主义远远落后。海德格尔正是被尼采对整个形而上学的基础进行怀疑,而且还在这里无处不在地认识到"权力意志"的"绝望的勇气"所吸引。不是对所有价值进行重新评估——这在他看来似乎是尼采一个肤浅的方面,毋宁说,人类普遍被认为是设定和估计价值的存在者。这是众所周知的海德格尔著名的表达"计算性思维"的诞生地,这种思维按照(向着)价值来计算一切,它在技术以及技术性构型的"在世存在"中成为了人类文化的命运。尼采所描述的欧洲虚无主义浮出水面,它不是被海德格尔理解为所有价值自行贬黜的进程,恰恰相反,它被理解为:思想在价值中的最终确立,他称之为"对存在的遗忘"。

然而，尼采对海德格尔来说，并不仅仅是那个诊断虚无主义的人——在虚无之上，存在变得可见。这就是为什么海德格尔在《林中路》中引用那个疯子的原因。在该场景中，疯子与众多不信神和尖叫的人一起进入市场："我寻求上帝，我寻求上帝！"并且他知道"我们杀死了上帝"。海德格尔的关注点在于，上帝的寻求者"知道"：那些试图证明上帝存在的人就正是那些以这种方式杀死他的人。因为寻求已经预设了缺失（Missen），缺失对一个缺席者的知识。这是确定的，但是这个缺席者并非不是着（nicht nicht）。它是作为一个缺席者而在"此"。

这就是海德格尔在荷尔德林那里重新发现的东西：对消逝的诸神的此在的颂扬。对于荷尔德林来说，旧世界的最后一个神是基督，是最后一个在"人类之间"停留的神。自那之后，剩下的只是这些逃逸的神的踪迹，"但神的踪迹我们却拥有很多"。

这给海德格尔树立了一种重新思考思想本身的榜样（Vorbild），所谓"新"，就是不再在形而上学或科学思维的意义上思考。正如人们不需要了解或认识上帝，就能够了解神性一样，对存在的思想也并不是一种把握、一种拥有或一种主宰、控制。不用强行将上帝的经验与基督的再临（从这里出发，它至少能被更正确地思考）相提并论，我们就可以说，"存在"比仅仅简单的"在场"（Präsenz）（更不用说"表征"）更多，"存在"也是"缺席"，它是"此"（Da）的一种形式，在它之中，不仅"有"（Es gibt），而且"撤回"（Entzug）、"反撤"（Rückzug）和"保留"（Ansichhalten）等也都能被经验。"自然喜欢隐藏自己"——赫拉克利特的这句箴言经常深深地吸引海德格尔。一个人不会被邀请去攻击和侵入；相反，邀请是等待——当里尔克在他的哀歌中，抱怨没有等待的能力时，他完全抓住了要害。因此，海德格尔提到了纪念（An-Denken），这不仅是在思考曾经存在过的某物，而且也在思考即将到来的事情，那让人开始想念它的事情——即使它"像夜里的小偷一样"到来。

在这样的思想中准备的东西并不是一种存在论，当然也不是神学。最后我想提醒的是，海德格尔在思考荷尔德林诗作的时候曾说过："'谁是上帝？'这个问题，对人来说，太难了。他们最多可以问'上帝是什么？'"借此，他指向了神圣之物和拯救的维度，并进一步评论说："神圣之物和拯救维度的丧失也许是我们这个时代真正的邪恶"，他的意思是说：我们无法接触上帝，乃是因为我们以一种无法对信仰的自身理解有任何帮助的方式来谈论上帝。但那是神学家的事情。我的事情，哲学家的事情——如果海德格尔本来可以为每一个人，而不仅仅是为基督徒或神学家正当地讲出——就是要警告说，传统性的思维方式对此是并不足够的。

（贺念、王咏诗 译，余玥 校）

23. 存在，精神，上帝

(1977年)

　　凡是经常接触马丁·海德格尔的人，对于我这篇文章的标题所称的这些形而上学基本词汇，可以不再以那种形而上学传统本身赋予它们意义的方式来解读它们。存在就是精神，人们想以此找到与古希腊人和黑格尔的一致性，而上帝就是精神，乃是《新约圣经》告诉我们的。因此对于这些古老的思想，西方传统联合成一个在其自身内就有的意义探问（Sinnfrage）。然而，自从现代科学通过其方法上的禁欲和它所设立的批判尺度确立了一种新的知识概念以来，这些古老的思想就受到了挑战和质疑。哲学思想既不能对其生存置之不理，但也不能真正与其生存统一。哲学本身不再是我们知识的整体和一种认知着的整体。所以今天许多人在实证主义的司晨之鸣（Hahnenschrei）之后似乎认为形而上学不值得信任，并且可能和尼采一起，把黑格尔和其他一些人如施莱尔马赫看作是尼采所称之为欧洲虚无主义的纯粹拖延者。当然，这种形而上学本身大概还附带着这样的张力，即表现为对自己的问题似乎什么都已解决了似的，以致形而上学继续作为一种虽不被人期待，但对于现代思想的继续有效的调整措施而存在。20世纪开始的一切革新形而上学的尝试——就像那些自17世纪以来的概念构成者和体系创造者的宏大系列——都力求以它们自己的方式使现代科学同古老的形而上学调和起来。人们未曾预料到形而上学本身可能再次被质疑,它的问题,即追问存在的问题,追问两千多年对此问题之回答的问题,可能再次被追问,好像它从未被追问过似的。即使当青年海德格尔开始施展其首次的魅力时,因为从讲台开始响彻了那些不寻常的语调,它们使人回想起克尔凯郭尔、叔本华、尼采以及其他讲台哲学的批判者,并且当《存在与时间》出版时,在该书中他极力强调要谱成以重新唤醒存在问题为目的的管弦乐章,人们还是比他本身更甚地把他归入对传统的上述批判者一类。

就青年海德格尔自己把解构形而上学作为口号提出来,而他自己的学生提醒他不要误入"伟大的哲学家"之列而言,这是不足为怪的。他在1921年给卡尔·洛维特的信中写道:"我是一个基督教神学家"。

当然,这至少可能已表明,使这个人思想受到挑战的并使之处于紧张不安状态的,还是基督教,而且基督教还是古老的超验之物,而不是他所讲出的那种现代的此岸性。当然,一位基督教神学家为了能够合理地对待称之为信仰的东西,很想知道比现代神学提供给他的更好的东西。但是,同许许多多受相同的要求所驱使的人相比,并且当这些人作为现代人不能抛弃科学的地基时,他为何真的不是一位基督教神学家,而是成了一位思想家呢?因为他是一位思维着的人(Denkender),因为正是思想在他身上工作着,因为思想的激情使他震颤——情形就好像在他身上实施的暴力或者那种逼使他去提问的勇气。

没有这样的基督教神学家——他谈论上帝,而他感到无权这么做。但是谈论上帝又是必须的,而且谈论上帝不可以像科学谈论其对象,这就是折磨他的问题——同时也证明他走在思想的道路上。

思想就是对我们知道的东西的反思。这是一种思想的来回运动,一种使思想、可能性、建议、怀疑和新的问题成为来回运动。特别是以下两人的两套建议,海德格尔从早期开始就不得不对他们进行反思,因为他对他们既不能简单地加以接受,又不想加以拒绝,这就是亚里士多德和黑格尔。亚里士多德对海德格尔就有那种早期指引路径的意义,因为亚里士多德所区分的存在者的多重意义在亚里士多德那里并未综合统一,而这种统一必须是由海德格尔自己来告知。关于黑格尔哲学对于海德格尔所呈现的挑战,那种如他所说的"一种历史世界观的最强有力的体系",他的《邓斯·司各脱》一书的结尾证明说,对于他来说,黑格尔标志着存在与精神之间的张力广度,在此张力广度中——用青年海德格尔的话来说——"对神的绝对精神的生动把握"已被移植到形而上学时代之中。这种张力广度可以被度量,但不是为了试图在其中对自己的问题做出回答,而是为了度量必须被追问的问题,以使这个问题不再被误解并被一种错误的求知欲所支配。这就是追问存在问题背后的问题,形而上学曾经追问过这问题并对此问题给予它的回答,即把存在理解为本质和把存在理解为精神,并且正如所有反思的问题一样,海德格尔的问题也是追寻自己本身(Suche nach sich selbst)。

在形而上学背后的问题里让此问题得以被量度的张力广度,本身就是一个谜:时间。当我们想规定在我们时间经验中作存在者被遇到的东西时，时间并不是我们顺着它而进行测量的向度，而是那种把存在作为存在本身而构成的东西：现在（präsenz）、在场（Anwesenheit）、当下（Gegenwärtigkeit）。亚里士多德曾区分的存在者的多种不同意义，在这里找到它们的真实根据，多亏了这种对根据的指示，海德格尔对亚里士多德的解释才获得它自身的自明性，由于这种自明性，亚里士多德其人才形神兼具。海德格尔的这些亚里士多德解释都是真正的哲学追问。因为它们使亚里士多德强大起来，使他在整个形而上学传统面前，尤其在此传统通向近代主体性思想的尖端面前强大起来。亚里士多德的真正基础，"实体"的永恒在场，"隐德来希"在存在中的自我保存（das Sich-selbst-im-Sein-Haltende der "Entelechie"），"真实东西"的自我呈现，都清楚地表明了这种把存在思想为在场的亚里士多德回答的力量。但是黑格尔把存在设想为精神而不是由意识的主体性来把握或建构其客观性的客体的那种伟大的概念努力，也像是一套建议：精神的历史性，精神处于时间中，这种自我反思着的历史意识的迷惑，在自我认识的精神的当下性中似乎超出一切主体意识的个别性并把它们综合在一起。作为最后的希腊人，黑格尔把在时间视域中的存在设想为包罗一切的在场性。希腊人曾追问过的存在逻各斯，黑格尔追问的历史中的理性，构成了这个精神宇宙的两大半球。

　　如果我们看不到这种对存在的时间特征的深问怎样使得形而上学本身超出近代主体性思维并使其达到其自身的完满强大和一种新的当下性，那么我们就可能低估了海德格尔将之作为克服形而上学的问题而提出的任务。在那里是存在物的类比（Analogia entis），这并不允许普遍性的存在概念；但那里也有善的类比以及亚里士多德对柏拉图善的理念——在此理念上概念的普遍性找到了其本质的界限——的批判。它们从早期开始就是海德格尔自己思想尝试的主要证据。海德格尔从《形而上学》最后一章所读到"真-存在"（Wahr-Sein，ὄν ὡς ἀληθές），即努斯的本体论的主导地位完全明显地表明存在是在场者的在场（Anwesenheit des Anwesenden），是本质。这使得自我意识及其反思内在性不再具有那种自笛卡尔以来就具有的那种优先性，并反过来使思想获得一种本体论维度，而这种维度在近代意识哲学里却丧失掉了。

同样，黑格尔的精神概念在重新被提出的存在问题之光照下反过来也获得它的实体。这一概念好像也经历了一种"去灵化过程"（Entspiritualisierung）。由于精神在通向自身的道路上被辩证地展开，精神重新又以原始的方式被设想为 Pneuma，作为生命的气息，这种气息充溢于一切有广延的东西和被分割的东西中，或者用黑格尔的话说，这种气息作为普遍的血液自我组成生命的循环。虽然这种普遍的生命概念处于现代性的顶端，也就是说，它是鉴于自我意识而被设想的，但是它却同时包含了一种明确的对自我意识的形式唯心论的超越。在个人之间起支配作用的共同领域，使这些个人相互联结起来的精神，乃是爱；我-你（Ich, das Du）、你-我（Du, das Ich）、我和你（Ich und Du），都是我们。从这里，黑格尔不仅曾经找到了通往社会实在的超主体的存在（Dasein）的道路，因为他把这种实在理解为客观精神——这是一个直到今天不管怎样解释还总是统治着社会科学的概念——而且还同样找到了一个关于真理的真实概念，这种真理，处于一切有条件性的彼岸，作为绝对显露于艺术和宗教里,以及显露于哲学中。古希腊的努斯、理性和精神的概念一直是黑格尔科学体系的最终词语。这对于海德格尔来说,就是存在、本质的真理,这就是在场,以及概念,这叫作在场者在自身内把握一切的自我性(Selbstheit)。

这种从亚里士多德一直发展到黑格尔的形而上学回答的力量,比起人们通常轻率地对海德格尔所谓克服形而上学问题的援引,更为坚强有力。反之,海德格尔自己也经常防止这样的理解,好像形而上学要在这种意义上被克服和弃之不顾。如果海德格尔的问题是追问形而上学的存在问题,他并且有意识地构造时间视域,以使存在在其中能被思想,那么他的问题就恰好在形而上学中认识到一个首要的回答,即一种对存在以存在者整体形态呈现的挑战的自我提出。海德格尔思想尝试中所显露的这一问题也使得形而上学的回答重新得以表达。

海德格尔自己在《存在与时间》中完全看不到别的东西,只看到这样一种关于存在问题的首先准备。在他的著作中极力突出的东西当然还是别的东西:他对先验论现象学意识概念的批判。他的批判适应于同时代人对唯心主义的批判,这种批判是由卡尔·巴特和弗里德里希·戈加滕(Friedrich Gogarten),由弗里德里希·埃布纳和马丁·布伯所预先准备的,并作为一种重新接受克尔凯郭尔对黑格尔绝对唯心论的批判而实现的。"此在的本质在它的生存中"被理解为存在(existentia)在本质(essentia)之前的优先性,由这种唯心主义对"本质"概念的误解中产生了萨特的存在主义,这是一种出自费希特、黑格尔、克尔凯郭尔、胡塞尔和海德格尔的思辨动机的混淆构成物,这些思辨动机在萨特那里结合成一种新的道德哲学和社会批判的推动力。反之,奥斯卡·贝克尔却试图把《存在与时间》低估为是对胡塞尔《观念》的先验-唯心主义基本态度的进一步具体化。海德格尔那种实际性诠释学的悖论当然并不是指阐释(Auslegung),它要求把实际性(Faktizität)"理解"为这样一种东西——它好像是一种实际的荒诞(ein wirklicher Widersinn),作为事实的无(das Nichts-als-Faktische),它对一切"意义"加以封闭而又想获得理解。毋宁说,实际性诠释学是指,生存本身要被设想为理解和阐释的实施(der Vollzug von Verstehen und Auslegung),并在此实施中获得其存在论的标志。这一意蕴被奥斯卡·贝克尔移入到胡塞尔现象学纲领的先验哲学概念中并被弱化为一种诠释学现象学。可是,如果我们认真地对待海德格尔的要求,即把此在的生存论分析理解为基础本体论,那么整体还总是在形而上学问题视域中被理解。因此这只可能表现为与古典形而上学的一种对立或者是它的变形,即一种建立在生存论的极端历史性之上的有限形而上学。事实上,海德格尔本人在其1929年的《康德与形而上学疑难》中就以此方式阐明了康德的批判因素,这种批判因素是康德引起的,使海德格尔拒绝了费希特对康德著作的改造,并试图以他自己的提问进行解释。

当然,这一定会表现为对古典形而上学的拒斥。因为古典形而上学是建立在理智、努斯或精神的无限性之上的,在精神中,存在的真理表现为本质,存在的一切在其存在-意义中隶属于这个本质。

反之,在海德格尔这里,情况似乎是:永恒建立在时间性之上,真理建立在历史性之上,并因此而把人们在黑格尔绝对精神的辩证统一中看到的基督教遗产的世俗化，经过这种决断而化为虚无。人们开始环视那种积极的、较少烦人的此在规定（作为对死的畏惧），或者重新通过基督教希望而加剧对世界的绝望。在这两个方面，人们错误地认识了在海德格尔尝试的整个后面的思想冲动。海德格尔总是已经围绕着人的此在中的这个"此"（Da）兜圈子，以便让生存的这种特征不像其他那些生物那样外在于自己和被放逐给自己。但是，这种被放逐性（Ausgesetztheit）意味着，正如在给让·博弗雷（Jean Beaufret）的那封《关于人道主义的书信》里所阐述的——我很幸运知道这封信的收信人在我的听众中——人作为人要这样立于敞开之地，他甚至被放逐于最远边疆，遭遇到神性的东西，而最终则更接近于他自己的"本性"。这封论人道主义的信讲到了"生物的异化"（Befremdenen der Lebewesen）以及"我们几乎想象不出的、同动物的深不可测的血缘关系"。

这是一部哲学的激情中的受难史，在此种激情中，海德格尔承负着思考"此"之事。这部受难史是指如下情况而言的，即海德格尔那种怪异的、本源的以及大胆思辨的语言力量（Sprachkraft）必须与一种语言的反抗状况（Widerstand der Sprache）相斗争，这种反抗状态总是重新唤起对立，并常常占据优势。他自己把这一受难史描述为与他的道路相伴随的危险，思想——也是在他自己的思想尝试中——返回到形而上学的语言中以及返回到通过其概念系统而预先规定的思想方式中。但后者比前者更重要。正是语言本身，他的语言和我们所有人的语言，乃是海德格尔自己常常必须极力抵抗的，以便迫使语言答应他所尝试的陈述。

的确，说形而上学的语言和概念系统主宰了我们大家的思想，这是正确的。这是一条曾经构成形而上学的古希腊思想所走过的道路：对陈述、命题、判断探问它们的客观内容，并最终在界定过的命题的镜像中获得存在者的存在、什么样的存在（Was-Sein）或本质。的确，海德格尔伟大洞见之一，就是他在这种早期的形而上学回答中重新认识到那种类型知识欲的起源，这种类型知识欲曾经产生西方科学、它的客观性理想以及建立在这种理想之上的技术的世界文化。我们可能看到，希腊语——欧洲语就是从希腊语产生出来的——所属的语族曾经像形而上学的早期形式那样发生过作用。因为希腊语把主语与它的谓语区别开来，因而它就预先被确定去思考实体与偶性，从而欧洲思想早就已经通过其语言的原始历史而同它自己这样的命运连在一起，即发展形而上学和逻辑，并最终发展现代科学。但是，最强烈的诱惑仍然还是在语言的本质中。语言，它总是这样去思考，以致它使一切成为当前的（gegenwärtig），而理性这样思考，以致它获悉当前的东西（Gegenwärtige）或忆起的东西（Vergegenwärtigte），并把它们都看作共同东西本身，这种共同东西不管是发生在数学方程式中，还是发生在必然的推理链条中，或者发生在相关的譬喻中，还是在格言和智慧话语中——这一切都显得几乎不可避免的。

所以，显而易见，海德格尔那种想把"此"的自成事件（das Ereignis des"Da"）——这赋予一切思想和言谈以最大空间——提升到思想中的尝试，即使他想要避免形而上学语言，也仍然试图通过概念作明晰的表达。即使他不能做别的，而只能常常——与科学的经验世界把握相区别——讲到事物的本质，他也不让"本质"这个词在这种使用中受到关于"在场"（Anwesen）这个由动词变成的名词所强调的新的意义的诱惑,而这个新的意义是海德格尔试图把存在作为时间去思考而赋予这个词的。因此在海德格尔那里也证明了由欧根·芬克首先在胡塞尔那里所做出的观察,即思想的某些基本概念常常不是主题性的,而只存在于操作性的运用之中。由此,在海德格尔自己的思想进程中,他的整个努力都是蓄意反抗那种由适应形而上学语言而来的诱惑并经受住语言困境,这种语言困境是由于对存在——此存在不再是存在者的存在——的追问使他感到自己置于其中的。

这首先表现在对他早在《存在与时间》中就已经确定的、基础存在论的先验自我理解的背离。人的此在的时间性的基本结构还是能够把一切存在者的时间特性作为其可能性的条件包括进来——偶然物同必然物,暂时物同永恒物——而构成此在本身的存在,这个"此"的存在,却不再是此在的这样一个先验的可能性条件。只要此在存在,或如海德格尔自己在首次表述中所表达的:"作为第一人抬起头",那么此在本身就是那个自成的东西(was sich ereignet)。当海德格尔在马堡早期第一次使用这一用语时,我们曾为海德格尔是否用这第一人指称亚当或泰利士争论了数周之久——人们可以看到,我们当时在我们的见识里还没有迈出很大的步子。

但是,要避免先验的自我理解,欧洲思想几乎提供不了概念性的手段。海德格尔找寻话语隐语,借助于这种隐语,他使得形而上学的逻辑的和本体论的基本概念,如存在和思维,同一性和差异性,获得一种新的意义。他讲到了开显(Lichtung)、调解(Austrag)、自成事件(Ereignis),他试图在通过希腊思想最早期的证人——我们可以将之与阿那克西曼德、巴门尼德和赫拉克利特的名字相联系——而闪耀出来的东西里重新使自己得以认识。这是通向古典形而上学道路的最早期步伐,这些初始的思想家试图用这些步伐面对他们思想必须对之做出回答的挑战;这就是"此"的伟大挑战。

其中的东西也可以在犹太-基督教神学的创世学说中听到,正如《旧约圣经》里所形成的思想,这种思想是在聆听神的声音或神的无声拒绝中所经验的,一般来说,这种思想对于"此"(以及它的遮蔽)远比对于被分割的形式和此存在者的任何内容(was-Gehalt)都易于接受。所以,当海德格尔在谢林关于神内根据(Grund in Gott)和神内存在(Existenz in Gott)的神智学思辨中看到这些思想试图概念性地理解启示的秘密时,这对于他来说就意味着一种真实的诱惑力。谢林那种令人惊异的馈赠,即在人的此在上获得这种在神内生成事件(dieses Geschehen in Gott)的基本概念并由这种事件来证明,使得指向超出所有唯灵论形而上学界限之外的那些生存经验成为显而易见的。显然,正是在这一点上,海德格尔才能够为卡尔·雅斯贝斯关于同情(Sympathie)的思想打开通道,而雅斯贝斯这种思想看到了被黑夜的狂热所界限的白昼的规律。就此而言,无论在这里还是那里都无法获得从形而上学语言及其内在结论中的解放。

海德格尔与弗里德里希·荷尔德林的再次相遇为他自己的语言带来了真正的突破,荷尔德林的诗作对于海德格尔不仅在于海德格尔是诗人的同乡,而且也因为他们两人是第一次世界大战的同时代人——因为正是这一时代,后期荷尔德林才闻名于世——而已经越来越近。荷尔德林的诗歌作品从现在开始肯定就像一种持续不断的定向伴随着海德格尔去追求那真正的语言。这不仅表现在海德格尔在已经认识到自己的政治错误之后，以对荷尔德林的解释而闻名于世（1936年），而且它也表现在当他在1936年同样地把艺术品作为一种真理本身的自我生成事件去把握时，试图在世界与大地的张力领域中进行思考。"大地"在这里如同一个哲学概念那样被使用，几乎是某种令人震惊的新鲜东西。无疑，海德格尔对世界概念的分析——他是从在世存在的结构突出此一世界概念，并借助使用上手状态（Zuhandenheit）这一参照关系把此一世界概念作为世界的世界性结构加以阐明——意味着世界概念的哲学传统的一种新转变。这种转变引导他从宇宙论的问题走向他的人类学的（大地与世界）相应问题（Entsprechung）。可是，这也有其神学的和道德哲学的先驱。但是，"大地"成为哲学主题，一个如此充满诗性的词成为一个中心的概念隐喻，也意味着一种真正的突破。作为"世界"的相对概念，"大地"的关联域绝不只是针对着人的。只有在大地与世界的共同游戏中，在遮蔽的和揭蔽的大地和世界的出世（Aufgang）的相互关联中，才能够获得一种"此"和真理的哲学概念。这是一个大胆的转变，通过此一转变为思想开辟出新的道路。荷尔德林为思想家海德格尔提供了语言（Zunge）。

从根本上说，这就是海德格尔从早期开始所追求的东西。这涉及他对存在问题的追问。古希腊的 Aletheia 概念，即无蔽（Unverborgenheit）、真理（Wahrheit），突出标明了存在者本身的存在，而不是只在人同存在者的关系中——即在"判断"中——才有其地位，这就是海德格尔这位老师从早期开始就坚持的首要观点。真理的位置完全不是判断。这意味着对逻辑的和认识论的真理概念的一种本体论的深化,但超出这一点之后,便是一个崭新的度向。Aletheia 这一隐秘概念,这一把蔽从黑暗中带到光亮中的剥夺活动——以及这种剥夺活动最终结果导向欧洲科学的启蒙运动——当它真正来到存在时,就需要它的相对支点(Gegenhalt)。存在物的自我展示(das Sich-Zeigen),即作为那种它现在所是的东西显现自身,如果它存在的话,就包含了一个自在支点(Ansichhalten)和自我遏制的支点(Sich-Zurückhalten)。这就赋予自我显现的存在者以存在的重要性。我们从我们最本己的生存经验出发去认识它,就如同人的此在的"此"与其有限性相联系一样。我们把它认识为黑暗的经验,我们作为能思者处于这种黑暗中并总是重新深陷于我们将带入光明之中的这个黑暗中。我们知道它是黑暗,我们是从此黑暗中走出来并又走进此黑暗中。但是,这个黑暗对于我们来说,不只是与光明世界相对立的黑暗。对我们而言,我们本身都是黑暗,而这就是说,我们都存在。这一同构成了我们此在的存在。

大地完全不只是那种光线的光芒不能照射进去的那种东西。这个遮蔽着的黑暗就是一个隐匿者,一切东西就是从他那里被带到光亮之中,有如词语由缄默中出来一样。克尔凯郭尔曾用以与绝对知识的自我透明性相对立的东西,即生存(Existenz),与谢林曾标明为不可预思的东西,即存在于一切思想之前的东西,都属于存在本身的真理。存在的诗性象征,对于海德格尔而言,就是荷尔德林对大地的召唤。

正是在追问艺术作品起源的问题关系里,海德格尔第一次指明了大地的本体论-结构性的而不只是隐秘限制着的功能。这里我们可以理解,艺术作品的观念论解释对于这些作品来说仍欠缺其真正的突出的存在方式;一部作品的存在,如同大树或高山一样的竖立或耸立,但仍然还是语言的存在。通过那在自身之内存在的在场而几乎要吞噬我们的作品,它的这个"此"就不只是被传导给我们。它完全从我们出发而规定了我们并把它自己的当下托付给我们。"此"不再是与我们相对的一个客体,不是我们可以去强占、去认识、去测量和支配的一个客体。它是一个我们自己被拖进其中的世界,这个世界比在我们的世界中所遇到的要宽广得多。因而要特别强调它是"此"的生成事件(das Ereignis des "Da"),而我们就是被放逐于这个事件之中。

从这里开始,最清楚地呈现出了海德格尔的思想不得不走的两条较宽广的道路。如果艺术作品不是客体,只要它是作为艺术作品讲话,而不是被移动在如商业和交易那样的陌生特征中,那么它最终也不得不被意识到,属于我们的事物本身只要不被错误地置于制作和交易的客体世界中,它就具有一个本源的合世界性(Welthaftigkeit),因而具有其自己存在的中心。里尔克的"物诗"告诉了我们某些其中的东西。物的存在不再在如下东西之中产生出来,即那种通过测量和评价能够把一个客观化的理解能力在它那里确定下来的东西。进入事物中并在其中在场的,正是一种生活关系的整体。我们一同也属于这种生活关系整体。我们一直很少在遗产的关系中属于它,即作为亲属遗留下来的东西,不管它是出自一个陌生的生活,还是出自我们自己的生活。

每一个人如何把在其世界的在家(Zuhausesein in seiner

Welt)经验为在这些作品和事物的世界中的在家,这完全清楚地在"在家"(Zuhausesein)这个词中表现出来,这个词对于所有讲话者都是最亲切的在家。这个词也不仅是相互理解的手段,并作为相互理解手段发挥作用。它也不单纯是指示某个他物的中间物(Zwischending),人们把它看作符号,以便转向某个他物。作为一个词或作为话语的单位,毋宁说,它是这样的东西,我们自己在其中完全就是在家中,以致我们居住在词中根本自己就未意识到。可是,在它自己所处的和一个作品所是的地方,在诗中和在会聚于自身的思想中,它对我们来说,完全是作为根本上是永远存在的东西而产生出来。它让我们完全着迷。在它之中逗留,就叫作听任此在,让我们自己坚守在存在的"此"之中。

这听起来与那种给今日人的此在指点其日常道路的东西距离相当遥远。难道这不正是在我们的世界中被挤到边缘的现象,它为着一切合法性而被带出,在这些合法性上为这种思想指出了遮蔽、揭蔽和隐蔽的存在经验?艺术作品的世界就像一个过去的或正在消逝的和后退的世界,这个世界在我们自己的世界中没有位置。一种正在枯萎的审美文化——我们确实把我们的感觉和我们的精神感受性的一切敏锐性都归之于这种文化——比起它从属于我们的世界(在此世界中我们才能够有在家感)来说,具有更多的专用保留权的特征。物越来越丧失它们的存在边缘和生活边缘状态,被商品的洪流和时髦的外观冲向最新的东西,这完全是我们生活于其中的工业时代特定的基本特征,这种特征必然越来越强化。语言本身,每一个谈话者的这种最柔韧和最灵活的财富,很快地凝结成铅版术,适应了生活普遍的均一化。因此这可能表现出,好像海德格尔的定向——通过这种定向,海德格尔对存在问题的追问才充满了可证明的内容——实际上无非只是对于正在消逝的或已经过去的世界的一种浪漫主义的召唤。

除此之外,每一位熟识海德格尔的人都知道,他的思想的革命激情使他绝不会认为:那些保存消逝东西的值得尊敬的努力,对于以思想的方式在我们世界的发生进程中的那种渗透作用有着真正的意义。他的思想的特色正是激进性和大胆性,靠着这种激进和大胆,他把流入到今天世界的技术文化的西方文明解释为我们的命运和西方形而上学的必然发展。但是,这也就是说,在他的思想内,完全没有能算作属于对计算、劳作或制造的宏大进程进行令人喜悦的放松活动的东西,它们被称为文化生活,而是对他来说,正是这种最大胆的计划和筹划的激进性才是今日存在的东西,才是我们时代对于人类面临的挑战所做的机巧回答。这种回答以最大的严肃性把人类在世的被放逐性看作是任何一个他人的推动。海德格尔很早就预见了今天才开始慢慢渗透到一般意识中的东西:人类通过大胆地攻击人类自身就建立其中的技术能力而产生了一种人类身在其中的不可避免的挑战。海德格尔把这种所谓的挑战、这种存在、这种在技术文明的先行标记下的人类道路称之为最严重的存在遗忘的道路。正如形而上学是在存在者的存在、什么-存在或本质中建立自身并在"此"周围调整它自己的被放逐状态一样,当今的技术也这样推动世界建立到其极致,并且也因此自身就成了今天最多人能经验的东西,即存在的东西。

但是,被遮蔽的遗忘当下当然也属于一切遗忘性。在存在遗忘之旁似乎也随之出现存在当下,在失落的瞬间偶尔照耀并持久地超越记忆之神——思想的缪斯。这也适合于那种认为我们当下被驱向的最严重的存在遗忘乃是存在本身命运的思想。所以,海德格尔把他自己对于存在东西的预先思想(Vorausdenken)同时描述为试图重新把开端作为开端来思想的后退步伐。预先思想不是计划和谋算、估价和管理,而是对现存在的和将存在的东西的思想。因此预先思想必然退回到开端去思想,而最终可能的步伐也还是从这开端出发,从这开端出发,这最终步伐才能被理解为一种结果。思想永远是对开端的思想。如果说海德格尔把哲学思想的历史解释为存在之演变的历史,解释为对存在之挑战的思想回答的历史,好像我们整个的哲学史无非就是不断产生的存在遗忘,那么他是知道了,一切伟大的思想尝试就是试图去思考这个相同的问题。它们却努力去内在地思考开端,去谈论和回答存在的挑战。所以,如果我们想穿越存在回忆的历史的话,那么这种思想的历史就不是另外一部在此似乎必须被解释的历史。它是同一部历史。存在回忆就是对存在遗忘的思的陪伴。我们总是忽略了这种把一切思想尝试相互联结起来的伙伴关系。海德格尔曾清楚地看到这一点,即这种交谈把我们大家都联系起来。正因为如此,他在他自己关于这种导向交谈的论文中越来越坚决地设立了标志,其目的是为了让我们能被指引到存在历史——存在的历史就是我们的命运——的道路上,这样做的结果就是:这条道路以一切方式将我们引向了那唯一之问题的开敞之处。

海德格尔并未终止这一谈话,不管我们是否可以把这种交谈称之为形而上学的交谈、哲学的交谈或思想的交谈。即使对于原初的和各方面都有进展的问题,如我们或许能谈论上帝而又不把它贬低为我们知识的对象,他也不去寻求相同的答案。但是,他曾如此宽广地提出他的问题,以致无论是哲学家的上帝也好,神学家的上帝也好,都不能成为一种答案,我们也不能妄想知道一种答案。诗人弗里德里希·荷尔德林,被他看作是他最亲近的谈话伙伴,这种交谈就是思想。荷尔德林对于被遗弃(Verlassenheit)的控诉和对于正在消逝的诸神的呼唤,以及他关于"我们倒还是感受到了许多神性的"知识,对于海德格尔来说,就如同一种担保,即思想的交谈在早成定局的无家可归和远离上帝的日益临近的世界之夜中寻找它的伙伴。我们大家都参与到这个交谈之中。这个交谈继续进行着,因为只有在交谈中,语言才能自我形成并继续形成,在这语言中——也就是在一个越来越陌生的世界中——我们才在家。

(邓安庆 译,洪汉鼎 校)

b) 海德格尔与伦理学

24. 大地上有尺度吗？（维尔纳·马克思）[333]

（1984年）

所有确实受到海德格尔思想推动，但是又不满足于用他自己的语言来复述其思想的人，他们的任务是进一步去思考海德格尔。正如进一步思考黑格尔也是不容易的一样，这是绝对不容易的。人们会很容易地溺毙在两者的思想语言中。但即便人们将自己的头保持在水面上，进一步去思考黑格尔以及海德格尔依然是一个困难的任务，并且人们事实上已经在不同的方向上对此进行了尝试。对那些在极为不同的语言中所呈现的关于进一步思考海德格尔的尝试做出评估，这超出了我的能力。眼下我只列举其中的 H. 阿伦特、H. 毕洛（H. Birault）、J. 德里达、D. 亚尼库（D. Janicaud）、A. 柯尔克（A. Kelkel）、H. 罗姆巴赫（H. Rombach）、R. 许尔曼（R.

Schürmann)、R. 索科洛夫斯基(R. Sokolowski)、G. 瓦蒂莫(G. Vattimo)。然而,他们之中的一些人,需要根据主导问题来讨论,本文的题目就是这个主导问题定的。

全集的出版工作正以令人愉快的速度向前推进着,它有望重新激活对海德格尔思想的理解。事情在此正与黑格尔那时的处境相似。文献编辑技术上的薄弱在两者那里都是显而易见的,然而如果海德格尔的讲座能为公众获取,那么这对海德格尔而言所具有的意义也和黑格尔的讲座对黑格尔的意义是一样的。黑格尔在他的主要著作中写得如此难以理解,以至于学习阅读它们一百年都不够。另一方面,他的讲座又是如此地透彻和具体,以至于在迄今150多年里,他的讲座及其出版比他的书产生了更广泛的影响。同样地,海德格尔的讲座,因为进路取向的冲击力与思想展开方式的清晰性,它们极其显著地区别于他成熟时期高度风格化的工作,成熟时期的工作通过与语言的痛苦搏斗来展现这位思想家。这些讲座会逐渐产生如黑格尔讲座同样的影响。①

现在出版的这本书,它从海德格尔出发,并且特别涉及了晦涩难解的晚期著作②。一方面,它在海德格尔的语言与概念世界内部纵情驰骋;另一方面,它同时是一次独立地去进一步思考海德格尔的尝试。这正是维尔纳·马克思的书,它以上面提到的荷尔

---

① 在此参考如下补充,亦即我自己对海德格尔晚期著作的研究"海德格尔的开端"所增添的补充(本书第 375 页以下)。

② 维尔纳·马克思:《大地上有尺度吗?——一种非形而上学伦理学的基本规定》,汉堡,1983 年。

德林诗歌为书名*出版。作者将自己的思想置于已言明的主导观念之下,即从海德格尔的晚期思想出发,可以在何种范围内找到一条通向一种伦理学之奠基的道路,以及在此道路方向上是否可以进一步去思考海德格尔。

维尔纳·马克思现在有权为了这样一个研究计划而要求所有细心的关注。他在大约 30 年前出版了第一本关于海德格尔的书,即《海德格尔与传统》[③],这本书的优秀之处在于作者扎实的工作方式、对海德格尔思想令人信服的认识和理解以及作者对此思想仍想保有一种批判性自由的尝试。这成为他回到德国并前往弗莱堡接受海德格尔教席的基础。当时马克思的兴趣就是去问:源于海德格尔的伦理学是如何可能的?然而此提问的结果却毋宁说造成了一种有缺陷的东西。今天,当他在弗莱堡进行了数十年富有成果的教学和研究活动之后,并且在海德格尔的晚期著作——就他自己仍在出版编辑它们而言——完全可以获取之后,马克思再次拾起这一旧时的关切。但现在这不是去临摹出失却其伦理应用的海德格尔思想,而是在批判性地追问一种伦理学的可能性时,对海德格尔的思想之路进行完整的分析。

人们在阅读本书时会注意到那种熟练地指引人们穿越海德格尔晚期著作的诸多尝试的手法。人们现在才有合适的机会来赞叹

---

* 这指的是:马克思本书的标题《大地上有尺度吗?》(*Gibt es auf Erden ein Maß?*) 取自荷尔德林的诗《在可爱的蓝色中盛开》(*In lieblicher Bläue blühet*)。——译者

[③] 维尔默·马克思:《海德格尔与传统——存在之基本规定的一个问题式导论》,斯图加特:科尔哈默出版社 1961 年版(中译本参见《海德格尔与传统——存在之基本规定的一个问题式导论》,朱松峰、张瑞臣译,上海人民出版社 2012 年版)。

马克思阅读海德格尔的精确性和赞叹他通过晚期海德格尔多种多样的著述来开辟自己道路时的绝然坚定。马克思对海德格尔著作提出的问题是任何一个真正的思想家都不能逃避的。这是对负有责任的行动之标准的追问，这一追问如同一条引线贯穿了整个研究。

因此，本书以双重方式提出了一项高要求。正如先前的那本书，要求人们不仅细致地解读海德格尔，而且还要将海德格尔的所有著作连同他为人所熟知的那种语言和阐释艺术的全部独特性都整合进自身之中，这造成了几乎不可实现的前提条件。马克思没有真的将这一思想转换成他自己的语言，而是将他独立提出的问题指向这一思想，以此来呈现这一思想。他能够为自己要求这一思想真正地变成他自己的问题。如果一个人像我一样，虽然他与马堡时期海德格尔青年时代的思想相遇并且从中获得灵感，但是他只在远处探寻海德格尔晚期思想之路，并且他只掌握那些他可以让自己有所获益的东西，那么，这个人就会发现自己面对一项艰巨的任务。这本书不仅想要人们通过与作者的共同思考来阅读它，而且在此之外它还要求重新让它自身非常具体地进入到海德格尔的晚期著作里，并且要求将这两者转换成一种独特的语言。我感谢这部书给予我这样的机会，但不知道自己在多大程度上能胜任这双重任务。

由马克思向海德格尔提出的问题，就这个问题自身来说，它与每个思考的人都相关，它同时展现了一种非同寻常的勇敢。众所周知，海德格尔曾拒绝承认那种经常向他提出的"撰写一部伦理学"的要求。从实质情况来看，对《存在与时间》最初的接受——尤其从"马堡神学"方面来看——倾向于在此思想中看到一种对此在本真性的诉求,而雅斯贝斯在其后开始产生影响的《哲学》中则强化了这一道德主义式的误解。当让·博弗雷后来在1945年对海德格尔提出同样的要求时,海德格尔以他著名的人道主义书信做出了回答,而这一回答的意义是,海德格尔不仅拒绝了"撰写一部伦理学"的可能性,而且,他力求让思想返回到它真正的贫乏之中,因为我们所有人"都未充分地思考行为的本质"。晚期海德格尔真的离开了这条通向贫乏的道路了吗?或者更恰当地说,通过继续在这条路上行走,人们在这条路上能得到新的财富吗?这是马克思提出并且自己要应对的问题。

这个问题完全独立于海德格尔,它当然也是一个有待思想来解决的实质性难题。让一种哲学伦理学得以可能的条件是什么呢?马克思大致上是这样来引入该问题的:"我们生活在这样一个时代中,在此,由基督教会形成的文化的传统秩序观失去了它自身理所应当的特性和无可争议的有效性。"没有人能够反驳这一论断。马克思现在将这一点与海德格尔自己的规划联系在一起,即与海德格尔"克服"形而上学、彻底追问为古希腊哲学奠基的西方思想传统以及"为另一种思想作准备"的规划相联系。在海德格尔的思想中,人们找不到负有责任之思想的标准的问题的直接回答;在导论章节中,马克思通过对海德格尔著作的仔细审视而确认了这一点。谁还想质疑这一点呢?

但是马克思所突出的等同,即将基督教的——更确切地说——奠基于基督教的伦理秩序的有效规定与"形而上学思想"等同,绝非理所当然。我不敢将这样一种等同强行归于海德格尔。

在此确实是欧洲的启蒙运动,它曾对立于基督教传统而完成了它数百年的成就,而如我直到今天仍认为的那样,康德未被超越的功绩正是他明确地让道德哲学摆脱了道德法则的宗教和形而上学论证。这里存在着一个人们称之为实践哲学的事物的普遍性难题。实践哲学真的依附于形而上学吗?形而上学的奠基者亚里士多德正好在此具有道路指向性:他虽然一方面在作为第一哲学传统形态的存在神学(Ontotheologie)的意义上创造了形而上学,但另一方面,当他专注于概念地分析"已说之事"(Legomena),也即专注于分析在他的时代和环境的人类生活中"流行的"善与幸福生活的概念之时,他就为实践哲学引入了一个全然不同的前提。对他来说,这意味着,实践哲学以教育与社会秩序的一个有效的共同性为根据,并且在它的那一方面只是要去改善对有效事物的概念性说明。

如我所见,这一点恰好在康德伦理学备受攻击的形式主义中,找到了支持。康德已经明确避免了从他的道德哲学来推导出内容性的命令,或者避免了完全引入宗教性的前提来论证道德哲学的基础。就此而言,他依然是启蒙运动的一个孩子。当然,他是一个受卢梭教诲的孩子:他的《道德形而上学奠基》并不想要通过哲学而凌驾于普遍的道德理性,而是要让启蒙运动理性主义得以收敛。他因此成为了实践哲学的革新者,当然是在一种特定的批判性还原之中的革新者。正是这一种道德,它要求适用于所有的理性存在者,并因此从根本上排除了去追问遵循道德法则的特殊的人类动机。就此而言,康德或许完全不能理解由马克思反复提出的对如下动机的追问:人们为何将善置于恶之前?在康德看来,对于理性共同性的任何怀疑都是不可能的——正如对于理性事实

(Vernunftfaktum)的怀疑也是不可能的一样,他将这一事实突显为"自由"(并且凭借自由而突显为责任状态)。

现在人们当然可以经由康德的宗教学说和他的后继者,将这一形式性的理性道德回溯至人类本性的基础上,并且因此才发生了对实际的恶的追问。谢林首先这么做了,马克思为此追溯到他,尤其是当海德格尔刚好也做了同样的事情的时候。谢林《对人类自由本质的研究》这部深度思辨的作品被海德格尔在某种程度上吸收到了他的思想当中。但马克思在此认识到了一个决定性的差别。对谢林来说,创世论的神学背景与由此而来的上帝概念是前提条件,从这一前提条件出发,人类自由的问题在根本上首次变得可见起来。因而基督教的形而上学在这里为人类保持了尺度,在该尺度之下人类自由的运用导向了善,不同于此的是,在海德格尔哲学的开端中则完全缺乏这样一种标准。

上述的说法肯定是正确的。但谢林的论文也绝对不会对马克思的提问做出应答。在谢林的著作中"尺度"这个词仅仅出现过一次。该著作作为整体并不是要为道德奠基(Begründung),即不是在康德《奠基》(Grundlegung)的意义上所预设的那种奠基,而是要反驳斯宾诺莎主义。它以一种神智学的(theosophisch)形而上学为目标。马克思对这方面关注得太少。谢林也并非因道德之故而对关于恶的追问感兴趣。倘若海德格尔为了那在至福与罪恶之间的原初争执而去研究谢林,那么他在这里是有道理的。谢林不是从爱出发来为道德奠基,而是从人类自由及在其中安置的善的可能性出发来理解上帝的本质。因此如瓦尔特·舒尔茨令人信服地展示的那样,在谢林身上能看到一位让基督教形而上学传统达到其极致后果的思想家,这是正确的。人们也就理解了,海德格尔能够利用谢林来反问这个传统背后的东西。在谢林那里存在着的进路,也是马克思在他自己的著作中所强调的进路。④

我们必须自问,马克思在其自身方面想要在何种意义上来进一步地发展海德格尔的思想,以便于他能获得"负有责任之行为的一个尺度"。晚期海德格尔的思想并不满足于:如同在《存在与时间》中所能呈现的那样,通过此在的本真性来削弱主体的中心地位。马克思向自己提出的问题是:不同于康德和谢林立身在形而上学的思想中并由此想要在理性的概念中——也在意志的概念中——找到道德的基础,海德格尔刚好动摇了这一地基;在此究竟有什么东西仍然是有效的?马克思称之为爱、同情和承认的"古老德性"可以沿着海德格尔道路得到重新论证吗?如何论证呢?

马克思引导我们走过的道路是一条漫长道路。书中的各章融贯地联系在一起。其论题是:在转向后的晚期海德格尔那里,他明确教导的那种存在与虚无的交织(Ineinander von Sein und Nichts)实际上需要一个中介。正是死亡充当着中介并由此超越存在与虚无的交织而指向"至福"(das Heile)——据说人们可以由此出发重新激活爱、同情、承认这些古老的"德性"。

在这里我感谢马克思的细致研究所给予的教导;我当时以为我已经理解了,为何在《存在与时间》的设问中,死亡,更确切地说,先行到死中去(das Vorlaufen zum Tode)具有这样一个规定性作

---

④ 参见维尔纳·马克思:《谢林:历史、体系、自由》,弗莱堡/慕尼黑,1977年。

用(相反,我从未完全弄懂在《存在与时间》的论证关联中这个主题的引入)。我曾理解的是:在一个祛神化的(entgöttert)世界里,有约束力的共同性以可预见的方式被越来越有力地消解掉了,并且"所意之恶"(die Teufelei des Wollens)与所行之恶越来越多地盖覆了所有其他的思想和有效规定;在这样的一个祛神化的世界中,人类力量最外在的界限、面对死亡的彻底无力事实上就像是一种最后的共同性被突显出来。赴死(sterben)的向来我属性(Jemeinigkeit)在这里让所有假象化的支撑崩溃了。《存在与时间》就此展现了这一点,而弗莱堡的就职演讲从这里过渡到对指向所有存在者之外的虚无的经验——这也是无聊中的虚无。存在者的这一虚无使得存在之存在变得可见。在《存在与时间》的思想进程中死亡问题的引入,即认为人们必须确信此在的整体存在,因此需要先行到死中去,我并不觉得这是合适的论证。难道人们没有持续地经验到时间性的经验、所有存在者在每一个"过去"(Vorbei)的逃离经验与不可撤回的经验吗?先行到死中去肯定先于这一"过去"。但此在的历史性与有限性在每一个瞬间中得到了证实,因为过去的时间是不可折返的。无物可被召回。正如亚里士多德业已说过的那样,神没有一次能够使已发生之事变成未曾发生之事。难道罪责的本质不就是要去面对这种经验吗?当我看到在海德格尔的晚期著作中死亡的主题是如何变得没有时间性的主题重要时⑤,我觉

---

⑤ 如果我曾偶尔认为,在《存在与时间》中对我而言不甚清楚的由"死亡"主题所引入的论证是即兴之作,那么我就错了:《存在与时间》逐渐清晰的前史(Vorgeschichte)展示出同样的论证,此外海德格尔于1924年在卡塞尔(Kassel)的演讲与其全集第26卷《逻辑学》(1925年)也是如此。

得,我得到了确证。

从马克思那里我能够知道,这仅在一定程度上是对的。虽然这是正确的:这不再决定性地取决于赴死的向来我属性,因为死亡的经验(正如马克思正确地强调的那样,在海德格尔那里理所应当的东西是"持续赴死"的经验)在海德格尔晚期思想中完全没有立场退让,而毋宁说找到了它的概念性的把握方式。赴死者的概念实现了这一点,在这一概念中,重要的是向来我属性的人类命运的共同之物。在此马克思想要从晚期海德格尔出发来证明,死亡,作为一种持续的赴死,在存在与虚无之间被视作是一种中介者。(当然,我会觉得,至少海德格尔的意向在《存在与时间》中就已进入了相同的方向。海德格尔肯定从未想到过存在与虚无的同一。)现在马克思如何建立与海德格尔的联系呢?

就此而言,我们问的是马克思如何将死亡作为中介者而引入。他将持续赴死的经验描述为那条离开恐惧而前往至福的道路。这无疑是一种描述,它关注的事情不同于《存在与时间》,即便它处在海德格尔自己已经进一步思考的方向上。但这再一次地是一种现身情态(Befindlichkeit),而上述描述立足于其中。就此看来,它依然在方法论上立足于与《存在与时间》中相同的对畏之分析的基础之上,它没有追随海德格尔进入"转向",如果说在"转向"后海德格尔基本上放弃了此在的超越论分析(die transzendentale Analytik des Daseins)的导引功能的话;在分析中,正是如现身情态这样的东西展现了基础。马克思所做的描述,由于这种描述关注他人,很明显与海德格尔对畏的描述不同。尽管如此,它与《存在与时间》的道路是平行前进的。正如在《存在与时间》那里,道路是从现成在手状态（Vorhandenheit）通过上手状态（Zuhandenheit）走向此在，马克思则开始于对他人的漠不关心。通向他人的道路只有在面对无助状态（Hilflosigkeit）时才得以开启，而在这种无助状态中，人们面临着死亡的恐怖——先行地——经验到了自身，这条道路因此和求助的希望相关。在这一描述中的两个步骤在我看来是值得关注的。对我而言，对他人的漠不关心并非首要之事，死亡的观念在某种程度上必定使一个人摆脱这种首要的东西；毋宁说，首要之事是所经历的人类的共属性，正如可以在一切爱的共同体中、在家庭中，但也在学校和职业工作中经验到这种共属性。与此相反，死亡的经验恰好意味着，它使一个人彻底地退回到一个人自身，因为没有人，即便是一个最亲密的他人，能够帮助他。对我来说，这是在海德格尔《存在与时间》的描述中不同寻常的合事实性（die außerordentliche Sachangemessenheit）。马克思显然做出了进一步思考，以至于从普遍无助状态的私人经验出发可以经验到他人的临近（die Nähe der anderen），并且就此而言更深入地感受到了爱、同情与承认。绝不应该否认这一点。但这与非形而上学的思想有什么关系呢？

应该在何种意义上将这些"古老的德性"经验为一种（新的）尺度？在我看来，在爱与同情那里最困难的伦理问题之一是：在此正确的尺度在哪里。显然不在人们无尺度地沉迷于爱与同情之激情与感动的那个地方。唯独在承认的概念中才直接表明，在承认中经验到了一个尺度。康德已经正确地描绘了这一经验，即便他不称之为承认，而是将之描绘为"敬重"（Achtung）的理性作用。如果人们将实践共属性的那种明显指向的广义含义赋予爱与同情，那么人们肯定可以将它们与承认并列。(康德当然在他对伦理学的奠基中已经确认了这种命令式的必然,以至于他将对邻人的爱全然转换为实践之事。)但倘若人们这样做了,我就要问自己,这一点从《存在与时间》的进路出发不也能够得到充分的描述吗?在我看来,"正在解除的担忧"(freigebende Fürsorge)这一概念涵盖了这些德性的全部场域。

我想附带提及另一个问题。我在这里略过并且因此不能解决的事情就是重新去解释人格概念。我在海德格尔那也没发现任何对此概念的新解释。我意识到,这个罗马人的法律概念由于它的神学历史而承载了过多的内容。但是在狄尔泰与舍勒那呈现的东西,还有最近对寻找和发现"同一性"的讨论,或许可以让人原谅我的这种缺失。

但愿这些附带的说明没有错失掉多少马克思的思想进程。现在我们才真正走近此书自身的论题。这一论题虽然已经通过下述说法显示出来了,亦即死亡是在存在与虚无之间的中介者。但是现在尝试,在海德格尔的文本上来验证这个论题,把这个论题看作是在敏锐展开的运思过程中的一个存在论的论题。并且如果这一点是正确的,那么人们必须承认,在这里得到了一种存在论的后果,而这一后果事实上在海德格尔那里没有出现,是的,与他是全然对立的。人们应当允许我尽力通过将海德格尔的语言世界和概念世界(Sprach-und Begriffswelt)转译为我自己的语言表达方法,以理解马克思的分析。由此,或许马克思同海德格尔相分离的地方就会变得更为明确,或许我在此最终不能同意他的原因也会变得更明确。

24. 大地上有尺度吗？（维尔纳·马克思）

在此首先是关于尺度位置的论文。马克思在这里研究了出自 1944—1945 年的所谓关于思的田间路对话（Feldweggespräch），它以《泰然任之》(*Gelassenheit*) 的标题出版。* 正如人们所知道的，这是一份独特的文本。这一对话是一次三方对谈，是一位研究者、一位学者和一位教师之间的对谈。这是一种由作者提前计划好的、略微有些人为化的角色分配。倘若马克思没有特别注意到这场对话中每一次指派给一方或另一方的角色，那么它就此而言仍然是合法的。然而具有根本性意义的是，海德格尔在这里特别着手尝试了一种对话类型，也就是说，着手尝试了一种对话的情境设定的类型。在对话交流的来回之中，表达方式获得了某种程度的灵活性。所有三位对话者在如下方面是一致的：在某种程度上可以说，人们无法为自己表象任何关系到重要事物的正确的东西（在一种表象的和概念上辩证的思想的意义上），而且某些事物是"被看到的"。在此重要的是，被看到的事物不承担确定的概念性。

我预先说出这一点，因为在这决定性的段落上，我担心马克思在术语表述的意义上过度地延伸了文本。马克思立足于其上进行后续论证的段落如下（海德格尔：《泰然任之》，第 40 页）："地域（Gegnet）**

---

* 即 Martin Heidegger, *Zur Erörterung der Gelassenhei—aus einem Feldweggespräch*, Stuttgart: Klett-Cotta, 1944/1945。该论文后收入《海德格尔全集》第 13 卷《思的经验》(*Aus der Erfahrung des Denkens*)。中译文参见"对泰然任之的探讨———次有关思的林中路交谈(1944/1945)"，载海德格尔：《思的经验》，陈春文译，人民出版社 2008 年版，第 32—60 页。——译者

** "Gegnet"作为"Gegend"的一个变式，只在南德地区的方言中出现。两者的词根都是"gegen"（反对）。海德格尔下述生造的"Vergegnen"与"Vergegnis"同样以此为词根。——译者

是驻留着的广阔,它聚集着一切,敞开自身,以至于在它之中敞开之物能被保持住并持续下去,让任何东西在它的安宁中呈现。"*

引文或许给出了一个海德格尔的读者要求对之进行转换的概念。如果人们想要理解这罕见的半概念式(halbbegrifflich)表述,他们就必须记得,这被认为是一场在田间路上的对话,海德格尔在1951年(在一份为他的朋友和读者印行的特刊本中)一篇简短的散文作品中描绘了这条田间路。

现在他描绘了,这条田间路通向何处——或者更恰当地说:此路经过了何物,以及何物与沿此路前行的人相关。由此可以理解的是,在我们的田间路对话中,什么是"地带"(Gegend),以及为什么海德格尔为此引入"地域"这一陌生而又含义丰富的表达。这一表达应该标示出,一片在自身中安歇的大地(Landschaft)的内在基本机制(Grundverfassung)。这一大地并非像一个旅行的漫游目的地那样被漫游者观看并转向漫游者。在禁闭在自身的呈现中,"地域"是那种东西,在它那里一切相互反对并遭遇,并向沿此路前行的漫游者说出了某事。它是那给予了"广阔与片刻"(Weite und Weile)的东西。人们必须这般理解这种情况,亦即一个地带的在自身中安歇的存在是双面的:没有任何经由行动着的人的目的而调整和受限的东西,与没有任何出自人的活动而匆忙完成的东西。并且如果人在此地带中处于居家状态,那么他就归属于该地带。为此海德格尔继续冒险使用了一个人造的词,"相对"(das

---

* 此处翻译参考了陈春文先生的译文,参见海德格尔:《思的经验》,商务印书馆2018年版,第40页。——译者

Vergegnis),它是一种相遇(Begegnis),而此相遇是一种关系,并展现了一种为人与地带之间关系奠基的遭遇。这并不确切地是一种行为和我们对地带的关系,而不如说是该地带的一种行为及它对我们的关系,这一地带不是我们自己塑造的,而是我们让自己遭遇了"这种关系"。允许我们到该地带的敞明之处意味着,在此包围着我们的敞明之处,不会成为美丽的外景或远景,而是作为在自身中安歇、并向我们述说的某物。海德格尔在此区分了包围我们的地带与"地带本身",可以说,我们迈入前者等于迈入我们的视域,而我们允许自己进入后者并只能以如下方式允许自己进入后者,亦即我们等待着,它自行敞开。

因此我会尝试转译。而马克思并不这样做,他在海德格尔的语言中前进,好像在一种清楚明白的语言中前进一样,但他以他那细致而精妙入微的方式来做这件事。他向之前进的东西,是在上述引文中他认为他发现的一种区分:地带的敞开状态与包围着我们的敞开物的区分。马克思径直将这一区分极致化,让它变为一种疑难(第64、75页)。倘若他强调敞开状态,并在其中看到了海德格尔对地带之本质的反思意义:即这种敞开状态是从一个特定地带的每个偶然独一性中明确地被突显出来的,并且这种敞开状态代表着"所有地带之地带",那么人们只能赞同马克思。而海德格尔在这里虽然从一种特定的场合出发,可是他确实试图去描绘一种向度,在此向度中,"存在的真理"能够出现在人们面前。当我如此直接地在讨论中,仿佛像他当时用它的方式那样,植入一个这般典型的海德格尔词汇的时候,我请求谅解。我或许可以同样加入晚期的语言用法,这种语言用法论述了存在之"澄明"

(Lichtung),甚至或许可以加入最晚期的语言用法,"本有"(Ereignis),而不是加入"存在的真理"。在他最后的发表作品《面向思的事情》(第77页)*中,他直接地提示说,在他的眼中不再容许有关"存在之真理"的论述——这恰好是因为它适用于黑格尔。

无疑,整个田间路对话的目的是:让地带的在自身中存在(das Insichsein)变得可见,并以此要让存在的在自身中存在变得可见。马克思(第78页以下)现在在其中看到了一种困难,亦即地带的在自身中存在同时指向人,而地带唯独对人来说才能本现(wesen)。他在这里看到了一种危险,亦即人类的反对力量面对着在地带中本现的力量而建构起自身(第75页)。我更宁愿期待与之相颠倒的困难,这种困难对我来说曾一直是个问题:倘若人这般完全地卷入到对敞开自身的地带的等待之中,以至于在人那里似乎根本就不再呈现任何的面对(entgegen)或反对(gegen),那么海德格尔是否走得还不够远?将这样一种经验分给在一片未被扰动的大地中的人,我很明确地理解了这一点,与此相同,我也理解:海德格尔在他《物》的论文中说,当他将物突显为对立于客观存在之后,整个世界仿佛都拢集于物之中。我同样理解:如此在自身中安歇的大地,从思想来看,这是向我们述说的东西,并且只在此后才可以说这大地是地带。我理解:一种这般传承人类本质却仍然关涉人类的存在维度以此变得可经验了。海德格尔将这一存在的语言称之为

---

* 该书伽达默尔注明为《面向思的语言》(*Zur Sprache des Denkens*)。但在查阅海德格尔全集后,我们并未发现海德格尔有此著作,故基本确定该书为海德格尔晚期著作《面向思的事情》(*Zur Sache des Denkens*)。原德文书名应为印刷之误或伽达默尔本人的笔误。——译者

"道说"(Sage),并想要公开地表明,重要的不是一种特定的说法,重要的反而是一种存在之广阔(eine Weite des Seins)的被聚集起来的存在(Angewehtsein),而人好像是被卷入到这种存在之广阔当中;并且如果人应该倾听"存在的无声道说"(lautlose Sage des Seins)并对之加以应答,他也必须让自己卷入到这种广阔当中。海德格尔显然看到了这一点,因为他在地带中不仅看到了"反对",也看到了"相对"(Vergegnen)*:只有这样,语言才在此存在——并非在此存在,却没有应答。

的确在这里插入了一种论述的完整问题域,这种论述是关于敞开自身之存在的论述以及关于与这一敞开相应的人之此在的论述。但我并未成功理解的是,马克思在这里有何权利认为他看到了两个领域,即看到了敞开自身的敞开状态和敞开物——这种敞开物是敞开状态将自身敞开形成的敞开物,并且敞开状态让自身向这种敞开物敞开。这难道不是敞开之物本身?并且在这里被描绘为向度的东西——在该向度内一个敞开物与另一个及第三个敞开物随后被区分开来——是敞开状态吗?这随后就是包围着我们的诸地带。在我看来,海德格尔就是这样认为的,就此而言,我能够在涉及海德格尔的表述(Aussagen)的事情上不同意马克思。但实质问题仍然存在:马克思对于敞开状态与敞开物的区分有何兴趣?这一区分并未清晰地呈现在海德格尔的所有事例之中。从整体可以表明这一点:马克思的论题是:应该让敞开状态摆脱所有的"不"(Nicht)和"无"(Nichts)——海德格尔则缺失了这一点,因

---

* Vergegnen 作为海德格尔生造的词之一,其词根正为"反对"(gegen)。——译者

为他并未妥当地将存在与虚无的关系和死亡的角色思考到底。"我们的见解是,海德格尔因此放弃了一种可能性,即放弃了去规定那个尺度能够在其中出现的'地点'的可能性"(第82页)。马克思显然认为,伦理经验要求在"善"与"恶"之间进行明确的划分,并且认为这包含了一种"纯粹"的存在。苏格拉底如是来追问和推导,而这一"存在"则变成了形而上学的存在。

这展示了下一篇论文的主题,这篇论文名为"死亡与赴死者"。死亡作为持续的赴死,是为人之本质而保留的。人们可以跟随海德格尔来表述这一点,亦即人们"能够死亡"。我这样来翻译:所有在生命之中的人,经受着这一点,以便知道这个终点并且就在这个终点那里存在。这包含了,他们在死亡中能够制造存在的经验。海德格尔想要公开地说明,这些人能够认识他们本己的存在与存在作为"片刻"(Weile)的意义。因而,死亡真正地具有它非同寻常的地位并且给思想提出了它的任务。

如果马克思现在以另一种选择——"非由存在,而由死亡才是可能的"——来表示反对,那么我就不太理解这一点。在死亡中可经验的有限性与对畏的现身情态,在《存在与时间》的思想之路上也具有这种开启"存在"的功能。在晚期思想中,海德格尔也将这一无法解开的秘密——死亡对于活着的人来说就是这一秘密——刻画为让人类本质在其存在中得以可能并突显这一本质的东西。他在此谈论着"圣殿"并因此公开地认为,这一充满奥秘的虚无被保管在存在中并以此来遮蔽自己,但不是如同被遮蔽在一个幽闭之地,而是如同被保护和收藏在一座重金维护的宝库里。

马克思有理由强调说,在这里死亡显现了——并且这意味着:持续的赴死——不再作为此在进入虚无的消逝,正如此在在畏中拥有其最高的情绪上的见证。现在从存在出发的确可以想到的是,人看到自己被带入他的本质,在这一本质中以同样的方式通过虚无正如通过存在关涉到人。由于这种赴死曾是此在在情绪性的决断中的先行到死中去,正如《存在与时间》曾描述的那样,就此而言,死亡作为持续的赴死在事实上变成了不同的东西。同样正确的是,有限性的意义在一种新的用语中规定了自身,正如这一点在海德格尔最后的出版作品也清晰地得到了表明。有限性不再被视为与无限性相关联的一种否定,而是被视为造就了本己之物的东西,在其中停留与居住被赠予了的东西。人们由此就理解了,为何死亡被称作一个锁闭的圣殿,存在中的虚无与存在自身也在其中本现。被置于这一秘密之下,造就了诸赴死者的存在。当然依据海德格尔,赴死者们反身进入其本质,这直到现今都没有被给予人类。"死亡的能力"仍然是这一本质最高的可能性,但对这一可能性构成障碍的是,计算性的思想与它对切近之物的执守遮蔽了该可能性。重要的是:在与不死者的关联中和在天空与大地的世界游戏的被占用中看到赴死者,并在这样的"怀念"中思考性地准备人类在其真实本质中的停留,而这一本质是一种逗留(Weilen)。

所以我想大致概括一下海德格尔晚年的提示。在这里,本质性的差异呈现在我相对于马克思而确立的视角之中。我并不这般看待海德格尔,仿佛那些"可以"在跳跃中崭新地去思考的人都已然停留在上述本质之中。毋宁说这些人依然是预备者,表象性的运思和这种运思在我们整个生活世界中构造的事物都交付给了这些预备者,正如交付给了其他所有人一样。人类抵达其真实本质,这不能由单个人来完成,既不能由先行思考的思想家,也不能由先行作诗的诗人来完成。这是一种攫取了一切的本有事件、一场世界的变迁,并且正如海德格尔经常说的那样:"或许是突兀的"。我觉得可以确定的是,这并不意味着,现今的思想本身会失去它的功能与它本己的权利。海德格尔明确地将"泰然任之"的关键描述为:表象性的论证正如技术一样会永存,但人类却可以对它们"泰然任之",它们不再是那种在今天拖着人类前进的疯狂(《泰然任之》,第25页)。

这并没有排除:对于个人以及对于整个社会统一体或对于世界历史自身来说,被卷入世界游戏与存在之发生中,最终得到的回答或许会是一种自我拒绝和无人理会。在海德格尔的视野内,这甚至在根本上有极大的可能与尼采的末日影像相应,然后哲学的终结甚至或许会是思想的终结。没有人知道这一点。但我认为,在一直存在着人类世界的地方,也会存在着那如同爱、同情与承认的古老德性。在我看来,当柏拉图将社会生活的真正承载者、那个理念化的城邦解释为从未完全消失的与从未不可辨识的时候(《政治家篇》,302),他是有道理的。在我们几近全然遗忘存在的黑夜里,只要思想性的计划和与它相应的生活秩序是可能的,那么共属性的持存、同情与承认的持存以及居住与逗留的持存同样都得到了延续。我不觉得,"这是如此存在"这一点是一个特殊的谜团。毋宁说,涉及的是思想以及其由于计算而不断的没落。它不再涉及栖居本身,而是涉及使栖居再次"可以得到思考",也就是说,在人类的自我理解中将栖居的地位归还给栖居——并且在最后,在面对死亡之时,使得"泰然任之"成为可能。

马克思研究了"死亡与语言"的课题。海德格尔偶尔提示的这两者之间的关联,拥有其悠久的历史。死亡的知识,造就了我们生命对死亡持续性的牵挂状态(Eingedenksein),在人性的思想中很早就已被接受为人的本己标识。人们只需思考到埃斯库罗斯的普罗米修斯——戏剧或者《新约》的福音。但语言同样是人的一种不同寻常的东西,正如它在人们之间被言说并使得实际性的理解成为可能,而这一理解承载了人类社会的建构。完全不可避免地要提出这个问题,即这两者是如何关联的:在自然存在者的整体之内,一种存在者通过它思考性的自身——先行存在(Sich-Vorwegsein)而被释放出来,以至于它不仅能够知道死亡,而且能够在远离所有的本能路径与需求时,在自身中建构一种超越这些强制的区分,建构一种在善与恶、正确与不正确之间的判断(亚里士多德:《政治学》,第 1 卷,第 2 章,1253a2 以下)。这一亚里士多德式的原初洞见看到了语言对于人的社会性此在所具有的卓越的东西(Auszeichhnung),这一原初的洞见令人担忧地与人之另一卓越的东西——即觉知人的死亡——联系在一起。在这里不存在两种不同寻常的东西是偶然邻近的情况。毋宁说,这两者描述了人,这一点深入捕捉到了人之本质。

现在马克思得出了他"存在论"结论:

> "如果死亡是相对于存在与虚无的他物,那么它是一种对于何物的指引呢?恰好,如果我们跟随海德格尔不将它理解为人之肉身的腐坏,而是跟随他认为死亡是呼

唤着的遮蔽之秘密的最高山脉,并且我们将死亡思考为存在的最高隐蔽性,那么我们难道在此不应推测:作为这一秘密的死亡将之唤入去蔽中的某物,它对自身而言是最高的去蔽性,而这一去蔽性就自身而言是一种他物,它与存在以及与在存在中虚无化之虚无相对,而由于这种他物归属于一种另外的向度,它就拥有一个本己的地点,这个地点与作为真理之发生的存在之发生相对,并且在此地点上存在着唯一的尺度或存在着诸种尺度?"(第107页)

所有的东西都在这一段落中了。首先是那在事实上挑衅性的论题,死亡是相对于存在与虚无之间的他物,而非反过来是它们最高的见证。然而在死亡中存在着的最高隐蔽性被经验到了,这意味着,虚无"存在着"而非不存在。人们理解这一点,并且也理解了:死亡经验用虚无的对峙来反对留存的存在幻相、反对在场者之在场性的存在幻相。

当马克思在其中看到了海德格尔思想进程中的一个本质性的步骤时,马克思的描述肯定是正确的,亦即思考非由将自身置入死亡之虚无中的此在出发,而是从关涉此在并要求此在的死亡出发。因此事实上这是唤入去蔽中的死亡,但这意味着,它一方面与从未被去蔽的虚无之秘密相反对,而另一方面正好由此将此在唤入它本己的存在之中。但这时马克思断定的论题是:死亡,当唤入去蔽之中时,就其自身而言唤起了最高的去蔽性。马克思恰好将这一去蔽性,刻画为相对于存在与在其中虚无化之虚无的一种他物。未能被足够强调的是,我们在这一点上偏离了海德格尔的基本立场,据此立场"虚无化在存在自身中本现"或者"存在虚无化——作为存在"(第109页)。马克思相信,只有与此相对立才能拯救"伦理学"。

这是决定性的要点,马克思的整个思想都以此要点为目标。346 我们所有人从海德格尔那学到的东西,正好是他的对立面,也就是说,这般所谓的去蔽性构成了形而上学思想对存在的遗忘,在这种思想中,存在被思考为在场者最后的、最高的与持续性的在场性——并且在它最后的终结中作为自身意识而在此。现今从谢林经由尼采延伸至我们这个世纪的明见性,它承载了我们对自身意识优先性的批判,这种明见性即是"存在"在自身中包含虚无。在此意义上,此在之存在可以被称之为历史性与有限性。与此相反,马克思想要思考一个未被虚无所染污的去蔽存在,此去蔽存在作为地点同时就是这样一个地点:在此地点上给出了大地上的一种尺度。这肯定不会在存在-神学(Onto-Theologie)的意义上引入一个最高的存在者。马克思远未考虑到这么做。他想要在纯粹的去蔽性的意义上去思考敞开状态的尺度,在这一去蔽性中虚无并不存在。现在人们理解了,为何他从关于"泰然任之"的文章中——根据他自己的意见,这是一种并不为海德格尔坚持的启示(第67页)——对那个命题加以检验,以至于在此产生了一种在敞开状态与敞开物之间的区分。马克思明显想要得到的结论是:在纯粹敞开状态的领域内存在着诸尺度,并且赴死者最终能够经验到,这些尺度就是救赎。马克思肯定不认同把《存在与时间》当作是对本真性之呼吁的这种误解,尤其如新教神学所做出的这种误解;新教神学只是不愿得知,本真性与非本真性同样源初地归属于此在。(为何马克思不引用他肯定未曾忘记的海德格尔的这个论题呢?)现在,以他对晚期海德格尔的解释的水平,他相信可以在这样一个方向上来进一步思考:该方向"从恐吓、惊吓的被规定性出发,理应达到在赴死者之此在中的一种产生救赎的变化"。

现今这是一个真正强势的要求,马克思在这里将之与海德格尔的思想冒险相联结。海德格尔几乎没有以此方式来表达自己。虽然他通过运思而观照到了在世界中的人的本质可以得到救赎,并且他希望,也许有一天,他作为这一救赎的预备者会变得有用。但他并不要求,通过他的思想自身造成人类本质与存在天命的变化。他非常清楚地知道,一种这般改变世界的思维方式,正如现代技术所做的那样,不可能由单个人的思想尝试出发而被改变。我认为,他是这样思考的:单个人作为思考者只能努力去拆除那些思想障碍,它们使得人们在面对计算性思想的吸引时毫无防备能力,并让他们被锁闭在存在的遗忘中。

随后在我发现具有卓越的清晰性的一章里,马克思从他那大胆的要求出发,描述了海德格尔称之为"存在天命式的"思考的那种方法。我相信,当海德格尔将存在之历史说成"存在之天命"时,我已经看到了海德格尔以之为目标的东西。当我在与《存在与时间》中的诠释学概念的关联中来讨论效果历史的意识——这一意识更多应是存在而非意识——的时候,我曾试图用我的方式来帮助他表达。不同于一种已知的或可知的历史,这一效果历史的意识仍然是一种有待接受的天命,它给我们思考与理解的可能性划界。在马克思的视野内,他在海德格尔的意义上视为存在天命式思想的东西是很难穷尽的。对他而言,具有决定性的似乎毋宁说

24. 大地上有尺度吗？（维尔纳·马克思） 499

是：人意识到并全然意识到他的天命，意识到并全然意识到这一恰好作为天命赋予(Zugeschickten)的天命，人们认识并思维着它。

马克思通过一个例证，亦即通过莱布尼茨的例证，极其明确地说明了，在他所坚持的概念的严格意义上，他所认为的那种存在天命思想是什么。在此他阐明了，在这里如何一方面能够实现对海德格尔文本的倾听，正如海德格尔自己所说的那样，人们在倾听时"无须以此文本为依据"，但却总是自己参与到这个文本当中。在我自己对诠释学哲学的理论尝试中，这正是我一直在关注的要点。但是在此之外，正如马克思与海德格尔的表述所一致认为的那样，应当勇于跳出形而上学及其思想的强制，并达到那种从文本中获得某种全然不同东西的自由。"无物是无根据的"(Nichts ist ohne Grund)，这个莱布尼茨的命题在以下这种粗暴的自行解放的语境中被转而思考为："虚无是无根据的"(Nichts ist ohne Grund)。这个命题随即的意谓是：无根据的虚无存在(daβ es das Nichts ist, das ohne Grund ist)。"虚无"是缺失根据的存在。马克思在这里出色地描绘了，海德格尔如何与形而上学进行对话。这里有两个层面，一方面是倾听，另一方面是发出强势的反对呼声，亦即发出盖过传统声音的、真正的反驳呼声。在这里以巧妙的方式描绘出了海德格尔诸多解释中为人所知的强势特性。海德格尔是这样的人：与一个文本的意向相对立，他揭示那些未得到思考，但在语言自身之谜中言说着的、反对形而上学思想的东西。就此而言，海德格尔也是从一种原初语言经验被遮蔽的本质出发，来解释前苏格拉底哲学家，而这种语言经验并非完全能运用于任何文本。在此我与马克思是一致的：用挑剔者高举的手指去批评漏听或盖过传统的本己声音，这太轻率了。看到海德格尔在此想要听出的东西，这是更困难的事情；并且在基于海德格尔巨大的思想力量而对他表示的钦佩之外，那种让我们可以对海德格尔的成就具有一种创造性态度的东西才是独一无二的东西。

这种东西要求成为一种跳跃，成为一个"命题"，思想通过这一命题而跳跃入海德格尔的追问方向，以至于在"转向"中的诸物让自身服从一种新的意义，正如在"无物是无根据的"中的情况那样。然而令我十分不安的是那一种不愿承认如下这一点为真的解释：即这种跳跃总是仅仅让自己放飞一段很短的距离，直至它再度降落到地面上、落到形而上学思想的大地，形而上学思想共同规定了我们的语言以及西方文化世界中的一切语言。这并不是说，这样的跳跃在自身中是没有方向感的，而是说它预设了那种同样业已保存了形而上学语言的下落。我对追随海德格尔感到犹豫，因为虽然海德格尔想要通过另一种思想来为我们在世之在的这样一种转变做准备，但是他却以为他知道，这"或许是突兀的"可能会到来并能让人去寻找他的真实本质并且能让人在这片大地上真正栖居——甚至能够让人走向另一种语言！我们真的知道思想会走向何处吗？在我看来，海德格尔自己无论在任何情况下都没有过高评价单个人的思想，也没有过高评价他自己的思想。"只有一个上帝能够拯救我们"——这想说的是：经由我们计划性的、计算性的、展示性的思想，我们肯定无法摆脱在我们家园般的大地上具有威胁性的不可居住状态。技术时代的计算性思想对能够让我们重返居住之能力（Wohnkönnen）的东西一无所知。因此海德格尔才说"只有一个上帝……"。

马克思的这部著作思想丰富而敏锐,我只能选择性地加以讨论;它以之结束的简短一章的标题是:"人诗意地栖居"——这里引用了荷尔德林。当马克思为了他对"伦理学"的关切而要求具有一种预备性的思想时,在这里最清晰地呈现出了马克思给自己造成的那种困难。在本书的结尾他写道:"然而海德格尔指出的不是人——这样的人不是诗人——所必须走的那条道路,以便人在他的日常行为举止中能注意到那诗性的真实之物。"荷尔德林的引文说的是另一种东西,而海德格尔对它的使用也是如此。将诗人与思想家一起称作是为另一种可能的居住做准备的人,这不是指诗人与思想家的专断。决定性的仍然是这一点:在其中标识出了人最本己的可能性,亦即每个人都"诗意地栖居"——即便人不是诗人。人都诗意地栖居着。这显然意味着:人栖身于一个宜居之地,而且真的需要——马克思极其强烈地坚持这一点:人对他人而言是某种物,并且觉察到临近他的东西。

因此马克思无疑连接着海德格尔,但这种连接不是为了从人的有限性出发而全新地去思考"存在",而是为了全新地给一种伦理学的可能性奠基。这是一种全然不同的兴趣。因此与此兴趣相关的不是"另一种思想",而是一种人的转变,这种转变是人在面临死亡的惊恐时所获得的——这是一种此岸性的转向。这一转变允诺一条通往救赎之路。

有什么东西与海德格尔晚期的"转向"以及非形而上学思想相关,这是我无法看到的。我看到的恰好是:人类品性的一种全新音调,甚至一种新的现身情态也与海德格尔的晚期思想产生了共鸣。现在,畏的位置——《存在与时间》曾用畏来引导进入对存在的追问——已经被"泰然任之"取代了。但是从"本有"而来的思想与被虚无纯粹化的存在并无关系,而马克思认为在海德格尔的"敞开状态"中可以找到这一存在。与此相对,马克思那种想要面对虚无来保证纯粹存在的存在论意向,有着一种与"自由的理性事实"令人绝望的相似性,并且这种意向不仅与康德相似——至少在人们必须将每一个他人承认为自身目的那种自身目的的公式中以及在敬重的情感中,康德的绝对命令具备它的见证;这种意向同样也与黑格尔相似——在与绝对主人、与死亡相遭遇的承认的辩证法中,黑格尔认识到一切坚固之物的全然消解并以此认识到了自由。

在其中,我完全没有看到任何异议,它是针对着马克思所主导的真正问题关切的。然而,马克思必定决然要去了解的事情是:对此问题的关切是无法用海德格尔的那种非形而上学思想来加以论证的,并且它也无须此般论证。这种关切既不反对海德格尔的思想冒险,也不反对关于大地上所有的尺度的经验对我们具有的那种紧迫性。我反而相信,伦理学论证根本不能依附于形而上学完成(倒不如说,形而上学的论证依附于伦理学)。我们可以从亚里士多德那里以及从康德那里学到这一点。但反过来说,这意味着:伦理学也不能依附于"非形而上学思想"。

因此,在我的眼里,把伦理学追问与海德格尔思想联结起来,这一真诚的尝试,实际上就有完全不同的功绩。事实上,马克思没能把伦理学追问与海德格尔(思想)联系起来,这就证实了伦理学的自主性并进而消除了那个可笑的流言:仿佛海德格尔的思想是虚无主义的,世界倒是正常、无可指责的。

(居俊、谢晓川 译,张荣 校)

25. 伦理与伦理学（麦金泰尔及其他人）
（1985年）

（一）

　　以《追求美德》为书名，麦金泰尔出版了在哲学伦理学的问题关联中很有意思的一本书①。当然，这和海德格尔与他的形而上学批判相距甚远。正好相反，这本书的意图在于，让亚里士多德形而上学的承载力以及与此相伴的伦理学的承载力在我们的处境中发挥新的作用。在这样一种意图中，这本书始于对当下道德无政府主义的详尽展现，或者更恰当地说，始于对全部道德哲学观念的多元主义和相对主义的详尽展示。这是一位今天在美国已获盛名的爱尔兰人的作品。他非常熟悉不列颠的或者说盎格鲁-撒克逊的哲学传统，但他却明确站在亚里士多德的传统中。因此，对于德语读者来说，（了解）他是一种极为有趣的相遇。这种相遇不仅将其他的目标读者，即盎格鲁-撒克逊大陆的社会功利主义，带入到

---

① 阿拉斯代尔·麦金泰尔（Alasdair MacIntyre）：《追求美德——一种道德理论研究》，伦敦，1981年。

我们所讨论的问题关联中,而且也在接纳与进一步思考亚里士多德传统中,突出了其他在我们自己的问题处境看来再平常不过以至于被忽略了的特征。

这样做需要一个共同前提支撑:如果不转向历史,我们根本就无法接近道德哲学问题。对德国传统来说,这是不言自明的,甚至像图根德哈特(Tugendhat)或者帕齐希(Patzig)这些语言学分析的极端支持者们也没有摒弃这一前提。然而,如读者注意到的那样,盎格鲁-撒克逊地区的问题状况恰好是另一种情况。人们无法反驳本书作者的看法,即不管是分析哲学还是现象学,它们似乎都无力担负起吸收与延续西方哲学的富有生命力传统这一使命。值得德语读者注意的是,在此关联中,完全没有提到价值现象学。就此期间看来,人们必定会同意,现象学的价值多元主义,很少像扩大而差异化了的社会功利主义的多元论那样,能在涉及道德哲学基础问题的时候给出一种现实的指示。

在其书的上半部分,作者给出了现有问题状况的一种历史性导论。导论的基本思想是:流行的多元主义与相对主义是启蒙运动失败的后果。作者描述了启蒙运动尝试把道德奠基于理性的几个关键步骤。从大致情况来看,人们必定会认为他是对的,即一种与价值中立的科学理想紧密相关的决定论事实上更有利于对科学的操纵。在他的解释过程中,作者直接接受或者构建了一个概念,这个概念是从具有代表性的诸现代研究者之一,即马克斯·韦伯那里推导出来的概念:"韦伯主义",对作者来说,它是指通过单纯的工具理性(die bloße Rationalität des Mittels)驱除美德概念和具有约束力的目的定位概念。这在德语传统内部目前已经有许多讨论,霍克海默在"理性的消逝"(The Eclipse of Reason)一文中恰好也讨论了这一点,但是不止法兰克福学派,在实践哲学的革新中以及在诠释学中产生的问题同样也讨论了这一点。

大致而言,人们必定会认为作者的描述具有真实的说服力。面对17世纪因近代科学的兴起和科学极为成功的发展所产生的变化处境,古代与中世纪展现出一种相对的统一性。如其不可能是另外的样子,休谟在麦金泰尔那里起了一种关键作用,而我觉得,在盎格鲁-撒克逊传统的路线中,对休谟在大陆上的对手康德所进行的解读太过了。虽然作者自己承认,康德将道德奠基于自由的理性事实之上的动因是摆脱了英国经验性的同情伦理学,并且承认这种奠基具有某种合法性。英国的道德哲学,正如人们所知的那样,在康德看来,确实规定了其思想形成的一个重要阶段。然而我觉得,很清楚的是,这只符合康德道德哲学的一个方面。更为根本的关系是通过与大陆理性主义的交锋而产生的。

作者在此解释了康德为何如此试图着力打造一种不以人的自然本性为基础的理性道德。当作者说,18世纪在很大程度上,如狄尔泰所展现的那样,通过斯多葛式的义务概念以及近代对它的塑造而注定走向法的概念,他确实是正确的。尽管我觉得,如果人们想要在其中看出一种对自律的个体性的启蒙线索的延续,那么人们就很少能够正确看待绝对命令这一康德对道德奠基的核心。道德意识的自律在康德那里只是作为对启蒙运动的幸福功利主义的批判才得到了强调,并且它的前提正是道德法则的共同性和道德法则效力的无条件性。

同样让德语读者值得注意的是对克尔凯郭尔的推崇。虽然人们承认,我们这个世纪中的现代决断主义极其特别地以克尔凯郭尔的《或此或彼》和以选择概念为依据。但是在克尔凯郭尔自己那里,起决定性作用的是不同的东西:即宗教性的追求,个体主义的极致化服务于此种追求;此外,还有以法官威廉(Assessor Wilhelm)的处世态度来展现的对实践哲学传统的积极延续,这是一个实际上由黑格尔展现的康德批判的要素。在这里,对黑格尔调和古代与现代思想尝试的超越以曲折的方式而引人关注。

当人们质疑19世纪自由主义的时候,尽管有上述这些限制,人们还是恰当地展现了启蒙运动的失败,即恰当地展现了将道德哲学奠基于启蒙运动之理性概念的失败。如果失败指的是"第一位的不是规则,而是价值和美德",并且意味着启蒙运动在这里失败了,那么人们会同意这个命题,并且或许会将这个命题拓展为:即使价值也不是第一位的,伦理道德才是第一位的。

在认同作者的情形下,人们以此走上了返回历史的道路。通过简短但是非常清晰的分析,这本书引领我们从荷马和神话传说的英雄伦理学走向亚里士多德和他延续到近代的影响。对作者来说,根本性的要点是索福克勒斯塑造出的悲剧性冲突的肃穆,这一根本性的要点甚至会让他怀疑以亚里士多德的方式来奠基的实践哲学;正是因为人在悲剧性处境下无法找到正当的道路,人们才突显出悲剧性冲突的特质。

在我补充一些批评性的评注和说明之前,我还想提及作者的一个特别中肯的见解,即他认为,如果他对亚里士多德的描述以及对源自亚里士多德的传统之承载力的描述会导致批评性意见的产生,那么这些反对意见无论如何都会对他这本书的基本论题有所助益。如果可以用不同于他所描述的方式来看待源自亚里士多德的传统，这也意味着一种对此传统意义的确认。

在完全承认麦金泰尔描述的细致与确凿的同时，我确实想要提出批评性的意见。作者起始于如下问题：在纷繁与多变的道德观点和伦理学说中，难道没有某种共同的东西吗？对此他完全没有加以任何掩饰的是（第170页）：何种核心差别在古代向基督教过渡的中古世纪传统内部出现了，以及是一种什么样的核心差别突显了诸如信仰、爱和希望或谦卑等概念。但是他看到，实践哲学传统的共同统一之处在于：（不同于现代混乱的状况）实践完全不意味着指向外在目标的行动，而是如他所说，当在实践中涉及如真正的"美德"（Arete）的东西时，行动以"内在的善"为目标。这很显然与人们所熟知的亚里士多德的"活动"（Ergon）和"实现"（Energeia）的区分有关，而且与它相呼应的是那种突显伦理实践不同于"诗作/创制"（Poiesis）的强调：实践不是外在于其自身的实行（Vollzug）活动（Ergon）。当作者在游戏的自身目标上或者在完满实现的类型上——这些类型存在于艺术作品和科学知识当中——来刻画这种区分的时候，从"美德"这个希腊概念来看，这种做法本身是可信且恰当的。这是我所赞同的地方。

但我必须在这里提出问题：不是从苏格拉底开始问题在根本上就产生了变化吗？不是恰好是亚里士多德应对这种变化？并且在他对"美德言辞"（Aretai）、美德和习俗（Ethos）的纷繁描述中还坚持对善进行追问吗？在这里我觉得，亚里士多德对那种内在于认知性的美德的，更准确地说，对那种内在于制作和行动的技艺和实践智慧区分的差别没有得到足够的重视，而对亚里士多德调和取向的批评也不恰当。正是伦理和逻各斯（Logos）的、伦理"美德"和认知"美德"的内在相互所属性才突显出了对人之生活中的善的追问，而显然只有在城邦的视域中才能看到这一追问。虽然以此来论述亚里士多德的目的论形而上学和物理学对他的实践哲学的影响是有某些道理的，但是将实践哲学奠基在理论哲学之上，这恰好是不恰当的。我觉得，这是亚里士多德对苏格拉底最好的继承，正如柏拉图的《斐多篇》也确认了的那样。在其死亡之日，柏拉图借苏格拉底之口说出了一种以目的论方式来解释自然的计划，这种计划以苏格拉底为"善"所做的"道德"抉择为基础，而不是相反（《斐多篇》，99ab）。在这一点上，因为他与柏拉图的对立或者因为所谓的他对柏拉图的批评，亚里士多德明确地坚持认为，对人的善的追问不依赖于所有理论的、目的论的面向。

现在我不是要就此反驳作者的根本主张，即认为正是与传统目的论形而上学的断裂本身引发了近代伦理学和实践的世界秩序的所有问题。然而人们不应颠倒依赖关系。这里的问题正是苏格拉底对其时代的宇宙论知识提出的问题：自然和存在的知识怎样被塑造成了与人的自我理解相符合、与人根据善所做出的理解相符合的知识？因此，苏格拉底问题本身就出现在形而上学的开端，即便形而上学结束，这个问题还仍然作为一个问题存在。我觉得，作者没有充分地尊重这一点，因此他低估了康德在这一关键时刻的提问所能够发挥的作用：这一作用即是回归到《理想国》第2卷开始处的柏拉图的"严格主义"。以此我想要在这些问题中针对作者而捍卫亚里士多德。

在我看来，作者自己对亚里士多德传统的进一步构建——我们马上要说到它——与亚里士多德自己是完全一致的(比较第187页)。抉择(Prohairesis)最终是一个基本词汇,在这个词中,亚里士多德看出人可以在所给予的行动诸可能性中做出决断。我乐于承认,在此他所感兴趣的悲剧问题不再如诸神的相互争斗那样还具有古典的含义,而是作为一种人担负责任的问题才引起他的关切。但是当实践智慧是一种独特的方面时,即人的习俗(Ethos)在此面向中有别于那些非理性的存在物(die unvernünftigen Wesen)而构建和维持着自身,那么在亚里士多德那里,人们无须虚假的调和也可以注意到在人的生命的多种面向中存在着人的生命统一性。

我们转向这本书的核心章节,作者在其中想要表明他如何针对流行的多元主义来设想一种共同传统的基本特性,而这种共同传统能够革新"实践哲学"。这是他的书中第15章与第16章的内容。

与作者一样,我们认为:在实践哲学的领域内所涉及的不是规则的应用。"美德"的统一性以一个不预设抽象普遍物的逻各斯为基础。亚里士多德称这样的"理性状况"(Vernünftigkeit)为"实践智慧"。在进一步思考亚里士多德的伦理学时,作者用非常现代的叙事概念(Begriff des Narrativen)标识出了他所重新展开的环节。以此,生命整体的统一性才得以被那种在前后相继的叙述历史中构成的眼光把握。我同意:针对所有的碎片化——无论是以分析的、社会学的或者是存在主义的方式来思考的碎片化,实践性的生命所理解的统一性捍卫着自身的合法权利。确实,人们可以怀疑讲述(Erzählung)、叙事(Narration)的概念是否能切合亚里士多德的概念世界。如果人们记得在亚里士多德的《诗学》中那个著名的历史性模仿与诗性模仿的对比,亚里士多德的叙事至少不是完全排外的;在《诗学》中,他明确承认,诗歌比历史作品更有哲学特质,因为诗歌按照事物过去可能出现的样子以及一再出现的样子展现事物,它并不展现一次性的偶然事物。毫无疑问,在亚里士多德面前,普鲁塔克显然会比修昔底德获得更多的喜爱。人们也不应忘记,神话归根结底就叫叙述。人们或许会因此追问,为何那种突显了希腊精神的史诗传统特征的叙事在阿提卡哲学那里,即在柏拉图以及亚里士多德那里,没有获得肯定性的赞同。麦金泰尔这本优秀的著作正好指出:叙事是展现普遍事物的一种形式,并且它或许是在普遍性意识被摧毁的时代真正能够——特别是以诗歌的形式——进行表达的一种形式。

当事关实践哲学传统、美德传统的存活与延续的时候,这一点就变得尤为明确了。借由美德传统,作者将他的论述逐渐过渡到对简·奥斯汀的推崇,这很有说服力。或许欧洲大陆的读者会认为,在19世纪的俄国和法国小说中所展开的那种道德问题的紧张程度应当与这位英国的女诗人密切相关。对我来说,"实践哲学"的伟大遗产正好可以在诗人对传统解体的刻画中来把握。但是我也想承认,道德自我理解的统一性——它肯定也存在于亚里士多德的伦理学和政治学中——通过讲述、叙事的概念而直接地得到了实现,而且我也承认,人们是从本书作者的思考出发,来理解我们今天处在其结束位置的小说时代的含义。只有从一个人的历史出发,人们才能理解一个人的具体行为,而只有从历史出发,人们才能理解社会。对话(第196页)也是一种历史的统一性。以此人们可以一般地说,行动也可以仅仅被理解为历史。如作者的巧妙引用的那样(第199页),作为行动者,我们也是历史的共同创造者。被叙述的历史概念表现为对善的追问这个贯穿始终的问题的展现,这个概念因此源于传统中屹立不变者的基本结构,这是有说服力的。当作者说,在现代思想中历史和传统的统一性被误解了,我觉得他是有道理的。

在这本书的最后章节,对亚里士多德传统的重新接纳批判性地运用于现代性之中。就此看来,关于"Justice",即关于正义的章节能够很好地表明,古老的美德是如何在现代思想的前提之下沦落为一种平衡利益的技艺(罗尔斯、诺奇克)。就整体来说,麦金泰尔这本书展现了他在表达问题时所具有的一种让人印象深刻的自主性。这本书着重于解释西方思想道路的命运和历史。特别要突出强调的是,在这本书的整体背后,存在着一种冷静的、批判性的与尼采的论辩:承认尼采揭露伪装的真诚,尼采通过这种真诚揭露了现代道德思想的虚构(das Fiktive),而另一方面,批判尼采在现代个人主义上的沉沦状态(Verfallenheit)。在马克思那里,本书作者也只看到了一位社会化的鲁滨孙的预示者。本书结束于列奥·托洛茨基对俄国(社会)实验的晚年表述,参照这些表述,所提出的问题得不到任何答案。但是作者的所思是不会被忽略的:在我们变得混乱的世界之中,所有延续严密道德传统的方式,都是为了再次赢得由共同精神所给出的希望之承诺。我不觉得,这种希望像已经终结了的启蒙运动的乌托邦那样是一种乌托邦式的希望。在这种宣告要在理论上、体系上进行延续的尝试中,我实际上看到的是针对维尔纳·马克思在大地上去寻找尺度之尝试的一种实在论的对立。

（二）

以清晰和谨慎的方式来说明亚里士多德哲学伦理学的问题域，并且当人们审视在我们超越时空界限的视域中多样的伦理形态（Ethosgestalten）的时候，不会忽视这种说明的贡献，这就是能够说服我的东西。在较早的时候，我已经尝试过在一篇论文中提出在一种积极性的、在双方相互补充意义上来解释亚里士多德伦理学与康德伦理学的关系②。我觉得，问题实际上还是和以前一样处于上述线索当中。也是依据这次尝试，我坚持认为紧随着后期海德格尔之后出现的是一种伦理学。当然，这还需要进一步的说明，对伦理学的或者康德所给出的道德法则的论证如何与亚里士多德的伦理学建立关系，以及在何种范围内"给出说明"（Rechenschaftsgabe）、"给出根据"（λόγον διδόναι），即那种亚里士多德从苏格拉底继承到的遗产，指向相同的线索，如康德《道德形而上学奠基》借助柏拉图的工具所指向的那样。

重新研究恩斯特·图根德哈特的论文"古代和现代的伦理学"（1981年）在此对我很有帮助③。尽管我觉得在这篇论文里我自己的立场没有得到适当的刻画。对我来说，最为重要的完全不是艺

---

② "论一种哲学伦理学的可能性"，参见我的著作集，第4卷，第201页以下。

③ 载莱纳·维尔（编）：《在其当代意义中的古代哲学——汉-格·伽达默尔80岁寿辰致敬研讨会》（海德堡科学院会议论文），海德堡，1978年。后收录于恩斯特·图根德哈特：《伦理学问题》，斯图加特，1984年，第33—56页。

术的经验。虽然与被还原为进步概念的哲学要求相比,艺术的经验处于一个优先位置。因为在经典的真理定义中被称作是"物"(res)的东西,因而显示出一种新的优点。我尝试发展为诠释学哲学的东西是一种奠基,它不单独建立在艺术模型的基础上,或者也仅仅是优先地建立在艺术模型基础上。在《真理与方法》中,艺术模型只是一种引导性的、为我分析审美经验的功能。如同我的著作的结构所表明的那样,一切都汇集于语言(Sprachlichkeit)的基本特征,即是对话性的(dialogisch zu sein)。这是对他者的经验,这种经验以如此根本的方式显现给我,并且它很少因为逻辑学和语义学-语言学分析在现代的进步而变得过时,以至于对我来说,从此出发,我的基本立场看来不会是成问题的。在此才做出将实践哲学的遗产纳入到我的基本立场之中的决定,但是这不意味着只接纳亚里士多德的实践哲学,同样也要接纳康德的实践哲学。

在整体上,在我看来,康德的见解就其重要性而言,在现今的讨论中并没有得到充分发挥。在麦金泰尔和维尔纳·马克思那里,我就已经发现缺少了这一点。在人们明确要引用康德的地方,如图根德哈特的情形中,我同样发现,他也缺少了这一点。在我看来,图根德哈特所理解的伦理学论证忽视了康德在解释一种哲学伦理学时所带有的警觉和智慧。在此我感到遗憾的是,格哈德·克吕格出色的书《康德伦理学的批判与形而上学》,没有表现出足够的影响力,尽管它至少借由法语早已走出了德语世界。对我来说,克吕格很有说服力地证明了,康德所指的"道德法则的论证"不是一个人们能够从中推导出内容性规范的原则,而是一种概念性说明,即说明了什么样的事物在其明见性上无须哲学的合理论证。这样一种明见性在自身中承载着实践本身,尤其是一旦涉及态度合情合理(das Herz auf dem rechten Flecke)的人之际。正是那种通行的道德哲学概念导致的迷惑,需要一种应当由绝对命令实施的批判。这关系到在概念上克服启蒙运动的功利主义并再生产义务的简单明见性。对我来说,这是明确的事实,而克吕格特别通过将"判断力的类型论"认识为论证性图式(das argumentative Schema),从而为这种关联做实际性的证明,康德是在表达绝对命令时推导出这一论证性图式的,并且他是为了自律的意义才推导的。

就此而言,我觉得无论如何都非常明确的是:不管是康德还是亚里士多德都没有去捍卫一种道德规范的理论"论证",因为这两人实际上都满足于针对错误的哲学而将道德责任性的意义变成有效的规定,即针对先前的论证方式,如激情的辩证法所展开的论证方式。亚里士多德的论证诉求满足于从"业已言说的东西"(Legomena)开始,即满足于从业已设想到的生活理解和业已流行的、关于善和幸福生活的思想观念开始。这就是实践哲学。如同苏格拉底和柏拉图对善的追问那样,实践哲学奠基于言说(Logoi),奠基于一种柏拉图所表达的明见性;柏拉图以最让人意想不到的方式运用了虚构出来的毕达哥拉斯派的回忆学说,他以此来刻画这种明见性。

现在,图根德哈特将对幸福的追问看作希腊伦理学的标记,并且想将它转向经由康德论证的近代道德哲学去。就所提出的这个任务来说,我赞成图根德哈特并且就此而言承认,舍勒所做的对康德伦理学命令式的单一性批评是有道理的。当然,当图根德哈特为此把健康概念也牵涉进来时，我就很难苟同了。我认为，他至少必须讨论《理想国》中柏拉图所展现的一种类比，讨论灵魂的恰当机制和肉体的恰当机制之间的类比，即伦理问题与健康问题之间的类比，柏拉图展开这一类比只是为了在超越《理想国》第4卷中所树立的这个类比时展现它的不可靠特性。只有通过辩证法的提升才能达到一种真正的"给出说明"（Rechenschaftsgabe）。我在我的科学院论文"善的理念"④里已试图表明，尤其是善的理念无法被概念把握住，这种理念在结束辩证法的上升历程时也回转向此历程。

我觉得同样切合亚里士多德的是：苏格拉底的问题在他那里得到了延续。他以概念的方式表达了柏拉图在用神话-神学方式打造的苏格拉底遗产时所造成的那个既伟大又古怪的乌托邦国家。在上面提到的我的文章里，我也试图对此做了一些证明⑤。

图根德哈特重印了他的研究，并且做了大量的补充说明：《伦理学问题》1983年出版于雷克拉姆出版社的简装本丛书（Reclambändchen）。这里涉及1981年关于伦理学问题的三次讲座课（第57—131页）以及1983年所进行的增补修订。正如上面讨论过的那项研究，在这里，论证的坦率和彻底也是令人信服的。图根德哈特明确从限制我们的历史相对性出发，并且如他所说，针对的是"特定的历史时刻"，在其中不存在先行确定的共同道德信

---

④ "柏拉图与亚里士多德之间的善之理念"（海德堡科学院会议论文，哲学-历史学第3组），海德堡，1978年。［参见我的著作集，第7卷。］

⑤ ［对此问题还有我在这期间与卡尔·波普尔进行的讨论参见："乌托邦中的柏拉图思想"，载《人文中学》，第90卷（1983年），第434—455页（我的著作集，第7卷）。］

念。在这里他看到了道德论证的必要性,因为相对的另一种唯一选项是"强力"(Gewalt)。

这意味着要让启蒙运动达到极限。因为这必定意味着:必须根据现存的相对性——也包括存在于个体的生平中的相对性——寻求所有人的一致意见,这种一致意见只能达到一种"最低的道德"(Mindestmoral)。这是哲学应当完成的。难怪在图根德哈特那里,"不偏不倚"(Unparteilichkeit),最多再加上相互"尊重",就构成了最高的规范要点——仿佛除了争执和对立,人和人之间再没有其他东西。

人们读到了下述例子(第120页):"在一个家庭里的孩子们之间产生了道德问题。妈妈走过来,她让每个孩子表明他们自己的利益关切,然后她作为善意的和不偏不倚的观察者来做出应该如何解决问题的决定。在此情形下,正如所要求的那样,构成了道德的论证过程以及相关利益关切的第一手信息。但是孩子们的言语行为只用于信息的输入。论证过程自身不是交互性的。在这里有某种不正常的东西吗?现在,我自己认为——而且我也假定,我们所有人都会认为,除事关非常小的孩子之外,这里有某种不正常的东西。而我们确实会说,对法律上得到许可的规范进行制度化时,这样一种过程在道德上是难以得到合理论证的。"听起来就是如此(也如其认为的那样),仿佛所有人都像小孩子一样来相处,他们因为爱、因为亲密、因为承认母亲的权威而服从,而没有任何对根据的要求。我不明白,在这里什么才应该是那些关于法律上得到许可的规范的制度化的说法的内容。这就好像是承认权威和以此为基础的一体性(Solidarität)——也包括法律上得到许可的规范那里的承认权威和一体性——不是别的,就只是启蒙运动的缺陷似的!

图根德哈特对罗尔斯的正义概念所做的批评虽然表明,他所说的不单纯是与法律相类似的行为秩序。但是乌尔苏拉·沃尔夫(U. Wolf)所提出的反驳,即图根德哈特也没有超越合法性,这是有某些道理的,就此而言,图根德哈特看到——是他看到,而不是我看到——有必要回溯到康德的自律概念。这也不让我觉得意外。在康德所在的世纪中,就已存在着一个甚至涵盖了"中国人的智慧篇"(sapientia sinica)在内的广阔视域。在此,曾盛行过的道德相对性不是人们不知道的东西。康德的形式主义显然要应对包含有这一相对性的道德怀疑主义。

我不能以为自己能够详细地洞察那个图根德哈特参与其中的、受到乌尔苏拉·沃尔夫、菲利帕·福特(Ph. Foot)、哈贝马斯、黑尔(Hare)、罗尔斯、维尔特(Wildt)、温尼科特(Winnicott)影响的讨论状况。分析哲学的"西班牙靴子"*(die spanischen Stiefel)仍然让我觉得太不舒服。我必须将我自己限定于讨论他们所得出的结论:我很难理解,为何康德对理性概念的运用就应当包含有现在不再有效的"更高的真理"和关于人之本质的概念。图根德哈特在和哈贝马斯的讨论中想说,人们不能将孤独的思和交往的思分隔开来的说法,这难道真的不是理性的本质并且也不是"更高的真理"? 康德的全部追求是:无论如何都要防止让更高的真理,比如

＊ Die spanischen Stiefel 的字面意思是西班牙靴子,原指西班牙宗教审判时用的一种刑具,故转译为"审讯的刑具""逼供的刑具"。——译者

在上帝给予性的意义上的真理,远离道德的论证。

确实,我们已经不太熟悉那种以康德的和斯多葛学派的方式对"义务论"的道德问题域所做的总结,但这对我们来说只是一种语言运用上的陌生。康德在使用"义务"这个词的时候,它不是指一种盲目地给予命令的权威,如舍勒在康德那里极其糟糕的误解,而是指诉求于自身的道德洞见,而如果康德为针对自身的义务以及针对他人的义务而使用"自在目的"的概念,那么这就是一个至高的悖论性表达,这一表达恰好没有回溯到一种"更高的真理"。图根德哈特自己引用了(第161页)康德的句子:"以此,人必然为自己呈现他自己的存在(Dasein)。"

图根德哈特最后(第173页)甚至承认:人们作为充分有能力去谈论"自在目的"的人也能够依据他自己的理解来说出:"你要以认真的态度对待你的生命"——以此图根德哈特最终认为,关于自我义务的说法得到了论证:"但是现在所突显的自身义务不涉及某种内容,而只是涉及自己如何对待自己(das Wie des Sich-zu-sich-Verhaltens)。"在此,除了确实有此意谓的康德的形式主义以外,我没有能够认识到其他任何东西。因此,我无意主张:道德形而上学的义务论如同其《道德形而上学奠基》那样具有明见性。它确实让基督教传统的"更高的真理"发出了回响。但是奠基的问题完全不取决于此。我觉得奇怪的是,人们依然总是不愿意为了绝对命令去承认公式上确切的平行论。黑尔依据实质情况正确地看到,这些公式指的是普适性(Universalität)而不是类的共同性。普适性、无例外性既适用于普遍的自然法则,也适用于"自在的目的"概念。

就此我再次回到自亚里士多德以来就悬而未决的问题：对道德法则进行一种内容上的论证或者说合理性论证究竟是否可能？道德是伦理（习俗），但这说的是"习惯"的结果（Frucht von "Gewöhnung"〔ἔδος〕）。规范始终是已被接受的（规范）。对它的怀疑不是去质问它是否可以得到论证，而是一种已经改变了的规范性意识的表达。成年人无须去接受他们曾在其中受教成长的道德观念。但这不是说成年人现在只是追随他们的利益关切和对快乐的计算，并且最多也就是关心共同的利益，即他们服从单纯的聪明规则。毋宁说，它是一种被改变过的内容，而人们将之认作是道德上正确的。但是这一内容，用亚里士多德的话来说，也是一种"美"（kalon）。亚里士多德从对这样的规范概念的承认出发。当他提到"美德"并把它规定为极端的中间点时，他并没有就此"论证"它，而只是解释了"目标点"（den skopos），基于这一目标点，那被当作正确有效的东西就能够得到保护，这种正确有效者是相对于那些从被利益和激情所胁持做出的判断中所产生的困惑来说的。

关于在通向幸福生活的道路上有待选择的不同生活目标——快乐、财富和荣誉，以及"美德"和"沉思"（Theoria, σοφία）——的希腊学说虽然包含了一种内容上的等级顺序，但是伦理学的学说恰好在于走出传统的生活目标而只将"美德"和"沉思"（Theoria）证实为"目的"（Telos）。如我认为的亚里士多德看到的那样，这二者有一种独特的各自互相限定的相互关系。但是二者直接地在它们高于所有快乐计算的自身价值中就是清楚明白的，这一点对我们是重要的。因此这不是如康德在流行的道德观念中所批判的那种计算式的幸福至上论。亚里士多德的伦理学也是用于阐明"为了其自身的缘故"(Aufklärung des Um-seiner-selbst-Willen)，而不是用于它的论证或者正当性论辩(Rechtfertigung)。

我反驳图根德哈特的意见仍然是：他在不存在正当性论辩的地方追求一种正当性论辩。哲学只能让人意识到那种归于伦理规范的规范特征。

（三）

在此期间，我了解到了特罗伊斯·恩贝格-佩德森(Troels Engberg-Pedersen)的一本书，这本书在其对亚里士多德的分析中同样论述了"亚里士多德和康德之间的伦理学"这个核心主题⑥。这项研究虽然完全以英国对目的论和去本体论的道德理论的讨论为目标——我不完全熟悉这一讨论，但是它同时仍然很准确地指向了我所熟悉的亚里士多德的文本。作者准确的分析是非常有道理的，这是我可以认可的。就此而言，这本书对于亚里士多德和康德之间的"伦理学"这个经典问题不是没有助益的。

当然，通过验证"论证"及其论证的推导特性(Schlüssigkeit)，作者以益格鲁-撒克逊的风格转化了对亚里士多德进一步的描述性阐述。也和通常情况一样，这一点不是没有带来能给我们解除疑惑的结果。作为道德洞见的东西以推导的方式得以展开。在此，也就能够看到一种完全依据逻辑上必然的论证来重构亚里士

---

⑥ 特罗伊斯·恩贝格-佩德森：《亚里士多德的道德洞见理论》，牛津，1983年。

多德的解读方式的界限。亚里士多德进行描述的意图被全然忽视了,而作者以此进入对灵魂的"划分"(Teile)以及灵魂的实在组成要素的研究,并且相对应地,他把伦理的美德和认知的美德的区分、伦理(Ethos)和逻各斯的区分,教条地设定为其研究对象。作者认为伦理(Ethos)以真正的善、以幸福为目标,而实践智慧在此只具有一种参与作用,我不明白这想说的是什么。令人高兴的是,作者看到,这种"参与作用"与一种纯然的机智论无关。但"参与作用"究竟意味着什么?亚里士多德区分出"伦理"(Ethos)和"认识"(Dianoia)两个方面,它们实际上只是一个事态并且是同一个事态的两个方面,除此之外它们不是任何东西,如亚里士多德多次充分论述的那样,比如在第6卷的开头所进行的论述(《尼各马可伦理学》,第6卷,第1章);此外,这一点也充分表现在他关于灵魂的学说中以及从他针对灵魂的组成所做的灵魂统一性的讨论中(《论灵魂》,第3卷,第10章)。因此,我在这里持保留意见。与此相对,我必须表扬作者,他对幸福至上论的解释——既涉及亚里士多德也涉及康德——是极富洞见的,并且他消除了因目光短浅地去理解康德对幸福至上论的批判而产生的各种各样的偏见⑦。

362

(四)

在朴素的副标题"概念史研究"之下隐藏着一本具有许多明确

---

⑦ 刚好到我手上的于尔根-埃克哈特·普莱内斯(Jürgen-Eckhardt Pleines)的论文《康德与亚里士多德之间的幸福》(柯尼希豪森,1984年)同样对此做了清楚的解释。

哲学观点的著作。这就是卡尔-海因茨·伊尔廷（Karl-Heinz Ilting）的《自然法与伦理》⑧。第 1 章的要点是自然法这一概念能在何种范围内找到一种理性论证，在此要点下，这一章研究了自然法的历史。这意味着这里确切地研究了希腊哲学，特别是智者派的启蒙，研究了柏拉图、亚里士多德和斯多葛派，同样还研究了基督教的中世纪中对自然法学说的转变，随后则是从霍布斯到黑格尔的近代启蒙主导了讨论。我觉得，这种视角欠缺对约翰尼斯·绍特（J. Sauter）还不算过时的一本书（1926 年）的引证。

接下来研究"伦理"的一章内容涉猎更为广泛，并且它实际地描述了伦理学的一种历史概况。在此既探究了"伦理"（*Ethos*）和"法"（*Nomos*）的希腊概念以及它们在拉丁文中的"伦理"（*Mos*）和"法"（*Lex*）的对等概念，并且探究了它们一直到近代开端时期的对等概念。紧随这种探究之后的是近代伦理学的历史和命运，它们以含义丰富的"伦理的自律"和"一种普世的伦理理念的相对化"为标题，从黑格尔到尼采，我们最本己的历史讲述了这种普世的伦理。作者概括了理性自然法的近代论证和这种自然法逐渐变得政治化的过程，这是作者敏锐且富有学识的观念发展中的一个闪光点。

在这里最为要紧的问题最后是由题目为"行动规范的普世性和历史性"的一篇优秀的论文来说明的。在和汉斯·凯尔森的纯粹法学和尼克拉斯·卢曼的行为正义理论的论辩中，康德的形式

---

⑧ 卡尔-海因茨·伊尔廷：《自然法与伦理——概念史研究》，斯图加特，1983 年。[作者在此期间已经去世。]

主义以令人信服的方式得到了进一步的推进,它与社会历史的相对化倾向的统一性也得到了证明,此种相对化倾向是随着历史意识的滥觞而一并产生的,它令问题的先天主义视角受到蒙蔽而变得不正当。就此来看,伊尔廷这本非常有教益的书源于我们的背景关联。康德的形式主义作为真正的哲学实在主义得以产生新的影响。

（五）

在同样的关联中,汉斯-约阿西姆·克雷默的一本极富有个性的小书⑨也很值得关注。像作者这样造诣如此深厚的希腊哲学专家,他充分意识到了自亚里士多德以来的实践哲学所独有的特殊地位,以此避免了将伦理学回溯到单纯理论的那种诱惑。另外,他知道把握作为哲学的伦理学所独具的反思性维度,作为哲学的伦理学坚持区分反思性维度与实践理性的具体化。

作者试图通过调和性伦理学(Konsiliatorische Ethik)这一概念在诸极端之间保持恰当的中间,并试图将反思的意见限定在那种行动者可以根据自己的决断接受或拒绝的指导意见和劝告之上。

我觉得,虽然这在形式上是对的,但是在一个根本性的要点那里,即在表现事关科学的权限的地方,却还是有欠确定的

---

⑨ 汉斯-约阿希姆·克雷默(Hans-Joachim Krämer):《复兴个人伦理学的申辩》,阿姆斯特丹,1983年;其论文"古代与现代的伦理学",载《神学与教会期刊》,第80卷(1983年),第184—203页。

(unterbestimmt)。科学的权限显然限制了指导意见发挥作用的空间。人们以科学知识为基础而能够认识到的事物不是指导意见的对象。亚里士多德就已经认识到了这一点。然而本书作者不能同样确定地坚持的东西，对于亚里士多德来说却是确定的：我们会称为科学的知识，他称之为"技艺"，这种知识始终还服从于"抉择"（Prohairesis）这一实践性决断的知识，这种知识以善为目标。这是最古老的苏格拉底-柏拉图的智慧。而克雷默的"为个人伦理学的申辩"针对的是社会伦理学的优先地位；社会伦理学以意见的一致为基础，即一方面针对的是埃尔兰根学派，另一方面针对的是由阿佩尔和哈贝马斯所进行的尝试。当克雷默觉得终极论证的理想是可疑的时候，我就此完全同意他，并且我还想强调要与亚里士多德保持一致。我也承认，克雷默对此是有道理的：很难能够具体地区分出何处涉及"技艺"而何处涉及伦理的知识，更确切地说，很难具体地区分何处涉及与恰当手段有关的知识，而何处涉及与"善"有关的知识。但这难道不是恰好表明：重要的就是区分？在一位如克雷默那样的亚里士多德的专家那里，他没有在最根本的含义上来发挥亚里士多德对"技艺"与"实践智慧"所做的明确区分的作用，这无论如何都让人感到意外。我觉得这么做的后果就是他的调和伦理学沦为了机智规则的一种类型，并且如上所说，他在根本上无法抗衡科学的独断要求。他还极为真诚地批评了，社会科学取消调和性伦理学仅仅是一种乌托邦——而不是一种混乱（第69页）。

克雷默没有恰当地突显出"给予建议"和"进行指导"的本质。当一个人面对决断情境并且要靠自己来找到建议之时，这个人也会接受他人的明智建议。但是只要与机智的问题有关,就是说,与寻找用于目标的恰当手段有关,这个他人就只是作为有经验之人来产生影响,也即这个他人不是作为那种通过共同的习俗而与我们建立联系的他人来产生影响。这表现为:在每一种科学都能够提供事情信息的情形中,人们会赋予科学指示优先的地位。由朋友给出的极富洞见的建议,它所具有的价值不是鉴于每一个有经验之人和专家所能够给出的明智建议,而是鉴于自己的考量所具有的伦理正确性。当亚里士多德将理解(Verständnis, synesis)当作是对理性状态(Vernünftigkeit, phronesis〔实践智慧〕)的修正而算作美德时,他知道自己在做什么。我反倒觉得,克雷默所暗指的那种理解(synesis)相较于实践理性(phronesis)的优先性是颠倒的。亚里士多德在这里当然是有道理的。

与之相应,克雷默对待康德《道德形而上学奠基》的立场没有能够说服我。这种奠基实际上局限于他自己狭窄的面向,即局限于实践辩证法批判,这种辩证法被康德批评为幸福至上论。但是没有被改变的是:机智命令在根本上不同于那种以绝对方式颁布命令的伦理道德的命令。对克雷默而言,康德对启蒙功利主义-幸福至上的理性主义的反对显得不再合时宜了(!)——他经常使用这一表达。当人们对自律的批判功能具有错误的认识的时候,在我看来,人们就会对康德的形式主义并因此对自律造成误解。实际上,康德的形式主义是最能够与克雷默所紧盯的那些质料性的诸伦理形态的多元主义达成一致的。

基本上,我觉得克雷默对实践哲学理论状况的思考完全是准确的。只是这些思考因为赋予机智一个错误的位置而欠缺些许说服力。我同意克雷默的是：行动的实践哲学通过哲学的理论反思而得到了说明，就此而言并且只是就此而言，实践哲学始终还是针对实践的知识。但当克雷默在此除了看到一般事物相对于具体情况而具有普遍的优越性之外，他看不到任何其他的东西时，他就犯错了。就所有的机智考量来说，以及就那种技艺与科学在机智考量中所具有的功用来说，认为"一般事物相对于具体情况而具有普遍的优越性"这一点确实是准确的。但是只要涉及词汇完满意义上的实践，实践哲学自身就始终业已指向普遍的事物、指向生命的正确道路。再进一步说，每个人都是哲学家。当亚里士多德将"所言说了的东西"(Legomena)当作他的概念工作的出发点时，他是有道理的。当康德在他的道德哲学中不愿意用优越的普遍知识来援助那种具有纯洁的义务意识的人的时候，他同样是有道理的。他仅仅是想要纠正流行的哲学观念，这些哲学观念以含糊的方式影响着实践理性的纯粹性。普遍化不是科学的独断。它存在于语言的本性中，因而也存在于人的本性中。除了纠正实践之外，实践哲学对实践没有任何贡献。我觉得，这既适用于康德，也适用于亚里士多德和传统。实践哲学正因此才称得上是"实践的"。

确实，反思也能够把生活方式的应用规则当作目标，这在"禁欲"(Asketik)的名称下一直到康德那里成为了实践哲学的一部分。克雷默很恰当地在第 28 页提到了这一点与皮埃尔·阿多[①]的联系。但是他自己看到，这个方面在实践哲学的奠基者亚里士多德那里几乎是无效的——这有别于稍后希腊化时代的生活学

---

① 皮埃尔·阿多(P. Hadot):《精神训练与古代哲学》,巴黎,1981年。

派。我觉得,这对哲学伦理学的问题具有决定性的含义,而且也没有与亚里士多德相对立。

因此,在我看来,用道德哲学中现代科学理论上的或然论(Probabilismus)反对康德,是一条错误的道路。对伦理理性来说,实践理性是必然真、无例外、至上的基本原理——一种"终极论证",它是非理论性的论证,允许内容的多样,而完全确定的是,对人们能达到的所有可能知识的公告(Aufgebot),包括他人机智的建议,也都属于此。

在此期间,克雷默重新发表了一篇题为"古代与现代的伦理学"的博学而敏锐的论文。即便他把康德伦理学抬高为应然伦理学的一种特别的伦理学类型,而不是关注它的批判功能,我觉得他在此刻画的康德伦理学之特征并没有那么片面。就其自身来说,我完全同意他在理论上的基本意图,即为了一种起源于古典-古代的主观-目的论的追求伦理学(Strebensethik),要纠正应然伦理学。在我看来,这种古典-古代的起源,如我在我的一篇论述哲学伦理学可能性的文章里展现的那样[11],是一种更为普遍的起源。然而我现在发现,在克雷默的康德讨论中还缺少一点"诠释学的乐观情绪"(hermeneutische Euphorie),即从康德自己的问题出发来理解康德并以此让我们从康德那里获得丰富的收益。在这一点上,克雷默很遗憾地没有认真考虑过我之前引用过的格哈德·克吕格令人信服的证明。否则他就不会如他现在所做的那样,给自己树立起一个自律伦理学的稻草人,他就不会将一个让意志与

---

[11] 参见上文第356页脚注②。

理性相分的意志概念带到康德那里来解读。

我完全承认,康德伦理学的命令形式和它以义务概念为其根基的做法是片面的,并且我主张,必须从达到自我意识的启蒙传统来理解这一命令形式。康德在卢梭那里学习到,我们没有正当理由将道德奠基在功利主义-快乐至上主义的计算之上。在关于"对法则的敬重"的许多精彩论述中,康德展现了在此所要求的那种对自爱的自我限制。克雷默称之为"道德法则的伪神学式绝对设定"(pseudo-theologische Absolutsetzung)的东西,必须积极地理解为与所有机智规则的假设命题特性划清界限。我觉得,在此联系到一种我们今天的权威的危机并将此危机往回投射到18世纪,这是一种时代错乱,在18世纪的危机中,理性的权威并未受到质疑。我很难理解,一位知晓灵魂与其自身的内在对话的柏拉图主义者怎么会做出反对内在人格命令的论证。

实际上,这不是说,绝对命令,即那种康德让道德法则摆脱激情之诡辩和例外之辩证法的纯粹化的形式主义,是为了它自身而要求一种实践的驱动性力量。不想追求善的人,他确实不会被康德用来描述他的道德哲学的"判断力的类型论"说服。

除了包含道德法则的绝对有效规定的方面,一种以人类学方式奠定的伦理学还包含其他的方面,这一点是无须质疑的。但就像康德的宗教学说和教育学所表明的那样,甚至是在这种以人类学来奠基的伦理学那里,对理性的诉求绝不是不合时宜的。(通过诉诸理性来教育小孩始终还是一种极少为人践行但是又非常成功的方法。)但是当关系到哲学的诸多问题时,重要的最终是这个问题:为何人们应当为了自身的缘故而行善?柏拉图、亚里士多德和康德都在思考这个问题,在这个问题的框架之内才产生了应然的视角。

确实,康德的《道德形而上学奠基》要求一种鲜明的抽象能力,但是细致的良心具有这样的能力,这也正如受到规训的精神同样可能缺乏这样的能力。而无须争辩的是,康德主义的历史不再能展现这样的鲜明度,这种历史因此纠缠于一种语用上的虚假争执。我觉得,实际情况与那种为艺术理论而过分要求一种"无功利的"快乐的情形全然相似,无论人们批评这种艺术理论是一种图案美学,还是错误地把它当作是对无对象的艺术的正当性辩护。(甚至在阿多诺那本很有意思的《美学理论》当中也曾出现过这种疏漏。)

(六)

当人们从这些讨论中回归到那些多方面所做的、从海德格尔出发来奠定一种哲学伦理学尝试的时候,我觉得亚里士多德-康德的遗产实际上始终还是可靠的,而这正是因为这一遗产不以一种形而上学为根据。因此,我不明白,海德格尔巨大的思想推动力——我自己也试图尽自己所能去追随它——如何能够直接地运用到哲学伦理学的问题之上。我认为海德格尔是有根据的,而不是因为疏忽才放弃伦理学问题。

特别是在法国的文献中、至少是在法语的文献中,对这一点的看法是相似的。在此我首先想要提及的是莱纳·许尔曼用法语写的一本书,这是一位德国人的法语作品,他在美国居住和教学,现在出版了他巴黎时期的论文⑫。(尽管文献很丰富，但是我没有能力全然通观法语作者们与海德格尔哲学进行对话的各种实质性尝试。我必须止步于做一些附带性说明，这些附带性说明能让德语读者注意到所选取的著作，同时还要概述与海德格尔在法语思想的出场相关的背景关联。)

许尔曼的书需要特别地予以重视。这本书写得很细致，仅就其认真对待"对问题的拒绝"(Abweisung der Frage)来说——这里的问题由博弗雷向海德格尔提出，而海德格尔的人道主义书信给予了回答，这本书全然追随着海德格尔。这个问题是："您何时写一本伦理学？"在许尔曼的分析中，行动的问题、"行动"(Agir)的先天被突显出来，这并不意味着从《存在与时间》的运动式激情(das bewegende Pathos)可以推导出那种回应博弗雷问题的要求。

许尔曼以倒序的方式、从结束的地方来解读海德格尔。从此出发，有理由断定：在《存在与时间》中，意志的可疑性(Fragwürdigkeit)并没有像后期海德格尔那里所出现的那样，得到了很明确的处理。在从后向前的审视中，几乎不可能产生对《存在与时间》的一种道德主义的误解，而这种误解曾伴随着读者最初对这部作品的接受。另一方面，许尔曼遵循着如我所认为的、完全正确的原则，即在原则上放弃了由理查德森所引入的对海德格尔Ⅰ和海德格尔Ⅱ的区分。这让他能够与海德格尔一起看到在思想自身中的真正行动——当然是在一种非规范性的思想中，这说的是，这种思想不是从原则推导出来的，而且也不会在行动时还要遵循思想的安排。

---

⑫ 莱纳·许尔曼：《无序的原则——海德格尔与行动问题》，巴黎，1982年。

在海德格尔的思想中,重要的毋宁说是克服"原则"(arché)和"论证"这些主导性概念。因此,许尔曼这本书的题目《无序的原则》,即是指无原则性的原则。

在这本优秀的著作中有一个在伦理学的视角看来必然特别有趣的章节。这一章节研究那种作为思想条件的行动。它以行动的先天为出发点。如果思想不属于存在并且不能倾听存在,那么思想就不能真正地去思考"存在"。就此而言,思想是本真的行动。为此作者援引了此在的本真性作为证据,在《存在与时间》中,此在的本真性开启了通向关于虚无和死亡的存在问题的入口。这种援引是正确的。人们也可以反过来说,正是从此在的非本真性出发,形而上学作为现成存在的存在论得到了具体地展开,而这样一种存在论符合西方的天命,即在技术时代之完全遗忘存在的状态中结束的天命。但是人们必须补充说明:本真性与非本真性都"同样是原初性的"。对1920年时的青年海德格尔来说,这是第一个决定性的洞见,而当时可以说正逢尼采风行于世。海德格尔在稍后的"转向"时期才发现,对他的思想对话来说,尼采是最重要的对谈者,而在与尼采的对话中,海德格尔才将存在思考为"澄明"(Lichtung)和"本有"(Ereignis)。以此才表明了在存在自身中的遮蔽和去蔽这一双重方向。

就此而言,人们可以同意许尔曼:在《存在与时间》中就已经存在着"实践的先天"(das praktische Apriori)的一种有效规定,当然,它在原则上还完全是有歧义的。当许尔曼反驳那种众所周知的、针对《存在与时间》中社会维度缺失所做的批评的时候,即反驳认为既非语言,也非事物,更非行为是个别人之实事的批评的时候，人们也完全可以同意他。当海德格尔说出并抱怨地认为，没有一门语言在今天能够让思想家在其中恰当地说出那种要求他去思想的东西（das ihm zu denken Aufgegebene）时，海德格尔自己已经是足够清晰了。居住在存在之中的视野、泰然任之的理想——泰然任之通过制作而将欲求的僭政和迷狂抛在身后，无须以此否定技术的进步——始终设定的前提条件是：对原则之思和西方形而上学的克服是一种集体性的进程，这种克服必须找到自己本有的语言。海德格尔本来的思想就没有提供答案，而是开启了问题。所以如许尔曼所说，认为海德格尔没有要造就新的"在自身中存在"（das neue "Insichsein"）的行动纲领的说法是对的。然而如下说法在我看来是不对的（许尔曼在第291页似乎也这么说），即认为海德格尔将这样一种行动纲领留给了其他人："我们没有充分地质疑行动的本质！"在大地上的全新居住、新的神、所有人都分有的另一种思怎么样才应是可能的？对此的追问不仅不是海德格尔的问题，而且当其他人如此提问的时候，在海德格尔看来，这就还是"原则性的"或"计算的"思想。"只有上帝能救渡我们。"

因此必须始终要明白：思想没有将我们唤起为行动者。如果另一种思想、在此在中的另一种停留、作为死亡那种令人呼吸急促的赶路（das atemlose Weg-Hasten）的另一种向死亡存在得以普遍地实现，这对海德格尔来说也不意味着，在此之后就不再存在观念表象的思。打算始终是打算，计划始终是计划，甚至在社会生活和人类生活这种大型的尺度之中也是如此。只是，这似乎是"泰然任之的"。因此，重要的是一种特别的思想，这种思想或许会赋予所有事物灵魂，而思想者在今天只能为这种思想做好准备。后期海德格尔对有限性的论述当然就是这样一种走向正准备着的思想（das vorbereitende Denken）的全新转向。在《存在与时间》中，有限性应当早就摆脱了残缺无限性的褫夺式瑕疵和面对永恒的非持续性而变得纯粹。转向之后的思想表现如下：只要思想学会去思考"在自身中存在"和思考"停留"，那么它就不再需要这种正在停止的纯化（die absetzende Reinigung）。汉娜·阿伦特很确切地注意到了（许尔曼书，第295页）在海德格尔-阿那克西曼德阐释中的那种被分派（分有）的"停留"（die zugeteilte Weile），而许尔曼也很确切地表明，无意愿的意愿（Wollen des Nichtswollens）、"让予"（Lassen）要比某一种行动或者比对爱的呼唤要更为重要。

许尔曼尤其注意到，控制论及其自我规制的同时性确实吸引着海德格尔，这仿佛是相同者永恒复返的体现。对海德格尔来说，这一点会显现为最强烈地去激化存在之被遗忘状态，而与之相对应的则是1953年尼采论文中的那种挑衅式的注解（《演讲与论文集》，第21页*）。另外也适用于海德格尔的是，如果没有艺术并且如果在艺术中无论如何都没有停留和居住，那么似乎很难能设想一种与计算之思不同的另一种思想。但与此方面相反的情况也同样适用于海德格尔。因此，我好像不知道如何能确切地表达许尔曼所认为的"本真实存"（authetisch Existieren）的意思。生存也始终处在非本真性（Uneigentlichkeit）中。没有形而上学的思想和概念的语言，甚至无法能够为我们说明那种反问形而上学的思想。实际上，海德格尔的语言困境是他的思想性力量最让人印象

---

* 德语原书标注的页码有误，应为海德格尔的《演讲与论文集》第121页。——译者

深刻的见证。

许尔曼在第309页以及之后的数页中提到了约纳斯全新的研究工作[13]。这些新的研究工作也极深地触动着我。我觉得它们的贡献在于，它们让人意识到了那种超越人之责任性的极其重要的尺度变化。人之无穷增强的行为能力已经变成了那种今后会关系到未来世代命运的行为和决定。另外，我不相信，尺度的改变具有约纳斯所归结给它的那种原则性意义。在最大的尺度中，没有任何东西能够变得比绝对命令更为绝对。我们这个世纪的启蒙才智所发现的界限与18世纪的启蒙才智所发现的界限相同。人们可以从康德那里学习到这一点。

法语文献特别关注海德格尔与黑格尔的意义丰富的联系，自萨特将黑格尔、胡塞尔和海德格尔相互交织在一起以来，这一点是显而易见的；在此，社会性的问题维度也确实掺杂其中，黑格尔在此维度中具有特别的影响，而在海德格尔那里，这种问题维度则被计算之思的概念掩盖了。但是从根本上看，这是带来持续挑战的课题。瓦尔特·舒尔茨在当时完全从德意志观念论的结束位置出发，即从反思以及从其进入非前思事物（das Unvordenkliche）的那种跨越出发，试图给海德格尔在哲学史上的位置予以定位。其他许多人，也包括我[14]，都一再向自己提出这个问题：为何海德格尔这位对近代主体性思想最为激进的批评者没有更为积极地接受黑格尔对主观唯心论的克服？自从海德格尔宣告对形而上学的克

---

[13] 汉斯·约纳斯：《责任的原则》，法兰克福，1979年。
[14] 《黑格尔的辩证法》，蒂宾根，1980年，第65页以下、第99页以下。

服,或者是宣告对形而上学的承受,或者甚至是宣告哲学的终结以来,以下这个问题更是一再地出现:海德格尔是否没有重复那种业已由黑格尔的逻辑学来完成的形而上学?亦或是否没有重复那种业已由康德先验地转变了的东西?

(七)

最近,多米尼克·亚尼库和让-弗朗索瓦·马太伊(J-F. Mattéi)的一本书⑮再次着手研究上述这个话题;这本书文辞典雅,行文细致。主导问题是:当海德格尔将黑格尔变得拘泥于希腊存在论的逻辑中心主义时,海德格尔难道没有过于狭隘地理解合理性概念(Begriff der Rationalität)吗?而这个问题则导向一个人们常常给自己提出的、更为普遍的问题:在海德格尔那里,避免形而上学的语言究竟应该意味着什么?这好像是在说,这种对形而上学语言的避免是可以做到的。好像是在说,海德格尔能够回答这个问题——海德格尔自己常常坦诚,他倒退到了形而上学的语言里;当海德格尔在期待那种甚至会改造我们的语言和我们印度-日耳曼语言所共有的谓语结构的那一种转变的思想时,这好像又是在说,海德格尔仍然不知道并且没有明确地接纳这种厄运。正如在黑格尔那里,因为谓词变成了主语,命题的形式就被不相宜地要求用于表达思辨的真理,海德格尔以它的方式也说出了类似的东

---

⑮ 多米尼克·亚尼库和让-弗朗索瓦·马太伊:《在界限中的形而上学》,巴黎,1983年。

西,而他显然受罪于此:在此没有语言能真正地说出其思想的转变。

海德格尔对言语已然沉寂和消失的隐含意义确实拥有一种类似于探测地下矿藏的探测者般的灵敏,他将其运用到他的思想的冒险行动上。他始终试图避免原则和原则的产物(Prinzip und Prinzipiat)的思想形式、避免根据和论证(Grund und Begründung)的思想形式,因为它们造成了形而上学对存在的掩盖。有的时候,他当然也通过赋予新的含义内容而使用一些如同一与差异这样的形而上学概念。在黑格尔那里,诸反思概念(Reflexionsbegriffe)就是如此,它们的相互映现(Ineinanderspiegelung)恰好展现了黑格尔思辨辩证法最具说服力的发展。在海德格尔那里则相反,在言语当中没有涉及那些构成所有反映的概念。当海德格尔谈到存在论差异时(在此德里达跟随着他),他指的不是一种规定思想的差异,而是指"那种"差异,即指开启一种维度,在此种维度中,思想完全能够成为这个和"非那个"的思想(Denken von diesem und nicht jenem)、成为这个和那个(von diesem und jenem)的思想、成为同一者和差异者(von Identischen und Unterschiedenem)的思想。存在与存在者不是由思想来区分的,它们的差异反而是思想自身的差异。这一差异是自身发生的存在之差异。海德格尔也称它为"承解"(Austrag),这种承解表现在"有……"(es gibt...)的转变中的。这指的不是如在黑格尔逻辑学中的有某物、有"某物和他物",而是指一般地给出某物。海德格尔的语言总是充满着极致的力量和胆识。黑格尔将德语的语言精神与希腊语-拉丁语的概念传统融合在一起的能力也是不同寻常的:"存在的真理是本质"。

在黑格尔之前(埃克哈特大师及其追随者除外),谁曾从"本质"中听出了它所揭示的存在的东西?但是海德格尔通过重新唤醒了"本质/本现"(Wesen)这个词所具有的动词性力量:即在场(Anwesen)、不在场(Abwesen)、非本现(Unwesen)——直到达到一种"本现着"的"存有"(das Seyn, das wesend ist),他比黑格尔还要更激进一些。

然而海德格尔也能够在业已言说的语言中活动。或许他可以通过任意地添加语词而间或轻易地逾越这种语言。但他没有经常这么做。从马太伊的研究中(在同一本书里)可以看到的极有教益的东西是:从将"存在与时间"变为"时间与存在"、将"真理的本质"变为"本质的真理"的种种颠倒开始,海德格尔更频繁地运用了倒序重复(Chiasmus)这种语义学-教学方法论上的辩证法的风格形态。这种辩证法式颠倒的风格有一种海报式的宣告作用。这些颠倒不是想要像在黑格尔那里那样来展现哲学证明的形式,而是想要摆脱形而上学之思的思维方式。德里达试图超越海德格尔,并且认为他是逻辑中心主义最后的留存,因为海德格尔坚持谈论存在的本质或者存在的意义;在我看来,德里达的尝试错认了思想所处的状况:思想绝不能重新开始,而且与德里达的想法相反,它总是指向语言,而在语言中,思想自身运动着。即便如此,德里达(针对海德格尔)仍不想知道任何存在的意义——他同样执拗于他自己的研究工作所具有的意义。

亚尼库在其中看到,人们从思想的语言困境来解释海德格尔那里的粗暴(Gewaltsamkeit),这是一个单纯的借口。相反,他认为海德格尔实际上恰好不能彻底摆脱形而上学思想的结果,特别是不能摆脱存在论-神学的结果。为此他引入了那种在此在的非本真性的言谈中出现的、完整的、基督教-帕斯卡式的弦外之音作为证据。然而在亚尼库看来，在其背后还存在着一个更为深远的问题。据说在古代和中世纪存在论-神学方面和另一方面的近代形而上学之间存在着一种形而上学的统一性，亚尼库认为，这种统一性不具有说服力。结束于技术中的现代方法观念的全新理性完全不应该是现代唯一的理性。在语言之中，并且因此也在构成社会的人的生活之中，应该仍然存在着自由的空间。亚尼库认为，海德格尔以宿命论论调来述说存在遗忘的漆黑夜晚，而这一点则揭露了这种毫无出路的宿命论论调的谎言。当海德格尔要在全然遗忘存在的技术之思与作为未得到规定的拯救的本有之间做出相对立的二选一选择时，他的思想对亚尼库来说实在太过于二元论了。

一方面是希腊存在论、它的拉丁化和基督化，另一方面是现代科学的兴起和与之相伴随的自我意识和意志的形而上学的兴起，人们难以否认这两方面之间的连续性揭露出了许多问题。亚尼库显然在思考，是否工业革命及其内在的进步法则确实被一种如海德格尔在其存在的遗忘学说中说明的那种确凿必然性控制。他提出了相反的问题：在追问了存在之后，思想家们、这些沙漠边缘的牧羊人究竟让什么东西变得可能？在此除了计算理性和表象理性之外，就没有另一种理性了吗？显然，在语言的意义生命中具体展开的那种诠释学维度出现在他面前。这一维度肯定不会因为德里达所责难的"在场"（présence）的形而上学而失效（即便人们称此在场为一种"书写"〔écriture〕）。在这方面，我也有相似的想法。

但是我觉得，作者错误地认为：海德格尔说"不意愿的意愿"

(Wollen des Nicht-Wollens)时完全没有以此来意指对事物运转的宿命论式的屈服。毋宁说,海德格尔追求关于"什么存在"的另一种思想,这种思想包含着面对计算之思的一种泰然的立场。这就是海德格尔所说的东西。通过科学和技术进行规划和采取预先的措施仍旧有用,这是毫无疑问的。所关系到的只是:这样一种意志能否期待拯救? 如此,在技术上对自然和社会的完美控制是否可能? 或者说,这种完美控制是否可取? 就此而言,当亚尼库没有把海德格尔的预言——这种预言在生态危机的时代已经得到证实——是否中肯进一步看作是很重要的事情的时候,他完全是对的。这正是海德格尔所遵循的一种深刻而勇敢的思想观念,这种思想观念在他的眼中将希腊的世界立场标识为一个完整时代的真正开端、标识为我们称之为西方的"时代之时代"的真正开端。在其中,我觉得合理的问题是:也正如尼采权力意志的极端思想冒险那样,海德格尔预期性的极端,是否除了只是让存在彻底遗忘的力量和人类在技术-逻辑上的痴迷的力量发挥作用以外,没有真正地让其他的力量发挥作用? 就其自身方面而言,亚尼库似乎在寻找介于不幸与救赎的极端之间的一条道路。他想要挽救"可能事物的鲜活的东西",只是他或许错误地以为,思想总是进入极端,也就是说:思想让诸可能性相互对峙并以此让可能性得以敞开。我没有看出他在这里与海德格尔有什么不一致的地方。

在一篇广为流传的对话《海德格尔在纽约》中,亚尼库再次操弄起他的这些话题,而我觉得非常明确的是:他的主张——即主张伦理和政治行为中存在某一种理性,这种理性也还保存在近代的表达之中——错失了存在遗忘的形而上学之思和海德格尔的思想尝试之间的那种真实的讨论状况。严肃说来，谁又会否认伦理上的实践和政治的理性持存于人类的生活之中呢？思想制造出了极端。作者在他的那篇虚构的对话中也是这么做的。在这篇对话的众多人物形象中，如此去描述一个人几乎是过于无情了：一位女性研究者受到海德格尔对技术批判的触动，她不再能继续从她的实验室研究工作中获得相应的乐趣，于是在假期里，她走进缅因州的森林，在那里徒劳地倾听存在的声音(!)海德格尔巧妙地描述田间路上的对话是要展现：当一个城市人带着期待而走向田野的风光时，一种非现实的抽象针对的是什么样的东西。城里来的女性最后失望而归，并且从此以后她注意到海德格尔那里缺少明确的实践的东西、缺少"公民自由"(liberté civile)的伦理学和对它的赞同。现在人们必定可以相信海德格尔：他对当下技术思维方式的彻底极致化没有忽视思想的自由空间的存在，并且没有忽视公民自由也属于这个空间，而他自己作为思想家也依赖于这种自由。但我觉得同样明确的是，恰好也同样能够从海德格尔思想冒险的极致化中读出对公民自由的威胁——顺便指出，这一威胁的背景是海德格尔关于纳粹运动之范围的那个声名败坏的评论（亚尼库以让人感到意外的公正解释了这一评论，并且如我所看到的那样，他很恰当地解释了这一评论）。人们想到的是官僚制度日益增长的强力，这种官僚制表现为与现代世界的技术之思休戚相关。

我在这本书中找到了许多与我自己的努力相一致的东西，即努力去接受海德格尔的思想推动力，而我承认，我就此所坦诚的，或许是我自己的界限。

（八）

阿里翁·柯尔克的书将海德格尔置于"语言与诗"这个主题之下。如同柯尔克的书，一本书接受了这个主题，就会得到与这种思想往往会相对立的一种思想结果[16]。严格来说，人们不应谈论海德格尔的语言。至少这是很不准确的说法。没有私人的语言。海德格尔用德语思考和写作。海德格尔在德语的诸多表达可能性中获得的自由、海德格尔为了说明他自己的思想所寻找和找到的自由——这样的自由确实是异乎寻常的太自由了。但是这种自由仍处在他的母语界限之内，这种自由将自身几乎全然限定在语义的领域和由此领域所产生的直接的句法结果之上。这是海德格尔自己发现的自由：摆脱言语（Worte）通常所具有的诸多含义的自由、摆脱言语源于背景关联而获得的意义的自由。但是他也敢于让自己摆脱言语在诗人和思想家的文字中所具有的背景关联本身，他常常让对立的意义去承担一个词语未得到思考的隐含意义，以便在言语中把握住他自己的思考。比如人们会想到《什么叫作思》；在《什么叫作思》当中，要求读者最终将这一表达理解为"什么命令去思"的意思。这样一种要求的强迫不是任性。对海德格尔来说，思想是承受自己语言困境的痛苦，正是这一痛苦才让他走向这种东西。在他依据自己意愿所进行的谈话和写作中，也有想要得到理解的愿望，这种愿望与他自己的思想冒险相冲突。海德格尔有

---

[16] 阿里翁·柯尔克：《存在的传说——海德格尔的语言和诗》，巴黎，1980年。

一天曾很绝望地中断了朗读刚写好的文稿,他大喊:"这全都是天书啊!"(Das ist ja alles chinesisch.)茶杯被震得在桌子上发出声响。

类似于"语言在言说"(die Sprache spricht)这样的一种表达确实不意味着毫无节制地在语言的关联中放任自己。谁在言说,谁也想说出某些东西来。但谁在倾听言说着的语言,谁就不仅倾听到了人们想要说的东西,而且也听到了语言共同言说出的东西。当思想从语言中听出这样的对立言辞(Gegenrede)并释放出它的时候,人们必须自问,这一点如何与诗性语言相处?在诗性语言中,普遍是这样一种情况:对立的意义作为共同的意义而共同言说,无须因此而危害或毁灭言谈整体的统一性。毋宁说,这些对立的意义将文本的体积(Volumen)和不可混淆的在场赋予了诗性文本。普遍来看,诗性的语言极少会因此逾越词语游戏的界限。词语游戏打破了音调,而把握住音调,并且是在与日常语言人侵的对抗中把握住音调,这是诗性语言的卓绝之所在。

在晚近的神秘主义诗歌中,例如在保罗·策兰那里,诗性的旋律有时就能极其成功地在诗歌中释放并表达出词语游戏性的东西[17]。此后也如同一种施加于语言和诗歌的威胁,人们可以察觉到这种词语游戏性的东西。当思想观念的散文现在敢于尝试这种词语游戏性的东西的时候,这就类似于诗歌的情形。人们想到了赫拉克利特。思想的诗歌,在此西方的哲学和科学相互交织在一

---

[17] [参见我关于策兰的研究,载《诗学——文章选集》,法兰克福,1977年;"我是谁以及你是谁?——策兰组诗《呼吸水晶》注解",法兰克福,1973年(现收入我的著作集,第9卷)。]

起,它拒斥西方或者借助辩证法的混沌来威胁西方。海德格尔全然意识到这一点,因此在他后期的著作中有一种悲剧式的挣扎。他知道,为了将意义和对立意义合一为一种新的"道说"(Sage),他必须作诗(dichten);而他同时知道,如同在运思中那样,在作诗中也存在着一门人们必须学会的手艺;在运思中,海德格尔通过天才与艰辛的工作让一门手艺达到了大师级的水准。

柯尔克现在出版的这本内容丰富的著作以细致和广博的眼光探究了这些问题。

(谢晓川 译,张荣 校)

c) 海德格尔的开端

26. 论思想之开端

(1986年)

学界的兴趣再次转向了"前马堡时期",亦即马丁·海德格尔的早期弗莱堡年代,在这段岁月中,海德格尔作为神学家并且作为思想者还完全处在摸索中。海德格尔那个早期讲座(1921/1922年冬季学期)的出版*构成了支撑这种转向的最重要的基础,该书是由瓦尔特·布勒克和其夫人共同编辑的。除此之外,我们也要特别感谢托马斯·舍汉的工作,他使得我们对海德格尔的开端有了更确切的认识。通过恩斯特·图根德哈特的促成工作,谢翰能

---

* 海德格尔:《对亚里士多德的现象学解释——现象学研究导论》,参见《海德格尔全集》,第61卷,瓦尔特·布勒克与 K. 布勒克-奥特曼斯(K. Bröcker-Oltmanns)合编,法兰克福:维多里奥·克劳斯特曼出版社,1985年。——译者

够得以查阅海伦妮·魏斯(Helene Weiß)的笔记,这些笔记复述了海德格尔的《宗教现象学》讲座*,并且舍汉也追踪发现了来自海德格尔早期岁月的其他一些材料。奥托·珀格勒和他的一些同事们一道谨慎细致地推动了一项新的研究,从这一研究中,关于海德格尔早期岁月的新的信息向我们持续地涌流过来。去参与这种研究,这可能不是我的任务了。我可能也不适宜于去等待这种研究的结果了。我们此间所经验的一切,都使得青年神学家海德格尔的形象得以完整,他对生命之清晰性的坚持以及他所特有的思之勇猛把他指引到了这样一条道路上,正是在这条道路上他才会成为20世纪最伟大的思想家中的一位。那些对《宗教现象学》讲座的报道特别为我们提供了一种重要的指示,它使我们看到:青年海德格尔是多么强烈地并且是出于何种动机而在其早期弗莱堡岁月里就已经被"时间"问题弄得激动不安了。至于这些东西是如何向我呈现的,我已经在名为"宗教维度"的文章中详细解释过了(即"海德格尔的道路",参见本书前文第308页以下)①。

海德格尔的在场(Präsenz)——它在世界意识中是缓慢地上升着的,虽说它在盎格鲁-撒克逊国家中的情形还的确远远落后于

---

* 海德格尔:《宗教生活现象学》,参见《海德格尔全集》,第60卷,C.斯特鲁伯(C. Strube)编,法兰克福:维多里奥·克劳斯特曼出版社,1995年。伽达默尔撰写此文时该书尚未出版。——译者

① 在1986年,海德格尔逝世十周年以及其全集出版工作的进展使得我们有多重动机来讨论他的作品。因此,我也反复地(尤其是作为一名幸存的同时代人)尝试着为此做出贡献,在莱顿、牛津、伦敦、慕尼黑、梅斯基尔希、波鸿、特里尔、佩鲁贾等地多次发表看法。在此进程中出现了一些会议记录性质的出版物,其中一些内容我已经运用到接下来的三篇文章中了。

它在其他国家中的情形——处处都关涉于那些有理有据的、理智性的反对力量。人们应该意识到这一点,倘若人们想要理解海德格尔关于思想之开端的言论的话。无论这一开端是在我们后面并且自太古时代起就已经开启了我们的思想,还是说此开端在我们之前,作为另一种思想而肯定是这种类型的哲学(这种哲学在西方历史中作为科学而与宗教和诗作区别开来,并且作为"哲学"最终也有别于现代科学)的终结,我们都应有上述意识。

反对海德格尔的第一种大的异议是就他与逻辑学的关系而提出来的。以下那种说法并不完全符合事实,即逻辑学在最近几十年取得了令人吃惊的进步,而海德格尔(甚至还有我这代人)只是在过时的亚里士多德逻辑学中得到训练的。事所攸关的乃是一种更为深邃的冲突,这种冲突不仅仅关乎海德格尔,而且也关乎大陆哲学本身。在这里人们可以以一种矫揉造作的方式——即我们在鲁道夫·卡尔纳普(Rudolf Carnap)那里所看到的那种方式——吹毛求疵地反驳海德格尔的每一句话。卡尔纳普针对海德格尔的弗莱堡大学教授就职演讲《形而上学是什么?》*撰写了一篇文章,在这篇业已变得著名的文章中,他恰恰完全糟蹋了海德格尔的这一演讲。众所周知,在该演讲中,海德格尔谈到了"无之无化"(Nichten des Nichts)。倘若人们和卡尔纳普一道试图用数学符号学的手段把这句话写到黑板上,人们就会看出,这是办不到的。在这种形式语言中——一切所意指的东西都要通过这种形式语言而得到明确的确定——是找不到表示无的符号的。只有一种表示

---

* 此演讲被收录在《海德格尔全集》第 9 卷《路标》中。——译者

命题之否定的符号而已。因此海德格尔的言语就是一种难以容忍的故弄玄虚了。从命题逻辑的立场来看,这样一种异议可能是正确的。但从哲学的立场来看又会如何呢?

在现代逻辑学家的眼中,黑格尔在这个问题上也好不到哪儿去。晦涩哲人赫拉克利特呢?我们将必得问问自己,哲学的言语是什么,它如何能够要求逃脱命题逻辑的规则。事实上这一发问不仅仅适用于哲学的言语,而且也适用于每一种人与人之间的言语,这种言语不如说是属于修辞学的,而以另一种方式,这种发问也适用于一切诗性的言语。无论如何,哲学的首要任务就在于,去洞见到,那种东西,语言所允予我们并且符号逻辑所禁予我们的那种东西,为何不能像卡尔纳普所建议的那样被单纯地归诸"感受",或者说,为何不能被归诸不受约束的诗化游戏。

第二种异议——它与哲学之开端这一特殊主题有内在关联——来自语文学家这方面。当古典语文学家(我也多少算是古典语文学家了)在海德格尔那里常常感受到他的希腊文本阐释中的暴力或者直截了当地指出其阐释中的错误,我们却不可以简单地将海德格尔的阐释工作视为不合理的。我的意思是,我们将必须问问自己,我们是否可以因此就带着优越感居高临下地俯视这位伟大的思想家,并且,倘若我们由于这些反感而使自身对海德格尔的思想力量锁闭起来,我们自身是否可能会错失了某种更重要的东西。

最后,第三种异议是科学的异议。一方面是社会科学的异议,社会科学发现它们的领域在海德格尔那里被忽视了,或者认为它们的领域竟然是以歪曲的形式出现的:"社会"显现为"常人"。这让社会科学感到讨厌。另一方面自然科学也不能理解,海德格尔如何能够说出"科学不思"(Die Wissenschaft denkt nicht)这样的话来。或许,为了理解这句话,就要求着一种思想,这种思想在品性上着实有别于在经验科学中运作着的东西。

所有这些异议聚合成了这样一种具有统治地位的先见:海德格尔在《存在与时间》之后说的东西,根本不再是可证明的了,而是诗歌,或者更确切地说,是一种伪神话。存在是这样被言说的,即"有/它给出"(es gibt)、"适宜/它送出"(es schickt)、"足够/它呈递出"(es reicht)*,但除此之外关于这种神秘的"某物"亦即存在却并未说出全部东西。但与弗莱堡教授就职演讲中的那个"无化着的无"(它被卡尔纳普以前述方式给拆开了)相比,这还是完全不同的别的东西。因为无对于一个人显得几乎是无害的。这当中存在着一个问题,此问题必然使得我们忙碌于之,而且它还特别地关涉一种作用,即艺术尤其是荷尔德林的诗歌在后期海德格尔的思想中所起到的那种作用。

当我提起这些针对海德格尔的异议时,我们的主题的广泛的现实意义就由此获得了空间。因而就有了这样一个问题,它是针对我们的文明本身而提出的。形成于西方的这一问题已经把自身扩展为一张或多或少地悬于整个地球之上的密网。事所攸关的是

---

* 海德格尔的这些措辞皆有双关寓意,一方面涉及其日常语用意"有、适宜、足够"(人们在日常语用中并不会关注这个通常被定位为形式主语的"es");另一方面强调其字面意思"它给出、它送出、它呈递出",并就此在"本有之思"的语境中追问这个显隐无间的"它"。但在日常健全理性来看,这种做法属于故弄玄虚。——译者

科学和科学性的基本立场,正是它刻画着我们的时代的特征。进步——它依据于这种基本立场——的那种内在的强制性,尽管有其种种影响能力,仍然慢慢地作为某种可疑的东西而进入了一般意识中。自从海德格尔写出他的那篇关于"哲学之终结"的文章*以来,40年已经过去了,这篇文章在今天听上去仍然鲜活无比,仿佛在其中道出的乃是今时今日到处都驱动着我们的思想和我们的关切的那种东西。因此,驱动着我们的"哲学之开端与终结"这一主题的,也就是这样一种东西,它依赖着海德格尔的工作,但却向我们自身进行着发问。说哲学趋于终结,这是什么意思?说哲学顶多是消散到一系列的具体科学中去了,人们在我们整个的科学文化中或许还能在其他的科学之外对哲学予以一致的容忍,这又是什么意思?我们时代的那一倾向——它通过"哲学之终结"这一套语而得到了描绘——究竟是什么倾向?并且,对一种思想而言,什么应在这个终结处得到开端?

当然它不应意味着,在我们当中除了技术的迷醉之外就不再有其他的活生生的东西了。当海德格尔说起哲学之终结的时候,我们立即就明白了,人们只有从西方而来才能如此言说。在其他地方就没有什么哲学,即没有与诗歌或宗教或科学如此鲜明有别的那种东西,在东亚没有,在印度没有,在诸多未知的大陆上也没有。"哲学"乃是西方的命运之路的一种印记。用海德格尔的话来说就是:这是一种存在之天命(Seinsgeschick),它事实上变成了我

---

* 海德格尔:"哲学的终结与思想的任务"(1964年),收录于《海德格尔全集》第14卷《面向思的事情》。——译者

们的命运(Schicksal)。看上去，今天的文明就是在这种天命中成为现实的，受制于工业革命的整个人类都陷入这种天命之中了。至于此天命是与这一种经济体系还是与另一种经济体系结连在一起，在这里只是一个次要的问题。一种中央经济，比如就像在俄罗斯的五年计划之方式中所表现出的那样，与资本主义社会的强制性有着巨大的相似性。

当我们听到哲学之终结，我们就由此而来理解了它。我们意识到，对宗教、艺术以及哲学的划分，或许甚至也包括对科学和哲学的划分，在根本上并不普适于一切文化，而是恰恰烙印了西方世界的特殊的历史。人们会问道：这是怎样的一种天命，它源出于何处？它是如何使得下述事情发生的：技术能够已然发展出一种如此独立的强制力量，变成了今天的人类文化的标志？当我们这样发问之际，我们就会看到，那首先令人惊讶并且听上去悖谬的海德格尔的论点一下子就以令人震惊的方式显示出其合理性：正是希腊的科学和形而上学向今天的世界文明的贯入，支配着我们的当前。

当然，较之我们历史的一些更为古老的时代，今天的技术文明承受着一种新的印记。海德格尔本人在一篇讨论技术的文章中坚持认为：技术并不单纯是通常手工艺的一种拓展，也不是人类的工业理性的一种完善，不如说，技术自行强化为一种特有的体系了。海德格尔用"集置"（Gestell）这个挑衅性的*词语来思考这种体

---

* 所谓"挑衅"是指海德格尔赋予这个日常词语的深奥含义对日常理性的认知构成了挑战。——译者

系——这个词语显示出一种真正的海德格尔式的烙印。为了能够换种方式言说,我们还必须对海德格尔的这种独特性多说几句。为了更切近地理解"集置"这个概念,人们只需思考一些常见的语词用法。例如我们会说起"控制所"(Stellwerk)这种东西。控制所是每个火车站都有的设施,在它里面人们进行着切换,以便火车被引导到不同的轨道上去。由此而来,每一个人就都可以理解海德格尔的这一概念了。"集置"乃是这样一种设置(Stellen)和切换(Schalten)的全部和整体,是这样一种订置(Bestellen)和确保(Sichern)的全部和整体。海德格尔曾经令人信服地详细阐明了,这里事所攸关的是一种规定着一切的思维方式,而绝不是仅仅着眼于工业经济本身的特性而言的。他的论点是:哲学趋于终结,因为我们的思想沉陷在"集置"的完全支配之下了。

海德格尔于是就问道:这是从何而来的?这种历史的开端是什么?这种开端肯定不是在现代科学越来越依赖于技术进步的时候才出现的。毋宁说,现代科学在某种意义上本身就已经是技术了。这意味着:现代科学与自然存在者的关系是建构性的转变并因而是一种攻击,这种攻击试图制伏一种反抗。只要科学是攻击性的,它就把它的客观认识的条件强加给存在者了,无论存在者是什么,无论其是自然还是社会,莫不如此。为了用一个我们都知晓的例子——因为我们事实上是连接为一体的——来说明这一点,我们可以拿调查问卷为例来作说明。调查问卷是一种显而易见的文件,其目的在于,向人施加其必须予以回答的问题。无论人是否愿意回答,无论人是否能够负责地回答——调查问卷都是一种强制②。社会科学需要它的统计学,正如自然科学把量化的方法运用在自然之上。在这两类情形中都是方法居统治地位,它定义了那种能够认知和值得认知的东西。这意味着,通向知识的通道必须是可控的。虽说科学理论可能还会发展出与知识之处理方法迥然有别的概念,但无可争议的事实是,17世纪的那一伟大启程(Aufbruch)一直持续发挥着作用,直到今天亦是如此。这一"启程"在伽利略和惠更斯*的物理学中迈出了其最初的步伐,并且在笛卡尔的反思中找到了其原则性的表达。人们也知道,西方是如何通过现代科学的这一启程而推动着对世界的去魅化(Entzauberung)。科学研究的工业上的可利用性最终使得西方上升到对整个地球的统治地位并且展现出一种支配一切的经济体系和交通体系。但这肯定不是第一开端。有一种更古老的"启蒙",也可以说"启蒙"的一种最初的浪潮,正是在这种启蒙中,科学及其对世界的考察首次得以发展。这就是海德格尔所看到的那一开端,亦即海德格尔言说"哲学之终结"时始终一并意指了的那一开端。这就是希腊之走向"理论"(Theoria)的启程。海德格尔的那一挑战性的论点于是就是:科学启蒙的这一开端完全就是形而上学的开端。虽然现代科学是在与传统形而上学的斗争中形成的,但这事实上包含了这一意味,即现代科学乃是希腊的物理学和形

---

② 正是出于这个原因,伦理学很好地对问卷之方法保持着怀疑,这是 L. C. 沃森(L. C. Watson)和 M.-B. 沃森-弗兰克(M.-B. Watson-Franke)业已指出的(参见我的著作集,第2卷,第9页注释⑦)。我们之被要求如此,事实上是以科学之名义发生的。

* 惠更斯(Christian Huygens,1629—1695),荷兰物理学家、天文学家、数学家。他是介于伽利略与牛顿之间的一位重要的物理学先驱。——译者

而上学的一种效应。笼罩在我们之上的那种天命的真正开端不就在希腊那里吗？海德格尔由此提出了一个问题，这个问题长期以来都让近现代的思想殚精竭虑着。

我们可以用一种特殊的、众所周知的情形来说明这一点。在现代科学的开端处，在17世纪时，人们开始定向于伟大的希腊思想家中最不为人知的那个思想家——德谟克利特。德谟克利特的理论亦即原子理论事实上变成了现代自然研究的胜利模型。而我们对德谟克利特几乎一无所知。恰恰这一点导致了，人们，尤其是19世纪的人们（在这一世纪中现代科学的胜利进军已经被普遍地意识到了）把德谟克利特过誉为一位伟大的先驱，一位被柏拉图和亚里士多德的蒙昧主义者之行径（Dunkelmännerei）所压制的先驱。从这时起，我们与希腊开端的关系就被打断了并且一直具有争议。这尤其适用于柏拉图。亚里士多德事实上早就被看作是一位对经验盲目无视的教条主义者了，而黑格尔对亚里士多德思想的再度采纳也恰恰使得他不能给人以好的印象。相反，柏拉图则被转塑为前康德的康德主义者和数学-自然科学的祖先——倘若他没有反过来被视为那种人，即破坏了希腊科学研究大有希望之开端的反动的破坏者的话。海德格尔遂以在本质上比上述争议之发问更加彻底的方式开始了对我们希腊开端的追问。他发现了西方历史的一种深层的连续性，这种连续性早就已经开始了而且一直坚持到今天。正是它导致了宗教、艺术以及科学的那种分离，而且它本身还在彻底性上凌越于欧洲之启蒙。欧洲是如何走上这条道路的？这条道路是什么？这是怎么开始的，并且是怎样进展的以至最终在海德格尔意义上的"林中路"（Holzwegen）中找到了那种表示道路之终点的纲领性的表达*?

无可怀疑地,这种发展与我们在德语中称作"概念"(Begriff)的那种东西有内在关联。去说出一种概念是什么,这对于我们而言或许显得比较困难,其难度就像让奥古斯丁说出什么是时间。我们全都知道它但就是不能说出它究竟是什么。倘若事所攸关的是概念,则这个词语总还是已经透露出某种东西了。在一个概念中有某种东西被一并把握和一并抓住了(zusammengegriffen, zusammengefaßt)。在这个词语中存在着这一实情:概念把捉着,抓取着并且一并把握着,如此就把握了某种东西。在概念中的思想因而就是一种积极介入(eingreifendes)并且大幅伸展(ausgreifendes)的思想。海德格尔遂把形而上学的历史阐释为一种原始希腊式的存在经验的表达,更确切地说,阐释为我们思想经验的这样一种运

---

* 通常被译为"林中路"的"Holzweg"原意为"伐木路",此词在日常德语中仅仅用于短语"auf dem Holzweg sein",意思是:"犯错,迷路"。之所以"走在伐木之路上"就是犯错和迷路,乃是因为伐木者为伐木活动所开辟的林中道路往往终止于伐木者不能采伐之处和不再需要采伐之处。道路的本性在于通达,但这样的伐木路不同于一般的道路,受制于伐木活动之终结的偶然性,它们往往会在森林深处突然断绝,并不会把为定向行走而踏上此路的行人引导到他所曾期望的位置,故若不自觉地走在这样的伐木路上,就意味着犯错,就是迷路。当海德格尔在其文集《林中路》的序言中写下"林(Holz)意味着森林的一种古名。林中有若干路,它们通常突然断绝在不可通行的草木丛生之处。每一条路各自伸展,但都在同一森林之中。一条路与另一条路常常看似相同。然而仅仅是看似如此。伐木工与森林守护人认得这些路。他们知道,什么叫作走在林中路上(auf einem Holzweg zu sein)"这样的文字时,他对"Holzweg"的用法就透露出了幽深玄妙的意味:行于作为伐木之路的、往往突然断绝的林中路上,乃是行于迷途之上,但这又并非一种单纯消极的事态,反应看出这乃是对存在之谜的应合,思者像伐木工和护林人那样坚定而分明地行于迷途并承受迷途,乃是对"存在之谜"的本真应和,是依于"存在之谜"的真正行诗,亦即我们对存在之谜的真正参赞。所以,海德格尔语境中的"林中路"具有"正者反之,反者正之"的内在的潜转往复之意。——译者

动,它在存在者之存在中把握存在者,以至于人们把存在者固定为被把握的东西(das Begriffene)并就此将存在者掌握在手中(in der Hand hat)。这一点在形而上学的任务(要在存在者之存在状态中把握存在者本身)中得到了表达,并且导致了定义亦即Horismos(定义)的逻辑,存在者正是在定义中被带向其概念的。这曾是思想向自身提出的伟大任务,并且这个苏格拉底式的转折也绝不是一种偏离那种正路——古代原子论已然行于其上的那种所谓的正路——的误入歧途。因此这*可能只是在向近代的转折中才显现出来的。那种过渡,希腊哲学以及其全部知识意愿(Wissenwollen)向罗马乃至基督教中世纪的过渡,最终当近代启程之际在其对希腊传统的文艺复兴中导向了一种新的经验概念和科学概念。这是一个漫长的历史。

海德格尔在1923年就已经把近现代的特征标示为"对得到认识的认识的关切"(Sorge um die erkannte Erkenntnis)**。海德格尔的这个在文字层面还未被人周知的表述所要说的是:对真理(veritas)的追问被对确定性(certitudo)的关切给排斥掉了。在某种程度上可以说,方法的道德(Moral der Methode)就是,人们更喜欢迈出小的,即便还不是如此谦逊的步伐,只要这些步伐是绝对

---

* "这"指的是近现代的科学之路。整句话的意思是:近现代的科学之路并非就是古代原子论所曾走过的那条道路,因此也就谈不上柏拉图与亚里士多德对科学之路的"反动"。——译者

** 参见海德格尔:《对亚里士多德的现象学解释——现象学研究导论》(1923/1924年马堡大学冬季学期讲座),即《海德格尔全集》第17卷,冯·海尔曼编,美因河畔的法兰克福:维多里奥·克劳斯特曼出版社1994年版,第95—129页。——译者

可控的并且是安全可靠的。这就是在笛卡尔的"规则"*中的情形。人们可以说,今天盎格鲁-撒克逊的分析学要比黑格尔或海德格尔更好地忠实于这种科学的道德。

然而海德格尔的要求却是——并且他想要以其丰富的、充满想象力的思想的整个冲劲来做到这一点——由此而来使西方历史的那种命运性的统一性真正变得清晰可见,这种命运性的统一性是伴随着希腊的形而上学而开始的,并且是在技术和工业的完全统治中终结的。这样一种要求包含着这一意味,即要退回到命题逻辑的后面去。人们总归是很难逃避这种要求的,倘若事所攸关的是那种与宗教和艺术竞争着真理的哲学的话。这种哲学所关乎的是这样一些问题,对于这些问题,人们无法逃避,但人们也向来不能为此找到可证明的答案。例如那个问题,那个来自康德纯粹理性辩证法的广为人知的、在宇宙论的二律背反中被表达出来的问题"在开端处是什么"就是这样。物理学家们可能不会这样问。当我们这样问他们,在宇宙大爆炸之前是什么,他们可能只是笑笑而已。基于他们在科学上的自身理解,这样问,是没有意义的。康德在此是有道理的。尽管如此,我们仍然都会这样问。我们恰恰都是哲学家,在必须追问的问题上我们都是坚定不移的,即便在没有任何答案,甚至连一条通向回答的道路也隐匿不见的地方,我们也都是坚定不移的。当我说"退回到命题逻辑之后"这句话时,我的意思是:退回到那种东西——可以在通用有效的断言命题中得到表述的东西——的后面去。这种退回无关乎逻辑本身,无关乎

---

* 指笛卡尔作于 1628 年的《指导心灵的规则》。——译者

逻辑的有效性和逻辑的无可争议性。但它却可能如此而关乎某种东西,即,合乎逻辑的论证工作的独白并不能使我们那种富有想象力的、发问着的思想平息下来*。返回步伐就发生在这样一种发问中,这种返回步伐并非仅仅是退回到断言命题背后以向那种东西——我们用日常生活的语言继续去发问的那种东西——行去。它还要退到那种东西——我们能够用我们的语言一般地言说之和发问之的那种东西——的背后去。我们持续地发现自身处于一种张力中,这种张力乃是在我们试图去言说的东西和我们不能适宜地言说的东西之间的张力。这就是那种建设性的语言困境,它归属于人,每一个真正的思想家——真正的思想家并不能放弃对概念的辛苦致力——都是在这种语言困境中前行的。

语言并非是为哲学造就的。因此哲学必须从语言——我们生活于其中的那种语言——中获取语词,并且这些语词承载了一种特有的概念意义。这常常就是一些人造术语,它们在一种扩展着的学院文化中愈发沦落为虚幻的象征符号,在它们背后不再有活生生的语言直观。这应合了人之此在的那种沦落倾向,即海德格尔在《存在与时间》中所描写的那种沦落倾向。人们使用着套话、规范概念、学院概念和习俗惯例,却没有原始地思考。

在我们这个现代科学的时代,新的任务因而向思想提出来了,德国观念论已经看出了这一任务本身,但只是部分地解决了它,我则是在海德格尔那里才学会理解了这一任务。此任务即是:去意

---

* 依照伽达默尔的立场,真正的思想应当是具有想象力的,"诠释学乃是一种想象力",这种想象力是创造性思想家的标志,是"对问题以及问题所要求我们的那种东西的敏感"。——译者

识到人们在其中进行思考的那种概念性。这从何而来？这当中存在着什么？比如当我说"主体"的时候，这当中什么是无意识的和没有被意识到的？Subjekt(主体)和Substanz(实体)是同一种东西。"Subjekt"和"Substanz"是对亚里士多德术语"hypokeimenon"亦即"基础"(Grundlage)的两种译法。就其自身而言，这个希腊概念当然与德语的Subjekt概念（它意味着"自我"）无关，但尽管如此，我们仍完全自明地谈论着某人（虽说带着鄙视）：这是一个糟糕的家伙(das ist ein fatales Subjekt)*。我们也作为哲学家（带着战战兢兢的高度尊重）谈论着先验主体(transzendentalen Subjekt)，认识的一切客观性都是在先验主体中得到建构的，并且先验主体不是经验性的自我，也不是一种共同主体。看看这个例子，哲学的概念性是可以多么远地疏离于原始的语言意义啊！于是就有了那种任务，对形而上学的概念传统进行解构的任务，这也就是被青年海德格尔坚决地开启的那一任务。我们都力所能及地从他那里学会了，重新找到从概念通向言语的那条道路，但绝不是为了放弃概念性的思想，而是为了把它的直观力量返还给概念性的思想。在这条道路上我们遵循着希腊人在此道路上已经先行为我们准备好的东西，我们尤其遵循着亚里士多德，他在其《物理学》第4卷中分析了那些基础性的概念，并且从语言用法而来建立起它们的含义之多样性。因而事情之关键在于，人们如何能让从概念到言语的道路再度变得可行，以至于思想能够再度开口言说。在两千年思

---

* 作者在这里的意思是：Subjekt在德语中也并不仅仅表示作为"自我"的主体。——译者

想传统的重负之下，这并不是什么微小的任务。在精确发展了的概念和在语言中活生生的言语之间，很难划出一条确定的界线。对于我们所有人而言，始终存在着对概念语词的不自觉的使用，这些概念语词源自形而上学并且下意识地继续存活于思想中。海德格尔能够使用一种非同寻常的语言力量，以便让语言为哲学而再度开口言说。许多东西都如此这般地苏醒了。最终就有了一种伟大的、有待被接收采纳的遗产。对于德语而言，这种遗产在此首先就是埃克哈特大师的基督教神秘主义、路德翻译的《圣经》以及我们种种方言的表达力量（这种表达力量始终是学院的语言和教育的空话所不可触及的）。

海德格尔的新颖之处在于，他不仅仅具有一种如此伟大的语言力量（比如说就像西里西亚的制鞋匠雅各布·波墨所具有的那种道说力量），而且他突破了我们概念语言的整个拉丁式的学院传统，其方式是，返回到这种传统的希腊式的开端中去。他因而成功地做到了，在概念中重新辨识出那唤醒直观的言语。这从一开始就是海德格尔的独特天赋。在这个问题上无可争议的事实是，对一种概念的造就始终迫使着人们对语词的词语史上的含义加以遏制，以便达成明确的概念定义。就连亚里士多德也是这样做的。尽管如此，海德格尔在讲授亚里士多德的修辞学和伦理学著作时却让亚里士多德重新开口说话了，这是一个全新的亚里士多德，一个重新道说的亚里士多德，一个或许也能够给形而上学带来新的光明的亚里士多德。海德格尔因而成功地返回到新经院主义-托马斯主义的概念语言的背后去了。最终人们就明白了，当人们使用语言的潜能时（这些潜能的含义内容并不能写在黑板上），这并非诗歌,也不是心灵的白日梦。

　　语言的潜能理应效力于思想。这意味着:在语词那里,通过分析其诸多含义,一个概念得到了界定。概念分析因而区别于种种在语言中活生生地存在着的含义,但这些含义每每都是在语境中才获得其受限之规定的。这是内涵定义理论无论如何都会注意到的。最终,在断言命题中,一种含义相对于其他含义就总是以强迫的方式居于主导地位,而其他的附带含义就顶多只是附带地起作用罢了。对语词的思想上的运用看上去始终就是这个样子。

　　诗歌中的情形并非完全不同,一个语词的许多含义都在诗歌中响起了。但即便在那里,也将会是这样一种情形:在对语词的使用中,本真的含义向度被如此宽松地置定了,以至于话语意义的统一性始终是可以达成的。然而,在诗歌中,语言之潜能还有更为辽远的展现。在那里,诗性言语通过语词所具有的和共同表现出的多义性和多价性*而得到丰富扩充,这一点直接构成了诗性言语的卷帙篇幅。

　　在哲学中的情形则是,语言无休无止地表现着它的创造性力量。因此,一种多价性表达的约定俗成含义的单义性也就可以在那里让语词中的诸多附带含义都在背景中一道言说。这些附带含义有助于语词融入言说与思想的河流。但它们也可能会让这条河流掉转方向。甚至可能会出现这样的情形,即思想被完全抛离出其日常轨道了。黑格尔就常常蓄意地做这种事情,以便让一种表

---

* "多价性"(Vielstelligkeit),语言学术语,即"多重配价性"。所谓"价",借用于化学术语,也译为"组配数限",主要考察的是某一成分有多少个同现成分,亦即某一成分必须有多少个强制性搭配成分。——译者

达的思辨内容锐化为矛盾。海德格尔有时还做得更加暴力一些。当海德格尔言说"跳跃"(Sprung)的时候,他直接就把这种做法当作要求给提出来了。在某种程度上可以说,当人们把语词或语句的附带含义提升为对立含义的时候,人们就必然迫使思想进行了跳跃。这在哲学语境中可以具有原则性的重要意义,例如当一种通常的、被语词之多义性所烙印的印记获得一种全新的内容意义的时候,就会是这样。因此,海德格尔的那个问题,"Was heißt Denken?"*,不是在"heißt"这个词语的素常含义亦即"意味着"(bedeutet)这一含义中被解读的**,而是在出乎意料的偏转中释放了"heißt"的附带含义,此时它的意思是"命令/要求"(gebietet)***。人们当然不应该对此进行模仿。但在海德格尔那里,去跟随这样的指示,却是值得的。这样做并不意味着,简单地重复这种指示,而是去遵循这种指示,也就是说,要在本己的思想中定好方向并且保持方向。如此,用"heißt"这个词进行的这种挑衅性的游戏就使人明白了,语言可以多么强烈地预先规定思想的可能性。

另一个例子是:在海德格尔论技术的文章中有对因果性和原因的讨论。海德格尔在那里说道:"它事实上乃是 Veranlassung(促使)。"在他的这种阐释的语境中,一个人会立即意识到"Veranlassung"究竟是什么意思。人们发现,这个词语当中隐藏着

---

* 此系《海德格尔全集》第 8 卷的书名。——译者

** 依照这种日常含义,"Was heißt Denken"可译为"思想意味着什么"或"何谓思想"。——译者

*** 依照这种附带含义,"Was heißt Denken"可译为"思想命令着什么"或"思想吩咐着什么"。——译者

一种"Lassen"(让)。"让某种东西开始"(etwas Anhebenlassen)始终含有这样一种意味,即人们允让之,使之发生。海德格尔因而让一个平常的德语词语如此这般地承受负担,即它从其自身而来还言说了某种东西。它说的是:这里有某种东西被允让到存在之中了,倘若这种东西开始了的话(wenn es anhebt)。甚至那个从汽车界而来变得知名的词语"Anlasser"(起动装置)也让人觉得有这种意义。

当然,这种与语言的打交道——倘若人们涉及文本的话——在整体上乃是一种针对文本的举动。文本有其统一的意图。这并不必然是作者的一种清晰之意图,但接受者和解读者却总是要定向于文本所意指的东西的。明显的事实是,比如说海德格尔有时候就完全把一句话的意图给弄得颠三倒四了,语词突然就超出了其用法之通常的可能性,迫使某种不再被思考的东西变得清晰可见。为此,海德格尔以多种方式把语源学给动员起来了。倘若人们在此依据于科学性的研究,在我看来,人们当然就会自愿放弃对一种迅速变化着的科学有效性的依赖。在这种情况下,海德格尔诉诸语源学的做法就容易失去其说服力。相反,在另一些情形中,海德格尔却能够借助于语源学让某种东西——在语言感觉中还潜在地一道运作着并且确认着和强化着语言感觉的东西——被清晰觉察。于是他就成功地做到了,把语词回引到一种原始的经验中(这些语词就源出于这种原始经验),并且让这种经验重新可以被听到。

无论如何,事情之关键显然都在于这样一些语词,它们的含义之力量可以被再度辨识出并且臻于言说。这是有伟大之典范的,

26. 论思想之开端 563

尤其在亚里士多德那里显示出了这种典范。最著名的例子就是希腊语的那个表示"存在"的词语,即"*Ousia*",它在拉丁化了的[*]形而上学中获得了"*essentia*"(本质)的概念意义。这个词来自西塞罗对"*Ousia*"的翻译。但这个词在彼时日常言说的希腊语自身当中意味着什么?在德语中我们做得很好,能在这种情形下模仿那种语境:"*Ousia*"意味着"das Anwesen"(田产、庄园)[**],即农业的地产,也如我们所说的那样,是一个房舍或一个单独的农家院落。一个农民可能会这样说他的财产:"它是一个美丽的农家院落"(Es ist ein schönes Anwesen)。希腊人也是能够这样说的,并且希腊人直到今天也能这样说。[***]谁若了解雅典,谁就能看到这一点。本世纪 20 年代初,希腊人迁离出了小亚细亚[****],雅典古城变成了百万难民的居留之所,而且还向内陆扩展开来。但所有人都被安顿到其自己的小屋中了。每个人都还有他的"Anwesen"(家产)。那种东西,那作为"*Ousia*"而构成存在者之存在的东西,

---

[*] "拉丁化"(latinisieren),术语,意为"带到拉丁语的语言形式中"(in lateinische Sprachform bringen)。——译者

[**] "Anwesen"在德语日常语用中意为"田产、庄园"(这也是 *Ousia* 在希腊语中的日常含义),在哲学中的含义则是"在场、当前显现"。根据《瓦里希词典》和《杜登综合词典》的词源分析,"Anwesen"的本意是"当前存在"(das Gegenwärtigsein),其分词形式"anwesend"在古高地德语中写作"anawesen",在中古高地德语中写作"an(e)wesen",原系对拉丁语"adesse"的翻译,意味着"dabei sen, da sein"(在此存在,如此存在)。——译者

[***] 这句话中,前面的"希腊人"指古希腊人,后面的"希腊人"指操持现代希腊语的希腊人。——译者

[****] 20 世纪 20 年代初,由于第二次希土战争(1919—1922 年)的爆发和希腊的最终战败,土耳其境内的希腊人大举逃亡到雅典,使得雅典人口迅速膨胀。——译者

就如此地保持着实际的直观。* 当前显现乃是当前显现着的东西(das Anwesen ist das Anwesende)。当前显现构成了农民之居住的本质。农民是在其本己的 *Oikos*(家、家舍)中、在其本己的活动中意识到其本己的存在的,并且当前面对着这种存在(und hat es gegenwärtig)。"*Ousia*"这个词因而就在这里达成了这样的事情:哲学的概念意义借助于原始的词语意义而变得更加清晰了。

顺便提一下,倘若人们如此这般地意识到 *Ousia*、*Parousia***、*Apousia**** 这一整个语义场,人们就会感到海德格尔对"Vorhandenheit"(现成状态、在手状态)这一概念的使用是不能令人满意的。我也没有什么更好的建议,但在"Vorhandenheit"这个表达中,要么是,单纯之实存(Existieren)的意义,即 18 世纪的学院哲学意义上的"实存"(*Existentia*),在其中余音缭绕,进而整个概念世界(它归属于近现代那仅仅计算着、测量着、衡量着的经验科学)都回响在其中了,而那个希腊概念****也就由此被强暴了。

---

* 关于 *Ousia*(Anwesen)的哲学含义(存在、当前显现)与日常含义(家产)的内在关联,海德格尔曾提供了一种解释。参见海德格尔:《路标》,孙周兴译,商务印书馆 2000 年版,第 301 页以下。——译者

** 此词在希腊语日常语用中意为"到场、显现",柏拉图与亚里士多德偶尔会以一种哲学的精炼意义来使用此词,例如意指理念(超感性者)在现象中的在场,但并没有形成一种确定的术语形态。在基督教语境中它意指"神之显现"或特指"基督再临"。就字面来看,此词由"*par*"(在旁边、寓于、切近)和"*Ousia*"(存在、当前显现)构成,是对"*Ousia*"的意义强化,可以译为"在场"或"当前显现"。——译者

*** 此词系"*Parousia*"的对立概念,可以译为"不在场"或"不当前显现"。——译者

**** "那个希腊概念"指"*Ousia*"。——译者

结果是,那种与人之手(Hand)的关联*被过多地听出来了,这就使得在异域语言的翻译中,"vorhanden"(在手)和"zuhanden"(上手)几乎不可分地交融在一起了。** 此二者都不是在作为"当前显现"的"存在"之意义上讲的。这个词并不意味着通过测量和衡量而得到确定的对象之实存,但也不意味着单纯关乎行为的"procheiron"(上手),亦即"上手"(zur Hand)。当海德格尔决定使用"Vorhandenheit"这个表达的时候③,他就已然忽略了近现代自然科学的存在理解与希腊形而上学的存在理解的差异。相反,当他用"Anwesenheit"(当前显现状态/在场状态)这个词的时候,他却正中标靶,因为这个词和希腊语的"*parousia*"一样,让人一道听出了存在中的神性东西的在场状态***。在思想中发生的事情就是这样。当人们想让语词言说的时候,它们并非始终如此切中目标。它们有时候会错过言说者的真正意图。人们可以在海德格尔

---

* "Vorhandenheit"的字面意是"在手前"。——译者

** 海德格尔在《存在与时间》中特意区分了"在手状态"与"上手状态"这两个术语。伽达默尔的意思是,倘若特意着眼于字面上的"手"之因素,这种区分就很难转渡到异域语言中去。——译者

③ 这可能是在20世纪20年代中期当其撰写《存在与时间》的时候才发生的事情。在1924/1925年的马堡讲座(《海德格尔全集》第20卷)中还没有这个词。

(伽达默尔在这里有一个小小的纰漏。《海德格尔全集》第20卷是《时间概念史导论》,系1925年夏季学期马堡讲座;而1924/1925年的马堡讲座则是《柏拉图:智者篇》(《海德格尔全集》第19卷)。鉴于《时间概念史导论》与《存在与时间》的密切关联(前者被视为后者的草稿),伽达默尔的这一表述因而应按其所要表达的意思纠正为"在1925年的马堡讲座(《海德格尔全集》第20卷)中还没有这个词"。——译者

*** 在柏拉图的《斐多篇》中,"*parousia*"的含义就已经被阐释为超感性者(理念)在现象中的在场,这为后世的神学或神圣之思对此词的发挥使用做了预先定向。——译者

这里学习到这种与语言相伴的思想所具有的机遇与危险。

特别有说明作用的是海德格尔把 Aletheia* 译为"无蔽状态"(Unverborgenheit)的译法。之所以这样说,并不是因为他由此坚持了这个构词的褫夺性的特征。这并没有什么特别的。倘若人们现在想要断定,这一点或许在海德格尔之前就已经在某个地方被看到了,这个词在海德格尔之前可能就已经被译为无蔽状态、去蔽状态(Entborgenheit)或无所隐瞒(Unverhohlenheit)了,这就太幼稚可笑了。这当然是可能出现的情况。其他一些人也是精通希腊语的。顺便提一下,"无所隐瞒"可能最接近于 Aletheia 的原始的希腊语用法。洪堡就已经这样翻译了。事实上这个词语通常是在与 verba sentiendi(感知动词)的结合中出现的④。海德格尔曾顽固地抵制了它与感知动词有内在关联这一语言上的显明性,并且始终强调,Aletheia 并非首要地在于语句中,而是原始地在于存在本身之中。他为此甚至引亚里士多德为证,说到底却并不完全合理。但对海德格尔而言,那自行显示或自行隐匿的存在才是关键,而非对存在进行言说的主体。对海德格尔而言,关键之事绝不在于,去保持存在对于主体性认知和主体性言说的独立性和无所关涉性,比方说以现代的"实在论"的方式——这种实在论所主张的是没有人会予以否认的东西——来保持这种独立性和无所关涉性。相反,海德格尔所看到的关键之事却是,在"存在"本身中,不

---

* 希腊词语,通常被理解和翻译为"真理"。海德格尔认为我们应在字面性的并且是本源性的意义上将其理解和翻译为"无蔽或去蔽"。——译者

④ 为此可参见 E. 海奇(E. Heitsch)在《赫尔墨斯》第 97 卷(1969 年)上的文章(第 292—296 页)及其在《哲学年鉴》第 76 卷(1968 年)上的文章(第 23—36 页)。

仅把去蔽承认为原始的经验,而且也把隐蔽承认为原始的经验。自行显示和自行隐蔽不可解开地共属一体(正如《存在与时间》中本真性和非本真性的关系)。海德格尔看到的关键因而是那种本质性的、在存在概念和 Aletheia 概念中得到思考的二义性(Zweideutigkeit)*,并且这是他很早以来就已经纳入眼帘的东西,正如1921/1922年的讲座**所揭示的那样。最终这就把他引向了对形而上学的究底追问。倘若认为形而上学并没有像海德格尔所做的那样对存在进行发问,同时认为海德格尔在"存在"之名称下所理解的东西和亚里士多德(这个对存在者之存在予以精确表达的人)所理解的东西是同一种东西,这将是荒谬可笑的。

毋宁说,海德格尔对形而上学的究底追问所关切的是对存在的经验和对 Aletheia 的经验,这种经验据说在向形而上学的转变之前就已经发生了,是原始的经验。他在早期希腊思想中寻求着对此的见证。他对前苏格拉底思想家如阿那克西曼德、巴门尼德、赫拉克利特的研究,据说从传统中听出了这种原始的存在之经验:存在同时显现为当前显现与消失退隐(Anwesen und Verwesen),显现为"片刻"(Weile),并因而显现为"此"(Da),存在就是在这个"此"中向思想显示自身的。事实上,这样一种经验已经在"Aletheia"的构词中留下其痕迹了。这个词语在"隐蔽"(Lethe)中包含了两层意思,即庇护(Bergung)和隐匿(Verbergung)。然而海德格尔最

---

* "二义性"指"自行显示"与"自行隐蔽"所构成的二重一体性。——译者

** 《海德格尔全集》第61卷《对亚里士多德的现象学解释——现象学研究导论》,参见本文开篇处的表述和注释。——译者

终必然会看出,他那不知疲倦的尝试,试图诉诸前苏格拉底思想家使之成为自己的见证者,受挫了(《面向思的经验》,第 34 页*)。一种真实的思想,一种把"*Aletheia*"思为这样一种维度——在这种维度中,存在自行本有着(sich ereignet)**,此维度也因而是存在在其中自行回隐着(sich entzieht)的那种维度——的真实的思想,事实上在任何地方都是抓取不着的。在这些文本中所找到的并不是"本有"(Ereignis)的时间性维度,即海德格尔在"存在"和"*Aletheia*"中所寻找的那种维度,而始终只是存在者的当前、在场状态和缺席状态,找不到"当前显现"(Anwesen)。从中人们可以

---

* 这里所指文本很可能有误,需要进一步的分析。首先,《海德格尔全集》中并没有名为"面向思的经验/论思的经验"(Zur Erfahrung des Denkens)的文本。伽达默尔在这里很可能存有笔误,即把海德格尔的《面向思的事情》误写作《面向思的经验》,而且伽达默尔所依据的版本应是《面向思的事情》的单行本(Niemeyer 出版社,1969 年首版,1976 年出未作改动的第 2 版),因为该书的全集版(《海德格尔全集》第 14 卷)在 2007 年才首次问世。德文单行本第 34 页对应于《面向思的事情》中译本(陈小文、孙周兴译,商务印书馆 2014 年版)第 44 页首行到第 45 页第一段第五行。其次,《海德格尔全集》第 13 卷名为《来自思的经验》(Aus der Erfahrung des Denkens),但就内容来看显然不是这里所指(《来自思的经验》曾经出过同名组诗的单行本,纳斯克出版社 1954 年版,但全书仅 27 页,1983 年扩充为全集版出版,其第 34 页为空白页)。最后,伽达默尔本人也没有同名作品。综合以上因素,我们可以有较充足的理由断定,伽达默尔这里存在笔误,其所指的应是《面向思的事情》单行本第 34 页,更确切地说,他指的是海德格尔在该处文本中对"返回步伐"之"'何所向'本身的存在方式的不确定性"的承认:"'何所向'之位置的如此实情是确定的,但这个位置如何存在,这对知识来说却还是遮蔽着的;而且必然还悬而未决的是,这个位置之存在方式是否已经确定(但也还不是可知的),或者,它是否本身要在步伐之实行中,也即在所谓的人于本有而不醒中才产生出来"(《面向思的事情》,商务印书馆 2014 年版,第 44 页)。我们的这一判断还可以通过本文后面的表述得到进一步的支撑论证。——译者

** 海德格尔曾多次指出,他所使用的"Ereignis"一词不是在日常语用的"事件"意义上理解的,与之相应的"sich ereignen"也不是在日常语用的"发生"意义上理解的。这里的"存在自行本有着"也可以考虑译为"存在自行本成着"。——译者

得出一个重要的推论：说到底并不是这些早期思想家的断言吸引着海德格尔，并不是这些语句——通过对它们的解释人们或许能够使存在之"本有"获得理解——吸引着他，毋宁说，是语义学的考察结果，是那些含义圈子（它们被深深刻入诸如 Logos〔逻各斯〕、Physis〔自然〕、on〔存在〕、hen〔一〕等这些希腊语的基本词语中了），允诺了今天这位试图进行返回步伐的思想家，去对最古老的经验达成洞见。这最古老的经验还远远先于明确的概念性思想。正是希腊语的史前史（它只是对希腊语的预感）能够以意味深长的方式向海德格尔的这种目光展现开来。这当中存在着海德格尔的真正天赋，正如前述那些阐释尝试（并且不限于此）所显示出的那样。与其说是在对文本的阐释中，不如说是在对言语和整个语境的衡量中，在对语言之原始岩石的隐秘岩脉的追踪中（无论在这个问题上事所攸关的是希腊思想还是希腊诗作抑或是本己德意志母语中的思想或诗作），聚集起了这种思想的强度。

人们或许会说，海德格尔在那种技艺高明的存在辩证法——黑格尔在其逻辑学中明确表达了这种辩证法，为的是超越希腊人的概念语言——背后发现了更为深邃的言语辩证法。言语辩证法在黑格尔那里只是偶尔起作用。海德格尔则为了这种辩证法而让自己的耳朵变得特别敏锐。在母语中，就像在每一种语言中那样，所表达出来的并且图式化地表达出来的恰恰是整个的世界经验，因此，倘若人们想要追踪这种脉状物之岩脉的话，这有时就会变成一种真正的推动。但也并非始终如此。即便在矿山之中，也不是所有矿道都有丰富蕴藏。

在所有事物中，决定性的始终是原创性和彻底性，而海德格尔正是凭借着原创性和彻底性而提出了他的主导问题。因此，当海德格尔把"*Aletheia*"思为"无蔽状态"时，他就召来了他自己对希腊开端的想象（Vision），这种想象会把他从他对希腊文本见证的探询中抽离出来进入愈发黑暗的远古时代。在"无蔽状态"中也一道言说了"遮蔽状态"（Verborgenheit）。这对于我们而言有一种附带含义，这种附带含义是海德格尔想要解离出来的，而其真正的含义内容，我们只是慢慢地才领会到：在无蔽状态中也存在着庇护之取消（Aufhebung der Geborgenheit）*。那在思考着的关注中和在言说中出现并自行呈现的东西，同时也就是这样一种东西，这种东西隐蔽在言语中并且或许是始终隐蔽于其中的，即便某种东西从中"出现"并从中去蔽了。艺术作品的本质尤其诗歌的本质就是在这里呈现出来的。这与海德格尔的概念意图——把存在之经验思为去蔽和遮蔽的对反游戏——是符合一致的。他因而成功地做到了，从对当前显现状态的存在之经验而来，使得西方之命运——从希腊人直到我们未来的存在之遗忘状态的那条道路——得到觉察。因此他就超越了时代的差异，超越了古代、中世纪以及近现代的差异，把西方的统一性刻画为我们的存在之天命。早在他的"亚里士多德阐释"**中——这就好像是一种挑战，但我们当时并未听出来——他就已经与下述情形进行交战了，此情形即，存在只是被思为当前显现者的去蔽状态和当前显现状态了，并且时间只是被

---

* 这里的"Aufhebung"不能理解为黑格尔意义上的"扬弃"。——译者

** 指《海德格尔全集》第 61 卷《对亚里士多德的现象学解释——现象学研究导论》。——译者

思为被计数的现在之总数了。这对于一个力求基督教之自明性的人而言就变成了一种挑战。他终其一生的对黑格尔思辨观念论的抵抗指示了同一向度。对于一个被基督教神学之可疑性所折磨的人而言,黑格尔在宗教和哲学之间做出的那种辩证的和解虽然首先构成了一种诱惑,但更大的诱惑却是黑格尔对精神和历史进行的和解,正是后一种和解吸引着那个主要是在天主教神学领域获得教育的青年海德格尔。因此,在所谓的"邓·司各脱论文"*中事实上就发生了一种近乎指明了方向的对黑格尔的承认(ein fast programmatisches Bekenntnis zu Hegel)**。然而那种学院式的苍白无力——自行涣然冰释的新康德主义正是伴随着这样一种苍白无力而转向黑格尔的——是不能经受住青年海德格尔的审视的。克尔凯郭尔(以及他后面的路德)对这个年轻的寻求上帝者和针对所有一知半解予以彻底批评的人起到了规定作用。《海德格尔全集》第61卷对此给出了一种明确的见证。那种对克尔凯郭尔之箴言的引用——这部被规划好的(但从未完成的)书就被置于克

---

* 指海德格尔的教授资格论文《邓·司各脱的范畴学说与意谓理论》,收录于《海德格尔全集》第1卷,中译本参见海德格尔:《早期著作》,张柯、马小虎译,商务印书馆2015年版。——译者

** 这里指海德格尔在教授资格论文结尾处的一段话:"活生生的精神的那种哲学,真切之爱的那种哲学,崇敬着的神之热忱的那种哲学,对于它们的最普遍的基准点这里只能略加暗示,特别是当我们考虑到,一种从它们的基本倾向中导出的范畴理论所面临的任务是如此艰巨时,我们更是只能如此选择。这一任务的艰巨性体现在:这种范畴理论要进行一种原则性的争辩,其对手则是在幅度、深度、体验之丰富性以及概念塑形上都至为强大的一种历史世界观体系,这一体系把此前所有基本的哲学问题主旨都扬弃于自身中了;也就是说,要同黑格尔展开一场原则性的争辩。"(海德格尔:《早期著作》,张柯、马小虎译,商务印书馆2015年版,第503页)——译者

尔凯郭尔的箴言之下*——显示出海德格尔正走在通向一种"实际性的诠释学"的途中。倘若此书的草稿被冠名为"亚里士多德导论"的话，我们在今天就必须要问一下，克尔凯郭尔对海德格尔所构成的这种彻底的推动力，在海德格尔的"亚里士多德阐释"中是如何起作用的，并且如何能在这位"哲学家"的文本中被再度辨识出来。

在回顾中可以清晰看到，海德格尔的所有这些争辩（Auseinandersetzungen）**，在关键处都关系于基督教神学和存在论背后的那种希腊式的确定的概念机制，以至于路德和亚里士多德的共属性对于他而言就是真正的挑战了。因此就出现了这一局面：他对那些激励了他的人——对黑格尔、克尔凯郭尔、狄尔泰、奥古斯丁以及那个实践哲学的亚里士多德，施加了同样的批判，亦即

---

* "此书"指《海德格尔全集》第 61 卷《对亚里士多德的现象学解释——现象学研究导论》。海德格尔在一个附页中为阐明该书的解释工作之"倾向"，引用了克尔凯郭尔和路德的各两条箴言，指出正是这些箴言引领着该书的现象学研究。其中克尔凯郭尔的两条箴言分别是，第一条："整个现代哲学——既在伦理学的意义上又在基督教的意义上——基于一种轻率性之上。这种哲学不是通过对绝望和恼怒的言说而施行淬火并唤向秩序，而是暗示人并邀请人去在这一事情——他在怀疑并且已经怀疑了——中想象出某种东西。其他的哲学则抽象地漂浮在形而上东西的无规定性中。现代哲学没有从自身而来承认这一点，也因而没有指引人们（个别之人）走向伦理之人、宗教之人、生存之人，这种哲学激发了这一假象，仿佛人们能够——就如人们平淡乏味地言说的那样——出离他们的诚实灵魂（aus ihrer guten Haut heraus）而苦思冥想到纯粹的假象中去似的"。第二条："相反，哲学和哲学家的艰难之事却在于停止。"海德格尔还对第二条箴言加了一个用括弧圈起的批注："（在真正的开端处停止!）"。参见海德格尔：《对亚里士多德的现象学解释——现象学研究导论》，法兰克福：维多里奥·克劳斯特曼出版社，1985 年，第 182 页。——译者

** 德语哲学尤其是海德格尔语境中的"Auseinandersetzung"一词往往同时兼有"争辩"和"阐释"之意。——译者

批判他们的概念手段不足以实现他们的本质性意图。这就使得亚里士多德对于海德格尔而言有了一种特殊定位。海德格尔的阐释工作——他的早期听众们（我属于其中）在这一点上只是后来才有所领会——走向了这一向度：虽然亚里士多德实施了向在场形而上学（Metaphysik der Präsenz）的命运性转向并且取得了胜利，而且青年海德格尔知道自己正是逾越了它而被唤向思想的，但亚里士多德乃是唯一的这样一位思想家，海德格尔承认其业已发展出一套与其意图相宜的概念机制。所有其他的思想家，他所钦佩的以及他从中受到激励的思想家，都未能做到这一点，就连主张思辨合题的黑格尔和主张"间接告知"的克尔凯郭尔（青年海德格尔把这种"间接告知"〔indirekte Mitteilung〕改铸为"形式显示"〔formale Anzeige〕的措辞形式）也未能做到这一点。因此就会出现这样一种情形：在海德格尔的那些伟大的前辈中，在概念"手艺"上或许最为虚弱的那位前辈，亦即尼采，恰恰因为其弱点是如此显明，最终却对海德格尔产生了最持久的吸引力。

我们当时在马堡曾如此被海德格尔所占据，他在我们面前就像是一个重生的亚里士多德，他通过下述方式而把形而上学带上了新的道路：他从《修辞学》和《尼各马可伦理学》而来使本己的经验得到表达，并且从本己的经验而来把亚里士多德给具体化了。这是一个新的通达亚里士多德的通道，确切地说是唯一一个曾经出现过的通道，倘若人们为了能与青年海德格尔对上话一反形而上学-观念论的传统而真正严肃对待"实行意义"（Vollzugssinn）的话。海德格尔后来使用了经院哲学的术语"*actus exercitus*"（实践行为）来表示"实行意义"这一概念，"*actus exercitus*"乃是一个魔咒，凭借这个魔咒,他把我们所有人全都席卷到他的路径上了。不仅仅只有"*actus signatus*"(符号行为),即断言句及其谓述结构,而且也有"*actus exercitus*"(实践行为)。正是由此而来,芬克*后来在对胡塞尔的描写中发展出了"operativer Begriff"(运作概念)这一术语。

我们当时全都太幼稚了,把海德格尔对亚里士多德的具体化工作当成了他的哲学。我们没有看出,亚里士多德对他而言乃是敌方之堡垒,他是用一种完全不同的问题突入这个堡垒的,而这个问题是从我们本己之当前的这位思想家——他接受了基督教的教育并且受到了克尔凯郭尔的激励——的实际生命经验中升起的。他自身从来没有忘记路德的"海德堡论纲"所意谓的东西,即人作为基督徒必须发誓弃绝亚里士多德。然而,当我们想起其原则(他就是按照此原则工作并且把此原则送给我们所有人的,它就是:人必须让对手变得强大),我们对海德格尔与亚里士多德的等同化就是可以理解的了。他也真正做到了这一点。因此,当我们理解了,"*zoon logon echon*"必须不被思为"*animal rationale*"(理性动物),而是要被思为拥有语言的存在物,他对我们而言就像是一种启蒙。今天看上去几乎不可置信的是,学院传统的压力当时是那么强大,即使新康德主义也没有通过(其)政治地位的显明而克服这种压力。** 人们看到了,海德格尔的一部后期著作《在

---

* 欧根·芬克(Eugen Fink,1905—1975),德国现象学家。——译者

** 这句话的意思是:学院传统向来把"*zoon logon echon*"解读为"拥有理性的动物",海德格尔则独辟蹊径地将其解读为"拥有语言的动物"(即把其中的"Logos"解读为"语言"而非"理性"),这是一种非常勇敢且富有洞见的对传统之窠臼的克服。——译者

通向语言的途中》的标题是如何早就处在海德格尔本己的思想向度中了。

从所有这些关于语言（哲学之思想中的语言）的东西中归结出了什么？语词之秘密甚至还有概念语词的秘密，难道不就在于，它并非只是像一个符号那样指示着某种别的东西（人们于是就能够寻求自己通向这种东西的通道），而是首先还总是在自身中遮蔽了比它所道出者更多的东西？符号之本性在于，完全从自身那里指引开去。能够根本地把符号理解为符号，这并非小事一桩。狗就不能做到这一点。它们并不朝人们所指向的地方去看，而是咬向了那个指示的手指。当我们哪怕只是理解了这样一种指示，我们所有人就都已经是哲学家了。当我们理解了词语，我们就愈发是哲学家了。因为事关宏旨的并不在于，把语词理解为单个的语词，而是在于，语词是如何在一种旋律性的言语之流的整体中被言说的（这种言语之流是从整个言说的清晰表达中赢得其说服力的）。语词始终处在一种言说的语境关联中。就它那方面而言，言说活动并非只是带有含义的语词之结构的持续运行。人们可能会想到某些例句的无意义，这些例句是在一种外语的良善语法中被提供的。它们是故意没有意义的，以便不使人分心于它们的实质性内容，而是把人引向作为语词的它们。它们根本不是真正的言说。被记写下来的言说本身都不是真正的言说。言说是对某个人而说的。唯当声音（因为在声音中有某种东西被说了）切中了我，言说才是作为"文本"而说。这样就有了真实的声音和虚假的声音，有说服力或没有说服力的言说，真实的或虚假的言说——不是所有东西都是通过言说而被说或被写的，不是所有东西都是通过言说而被从遮蔽状态中取出并被前置表象的,并且不是所有东西都是通过这种前置表象(Vorstellen)而被错置的(verstellt)。

海德格尔为解释"Logos"这个词而召来了一种词源学,这个词被说成是"置放着的聚集"(legende Lese)。当我首次读到这个时,我是抗拒的,并且认为,把"Logos"视为是去蔽着的且同时遮蔽着的,这乃是一种对词语的曲解。但海德格尔的挑战激发却有着各式各样的唤醒之功。谁若追踪了在这里运作着的那一领域即语义学领域的发掘工作,并且由此而来返回到那个众所周知的概念词语即"Logos",对他而言,一种丰富的背景就会突如其来地一并进入到特有的思想感受和语言感受中。在这里我必须承认,海德格尔使一个词语开口说话了。"Logos"事实上是"置放着的聚集"(legende Lese),(其动词形式)"legein"乃是"Lesen"(采集),即zusammenlesen(收集)和 zusammenlegen(集置),以至于逻各斯就像葡萄藤的浆果那样被集置为聚集并被蔽护为这种聚集(Lese)。因此,在逻各斯中被集置为聚集之统一性的东西,当然就并非只是构成了语句的诸语词。每个语词本身就已经如此这般地——在语词中已有许多东西被集置了——构成了"Eidos"(外观/形式)的统一性,正如柏拉图所要说的那样,倘若他是按照逻各斯而问及"Eidos"的话。

那能够存在于一句话和一个语词中的东西,在赫拉克利特那里显示出其特别的说服力。赫拉克利特对于海德格尔而言毫无疑问是所有早期希腊思想家中最有吸引力的思想家。他的语句就像是谜语,他的言辞就像是暗示。在托特瑙山上的海德格尔小木屋中,门楣处挂着一张树皮,上面用希腊语字母刻着这样一句铭文:

"闪电掌管着一切"。在这句话中事实上集聚着海德格尔的基本想象（Grundvision），即在其当前显现状态中的当前显现者是在闪电中出现的。在这个瞬间，一切都亮如白昼，以便能同样突然地沉入最黑暗之黑夜中。这种突兀——"当前显现"就如此存在于并且只是作为闪电性的瞬间而存在于这种突兀中——被海德格尔猜想为希腊的存在之经验。闪电（它一下子就让一切都当前显现了）在一个短暂的片刻中允予了当前显现状态。就此来看，这一铭文乃是一句完整的话，它让作为存在之基本经验的去蔽（Entbergung）和蔽护（Bergung）的共属一体性在闪电中变得可见了。人们可以想一想，海德格尔为何如此热爱赫拉克利特的言语。然而，这种闪电——在其中突然昭如白昼——应如何变成持续存在，变成人乎言辞中的蔽护，变成最具照亮之功的言辞？这是思之任务并且是思之急需（Not）。我曾经有一天和海德格尔待在他山上的小木屋里。他为我朗读了一篇尼采论文，这是他那时刚写的。几分钟后他就停下来了，用手猛拍桌子，茶杯叮当作响，他绝望地叫道："这全都是天书啊！"说真的，这种举动并不是一个意求艰深晦涩之人的行事。海德格尔试图去发现那样一些言语，它们能够脱离形而上学的语言而进行道说，但显然，他在这样的尝试中事实上遭受着痛苦。从那种耀眼的明亮中——在这种明亮中，一道闪电扯碎了黑夜——如何生成一种视界之整体？一系列的思想（正是在这些思想中言语变成了新的言说）又如何彼此配合为一体？事实上这乃是人的一种基本经验，它在此被表达出来了。

我们就如此地生活在这种与众不同的状态中，即就连不当前显现的东西也当前显现着，νόῳ παρεόντα（在心灵中当前显现着）*，在"精神"中当前显现着。一切思想都像是一种超离我们短暂此在之界限的"思考开去""规划开去"和"梦想开去"。我们在某种程度上可以说从来都不能领会到（但也没有完全忘记），它**只是一个"片刻"而已，并且我们也不能理解，为何精神之无限性是通过有限性、通过死亡而被界定的。海德格尔由此而来更深远地思考了一种普遍的-存在论的转折（eine universal-ontologische Wende）。他让一个十分简单的语句再度为了这种经验而言说了："Es gibt"（有/它给予）。这个在此"给予"（gibt）的"它"（es）是什么？谁在此给予了什么？所有这一切都在分辨不清的轮廓中渐渐模糊了。尽管如此，每个人都完全理解"es gibt"的意思："某种东西在此/如此存在着"（Etwas ist da）。海德格尔使这种朴素的措辞再度开口道说，并且就此使得一种原初经验被意识到了，这种原初经验是从希腊语和德语之中性名词的那种诗意的神秘中被熟悉的。

收尾之际，我们现在因而就要问一下，死亡之经验，从海德格尔的后期洞见来看，应如何得到思考。在《存在与时间》中，死亡之经验是借助于畏之分析而被生动阐明的。死亡之谜可以从隐蔽（Verbergung）和蔽护（Bergung）之双倍性中得到思考吗？海德格尔谈到了"Gebirg"（山脉/集蔽），正是在这种东西当中，死亡被蔽护和隐蔽了。这指向了对死亡的一种经验方式，这种经验方式或许在人类的所有文化中都出现了，例如即便在一种祖先宗教

---

* 此处语句出自《巴门尼德著作残篇》，残篇 4。——译者
** 这个"它"指的是上文中所说的"我们的短暂此在（Dasein）"亦即"我们的短暂生存"。——译者

(Ahnenreligion)支配着一切的地方,也可以遇到这种经验方式。毫无疑问,《存在与时间》的这种描写是从基督教的经验基础中汲取出来的。但我们西方的思维方式并不是唯一可能的思考死亡经验的思维方式。各种祖先宗教,或许也包括伊斯兰教,看上去都有不同的思考。后期海德格尔超出他本己的基督教经验世界而思考了吗?或许。至少他是返回思到希腊之开端中去了。谁若没有看到海德格尔的希腊之开端的重要意义,谁就不能真正理解后期海德格尔。事情之关键不在于海德格尔,毋宁说,在于那种东西,那种在我们当中唤作"哲学"并把我们的文化指引到知识之路的东西。我们始终被这种来源规定着,并且必须让我们仿佛得到授权一样从这种来源而来走向未来以及思想的诸多可能性。

无论如何我们都可以说:那在希腊哲学上对我们如此有驱动之功的是这一事实,它(希腊哲学)走了它的道路,这是那个被说出并且被回答了的言语的道路,但却没有立即去反思,这个言说者是什么并且谁是这个言说者。希腊人没有表示"主体"的词语,他们也没有表示"语言"的词语。逻各斯乃是被道说者、被命名者、被聚集者和被置底的东西。这不是从言说者之成就而来被看到的,毋宁说是从那种东西而来被看到的——在这种东西中一切都聚集在一起并且我们正是在这种东西中达成了一致。苏格拉底有一句经典的话,即:"它不是我的逻各斯,不是我一向说的那种东西。"这话适用于苏格拉底也适用于赫拉克利特。逻各斯乃是共同的。因此,亚里士多德就能拒绝一切这样的理论,这些理论认为词语(Wörter)具有一种自然性的事实关联。被我们命名为言语(Worte)的符号,乃是"kata synthēkēn",即它们乃是习俗惯例

(Konventionen)。这并不是指它们是在某个时候被达成的约定(Vereinbarung),但它们也不是自然生成的。在此存在着的是一种统一性,这种统一性先行把我们联合在一起了,并且这种统一性在一切语言的差异化活动(分殊为这种或那种言语,分殊为这种或那种语言)之前就已经存在了。这就是开端,这种开端从未开始过,而是始终就已经存在了。它为思想与语言之间的那种难分难解的切近提供了根据,并且本身还始终超然于追问哲学之开端或哲学之终结的问题。

(张柯 译)

27. 返回开端

（1986年）

　　向希腊人返回，这是一个主题，但这个主题并非只是在对马丁·海德格尔思想的关联中而不由自主地出现的。事实上，自从那些时日以来——在这些时日中现代德国大学通过新的人道主义而获得了其形态——德国的哲学之风格和教化理想之风格通过向其希腊起源的返回而得到了深远规定。在我们这个世纪，现代思想的发展向前一直推进到边缘地带中了，在这些边缘地带中，哲学之言语可以指望一种特有的、新的现实意义。我这样说并不是意指我们或许处在一种科学危机中，而是意指科学的时代——与知识、与研究之本质密切相关的无限进步之信念的时代，意识到了那些对其起界定作用的条件。人类的生命之家政（Lebenshaushalt）处于危险中。这在今天传播到了所有人的意识中。

　　因此就出现了这一局面，就连一个像马丁·海德格尔这样的思想家（他在德国这二十年来几乎不再公开"当前"了*）也开始获得新的反响。海德格尔作品的那种已经开始出版的伟大的纪念碑

---

　　* 这句话的意思是，海德格尔自1966年起就逐渐退出了公众视野（海德格尔晚年常以"年老体衰"为理由谢绝外界交往），当其于1976年辞世后，对于一般公众而言，海德格尔这个形象就更缺乏当前性了。——译者

式的版本*，把马丁·海德格尔这位教师活生生地和实实在在地置于我们眼前。对于某个甚至从其开端之际起就作为学习者而伴随着海德格尔的人而言，这部全集的陆续出版就更是一种特别的抚慰。在我这一生中，当人们想要对海德格尔有所知晓或者甚至相信他们已经知晓了某种反对海德格尔的东西时，我就处在一种困难的局面中了。我必须得问问他们，他们究竟是否也读过海德格尔的那些马堡讲座。在我看来，谁若不懂得这些马堡讲座，他对海德格尔就还只是一知半解而已。在今天，这些讲座——它们是以某种相当有争议的版本**之形态出现的，但对于这一全集版本的出现，我们所有人事实上无论怎样表示感谢都还是不够的——可以被普遍地得到了。最近一段时间以来，我们甚至还能够——比我本人年轻时作为这些讲座的听众所能经验到的那种程度——更深远地返回到海德格尔的开端中去。海德格尔1921/1922年的一个讲座稿于1985年出版了，是由瓦尔特·布勒克和其夫人凯特·奥特曼斯(Käthe Oltmanns)共同编辑的，它是在新的全集版框架中出版的。对于读者而言，作为教师的海德格尔因而就变得可以接近了——更确切地说，比海德格尔本人从其后来的弗莱堡时代中挑选发表的那些讲座稿更能使我们接近作为教师的海德格尔。这尤其适用于海德格尔向希腊人的返归。这种返归在他的那部伟大的纪念碑式的开端作品《存在与时间》中也肯定一直都是可以觉察到

---

* 指总共102卷的《海德格尔全集》。——译者

** "版本"指《海德格尔全集》，所谓"争议"主要是指：海德格尔本人将全集出版形式确定为"最终审定版"亦即"作者亲定本"，学界中有一些人认为全集应该以"历史考证版"形式出版。——译者

的,但在其后来出版的作品中却完全只是在对其本己实事的效力中才可以遇见。我们因而就必须要特别关注海德格尔的开端,倘若我们想要把握其向希腊人之返归的特别之处的话。我们将会看出,这种特别之处同时记录下了他作为我们时代的思想家的重要意义。

向希腊人返归,这始终预设了对一种间距即与希腊思想的间距(倘或还谈不上一种距离的话)的意识。这样一种意识可能只是伴随着科学的全新筹划才苏醒的,这种筹划在17世纪开始了科学在现代中的胜利进军。从那以来哲学的处境如何呢?诚然,我们所有人都知道,亚里士多德在近代科学的时代里不应无条件地被看作是过时的,即便在伽利略那里有时可能听上去像是这样,伽利略假借辛普里丘之口言说了那种正教的-经院的亚里士多德主义,以及其反对经验这一做法的盲目性*。即便在那些推动着科学并在自身中采纳了新科学的人的眼中,亚里士多德事实上也始终是一个继续有效的基准点(Bezugspunkt)。

这特别是在莱布尼茨那里变得清晰起来,莱布尼茨认识到,向亚里士多德的隐德莱希形式之传统的返归乃是必要的,即便在他信服了新的伽利略物理学的那种决定性意义之后,他也仍然这样看,这正如他在莱比锡的玫瑰谷**的一次散步中所描述的那样。甚至黑格尔那最后的伟大而又强大的尝试,即试图把我们现代科

---

* 这里指的是,伽利略在其著作《关于托勒密和哥白尼两大世界体系的对话》视辛普里丘为亚里士多德的代言人,并借之贬斥了亚里士多德学派。——译者

** 玫瑰谷(Rosental),莱比锡城西北部的一片森林,现为森林公园。莱布尼茨在学生时代喜欢在那里散步思考。——译者

学尤其是自然科学的世界知识的整个内容和整个实质反向统合到一种哲学科学的百科全书中去，在名称上听上去就已经接近了那个"众士之师"(Meister derer, die da wissen)*的百科全书式的精神，亦即，已经接近了亚里士多德。

上面所说的东西还在更加强烈的程度上适用于柏拉图在现代思想中的影响作用与现实意义。在这个问题上，首先是新康德主义运动（一方面是柯亨和纳托普**，另一方面是文德尔班及其弟子***）在"问题史"这一关键词的引导下着眼于思想基本结构把柏拉图表述为康德的先驱。黑格尔本人也曾经做过这种事情。凭借着他的那种伟大的、间接促成性的目光（他想用这种目光来对一切进行统合观照），黑格尔以某种方式让希腊哲学这一伟大时代的整体和亚里士多德和柏拉图之间的那种内在的切近都生效运作了，自那以后，一百五十年以来，这种方式始终被根本地遗忘了。

在柏拉图的问题上，并非仅仅是德国观念论的那种勇敢尝试——试图把科学和形而上学统合为一种伟大的体系——才把柏拉图提升到新的现实意义中。在康德那里，一种向柏拉图传统的间接返归就已经运作了，这种返归，在康德自己思想的一个关键阶段中，在其博士论文****的标题中，就已经径直得到了刻画："de mundi sensibilis atque intelligibilis forma et principiis"——《论感

---

* 此语出自但丁在《神曲》中对亚里士多德的称谓。——译者
** 即新康德主义的"马堡学派"。——译者
*** 即新康德主义的"西南学派"。——译者
**** 此处确为 Dissertation，但这却是康德的硕士论文题目，故此处为作者之误。——译者

性世界与超感性世界的形式和原则》。

因此,若认为向希腊人的返归在德国思想史中乃是某种特别之事,这就完全不切实际了,在我们现代这个如此沉迷于历史的(geschichtsselige)、后浪漫主义的时代中尤其不能这样看,遑论基督教时代的哲学所具有的那种密切的西方传统了,这种传统,部分地是用亚里士多德的名义,部分地是用为反对亚里士多德而被利用的柏拉图的名义而得到实行。尽管如此,海德格尔向希腊人的返回仍然是某种别的东西,是某种新的东西,甚至完全是某种革命性的东西。他向亚里士多德和柏拉图的返回并不是为了对在希腊人那里开启的那条思想道路的重新连接或继续前思而做的返回。毋宁说,这种"返回"效力于对一种彻底批判性的问题提法的加工呈现,对于这种问题提法,我们起初几乎都没有意识到,但自从我们进入了这样一个时代——这个时代不再能够只从科学进步的进展那里期待我们所有人的拯救——这时我们所有人才听见了那种问题提法。

海德格尔向希腊人的返归绝非一种在人文主义意义上思考的反转。相反,它乃是对这个传统的不满,正是这种不满折磨着他,并且这种不满在诸如历史性(Geschichtlichkeit)和实际性(Faktizität)这样的古怪词语中,或是在他追随克尔凯郭尔对"实存"(Existenz)这一传统概念所做的重新烙印中,找到了它语义学上的表达。海德格尔向希腊人的返归事实上意味着什么,必须在这种语境中被发问,并且尤其应这样被发问:这种并不相同的返回道路——它把海德格尔带向了亚里士多德,带向了柏拉图,最终带向了希腊思想之开端——对于海德格尔自己的思想之关切而言,意味着什么?

为了走近这一问题,我们需要对"诠释学处境"(hermeneutische Situation)做一番描述,正是在这种诠释学处境中,青年海德格尔发现了自身。我把"诠释学处境"当作一种术语来使用。这个术语是我1922年底在海德格尔的一篇小型手稿中首次读到的,我当时甚感惊讶,它是保罗·纳托普当时拿给我看的。这个小型手稿是一种"亚里士多德阐释"的导论,其标题即"诠释学处境"。其中谈到了路德,谈到了加布里埃尔·比尔*,也谈到了奥古斯丁、圣保罗以及《旧约》。我甚至不能完全确定,在这个导论篇章中究竟是否谈到过亚里士多德。马丁·海德格尔这位年轻的思想家(按照他当时自己的表白,他想要成为一个基督教神学家)当时身处其中的那些困境,从这条返归亚里士多德的道路的诸阶段中得到了清晰表达。

他那个时代的哲学为他提供了何种思想帮助?毫无疑问的是,起初,他通过神学学习而切近的亚里士多德形而上学并不像他与埃德蒙德·胡塞尔的相遇以及后者对生活世界现象学的发现那样有重要影响。生活世界现象学意指的是在实际生活中被经验到的那些现象,该现象学提出了这样一种哲学任务,即要在这些现象的内在的先天结构中去研究这些现象,并且不再意指那些通过对科学之基本结构的呈现而得到经历的事实(例如马赫的《感觉的力学》就是试图建立在这些事实之上的)。在此意义上,现象学的任务就被冠之以"面向事情本身"这一称号了,它意味着:面向现象,

---

* 加布里埃尔·比尔(Gabriel Biel,约1415—1495),德国经院哲学家,蒂宾根大学的创建人之一,被同代人尊称为"最后的经院哲学家"。他对奥卡姆的唯名论思想进行了系统化的发展,由此而对路德产生巨大影响。——译者

而不是面向那些在心理学和意识理论的学派语境中流传下来的问题。这种如此被表述的研究志向事实上意味着对一种缺陷的弥补，这种缺陷在19世纪学院哲学的那种做法——对德国观念论之思想运动予以单纯效仿性的而无创新之功的再度接纳——中扩散开来了。费希特与谢林一样，也和黑格尔一样，当然也同康德一样，在对一种摆脱了学究式拉丁语的哲学概念语言的造就中，不得不承受了18世纪学院哲学的压迫性的沉重遗产。这诚然是事实，但人们仍然可以确信，凭借着极富建设性的勇敢冒险，对这些体系建造者之演讲的倾听，可以为每一个听者带来一种类似的对于立体雕像的体验，当我在现场听胡塞尔的讲座课甚至听海德格尔的讲座课时，我的感受就是这样。人们感到，这里不是由点到点、由论证到论证地向前推进，毋宁说，人们相信自己就好像是在被引导着兜游环绕于一个唯一的对象，并且这样一种东西对人而言最终是在其三维中现身当前的。在这种生动性上，海德格尔把胡塞尔当作他决定性的榜样，而且他始终是带着钦佩之情谈起胡塞尔的那些哪怕是最为平常的研究，如其对感性知觉、被感知者与它们的期待界域的细微差别、它们的失望经验等诸如此类东西的研究。

然而另一方面，胡塞尔也对海德格尔构成了一种挑战。作为著名数学家魏尔斯特拉斯*的学生，胡塞尔的出发点乃是数学哲学，而通过弗雷格对其数学哲学的批判，胡塞尔成为了逻辑学家和

---

* 魏尔斯特拉斯（Karl Wilhelm Weierstrass，1815—1897），德国数学家。胡塞尔在柏林大学期间曾向其学习数学，此后又曾担任其私人助手。——译者

"心理学主义"的批判者。在对其强有力的研究规划——他把此规划与现象学的理念联系起来了——的加工呈现中,他通过与新康德主义的连结而获得了系统性的帮助,这种帮助是他在其他任何地方都没有得到的。这乃是一条道路,即他如何试图为本质直观的现象学明见性标准进行辩护的道路。自身意识的那无可争辩的明见性,作为先验主体的基本结构,理应作为明见性而得到合理证明。因此胡塞尔就尤其把保罗·纳托普(我自己在马堡的老师)当作他真正的战友,或至少是当作他的先驱。

海德格尔在实在论中反抗着胡塞尔,但并没有跌回到一种稚真的实在论或形而上学的实在论中去,对于海德格尔而言,这一点尤其要归功于威廉·狄尔泰对他的帮助。从狄尔泰而来,海德格尔试图克服现象学激情在胡塞尔那里所遭受的新康德主义式的变化(Überformung)*和损害,其方式是,他试图借助于现象学手段来澄清历史现象和我们思维形式与概念的历史性。

当我把历史性(Geschichtlichkeit)和实际性(Faktizität)这两个概念称作青年海德格尔之"暗号"(Kennworte)的时候,人们必然立即就会在狄尔泰(他对于海德格尔而言乃是历史性思想的真正代表)之外也道出了克尔凯郭尔的名字。就像"实存"概念的那种强调性的意义来自于克尔凯郭尔(克尔凯郭尔以此来反对思辨思想的那种无限的间接促成,亦即用之来反对黑格尔),"实际性"

---

* "Überformung",心理学术语,原指由于社会和文化的同化而导致的行为方式和行为倾向的变化,在这里的语境中,它实际意指,胡塞尔的现象学思想由于胡塞尔与新康德主义的结合而发生变化。正文无法完整译出这种意蕴,只能将此词简略译为"变化"。——译者

这个词语也是从他那里发端的。诠释学处境,海德格尔在其中开始其道路的诠释学处境,看上去就是这样一种情形。对彼时神学的经院式的逼仄狭隘感到失望的他,对他那个时代新康德主义哲学的形式主义的苍白也感到失望的他,受到胡塞尔的描述性天赋之启示的他,把历史性以及人们当时开始称作"生命哲学"的那种东西的整个问题机制承受于自身的他,于是就发现了一个更遥远的教师,一个更伟大的教师。对他而言,这个教师就成了亚里士多德(Dieser Lehrer wurde für ihn Aristoteles)。

这听上去是荒谬的*。因为海德格尔毕竟是一个在他那个时代的天主教神学中培养起来的人,他甚至最初就是在弗莱堡大学的神学系里听他的那些哲学课程的。他当然在那里就已经知道这样一种版本的亚里士多德了,这个亚里士多德是通过圣托马斯而得到阐释的,并且是通过苏亚雷斯**这种风格的反宗教改革的体系化思想家而得到阐释的,此外还通过那种——如同人们必然会说的那样——随意的妥协而被弄得变形走样了,这种妥协是天主教教义学在 19 世纪当中特别与新康德主义所达成的妥协。一个具有海德格尔这种穿透性力量的思想家对于这样的观念之杂烩是很难感到满意的。除此之外,他作为他那个时代的孩子正处在科学时代中的基督教信仰的整个疑难性中,与他的神学的概念状态

---

* 指上面那句话"对他而言,这个教师就成了亚里士多德"不仅在"含义"上而且在"语法"上都显得有点乖谬。但作者这样讲自有其用意,即意指海德格尔对亚里士多德的认识有一个变化过程。详见下文。——译者

** 弗兰西斯·苏亚雷斯(1548—1617),西班牙耶稣会士,著名经院哲学家,被公认为是经院哲学向近代哲学过渡的关键人物。——译者

也是不合治的。他因而就发现自己面临着这样一个生命攸关的问题,即如何学会把近代的致力于科学与启蒙的道路与基督教的生存之道路结合起来。这显然是他最内在的推动力。他如何能够为此而希望从亚里士多德——亚里士多德一再被视为官方天主教教会学说所诉诸之权威的最终主管——那里获得帮助呢?

海德格尔所发现的通达亚里士多德的那条通道,事实上是一条全新的、非同寻常的通道。这条通道在某种程度上可以说是从下面而来、从实际生命而来切近于他的。他最初的那些讲座课所探讨的并不是亚里士多德的《形而上学》或《物理学》,而是亚里士多德的《修辞学》。在这些"亚里士多德讲座"中,他首要地关注的是一切真正的修辞学的诸方面的其中一个方面(柏拉图在《斐德罗篇》中就已经对它有所概述),亦即这一事实:为了能够让听者信服,人们必须了解听者。亚里士多德的《修辞学》对于海德格尔而言变成了进入哲学人类学的导引。在亚里士多德《修辞学》的第2卷中,海德格尔特别地发现了关于 Affekten(激情)的理论、关于 Pathe(激情)以及听者在言者面前所感受到的情愿与阻抗 (Bereitschaften und den Widerständen) 的理论。着眼于这种亚里士多德的思想典范并受其本已鲜活经验的充斥激荡,海德格尔得以洞见到了 Befindlichkeit(现身情态)的意义。这是他自己的术语,它意味深长但又同时简洁明了。海德格尔把"现身情态"的那种根本性的意义加工呈现为对意识哲学之狭隘逼仄的最为重要的几种逾越中的一种。

海德格尔所发现的第二条通达亚里士多德的通道,也并没有直接通向第一哲学的那些终极问题,而是关乎伦理学。人们立即就理解了这一点。亚里士多德的那种毅然决然的做法——坚持把"人类之善"的问题从一切更为广阔的宇宙论的或形而上学-数学的含义中释离出来——让某个在其处境中并且是在其诠释学处境中的人为之而有同情同感。因此之故,转向《尼各马可伦理学》第6卷的这一做法——在这一卷中,那种将被我们称作"实践理性"的东西得到了详尽分析并且与理论性的理性运用形成了鲜明对照——对海德格尔而言就必然尤其变成了一种可供自身理解的真实工具。倘若克尔凯郭尔对"疏远式理解"(Auf-Abstand-verstehen)的批评——这是他对他那个时代和他那个国家的基督教会的基督教布道之代表的批评——说出了一种普遍的真理,那么就完全可以确信,人在其生命处境的具体状态中不得不做出的那些道德的-政治的决断,并不是什么"疏远式理解",而且,这里事所攸关的也并不是对规则和规范——它们使得具体的处境被涵括到普遍东西之下了——的单纯应用。这显然是对人的生命实践的一种基本洞见,即人在本己生命处境中的决断和定位并不是对知识的单纯应用,而是被他自身所是的那种东西和他所成为的那种东西所共同决定的。

亚里士多德把这种东西命名为伦理,命名为那种东西——在生命之实践中需要一再重新得到决断的东西——的已然形成的存在机制。被亚里士多德称作实践智慧(Phronesis)之德性的东西(它是睿智妥善和深思熟虑,不单纯是一种理智能力,而是一种伦理行为,它提供了导引和澄清)必然以类似的方式触动了一个被克尔凯郭尔的观念论批判所启示的青年思想家。因此,亚里士多德就是海德格尔自己大学课程中的最闪亮之华章,并且对我而言也是我大学时代中,在我向海德格尔学习的学生时代中的一种最初导引。对《尼各马可伦理学》第6卷的阐释乃是关键。海德格尔对事物的通达虽然非常精准——他恰恰是在他的"亚里士多德阐释"中达成这种精准的——但又完全是被他自己的发问冲动所支配的,这种对事物的通达把他拉拽到那些常常暴力性的但也以强有力的方式令人印象深刻的现实化工作中去了。我就曾经见证了,有一天他是如何用亚里士多德的一句话把技术与实践智慧的对置(一边是技术知识的熟练与干练,另一边是实践智慧的伦理性的睿智妥善)带到讨论中来的;与技术知识不同的是,实践智慧那里没有遗忘,亦即,没有荒疏。他用一句挑战性的话语结束了这个讨论课(在这个讨论课中,技术与实践智慧这两个术语被彼此区别开来了):"实践智慧那里没有'Lethe'(遗忘/遮蔽),这是什么意思?先生们,这就是良知。"诚然,这乃是把一个有着完全不同烙印的概念世界(并且因而也就是把一种完全不同的概念陈述)拉扯到基督教的和后基督教的现代中去的做法,并且就此而论就绝非一种"亚里士多德阐释"的典范,但是,海德格尔的这种做法或许仍是一种典范,与哲学活动之传统进行深思熟虑之交锋的典范。无论如何,也始终还有很多东西需要向亚里士多德学习,尤其要牢记的是,被我们称作生命之良知式导引的东西,乃是基于生命的自身解释(正是这种自身解释照亮了和引导了我们的人类行为),乃是基于逻各斯的合理性和共同性的公共东西(生命之理解正是在这种共同性中得到清晰表达的)。

当然,我们在修辞学领域中和在实践哲学领域中一样,距离这位青年神学家自己苦苦寻觅之思想的那些如此激动人心又如此令人不安的疑难问题，尚还远着呢。但在这两个领域中，可以特别清楚地看到，亚里士多德的概念形态是如何从生命自身的运思经验中仿佛不间断地升起的，并且那些实际上习惯常用的语词的陈述力量是如何被拯救到概念之语言中去了。就此而论，海德格尔的那种努力——以现象学的如实可靠把实际生命的经验带到概念中去——是很容易借助于［亚里士多德］这个典范而被重新认出的。事实上，海德格尔正是在亚里士多德这个典范中发现他的现象学任务的，即，去贯彻"面向事情本身"这一口号，去研究诸现象，看它们是如何在人的自身解释中得到清晰表达的。海德格尔思想的伟大之处和革命之处恰恰在于，他知道，必须要把在数千年的学院哲学中得到精心加工的概念机制，带回到它在实际生命经验中的和在其语言之生成中的那个根脉中去。对此，他自己是有一种方法上的确切意识的，在其早期讲座中，他就已经把他的做法命名为"Destruktion"（解构）了。

这个概念没有丝毫在我们对此词的粗野用法中所听到的那种"摧毁"之意。它所意指的仅仅是，对应被拆除之物予以拆除，以便概念能再度言说。拉丁语的构词、它的变形以及其对现代语言的持续影响，构成了概念上的沉重负担，对此，我们德语这种发源于希腊语的概念语言是有所体会的，主要就是这种负担向海德格尔的现象学动力提出了解构之任务。这是一种混杂难懂的语言（Kauderwelsch）*，我自己就还是在这种语言中受教育长大的，并

---

* "Kauderwelsch"意指这样一种难懂的语言，它由多种语言混杂而成，因此费解难懂。——译者

且我们正是在这种语言中学会了去对流传下来的概念形态、范畴与模态之游戏、以观念论或实在论或自然论（或这些派别选择通常在哲学之学院语言中所唤作的名称）等方式出现的哲学定位之分类进行游戏。对于这样一个人而言——他想要学会为自己的宗教决断进行理性辩护并且在此意义上怀着一种迫切的哲学化的动力亦即对生命之清晰性的追求——必然变得具有十足决定性意义的是，他在希腊人那里再度发现了一种思想，这种思想出自希腊人的实际生命经验，构成了他的概念。这样一些概念并不会像象牙盘上的密码一样被推来置去。海德格尔在语言上的那些常常很勇敢的全新构词和概念新创，始终是从日常语言自身的意义生命中兴起的，并且因而始终是在它们最好的形态中直接言说着的。下述事情属于世界历史的反讽——仍然存在着某种像是一种"海德格尔式经院哲学"的东西，这种哲学仅仅是在模仿，是在对海德格尔的那些自然的和人为的词语形态进行固定，就像固定在一种确定的术语学中，并且把它们推来置去。这并不是海德格尔在现象学的哲学下面所设想的东西，而是那种推动着海德格尔向希腊人返归的东西的对立面。当海德格尔遵循着思想之运动和希腊语言的生命之际，他已然看出了在此真正持立着的东西。

人的那个众所周知的定义，即把人视为"*animal rationale*"（理性动物），视为"*zoon logon echon*"（拥有逻各斯的动物），可以在此作为例证效力于我们刚刚所说的东西。传统使我们习惯于在此仅仅思及理性，思及人性的配置，人性乃是存在于理性之运用中的。在这个问题上，毫无疑问的是，这种定义是在一种语境中出现的,在此语境中,"*logon echon*"(拥有逻各斯)意味着"拥有语言"。402自然通常会允许生物中的某些生物具有一些交流方式,人则以一种决定性的方式超越了这些交流方式。自然把逻各斯给予了人,也就是说,把语言给予了人。当人们想要突入到形而上学之存在哲学的问题机制中去的时候,那种成果,海德格尔从他以现象学方式沉思的语言关系中所取得的成果,是不应被遗忘的。不是从逻辑学而来和从逻辑思想的合理性而来,而是从语言而来和从在言语中的被划分者和被传达者的共同性而来,海德格尔才能够如此这般地走近存在论的疑难问题。亚里士多德正是在存在论中看出了,人类语言的特性就在于,把一切都置于疏远之中,以便它能在其疏远中变得当前。当然,语言的这种特性乃是一种十分普遍地有效的东西。而希腊人的特殊位置和希腊语的特性就在于,它开放了那条通达概念的道路,即希腊人所踏上的那条道路。柏拉图和亚里士多德因而首先完成了对哲学和科学的界定,使之区别于修辞学和语言用法的语用学。但他们也始终使那条从概念返回言语的道路和那条从言语走向概念的道路敞开着。人们也必然要求亚里士多德做到他所说的话——于是事情就会在其原始的自身之被给予性中自行显示出来了*。这也就可以解释,亚里士多德为何会对海德格尔而言变成了一个如此迫切的伙伴和教师。事实

---

* 这句话的语境是,倘若像青年海德格尔那样看到那种必要性,即要求亚里士多德实现其所说之深意的必要性,则现象学口号"面向事情本身"中的"事情"就不能再是意识层面的问题了,而必然是那种自行显示的事情本身,亦即存在本身。在此意义上,亚里士多德就变成了海德格尔的现象学之深化工作的那个决定性的"伙伴与教师"。——译者

上，海德格尔甚至曾经想要使胡塞尔（尽管在其新康德主义的语境中并没有亚里士多德的位置）相信，亚里士多德，虽说在他那里没有先验主体，乃是一个真正的现象学家。

为此事实上是有一整套论证的。尽管有各种各样的可溯源于亚里士多德的分类做法，但亚里士多德本人对于诸事情却持有一种自由开放的观照目光。我们在今天愈来愈多地看清了，他在其研究领域和教学领域的整个幅度中是如何试图突进到开放的未知领域中去。事实上的确可以说，在亚里士多德那里存在着一种真正的现象学的起始之点。在那里没有什么体系也没有什么体系之束缚。海德格尔是如何恰恰由此而强烈地得到启示的，可以通过一则美妙的轶事而得到说明。人们说，海德格尔的那种开端性的思者生涯，在他还是康斯坦茨中学的中学生的时候*，就已经被发现了**。有一天，当他在桌子下面读一本书的时候，他被逮了个现行，这显然是在一个不那么有趣的课上发生的事情。他所读的那本消遣读物竟是康德的《纯粹理性批判》！这无疑堪称学生书包里的一种元帅权杖，我们这个世纪里的中学生当中罕有人会像他那样拥有这种元帅权杖。但海德格尔显然也有一个特别通情达理

---

* 海德格尔于1903—1906年间就读于天主教的康斯坦茨中学（全称为康斯坦茨天主教男生寄宿中学），他在这里读完了九年制文科中学的四年级到六年级（大致相当于我国的初中）。——译者

** 这种说法可以在另一方面得到当事人的证实。在1946年的一篇文章中，海德格尔写道："我的哲学的起点在于中学时就已开始并一再持续的对亚里士多德的研究。"参见《海德格尔全集》，第16卷，《讲话与生平证词》，美因河畔法兰克福：维多里奥·克劳斯特曼出版社2000年版，第423页。——译者

的教师*，他对海德格尔有非常大的促进。这位教师并没有处分海德格尔，而是就此给了他某种东西去阅读——或许是作为针对康德的"解毒剂"——此即弗朗茨·布伦塔诺的一本书，名为《论存在在亚里士多德那里的多种含义》(*Über die verschiedenen Bedeutungen von Sein bei Aristoteles*)。在此书中，亚里士多德在其概念研究中所区分的"存在"的四种含义，得到了精确分析。布伦塔诺的结论是：这四种含义在亚里士多德那里没有被真正联合起来；无论如何，并没有一个普遍的、可以陈述全部共同之处的存在概念。亚里士多德的这一理论后来在经院哲学中发展成为一种重要的神学教义理论。人们为此而使用了曾被亚里士多德所使用的"类比"概念并为此而谈论起"存在之类比"(analogia entis)。它使得神学家们可以适宜地谈论造物主之存在与被造物之存在之间的存在区分。即便存在不是什么最高的种(Gattung)**，去言说下面这样的话也还是有意义的：存在能够以不同方式显现，显现为"如何-存在"（即关于可能性、现实性和必然性等模态的理论在学院语言中所意指的东西），显现为"什么-存在"（即关于实体和范畴

---

* 所说的这位教师是指神学博士康拉德·格勒贝尔(Conrad Gröber)。格勒贝尔在当时任康斯坦茨中学校长，正是他把布伦塔诺的博士论文《论存在在亚里士多德那里的多种含义》送给海德格尔。这对海德格尔的思想发展产生了深远影响。海德格尔在 1915 年的简历中称"格勒贝尔博士对我在精神上产生了决定性的影响"（参见《海德格尔全集》，第 16 卷，《讲话与生平证词》，美茵法兰克福：维多里奥·克劳斯特曼出版社 2000 年版，第 37 页）。按海德格尔自己的回顾，格勒贝尔是在 1907 年将该书送给他的（参见海德格尔：《早期著作》，张柯、马小虎译，商务印书馆 2015 年版，第 69 页），与此处"轶事"的报道在时间点上可能略有出入，但不影响整体事实。——译者

** 汉语学界中的"种""属"之译名早已混乱，译者系按旧有译法来加以翻译，即认为"种"大于"属"。特此说明。——译者

的理论所意指的东西),显现为"真实-存在"。所有这些规定(它们在此都应归于存在),显然都共同关乎某种东西。事所攸关的不是单纯的相似,但它们也不是某个种的分殊。海德格尔习惯于说(这是我常常在他那里听到的):"啊,著名的类比"。以这样一种方式,他或许是想要首先承认亚里士多德的那种现象学的激情——亚里士多德并不试图去统一那本身并不想统一的东西。同时,这里面当然也存在着一种对海德格尔这种思者的挑战:这种思者所关切的核心之事在于,去发展出一种与他的宗教问题相适宜的概念机制。他必然恰恰是通过那种公开的未完成性——没有成见的读者在亚里士多德的《形而上学》中会看到这种未完成性——而感到自己受到了敦促,去重新追问存在,并且要这样做,即那自觉其有限性和历史性的此在,向存在问题开启了时间之界域(Horizont)。

在亚里士多德的存在理论中,首先向海德格尔的这种主导兴趣迎面而来的,显然是那种决心,即试图和亚里士多德一道把运动中的存在者带到概念中去。这是借助于 Energeia(实现)概念而得以成功的。此概念对于亚里士多德之"物理学"——亦即存在(通过运动而得到特性刻画的存在)的存在论——的可能性而言乃是奠基性的。海德格尔最大的功绩就在这里,即在"逻各斯"的概念中就已辨识出并且在亚里士多德的形而上学基本概念中辨识出了"运动"(Bewegtheit),并且在"存在"中辨识出了"被制作存在"(das Hergestelltsein),亦即辨识出 Poiesis(制作)和 producere(生产)的那个没有被希腊人所思考但却被他们所经验了的背景(Hintergrund)*。即便在其《形而上学》的那些决定性的部分中,亚里士多德也每每都是把运动中的存在者拿来作为他对存在本身之追问的主线。因此,对Physis(自然)的思考,对存在者之自行展现为其绽放着的敞开状态的思考,就特别地吸引着海德格尔,并且迫使他要对此做出界定。海德格尔在课堂上反复做过对亚里士多德《物理学》的阐释,此讲义后来有一个修订版,现在它就在我们手头上。正是在这个阐释中,海德格尔对亚里士多德思想特性的理解清晰地呈现出来了:存在在亚里士多德那里显然是被思为当前显现状态的,并且神性的东西在他那里是被思为在最高程度上当前显现着。这是海德格尔后来在现成状态(Vorhandenheit)这一概念中批判性地表述过的。另一方面变得清晰可见的是,亚里士多德朝着Physis(自然)的那一定向,是如何使后来的海德格尔提出那些概念的,正是这些概念允许他把主体性概念和意识概念从存在论的题材范围内给完全去除掉。倘若人们想要理解亚里士多德的存在理论,则这种理论与"逻各斯"和"陈述"(Aussage)的关系就无疑是决定性的,而不是意识或自身意识的概念在起决定作用,虽说此概念在黑格尔的那种把绝对精神视为 νόησις νοήσεως(对思想的思想)的理论中起着主导作用。因此,对海德格尔而言(有别于对黑格尔主义者而言),把 ὂν ὡς ἀληθές(真这样的存在/真之意义上的存在)突显为本真存在(eigentlichen Seins)的特性突显(《形而上学》,第9卷,第10章),就变成了一种确认,一种统合了 κίνησις(运动)和 λόγος(逻各斯)的确认:存在,

---

* 此词在此亦可考虑按其字面意译为"背后根据"。——译者

它"在此/如此"存在着(Sein, das "da" ist)。*

但柏拉图呢,柏拉图那种毕达哥拉斯式的对数目和数字的倾心看上去显然是不允许思考什么作为运动的存在的,海德格尔是如何与柏拉图"融洽相处"的呢?下述事实可能会令人吃惊:海德格尔在这里从未涉及柏拉图思想的另一个方面,这个方面处在作为自身运动者的灵魂(Seele)之概念中,但同样紧密地归属于那种毕达哥拉斯式的对存在之数目秩序的想象(Vision)。倘若海德格尔为了更新存在问题而想要使人之思想的历史性运作起来的话,柏拉图的这种理论原本必然会致使海德格尔形成一种对柏拉图的批判性的概略观照的。值得关注的是,海德格尔对柏拉图的"接受"是如何规避了上述情形而一再使之隶属于亚里士多德的形而上学问题之下的,并且是如何对"灵魂"(Psyche)缄口不谈的。

我们要追踪一下为数不多的几个见证,它们见证了海德格尔向柏拉图的返归。在刚刚出版的海德格尔的 1921/1922 年讲座中,有一个小章节是献给柏拉图的。在那里①,海德格尔称赞并补充了柏拉图的文风、谈话方式、思维方式所具有的表现力;而在这里,那种在表现力与柏拉图陈述句的所指含义之间臻于语言的东西,还没有得到突显。柏拉图在某种程度上可以说处在向概念的

---

* 这整句话的意思是,海德格尔在对《形而上学》第 9 卷第 10 章的解读中看出了"真/无蔽"与"存在"的统一,亦即作为"运动"的无蔽与作为"逻各斯"的存在的统一,正是这种统一性之洞见使得海德格尔以特有的方式深化了对存在的理解:存在,它"在此/如此"存在着。——译者

① 海德格尔:《对亚里士多德的现象学阐释——现象学研究导论》,1921/1922 年冬季学期讲座,参见《海德格尔全集》,第 61 卷,W. 布勒克与 K. 布勒克-奥特曼斯(K. Bröcker-Oltmanns)合编,法兰克福,1985 年,第 48—51 页。

过渡中。在我看来，下述事情是意味深长的：柏拉图仅仅是在这种趋于概念的向度中得到观照的，而没有着眼于那种东西——柏拉图的诗歌艺术在语词和谈话以及神秘之消息中所坚持的那种东西以及那种必然已在向概念的过渡中消逝了的东西——而得到观照。

  关于海德格尔向柏拉图之返归的第二个见证是他那个论述柏拉图《智者篇》的讲座。此讲座通过下述方式而变得著名，海德格尔为导入存在问题而从《智者篇》中摘选了一句话作为其首部巨著《存在与时间》的箴言，此即："因为显然你们长久以来已经稔熟于这种东西了，即当你们使用'存在着'这个表达的时候你们所真正意指的东西，然而，我们虽然曾经相信我们理解了它，但现在，我们却陷入窘迫中了。"②载有这句话的这个柏拉图对话，显然为海德格尔呈现了一种真正的灵感。我甚至相信是我发现了这句话，这句最强有力地表述了此灵感的话（海德格尔后来曾经向我证实，事实上就是这么回事。但是人们从来都不应对教师的话绝对当真）。在《智者篇》中，追问存在是什么的问题被迫面对的是关于静止之物和变化之物的传统概念③。看上去，这是两个彼此排斥的领域。某种东西要么是在静止中要么是在运动中。因此在文本中就出现了这样的话："如同表面上看上去的那样，当我们这样言说运动和静止即它们二者都'是'……的时候，我们事实上是把这个'存在着'（seiend）宣布为一个第三者了。因为就其特有的本质来看，存在者既不是在静止中也不是在运动中……但一个人，一个想要就

---

② 《智者篇》，244a。
③ 同上书，248a 以下。

存在者本身看出某种可靠东西的人,应向何处致思?""是的,向何处?"④

这个问题显然就是海德格尔自己所问的问题。当然,他在这个问题上可能并不满足于柏拉图的那种做法(让运动和静止这些主导概念尖锐化形成极端对立。参见"艾尔克演讲"的文本*,第16页)。但即便在这种形式中那本质性的东西仍变得清晰了,即对存在的追问并不可以被当作是对如此千差万别事物之间的一种共同东西的追问。当人们言说"存在"的时候,人们究竟应该向何处观看呢?这个问题显然始终还是那同一种窘迫,海德格尔自己的思想尝试——从那最初的模糊不清的预感即他在对帖撒罗尼迦前后书(Thess. Brief)**的解读***中或许就已表示出的那种预感(预感到存在可能就是时间)开始——就是在这种窘迫上面的辛苦劳作。当然,人们并不能停止对存在的言说。恰恰是普遍性,处在存在之概念中的普遍性,在这种对"存在"之语词用法的持续牵连中,道出了自身。对海德格尔而言,这显然是来自《智者篇》的真正挑战。同样值得关注的是这一事实:海德格尔在这里并没有把那

---

④ 参见《智者篇》,250c。接下来的论述可参见本书前文第16篇文章《柏拉图》,第246页以下。

* "艾尔克演讲"(Erker-Rede),指瑞士艾尔克出版社1969年出版的海德格尔演讲《艺术与空间》。此文本现收入《海德格尔全集》第13卷《来自思的经验》。——译者

** 全称"Thessalonicherbrief",包括《帖撒罗尼迦前书》与《帖撒罗尼迦后书》,系保罗书信中最早的两封书信,它们与《罗马书》和《以弗所书》并称《新约》三大教义书。——译者

*** 参见《海德格尔全集》第60卷《宗教生命现象学》(维多里奥·克劳斯特曼出版社1995年版)。——译者

种切近即静止与运动的那种内在的不可分性(它在这篇对话的进程中⑤有意味深长的呈现)取用到他对"时间"和对"人之此在"的追问向度中去。

那种革命性的决心——海德格尔正是凭借着这种决心而把柏拉图问题的挑战纳入到自身之中的——或许完全可以通过一种回忆而得到生动说明,这个回忆是我能够讲述的。(这是老年人的特权了,他们曾经是一个业已逝去的当前时代的同代人。)我们知道,在《智者篇》中有一位埃利亚人,对话就是由他引导的。这个人是从巴门尼德那里来的,而巴门尼德的教育诗,事实上是将"存在"和"对'不'(Nicht)与'无'(Nichts)之谈论的空洞"进行了鲜明对照,并且是在其纯粹性中宣告这一点的。这个来自埃利亚的陌生人于是就向人们请求理解,人们不要以为,倘若他现在宣布"存在"和"非存在"(Nichtsein)这两者都是可辩护的,甚至都是必然的,他就是想要成为弑父者了。在我的记忆中(并且我相信这不仅仅是我的记忆),这一内容在海德格尔那里发出了不一样的声音。我甚至猜想,海德格尔自己在头脑中想到了这样的东西,至少这是我从实际的报告中听出的东西,虽说它乃是文本内容的反面:哲学家必须敢于去成为弑父者!我几乎可以肯定的是,海德格尔就是这样说的。自然而然地,我们立即是从他与胡塞尔的关系而来理解这句话的。无论如何,这一回忆可以证明,我们当时是在何种革命性的基本情绪中接受海德格尔的出场及其学说的,以至于我们可以说是把柏拉图文本的意义反转到其对立面了。这可以显示出,我

---

⑤ 《智者篇》,252b 以下。

们是带着何种不成熟来倾听的,但也或许,当我们如此这般地想要在一篇文本(这篇文本言说的亦即假定的却是相反的东西,即老年巴门尼德始终都比我们看得更深远)中发现作为弑父者的埃利亚人、作为弑父者的哲学家的时候,这就是从海德格尔自身而来的全部东西所表达的意思。

柏拉图在《智者篇》中对存在问题的新表述对海德格尔具有一种吸引力,这种吸引力随着时间的推移显然也拓展到了海德格尔对包括基督教-柏拉图主义在内的整个柏拉图主义历史的关注中。埃克哈特大师尤其对海德格尔产生了巨大影响。那个时候(1924年),埃克哈特大师的拉丁文代表作《三部集》*刚好被重新编辑了⑥,海德格尔对之十分着迷,个中原因显然在于:当其读到书中这样的话,"存在是上帝"⑦,就可以看出,埃克哈特大师在使用"上帝"一词时对实体概念(Substanzbegriff)的消解,指示了存在的一种时间性的和动词性的意义向度。海德格尔可能在那个时候就已经在这位基督教神秘主义者中预感到了一位秘密的同盟者。1923年**,马堡哲学系为扩建而因缺购置的第一批图书的其中一部就是"比利时哲学

---

* 按照埃克哈特大师的规划,《三部集》将是一部由《命题集》与《问题集》以及《评注集》三部分构成的拉丁文巨著,但他并未真正实现这一规划。《命题集》只留下了序言,《问题集》未曾问世,第三部分《评注集》就成为了埃克哈特大师现存的主要的拉丁文作品,它由一个序言、六个评注和五十六个布道辞构成,大约作于14世纪初。——译者

⑥ 为此可参见博伊姆克(Cl. Baeumker)编辑的版本(1924年)。

⑦ "存在是上帝",即"Esse est Deus"。

** 海德格尔1923年起开始执教马堡大学,行副教授职务,享正教授待遇。马堡大学哲学系此时所购置书目来自海德格尔的要求。——译者

家"芒多内*所作的文本汇编——阿维洛伊主义**的异端思想！无论如何这都显示出了一种冲力,凭借着这种冲力,海德格尔道说了其影响持续运作着的柏拉图与亚里士多德,并且非常像是遵循一个柏拉图的原则而这样做的,这个原则也是他在《智者篇》中所发现的一个被道出的原则:人必须让其对手变得更强大,倘若人想要超越其对手的话⑧。这就是海德格尔视野中的东西。他想要把握某种东西并将其提升到概念中去,而这种东西,凭借希腊存在论的概念手段和希腊思想中的存在经验是不能胜任之的。无论是在其时间性中的人还是着眼于基督教之预兆的人,无论是虚无主义的阴影(它是在我们这个世纪降临于欧洲的)还是死亡之普遍的人性之谜——无论在哪种情形中,我们都遭受着时间性的另一些面相,而不同于亚里士多德所理解的那种时间性,他在其存在论和神学中予以概念化的那种时间性仅仅是当前显现者的那种奇妙的当前性。

这种亚里士多德的视角,也被海德格尔扩展为一种适用于柏拉图的对立视角。他在这个问题上当然能够引证作为数学家的柏拉图并在其身上辨识出那条通往逻辑学的道路——并因而能够看出朝向那种真理概念(柏拉图已为亚里士多德的形而上学预先确定的那种真理概念)的转向。下述事实因而就见证了海德格尔之

---

* 皮埃尔·芒多内(1858—1936),比利时学者,中世纪哲学史家,新托马斯主义运动的重要参与者。海德格尔在1915年的教授资格论文中就强调要重视芒多内所谓的"亚里士多德效应",即要弄清亚里士多德对于经院哲学的内在影响。——译者

** 阿维洛伊(1126—1198),阿拉伯哲学家,以对亚里士多德哲学的注释著称于世,曾被誉为"亚里士多德著作最权威的诠释家",对经院哲学有深远影响,但其思想所导致的"阿维洛伊主义"也曾多次被天主教指斥为异端邪说。——译者

⑧ 《智者篇》,246de。

批判(其对形而上学思想的批判)与其视向(他对存在问题的本己视向)的固化:在第二次世界大战结束之前,海德格尔就已经发表了一部探讨柏拉图"洞穴比喻"的作品*,在这部作品中,他把柏拉图的理念论(Ideenlehre)**解释为通向亚里士多德"存在-神学"(Onto-Theologie)的步骤⑨。其论据是:柏拉图把真正的存在称作理念的存在,这样他就重新规定了真理概念,只要理念的这种存在是从观看者而来被思考的。这并不是那种存在,那自行显示和自行敞开并因而像"自然"(它自行展现为其被预先规定了的形态、花朵、果实)一样开显的存在。同样地,老年巴门尼德的思想始终已经契入存在中了(eingeschmiegt in das Sein),这乃是他***最主要的证明。与之相反,柏拉图向理念的转向则意味着一种再定向(Umorientierung),离开了对那种存在之真理——海德格尔彼时在希腊思想之开端中所寻求的那种存在之真理——的追问,走向了对存在之正确观看的追问。Orthotes,亦即正确性,变成了对无蔽意义上的真理的支配者。海德格尔因而对此予以着力表述并把柏拉图当作亚里士多德形而上学的先驱。

这种做法的勇敢一如它的极端。至少从新康德主义和它对科学事实的适应以来,柏拉图与亚里士多德之间的对立就已经被如

---

* 指海德格尔的《柏拉图的真理学说》。此文最早于1942年发表在《精神遗产》年刊中,1947年首次出单行本。——译者

** 这里的"理念"和"理念论"也可以译为"相"和"相论"。——译者

⑨ 海德格尔:《柏拉图的真理学说》,伯尔尼,1947年。

*** 这个"他"指海德格尔。这句话以及上句话的意思是:海德格尔认为真理之思和存在之思在柏拉图那里发生了一种转向,柏拉图所思考的"存在"已经不是前苏格拉底思想家比如巴门尼德等人所思的"存在"。——译者

此地尖锐化了，以至于新科学能够把自己恰恰理解为柏拉图主义——直至这样的极端程度，即把理念解释为一种对自然规则的预先推定(Antizipation)。与之相反，亚里士多德则被看成是一个"药剂师"，正如柯亨喜欢对亚里士多德做出的那种轻蔑评判一样。海德格尔更好地理解了亚里士多德，并且重新赢得了对希腊人予以思辨性理解的那种水准，即德国观念论尤其是黑格尔所曾具有的那种水准。海德格尔既不接受那种廉价的把"实在论者"亚里士多德与"观念论者"柏拉图对置起来的做法，也不接受那种把柏拉图用作近代科学理论之支持者的做法。但他最本己的东西却是，他并不像黑格尔那样是在那种随亚里士多德一道形成的形而上学之传统中寻求向希腊人的返归，而是在对这种传统的反对中寻求向希腊人的返归。尤其是在其论述尼采的作品的附录中，海德格尔以卓越的清晰性表述了亚里士多德形而上学的基本命题：存在始终是一种二重性的东西，即什么-存在(Was-Sein)和如此-存在(Daß-Sein)⑩。人们可以像柏拉图那样，在那种在产生与演变之进程中的不变者的意义上，追问"什么"(Was)，追问形态，追问理念，并且人们也可以在其个别性和实际性中追问 Daß(如此)，追问 Hoti(如此)。此二者*都被亚里士多德所涵括，被包含在他对存在的理解中了。在一种复杂的、艰难的争辩中，亚里士多德事实上区分了第一 Ousia(存在/实体)**和第二 Ousia(存在/实体)⑪。海德格尔正是在

---

⑩ 海德格尔：《尼采》，两卷本，普夫林根，1961年，第 2 卷，第 399 页以下。

* 指"什么-存在"与"如此-存在"。——译者

** "Ousia"，在希腊语特别是亚里士多德思想中兼有"存在"和"根据"这两层含义，后一层含义在希腊语向拉丁语的转渡中被固化为"实体/基体"之含义。——译者

⑪ 亚里士多德：《范畴篇》，第 5 章，2a11—16。

"什么-存在"与"如此-存在"的这种区分中看到了通向作为"存在-神学"的形而上学的本真步骤。"形而上学"（Metaphysik）这个术语因而变得意味深长了。"物理学"（Physik）在其中一道言说了，并且这意味着，在其中存在着通向一种世界之构造的步骤，这种步骤本身还证明了，神性的东西——这种凌驾于其他一切存在者而存在着的东西，乃是一种存在者。

当海德格尔把这种形而上学概念运用到柏拉图身上时，对海德格尔而言，决定性的东西显然就是，伴随着把理念当作"什么-存在"的这种做法，作为自行展开和自行展示的存在之发生（Seinsgeschehen）的那种自然而然的统一性就被错置了。通过向"什么-存在"的这种转向，亚里士多德的那种通向物理学、通向运动中的个体事物的步骤，就变得不自然了。只是经由这一步骤（这个通向运动中的存在者的步骤）才变得可以理解的是，数学性的-毕达哥拉斯式的理念论如何能够描述一切存在者的普遍秩序。当柏拉图着眼于理念而看到一切发生之秩序的真正秘密时，柏拉图本人就还完全保持着他的世界观照（Weltblick）的统一性，这一事实对于海德格尔而言肯定是清晰了然的。但海德格尔的论点却是，柏拉图恰恰通过把目光转向理念而使下述事情变得不可避免了：实际之事物的领域亦即运动中的存在者的领域，是作为这些理念性秩序的位置而得到表明的。我将对此做出不一样的解释，但事实的确是，柏拉图从未真正对此问题——理念与个体事物的关系应如何得到思考——说过什么东西。他显然预设了，这乃是自明的。倘若理念不是在向我们汹涌而来的诸显像的秩序形态中与我们照面的，我们又从何处知道理念呢？即便在数学的本质、三角形或数字中，我们也没有去问，为何会有多、诸多三角形（全等三角形！）或诸多数字以及诸多被计数的东西。柏拉图将会意识到,普遍者和它在其中显现的那种东西乃是两类不同的东西,是"分离的东西";正是这一点使得从理念到物理学、从柏拉图到亚里士多德的那一步骤不可避免。海德格尔就是这样来看待这件事的。

我自问道,人们是否必得仅仅这样来看待柏拉图那里的物?在这个问题上我遵循着一种最初的显而易见性:每一个读过柏拉图的人都知道,柏拉图从未在这种形式中谈论过神性的东西,即仿佛这种东西是一种突出的存在者似的。在柏拉图看来,这种东西显然远远超越了人类理性所能真正澄清的东西。希腊神话在其荷马史诗的形态中就已经造就了这样一种诸神天国,正是由之而来希腊文化才直至今天拥有着它的光辉与它的光荣。但在一位思想家的眼中,这却始终是不言自明的人类作品。这并不是那种神性的东西,即柏拉图受其理念观照之指引而向之观照出去的那种东西。在《斐德罗篇》(246b 以下)中,这变得十分清晰。

在这个问题上,我想在我们整个追问存在的哲学思想中给予理念这个概念一种有点不同的定位。我认为重要的是(并且我在我的作品中一再谈到了这一点),柏拉图从未用 Eidos(外观,形式)这个词来表示"最高"理念即善的理念,无论这种理念究竟有多么晦涩。他因而是为了这种理念而避免使用 Eidos 这个词,在通常情况下这个词对他而言是十分常用的,并且也正是这个词助长了那种传统的、虽说也带有误导性的英语译法——用 form(形式)来翻译"理念"*。在柏拉图那里,Idea 和 Eidos 之间通常是不作

---

* 我们此前已经指出过,柏拉图的"idea"也完全可以被译为"相",这里只是按照通常译法将其仍译为"理念"。——译者

区分的。人们也明白,为何对他而言不需要此区分。他所认识到的,仅仅是这一点,即数学不是物理学。这在某种程度上可以说是他的毕达哥拉斯式的以及反毕达哥拉斯式的原初直觉。他看到,毕达哥拉斯主义者凭借着其令人钦佩的代数性的-计数性的想象而发现到了成比例的宇宙、音乐以及灵魂,而这些比例是以数字概念表达出来的。因此他们就认为,这是真实的实在。柏拉图的一个伟大的和决定性的步骤,就在于他在这里做了一种区分,他指明了,人们必须从如其所显现那样的感性事物中看出某种东西,并且在某种程度上可以说是必须向其本真存在看去——在那种主动的、普罗提诺的 *Theorein*(观照)意义上的"看去"(Hinschauen),在这种"观照"中,当人们思考某种东西时,人们就把这种东西置于眼前⑫。这并不意味着,人们产生了它。人们如此这般当前面对的东西,绝不比那种显现者(它就在其中存在着)更少地"存在着"。* 它**就是真理之中的那种东西(Es ist das in Wahrheit),显现者只是仿若肖像一般近似于它。

因此,借助于数学,理念的正当性与意义事实上就变得清楚了。在我看来并非偶然的是,在著名的《第七封信》⑬中(柏拉图在其中道说了他的哲学理论),圆(Kreis)作为一个阐释对存在的真正之看的范例亮相了。当人们把数学的圆与形象的圆(即可以在

---

⑫ 普罗提诺:《九章集》,第3卷,第8节,"论观照"。

* 这句话的意思是,兼有"沉思"之意的"观照"之所观照者,并非思想之产物,并不比"它"(即"所观照者")在其中存在着的那种实在者具有更少的存在性。——译者

** "它",观照之所观照者。——译者

⑬ 为此可参见我的海德堡科学院论文:"柏拉图《第七封信》中的辩证法和诡辩术",载我的著作集,第6卷,第90—115页。

黑板上或沙滩上看到的圆)给混淆了之际,这恰恰是一种错误的看。在形象的圆中,圆圈(Runde)*并非全然都是圆的。始终也有不那么圆的东西在里面。因此,那个真正地定义了圆的定义的条件并没有被满足。这样一种知晓——人们必须仿佛看穿那在此作为形象显现的东西而看到某种存在着的东西——乃是数学的原初经验,柏拉图首先将其深化为概念性的意识。事实很清楚,在数学中,从对几何学形象之作用的误解而来⑭,始终只能得出伪证据。人们在那里认识不到,形象仅仅是对所意指之物的单纯直观化而已。

我认为,下述事情同样构成了我们的语言经验的真正本质,即我们思考着看穿了一切所说之物并且同样地在我们的相互言说中向某种东西"看去",这种东西不在言语之中,并且也不在所谓"事实"(facts)的模型和图释中**。倘若如此,则要避免这样一种观看的假象尤其是避免那些缠陷在矛盾之中的推论的虚假性,也就当然不那么容易了。当人们遭遇了言语的暗示尤其是当人们遭遇了一个行家里手的优越的论证艺术的时候,人们就会对此有所体会。最终这说到底也只有在对话中才能奏效,也就是说,只有在相互言说的来来往往中和在向共同东西的共同"看去"中才能成功。人们就是这样学会言说和写作的,并且人们所学会的一切"技艺",也就是这样学会的。

----

* 德语中的"圆/圆周"(Kreis)与"圆圈"(Runde)有明确的区分,前者意指作为绝对圆的圆(即数学之圆),后者意指的是大体上是圆形的东西(即形象之圆)。——译者

⑭ 为此可参见我在上述论文中的论述,第96页以下。

** 此处所指应是关乎维特根斯坦在《逻辑哲学论》中的思想。——译者

这里我想插一句话：事实上柏拉图已经踏上一个地基了，而这个地基并不必然导向亚里士多德的那种形而上学的后果。我们或许可以把这一点说得更清楚些：单独来讲（für sich allein）是没有什么正确的看的，并且单独来讲也没有被看的东西即"理念"。不存在什么单独的理念[15]。定义一个理念，意味着，对它进行界定，并且这其中包含着这一事实，即伴随着理念之存在的是一种几乎无限的非存在，即一切不是理念的东西。柏拉图一再强调，诸理念乃是一种结构，一种网，一种在其极度丰富性（作为 ἄπειρον〔无限定〕）中的无法解开的网。但这却意味着：对所意指东西的传达，乃是一种有限的、仅仅可被有条件地实现的任务。与自己以及他人取得一致、意指和分享、对共同东西进行传达，为此就需要对言语中所意指之物予以共同观看与拆分散取，由此人们就学会了去意指相同之物。它始终是一，它也始终是多。

这就是《巴门尼德篇》这个对话的主题。但在那里作为一与多之疑难阐析（Aporetik）而变得明确的东西，从一开始就伫立在柏拉图作品的背景中了，甚至在那些伴随着疑难阐析之开端的"定义对话"（Definitionsdialoge）中就已经存在了，而这些定义对话，人们是将其归置于柏拉图早期的，它们所追问的乃是善，即它是否是一种东西。无论如何，一与多作为柏拉图辩证法的主题而持续当前显现着。即便我们没有《大西庇亚篇》的文本（301a 以下），并且没有《斐多篇》的那些暗示（101 以下），我们仍然由此而来被指引到数目的重要性上去了。它显现为逻各斯的结构模型。这为理想

---

[15] 《巴门尼德篇》，142b3 以下。

数目理论的传统——它在本质上源出于亚里士多德——赋予了一种强大的重量。蒂宾根学派以有力的根据指明了：事实上没有任何历史学的根据可以阻碍我们认为，在柏拉图那里，理念和数目的内在关联从一开始就存在了。也请读者参见我自己的一些阐释，首先就是我在海德堡科学院的名为"柏拉图未成文的辩证法"的会议上以《理念与数目》为名发表的会议报告（现收入我的著作集，第6卷，第8篇文章）。

我在那里强调了数目（*Arithmos*）与逻各斯（Logos）之间的应合，我现在把这当作我讨论的前提，我相信我能够继续向前迈出一步，并且恰恰是朝这样一种向度前行，海德格尔正是在这种向度中寻求那个开端的，在此开端中，作为去蔽与隐蔽的 *Aletheia* 本身还得到了原原本本的经验。他最终绝不是在伊奥尼亚的第一批伟大思想家*那里发现这一点的。在我看来，他可能是在柏拉图那里尤其是在《智者篇》中对此有了更多发现。人们只需想想在《智者篇》中进行的"非存在"（Nichtsein）之分析的那种连贯性就明白了。在那里显示出，这个 Nicht（不）（μὴ ὄν〔非存在〕）** 乃是一种特有的 Eidos（理念/形式），即 das nicht（不）的 Eidos（理念/形式），亦即 *heteron*（差异/不同）。正如其积极的对立面即 das（此）之"同一"那样，"差异"对于思想而言也是建设性的，这也正如诸元音对

---

* 伊奥尼亚，古希腊殖民地，现土耳其安纳托利亚西南海岸地区。狭义上的伊奥尼亚学派特指米利都学派，包括泰勒斯、阿那克西曼德、阿那克西美尼等人，广义上的伊奥尼亚学派还包括代表爱菲斯学派（爱菲斯同样也位于伊奥尼亚地区）的赫拉克利特。——译者

** 亦即"非存在/不存在"的这个"不"。——译者

于语言的作用那样。在此最终变得清晰的是，与泰阿泰德的对话必然是在什么地方搁浅了，也就是必然在这样一个问题上搁浅了，即 *Pseudos*，错误，所思者和所说者的错误，究竟是如何可能的。新的洞见是：当某种东西"不是此，而是此"（wenn etwas "nicht das, sondern das" ist）之际，这个"不"（Nicht）就始终先已存在了。通向对逻各斯之理解*的重要一步就存在于这个越过巴门尼德的步骤中。

然而，《智者篇》的真正任务却是，对智者进行规定，并把智者与真正的辩证法家亦即哲学家区分开来。这甚至就是柏拉图在苏格拉底的悲剧之后，对自己提出的真正的毕生之使命。《智者篇》突显了作为 nicht das（非此）的 mē on（非存在）的积极意义，但它还绝未由此就完成了这种区分**。在概念性区分的水准上，哲学家与智者的关系在这整个对话中都没有被松解开来。为此就需要观察这样一个男人，一个想要是博学之士亦即"智者"的男人。他的"知识"并不是错误的意见。他没有混淆这个和那个。他的讲话并非在这种意义上是错误的。毋宁说，他的讲话是正确的。这种讲话假装出知识的模样，但这种知识乃是伪知。它是"什么也不是"（nichts）。这绝不意味着，所意指的和所言说的就是 nicht das（非此/非存在）。它根本上什么也没说。在这里，埃利亚学派的

---

* 所说的这种"对逻各斯的理解"，即把逻各斯理解为"去蔽"与"隐蔽"的统一。这也就是前述"不是此，而是此"的意义指向。由此我们也就可以理解，作者何以认为海德格尔是在对柏拉图作品尤其是《智者篇》的解读中获得了对"去蔽/隐蔽"之统一性的关键领悟。——译者

** 即对"智者"与"哲学家"的区分。——译者

"不"所具有的那种不可言说性和不可思考性,以十分极端的方式再度出现了。它绝非"某种东西",亦即,绝非某种关于它人们可以说点什么的东西。但它又的确"是""什么也不是",就像存在不是什么存在者但它又的确"是""存在"一样。

智者与哲学家的区分因而就显现为真实与虚假之区分的极端化,对于每一个人而言,认识的本质就存在于这后一种区分中。但伴随着这种"极端化",Aletheia(无蔽/真理)这个概念本身也被极端化了。对真与假的区分无疑构成了辩证法家的本质,并且柏拉图的对话也显示出,在区分活动中同一性与差异性是如何彼此不可分地交叠在一起的。伴随着对这样一种东西——它每每都是这种东西而不是别的什么东西——的观照,一切其他的视向都蒙上了必然性的阴影。就此而论,同样多的遮蔽和同样多的去蔽就已经存在于这种区分——这种道说了一种 nicht das(非此/非存在)的区分——之中了。当然,这种"对成性"(Gegenwendigkeit)* 并未作为这样一种东西而得到思考,但它却是在区分活动的实行中实现的。决定性的一步遂就在于这一洞见中:对哲学家与智者的区分绝非是通过一种对真实言说与虚假言说的区分才是可能的。在对辩证法家与智者的区分中,并未就某种东西这样言说,即说它是真实之物,是此(das),而不是别的什么东西。Aletheia 其实是在去蔽与遮蔽的整个双成性(Doppelwendigkeit)中显示自身的,这种双成性是作为存在(Sein)和假象(Schein)而得到经验的。当

---

* 这里的"对成性"以及下文的"双成性",皆是意指"遮蔽"与"去蔽"的相反相成。——译者

然，柏拉图的这种经验在任何地方都没有被提升到概念的可理解性中去，在《智者篇》中没有，在《巴门尼德篇》中也没有，在《第七封信》中同样没有。但这种经验在那里处处都得到了描述，在我看来，它在"实行"中回应了海德格尔的那种寻求，即对 Aletheia 本身之思的寻求。

即使在这里，柏拉图也超越了老年巴门尼德。柏拉图对巴门尼德问题的更新，因而就不仅仅是迈出了超越巴门尼德的一步（就像海德格尔所假定的那样，正是这一步把柏拉图引向了逻各斯以及存在者之存在），这种更新同时也迈出了返回的一步，向"存在"返回，向什么也不"是"、不是什么存在者的"存在"返回，并且真正区分了哲学家和智者。

苏格拉底—柏拉图的对话完全是被这种得到实行的区分所彻底规定的。我们因而根本上就不需要问：我们如何得到这种方式中的"一"和这种方式中的"多"？我们如何发现它？柏拉图的回答是那运思着的对话以及在这种对话中的所谓的划分（Dihairesis，Divisio）之方法。

举例而言：当苏格拉底和他的追随者斐德罗谈论爱之本质的时候，并且当斐德罗充满热忱地在苏格拉底面前朗读了著名演说家吕希亚斯（Lysias）的演讲术文章的时候，苏格拉底试图让这个年轻人弄明白，在这篇吕希亚斯的演讲中爱是如何被描绘为爱之疯狂的，这显露的是一种小气的、生意式的机智[16]。在这种机智的视角中，爱的奇迹可能会表现为一种病态的过度兴奋，一种非理性

---

[16] 《斐德罗篇》，242d 以下。

的迷狂（Außersichsein）*。但难道没有其他形式的迷狂吗？爱是迷狂的一种形式，这是没有争议的。但并非每一种迷狂都因此而是非理性的疯狂（Wahnsinn）。或许也有这样一种迷狂，它简直就像是用羽翼一样激励振奋着一个人，它在一种全新的光明中向一个人显示了整个世界。这就是那总在发生的事情，即当一个处在爱的魔力之狂喜中的人用爱者之目光看到整个存在都在一种全新光明中闪闪发亮之际所发生的事情。因而最终也就不仅仅有坏的疯狂，而且也有好的疯狂。划分法就是这样被运用的。

划分法的运用首先是[给斐德罗上的]"逻辑讲座"（collegium logicum）吗？唔，它首先是一种非常生动的、可用以说明柏拉图或苏格拉底的灵魂导引工作的例子。这里所发生的事情是，要让这个青年人明白，他还根本不知道真正的爱（Eros）。在吕希亚斯的演讲中，当一个有点油滑的追求者为了诱骗男孩而就所谓的爱之疯狂发出警告时，只要这个男孩对真正的爱还根本一无所知，则这个追求者就只是造就了感觉印象而已。斐德罗在与苏格拉底的这次对话后就不再会这样存在了。这里发生了什么？一言以概之：它是回忆（Anamnesis）**的一种情形。在最初的那些演讲游戏中伴随着概念游戏而被引致的东西，并不是思想和回忆。然而现在，它却是一种成功之回忆的情形，这种回忆是在苏格拉底的对话艺

---

* 此词字面意为"出离自身"。——译者

** 柏拉图所说的这种"回忆"意指这一事情：人在尘世中重新辨识出了其出生之前所具有的那些理念。——译者

术中出现的。因此之故,那种神话式的收回撤销*(这是《斐德罗篇》中的苏格拉底在结束他自己的第一次演讲游戏后做的事情)就像是一种揭露。苏格拉底确实揭露了他的头颅,他在那个虚假的演讲游戏**中曾经遮掩蒙盖了它⑰。现在这变成了一种成功的回忆。同样地,当柏拉图在《智者篇》这个对话中在一种无限高明和无限精巧的对话的终结处提出了关于智者之规定的一种非常之长、长得令人发笑的定义并且由此阐明了哲学家所不是的一切以及哲学家之所是的时候⑱,这也是一种成功的回忆。

　　回忆不是别的什么东西。回忆就是这样。某种东西对某人开显了:"对,就是它"。当柏拉图让回忆说在他的创作作品中首次出场(einführte)时,他是在苏格拉底与那个男孩的对话***中对此加以描述的,在这个对话中,男孩学到了,正方形对角线的平方乃是所指正方形之面积的两倍。《美诺篇》的这个描述⑲,门外汉是这样来理解它的:这种认识,因为它是单纯的"再度回忆",没有苏格

---

* 在《斐德罗篇》中,苏格拉底作了两次发言,他在第一次发言中基本采纳了吕希亚斯的立场,即认为爱是非理性的,是有害的,有爱之人比那些无所爱之人更容易伤害所爱的对象。但当苏格拉底完成这个发言准备过河回家的时候,他宣称有灵异对他发声,禁止他离开,他意识到他的发言和吕希亚斯的演讲都是愚蠢的和渎神的。他于是就作了第二次发言,否定了此前立场,宣称疯狂有时是神圣的,爱就是一种神圣的疯狂。——译者

** 指苏格拉底在《斐德罗篇》中的第一次发言。——译者

⑰ 《斐德罗篇》,237a 以及 243a。

⑱ 《智者篇》,264d 以下。

*** 指《美诺篇》,柏拉图的早期作品,学者们普遍认为它可能是柏拉图对回忆说的最早记述。——译者

⑲ 《美诺篇》,82b—85b。

拉底也是能够对男孩奏效的。但这样理解就错了。即使在这里，苏格拉底也是作为教师而起作用的。他向男孩指示出了那个决定性的错误，即男孩在他的回答尝试中所犯下的那个错误，并且把男孩带上了正确的道路。正是通过一场对话，男孩才最终洞见到："对，就是它"。他自己看到了它。他最终是凭借着完全的明见性而看到这一点的：边长的两倍得出了四倍的面积，边长的对分却又不会得出正确的正方形。因此，在对角线的平方这个问题上，2 的平方根 $\sqrt{2}$ 的无理数性质（正如我们在代数上说的那样）就对他开显了。*

在我看来，柏拉图的这一典范，应可以给我们以这样的暗示，即我们如何能够达成一种本己的得到清晰表达的思想，这种思想坚持着形而上学的遗产，只要它对我们而言是有益的，也就是说，这种思想没有把对我们有所启示的东西遗置于身后。然而这却包含了这一层意思，即我们并不能在那种意义上——在亚里士多德转向物理学和转向形而上学的（meta-physischen）存在论的意义上——迈出走向形而上学的步伐。海德格尔向希腊人的这种返回，令人信服地发现了"希腊的世界经验与科学"和"近代的世界经验与科学"的内在统一性，他也由此而描绘了那条从开端性的希腊思想直至亚里士多德的物理学的道路，接着，这条道路又从亚里士多德的物理学而来通向了作为整体科学的哲学并最终通向了近代科学，也正是近代科学否认驳斥了哲学的那种无所不包的任务，甚至在根本上否认驳斥了哲学之发问的意义。这虽然可能是真的，

---

* 相关语境的详细阐述请读者自行参见《美诺篇》。——译者

但是，当人们把柏拉图仅仅解释为形而上学的准备者，他是否得到正确观照了呢？那个坏的苏格拉底真的败坏了他了吗？

人们可能不喜欢把柏拉图的辩证法称作形而上学（Metaphysik），即便有人愿意这样称呼，也还是把它称作"超数学"（Meta-Mathematik）了。在数学性思想中首次出现的秩序经验，与所有其他的对人和存在的经验一道，最终构成了我们世界经验的一种整体，我们正是在这种整体中找到头绪的。这并不意味着，我们能够计算一切东西和每一种东西。然而它也不意味着，在我们能够这样做的地方，我们就不应遵循我们现代科学的步骤规则了。现代科学是在另一种无可比拟的意义上的科学，并且站立在它特有的地基上，站立在一种建设性地筹划着的经验的地基上。目的论的物理学和形而上学是在对这种经验的反对中才使自身得到规定的，但目的论的物理学和形而上学却可能也不想在这种经验面前捍卫自身。毋宁说，我们已经学会看到这一点（而且绝不是通过海德格尔对"形而上学究竟是什么"这一问题的重新追问而学会看到这一点的），即一种深层的统一性，从西方的世界经验之历史的那些最早开端以来就支配着西方的世界经验之历史[*]，欧洲的-现代的技术世界文明的史前史不应在希腊之启蒙的那些被埋没了的推动力中去寻求，比方说，不应在那个伟大的陌生者即德谟克利特[20]那里去寻求、因而也不应在一种对一切形而上学的消除中去寻求这种史前史，毋宁说，它在这些开端自身中就已经开始运作了。

---

[*] 为表述准确而不致产生歧义，这里采取了较为累赘的译法。——译者
[20] 为此可参见我的论文"古代原子论"（载我的著作集，第5卷，第263—279页）以及我在莱顿作的报告《论思想之开端》，本书前文第375页以下。

当海德格尔看到柏拉图-亚里士多德对苏格拉底问题的回答最终通向我们世界阐释的死胡同的时候,他就试图返回到这个问题背后并去追问一种愈发遥远地后退着的开端。就我们而言,除了同样地作返回发问并一直回问到有某种东西向我们开显的地方,我们还能做些别的什么吗?我们中的每一个人,每一个不相信自身处于正确道路上的人,事实上就是这样做的。人们返归于开端,在那里,人们尚还知道,他们处在正确的道路上。人们于是就或许找到了正确的道路而不是错误的道路。然而,在我们的世界处境中,事情并不会如此简单——我们走在一条错误的道路上并且知道一条正确的、我们真正想走的道路。但我们是知道这样一些高级文明的,这些文明并没有走希腊人的道路,即希腊人的通向数学证明的道路、通向逻辑学的道路以及与之接通的通向哲学、通向形而上学、通向现代科学的道路;我们是了解这样一些文明的,它们并不像我们这样区分了哲学与宗教、诗歌与科学。人们因而就敢于问出这样的问题:我们在我们的道路上或许耽误了某种东西了吗?我们在我们的思想中耽误了某种东西了吗?这条道路,这条从希腊的数学和逻辑学到形而上学直至现代科学的道路,这条已变成我们命运之路的道路,或许来到了新的思想任务面前了吗?如此以至于那不可先思、不可支配、不可计算的东西——它在我们所有的道路上都始终伴随着我们——竟恰恰可以由我们而得到更好的思考吗?* 我们难道不是或许应该学会去更多地返回思考吗?这并不必然意味着,向第一开端返回或向一种完全不同的

---

* 这句话以及下面的话都是作者对海德格尔的批评。——译者

416 开端行去。但人们可以把柏拉图仅仅视为向形而上学的过渡吗？难道或许不更应把他视为那个真正见证了知识与宗教传统、诗歌传统、智慧传统的无可争辩的统一性的主要证人吗？倘若后者是真的，则我们就还始终能够从柏拉图那里学到更多。即便当我们看到并且承认，就连柏拉图也已经处在我们那条通向概念、通向逻辑学并且通向科学的道路上了（这乃是世界历史和我们一起走上的道路），我们也应该在下述事情中听懂他，即他并没有从这条道路中期待一切东西。这并不意味着对知识意愿的某种弃绝，但却可能意味着这样一种意识，即意识到：这条道路并不通向所有东西，并且，思想的一种任务始终存在着，而我们不可回避这种任务。科学与研究的这条在自身中不可限定的道路所具有的那些界限，我们所有人事实上都是知道的，因为我们所有人都是以预感着的方式，被美的事物所驱动，并且被神性的东西所驱动。

（张柯 译）

28. 马丁·海德格尔的这一条道路
（1986年）

在纪念马丁·海德格尔逝世十周年之际，我觉得我必须要做的事情，是由目前的境遇明确地预定好了的。就此看来，我所选择的题目不是任性妄为。自从我们有越来越多的机会——如因为新出版的《海德格尔全集》而产生的情形那样——将一代代的年轻人引向马丁·海德格尔整体的思想道路，我所选择的题目正是我们必须再一次并且现在就要将它确立为我们的任务的题目。在新出版的《海德格尔全集》那里，人们可以提出许多的批评，而我——毕竟我也是一名古典语文学研究者——是最后那个或许还不知道这样一个全集中隐藏着多少错误的人。但海德格尔的决定，即让今天这代人能够尽快地了解他对哲学的贡献，特别是了解他的哲学讲座课程，这是一个非常聪明的决定。就此我必须说，即使《海德格尔全集》变得如同黑格尔著作的逝者友人版那样糟糕，它也是非常出色的。事实上，黑格尔的世界声誉并不是凭借他的《精神现象学》或是凭借他的《逻辑学》获得的，而是通过他的讲座课程获得的。相似的情况可能也会发生在海德格尔身上，而我们无论如何都应当意识到，我们真正的任务正是在这些讲座课程之中。在最近的几十年来，我们都经历了一段潜伏期或等待期，在此期间被潜藏起来的不是只有像海德格尔这样的思想家。更确切地说,同样被潜藏起来的还有像赖纳·玛利亚·里尔克这样的诗人,今天这位诗人相比在德国国内,或许在全世界更为人所知,或许还有像弗里德里希·荷尔德林这样的诗人,虽然人们确实对他一直抱有一种极大的施瓦本式忠诚(schwäbische Treue),但是在三十年前、四十年前、五十年前、六十年前,这位诗人却是在完全不同的程度上充盈着德国年轻人的心灵。让一切去蔽的敞开之光也会有它的遮蔽效应吧。

那种独特的让精神变得冷静的运动——我又该如何称呼它呢?——企图完全投入到填满我们现时的与最新经历的技术精神中,而在这一运动的背景下,重新思考马丁·海德格尔的思想道路事实上意味着一种使命的担当。这种使命的担当是给予我们所有人的,是给予所有世代中的所有人的。然而必然只有年轻人会延续这一使命并将海德格尔的著作变为一种活生生的财富。此刻我想说的是,现在的境遇是一种全新的境遇。像海德格尔这样的思想家始终能在变化着的时代意识中找到共鸣。如果有关于他的新东西、未知的事情能为公众所知,这会特别有助于产生这样的共鸣。就这些新东西和未知的事情来说,在我认为有两件事情是最为重要的。其中之一是由瓦尔特·布勒克和凯特·奥特曼斯-布勒克编辑的全集第 61 卷的出版。我非常感谢赫尔曼·海德格尔和其他的相关负责人能对海德格尔已然搁置的决定,即是否应出版他马堡时期之前的讲座课程,如此迅速地做出决定。人们必须有勇气坦承,即便一个伟大的人物也会低估他自身的光芒,尤其会低估他开端时期那前途无量的财富。对我来说,第 61 卷展现了与这一开端时期文本的初次遭遇,并且它预示了一种我无论如何还都无法处理的任务。这一文本构成了正在成长中的海德格尔和他的作品之间的断裂。他自己似乎没有把这样的文本算作自己的著作。他甚至都没有让人知道有这样的作品,因为,正如他所相信的那样,只有在马堡他才找到了他的思想道路的最终方向。但是对我们来说,这一早期的讲座课程正是在海德格尔思想经历中至关重要的众多预备性道路中的其中一条。我必须承认,当我在一年前第一次读到1934年的讲座时,并在那之后再一次读它的时候,我觉得自己是完全无关紧要的。我甚至能想象,如果马丁·海德格尔能够以不同于他的另一个人的眼光来读他的青年文稿,他自己仿佛会在其中找到某些新的东西。属于人的生活之秘密的,正是人必须不断地选择,而在选择中也必须不断地放弃。如果人要向前走,他就不可能走遍所有展现在他面前的道路。即便是海德格尔,当他向前走的时候,他也必须做出选择。

第二件最重要的事自然是如下事实:著作集的出版也带来了后马堡时期我自己不曾亲身听过的讲座课程,并且以此方式,著作集让通向海德格尔后期作品的道路比迄今为止的情况更加清楚地显现了出来。

但愿我还能够就我自己所谓的诠释学进路再多说几句话。我是海德格尔学生中能够见证他生平的、年纪最大的学生。而只要我从自己的生活经历出发来谈论那些每个人都想要知道的事情,这种作证也是一种责任。我比任何其他人都更贴近海德格尔走入哲学运思时所处的那种精神状况,因为我恰好是幸运的或者是不幸的,我的年纪更长一些。

419　　这种精神状况是什么样的呢？当我与海德格尔决定性地相遇时，还是年轻人的我刚好在马堡学派的纳托普那里完成了我的哲学博士学习。在纳托普和尼古拉·哈特曼那里的整个学习期间有一种缺憾感伴随着我，这种感觉的最终原因在我的本性和我所受的人文教育的经历之中，而它也导致了在遇到海德格尔时我所经历到的某种类似于确信（Bestätigung）的东西。我突然知道：这就是我所错过的和我所要追寻的，即哲学思想不应将我们此在的历史和历史性看作是一种限制，而是必须将我们最为本己的生命冲动提升到思想中。而当在我1936年到法兰克福去听三次艺术作品的演讲时——当时我已离开了海德格尔，接受了在马堡的教职，我在这次后来与海德格尔的相遇中再一次经验到了这种相似的确信：这类似于第二次确信了。因为在艺术作品的本质那里来衡量哲学思想的价值与非价值，这是我自青年时起就具有的信念。

当我要试着描述海德格尔的开端时期，我所必须要论述的经验大致就是那么多。当时在德国学术场景中流行的新康德主义的特征是非历史的态度以及对历史事物的经验进行认识论上的还原——前者是在马堡，后者是在德国西南部。人们必须在这种状况的光照下来看待青年海德格尔，特别是1921/1922年讲座时的海德格尔。为了描述青年海德格尔是如何看待事物的，我想引用由布洛克编辑出版的这卷著作中的一段箴言。它是源于克尔凯郭尔的《基督教的训练》的一句话，由海德格尔自己标识出来作为计划出版作品的箴言。其标题是"箴言并且同时是对根源感谢的表示"。随后是箴言文本："全部现代哲学既在伦理学上也在基督教上以一种鲁莽为基础。现代哲学不是通过谈论绝望和激怒自我来吓退人和呼吁秩序,反而它对人示意并促使他们对之抱以某种自大的态度,促使人们去怀疑并做出怀疑。而另一种哲学则以抽象的方式在形而上学事物的不确定性中摇摆不定。"这就是海德格尔自己觉得对他的全部努力具有方向指引性的引文。在此我们看到两个目标点:照见宗教的与伦理的不安的目光,在这种不安之中,针对在普遍怀疑和在确定性的方法论理想中的思辨观念论及其笛卡尔式的基础,克尔凯郭尔表达了自身的处境;而另一方面我们看到,仿佛是针对今天而说的,当时的另一种哲学在形而上学事物的抽象不确定性中摇摆不定。

如果我们试图弄清楚,什么是当时海德格尔的第一推动力,那么这份对克尔凯郭尔的谢辞则必然归属于海德格尔当时所身处的道路,作为海德格尔走过的那一条道路,它一直延伸到海德格尔生命和思想道路的尽头。在海德格尔教职论文的最后有这样一句话:"相关的是:生机勃勃的精神本身是与本质相符合的历史的精神"。这听起来像是对黑格尔的表白或是对狄尔泰的引用。

涉及狄尔泰,我们今天所知道的是我以前就已经知道的东西。如果人们根据《存在与时间》中的引文就想要得出结论,认为狄尔泰对海德格尔在20世纪20年代中期思想的发展产生了特别的影响,那么人们就错了。人们得到的20世纪20年代的结论太晚了。海德格尔对狄尔泰的著作所抱有的那种充分了解的崇敬,如在《存在与时间》中的那种崇敬,这可以让这一观点得以免除怀疑。最早对海德格尔产生影响的并非那本在1924年出版的、被海德格尔称赞的《导论》——这本《导论》收录在米什(Misch)所编辑的几近完成的《狄尔泰全集》的第5卷;也不是那个以其自有方式而开创了时代的那个时刻,即约克·冯·瓦滕堡伯爵(Graf Yorck von Wartenburg)与其挚友狄尔泰的书信集出版的那个时刻——这个时刻让狄尔泰进入到海德格尔的视野中。当我在 1923 年秋天突如其来的那几个经济大萧条星期作为客人下榻海德格尔的小屋时,我曾在海德格尔那里最近距离地体验过这个时刻。当时非常明确的是,海德格尔以一种至深的内在满足、以一种几乎是幸灾乐祸的心情在那些书信中发现,约克伯爵要比知名学者狄尔泰更为卓越。要觉察到这一点,前提条件是要对威廉·狄尔泰后期创作的熟悉——这正符合海德格尔的情况。事实上,海德格尔自己向我描述过,把沉甸甸的数卷柏林科学院出版物——里面有狄尔泰的后期作品——背回家,而又因为某个人在弗莱堡大学图书馆里并不是预约狄尔泰的论文而是预约了那些厚重的柏林科学院刊物里的其他文章,再把这几卷书又背回去,是多么地累人。这肯定是发生在 1920 年之前。海德格尔在 1923 年读书信集时所感受到的,即约克伯爵的卓越,狄尔泰自己也显然感受到了,而这为约克伯爵带来了声望。让我们现在去读一读《狄尔泰全集》第 8 卷里狄尔泰在某晚和约克伯爵谈话后写下的笔记吧。这是两位友人最后的相处,狄尔泰是如此强烈地感受到他的朋友伯爵的卓越,以至于他觉得自己实在是太渺小了。当然,这不是一种在学院意义上的卓越,而是在"生存"意义上的。在此有一位真正的路德宗信徒。伯爵显然向狄尔泰吐露了他身患致命疾病的情况。在其精神生命活力过半之时,约克冷静而沉着地预示了自己生命的终结——一种相对过早的终结,这种冷静和沉着显然深深地触动了狄尔泰。海德格尔也认识到了在约克伯爵体内的那个真正的路德宗信徒,认识到了他所面临的生命历程的根基与归属。谁若能以这种方式从他的历史性命运出发去思考,谁就能拒绝一种以认识论的方式去重新为精神科学奠基的妄想。然而这并没有改变的是:狄尔泰一生丰富并且具有启发性的著作,尽管有概念上的弱点,但是对青年海德格尔来说,如《存在与时间》所承认的那样,是一种在根本上反对新康德主义式的体系思维的助力。从狄尔泰出发,海德格尔可以在他自己的现象学-诠释学转向的意义上为他对胡塞尔《观念》里的先验还原和先验自我的怀疑辩护。因此,一方面,狄尔泰在当时对海德格尔而言是黑格尔和历史学派之间的中介,这在哲学上的意味变得明确了;而另一方面,克尔凯郭尔在箴言引文中如此严格和强烈地述说的那种推动力则指向了海德格尔所寻求的他与黑格尔之间以及他与狄尔泰和胡塞尔之间至关重要的差距。

海德格尔讲授的第一个讲座课程——我恰好在弗莱堡听了这个课程——已经是足够重要的了,这个课程公布的名称是"存在论"(Ontologie),但它的副标题是"实际性诠释学"(Hermeneutik der Faktizität)。从我上述引证的克尔凯郭尔箴言出发,可以知道这种实际性诠释学究竟是什么。它肯定超越了海德格尔自己看作是现象学之使命的东西,并且它还不仅超越了海德格尔看作是源自胡塞尔的典范的东西,也超越了在亚里士多德那里被海德格尔看作是典范的东西。这并不是要说——对海德格尔而言,现象学创始人胡塞尔的影响或亚里士多德的影响不如那位他在学习天主教神学的岁月中所了解的思想家,不具有更为重大的意义。海德格尔从胡塞尔和亚里士多德那里都学到了东西,当然,他不只是汲取了一些东西,而是试图在此坚持他最为本己的使命。当一个人不得不在与另一个人的相遇中寻找自己的时候,这才是值得去考虑的那些根本影响。因此毫无疑问的是,对海德格尔来说,正是胡塞尔的时间分析以及他自己与亚里士多德的重新相遇把他带到了他自己的思想道路上。

实际性的诠释学——"实际性"这个词是针对每一个听得懂德语的人的;一个人听不懂德语,那么他也就不能完全理解他所指向的这个概念。无须怀疑,"实际性"这个概念是在对耶稣是否复活的争论(Streit um Osterglauben)中建构起来的。因此,"实际性"这个词大概是属于理查德·罗特(Richard Rothe)和其他黑格尔一代以及后黑格尔一代的神学家们的。当海德格尔使用这个词的时候,这个词当然受到了完全不同的另一种影响,即受到了当时的生命概念和生命的不可追问背后根据的特性(Unhintergehbarkeit des Lebens)给这个词所施加的影响。实际性意味着"在其实际存在中的实际"(das Faktum in seinem Faktum-sein),也正是不能追问其背后根据的那种实际。而生命的特征在狄尔泰那里(在新版全集的第19卷)也正是不能追问其背后根据的实际。这在柏格森、尼采和纳托普那里也都确实是相似的。

那么"实际性诠释学"的新工作意味着什么呢?解释——这是诠释学的工作——在此显然不涉及某些经过解释而成为对象的东西。因此,实际性诠释学是一种主语性的所有格(genitivus subjectivus)。实际性将自身放入到解释中去。做出自身解释的实际性,不再在自身之上承载那些解释的概念,而是某一种概念性的言说,这种言说,当其传达到理论性陈述的形式中时,它要紧紧地把握住它的起源并以此把握住它自身的生命气息。在我们的讲座课程中遇到的一个命题，这个命题是："生命＝此在，在生命中并且穿透生命而存在。"如果我们想透了这个命题，那么我们就让海德格尔整个思想道路的统一性显现在我们面前了。没错，在早期的文本中就有着许多让人惊奇的东西。就在这一文本中：生命是操劳，生命在自身的运动特性中走向世界并且在其中遵循着一种沉沦结构（Verfallsstruktur）（"沉沦"这个词并不是以术语的形式出现的，因此在此讲座中它还叫作"堕落"〔Ruinanz〕），生命自己封锁自己。这所有的东西听起来都很像《存在与时间》中对此在的先验分析了。生命是一种倾向（Neigung），是一种倾向性（Geneigtheit），是消除与所操劳的东西之间的差距的活动，而生命如此对自己封锁自己，以至于它觉察不到自己。在操心、差距的消除活动，甚至生命的模糊性的实际性当中，显然出现了一种要去领悟思维性的实行自身、领悟此在的任务。

我再次提及这些在《存在与时间》已经为人所熟悉的，我们在1920年就已经发现的那些进路，是为了提出一个问题。这个问题主要是因为理查德森（Richardson）那本值得称赞的著作以及他对海德格尔一期和海德格尔二期的区分而产生的。在转向之前的海德格尔是谁？而转向之后的海德格尔又是谁？在海德格尔的语言中，这或许最好通过他对"存在论差异"的诠释来说明。我想起了1924年在马堡时的一个场景。在讲座课程结束后，我和我的同学格哈德·克吕格陪同海德格尔一起回家。这应该还是在马堡的第一年的时候，因为我们要从南城走到天鹅大街，就是说还没有走到他后来的住所。我们问海德格尔，"存在论差异"究竟是怎么回事，我们好像还没有很好地理解，如何能去做出这样的区分。当时，在1924年，海德格尔回答道："不是我们制造了差异。要说的不是这个。差异是我们走入的东西。"

这样看来,在 1924 年的聊天中就已经有了"转向"。如我所确信,在我的生命中听到海德格尔最初的表述的时候,就已经有了这一转向。一位从弗莱堡回到马堡的年轻大学生神采奕奕地说,在弗莱堡有一位年轻的教授在讲台上讲:"世界化着"(Es weltet)。这也是"转向的转向"。在这一陈述中,并没有我出现,没有主体,也没有意识。毋宁说,这是一种我们经验到的存在的基本结构,在其中要表达的即是:世界如种子般成长。就此而言,人们必须自问:作为实际性的基本经验,难道自我忧烦之生命的沉沦倾向性(Verfallensgeneigtheit)在自身中不已经是某种类似于离开自身(Abkehr von sich)的东西了吗? 无论如何,海德格尔在这里都已经说了,实际的生命,作为在世界中生活着的生命,确实不自己制造活动(Bewegung)。只有从"在世界中消散"出发,世界的消散、"此"的发生(Ereignis von"Da")才会变成是可遇见的;当然,要用讲座课程里的话来表达,"返照"(reluzent)到"接近它自身的跌落。通过上升在跌落自身中、在跌落自身的对立方向上实现自身……,这是一种跌落的上升"*。在第 61 卷的第 154 页上如是说。

根据这样的说明,可以更为明确,为什么海德格尔后来会说:"作为存在论差异,存在为了表象的思而出现"。海德格尔在 20 世

---

* 引文中的"接近它自身的跌落"中的"它"应是指"被时间化的可能性"。海德格尔完整的原文为:"否定的堕落特征在于否定正好将实际生命的虚无时间化,作为堕落自身的本真的实际可能性,更确切地说,这种被时间化的可能性在它的时间化中返照到接近它自身的跌落。通过上升在跌落自身中、在跌落自身的对立方向上实现自身,并且穿透跌落的运动状态让跌落持续地与虚无相遇,以及让堕落以如此下落的方式得以形成,这是一种跌落的上升。参见《海德格尔全集》,第 61 卷,第 154 页。——译者

纪30年代已经表明了这样的想法。我们肯定不应重复，但是我们知道他想说的东西：当我们追问存在，并且在关涉到我们对存在的理解时，那么我们必须首先思考有别于存在者的存在。对存在的追问只有在这样的区分中才是可描述的。此后，海德格尔勇于让自己绝然地摆脱他称之为"形而上学语言"的东西，他后来说"存有"（Seyn）的"本有"（Ereignis），并且就此而表明，这不是存在者的存在。当我说到后期海德格尔的某些东西时，我总是强调：对海德格尔来说，转向是一种再次前行。我相信，在此我可以援引阿勒曼尼方言中转向的含义。当攀登到达一定高度的时候，路就转向了。我不清楚，海德格尔实际在多大程度上会优先考虑这种"转向"的含义。但这或许也并非那么重要。人们真的能在自己的思想中找到可行的道路吗？海德格尔似乎正是最后一个始终将他的诸多道路描述为通向同一个目标的道路的人。然而在那些我基于赫尔曼·海德格尔的好意才能读到的笔记中、在《哲学献文》中，人们会看到，海德格尔自己将许多不同类型的结构的类比推理、诠释学循环和循环性的所有形式，与转向这个概念联系在一起。因此我认为，我的根本意图是正确的：即便人们真的转向了，真的处在一种循环中，真的在一个他始终要再次回到自身的圆环中运动着，人们还是在继续运动着。极有可能这种"返回"的意图才是海德格尔从其出发而开始去讲"转向"的真正构想。

但什么是表象的思？思想的东西每次都不同于表象给我们的东西吗？我们可以每一次都把亚里士多德在《政治学》著名文本段落中所讲的、作为语言结果的"显而易见"（deloun）看成不同的东西吗？思想不能直接在当下就近抓住那种忽然在此的在场吗？思想应当是另一种类型的思吗？在上述意义上，我觉得，确实不是。但是可以有另一种思维方式，在其中可以将某种东西作为当下的东西来思考和把握。我认为必须要清楚地说明，所关系到的东西在于一种特定的思维方式，即思考作为存在者的存在者，它已然与那种原初之人实现在场的思维能力和语言能力相关，而事实上海德格尔也是如此来看待希腊的开端。他看到在其中有一种"生产"（ein Her-stellen）。我很晚才领悟这一点。我记得，有一次我反对了海德格尔，就当时具体有限的情况来说，作为语文学家的我并非没有道理。（而且人们也总是这么想的。）我的反对意见是："创制"（Poesis）只有在希腊思想的一个特定情境中通过"自然"（Physis）与"技艺"（techne）的对立才真正显露出来。当时海德格尔对我的回答是："是的，但是是大写的'创制'（die großgeschriebene Poesis）！"如我现在根据他后期的讲座和《哲学献文》更好地理解到的，他要说的是：在思想变得所谓的如水晶般通透的概念语言中，对"生产"的经验都是固化的。属于这种情况的有比如逻各斯，即集合与拢集，或者人们可以在其上铺展东西的奠基（hypokeinemon）。这些基础概念随后在"陈述的逻各斯"（logos apophatikos）中，即在陈述与逻辑中，实现了最大的极致化并且奠定了一种思想观念的完整世界设定，这种世界设定据说成为了西方的历史性命运。①

　　对我来说，认为我们在此发现西方文明的命运道路仿佛是预定好了的，这不是太过分的主张。海德格尔没有以新康德主义的

---

① 雅·泰米诺克斯（J. Taminiaux）在他1986年牛津的报告中对"创制"（Poiesis）做了精彩的分析。

手法用康德或者先验哲学来弥补希腊的开端（如纳托普制造出的先于康德的康德主义者那样），或者没有像黑格尔那样认为要在努斯（Nous）绝对的自身在场中找到完满的希腊精神，我认为，正是因此，海德格尔才真正地从一大群规定和贯穿了人的思想天命的西方思想家当中脱颖而出。海德格尔看到，西方正是通过柏拉图和亚里士多德的古典哲学这一决定性步骤才赢得了它预定的命运，这种预定也迫使基督的福音进入一种经院哲学逻辑的路线。正是概念逻辑的语言造就了西方。今天当世界开始接近一种全球的统一性时，我们看到了——倘若我们能够去看的话，存在经验的另一种视野，以及对这种经验进行阐释的另一种视野、思的另一种视野如何与我们的视野相关联。对此，海德格尔自己在与日本人的对谈中已经注意到了一些东西。人们应当在这个对话中意识到，最初的道路是什么样子的。当青年海德格尔寻找他的道路，从生命出发、在生命中并通过生命来思考存在时，他已经尝试过了许多道路。显然，他当时非常深入地考察了新康德主义。他讲授过关于奥古斯丁的课程，至少还预告过要讲授关于柏拉图的课程，而我自己则体验到了他得到1923年出版的埃克哈特大师的《三部集》时所抱有的那种欣喜。如此看来，柏拉图主义的路线也贯穿着海德格尔最初的道路——一直到他随后选出自己的道路为止，或者更恰当地说，直到他让自己的道路与其他道路分道扬镳为止。他后期的作品表明，莱布尼茨就处在这条道路上，而康德，最终也包括谢林和站在终点的尼采，他们都发挥了决定性的作用。但作为他自己新道路的巨大对立面，黑格尔的思想在当时也从早期海德格尔活跃于其中的新康德主义那里开启了新的复苏。这就导致了，在海德格尔面前，黑格尔的形象构成了将挑战和划界区分集约于一身的一种引人瞩目的形式，这种形象对海德格尔来说一直是当下性的。在早期海德格尔的所有道路中，显然都存在着对神圣者本质的追问。但是这里的本质早就不是在经院哲学概念意义上的本质(essentia)，而是海德格尔在我们的意识中唤醒成为生命的那种意义，因此，本质是超越每一有限当下的"在场"。

就此程度而言，人们可以在海德格尔的发展趋向中，如我认为的那样，来陈述海德格尔一期，即转向之前的海德格尔，随后则必须去看尼采对他有何意义，并且最后必须去看尼采对他意味着什么样的挑战。无疑，那个实现了其彻底要求的尼采不是狄奥尼索斯式和阿波罗式的思想者，而是狄奥尼索斯的思想者，这个思想者在自身中也包含着阿波罗，他在创造与毁灭中运动，直到达到"权力意志"中全部知识的自我消解。但同时，如海德格尔自己说过的那样，他也在存在那里碰到了新的阻碍，由此海德格尔将荷尔德林纳入他的思想，从而跟随某种别样开端之宣言。人们可以最直接地通过研究《哲学献文》了解到这一点。在那里，表达第一个开端和另一个开端是主导性的动机。手稿原本就不是人们以为的那种值得期待的海德格尔的主要作品。它是在特定时刻所构想的先行把握，先行把握他所计划而又从未完成的一生之作，它是宏大的规划提纲，在此提纲中，早期与后期的东西、我们在70年代才得以读到的东西，以及源于海德格尔早期而我们在80年代现在才第一次得以读到的东西，它们第一次和海德格尔自己的已出版的著作共同构成了一个统一性的整体。正是因此，源于1936—1938年的手稿，即使它还完全呈现为草稿状态，已经是弥足珍贵的了。

这种第一次开端和第二次开端是怎么回事呢？我明确记得海德格尔在马堡时是多么爱说"整体的存在者"。类似于"存在论差异"，这是一种几乎弥漫着神秘在场的表达。"整体的存在者"这一措辞在它自身的表达形态中禁止将某种概念性的表述与对存在的追问联系在一起。海德格尔显然想要通过"整体的存在者"这一公式来避免所有关于全体（Totalität）、关于绝对性和关于一种包含普遍的存在概念的思想。在"整体的存在者"的表达中也有"存在于其中"（das In-Sein）的作用，"存在于其中"随后在"在世界中存在"那里才获得了它独具的意义。海德格尔确实是有所考虑而没有遵循德语的通常表达"于世界之上存在"（Auf der Welt sein）。他想强调"存在于其中"、强调"现身"（das Sich-befinden），"现身"同时具有一种不可能性，即不可能将存在的整体作为对象来思考。海德格尔通过这样的表达想要描述的东西显然是第一次开端的惊异，如在希腊思想中所发生的那样。整体的存在者正是表现为如同显现在爱琴海的朝霞中的岛屿的东西，它绝不表现为现象，绝不表现为当下。

同时，另一个开端现在作为一项宏大的任务出现了。这项任务所处的时代是西方道路超越言说的正确性而走向知识和科学的自身确定性、从真理（veritas）走向确定性（certitudo）的时代。海德格尔将近代的思维方式，即从近代起拓展到最近一个世纪的思维方式，命名为"抛弃存在"或"遗忘存在"——一种在思想上对我们时代的技术信号所预示给我们的东西的先行筹划。我们应当如何学会再次去思考我们所遗忘的存在？这确实不意味着有另一种把某物变得让我们不再能把握并且不再能感触的思想。但是我们用于思考的期盼和据之行动的意图确实能够不同于今天主导我们的期待和意图。我们可以怀疑我们是否仅仅能够以占有、把握在其存在中的存在者为目标。除了我们身处其中的过渡，即为另一种思维方式做好准备的任务，海德格尔没有再说过其他任何东西。当然，为了这一点不仅仅是回忆或者是个别人的思想观念，为了它成为所有人的一种现实思维方式，它不会再次通过对在整体中的存在者的一种单纯惊异来发生，而是如他所反对的那样，通过惊吓（Entsetzen）来发生。海德格尔所说的"惊吓"再次具有两重特殊的含义。他的做法是让言语变得具有丰富的意味，以至于这些言语陈述出它们自身和它们的对立面。因此，他在《哲学献文》中不仅仅是在一种我们一般认识的这个词的情绪意义上来使用"惊吓"这个词，而且同时也是在一种军事意义上来使用它，即包围意义上的"解围"，被逼迫者从包围状态中得到解放。让我们被包裹在内的包围状态是制作能力（Machenkönnen）和对这种能力的痴迷。从包围状态中解围据说同时是我们在技术上滥杀无辜所激发的惊吓：受到遗忘存在的惊吓。严肃地说，离开这种窘困（Bedrängnis）而走向解围的第一步，是由被解禁的制作能力来迈出的。

或许，我在海德格尔思想中找到的最直观的东西，是他关于离基（Abgrund）所说的东西。这个词在海德格尔那里有时出现在他的后期文稿中，这是为了更为深入地把握基础（Grund）、离基和根基（Untergrund）的本质。我觉得，离基的本质让自己被描述得太简单了。我有理由再次请求所有打算管理海德格尔遗产的人：人们能够而且应当基于海德格尔的表达来尝试自己去思考，但是人们绝不能利用他的言语，仿佛这些言语是我们早就思考过的。对离基也同样是如此。什么是离基？显然它是某种无法探测到底的东西,或者更恰当地说,是人们能够探测却不能抵达的东西。但是在此有另一种东西:离基是一种基底(根据)。但它是这样的基底(根据):在人们面前,离基始终一再地退缩到仍还有基底(根据)的深处。如果我们更清楚地懂得了离基的内在运动,那么我们就看到了后期海德格尔真正思想天命的呈现。海德格尔始终一再地俯身于离基之上并且试图抓取到根据。在对另一种开端的追寻中,或者我们更恰当地说,在为一种能够具有另一种开端的思想所做的准备中,海德格尔试图走到亚里士多德的形而上学和柏拉图的背后。他相信,在前苏格拉底哲学家最早期的思想中达到了真理的根据、达到了真理的思想。据说通过思考正确性而非真理,柏拉图用理念说来遮蔽了这种根据,这极少能说服我。海德格尔后来自己修正了这一点。他看到,并非首先是柏拉图,而是希腊人对存在自身的原初经验是如此理解自身。在对另一个开端的追寻中,海德格尔试图为另一个开端而依照次序向阿那克西曼德、巴门尼德和赫拉克利特求教,这是为了最后必然承认:这个开端不断地在退缩,正如探测离基时,基础会不断地后退那样。以此,海德格尔的经验是从对第一个开端的回溯出发来观看并由此看到了对另一个开端的追寻,而只有在回溯到第一个开端时,才能实现对另一个开端的追寻。这似乎成为了一种教诲,或者更恰当地说,成为了这里所开启的远景。并不是说人们可以倒退回第一个开端,毋宁说,这种倒退是在另一种开端的追寻和第一开端的追寻之间的传递。最后,正如同西方的时代天命在作为一个唯一的伟大"时代"的中心中会清楚地显现出来,某种东西作为存有(Seyn)的遣送

（Schickung）——关于它，海德格尔在其后期著作中给予了我们一些可猜想的东西——在这样的中心中会变得清晰而可见。

但是在没有强调两件事情之前，我还不想结束。在弗莱堡大学开始它的大学周年庆典时，海德格尔做了一次广受瞩目的关于《同一与差异》的演讲。我记得，当我们在前一天晚上告别时，他对我说："我很想知道明天会发生什么事"。这当然不意味着——海德格尔也确实不是如此——海德格尔相信能够通过他的演讲来达到某种对大众的影响，即那种会打开所谓通向一种改变了的思想的道路的影响。与第一次听演讲的时候相比，我在后来阅读这次演讲的时候，常常问自己，海德格尔真正想说的是什么？我认为的结果是：海德格尔在这次演讲中试图全新地去思考技术的本质。即不仅把技术思考为对存在的遗忘，而且也思考为最后的存在当下。我觉得，这由此可以表明，海德格尔在这里谈到了人和存在之间的相互挑战，他在此看到了本有（Ereignis）并进一步指出："……那么就有一条道路是敞开着的，在这条道路上，人更为原初地经验着存在者、现代技术世界的整体、自然与历史，并且首先更为原初地经验着它们的存在。"* 如果我自己要玩一个文字游戏的话：如果我们将集置（Gestell）放回到它服务于通往敞开的道路的地方，而非放回到它阻碍通往敞开的道路的地方的话。我觉得这

---

* 海德格尔原文为："如果假设我们面对着这样的可能性：集置，即人与存在进入对可计算的事物的计算中的相互挑战，将自身作为本有——这种本有让人和存在出离本己而进入它们的本真当中——传达给我们，那么就有一条道路是敞开着的，在这条道路上，人更为原初地经验着存在者、现代技术世界的整体、自然与历史，并且首先更为原初地经验着它们的存在。"参见《海德格尔全集》，第11卷，第49页。——译者

在技术的真正本质那里是可能的。这似乎是一种思维方式的变化,这种思维方式不再是海德格尔教授的私人设定,而是全球文明在面对它的未来时形成的。对此我不想再具体地多说了。我想说的只有这一点:几个世纪以来,在那种"在世之在"的意义上,我们的知识与能力和我们的实践之间的比例变得越来越失调了,而我们的生存则有赖于我们是否找得到时间和意志,用以减少这种比例失调并且将我们能力的可能性和我们存在的命运有限性重新联系起来。我认为,海德格尔以梅斯基尔希小城之子的眼光看到了这一点,他只是有选择地来了解这个世界,却用一种思想的力量来穿透一切,使得他可以先行地看到那些我们或许是被动承受多于主动体会才慢慢经验到的东西。

最后还要说的话直接关系到社会的任务以及我们的任务。我们应当一再全面地去了解:当海德格尔说到"形式显示"的时候,他在早期工作中就已经表达了某种适用于他的整体思想的东西。这关系到对这一思想的整体事业具有决定性作用的东西。对"看"或者说对明见性及其完满——现象学的工作方式向此为目标前进——的现象学概念的继承在此经历了一次新的转向,即转向进入生存性以及历史性的东西。"显示"这一表达明确地说明关系到的不是概念和概念把握的诉求,也不是胡塞尔意义上的本质普遍性。一种"显示"始终处在显示的范围(Distanz)内,而这再次意味着,另一个得到某物显示的人必须自己去看。在这里,20 世纪 20 年代中奠定的对观念论批判的具体化问题获得了它新的表达。为此海德格尔使用了一个我在开始时还不能很恰当地处理好的词②。他说到了"耗尽和充实"(Auskosten und Erfüllen),并且用"从其中提取出"来解释"耗尽"。我曾试图在开始时从后期述说离基和根据的方式出发,用"探测"来取代"耗尽"。但是这对于这次讲座课程的概念层次来说是错误的。海德格尔为显示的开始特征及显示的实现所参照的语义领域,它显然一方面是"先行鉴赏"和"耗尽",另一方面是"不可取用性"和"取用"。在这两个含义域中,满足与作为形式的虚空相对立。但要点是虚空恰好导向具体。人们在此觉察到海德格尔通过解构概念所丰富的现象学的基本信念:对掩藏者、僵化者、变抽象者的拆解,这是海德格尔诸开端的巨大激情,是与海德格尔后来称为此在的沉沦倾向性的生命"堕落"的对抗。这可用来抵御那种要将某物变成教条的趋势。取代教条,它让人力图自己用语言来把握并表达在指示中展现给人的东西。"形式显示"说明了人们应该观看的方向。人们必须学会说出在此所展现的东西,学会用自己的话来言说。因为只有自己的而非模仿说出的言语才唤醒了直观,直观到人们力图自己说出的东西。不是只有晚年海德格尔,青年海德格尔在此业已敢于向人们提出更高的要求。他在1921年的文本中说的是:"'形式的'给出了被显示者的原始实现的时间化之实行的'开始特征'。"*新近的读者或许会想到有多少听众能明白当时的讲座课程。一个人远观到某物,他就会是如此与语言相纠缠。但是当人们深入到其中,并

---

② 参见《海德格尔全集》,第61卷,第33页。

* 《海德格尔全集》,第61卷,第31页。——译者

且跟随着如下事实的时候,即形式显示所描述的东西自身就是一种形式显示,那么很明显,海德格尔需要考虑的即是:被显示者的充实就是我们每人中任一个的完善化。

(谢晓川 译,张荣 校)

本书论文版源

1. 黑格尔与古代辩证法

   Hegel und die antike Dialektik.

   依据 1940 年圣灵降临节在魏玛的"黑格尔聚会"上的演讲。首次发表于《黑格尔研究》，第 1 卷（1961 年），第 173—199 页。后收录于《黑格尔的辩证法》，蒂宾根，1964 年，第 7—30 页。

2. 颠倒的世界

   Die verkehrte Welt.

   1964 年于鲁尤蒙（法国）的黑格尔会议所作的演讲。首次发表于《黑格尔研究》，附刊第 3 卷（1966 年），第 135—164 页。也见《黑格尔的辩证法》，第 31—48 页。

3. 自我意识的辩证法

   Die Dialektik des Selbstbewußtseins.

   首次发表于汉·弗·富尔达/迪·亨利希（编）：《黑格尔精神现象学资料汇编》，法兰克福，1973 年，第 217—242 页。也见《黑格尔的辩证法》，第 49—61 页。

4. 黑格尔逻辑学的理念

   Die Idee der Hegelschen Logik.

   首次发表于《黑格尔的辩证法》，蒂宾根，1964 年，第 49—

70 页。

5. 黑格尔与海德格尔

Hegel und Heidegger.

首次发表于《黑格尔的辩证法》,蒂宾根,1964 年,第 99—112 页。

6. 现象学运动

Die phänomenologische Bewegung.

前两部分源于具有普及性质的电台演讲,它们被补充到《哲学评论》第 10 卷第 1—45 页的一篇较长的文章中。首次以本书现有形式发表于《短篇著作集》,第 3 卷,第 150—189 页。

7. 生活世界的科学

Die Wissenschaft von der Lebenswelt.

本文源于 1969 年春在滑铁卢(加拿大)的现象学大会上所作的英语演讲。首次发表于《短篇著作集》,第 3 卷,第 190—201 页。

8. 论胡塞尔现象学的现实意义

Zur Aktualität der Husserlschen Phänomenologie.

1973 年于施韦比施哈尔(Schwäbisch Hall)的现象学家大会上所作的演讲。首次发表于赫·列·范·布雷达(编):《真理与验证》,海牙,1974 年,第 210—223 页。

9. 存在主义与生存哲学

Existentialismus und Existenzphilosophie.

首次发表于《新德语期刊》,第 28 卷(1981 年),第 675—688 页。也见《海德格尔的道路》,第 7—17 页。

10. 马丁·海德格尔 75 岁寿辰
Martin Heidegger 75 Jahre.

首次发表于 1964 年《法兰克福汇报》;后收入《新文萃》,第 5 卷(1965 年),第 1—9 页;再版于《短篇著作集》,第 3 卷,第 202—211 页。也见《海德格尔的道路》,第 18—28 页。

11. 马堡神学
Die Marburger Theologie.

首次发表于埃利希·丁克勒(编):《时间与历史——鲁道夫·布尔特曼 80 岁寿辰致谢文集》,蒂宾根,1964 年,第 479—490 页;再版于《短篇著作集》,第 1 卷,第 82—92 页,标题为:"马丁·海德格尔与马堡神学"。也见《海德格尔的道路》,第 29—40 页。

12. 什么是形而上学
Was ist Metaphysik?.

首次发表于马丁·海德格尔:《什么是真理?》(原文为意大利语 *que cos' è la verità*),那不勒斯,1978 年,第 Ⅸ—Ⅻ 页。用德文首次发表于《海德格尔的道路》,第 41—44 页。

13. 康德与诠释学转向
Kant und die hermeneutische Wendung.

首次发表于《康德研究》,第 66 卷(1975 年),第 395—403 页,标题为:"康德与哲学诠释学";再版于《短篇著作集》,第 4 卷,第 196—204 页,标题为:"康德与哲学诠释学"。也见《海德格尔的道路》,第 45—54 页。

14. 思者马丁·海德格尔

   Der Denker Martin Heidegger.

   首次发表于汉斯-格奥尔格·伽达默尔(编):《马丁·海德格尔的问题——海德格尔 80 岁寿辰之际海德格尔研讨会论文集》(海德堡科学院会议论文,哲学-历史学第 4 组,1969 年),海德堡,1969 年。也见《海德格尔的道路》,第 55—60 页。

15. 形而上学的语言

   Die Sprache der Metaphysik.

   首次发表于赫尔曼·布劳恩、曼弗雷德·里德尔(编):《自然与历史——卡尔·洛维特纪念文集》,斯图加特,1968 年,第 123—131 页,标题为:"对'黑格尔和海德格尔'这个课题的评注";再版于《短篇著作集》,第 3 卷,第 212—220 页,标题为:"海德格尔与形而上学的语言"。也见《海德格尔的道路》,第 61—69 页。

16. 柏拉图

   Plato.

   首次发表于乌特·古佐尼等(编):《观念论及其当下——维尔纳·马克思 65 岁寿辰纪念文集》,汉堡,1976 年,第 166—175 页,标题为:"柏拉图和海德格尔"。也见《海德格尔的道路》,第 70—80 页。

17. 艺术作品的真理

   Die Wahrheit des Kunstwerks.

   首次发表于马丁·海德格尔:《艺术作品的起源》,斯图加特,雷克拉姆出版社,1960 年,第 102—125 页,标题为:"导论"。

也见《海德格尔的道路》,第 81—93 页。

18. **马丁·海德格尔 85 岁寿辰**

    Martin Heidegger—85 Jahre.

    首次发表于《法兰克福汇报》,1974 年 9 月 28 日,标题为:"只有同行者才知道:这是一条道路——与马丁·海德格尔相遇";再版于《哲学生涯》,法兰克福,1977 年,第 210—221 页。也见《海德格尔的道路》,第 94—102 页。

19. **转向之路**

    Der Weg in die Kehre.

    1978 年 4 月 19—21 日那不勒斯"海德格尔与技术问题"会议论文,标题为:"海德格尔视角中的主体性和主体间性"。首次发表于《哲学交流》,第 2 卷(1979 年),第 80—91 页,标题为:"海德格尔的道路";后收录于"会议记录",载《隐喻杂志》,第 2 卷(1980 年),第 31—42 页。用德文首次发表于《海德格尔的道路》,第 103—116 页。

20. **希腊人**

    Die Griechen.

    首次发表于《检查》,第 8 卷(1979 年),第 4—33 页,标题为:"海德格尔与希腊人"(德语-意语)。也见《海德格尔的道路》,第 117—129 页。

21. **哲学的历史**

    Die Geschichte der Philosophie.

    首次发表于《一元论者》,第 64 卷(1981 年),第 423—433 页,标题为:"海德格尔与哲学史"(德语-英语)。也见《海德格尔的道路》,第 129—139 页。

22. **宗教维度**

    Die religiöse Dimension.

    首次发表于《哲学文库》,第 34 卷(1981 年),第 271—286 页,标题为:"海德格尔的宗教维度"。也见《海德格尔的道路》,第 140—151 页。

23. **存在,精神,上帝**

    Sein Geist Gott.

    1976 年 12 月 16 日在弗莱堡马丁·海德格尔追思会上的演讲。首次发表于维尔纳·马克思(编):《海德格尔——弗莱堡大学纪念海德格尔演讲文集》,弗莱堡,1977 年,第 43—62 页;再版于《短篇著作集》,第 4 卷,第 74—85 页。也见《海德格尔的道路》,第 152—163 页。

24. **大地上有尺度吗?(维尔纳·马克思)**

    Gibt es auf Erden ein Maß? (W. Marx).

    对维尔纳·马克思同名著作的书评,载《哲学评论》,第 31 卷(1984 年),第 161—177 页。

25. **伦理与伦理学(麦金泰尔及其他人)**

    Ethos und Ethik (McIntyre u. a.).

    上述书评的第二部分(综合报告),载《哲学评论》,第 32 卷(1985 年),第 1—26 页。

26. **论思想之开端**

    Vom Anfang des Denkens.

    1986 年在莱顿海德格尔大会上的演讲。到目前为止尚未发表。

27. 返回开端

Aufdem Rückgang zum Anfang.

首次发表的标题为:"海德格尔回到希腊人",收录于卡·克拉默、汉·弗·富尔达和罗-皮·霍斯特曼(编):《主体性理论——迪·亨利希纪念文集》,法兰克福,1986年。

28. 马丁·海德格尔的这一条道路

Der eine Weg Martin Heideggers.

1986年5月25日海德格尔逝世10周年纪念日在梅斯基尔希海德格尔学会的演讲。作为马丁·海德格尔学会特刊出版,伍珀塔尔,1986年,第7—25页。

名词索引

(索引中页码为原书页码,即本书边码)

A

Abbildtheorie 反映论 118
Abgrund 离基 426
actus 行为,
   signatus-exercitus 意指行为-履行行为 127,200,202,389
Absolutes 绝对。也见 Geist,Wissen 精神、知识 24,67ff.,138,242,253
Achtung 敬重、尊重 339,366
Aletheia(Unverborgenheit,Wahrheit) 阿莱西亚(无蔽,真理) 84ff.,205f.,247f.,289ff.,303,328,386f.
Allgemeine, das 普遍者 6f.,15,33,67,92,409
Analogie 类比 243,299f.,309,322,402
Analytische Philosophie 分析哲学 359,361f.
Andenken 纪念。参见 Denken 思想
Andere, der; Andersheit 他者;他性 52ff.,336u.ö.,357

Anderswerden 变得不同。也见 Bewegung 运动 34,37
Anfang 开端 76f.,94f.,100,224f.,289ff.,294,331,376,393,424,427f.
Angst 畏、惧怕 211,275,285,311,317,324,327,338f.,343
Anschauung 直观 106f.,124,188ff.,220,264,304,311,410
Anwendung 应用。参见 Applicatio 应用
Anerkennung 承认 54ff.,337,339,359
Anwesen(Ousia) 在场(存在、本体、在场)。也见 Wesen,Abwesen 本质、缺场 11,281,322,385
Anzeige, formale 形式显示 316,429f.
Applicatio(Anwendung) 应用 158,179f.
Arbeit 劳动 60ff.
  -materielle 物质劳动 63f.
Arete(Tugend) 卓越(美德) 354
Asien 亚洲 269

Atheismus 无神论 308,317
Atomistik 原子论 31,308f.
Aufhebung 扬弃 92,237
Aufklärung 启蒙 335f.,351f.,358f.,369,379
Ausdruck(Darstellung) 表达 26ff.
Aussagelogik 述谓逻辑,命题逻辑。也见 Logos,Logik 逻各斯、逻辑 168,376,381f.,404,424

B

Befindlichkeit 现身情态、现身 338f.,348,399
Begierde 欲求,欲望 52ff.
Begriff 概念。也见 Wort 语词、词语 8f.,15f.,70f.,81,194,380ff.,388f.,401,404
Begründen, Letztbegründung 论证、奠基;终极论证 169f.,344,357f.,360f.u.ö.
Beschreiben 描述、描写 188,220
Bewegung 运动。也见 Anderswerden 变成不同 10ff.,74ff.,291ff.,312,403
Beweis 证明
-philos. 哲学证明 3ff.,25f.,97
-math. 数学证明 13f.
Bewußtsein 意识 29ff.,219,273f.,323f.,404
-wirkungsgeschichtliches 效果历史意识 346f.
-sleben 意识生命 133
Böse, das 恶 366f.

C

Chorismus 分离,分离说 210,243ff.
Christentum 基督教 34,88,92,94,176,204f.,308ff.,313,316,335f.,352f.,360,371,390,392,399,419

D

Da 此 192f.u.ö.,325f.u.ö.,422
Darstellung 表达;也见 Ausdruck
Definition(Horismos) 定义 21,381,383,409,414
Denken 思想
-Andenken 纪念 105,200,343
-neues 新的思想 343ff.,347f.,368f.,427
-reines 纯粹的思想 69
-kalkulierendes 计算的思想 184.280ff.,318,344,369
Destruktion 解构 299,382f.,401,429
Dialektik 辩证法 3ff.,91,96,139ff.,145,177,230ff.,290,371,388,412
-phänomenologische 现象学的辩证法 72ff.
-platonische 柏拉图的辩证法 4f.,11,17,22,68f.
-postive 肯定辩证法 91
-objektive 客观辩证法、客体性的辩证法 6f.
Dichtung 诗 261,283f.,383f.
Differenz, ontologische 存在论差异 121,140,370f.,422f.
Dihairesis(divisio) 区分、分类、二分法 413

Ding 物 31ff.,58f.,106,254f., 280ff.,329
Duell 对决 56
Dynamis(Möglichkeit) 潜能(可能性) 11,291

E

Ego 自我。参见 Ich 我
Ehre 荣誉 56
Eidos 艾多斯、观念形式、理型、理念。也见 Idee 观念 33f., 37ff.,291,391,402,411
Eigentlichkeit 本真性,独特性 204f.,276ff.,368
Einbildungskraft 想象力 220
Einströmen 涌现 167
Eleatische Philosophie 埃利亚哲学 16
Elektrizität 电 36ff.
Endlichkeit 有限性 82,96,109, 133,140,143,192,369,392,403
Energeia(Verwirklichung) 实现 11,24,353,403
Entfremdung 异化 92f.
Entsetzen 惊吓、解围 427
Epoche 时代 119,153f.,162,164
Erde 大地 252f.,327f.
Ereignis 本有。也见 Da,Lichtung 此,澄明 305,326f.,349
Erfahrung 经验 381
Erinnerung 回忆 201,413
Erkenntnistheorie 认识论 106,315
Erklären 说明 37
Erscheinung 现象,显现 34,426
Ethik(Ethos) 伦理(伦理学、习惯、伦理习惯) 184,198,333ff., 350ff.,361f.,364
Etymologie 词源学 385
Eudämonismus 幸福论 385
Evidenz 明见性 124,149,273
Existentialismus 存在主义 175
Existenz 存在、生存、生存性、实存、人 111,175ff.,176,242, 278,324f.

F

Faktizität 实际性 109,139,192, 218f.,306,312,324,421f.
Form,Formieren 形式、形式化 60ff.,71
-formal 形式的 83
-F. kontinuität 形式的连续性 137
Freiheit 自由 61ff.,176,336f.
Fundierung 奠基。也见 Begründung 论证 169

G

Ganze,das 全体、整体 96
Gattung 类、属 38,50ff.
Gegend,Ort 地带,地点 340u.ö.
Gehäuse 壳子,房子 183
Geist 精神 7,10f.,30,51,67,168, 254,320—331 pass.,404
Genie 天才 205,253
Geschichte,Geschichtlichkeit 历史,历史性 95,139,151f.,216ff., 241,274,294f.,338,355,419f.
Geschichtliches Bewußtsein 历史意识 90f.,109,220ff.,297,315
Geschick,Geschicklichkeit 天命,

天命特性。也见 Geschichte 历史 95,347,388
Geschmack 趣味、鉴赏、品味 253f.
Gesetz,Naturgesetz 法则、自然法则 35,40f.
Gestalt 形态。参见 Morphe 形式、形态
Gestell 集置 378f.,428f.
Gesundheit 健康 357
Gewißheit 确定性 39f.,419
Gleichnamig(homonym) 同名的（同质的） 38,50
Gott 神、上帝 176,184,189,285,308,318f.,321ff.,331,337,368,408,425f.
Grammatik 语法 81
Grenzsituation 临界情境界限处境 111,178
Griechisch 希腊语的、希腊人的 3ff.,93ff.,378ff.u.ö.
Grund 根据基础 211
Gruß 致敬 55f.
Guten,Idee des 善的理念、善的观念 243ff.,299,312,322,353,399,409

H

Herr,Herrschaft 主,统治 57ff.
Hermeneutik 诠释学 169,206ff.u.ö.,217ff.,251f.,266,286f.,357,421f.
Hermeneutische Phänomenologie 诠释学现象学 324
-Situation 诠释学情境 396
Historismus 历史主义 225f.

Historisch 历史的、历史学的。参见 Geschichtlich 历史、历史性的
Hören 听 327
Homonym 同质的,参见 Gleichnamig 同名的
Horismos 定义。参见 Definition 定义
Horizont 视域 126ff.,287
-Intentionalität 视域意向性 12,152f.
Hypokeimonon 奠基(基质、基体)。也见 Subjekt 主体 13f.,382
Hyle(Materie) 质料、质素 294

I

Ich(Ego) 我（自我） 49,51,67,124ff.,137f.,155,166ff.,216,299,309,315,317
Idealismus 观念论、唯心论、理想主义 46,48ff.,116f.,119,217
Idee(n) （诸）观念、(诸)理念。也见 Gute, das 善 21,37,68ff.,406ff.
Identität 同一性 70,72
Identitätsphilosophie 同一性哲学 120,139
In-sein 在之中、存在于其中 426
-sich sein 在自身中存在 341f.,368
Inspirationstheorie 灵感理论 207
Intellectus 理智
-agens 主动理智 67,100,137
-infinitus 无限理智 69
Intentionalität 意向性 12,117ff.,

201
-anonyme 匿名的意向性 12,126
Interpretation 诠释。也见 Verstehen 理解 206ff.,376
Intersubjektivität 主体间性 119,126,133,137,151,154,163,184,274ff.
Iteration 叠加、重述、迭代 137

J

Jenseits 彼岸 34,37
Jurisprudenz 法理学 207

K

Kategorie 范畴 70
Kehre 转向 183,190f.,267,271—284f.,287,309,337u.ö.,347,422f.
Konstitution 构造、结构 116,119f.,125,135,139,241ff.,273f.
-Selbstk. 自身构造、结构 137,140,149
Kontinuität 连续、连续性 12
Können 能力。参见 Arbeit 劳动、工作
Korrelation 关联、相关 117,149
Kraft 力、力量 31ff.
Kreation 创造 135ff.
Krisis 危机 128f.
Kritik 批判 187f.
Kulturkrise 文化危机 177f.
Kunst,-werk 艺术、艺术作品 205,249—261,327ff.,369

L

Leben,Lebendiges 生命、生活、活生生的 24,37,45,50ff.,217,422ff.
Lebenswelt 生活世界 119f.,123f.,127,131f.u.ö.,147—159,160—163
Letztbegründung 终极论证。也见 Begründen 论证 149,158,162,274,363
Lichtung 澄明、开显、林中空地 192,200,258f.,275,296,305,309,368
Liebe 爱 337f.
Logozentrismus 逻各斯中心论、逻辑中心主义 370
Logos,Logik das Logische 逻各斯、逻辑、逻辑学、逻辑、逻辑的东西 7ff.,20f.,65ff. pass.,80,86,97,210f.,264,273,290,305,376,391ff.

M

Mathematische Erkenntnis 数学知识 13,22,409ff.,414f.
Meinen 意谓 34,76f.
Metabole(Umschalg) 突变 292f.
Metaphysik 形而上学 87,140,169,182,195,209ff.,264
-Ende,Überwindung d. 形而上学的终点、形而上学的克服 87ff.
-endliche M. 有限的形而上学 324
Methode 方法 3ff.,379,381,419
Mitleid 同情 337
Möglichkeit 可能性。参见 Dynamis 潜能
Moralismus,Moralist 道德主义、

道德主义者 292f.
Morphe(Gestalt) 形式、形态(形态) 293f.
Mythos 神话
　Pseudo-M. 伪神话、伪托的神话 377

N

Narrative(Geschichten) 叙事(故事) 354f.
Natur 自然 37,254
Neukantianismus 新康德主义 124,213ff.,249f.,255,396,419
Neuplatonismus 新柏拉图主义，参见 Platonismus 柏拉图主义
Nicht 不、非 246f.,411
Nichts 无、虚无 195,209ff.,231f.,337,376
Norm 规范、法则 360f.
Notwendigkeit 必然性、必要性 95
Nous 努斯。也见 Geist 精神 11,23ff.,33,67,100,137,404

O

Objektivismus 客观主义 129ff.,149,155ff.,198f.
Offene, das; Offenheit 敞开物、敞开状态 340ff.,346
Ontologie 存在论、本体论 121,162ff.
-der Lebenswelt 生活世界的存在论 148
-Theologie 存在论神学。也见 Metaphysik 形而上学 305ff.

Orthotes(Richtigkeit) 正统(正确) 243,302,407,428
Ousia 本体、存在、在场、在场状态。参见 Anwesen 在场

P

Parousia 再次降临 386
Person 人格 61,339
Pflicht 义务 360ff.
Phänomenologie 现象学 105ff.,128,214ff.
Phronesis 实践智慧 198ff.,239ff.,250f.,271ff.,286f.,299,312,353f.,400
Physis 自然、物理界 239,291f.,295,403f.
Plastik 雕塑 397
Platonismus 柏拉图主义 406
　Neup. 新柏拉图主义 234,244,302,425
Poiesis 创制 353,424
Positivismus 实证主义 118
Pragmatismus 实用主义 113,214
Präsenz-Absenz 在场-缺场 318
Praktische Philosophie 实践哲学，参见 Ethik 伦理学
Praktische Vernunft 实践理性 399
Praxis 实践 157ff.,165,171,336,353,364f.
Problemgeschichte 问题史 285,298
Prohairesis 抉择、选择 354
Pseudos 伪、伪托 245ff.
Psychologie, phänomenologische 现象学心理学 166f.,397f.,429

Q

Querelle des anciens et des modernes 古今之争 5ff.,12,28,51

R

Räsonnement 推理、推理思考 14
Realismus 实在论 115,117ff.,138,315,317
Rede 言谈 390,402
Reduktion, transzendentale 还原、先验还原 118ff.,124ff.,130ff.,147ff.,216,274
Reflexion 反思。也见 Selbstbezüglichkeit 自我相关性、自身相关性 19,84ff.,121,200f.,221
-äußere 外在反思 138f.
-sbegriffe 反思概念 70f.,81,370
-in sich 自身反思 15,24,39,120
Rehetorik 修辞学 377,399f.
Relativität, Relativismus 相对性、相对论 358f.
res 物。参见 Ding 物
Richtigkeit 正确、正确性, 参见 Orthotes 正统

S

Sage 道说 100,342,374
Sache(n) (诸)事、事物、实事、实质 8,21,117ff.
Satire 讽刺 41f.
Schein 显相、假象、相 34f.,247f.,410ff.
Selbstbewußtsein 自我意识/自身意识 29ff.,45ff.,49,84f.,203ff.,216ff.,346
Selbstbezüglichkeit 自我相关性/自身相关性 23ff.,158,163ff.
Selbst, das Selbe 自我、自身、同一 15f.,30,45,236
Sein 存在 24,127,190ff.,386,405f.
-sheteronomie 存在的他律 120f.
-des im Ganzen 整体的存在 426
-sgeschichte 存在的历史 230ff. u.ö.,346
-svergessenheit 存在的遗忘 93f.,97f.,139ff.,182ff.,210ff.,240ff.,250ff.,281,331,371f.
Selbstverständnis 自我理解、自身理解 131,203ff.
Sinn 意义、含义 218
Solidarität 团结 339
Sorge 操心、烦、关切 317
Spekulation, sp. Satz 思辨、思辨的命题 6,14f.,21,44,83,97
Sprache 语言 80ff.,141ff.,197ff.,203,205,208,226ff.,261,330,342 u.ö.,372,380ff.
-als Auslegungsganzes 作为阐释整体的语言 146
-logischer Instinkt d. 语言的逻辑本能 25ff.,80f.,98ff.
-S. kritik 语言批判 144ff.
-S. not 语言困境 194ff.,281ff.,307,369,371ff.,382,391
-S. der Metaphysik 形而上学的语言 235ff.,325f.,370f.
-transzendentale 先验论的语言、

超越论的语言 135f.
-Virtualität der 语言的内涵 100
Sprung 跳跃 347f.,384f.
Sterblichen,die 有死者、赴死者 338u.ö.,342ff.
Strafe 刑罚、责罚 42f.,92f.
Subjekt,Subjektivität 主体,主体性、主观性 305,337,382f.,392,398,402,404
Substanz 实体 39
Syneches 连续、连贯。参见 Kontinuität
Synesis 理解、觉察,参见 Verständnis

T

Techne 技术、技艺 199,353,363
Technik,Technisierung 技术,技术化 188,194,196,285,302,330,346,368,372f.,378ff.,384,417,428f.
Teleologie 目的论 353
Terminologie 术语 401
Theologie 神学 197—208,308ff.,315f.
Theoria 认识、理论 379,409
Tod 死亡 57f.,60f.,178,182,189,276ff.,286,337ff.,392
Transzendental 先验论的、超越论的 119ff.,124ff.,164,279,311
Tugend 美德,参见 Arete 卓越

U

Übersetzen 翻译 208,284
Überwindung d. Metaph. 克服形而上学 211,225,305
Unendlichkeit 无限、无限性 49,55f.,221
Unterscheiden 区分 18f.,412
Unterschied,innerer 内在的差异 49
Unverborgenheit 无蔽。也见 Aletheia 阿莱西亚 203ff.,224f.,312,388f.,407
Urliteratur 原始文献 207
Ursache 原因 204
Ur-Ich 原初的我、原始的我 138
Urteil 判断。也见 Aussage 陈述 13,20,168,273,312,325,328
Urwandel 原初变化、原始变化 137

V

Verantwortungsethik 责任伦理 179,344
Verkehrung,Verkehrt,Umkehrung 颠倒、颠倒的、倒转 29ff.,39f.,41f.,175
Vernunft 理性 48,62f.,67,92f.,175,336ff.,359f.,365f.,399,401
Verschattung 蒙蔽 139
Verstand 知性 19,32f.
Verstehen 理解。也见 Interpretation 解释、诠释 206ff.
Vorhandenheit 现成在手 279,385f.
Vorstellen 表象、构想、设想 344

W

Wahl 选择 250
Wahrheit 真理、真相、真。也见 Aletheia 阿莱西亚 193,205,225ff.,257ff.,322f.,341
Wahrnehmung 感知,知觉 73,

名词索引　659

106f.,113,139f.,148,215f.,272
Welt　世界。也见 Lebenswelt　生活世界　40f.,252f.,256,327
-anschauung　世界观　178
-glaube,-horizont　世界信念,世界视域　152f.
Werden　变化、生成　76ff.
Werk　作品、成就、工作　256,329
Wert　价值　198,350,352
Wesen,-sschau,-serkenntnis　本质/本现,本质直观,本质认识　106f.,109,139,233ff.,371
Wille　意志、意愿　260,366,372
Wissen, absolutes　绝对知识。参见 Geist　精神
Wissenschaft, Faktum d.　科学事实　68,149,320,351,363,379f.,394ff.,408,414ff.,426f.
Wohnen　居住　344,348,368

Wort(也见 Sprache) u. Begriff　语词、词语和概念　81,193,373f.,382f.,390,402

Z

Zahl　数　409ff.
Zeichen　符号　390
Zeit, Zeitlichkeit　时间,时间性　137,139ff.,149,251,274,310,313f.,322ff.,338f.,403,407,421
-bewußtsein　时间意识　201,216f.,232ff.,241,273,311,421
-losigkeit　无时间性　251f.
Zirkel　循环　424
Zweck　目的　360
Zweideutigkeit　歧义,二义性　88,93,138,170,197,386
Zweifel　怀疑　419

人名索引

(索引中页码为原书页码,即本书边码)

A

Adorno　阿多诺　96,120,263,366
Aischylos　埃斯库罗斯　344
Anaximander　阿那克西曼德　95,238,242,263,283,288f.,369
Anaximenes　阿那克西美尼　413f.
Arendt,H.　汉娜·阿伦特　333,369
Apel,K.-O.　卡尔-奥托·阿佩尔　363
Aristophanes　阿里斯托芬　266
Aristoteles　亚里士多德　4ff.,11f.,22ff.,37ff.,45,53,94,97,158,194,199,211,239 passim,311ff.,349,352ff.,362ff.,380,383 passim,398 passim
Augustin　奥古斯丁　94,199,263,311,313,380
Austen,J.　简·奥斯汀　355
Austin　奥斯汀　80
Avenarius,R.　理查德·阿芬那留斯　118

B

Barth,K.　卡尔·巴特　111,180,262,314
Bauer,B.　布鲁诺·鲍威尔　176
Baumgarten,A.　亚历山大·鲍姆嘉通　253
Beaufret,J.　让·博弗雷　335,367
Becker,O.　奥斯卡·贝克尔　115,128,145,161,207,216,232,252,275,309,324
Bergson　柏格森　180,249,314,422
Berkeley　贝克莱　135,315
Biel,G.　加布里埃尔·比尔　94,199,263,313
Birault,H.　昂立·毕洛　333
Bloch　布洛赫　65
Böhm,R.　鲁道夫·波姆　136
Böhme,J.　雅各布·波墨　99,383
Bolland　博兰德　65,129
Bradley　布拉德利　65
Breda van　范·布雷达　117,138
Brentano,F.　弗朗茨·布伦塔诺　117,127,145,201,239,275,

309,403
Bröcker,W. 瓦尔特·布勒克 11,309,375,404
Buber,M. 马丁·布伯 314,324

C

Cajetan 卡耶坦 309
Camus,A. 阿尔伯特·加缪 114,175,285
Carnap,R. 鲁道夫·卡尔纳普 209,376
Cassirer,E. 恩斯特·卡西尔 65,198
Celan,P. 保罗·策兰 269f.,283,375
Cicero,M.T. 马库斯·图留斯·西塞罗 194,385
Cohen,H. 赫尔曼·柯亨 8,12,199,265,285,395,408
Conrad-Martius,H. 海德薇·康拉德–马蒂乌斯 121f.
Croce,B. 贝奈戴托·克罗齐 65

D

Demokrit 德谟克利特 380
Derrida,J. 雅克·德里达 333,370
Descartes,R. 勒内·笛卡尔 5,124f.,126f.,130,149f.,153,199,271,379
Diels,H. 赫尔曼·第尔斯 16
Dilthey,W. 威廉·狄尔泰 7,12,91,129,180,214f.,219,222,241,249,285,297f.,314,339,420f.

Dostojewski,F.M. 陀思妥耶夫斯基 113,180,189

E

Ebbinghaus,J. 尤里乌斯·艾宾浩斯 65,309
Ebner,F. 弗里德里希·埃布纳 314
Meister Eckhart 埃克哈特大师 94,99,195,299,383,406f.,425
Einstein,A. 阿尔伯特·爱因斯坦 212,313
Engberg-Pedersen,T. 特罗伊斯·恩贝格–佩德森 361f.
Ernst,P. 保罗·恩斯特 249
Euklid 欧几里得 4

F

Feuerbach,L. 路德维希·费尔巴哈 89,176
Fichte,J.H. 费希特 3,7,29,47f.,66f.,90,130,164,203,213ff.,324
Fink,E. 欧根·芬克 129,134f.,136,140,161
Foot,Ph. 菲利帕·福特 359
Frege,G. 哥特莱布·弗雷格 117,143
Freud,S. 西格蒙德·弗洛伊德 184

G

Galilei 伽利略 36,153ff.,379,395
Geiger,M. 莫里茨·盖格尔 117,263

George, St. 斯特凡·格奥尔格 108, 184, 193, 263
Gierke von, O. 奥托·冯·基尔克 108
Gogh van 梵高 112, 180, 189
Groeber 格勒贝尔 308f.
Günther, F. G. 汉斯·理查德·格哈德·京特 204
Gundolf, F. 弗里德里希·贡多尔夫 105
Gurwitsch, A. 阿隆·古尔维奇 123

H

Habermas, J. 于尔根·哈贝马斯 359f., 363
Hadot, P. 皮埃尔·阿多 368
Haecker, Th. 特奥多尔·海克尔 314
Hamann, J. G. 约翰·格奥尔格·哈曼 203f.
Hare 黑尔 359
Harnack von A. 阿道夫·冯·哈纳克 313
Hartmann, N. 尼古拉·哈特曼 7, 65, 116f., 197f., 245, 255, 265, 285, 419
Hegel 黑格尔 3—101 pass., 165—176, 182, 195, 213, 230ff., 235, 268, 271, 285, 297, 304ff., 320ff., 333, 349, 352, 369ff., 388, 417
Heidegger 海德格尔 9, 65, 83ff., 87ff., 108, 110, 112f., 130, 161, 168f., 175, 178ff., 217. passim
Heisenberg, W. 维尔纳·海森堡 262
Hellingrath, N. v. 诺伯特·冯·黑林格拉特 191
Heraklit 赫拉克利特 25, 90, 97, 100, 238, 242, 303, 391
Hensel, P. 保罗·亨泽尔 65
Heyder 海德尔 18
Hölderlin 荷尔德林 28, 79, 90, 100, 184, 191, 267f., 285, 288, 307, 317, 417, 426
Hohl, H. 胡伯特·霍尔 137
Humbolt, W. 威廉·洪堡 386
Hume, D. 大卫·休谟 118, 126, 130, 155, 271
Husserl 胡塞尔 12, 89, 105—160 pass., 178, 215ff., 232ff., 241, 264, 271ff., 298ff., 309ff., 397, 402, 406
Huygens 惠更斯 379
Hyppolite, J. 让·伊波利特 138

I

Ilting, K. H. 卡尔-海因茨·伊尔廷 362f.
Ingarden, R. 罗曼·英伽登 117, 121ff., 136, 142, 165

J

Jacobi, Fr. 弗里德里希·雅可比 4, 203
James, W. 威廉·詹姆斯 118, 142f.
Janicaud, D. 多米尼克·亚尼库 333, 370—373
Jonas, H. 汉斯·约纳斯 369

K

Kant　康德　3f., 29f., 45, 47, 92, 124ff., 130, 155, 181f., 195, 213—221, 253, 313, 336f., 339, 349, 351f., 357ff., 364ff.

Kantorowicz, E.　恩斯特·康特洛维茨　105

Kapp, E.　恩斯特·卡普　25

Kelkel, A.　阿里翁·柯尔克　333, 373f.

Kern, W.　瓦尔特·克恩　24

Kierkegaard S.　克尔凯郭尔　89, 110f., 112, 176, 217f., 242, 249, 310, 314, 316, 352, 389, 399, 419

Kirchhoff, G. R.　古斯塔夫·罗伯特·基尔霍夫　49

Kojève, A.　亚历山大·科耶夫　54, 57f., 65

Krämer, H.-J.　汉斯-约阿希姆·克雷默　363—366

Kraus, O.　奥斯卡·克劳斯　117

Kroner, R.　理查德·克罗纳　65

Krüger, G.　格哈德·克吕格　220, 230, 357, 365, 422

L

Landgrebe, L.　路德维希·兰德格雷贝　123, 129, 135f., 139, 148, 161

Lask, E.　埃米尔·拉斯克　180, 314

Lehmann, K.　卡尔·莱曼　310

Leibniz　莱布尼茨　39, 97, 182, 195, 211, 271, 303, 347, 395, 425

Levi-Brühl　列维-布吕尔　132

Liede, A.　阿尔弗雷德·里德　42

Linke, P. F.　保罗·费迪南德·林克　117

Linschoten, J.　约翰尼斯·林斯霍腾　142

Lipps, H.　汉斯·利普斯　80, 142

Litt, Th.　特奥多尔·利特　204

Löwith, K.　卡尔·洛维特　309f., 315

Lübbe, H.　赫尔曼·吕贝　118, 142

Lukács, G.　格奥尔格·卢卡奇　65, 263

Luther, M.　马丁·路德　27, 94, 199, 310, 313, 388

M

Mach, E.　恩斯特·马赫　118, 214

Mandonnte, P.　皮埃尔·芒多内　407

Marcel, G.　加布里埃尔·马塞尔　175

Marcuse, H.　赫伯特·马尔库塞　218

Marx, K.　卡尔·马克思　5, 7, 63f., 89, 93, 176, 184, 213, 258, 356

Marx, W.　维尔纳·马克思　334—339

Meinong von, A.　亚历克修斯·冯·麦农　117

Mendelssohn, M.　摩西·门德尔松　213

Merlan, Ph.　菲利普·默兰　120

Metzke, E.　埃尔文·梅茨克　204

Montaigne　蒙田　112

N

Natorp, P. 保罗·纳托普 36f., 133, 214f., 217, 263, 285f., 313, 395, 419, 422

Newton, I. 伊萨克·牛顿 36, 45, 213

Nietzsche, F. 弗里德里希·尼采 34, 58, 94, 112ff., 176, 180, 184, 217, 249, 267f., 271, 285, 288, 308, 310, 317f., 344, 356, 368, 372, 389, 422, 425f.

O

Ortega y Gasset 奥尔特加·伊·加塞特 268

Otto, R. 鲁道夫·奥托 197

Overbeck, F. 弗朗茨·奥弗贝克 180, 197, 207, 314f.

P

Paci, E. 恩佐·帕西 166

Parmenides 巴门尼德 208, 238, 242, 289, 292, 303

Patzig, G. 京特·帕齐希 25, 350

Pascal, B. 布莱兹·帕斯卡尔 112

Paulus 圣保罗 263, 310, 313

Petrus Lombardus 彼得·隆巴德 263, 310, 313

Pfänder, A. 亚历山大·普凡德尔 107, 115, 118, 315

Plato 柏拉图 6, 17ff., 22, 27, 33f., 37f., 68, 199, 210, 395ff., 404f.

Planck, M. 马克思·普朗克 262

Pleines, J.-E. 于尔根-埃克哈特·普莱内斯 362

Plotin 普罗提诺 410

Pöggeler, O. 奥托·珀格勒 310, 375

Popitz, H. 海因里希·波皮兹 61

Pythagoras 毕达哥拉斯 206f., 409f.

R

Rawls, J. 约翰·罗尔斯 355, 359

Reinach, A. 阿道夫·莱纳赫 107, 118

Reinhold 赖因霍尔德 3

Richardson, P. 理查德森 367, 422

Rickert, H. 海因里希·李凯尔特 180, 214, 217, 309

Rilke, R. M. 赖纳·玛利亚·里尔克 184, 260, 283, 285, 318, 329

Rombach, H. 海因里希·罗姆巴赫 333

Rosenkranz 罗森克兰茨 8, 42

Rothe 罗特 422

Rousseau, J.-J. 让-雅克·卢梭 326, 366

Rousset 卢塞特 42

Russell, B. 伯特兰·罗素 143

S

Sartre, J.-P. 让-保罗·萨特 99, 175, 308, 324, 369

Scheler, M. 马克斯·舍勒 107, 109, 117f., 141, 147, 164f., 168f.,

192f.,198,219,339,360
Schelling 谢林 3,48,90,97,164,176,266,304f.,306,327,336f.,370,425
Schiller 席勒 93,254,274
Schleiermacher,F.D. 弗里德里希·施莱尔马赫 3,208,297
Schopenhauer,A. 阿图尔·叔本华 95,112,143
Schrempf,C. 克里斯多夫·施伦普夫 176,218
Schürmann,R. 赖纳·许尔曼 333,367—369
Schütz,A. 阿尔弗雷德·舒茨 133
Schulz,W. 瓦尔特·舒尔茨 164,337,370
Seebohm,Th. 托马斯·泽博姆 138
Sheehan,Th. 托马斯·舍汉 310f.,375
Simmel,G. 格奥尔格·齐美尔 180,249,314
Simplicius 辛普里丘 16
Sinclair 辛克莱尔 29
Snell,B. 布鲁诺·斯内尔 25
Sokolowski,R. 罗伯特·索科洛夫斯基 333
Sokrates 苏格拉底 20,27,266,289,342,353f.,358,392,413f.
Solmsen,F. 弗里德里希·索尔姆森 5
Spengler,O. 奥斯瓦尔德·斯宾格勒 181
Spiegelberg,H. 赫伯特·施皮格伯格 115f.,129

Spinoza 斯宾诺莎 27
Stenzel,J. 尤里乌斯·斯坦策尔 38,245
Sternberger,D. 多尔夫·斯特恩贝格尔 267
Strauss,D.F. 大卫·弗里德里希·施特劳斯 176
Stumpf,M. M.斯通普夫 118
Suarez 苏亚雷斯 309

T

Theunissen,M. 米夏埃尔·托伊尼森 133
Thomas von Aquin 托马斯·阿奎那 182
Thukydides 修昔底德 355
Thurneysen 图尔奈森 197,200
Trakl,G. 格奥尔格·特拉克尔 184,268
Trendelenburg 特伦德伦堡 7,12,285
Tschirch 奇尔希 203f.
Tugendhat,E. 恩斯特·图根德哈特 350,356ff.,375

U

Ubbelohde,O. 奥托·乌贝洛德 265
Unamuno 乌纳穆诺 314

V

Vattimo,J. 基阿尼·瓦蒂莫 333
Volkmann-Schluck,K.-H. 卡尔-海因兹·福尔克曼-施卢赫 136

W

Wahl, J.　让·瓦尔　134
Weber, M.　马克斯·韦伯　111, 179, 351
Weierstrass　维尔斯特拉斯　397
Weiss, H.　海伦妮·魏斯　375
Whitehead, A. N.　阿尔弗雷德·诺斯·怀特海　303
Wiehl, R.　赖纳·维尔　29f., 34f., 356
Wieland, W.　沃尔夫冈·维兰德　25
Wildt, A.　安德雷亚斯·维尔特　359
Windelband, W.　威廉·文德尔班　65, 214
Winnicott　温尼科特　359
Wittgenstein, L.　路德维希·维特根斯坦　142ff.
Wolf, U.　乌尔苏拉·沃尔夫　359

Z

Zeller, E.　爱德华·策勒　285
Zeno　芝诺　10, 13, 16f., 22
Zuckmayer　楚克迈尔　173

文献索引

Aristoteles 亚里士多德

De anima 《论灵魂》 Ⅲ 4;6;10 S. 24f.,127,262

Cat. 《范畴篇》 Kap. 2 S. 39

Ethica Nicomachea 《尼各马可伦理学》 Ⅵ,1 S. 362；Ⅵ,6 S. 239,399

Metaphysica 《形而上学》 Ⅰ,6 S. 249；Ⅳ S. 18；Ⅸ,10 S. 248,289,303；Ⅺ,4 S. 3；Ⅻ,7ff. S. 22f.,127,404；ⅩⅢ,4 S. 243

Physica 《物理学》 Ⅱ S. 239

Politica 《政治学》 A 2 S. 345,390

Topica 《论题篇》 139b 32ff. S. 144

Heidegger 海德格尔

Aristoteles-Studien 《亚里士多德研究》 286f.

Ding-Aufsatz 论物的论文 283f.

Feldweg 《田间路》 340f.

Gelassenheit 《泰然任之》 340f.

Heraklit 《赫拉克利特》 290

Holzwege 《林中路》 267,280,305

Humanismusbrief 《关于人道主义的书信》 141,184,191,302,367

Kant-Buch 康德书 216ff.,279,304,324

Logik-Vorlesung 逻辑学讲座课程 286

Nietzsche 《尼采》 190,306,408

Parmenides 《巴门尼德》 290

Mein Weg in die Phänomenologie 《我的现象学之路》 242

Zur Sache des Denkens 《面向思的事情》 243,290

Sein und Zeit 《存在与时间》 191,277,303

Vorlesung von 1923 1923年讲座课程 288

Zeit und Sein 《时间与存在》 277

Husserl 胡塞尔

Cartesianische Meditationen 《笛卡尔沉思》 128,134

Erfahrung und Urteil 《经验与判断》 139

Ideen Ⅰ 《观念Ⅰ》 125,131,149ff.

Ideen Ⅱ 《观念Ⅱ》 127

Krisis-Abhandlung 《危机》

123f.,128f.,132ff.,273
Philosophie als str. Wissenschaft
《作为严格科学的哲学》 129

Plato　柏拉图

Ⅶ. Brief　《第七封信》　20,410ff.
Hippias　《大希庇亚篇》　411
Menon　《美诺篇》　70
Nomoi　《法律篇》　11
Parmenides　《巴门尼德篇》
　　11ff.,17,21,25,69,75,79,
　　222,230ff.,238f.,291,358,
　　380,404ff.,410ff.
Phaidon　《斐多篇》　353,411
Phaidros　《斐德罗篇》　399,409,413
Philebos　《斐莱布篇》　21,76
Politeia　《理想国》　Ⅱ S.355
Politikos　《政治家篇》　344
Sophistes　《智者篇》　18ff.,24,
　　70,80,404ff.,414
Theaitetos　《泰阿泰德篇》　145
Timaios　《蒂迈欧篇》　70

译者后记

三十年前,我在山东大学读研时就认识了洪汉鼎老师,那时他和德国杜塞尔多夫大学的盖尔德塞策(Geldsetzer)教授给我们上诠释学的课。三十年,弹指一挥间。大前年,治国告诉我,洪老师想以山东大学解释学中心教授名义申报国家重大招标课题"伽达默尔著作汉译与研究",并且告诉我,洪老师想邀请我参与该项目组,并让我负责《伽达默尔著作集》第3卷的翻译。说真的,当时我并不像后来那样诚惶诚恐,反倒非常高兴,我可以为母校和母系做点事,为洪老师申报课题出份力,当然觉得光荣和自豪了。

然而,当后来真的承担本卷的翻译工作之后,才发现这是一项异常艰巨的任务。尤其是因为我自己要忙手头的课题,洪老师又有严格的时限,我顿感压力颇大。经过认真考虑之后,我准备带几个博士生翻译。当初,第3卷28篇文章中,7篇已经由洪老师和别人翻译过了。其余21篇,我计划和张柯、姜勇君、居俊共同完成。后来,张柯要去耶拿大学访问学习,他同时还承担《海德格尔全集》的翻译任务,姜勇君和居俊也刚刚入职,大家工作非常繁忙,难以保证全身心投入,于是我又邀请了贺念、谢晓川两位留德博士加盟。再后来,我的另外两位学生王咏诗、李成龙也主动请缨加入翻译队伍。这样,前后就有八人参加,还不算刘逸峰同学此前参与

第 8 篇的初译。

为什么第 3 卷会有这么多人参加？除了大家真的很忙，最主要的原因大概有以下几点。

首先，《伽达默尔著作集》第 3 卷是"新近哲学"，包括黑格尔、胡塞尔和海德格尔，内容十分广泛，其中还涉及众多思想家，如克尔凯郭尔、雅斯贝斯等。伽达默尔思想不仅涉猎广泛，而且对众多哲学家思想的诠释非常深入，尤其对现象学格外重视。不仅如此，伽达默尔还是公认的语言大师，其文风不仅飘逸，而且非常灵动，这对我们准确理解并以恰当的中文表达出来，是一个极大的挑战。因此，我才特别邀请贺念和谢晓川两位在德国学习多年的博士加盟，以增强课题组的整体实力。

其次，老实说，我带几位弟子参加本卷翻译，是有私心的。姜勇君的博士论文是研究黑格尔的，他对《精神现象学》比较熟悉，我希望他负责第一部分"黑格尔的辩证法"。王咏诗、居俊的博士论文做康德，在德国联培过两年，德语和专业有基础。李成龙的博士论文《海德格尔诠释学》，正在弗莱堡大学做联合培养。这几位同学相对缺乏翻译经验，我有意带他们在"实战"中提高哲学翻译能力。

最后，主要是时间紧、任务急，一人承担太多就无法保证翻译质量。除了我，张柯和贺念也有丰富的翻译经验，谢晓川也曾跟随伯德尔（Boeder）攻读博士学位。而且，我和他们都是直系或旁系的师生关系，有利于联合攻关。事实证明，课题组非常团结，做到了精诚合作。

然而，翻译的难度依然超过大家的想象。这主要是因为：

第一，伽达默尔的文风确实难懂，我们自始至终一起讨论，仍难以完全避免出问题，甚至有错译。我自己也请教过范大邯、梁亦斌，他们在德国留学十几年。即便如此，后来参加通校的田书峰博士还是发现了不少错误。除了译者的主观误译，还有一些客观的困难，比如术语翻译问题。

由于第 3 卷论及黑格尔、胡塞尔和海德格尔，同一个概念有不同的术语学含义，比如 Selbstbewusstsein，在黑格尔那里适合翻译为"自我意识"，而在胡塞尔那里，特别是在海德格尔那里更恰当的理解是"自身意识"。Transzendental 也一样，根据不同语境，分别译为"先验的"和"超越论的"。Dasein 和 Existenz 分别有定在、存在（德国古典哲学）和此在（存在论）、生存（生存主义）或实存（存在论）等含义。Entweder oder 作为克尔凯郭尔的著作，"非此即彼"，照顾到克尔凯郭尔写作此书的背景多些，"或此或彼"，涉及克尔凯郭尔写作所开显出的意义多些，在本卷中我倾向于翻译为后者。Ethos，我一开始主张翻译为"习俗"，后来改为"伦理"，这些都是经过认真的思考并和译者以及相关学者（太多了，恕我不能一一列举）进行反复讨论后定下的。还有一些词在日常语言和哲学术语之间摇摆，实在不好落实，如 Gegenbild、Orientierung 等，我也和不少朋友进行了争辩与讨论，最后才确认：前者为反例-借鉴，后者定位-面向。大多数时候，我们对一些术语加括弧注德文，在索引部分，同一个术语一般保留两个译法。

第二，如前所述，本卷译者众多，不仅同一个术语很难一以贯之，就是译文的表达风格也很难统一。为了尽可能保证术语翻译"正确"或彼此一致，我发挥甚至"滥用"了"老师"的"权限"，做了很多"干预",有时候乃至"暴力统一"。我自己翻译不算多,但"干预"了除洪汉鼎老师翻译之外的所有译文。我知道,每个译者都有自己的风格,抛开译者在德语能力、行文风格的差异不论,译者研究领域的差异,注定译文风格各异。这既是缺憾,也是客观困难,我们尽量做到个性化与统一性相容。

苗力田老师的八字方针经常提醒我的为学,在主持和组织本卷的翻译过程中,我深刻理解了"战战兢兢,如履薄冰"的个中含义。在组织、协调和校对的工作中,我学会了尊重大家的思想与意志。这是我意想不到的收获。

最后是致谢。首先,我要感谢洪老师。洪老师年近八旬,对学术的献身精神与对学生的爱一直让我感佩不已。他邀请我参加这个课题组,既是对我的信任,也是鞭策。在项目实施过程中,洪老师一直给我各种支持和自由发挥的空间,不仅让我学会了如何组织和协调,还训练了我的校对技巧,并让我把自己的经验教训分享给更年轻的下一代。

其次,我当然也要感谢傅永军学兄和陈治国学弟,他们多年如一日给了我无尽的信赖。至于课题组成员,我也要向他们说声"辛苦了"!由于大部分人都是我的学生,我都是直言相告,及时指出翻译中出现的问题,甚至不顾他们的作息规律,即便深夜,偶尔也会"骚扰",督促他们尽职尽责,按期完成任务。张柯教授除了出色完成他负责的第26、27篇,还参与了大部分有关海德格尔术语的讨论。贺念不是我的弟子,但他欣然接受任务,而且完成得很出色。我尤其要感谢的是谢晓川博士,他牺牲了大量个人时间,帮助部分译者解决了德语语法方面的困难,甚至亲自上手进行改译。晓川后来生病期间,也没有放弃这些"额外"任务,我为他的热情和友好感到骄傲。

在翻译过程中,我们参考了部分篇章的现有英译版和张志伟的"黑格尔辩证法"中文版,这些译本最大程度地提醒我们少犯错误。我也要感谢他们。

应商务印书馆要求和洪老师的邀请,田书峰、余玥、马小虎博士参加了本卷最后的通校工作,我也要特别感谢他们。尤其是田书峰博士,他校对十分认真,甚至苛责,这极大地提高了第11—20篇译文的质量。我还要感谢其他一些学者在我主持和翻译本卷过程中提供的帮助,比如潘德荣、吴建广、王齐教授,他们和我就某些具体问题进行讨论,使我受益匪浅。范大邯、梁亦斌博士不厌其烦,对我的询问每次都能给予及时而耐心的解答,我也要对他们的慷慨深表感谢。兰州大学哲学系硕士生郭霄同学看了第2篇译文的初稿,提出了一些中肯意见。

当然,我也要感谢我的那些没有参加课题组的弟子们,如庞超、夏昌鑫、巨智波、杨小龙、季迪、胡天力等同学。他们分工通读了一些译稿,提出了重要而有价值的修改意见。这对后面的改进和校对有基础性贡献。这些同学中我特别想感谢的是胡天力同学。他几乎通读了所有译稿。

本卷翻译分工如下:

我负责前言、目录、第9、12、14篇的翻译,校对了姜勇君、居俊、谢晓川、李成龙负责的译稿和索引。

姜勇君负责翻译第1、2、3、4、5篇。洪汉鼎老师负责翻译第6、7、11、13、15篇。邓安庆教授翻译第19、23篇。谢晓川负责翻译了第8、21、25、28篇，以及索引。他还参与翻译了第24篇。居俊负责翻译第10、18、24篇。贺念、王咏诗负责翻译第16、20、22篇。张柯负责翻译第26、27篇。李成龙翻译第17篇。

马小虎负责第1—10篇的通校，田书峰负责第11—20篇的通校，余玥负责第21—28篇和索引的通校。

本卷是译者和校对者们通力合作完成的，尽管我们尽了最大努力，但肯定还有缺憾、不完美，甚至错译。我本人作为子课题负责人，要对整个翻译的讹谬负首要责任。敬请读者批评指正。

张荣

2018年7月

图书在版编目(CIP)数据

伽达默尔著作集. 第3卷,新近哲学. Ⅰ:黑格尔 胡塞尔 海德格尔/(德)汉斯-格奥尔格·伽达默尔著;张荣等译. —北京:商务印书馆,2023(2024.9重印)
ISBN 978-7-100-19083-1

Ⅰ. ①伽… Ⅱ. ①汉… ②张… Ⅲ. ①伽达默尔(Gadamer, Hans-Georg 1900-2002)—哲学思想—文集 Ⅳ. ①B516.59-53

中国版本图书馆 CIP 数据核字(2020)第 174101 号

权利保留,侵权必究。

洪汉鼎 主编
伽达默尔著作集
第3卷

新近哲学 Ⅰ
黑格尔 胡塞尔 海德格尔
张荣 谢晓川 张柯 等译

商 务 印 书 馆 出 版
(北京王府井大街36号 邮政编码100710)
商 务 印 书 馆 发 行
北京盛通印刷股份有限公司印刷
ISBN 978-7-100-19083-1

2023年9月第1版　　　开本710×1000　1/16
2024年9月北京第2次印刷　印张 42¼
定价:188.00元